»My Turn« – Jetzt kann ich reden
Die Memoiren von Nancy Reagan

DIE MEMOIREN VON

NANCY REAGAN

MIT WILLIAM NOVAK

Jetzt kann ich reden »My Turn«

Wilhelm Heyne Verlag
München

Titel der amerikanischen Originalausgabe:
MY TURN
THE MEMOIRS OF NANCY REAGAN
Deutsch von Kollektiv
Druck-Reif

Die Originalausgabe erschien im
Verlag Random House, Inc., New York
Copyright © 1989 by Nancy Reagan
Copyright © 1990 der deutschen Ausgabe
by Wilhelm Heyne Verlag GmbH & Co. KG, München
Umschlaggestaltung: Adolf Bachmann, Reischach
Umschlagfoto: action press, Hamburg
Satz: Kort Satz GmbH, München
Druck und Bindung: May & Co., Darmstadt

Printed in Germany 1990

ISBN 3-453-03991-2

Inhalt

Für Ronnie,
der mich immer verstanden hat.
Und für meine Kinder,
die mich hoffentlich verstehen werden.

Vorwort

Im Jahre 1981, als Ronnie und ich nach Washington zogen, dachte ich nicht einmal im Traum daran, daß die acht Jahre, die wir dort verbringen sollten, eine solch bewegende Zeit sein würden. Doch das Leben im Weißen Haus setzt andere Maßstäbe: Die Höhepunkte waren höher, als ich erwartet hatte, und die Tiefpunkte waren viel deprimierender.

Ich war glücklich, First Lady zu sein, aber die acht Jahre, die ich diesen Titel innehatte, waren auch die schwierigsten Jahre meines Lebens. In der Zeitspanne, in der Ronnie Präsident war, starben meine beiden Eltern, und ebenso wie ich mußte sich auch mein Mann einer Krebsoperation unterziehen. Noch bevor wir uns richtig eingewöhnt hatten, wurde Ronnie niedergeschossen und entging nur knapp dem Tod. Wir lebten unter dem ständigen Druck, im Brennpunkt des öffentlichen Interesses zu stehen, und waren oft frustriert, weil wir so häufig mißverstanden wurden. Alles, was ich sagte oder tat, schien Kontroversen heraufzubeschwören, und oft schien es, als könne man keine Zeitung mehr aufschlagen, ohne darin eine Geschichte über mich zu finden – über meinen Mann und mich, über meine Kinder und mich, über Donald Regan und mich, und so weiter.

Ich glaube nicht, daß ich so versagt habe oder daß meine Stärken und Schwächen so extrem waren, wie sie in den Medien dargestellt wurden – insbesondere im ersten Jahr, als die Leute dachten, ich beschäftigte mich allzu sehr mit Belanglosigkeiten, und im letzten Jahr, als einige derselben Leute davon überzeugt waren, daß ich die Show aus dem Hintergrund leite.

Meiner Meinung nach fungierte ich in vielerlei Hinsicht als Blitzableiter; jedenfalls wurde mir bewußt, daß Ronald Reagan zwar ein äußerst populärer Präsident war, aber manche Leute die Frau an seiner Seite nicht besonders mochten. Etwas an mir oder an

7

dem Bild, das die Leute von mir hatten, schien sie gegen mich aufzubringen.

Während der Jahre, die wir im Weißen Haus verbrachten, äußerte ich mich so gut wie nie über meine wirklichen Gefühle angesichts der Auseinandersetzungen um meine Person. Die First Lady hat zwar unvergleichliche Möglichkeiten, über wichtige Themen zu sprechen – ich wählte für mich das Drogenproblem –, hinsichtlich ihrer eigenen Person aber verliert sie ihre Redefreiheit. Es gab so vieles, was ich gerne gesagt hätte, aber nicht aussprechen durfte, weil es einfach nicht angemessen gewesen wäre.

Aber nun sind diese Jahre vorüber, und jetzt kann ich darüber reden, was geschehen ist. Obwohl im Schweigen eine gewisse Würde liegt, die ich reizvoll finde, habe ich mich entschieden, für mich, für unsere Kinder und für die Geschichtsbücher die Dinge von meiner Warte aus zu erzählen. So vieles wurde über mich veröffentlicht – über Astrologie, über meine Beziehung zu Raissa Gorbatschowa, ob ich Donald Regan feuern ließ und was zwischen mir und meinen Kindern, insbesondere Patti, vorgefallen war. Es entbehrt nicht einer gewissen Ironie, daß ich den Eindruck gewann, ich könnte unser Privatleben nur dadurch wiederherstellen, daß ich mit diesen und anderen Themen an die Öffentlichkeit ginge – sage, was ich zu sagen habe, und dann weitergehe.

In diesen acht Jahren habe ich oft geweint. Es gab Augenblicke, wo ich einfach völlig ratlos war und nicht mehr wußte, wie ich weiterleben sollte. Aber dennoch würde ich diese Erfahrungen um nichts in der Welt eintauschen wollen. Ich tat Dinge, von denen ich nicht einmal im Traum gedacht hätte, daß ich sie tun könnte, reiste an Orte, von denen ich keine Vorstellung hatte, und lernte Dinge hinzu, die ich nicht für möglich gehalten hätte. Im Laufe einer einzigen Woche des Jahres 1988 stand ich Seite an Seite mit den Gorbatschows im Kreml, trank im Buckingham-Palast mit Königin Elizabeth Tee, besuchte Mrs. Thatcher in der Downing Street Nr. 10 und vergnügte mich in Disney World in Florida in Begleitung von Menschen, die mir auf Erden mit die liebsten sind, den Foster-›Großeltern‹*. Und immer spürte ich die Liebe und den Rückhalt meines Mannes.

Ja, fast vom ersten Tage unserer Bekanntschaft an war Ronald

---

* Mit dem Programm der *Foster Grandparents* (alte Menschen kümmern sich um vernachlässigte Jugendliche) beschäftigt sich Nancy Reagan ausführlich in Kapitel 8. (Anm. d. Übers.)

Reagan der Mittelpunkt meines Lebens. Ich bin kritisiert worden, weil ich das gesagt habe, aber es ist die Wahrheit.

Es ist unmöglich, auf alles einzugehen, und so habe ich in *Jetzt kann ich reden* versucht, mich möglichst auf die Themen zu beschränken, zu denen mich die Leute am häufigsten befragen. Obgleich das Buch vor allem die achtziger Jahre in den Mittelpunkt rückt, war es nicht meine Absicht, eine Geschichte der Reagan-Jahre in Washington zu schreiben. Dies ist ein Buch, das sich sehr viel mehr mit den Menschen als mit der Politik beschäftigt, außer an den Punkten, wo politische Fragen direkt meine Person betrafen, etwa während der langen Monate der Iran-Contra-Affäre oder während Ronnies fünftem Wahlkampf.

Im Weißen Haus führte ich regelmäßig Tagebuch, und vieles in diesem Buch habe ich daraus entnommen. Ich nehme die Welt vor allem durch Intuition und Empfindungen wahr, und auch das wird sich in diesem Buch widerspiegeln.

Meine Mutter pflegte zu sagen: »Spiel das Blatt, das du in der Hand hast«, und genau das habe ich immer zu tun versucht. Mal mit mehr, mal mit weniger Erfolg.

Danksagung

Wie soll ich nur damit beginnen, allen Dank zu sagen für ihre Hilfe bei einem Buch, das zu schreiben nie meine Absicht war? Ich glaube, ich sollte als erstes meinem Mann danken für seine Geduld, seine Unterstützung und seine Ratschläge. Dann dem Mann, der mich dazu überredete und mir den letzten Anstoß gab – Mort Janklow, meinem literarischen Agenten. Er war es, der behauptete, die Leser seien an meiner Geschichte interessiert (wir werden sehen!) und eine First Lady stehe oft im Kreuzfeuer der Kritik – was auf mich sicherlich zutraf.

Mein Dank gilt Bill Novak, meinem Ko-Autor, der mich immer wieder geduldig ermutigte weiterzumachen, wenn ich nicht mehr wollte, und seiner Frau Linda, die ihn drängte, ›einfach ja zu sagen‹, als ihm angeboten wurde, mir zu helfen. Danke auch an Bills Agenten, Steve Axelrod.

Bill führte mit zahlreichen Leuten Interviews, deren Hilfe sehr nützlich war. Zu ihnen zählen mein Sohn Ron und Maureen Reagan (die von allen Menschen, die ich kenne, über das beste Gedächtnis verfügt) ebenso wie Martin Anderson, Joe Canzeri, Linda Faulkner, Peter Hannaford, Richard und Cynthia Helms, John Hutton, Jim Kuhn, Nancy Reynolds, Mark Weinberg und Barbara Wyden. Zu nennen sind ebenfalls David Abshire, Letitia Baldrige, Jim Billington, Mike Deaver, Kay Graham, Meg Greenfield, Peter McCoy, Lyn Nofziger, Richard Perle, Stu Spencer, Bob Strauss, Sheila Tate, Mike Wallace, Mary Jane Wick und Richard Wirthlin.

Ich bedanke mich bei Kathy Osborne, die stundenlang Tonbandprotokolle abschrieb, und bei Mary Anne Fackelman-Miner, die uns unermüdlich dabei half, Fotografien ausfindig zu machen.

Auch dem Stab des Weißen Hauses sei gedankt: dem lieben Rex Scouten, Gary Walters und Chris Emery und meinen Mitarbeitern aus dem Ostflügel, insbesondere Jane Erkenbeck und Elaine Crispen, die mich in schlimmen Zeiten erlebten, auf die ich mich aber immer verlassen und denen ich immer vertrauen konnte. Und in jüngster Zeit Lisa Cavelier und meinen jetzigen Mitarbeitern.

Im Verlag Random House hielt ich eine Menge Leute in Atem, vor allem Joni Evans, die Verlegerin, und die Publicity-Direktorin Carol Schneider und ihre Abteilung; auch die Herausgeberin Virginia Avery und ihre Assistenten Jonathan Karp, Amy Roberts und Olga Tarnowski. Donald Altschiller und Colleen Mohyde halfen bei Recherchen.

Besonders danken möchte ich Kate Medina, meiner Lektorin. Kate stand mir von Anfang an bei, Tag für Tag, und half mir, die Geschichte auf meine Art zu erzählen. Kate half mir in so vielerlei Hinsicht ... weitaus mehr, als ich je in Worte fassen kann. Ebenso wie Associate Publisher Peter Osnos, der wirklich sehr viel mehr tat, als die Pflicht von ihm verlangt hätte. Ich hoffe, sie wissen, wie überaus dankbar ich ihnen bin.

Ich danke ihnen allen. Ich hoffe, ich habe niemanden vergessen. Sie werden für immer einen Platz in meinem Herzen haben.

1

❧

»Da hat jemand geschossen«

Es war am frühen Nachmittag des 30. März 1981, nur siebzig Tage, nachdem mein Mann seinen Amtseid als Präsident der Vereinigten Staaten geleistet hatte. Ich war gerade von einem offiziellen Mittagessen ins Weiße Haus zurückgekehrt und unterhielt mich im Wintergarten im zweiten Stock mit Ted Graber, unserem Innenarchitekten, und Rex Scouten, dem Verwalter.

Plötzlich sah ich George Opfer, den Chef der mir zugeteilten Beamten vom Secret Service. Er signalisierte mir, ich solle zu ihm hinunter an die Auffahrt kommen.

Was ist denn mit George los? dachte ich. Es mußte etwas geschehen sein, sonst wäre er zu mir heraufgekommen.

»Da hat jemand geschossen, vor dem Hotel«, sagte George. »Einige Leute sind verletzt, aber Ihr Mann ist nicht getroffen worden. Sie sind alle im Krankenhaus.«

Bei dem Wort ›geschossen‹ war ich schon losgerannt. Ich kämpfte gegen die Panik, die in mir aufstieg, und am Lift sagte ich zu George, daß ich sofort zum Krankenhaus fahren wolle. Auch wenn mit Ronnie alles in Ordnung war, wollte ich bei ihm sein, besonders, wenn irgend jemand verletzt war.

»Es wäre besser, Sie blieben hier«, sagte George. »Dort ist jetzt das reinste Irrenhaus. Dem Präsidenten geht es gut. Man wird ihn bald hierherbringen. Sie haben keinen Grund hinzufahren.«

»George«, sagte ich. »Ich will in das Krankenhaus. Und wenn Sie mir keinen Wagen rufen, dann gehe ich *zu Fuß* dorthin.« Eine Limousine des Weißen Hauses hielt vor dem Diplomateneingang, und wir stiegen ein.

Kurz vor der George-Washington-Universitätsklinik war die Straße völlig verstopft − von Polizeiwagen, Reportern und Schaulustigen. Ohne Sirene oder Polizeieskorte blieb uns nichts übrig, als abzuwarten. Ich war verzweifelt. »Wenn dieser Stau sich nicht bald auflöst«, sagte ich, »dann laufe ich das restliche Stück.«

»Nein, nein«, wehrte George erneut ab. »Das können Sie nicht machen.« Schließlich floß der Verkehr wieder, und wir schafften es bis zum Eingang der Notaufnahme.

Der Secret Service hatte über Funk angekündigt, daß ich käme, und Mike Deaver wartete am Eingang auf mich. Mike war Ronnies stellvertretender Stabschef und ein guter Freund der Familie.

»Er ist getroffen worden«, sagte Mike.

Vor dem Eingang der Notaufnahme drängten sich die Menschen, doch ich erinnere mich nur noch an Mike, wie er dastand und mich unverwandt anblickte.

»Aber man hat mir gesagt, daß er *nicht* getroffen wurde«, stammelte ich.

»Doch«, sagte Mike. »Es hat ihn erwischt. Aber anscheinend ist es nichts Ernstes.«

»*Wo? Wo* wurde er getroffen?«

»Das wissen sie nicht, sie suchen noch nach der Kugel.«

Sie suchten nach der Kugel! »Ich muß sofort zu ihm!« sagte ich.

»Das geht nicht. Jetzt noch nicht.«

»Jetzt hören Sie mal«, sagte ich, und meine Stimme wurde lauter, »wenn es nichts Ernstes ist, *warum kann ich dann nicht zu ihm?*«

»Haben Sie noch ein wenig Geduld. Er wird gerade untersucht.«

»Mike«, flehte ich, als läge die Entscheidung bei ihm. *»Die wissen nicht, wie das ist mit uns beiden. Er muß unbedingt wissen, daß ich da bin!«*

Mike erklärte, daß die Ärzte gerade nach der Kugel suchten und daß Jim Brady, Ronnies Pressechef, am Kopf getroffen worden war und es ziemlich schlecht um ihn stand. Und noch zwei waren getroffen worden − ein Mann vom Geheimdienst und ein Polizeibeamter aus Washington.

Irgend jemand brachte mich in ein Büro, und Mike zog los, um herauszufinden, wann ich Ronnie sehen konnte. John Simpson, der Chef des Secret Service, erschien zusammen mit dem Sicherheitsbeamten Ed Hickey und Senator Paul Laxalt, einem alten Freund. Ed drückte mir die Hand, aber gleich darauf mußte ich ihn trösten, denn er brach in Tränen aus.

14

Es war ein Alptraum — die Panik und das Durcheinander, das Warten, die Ungewißheit. Aber irgendwie steht man auch solche Situationen durch, und es gelang mir, Ruhe zu bewahren. *Sie tun, was in ihrer Macht steht,* sagte ich mir. *Steh ihnen nicht im Weg herum. Laß die Ärzte in Ruhe arbeiten.* Mein Vater, ein Arzt, hatte das so oft zu mir gesagt — es hallte wie ein Echo in meinem Kopf wider.

Das Krankenhaus um mich herum war ein Tollhaus. Noch heute wache ich manchmal nachts auf und habe diese Szene vor Augen — Verwirrung, Stimmen, Sirenen, Presseleute, Ärzte, Krankenschwestern, technische Assistenten, Männer vom Stab des Präsidenten, Sicherheitsbeamte mit Sprechfunkgeräten. Ständig rannten Leute durch die Flure, Ärzte bellten Befehle, und immer wieder hörte man Polizeibeamte brüllen:»Schafft diese Leute hier raus!«

Meine Gedanken überschlugen sich. Plötzlich gingen mir Szenen vom Parkland-Memorial-Krankenhaus in Texas durch den Kopf und Bilder von dem Tag, an dem Präsident Kennedy erschossen worden war. Ich war damals gerade den San Vicente Boulevard in Los Angeles entlanggefahren, als im Autoradio die Todesnachricht kam. Nun, mehr als siebzehn Jahre danach, betete ich, daß sich die Geschichte nicht wiederhole, daß Washington nicht zu einem zweiten Dallas werden möge. Daß mein Mann am Leben bliebe.

Drei Opfer des Attentats wurden hier im Krankenhaus versorgt, das vierte, der Polizeibeamte Thomas Delahanty, war in eine andere Klinik gebracht worden. Die Ärzte arbeiteten fieberhaft. Immer wieder berichteten Krankenschwestern über den neuesten Stand, und die Informationen klangen immer beängstigender. Zweimal sagte man mir, die Ärzte könnten Ronnies Puls nicht mehr fühlen. Sie befürchteten, er könne einen Schock erlitten haben. Ich wußte, wenn dies eintreten sollte, würden wir ihn vielleicht verlieren.

Dann teilte mir eine andere Schwester mit, daß Ronnies linke Lunge zusammengefallen sei, und daß man ihn an eine Maschine angeschlossen habe, um seine Atmung zu unterstützen.

Als Ronnie ins Krankenhaus gekommen war, hatten die Ärzte zunächst angenommen, er habe einen Herzanfall erlitten. Erst als zwei Schwestern mit besonderen Wundscheren seine Kleider aufschnitten und ein Arzt seinen linken Arm anhob, entdeckten sie das kleine Einschußloch. Eine Austrittswunde war nicht zu sehen, die Kugel mußte also noch im Körper stecken.

Bevor sie das Einschußloch fanden, hatten die Ärzte und Krankenschwestern keine Ahnung, was ihm fehlte. Sie wußten nur, daß der Präsident der Vereinigten Staaten vor ihren Augen starb.

Später stellte sich heraus, daß Ronnie von einem Dumdumgeschoß getroffen worden war, das normalerweise beim Aufprall explodiert. Aus irgendeinem Grund war dieses hier nicht geplatzt. Beim Aufprall auf die Verkleidung der gepanzerten Limousine hatte es die Form eines gezackten Zehn-Cent-Stücks angenommen. Als Querschläger war es dann in Ronnies Körper eingedrungen.

Und nun hatten sie die Kugel noch immer nicht gefunden.

Ich verlangte immer wieder: »Ich will zu meinem Mann!«

»Bald«, war die Antwort. Die Ärzte und Krankenschwestern sagten, sie müßten ihn erst noch ein wenig herrichten und zu sich kommen lassen. Später erfuhr ich, daß sie mich nicht zu früh zu ihm lassen wollten, weil sie befürchteten, ich könnte bei seinem Anblick einen Schock erleiden. Wenn ich bedenke, was ich dann zu sehen bekam, hatten sie wahrscheinlich recht.

Endlich hieß es, ich könnte zu ihm, und ich flog regelrecht den Gang entlang. Dr. Theodore Tsangaris erklärte mir, daß Ronnie einen Schlauch in seiner Brust habe und mit Hilfe einer Sauerstoffmaske atme. Seine Worte machten mir solche Angst, daß ich kaum noch einen Ton herausbrachte.

Und dann sah ich eine schreckliche Szene − gebrauchtes Verbandsmaterial, Schläuche und Blut. In der Ecke lagen die Überreste von Ronnies neuem blauen Nadelstreifenanzug, den er an diesem Tag zum ersten Mal getragen hatte. Ich hatte schon früher Intensivstationen gesehen, aber so etwas hatte ich noch nie gesehen − mit meinem Mann als Patienten.

Ronnies Gesicht war blaß und grau. Trotz der Sauerstoffmaske sah ich, daß seine Lippen blutverklebt waren. Als er mich sah, zog er die Maske zur Seite und flüsterte: »Liebling, ich habe vergessen, mich zu ducken.« Ich mußte zu sehr mit den Tränen kämpfen, um noch ein Lächeln zustande zu bringen, deshalb beugte ich mich über ihn und küßte ihn. Dann schob ich die Maske wieder auf seinen Mund und sagte: »Bitte, du darfst jetzt nicht sprechen.«

Draußen ergriff Mike Deaver meine Hand. »O Mike«, rief ich. »Er ist so blaß!«

»Ich weiß«, sagte er. »Aber wenn Sie meinen, daß er jetzt schlimm aussieht, dann hätten Sie ihn sehen sollen, als er hier ankam.« Ich nickte zwar, doch so richtig vorstellen, was Mike damit meinte, konnte ich mir nicht.

Einige Minuten später kam Dr. Benjamin Aaron, der Leiter der

Herz-Lungen-Chirurgie, auf mich zu. »Er verliert zuviel Blut«, sagte er. »Wir müssen operieren. Erst müssen wir nachsehen, ob in seiner Bauchhöhle Blut ist. Dann kümmern wir uns um die Kugel und holen sie aus seiner Lunge heraus. Wir haben sie auf dem Röntgenbild.«

Als sie Ronnie zum Operationssaal schoben, ging ich neben ihm her und hielt seine Hand. Ein Team von Ärzten und Schwestern, manche davon bereits in grünen OP-Kitteln, war um uns herum. An der Bahre hingen durchsichtige Beutel mit Blut herunter. Im letzten Moment gab ich Ronnie noch einen Kuß auf die Stirn und sagte ihm, daß ich ihn liebte.

John Simpson vom Geheimdienst begleitete Ronnie in den Operationssaal. Er trug ebenfalls einen OP-Kittel, und er blieb, wie es die Sicherheitsvorschriften verlangten, während der gesamten Operation an der Seite des Präsidenten.

Sie gaben Ronnie eine Spritze mit Pentothal als Narkosemittel. Bevor er wegdöste, gelang es ihm noch, einen Scherz zu machen: »Sie sind doch hoffentlich alle Republikaner?«

Nachdem sich die Türen des Operationssaals hinter Ronnie geschlossen hatten, wurde schon der nächste Patient gebracht. Es war Jim Brady, sein Kopf aus einer offenen Wunde blutend und grotesk angeschwollen. Ich hatte noch nie jemanden mit einer Kopfverletzung gesehen; es sah furchtbar aus. Als kurz darauf eine Krankenschwester sagte: »Wir glauben nicht, daß Mr. Brady durchkommen wird«, glaubte ich ihr.

Während Ronnie operiert wurde, brachte man mich in einen größeren Aufenthaltsraum. Dort stand ein Fernsehapparat, und Frank Reynolds verlas gerade in ABC die Nachricht, Jim Brady sei tot. Wenige Minuten später, als der Bericht korrigiert wurde, schlug er wütend auf den Tisch. »Ist es denn nicht möglich, vernünftige Informationen zu bekommen?« stieß er hervor.

Überall herrschte Chaos. NBC und CBS brachten ebenfalls die Meldung von Jims Tod, und CBS legte zu seinem Gedenken eine Schweigeminute ein. In NBC meldete Chris Wallace, daß Ronnie am offenen Herzen operiert würde.

Trotz der vielen Falschmeldungen starrte ich wie gebannt auf den Bildschirm. Die ständige Flut von Nachrichten und Bildern tröstete mich ein wenig. Man konnte sich wenigstens ein bißchen daran festhalten.

Angesichts der wenigen gesicherten Nachrichten zeigten die Sender immer wieder Filmaufnahmen von dem Attentat. Noch heute sehe ich, wenn ich die Augen schließe, diese Szene vor mir: Ronnie, der aus dem Hotel herauskommt, lächelt, der wartenden Menge zuwinkt. Und dann dieses furchtbare Geräusch – später erzählte mir Ronnie, er habe es zunächst für Knallfrösche gehalten. Das Erstaunen auf seinem Gesicht. Jim, der zu Boden fällt. Blutende Körper auf dem Gehweg und Männer vom Secret Service, die sich auf den Mann mit der Waffe stürzen. Und der Sicherheitsbeamte Jerry Parr, der Ronnie packt und ins Auto schubst.

Während Ronnie im Operationssaal lag, kam jemand vom Krankenhaus und fragte mich, ob ich in die Kapelle gehen wolle. Als wir dort ankamen, ergriff George Opfer meine Hand und sagte: »Alles, was wir jetzt noch tun können, ist beten.«

Als Sarah Brady, Jims Frau, hereinkam, umarmten wir uns. Die Regierung Reagan war erst so kurze Zeit im Amt, daß Sarah und ich uns damals zum ersten Mal begegneten. Sie hatte ihren Mann noch nicht gesehen und deshalb keine Vorstellung davon, wie schwer er verletzt war.

»Sie sind beide robuste Männer«, sagte sie. »Sie werden es schaffen.«

»Ja«, sagte ich. »Bestimmt.« Aber meine Stimme klang nicht sehr überzeugend. Ich wollte ja optimistisch sein, aber ich konnte diesen schrecklichen Anblick von Ronnie und Jim nicht vergessen. Bevor wir die Kapelle verließen, hielten Sarah und ich uns bei der Hand und beteten gemeinsam.

Als ich zum ersten Mal den größeren Aufenthaltsraum betrat, ging ich direkt ans Fenster und blickte auf die Menge, die sich unten auf der Straße versammelt hatte. George zog mich sofort zurück. Die Schüsse lagen erst wenige Stunden zurück, und noch konnte niemand sicher sein, daß nicht eine größere Verschwörung dahintersteckte. Erneut mußte ich an Dallas denken.

Alle paar Minuten kamen Krankenschwestern mit den neuesten Nachrichten aus dem Operationssaal. Ich war erleichtert, als sie mir sagten, daß die Ärzte kein Blut in der Bauchhöhle gefunden hatten. Aber dann sagte eine andere Schwester, sie hätten die Kugel noch immer nicht gefunden. »Eventuell müssen wir sie im Körper lassen«, erklärte sie mir.

»Im Körper lassen?«

»Ja, manchmal machen wir das so.«

Dann, endlich, kamen gute Nachrichten: Als sie die Operation gerade abbrechen wollten, entdeckten sie die Kugel und holten sie

18

heraus. Sie hatte die siebte Rippe getroffen und war von dort in den linken unteren Lungenflügel abgelenkt worden.

Sie hatte sein Herz nur um zwei Zentimeter verfehlt. Viel näher hätte sie nicht kommen dürfen.

Ronnie hatte so viel Blut verloren, daß es fast komplett ersetzt werden mußte. Bereits vor der Operation erhielt er fünf Transfusionen. Es war der Blutverlust zusammen mit der Gefahr eines Schocks gewesen, was allen so viel Angst bereitet hatte.

Von unseren Kindern traf zuerst Ron im Krankenhaus ein. Er hatte die schlimme Nachricht in einem Café in Lincoln, Nebraska, gehört. Als er keinen Flug nach Washington bekam, hatte er ein Flugzeug gechartert, damit er und seine Frau Doria so schnell wie möglich zu uns kommen konnten. Unsere anderen Kinder – Patti, Mike und Maureen – waren alle in Kalifornien und kamen erst am frühen Morgen des nächsten Tages mit einer Militärmaschine an.

Als Ron das Zimmer betrat, starrte ich noch immer wie betäubt auf den Fernsehapparat. Inzwischen bewegte ich mich ganz mechanisch: Jemand sagt, du sollst das und das tun, und du tust es. Ron umarmte mich. »Ich habe solche Angst«, sagte ich, und er antwortete: »Ich weiß, Mom, aber sei stark.«

Abends gegen halb acht wachte Ronnie allmählich aus der Narkose auf. Man führte uns durch eine Hintertür in den Aufwach-Raum und begleitete uns an sein Bett, das mit Paravents abgeschirmt war. Als ich ihn sah – das Gesicht, aus dem alle Farbe gewichen war, den Schlauch in seinem Hals, damit er genügend Sauerstoff bekam, und all die anderen Drähte und Schläuche an seinem Körper –, schossen mir die Tränen in die Augen. »Ich liebe dich«, sagte ich und legte meine Hand auf seinen Arm. Eine lange Zeit – so kam es mir vor – sahen wir uns nur in die Augen. Dann ergriff Ronnie einen Stift und Papier. »Ich kann nicht atmen!« schrieb er.

»Er kann nicht atmen«, wiederholte ich laut. Ich konnte die Angst in seinen Augen sehr gut verstehen. Als ich vor vielen Jahren mit Patti schwanger gewesen war, wachte ich auch manchmal mitten in der Nacht auf und bekam keine Luft mehr. Einmal sah ich sogar im Spiegel, wie ich ganz grün im Gesicht wurde. Es war beängstigend. Alles, woran ich denken konnte, war, wie ich meinen nächsten Atemzug machen sollte.

Ronnie versuchte sich aufzurichten.

»Er kann nicht *atmen*!« rief ich.

»Kein Grund zur Sorge, Mrs. Reagan«, sagte einer der Ärzte.

»Das Beatmungsgerät macht das für ihn. Er muß sich nur daran gewöhnen.«

Ron beugte sich über seinen Vater und erklärte: »Es ist alles in Ordnung, Dad. Was du fühlst, ist der Schlauch in deinem Hals. Mir ging es so ähnlich damals, als ich das erste Mal beim Tiefseetauchen war. Als ich mir die Maske aufsetzte, dachte ich, ich kriege keine Luft mehr. Aber es ist alles in Ordnung, du mußt dich nur entspannen. Sie versorgen dich mit Luft, und es wird dir bald bessergehen.«

Ronnie war von der Operation noch so geschwächt, daß er sich an dieses Gespräch nicht mehr erinnern konnte, als ich ihn am nächsten Morgen besuchte.

Kaum war er wach, schlief er auch schon wieder ein. Dann schrieb er wieder etwas auf einen Zettel: »Ich lebe noch, oder?« Er machte eine ganze Reihe Witze im Krankenhaus, doch dieser Satz gehörte nicht dazu. Die Schrift auf dem Zettel war so dünn und zittrig, daß ich sie kaum entziffern konnte.

Später sagte er zu mir: »Als ich langsam aufwachte und meine Augen öffnete, war alles, was ich sah, weiß. Die Laken, die Wände, die Kittel der Ärzte und Krankenschwestern – alles war weiß. Einen Moment lang fragte ich mich, ob ich wohl im Himmel bei den Engeln sei.«

Zwar wollte ich das Krankenhaus nicht verlassen, doch die Ärzte und Schwestern mußten noch viele Tests und Untersuchungen an Ronnie durchführen, und dabei gab es nichts, was ich für ihn tun konnte. Ich wußte auch: Sollte ich die Nacht im Krankenhaus verbringen, dann würde die Welt das als Hinweis dafür nehmen, daß Ronnies Zustand kritisch war. Das entsprach zwar den Tatsachen, aber zu diesem Zeitpunkt wollte ich das noch nicht publik werden lassen. Es war Ron, der mich überredete zu gehen.

Als Ron, Doria und ich das Krankenhaus verließen, machte uns George Opfer auf die Eltern des Sicherheitsbeamten Tim McCarthy aufmerksam, die gerade hereinkamen. An ihren gefaßten Mienen konnte ich erkennen, daß sie noch gar nicht richtig begriffen hatten, was ihrem Sohn zugestoßen war: Eine Kugel hatte ihn in den Bauch getroffen, als er sich vor Ronnie warf, um ihn zu schützen. Ich ging zu ihnen und sagte ihnen, wie glücklich ich darüber sei, was Tim getan hätte, und daß ich meinen Mann verloren hätte, wenn er sich nicht an Ronnies Stelle den Kugeln als Ziel angeboten hätte. Ich merkte jedoch, daß meine Worte sie nicht erreichten.

20

Wenige Tage später ging es Tim wieder so gut, daß er Ronnie besuchen konnte, der ihn für seinen Mut lobte. »Ich hoffe, daß Ihre Kinder eines Tages verstehen werden, was für einen tapferen Vater sie haben«, sagte Ronnie. Als er später ins Weiße Haus zurückkehrte, schrieb er Tims Kindern einen Brief, in dem er das noch einmal betonte.

Tim erzählte mir später, daß er am Tag des Attentats eigentlich für eine andere Aufgabe eingeteilt gewesen war und gar nicht beim Präsidenten im Hotel hätte sein sollen. Doch er und ein anderer Sicherheitsbeamter hatten eine Münze geworfen, und Tim hatte verloren.

Als ich an diesem Abend das Krankenhaus verließ, war alles von den Scheinwerfern der Fernsehteams in grelles Licht getaucht. Aus den Fenstern der umliegenden Gebäude hingen Laken, auf denen Sätze standen wie: GUTE BESSERUNG oder WIR LIEBEN DICH oder mein Lieblingssatz: HEUTE ABEND SIND WIR ALLE REPUBLIKANER.

Chris Wallace von NBC erzählte mir später, daß ich beim Verlassen des Krankenhauses so abgespannt ausgesehen hätte, daß er sich entschloß, mir keine Fragen zu stellen. Ich kann mir kaum vorstellen, wie ich ausgesehen haben muß, wenn es sogar einen Fernsehreporter zum Schweigen brachte.

Im Weißen Haus warteten Ted Graber und Rex Scouten in der ersten Etage auf mich. Rex verschwand, als ich kam, und Ted blieb bei mir. Die Telefone klingelten ununterbrochen, aber es war mir nicht nach Reden zumute, und so erledigten Ted und die wunderbaren Mitarbeiter der Telefonzentrale des Weißen Hauses das für mich. Man bot uns etwas zu essen an, und irgendwann schob ich schließlich ein wenig Rührei auf meinem Teller hin und her.

Weil ich fror, gingen wir alle vier — Ron, Doria, Ted und ich — ins Schlafzimmer und machten Feuer im Kamin. Später versuchte ich zu schlafen, aber es war aussichtslos. Ich klebte die ganze Nacht vor dem Fernseher.

»Meinem Ronnie darf einfach nichts passieren«, schrieb ich in jener Nacht in mein Tagebuch. »Sonst wäre mein Leben vorbei.«

Am nächsten Morgen kehrte ich ins Krankenhaus zurück. Den Schlauch in Ronnies Hals hatte man nun entfernt, und sein Zustand hatte sich ein wenig gebessert. Doch während dieser Nacht auf der Intensivstation hatte er kaum geschlafen. Alle vier Stunden wurde er auf den Bauch gedreht, damit die Krankenschwestern auf seinen Rücken trommeln konnten, um zu verhindern, daß sich Wasser in seinen Lungen ansammelte. Das Geräusch war so laut, daß man es im Nebenzimmer hören konnte; es klang, als würde jemand ein riesiges Steak klopfen. Ich kann mich erinnern, wie ich Mermie (Maureen), die gerade mit den anderen Kindern angekommen war, erklärte: »Es ist dein Vater, mit dem sie das machen.«

Ronnie hatte noch einen Zettel geschrieben und gefragt, wer außerdem verletzt worden sei. Dan Ruge, der Arzt des Weißen Hauses, hatte die Ärzte und Krankenschwestern angewiesen, Ronnie vorerst hinzuhalten, um ihm jede Aufregung zu ersparen, aber jetzt entschied Dan, daß wir es ihm sagen sollten. Ich wußte, daß es Ronnie schwer treffen würde, deshalb wollte ich dabeisein.

Als Ronnie hörte, was mit Jim Brady und den anderen passiert war, füllten sich seine Augen mit Tränen.

»Verdammt«, sagte er immer wieder und schlug mit der Faust auf die Bettdecke.

»Wurde Jim in den Kopf geschossen?« fragte er.

Ich nickte. »Verdammt«, sagte er wieder.

Später sammelte ich einige der Zettel ein, die Ronnie für die Ärzte und Krankenschwestern geschrieben hatte, und ich war gerührt über den Humor in vielen dieser Bemerkungen, wenn es mich auch nicht überraschte. Einige der besten Kommentare landeten schließlich in der Presse. Nachdem Ronnie in dem Aufwach-Raum wieder zu sich gekommen war, schrieb er in Anlehnung an W. C. Fields: »Eigentlich wäre ich jetzt lieber in Philadelphia.« Auf einem anderen Zettel zitierte er Winston Churchill, der einmal gesagt hatte: »Es gibt kein belebenderes Gefühl, als wenn jemand erfolglos auf einen geschossen hat.«

Diese Notizen zeigten mir, daß Ronnie trotz seiner Verletzungen seine innere Stärke bewahrt hatte. »Können wir diese Szene nicht umschreiben, und zwar von da an, wo ich das Hotel verlasse?« fragte er. Und später: »Schickt mich nach Los Angeles, da kann ich die Luft, die ich atme, wenigstens sehen!« Als ihm einmal eine Krankenschwester die Haare kämmte und bei dieser Gelegenheit seine Haarwurzeln untersuchte, schrieb Ronnie: »Jetzt können Sie der ganzen Welt erzählen, daß ich meine Haare nicht färbe.« Und als in dem Aufwach-Raum ständig eine Menge Leute um ihn herumschwirrten: »Wenn ich in Hollywood so viel Aufmerksamkeit gefunden hätte, wäre ich dort geblieben.«

Wenn ich nachträglich auf diese ganze Periode zurückblicke, ist mir klar, daß diese Sprüche einiges dazu beigetragen haben, die

Nation zu beruhigen. Die Leute dachten verständlicherweise, wenn der Präsident im Krankenhaus so gut gelaunt war, dürften seine Verletzungen nicht so schlimm sein.

Doch nicht alle seine Notizen waren heiter:

»Was ist mit dem Mann mit der Waffe geschehen?«

»Was hatte er gegen mich? Ist jemand verletzt worden?«

»Funktioniert meine Lunge noch?«

»Wie lange muß ich im Krankenhaus bleiben?«

»Werde ich wieder auf der Ranch arbeiten können?«

Wenn Ronnie schlief, unterhielt ich mich mit Sarah Brady und mit den Ärzten. Sie standen ziemlich unter Druck, und ich bin sicher, daß meine Fragen es ihnen nicht leichter machten. Doch ich wollte alles genau wissen.

Ich gehöre zu den Menschen, die möglichst viele Informationen haben möchten, auch wenn sie nicht erfreulich sind. Und das war meine größte Angst: daß die Ärzte, wenn auch in bester Absicht, schlechte Nachrichten zurückhalten könnten. Im Weißen Haus hatte man mir zuerst gesagt, Ronnie sei nicht getroffen worden. Es war zwar wirklich ein Mißverständnis gewesen, doch jetzt fragte ich mich im Hinterkopf, was man mir wohl noch verschwieg.

Der Termin für die Oskar-Verleihung war auf den 30. März festgesetzt worden, doch dann wurde er wegen des Attentats um zwei Tage verschoben. Ronnie hatte eine Grußbotschaft dafür aufzeichnen lassen, und am 1. April brachten wir ihn abends aus der Intensivstation in ein Zimmer mit Fernsehapparat. Er war noch immer ziemlich schwach, doch ich dachte, daß die Preisverleihung seine Stimmung heben würde.

Johnny Carson moderierte, und als er Ronnies Namen nannte, brach das Publikum in tosenden Applaus aus. Ich hatte gehofft, daß so etwas geschehen und Ronnie aufheitern würde – und so war es auch. Die ganze Welt betete für ihn und schickte ihm Genesungswünsche, aber Ronnie war von all dem völlig abgeschnitten und dämmerte in einem Zustand zwischen Wachen und Schlafen vor sich hin.

Von seinem Bett aus konnte Ronnie nicht einmal den Himmel sehen. Die Vorhänge seines Zimmers blieben stets geschlossen, denn es bestand immer noch die Möglichkeit, daß John Hinckley kein Einzelgänger gewesen war. Außerdem war die Anzahl der Drohungen gegen Ronnie mit einem Mal stark angestiegen, was offenbar ganz normal war nach einem Attentat auf den Präsidenten.

Zweifellos waren in dieser Situation schärfste Sicherheitsvorkehrungen angebracht, aber meine Hauptsorge galt Ronnies Genesung, und es machte mich traurig, daß dieser Mann, der sich leidenschaftlich gern im Freien aufhielt, nun nicht einmal einen Blick aus dem Fenster werfen konnte. Die Kirschbäume standen gerade in voller Blüte, und in ganz Washington war der Frühling ausgebrochen, aber dieses kleine Krankenzimmer war dunkel und deprimierend – man konnte nicht einmal unterscheiden, ob es Tag oder Nacht war. Wir erhielten unglaublich viel Post, und ich brachte einige Bilder von Schulkindern mit und heftete sie an die kahlen weißen Wände.

Innerhalb weniger Tage erstickte das Weiße Haus in einer Flut von Geschenken, Süßigkeiten, Pralinen und genug Blumen für eine ganze Wiese. Bald lieferten wir Süßigkeiten und Blumen an sämtliche Krankenhäuser in und um Washington. Als uns König Hassan von Marokko eine zehn Pfund schwere Pralinenschachtel schickte, gab ich sie an die Krankenschwestern und Ärzte weiter.

Viele Menschen wollten Ronnie im Krankenhaus besuchen. Einige wollten ihm nur gute Besserung wünschen, andere kamen wegen dringender Angelegenheiten. Wieder andere wollten meiner Ansicht nach nur zeigen, wie wichtig sie waren. Doch Dr. Ruge traf eine strenge Auswahl, was die Besucher anging, damit Ronnie genug Zeit hatte, sich auszuruhen und wieder zu Kräften zu kommen. Wir mußten die Leute daran erinnern, daß Ronnie nicht nur Präsident war, sondern auch ein Patient, der versuchte, sich von einem furchtbaren körperlichen und seelischen Trauma zu erholen.

Viele, viele Freunde riefen an, um mich zu trösten. Mein Bruder Dick – er ist Neurochirurg – kam aus Philadelphia und erklärte mir einige der Behandlungsmethoden. Billy Graham besuchte mich ebenso wie Donn Moomaw, unser Priester in Los Angeles, und unsere alten Freunde, die Wicks, und ihr Sohn C. Z. kamen aus Kalifornien. Frank Sinatra sagte eine Vorstellung ab und flog nach Washington. Elizabeth Taylor war gerade mit *Little Foxes* in der Stadt, und auch sie sagte ihre Show ab. Ich war wirklich dankbar für all diese Unterstützung und Anteilnahme.

Doch letztendlich mußte ich mit dem, was geschehen war, allein fertig werden. Eines Abends, nach einem weiteren langen Tag im Krankenhaus, kam ich zurück ins Weiße Haus und schrieb nur eine einzige Zeile in mein Tagebuch. Wenn ich mir jetzt diese kurze Eintragung ansehe, dann ruft sie noch immer diese unendliche

Einsamkeit in mir hervor, die ich in dieser Woche spürte: »Es ist ein großes Haus, wenn du allein darin bist.«

Fünf Tage nach dem Anschlag, gerade als es mit Ronnie aufwärtszugehen schien, erlitten wir einen größeren Rückschlag: Er bekam einen Fieberanfall, bei dem seine Temperatur auf 39,5° anstieg. Die Ärzte konnten sich das nicht erklären und meinten, eventuell sei eine weitere Operation notwendig. Da sie befürchteten, das Fieber könnte ein erstes Anzeichen für eine Lungenentzündung sein, gaben sie ihm Antibiotika und Tylenol.

Durch das Tylenol wurde Ronnies kritischer Zustand wieder stabil. Als die Presse fragte, welche schmerzstillenden Medikamente Ronnie bekommen hatte, lautete die wahrheitsgemäße Antwort Dennis O'Learys, des Sprechers des Krankenhauses, der selbst unter diesem Druck ein ganz wunderbarer Mensch blieb: In den ersten beiden Tagen bekam Ronnie kleine Dosen Morphium, danach aber nichts Stärkeres als Tylenol. Rückblickend vermute ich, daß die Leute von dieser Antwort enttäuscht waren. Aber Ronnie kann Schmerzen sehr gut ertragen.

Meine Angst wurde größer, als zu Ronnies hohem Fieber noch eine völlige Appetitlosigkeit hinzukam. Ich ließ ihm Mahlzeiten aus dem Weißen Haus kommen, in der Hoffnung, sie würden ihm eher zusagen als das Krankenhausessen. Als auch das nichts half, rief ich Anne Allmann an, die lange Jahre in Los Angeles unsere Haushälterin gewesen war, und bat sie, die beiden Lieblingsgerichte von Ronnie zuzubereiten: Hamburger und Erbsensuppe.

Zu dieser Zeit durfte Ronnie in meiner Begleitung bereits den Gang hinauf- und hinuntergehen. Jeden Tag versuchten wir, ein bißchen weiter zu gehen. Aber sogar Annes Kochkünsten gelang es nicht, seinen Appetit zu wecken, und so ging ich eines Abends in sein Zimmer und verkündete: »Wir gehen jetzt essen.«

»Wir gehen essen?« fragte Ronnie. »Wohin?«

»Komm einfach mit«, sagte ich. »Wir gehen in eine kleine Disco ganz in der Nähe des Krankenhauses.«

»In Ordnung«, scherzte er, »aber ich werde wohl nicht in der Lage sein zu tanzen.«

»Das macht nichts«, sagte ich. »Dann halten wir eben Händchen.«

Er stand auf und zog seinen Morgenmantel an, und ich hakte ihn unter und führte ihn über den Gang in ein anderes Zimmer, wo ich vor einem Fernseher einen Tisch für zwei Personen gedeckt hatte. Ich dachte, wenn er die Nachrichten ansehen konnte, wie wir es oft während des Abendessens im Weißen Haus taten, würde ich vielleicht etwas Essen in ihn hineinbekommen. Ronnie aß auch an diesem Abend nicht viel, aber er versuchte es wenigstens.

Mehr als einmal bemerkten die Ärzte und Krankenschwestern, was für ein angenehmer Patient Ronnie doch sei. Eines Nachmittags, als George Bush ihn besuchen kam, fand er den Präsidenten im Badezimmer auf den Knien vor, wo er Wasser aufwischte. Wegen seines Fiebers hatten die Ärzte Ronnie verboten zu baden. Weil er jedoch völlig verschwitzt gewesen war, hatte er sich selbst mit einem Schwamm gewaschen.

»Sie sollten das die Schwester machen lassen«, sagte George.

»Nein«, antwortete Ronnie. »*Ich* habe die Anweisungen nicht befolgt. Wenn die Ärzte sehen, daß sie hier aufwischt, bekommt sie womöglich Ärger.«

Die Ärzte sagten, daß Ronnies körperliche Verfassung ausgezeichnet sei und daß er trotz seiner siebzig Jahre den Körper eines Fünfzigjährigen habe. Seine Lungen waren in bestem Zustand, und der Umstand, daß er nie geraucht hatte, hatte es einfacher gemacht, die Kugel zu entfernen. Erst drei Tage vor dem Attentat hatte Dr. Ruge, der sieben Jahre jünger ist als Ronnie, gesagt: »Was soll ich jemandem raten, der siebzig ist und in besserer Verfassung als ich selbst? So ein Mann weiß selbst auf sich zu achten.«

Endlich durfte Ronnie nach Hause. Er verließ das Krankenhaus in einer roten Strickjacke, aber darunter trug er eine kugelsichere Weste. Noch immer gingen Morddrohungen gegen ihn ein.

Alle Krankenschwestern und Ärzte hatten sich eingefunden, um ihn zu verabschieden. Sie hatten Ronnie kennengelernt, und sie bewunderten ihn offensichtlich. Von der Heimfahrt sind mir nur zwei Dinge in Erinnerung geblieben: Es regnete, und Ronnie und ich fuhren – endlich! – zusammen nach Hause.

Mike Deaver und Dan Ruge folgten in einem anderen Wagen. Mike erzählte mir später, daß Dan, der normalerweise nie Gefühle zeigt, ihn bei der Abfahrt mit Tränen in den Augen angesehen habe. »Weißt du«, sagte er, »unser Abschied hier hätte leicht ganz anders aussehen können.«

Vor dem Weißen Haus angekommen, ging Ronnie vom Wagen zum Diplomateneingang und von dort zum Aufzug. Später gab es Berichte, daß er dabei völlig desorientiert gewesen sei. Doch das stimmt nicht. Außerdem hieß es, er habe zusätzlichen Sauerstoff erhalten. Das war nie der Fall. Allerdings bekam er auch zu Hause noch eine spezielle Pflege. Dan Ruge verbrachte die ersten Nächte im Lincoln-Schlafzimmer, und Ronnie schlief vorübergehend in einem Krankenhausbett. Anfangs bekam er noch intravenöse Penicillinspritzen, weshalb der Arzt um zwei Uhr nachts und um sechs Uhr morgens in unser Schlafzimmer kam, aber bald wurde er auf Tabletten umgestellt.

Ronnie war es nicht gewohnt, arbeitsunfähig zu sein, und er glaubte, mehr tun zu können, als tatsächlich der Fall war. Ich zeigte ihm einen Brief von Lady Bird Johnson, in dem sie schrieb, daß Lyndon einen vollen Monat seiner Präsidentschaftszeit gebraucht hatte, um sich von einer Gallenblasenoperation zu erholen. Drei Wochen lang bestand ich darauf, daß Ronnie sich strikt an die ärztliche Anweisung hielt, so wenig zu arbeiten wie irgend möglich. Sein Terminkalender wurde drastisch zusammengestrichen. Morgens traf er sich mit seinen engsten Beratern und danach mit dem Nationalen Sicherheitsrat. Und das war alles. Beide Termine nahm er in Pyjama und Morgenmantel wahr, den Rest des Tages verbrachte er im Bett.

Als Ronnie noch im Krankenhaus lag, hatte ich versucht, die Renovierungsarbeiten in unseren Privaträumen im Weißen Haus zu beschleunigen. Wenigstens der Wintergarten sollte fertig sein, wenn Ronnie nach Hause kam. Fast zwei Wochen lang hatte er sich in einem kleinen, dunklen, engen Raum aufhalten müssen, im Wintergarten jedoch gab es Fenster nach allen Seiten hin. Der Raum war sehr sonnig, und Ronnie bekam endlich wieder den Himmel zu sehen. Und bei schönem Wetter konnten wir einen Sessel auf die Terrasse stellen, und Ronnie konnte draußen sitzen.

Ein Teil von Ronnies linkem Lungenflügel war entfernt worden. Deshalb erklärten ihm die Ärzte, er müsse regelmäßig Übungen machen, um seine volle Lungenkapazität wiederzuerlangen. Wenige Tage später kam Mike Abrums, ein Freund, der in Kalifornien ein Fitneßcenter betreibt, zu uns nach Washington und half uns, in Tricia Nixons ehemaligem Schlafzimmer, das schräg gegenüber von unserem lag, einen Trainingsraum einzurichten. Sobald er dazu in der Lage war, begann Ronnie jeden Tag nach der Arbeit zu trainieren; ich selbst setzte mich jeden Morgen an die Kraftmaschine und auf das Trimmrad.

Dieser Fitneßraum erwies sich als ausgesprochen wertvoll. Wenn sie sich nicht ausdrücklich darum bemühen, bekommen Präsidenten und First Ladys nicht viel Bewegung. Jeder Handgriff wurde uns abgenommen, und nie wurde etwas Anstrengenderes von uns verlangt, als von der Tür des Weißen Hauses bis zum Wagen zu gehen und vom Wagen zu einer anderen Tür.

Ronnie gefiel das Konditionstraining so gut, daß seine Hemden bald eine Größe zu klein waren und der Umfang seines Bizepses sich praktisch verdoppelte. Es dauerte nicht lange, und wir mußten ihm neue Anzüge kaufen. »Ich bin stolz auf dich«, sagte ich, »aber mach ein bißchen langsam. Das wird allmählich teuer!«

Als wir wieder zu Hause waren und ich die Zeit hatte, darüber nachzudenken, was Ronnie geschehen war, wurde mir allmählich klar, wie wenig gefehlt hatte, daß wir ihn für immer verloren hätten. Hinckley hatte in weniger als zwei Sekunden sechs Schüsse abgefeuert, und vier Menschen waren dabei verletzt worden. In diesen zwei Sekunden war Ronnie nur um Haaresbreite vom Tod entfernt gewesen, und ich war nur um Haaresbreite davon entfernt, den Mann zu verlieren, den ich liebe. Jetzt verstand ich, daß jeder neue Tag ein wertvolles Geschenk war und daß ich mehr darauf achten mußte, daß mein Mann auf jede erdenkliche Weise geschützt wurde.

Mir wurde auch bewußt, wie viele Menschen es gab, denen ich dafür zu danken hatte, daß Ronnie noch am Leben war. Da waren die Ärzte und Schwestern aus dem Krankenhaus, von denen wir einige zu einem Staatsempfang mit Abendessen einladen konnten. Da war der Polizeibeamte Thomas Delahanty. Da war Tim McCarthy, der bereit gewesen war, sein Leben für Ronnie zu opfern. Da war Jim Brady. Und schließlich war da Jerry Parr, der Leiter des Sicherheitsdienstes des Weißen Hauses.

Als die Schüsse vor dem Hotel fielen, wußte niemand, daß Ronnie getroffen worden war. Nicht einmal er selbst merkte es. Die erste Kugel traf Jim Brady in die Stirn. Die zweite traf Thomas Delahanty, die dritte traf Tim McCarthy. Der vierte Schuß traf das Autofenster direkt vor Ronnie, und der fünfte traf die Autotür und dann als Querschläger Ronnie. Das sechste Geschoß ging daneben. Nach Augenzeugenberichten drückte Hinckley sogar noch ab, als das Magazin bereits leergeschossen war.

Sobald die Schüsse losgingen, warf sich Jerry Parr auf Ronnie und stieß ihn auf den Boden der Limousine. Ein anderer Sicherheitsbeamter schob die Beine der beiden Männer ganz in den Wagen, warf die Tür zu und schrie: »Weg hier!« Das Ganze dauerte nur dreizehn Sekunden.

Als der Wagen losfuhr, blieb Jerry noch auf Ronnie liegen, um ihn abzuschirmen.

»Jerry, gehen Sie von mir runter, Sie brechen mir noch die Rippen!« sagte Ronnie. Jerry hatte ihm einen so festen Stoß versetzt, daß Ronnies Kopf gegen den Rahmen der Autotür geschlagen war und er mit dem Gesicht nach unten auf dem Kardantunnel vor dem Rücksitz gelandet war. Keiner von beiden hatte gemerkt, daß Ronnie getroffen war.

Zunächst fuhren sie in rasendem Tempo in Richtung des Weißen Hauses. Doch als Ronnie begann, Blut zu husten, merkte Jerry an der hellroten Farbe, daß es aus der Lunge kommen mußte. Er dachte, daß wirklich eine von Ronnies Rippen gebrochen sei und diese vielleicht die Lunge verletzt habe, und gab dem Fahrer die Anweisung, nach rechts in die Pennsylvania Avenue einzubiegen und so schnell wie möglich zur George-Washington-Universitätsklinik zu fahren, die gut einen Kilometer entfernt war. Die Fahrt vom Hotel zum Krankenhaus dauerte dreieinhalb Minuten. Ohne es zu wissen, hatte Jerry innerhalb von zwei Minuten Ronnie zweimal das Leben gerettet. Wenn sie zum Weißen Haus gefahren wären, hätten wir ihn verloren.

Als sie an der Notaufnahme ankamen, wußte Ronnie noch immer nicht, daß er getroffen worden war. Er bestand darauf, selbst hineinzugehen – aber als er die Klinik betrat, versagten ihm die Beine den Dienst.

Ich werde immer dankbar dafür sein, daß Jerry darauf bestand, Ronnie sofort ins Krankenhaus zu bringen – auch wenn der Grund dafür falsch war. Dr. Aaron sagte später: »Viel hat nicht mehr gefehlt, als er hier ankam.«

Ronnie hatte auch das Glück, zu einem Zeitpunkt im Krankenhaus anzukommen, als eine große Besprechung zu Ende ging und daher alle Ärzte zur Stelle waren. Außerdem stand gerade ein Schichtwechsel bevor, was die Zahl der Helfer noch verdoppelte.

Ich machte mir auch Gedanken über den jungen Mann, der geschossen hatte, und besonders über seine Eltern, die mich in einem bewegenden Brief um Verzeihung gebeten hatten. Ich konnte mir vorstellen, wie schrecklich ihnen zumute sein mußte. Als Mutter wußte ich, daß es nicht immer gutgeht, selbst wenn wir unser Bestes geben. Doch während ich ganz selbstverständlich Mitleid mit John Hinckleys Eltern empfand, konnte ich für ihren Sohn keines aufbringen.

Ronnie ist da anders. Als er das erste Wochenende zu Hause

war, erklärte Patti, wie wütend sie auf John Hinckley sei. »Weißt du«, antwortete Ronnie, »als ich so im Krankenhaus lag, die Decke anstarrte und mich fragte, ob ich jetzt sterben würde, da verbrachte ich viel Zeit damit zu beten, und ich wußte, daß ich nicht nur für mich selbst beten durfte. Ich mußte auch für John Hinckley beten. Und wenn Gott mich liebt, dann muß Er trotz allem auch John Hinckley lieben.«

Ich mußte immer wieder daran denken, daß John Hinckley besessen war von dem Film *Taxi Driver*, in dem ein Geistesgestörter einen Politiker verfolgt. Er hatte den Film mehrere Male gesehen und dann angefangen, Präsident Carter zu verfolgen. Nach Carters Niederlage begann Hinckley Ronnie aufzulauern.

Filme haben einen großen Einfluß auf Menschen – besonders auf solche, die unausgeglichen sind. Ich finde, es gibt zuviel Gewalt im Kino und im Fernsehen, und es ist eine der Ursachen für unsere schrecklich hohe Kriminalität. Früher war es nicht üblich, daß die Kamera nahe heranfuhr, wenn auf der Leinwand jemand erschossen wurde, so daß das Blut, das aus seinen Wunden quoll, nicht zu sehen war. Heutzutage sind die Leute Gewaltdarstellungen zu sehr gewohnt.

Die Schüsse auf Ronnie ließen mich auch meine Haltung zur Kontrolle von Schußwaffen überdenken. Ronnies Einstellung änderte sich nicht; er glaubt einfach nicht, daß das Problem darin liegt – ein Standpunkt, den er mehrmals wiederholte, als er noch im Krankenhaus lag. Er befürwortet die Regelung in Kalifornien, die eine Wartezeit für jeden vorsieht, der eine Waffe kaufen will. Nach dem, was ich in dem Krankenhaus gesehen habe, bin ich mir nicht mehr sicher, ob ich darin seiner Meinung bin.

Was den Secret Service angeht, so denke ich anders darüber als frühere Bewohner des Weißen Hauses, die sich eingeengt fühlten und über den Verlust ihres Privatlebens klagten. Nein, ich bin dankbar, die Sicherheitsleute in meiner Nähe zu haben. Wenn sie nicht gewesen wären, hätte ich keinen Mann mehr.

Im Rückblick erkenne ich, daß ich mich viel länger in einer Art Schockzustand befand, als mir bewußt war, und daß dieser 30. März mich psychisch nachhaltiger beeinflußte als Ronnie. Ronnie erkannte das besser als ich selbst; schon im Krankenhaus machte er mich auf mein blasses und abgespanntes Aussehen aufmerksam und drängte mich, nach Hause zu gehen und ein wenig zu schlafen. »Du brauchst nicht den ganzen Tag hierzubleiben«, versicherte er mir immer wieder.

Später schlug er vor, daß ich an der Hochzeit von Prinz Charles teilnehmen sollte, weil er dachte, die Reise würde mir guttun. So nahe wir uns auch sind, wir hatten doch beide unser eigenes Trauma zu überwinden. Seines war hauptsächlich ein körperliches, meines ein seelisches.

Ich hatte erwartet, daß die Erinnerung an die Schüsse im Lauf der Zeit verblassen würde, aber das ist niemals geschehen. Während Ronnies restlicher Präsidentschaftszeit — fast acht weitere Jahre — war mir immer zumute, als würde mein Herz aufhören zu schlagen, wenn er aus dem Haus ging, besonders wenn er eine längere Reise antrat, und das Gefühl verschwand erst, wenn er zurückkam.

Die Ereignisse in jenem Frühjahr hatten mich so mitgenommen, daß es Jahre dauerte, bis ich das Wort ›Schüsse‹ wieder aussprechen konnte. Lange Zeit redete ich nur vom ›30. März‹ oder, noch indirekter, von ›dem, was Ronnie zugestoßen ist‹. Die ganze Sache war für mich buchstäblich unaussprechlich.

Ich hatte auch Schuldgefühle, weil ich vor dem Hotel nicht an Ronnies Seite gewesen war. Vielleicht hätte ich irgend etwas tun können. Ich weiß, das ist irrational. Ich kann mir selbst nicht vorstellen, was ich hätte tun können, um den Lauf der Dinge zu ändern. Aber lange Zeit glaubte ich fest daran, daß nichts passiert wäre, wenn ich an jenem Tag bei Ronnie gewesen wäre.

Zurückblickend glaube ich, daß es für mich längst nicht so ein Schock gewesen wäre, wenn die Schüsse in der Zeit gefallen wären, als Ronnie noch Gouverneur von Kalifornien war. Er hatte dieses Amt schließlich während der späten sechziger und frühen siebziger Jahre inne, also in einer Zeit, in der viel demonstriert wurde und in der Wut und Feindseligkeit gegenüber gewählten Amtsträgern weit verbreitet waren. 1981 jedoch schien die Gefühlslage im amerikanischen Volk so von Zustimmung geprägt zu sein, daß Gewalttätigkeit das letzte war, worüber ich mir Gedanken machte. Ich hatte zwar immer irgendwo im Hinterkopf, daß so etwas möglich war, aber bevor es nicht tatsächlich geschieht, glaubt man einfach nicht, daß es jemals Wirklichkeit werden könnte.

Obwohl sich Ronnie schnell erholte, war er nach wie vor bestürzt darüber, daß drei andere Menschen verletzt worden waren. Besonders um Jim Brady tat es ihm leid, denn dieser hatte eine dauernde Behinderung davongetragen. (Unter den gegebenen Umständen war die Tatsache, daß er überhaupt noch am Leben war, ein Wunder. Heute ist Jim stellvertretender Vorsitzender der nationalen Behindertenorganisation.) Sobald Ronnie dazu in der Lage war, besuchte er Jim im Krankenhaus, und er versprach ihm, das Amt des Pressesprechers so lange freizuhalten, bis Jim seine Arbeit wieder aufnehmen konnte. Obwohl die meisten von Jims Aufgaben in der Presseabteilung von Larry Speakes übernommen wurden, behielt Jim seinen Titel während der ganzen Zeit, in der Ronnie im Amt war, offiziell bei. Ronnie wußte, daß die Kugeln, die die anderen getroffen hatten, für ihn bestimmt gewesen waren, und der Gedanke, daß andere nur deshalb angeschossen worden waren, weil sie in Verbindung zu ihm als Präsident standen, quälte ihn.

Wenige Wochen nach den Schüssen erzählte ich Ronnie, daß ich immer in Panik geriet, wenn er das Weiße Haus verließ. Er lächelte mich an und sagte: »Ich verstehe gar nicht, worüber du dir Sorgen machst. Ich wußte immer, daß es mir bald wieder gutgehen würde.« Doch nach wie vor verfolgte mich der Gedanke sowohl an das, was geschehen war, als auch an das, was beinahe geschehen wäre.

2

❖⟨♦⟩❖

Nichts bereitet einen vor

Als wir im Januar 1981 in Washington ankamen, glaubte ich tatsächlich, ich wüßte, welche Erwartungen an mich gestellt würden und welcher Druck auf mir lasten würde. Ich war damals immerhin schon fast dreißig Jahre lang mit einem bekannten Schauspieler verheiratet, der auch dem Fernsehpublikum kein Unbekannter war; und ich war selbst einmal Filmschauspielerin gewesen. Auch die Politik war für mich nichts Neues, da ich acht Jahre lang Kaliforniens First Lady gewesen war, des größten amerikanischen Bundesstaats und der am meisten medienbewußten Landschaft der Welt. Obwohl ich also wußte, daß Washington etwas anderes war, glaubte ich doch, darauf vorbereitet zu sein, ständig im Rampenlicht zu stehen.

Doch ich mußte die bittere Erfahrung machen, daß nichts – wirklich *nichts* – einen auf die Rolle der First Lady der Vereinigten Staaten vorbereitet.

In den ersten paar Monaten, als ich in diesen Strudel öffentlicher Kontroversen um meine Person geriet, mußte ich oft daran denken, was Helen Thomas, die langjährige Reporterin der Nachrichtenagentur UPI, kurz vor der Wahl zu mir gesagt hatte. Wir saßen damals im Wahlkampfflugzeug nebeneinander und sprachen über die Möglichkeit, daß Ronnie gewählt werden könnte, als Helen auf den enormen Druck zu sprechen kam, der auf der First Lady laste. Ich nickte mit dem Kopf und sagte: »Sie haben sicher recht, aber ein Teil von mir wird immer meine Privatsache bleiben, nur mir gehören.«

»Das glauben Sie jetzt vielleicht«, sagte Helen. »Aber Sie haben keine Ahnung, was wirklich auf Sie zukommt. Sie *können* es sich nicht vorstellen, solange Sie diese Erfahrung nicht selbst gemacht haben.«

Nun, es dauerte nicht lange, bis ich herausfand, was Helen meinte. Von dem Augenblick an, als ich das Weiße Haus betrat, kam es mir vor, als gäbe es für mich überhaupt kein Privatleben mehr. Alles, was ich tat oder sagte, gleichgültig ob als First Lady, als Ehefrau oder als Mutter, wurde sofort Gegenstand öffentlicher Kritik − von Interpretation, Spekulation oder auch nachträglicher Besserwisserei. Meine Kleidung. Meine Freunde und Freundinnen. Mein Geschmack in puncto Möbel. Mein Verhältnis zu meinen Kindern. Die Art, wie ich meinen Mann ansah! Mein ganzes *Leben* war plötzlich Zielscheibe für die Kommentare der Presse und der Öffentlichkeit. Im nachhinein glaube ich, daß meine eigene Naivität und die meines Stabes das Ihre dazu beigetragen und diese Zeit der ständigen Anfechtungen vielleicht sogar verlängert haben. Ich denke, wir alle würden einiges anders machen, wenn wir noch einmal in diese Situation kämen.

Praktisch alles, was ich in diesem ersten Jahr tat, wurde mißverstanden und ins Lächerliche gezogen. Manchmal kam es mir so vor, daß selbst wenn es draußen regnete, möglicherweise ich daran schuld war.

Die erste große Kontroverse betraf die Renovierung des Weißen Hauses.

Ich bin immer sehr häuslich gewesen, und nach jedem Umzug sorgte ich als allererstes dafür, daß das Haus wohnlich wurde. So bin ich nun mal. Ich mag es, wenn um mich herum Ordnung herrscht, und es gefällt mir, meinem Mann ein warmes, erholsames und einladendes Zuhause zu bieten. Das war schon immer so, doch jetzt, wo Ronnie Präsident war, schien es mir ganz besonders wichtig. Und ich denke, es war auch für ihn von Bedeutung, unabhängig davon, ob er sich dessen bewußt war oder nicht.

Ich hatte gewußt, daß im Weißen Haus einiges getan werden mußte, aber erst als wir dort eingezogen waren, wurde mir allmählich klar, wieviel Arbeit man *tatsächlich* hineinstecken mußte − besonders in die Privaträume. Einige der Schlafzimmer im zweiten Stock waren fünfzehn oder zwanzig Jahre lang nicht gestrichen worden! Um die Böden hatte sich eine Ewigkeit lang niemand mehr gekümmert, und auf manchen Wänden zeigten sich Risse. Die lange, weitläufige Center Hall, die sich über die gesamte Länge der ersten Etage erstreckt, war so gut wie leer.

Als ich erkannte, was für eine gewaltige Aufgabe hier auf mich wartete, war ich fassungslos. Schließlich war das nicht einfach *unser* Haus; es war das Weiße Haus. Wir würden hier vier, vielleicht auch acht Jahre lang wohnen, aber das Weiße Haus gehört *allen* Amerikanern. Es sollte etwas sein, worauf man stolz sein kann, doch als wir dort einzogen, stellte ich mit Bestürzung fest, wie heruntergekommen es war. Ich war traurig und enttäuscht darüber, daß es so weit hatte kommen können.

Die meisten Probleme gab es in den Wohnräumen, aber im Oval Office und sonstwo im Westflügel fanden wir tatsächlich angebissene Sandwiches und leere Bierdosen in einigen Schubladen.

Ich verspürte zwar keineswegs den Wunsch, das Weiße Haus in eine fürstliche Residenz zu verwandeln, aber ich wollte dem Gebäude doch etwas von seiner ursprünglichen Größe und Würde zurückgeben. Ich war immer der Meinung, daß das Weiße Haus sein Land so gut wie möglich repräsentieren sollte. Für mich war das so selbstverständlich, daß ich nicht einmal im Traum damit gerechnet hätte, daß man mich für meine Bemühungen kritisieren würde. Wenn überhaupt, dann rechnete ich mit Beifall.

Ich wäre auch niemals auf die Idee gekommen, die Renovierung zu einer Public-Relations-Aktion zu machen. Ich ging einfach an die Instandsetzung, ohne an mögliche Reaktionen der Öffentlichkeit auch nur zu denken. Ich hatte zu diesem Zeitpunkt noch nicht erkannt, daß meine Taten Wut oder Widerspruch heraufbeschwören könnten. Vielleicht hätte mich jemand von meinem Stab darauf aufmerksam machen sollen, doch meine Mitarbeiter waren auf diesem Gebiet ebenso unerfahren wie ich.

Das Weiße Haus ist in unserem Land ein wichtiges Symbol, und ich dachte — und denke das *noch immer* —, die Leute wollten, daß es so gut wie möglich aussieht. Jeden Vormittag stehen Tausende von Touristen Schlange, um einen kurzen Blick in die Räume zu werfen, die der Öffentlichkeit zugänglich sind. Ich glaube, sie wollen etwas Beeindruckendes sehen.

Immer wenn eine neue Familie ins Weiße Haus zieht, bewilligt der Kongreß fünfzigtausend Dollar für die Renovierung und Instandhaltung. Ronnie und ich entschlossen uns, diesen Zuschuß nicht in Anspruch zu nehmen. Zum einen reichte diese Summe kaum aus, um das jahrelang vernachlässigte Haus zu renovieren. Zum anderen dachten wir, es sei besser, private Spenden zu verwenden anstatt das Geld der Steuerzahler.

Wir hatten uns das Ziel gesteckt, zweihunderttausend Dollar zusammenzubekommen, doch bald stand uns mehr als viermal soviel zur Verfügung. Es stimmt, was alle Zeitungen berichteten, daß einige unserer reicheren Freunde sehr großzügig waren. Doch das galt ebenso für viele andere Amerikaner, die es aufregend fanden, bei diesem historischen Projekt mitzuwirken, und kleinere Beträge spendeten – zwanzig Dollar, zehn Dollar oder auch nur einen Dollar. Ihre Namen standen in keiner Zeitung, aber ich war dankbar dafür, daß sie gezeigt hatten, wie sehr ihnen das Weiße Haus am Herzen lag.

Es ärgerte mich, daß den großen Beträgen soviel Aufmerksamkeit geschenkt wurde. Die Medien ließen den Eindruck entstehen, als kämen die Spenden von einem exklusiven Club reicher Leute, und das war ja nun überhaupt nicht der Fall.

Ohne die Unterstützung von Ted Graber, der mir schon bei unserem Haus in Pacific Palisades geholfen hatte, hätte ich es wohl nicht geschafft. Ich liebe es, Wohnungen und Häuser einzurichten, und ich habe nie härter gearbeitet als während der ersten drei Wochen nach der Amtseinführung. Ronnie und ich gehen normalerweise früh schlafen, aber manchmal kam mir abends plötzlich der Gedanke, daß eine Lampe oder ein Bild an einer anderen Stelle vielleicht noch besser zur Geltung käme. Irgendwann gegen elf Uhr rief Ronnie dann nach mir: »Liebling, wo bist du denn? Es ist spät. Komm ins Bett!« Ich war dann beispielsweise im Yellow Oval Room, wo ich einen Beistelltisch woanders hinstellte oder mich mit einem Sessel abmühte.

Ich wollte das Weiße Haus nicht nach meinen Vorstellungen völlig umgestalten, aber ich wollte es gründlich in Ordnung bringen. So manche Schätze des Weißen Hauses waren in irgendeiner unzugänglichen Ecke verborgen – zum Beispiel der entzückende, mit Halbedelsteinen besetzte Perserteppich, der an der Rückseite einer Tür im Erdgeschoß hing, wo ihn niemand zu sehen bekam. Ich hängte ihn hinter dem Schreibtisch in Ronnies Arbeitszimmer auf, damit man sich an seinem Anblick erfreuen konnte.

Zahlreiche andere Gegenstände waren eingelagert, und so fuhr ich zusammen mit Rex Scouten und Ted Graber nach Alexandria, Virginia, wo sich in der Nähe des National Airport das Depot des Weißen Hauses befindet. Es besteht aus einer Lagerhalle, die aus der Zeit des Zweiten Weltkriegs stammt, und zwei halbrunden Wellblechhütten ohne Temperaturregelung. Es brach mir fast das Herz, Hunderte von geschichtsträchtigen Gegenständen aus dem Weißen Haus zu sehen, einige davon mehr als hundert Jahre alt, die hier verfielen und dringend der Restaurierung bedurften. Es war mir unbegreiflich: Warum ließ man all diese schönen Objekte in einem Lagerraum herumliegen? Warum stellte man sie nicht aus, damit man sie anschauen und sich an ihnen erfreuen konnte?

Als Ted und ich anfingen, Sachen aus dem Lager herauszuräumen, waren die Leute dort hoch erfreut. »Nehmen Sie doch noch mehr mit«, sagten sie immer wieder. »Diese Dinge sollten wirklich nicht hier herumliegen.« Wir wählten Dutzende von Stühlen, Schreibtischen, Eßtischen und Spiegeln aus, ließen sie restaurieren und brachten sie ins Weiße Haus zurück.

Da soviel Geld zusammengekommen war, war es uns auch möglich, die Mahagonitüren und die Böden aus Edelhölzern wieder herzurichten. Wir besserten außerdem die Marmorwände in den Staats- und Parterreräumen aus, putzten die Böden mit Ätznatron und säuberten alle neunundzwanzig Kamine des Weißen Hauses.

Wir beschäftigten uns auch noch mit anderen Problemzonen des Weißen Hauses, um die sich seit der Regierung Truman niemand mehr gekümmert hatte. Einige der alten, noch per Hand hergestellten Armaturen der Badezimmer und Küchen mußten durch moderne ersetzt werden, denn sie waren jahrelang nicht gewartet worden, und es hätte ein kleines Vermögen gekostet, sie zu reparieren. Wir begannen mit einer langen Liste nicht gerade pompöser, aber wesentlicher Ausbesserungsarbeiten. Unter anderem mußten neue Leitungen verlegt, verschlissene Teppiche ersetzt, Wände gestrichen und Heizung und Klimaanlage repariert werden.

Am dramatischsten und deutlichsten veränderte sich durch die Renovierung das Gesicht der Center Hall. Die Wände ließen wir in einem leichten Gelbton streichen, damit sie heller wirkten, und wir schufen mehrere Sitzgruppen, wozu wir Möbel benutzten, die vorher im Lager gewesen waren, einschließlich der Nachahmung eines Sheraton-Sofas und zweier Lehnstühle sowie einer Chippendale-Bank, die mit einem mit Rosen bedruckten Stoff bezogen war. Um den langgestreckten Raum zu gliedern, stellte Ted einen achteckigen englischen Schreibtisch aus dem achtzehnten Jahrhundert auf, den Jules Stein, der Gründer von MCA, den Kennedys zur Verfügung gestellt hatte und den ich im Depot wiedererkannt hatte. Ich rief Jules an und erzählte ihm, daß der Tisch nun ins Weiße Haus zurückgekehrt sei. Jules war hoch erfreut, und ich war ganz besonders froh, daß ich ihn angerufen hatte, als ich wenig später von seinem Tod erfuhr.

Nie werde ich den Moment vergessen, in dem all die Mühe belohnt wurde. Eines Abends, als die Renovierung der ersten Etage fast beendet war, aßen Ronnie und ich in der West Hall zu Abend. Wir wurden von einem Butler bedient, der bereits seit siebenunddreißig Jahren im Weißen Haus angestellt war. Als er das Tablett vor mir absetzte, blickte er die Center Hall hinunter, lächelte und sagte: »Langsam sieht es hier wieder aus wie im Weißen Haus.«

Ich fühlte mich, als hätte ich gerade die Ehrenmedaille des Kongresses verliehen bekommen.

Etwa um die gleiche Zeit berief Ronnie eine Sitzung der führenden Leute des Kongresses im Yellow Oval Room ein. Nachdem sie wieder gegangen waren, kam der demokratische Sprecher des Repräsentantenhauses, Tip O'Neill, mit dem Aufzug noch mal hochgefahren, um mir durch Ronnie ausrichten zu lassen: »Bitte, sagen Sie Nancy, daß das Weiße Haus noch nie, niemals, so schön ausgesehen hat wie jetzt!«

Die Reaktionen außerhalb des Weißen Hauses jedoch sahen vollkommen anders aus und trafen mich völlig unvorbereitet. In Fernsehreportagen wurde die Renovierung der wachsenden Arbeitslosigkeit und Obdachlosigkeit gegenübergestellt. Einige Kommentatoren mutmaßten oder behaupteten, daß die Renovierung mit öffentlichen Geldern finanziert worden sei. Andere Berichte kritisierten, daß viele unserer persönlichen Freunde Geld gespendet hatten für die Instandsetzung − als wäre das etwas Unanständiges. Aber sobald die Presse dieses Thema ausgegraben hatte, kaute sie daran herum wie ein Hund an einem Knochen.

Ich war besonders verletzt durch eine Kolumne von Judy Mann in der *Washington Post,* in der sie schrieb: Anstatt allen Amerikanern zu helfen, habe »Nancy Reagan ihre Position dazu mißbraucht, die Lebensqualität derer im Weißen Haus zu verbessern«.

Das lief meinen tatsächlichen Absichten derart zuwider, daß ich am Boden zerstört war. Ich mußte immer an Clare Boothes Luces berühmten Spruch denken, daß man keine gute Tat begehen kann, ohne dafür bestraft zu werden.

Als Judy Manns Kolumne erschien, war ich bereits mit der Planung des Anti-Drogen-Programms beschäftigt, das kurz darauf einen großen Teil meiner Zeit in Anspruch nehmen sollte. Aber ich wollte erst die Renovierung des Weißen Hauses abgeschlossen haben, bevor ich ein anderes großes Projekt begann, und ich zögerte zu verreisen, solange Ronnie noch nicht wieder ganz gesund war.

Nun verbesserte es mein Image nicht gerade, daß die ersten Arbeiten in den Etagen mit unseren Privaträumen durchgeführt wurden, die der Öffentlichkeit nicht zugänglich waren, und daß die Renovierung des Weißen Hauses im Dezember 1981 ausgerechnet im *Architectural Digest* zum ersten Mal groß herausgebracht wurde, das 4,95 Dollar kostete – eine gute, aber teure Zeitschrift. Das war ein Fehler, der das Bild, das viele Amerikaner von mir hatten, nur bestärkte – daß ich eine verwöhnte, reiche Frau sei, die ständig mehr und immer teurere Sachen kauft.

Wenn die Renovierung die Leute ärgerlich machte – das neue Porzellan des Weißen Hauses brachte sie zur Weißglut!

Nach dem ersten offiziellen Abendessen, das wir gaben – es war zu Ehren von Margaret Thatcher –, schrieb die Presse, daß ich Porzellan von verschiedenen Services verwendet hatte, die von mehreren ehemaligen Präsidenten, einschließlich Theodore Roosevelt, Woodrow Wilson, Franklin D. Roosevelt und Harry Truman, angeschafft worden waren. Das stimmte, doch ich hatte das nicht getan, um diesen ehemaligen Präsidenten eine Ehre zu erweisen. Es war ganz einfach nicht genügend Geschirr von einem Service vorhanden, um damit über die Runden zu kommen.

Ein Grund dafür war der Bruch. Feines Porzellan ist empfindlich, und wenn man es wiederholt benutzt und spült, zerbricht ein bestimmter Bruchteil. Die Tassen und Untertassen gehen immer zuerst kaputt, denn sie sind am zerbrechlichsten.

Dann gibt es das Problem des Diebstahls. Obwohl die große Mehrheit der Gäste sich zu benehmen weiß, ist immer irgend jemand dabei, der das Weiße Haus einfach nicht verlassen kann, ohne ein Souvenir mit nach Hause zu nehmen. So mußte in den dreißiger Jahren Eleanor Roosevelt neue, übergroße Brot- und Butterplatten bestellen, weil so viele Gäste die alten in ihren Jakken- und Handtaschen verschwinden ließen! Und während der Ära Kennedy konnte man bei den offiziellen Empfängen im Weißen Haus die kleinen Stoffservietten nicht mehr verwenden, weil so viele Leute sie mitgehen ließen.

Aber der Hauptgrund, warum wir neues Geschirr brauchten, war, daß niemand seit der Regierung Truman ein komplettes Service bestellt hatte. Die Johnsons hatten zwar 1967 neues Geschirr gekauft, aber bei diesem waren weder Vorlegeplatten noch Fingerschalen, Dessertschüsseln oder Suppentassen dabei. Und obwohl dieses Johnson-Geschirr mit den Blumensymbolen der verschiedenen Staaten an den Rändern ausgesprochen hübsch war, paßte es eher zu einem Mittagessen als zu einem großen formellen Dinner.

Das neue Geschirr für das Weiße Haus wurde von der Lenox Company in Pomona, New Jersey, hergestellt, die schon das Porzellan für die Regierungen Wilson, F.D. Roosevelt und Truman gemacht hatten. Mit ihrer Hilfe und ihrer Beratung entschied ich mich für ein neues Design – rotes Porzellan mit Elfenbeinrand, auf dessen Vorlege- und Dessertplatten sich das Emblem des Präsidenten in Gold abhob.

Aber ich habe das Porzellan nicht gekauft. Es wurde angeschafft auf Kosten der Knapp Foundation in Maryland, die es dem Weißen Haus schenkte. Dies geschah zunächst anonym, aber dann gab es ein solches Theater um das neue Porzellan des Weißen Hauses – und so viele Gerüchte, einschließlich dessen, daß es von texanischen Ölmagnaten bezahlt worden sei –, daß schließlich Antoinette Vojvoda, deren Großvater die Knapp Foundation begründet hatte, Rex Scouten anrief und sagte: »Wissen Sie, ich glaube, Mrs. Reagan muß hier eine Sache ausbaden, für die sie überhaupt nichts kann. Ich werde also die Öffentlichkeit davon unterrichten, daß wir es waren, die das Porzellan gestiftet haben.«

Ich war sehr glücklich darüber, doch niemand schien sich auch nur im geringsten für ihre Erklärung zu interessieren; ich sah kaum einmal ihren Namen in der Presse. So muß ich also bis heute immer wieder lesen, daß ich das Porzellan ›gekauft‹ habe. Ich weiß nicht, wie oft ich es noch werde sagen müssen, aber lassen Sie es mich hier noch einmal wiederholen: Ich habe das Porzellan nicht gekauft!

Für die Journalisten war das Porzellan ein Symbol der Extravaganz, die man mir unterstellte. Auch in diesem Fall war übrigens der Zeitpunkt schlecht gewählt: Die Anschaffung des neuen Porzellans für das Weiße Haus wurde am selben Tag bekanntgegeben, an dem das Landwirtschaftsministerium irrtümlich erklärte, in Zukunft dürfe beim Schulessen Ketchup wie ein Gemüse verwendet werden. Wie Sie sich vorstellen können, war das für Kommentatoren und Karikaturisten ein gefundenes Fressen.

Es war eine Anhängerin der Demokraten, die mir schließlich zu Hilfe kam. Margaret Truman Daniel, die während der Präsidentschaft ihres Vaters im Weißen Haus gelebt hatte, erklärte gegenüber der *New York Times:* »Ich finde es wirklich schlimm, wie man über sie herzieht, nur weil sie etwas getan hat, was getan werden mußte. Es ist wirklich lächerlich ... Zu dem von einigen Leuten gemachten Vorschlag, Mrs. Reagan solle doch unterschiedliches Geschirr, das von verschiedenen Präsidenten stammt, nebeneinander verwenden, kann ich nur eines sagen: Das sieht wirklich scheußlich aus. Jede Frau, die jemals Gastgeberin gewesen ist, weiß, daß es einfach nicht geht, Teile von verschiedenen Services nebeneinander auf den Tisch zu stellen. Wenn der Präsident und die First Lady zu einem offiziellen Essen einladen, dann sollte das Geschirr schon zusammenpassen. Zu unserer Zeit war das selbstverständlich der Fall.«

Irgend etwas an dem Porzellan des Weißen Hauses scheint die Leute zu reizen. Schon 1933, als Eleanor Roosevelt ein neues Service bestellte, mußte sie eine Pressekonferenz einberufen, um sich zu rechtfertigen. Die Leute wollen, daß das Weiße Haus großartig wirkt, aber kosten darf es nichts.

Und dann waren da natürlich noch meine Kleider. O ja, meine Kleider.

Die Kritik begann bereits am Tag Nr. 1 mit dem Kleid, das ich bei der feierlichen Amtseinführung trug: ein schönes, weißes, auf einer Seite schulterfreies, mit Perlen besticktes Kleid von James Galanos, dessen Preis die Presse auf 25 000 Dollar schätzte. (Ich habe keine Ahnung, wieviel es tatsächlich wert war, aber diese Schätzung scheint mir doch sehr hoch.) Jimmy Galanos stiftete das Kleid, das später in den Smithsonian-Museen seinen Platz fand: in der Sammlung von Kleidern, die von First Ladys bei der feierlichen Amtseinführung ihres Ehemannes getragen worden waren.

Jimmys Kreationen haben mir schon immer gut gefallen, und ich hatte sie bereits seit Jahren getragen. Tatsächlich kenne ich Jimmy Galanos länger als meinen Mann. Als ich das erstemal nach Hollywood kam, stellte mich ein Mädchen in der Abteilung für Öffentlichkeitsarbeit bei MGM Amelia Gray vor, der ein Geschäft in Beverly Hills gehörte. Amelia kannte Jimmy, und ich kaufte einen seiner ersten Entwürfe, ein schwarzes Cocktailkleid mit weißem Kragen, weißen Manschetten und einem Faltenrock. Es kostete 125 Dollar, damals eine Menge Geld. Mich schaudert, wenn ich daran denke, was es heute kosten würde!

Nachdem Ronnie zum Präsidenten gewählt worden war, rief ich Jimmy an, der fasziniert war von der Möglichkeit, ein Kleid für die Antrittsfeierlichkeiten zu entwerfen. Er machte ein paar Zeichnungen, und wir entschieden uns gemeinsam für ein weißes, perlenverziertes Kleid. Es gefiel mir ausgesprochen gut, und ich trug es voller Stolz. Und ich trug es erneut einige Wochen später auf dem Empfang im Weißen Haus für das Diplomatische Korps.

Nachdem ich First Lady geworden war, kleidete ich mich nicht anders als zuvor. Ich habe mich für Kleidung interessiert, seit ich denken kann – schon als Kind liebte ich es, mich mit Mutters Sachen feinzumachen.

Gut, es stimmt. Es gefällt mir, schöne Kleider zu tragen. Sie tragen dazu bei, daß ich mich wohl fühle – genauso wohl fühle ich mich, wenn ich frisch frisiert bin. Außerdem komme ich aus der Filmbranche, und zu meiner Zeit zumindest ging man nicht aus, ohne sich gut anzuziehen. In Washington war die Bühne größer, und die Anlässe waren zahlreicher, aber auch hier war ich mir immer bewußt, daß mich die Leute ansahen. Und ich hatte das Gefühl (und das habe ich heute noch), daß ich so gut aussehen sollte wie möglich. Schließlich repräsentierte ich unser Land.

Für mich bedeutet, sich gut zu kleiden, auch, sich schlicht zu kleiden. Ginger Rogers übertrieb normalerweise mit ihrer Garderobe, und irgendwann hat einmal jemand im Studio zu ihr gesagt: »Bevor Sie aus dem Haus gehen, sehen Sie in den Spiegel – und überlegen Sie sich, auf welches Teil Sie verzichten können.« Ich denke, das ist ein Rat, den viele von uns beherzigen sollten.

Ich war in Sachen Mode nie an vorderster Front, und ich kleide mich auch nicht nach dem letzten Schrei. Ich versuche, Kleider zu wählen, in denen ich heute gut angezogen bin, die aber auch morgen noch gut aussehen. Wie lautet die Redensart: »Mode vergeht; Stil besteht.«

Ich hänge ewig an meinen Sachen, und man braucht praktisch Dynamit, um sie mir wegzunehmen. Ronnie zieht mich gern damit auf, daß ich noch immer meine alte Trainingshose von der High School habe. Als ich in das Weiße Haus zog, brachte ich eine Menge Kleider aus Kalifornien mit. Bei unserem ersten Staatsbankett 1981 trug ich ein Kleid von Galanos mit einem kastanienbraunen Samttop und einem schwarzen Chiffonrock. Dieses Kleid war sechzehn Jahre alt. Ich habe es noch immer und werde es möglicherweise eines Tages wieder anziehen.

Ich gehöre zu den Menschen, die sich erst in letzter Minute umziehen, und ich entscheide mich nur selten im voraus, was ich an einem bestimmten Abend tragen werde. Meine Pressereferentin rief mich oft an und fragte, was ich voraussichtlich anziehen würde, weil die Journalisten es wissen wollten. »Ich weiß noch nicht«, antwortete ich ihr meistens. »Das kommt ganz darauf an, wie ich mich fühle.«

Es gab so viele verschiedene Gelegenheiten, für die ich mich passend kleiden mußte, daß ich nicht weiß, wie ich jemals hätte zurechtkommen sollen ohne die Hilfe von Chris Limerick, der Hausdame des Weißen Hauses, und Liz Hagerty, ihrer Nachfolgerin. Chris hatte einst Rosalynn Carters Garderobe systematisch geordnet, und zwar mit Hilfe von Plastikschildchen, auf denen sie den Designer, die Farbe, das Kaufdatum und — sehr wichtig — die Gelegenheiten, bei denen das Kleidungsstück getragen worden war, notierte. Ich fand das eine gute Idee, und wir behielten es bei. Es hat mir sicherlich das Leben erleichtert.

Doch trotz meinem Image, daß ich vierundzwanzig Stunden am Tag in teuren Modellkleidern herumstolziere — Tatsache war, daß ich mich, sobald ich nicht im Licht der Öffentlichkeit stand, so zwanglos kleidete wie nur möglich. Auf der Ranch und in Camp David hatte ich immer Jeans an, und auf langen Reisen war das erste, was ich in der *Air Force One* tat, in meinen warmen und bequemen Jogginganzug aus Baumwolle zu schlüpfen. Abends, wenn wir nicht ausgingen, war ich normalerweise schon vor dem Abendessen in Nachthemd und Morgenmantel.

Ich weiß gute Kleidung zu schätzen, aber sie spielt bestimmt keine entscheidende Rolle in meinem Leben. Und ich finde es unfair anzunehmen, daß eine Frau, die sich gut kleidet, sonst nicht viel tut. Ich hatte sehr wohl andere Interessen — obwohl das 1981 der Presse und dem größten Teil der Öffentlichkeit noch nicht klargeworden war. Sheila Tate, meine Pressereferentin, erzählte mir, daß während meiner ersten sechs Monate in Washington etwa 90 Prozent der Fragen, die an sie gerichtet wurden, etwas mit Mode zu tun hatten.

Und dann heißt es, *ich* sei verrückt nach Kleidern!

Jede First Lady hat ihren eigenen Stil. Aber wenn man sich an einige meiner Vorgängerinnen erinnert, dann wird man entdecken, daß sogar die First Ladys, die sich nicht besonders für Mode und für ihr Äußeres zu interessieren schienen, nach ein paar Monaten ihrem Haar und ihrer Kleidung mehr Aufmerksamkeit widmeten. Während ich dies hier schreibe, macht gerade Barbara Bush diese Wandlung durch. Und das ist auch ganz natürlich — wenn man auf einmal die Nation repräsentiert, ständig im Rampenlicht steht und fotografiert wird, nicht nur innerhalb der Vereinigten Staaten, sondern auf der ganzen Welt, dann fängt man eben an, mehr Sorgfalt auf die Kleidung zu verwenden. Man stellt fest, daß die Leute die First Lady in verschiedenen Kleidern sehen *wollen*. Sie wollen, daß sie möglichst gut aussieht.

Als ich nach Washington zog, benötigte ich eine größere Garderobe als in Los Angeles oder Sacramento. Die First Lady wird von einer nie versiegenden Flut von offiziellen Mittagessen, Empfängen, Preisverleihungszeremonien, Tagungen, formellen Abendessen und so weiter überschwemmt, und bei jeder dieser Angelegenheiten wird sie angestarrt und fotografiert. Jedesmal wenn sie das Weiße Haus verläßt, ist das für sie ein regelrechter Auftritt.

Außerdem sind da noch die Staatsbanketts, fast jeden Monat eines. Während unserer acht Jahre in Washington waren Ronnie und ich die Gastgeber von annähernd achtzig solcher Einladungen. Selbst wenn man seine Kleider mehr als einmal trägt, wie ich es ja tat, kommt doch eine stattliche Abendgarderobe zusammen.

Und gerade wenn ich ins Ausland reiste, versuchte ich, unser Land so gut wie möglich zu repräsentieren. Eine Hochzeit im englischen Königshaus in London oder ein Staatsbankett im Spiegelsaal von Versailles ist eine wesentlich sorgfältiger inszenierte Angelegenheit als irgend etwas in Washington, New York oder Hollywood. Jetzt habe ich diese extravagante Aufmachung nicht mehr nötig, aber damals brauchte ich sie selbstverständlich.

Weil ich mehr Kleider benötigte – viel mehr, als ich mir leisten konnte –, lieh ich mir Verschiedenes von meinen Lieblingsdesignern und von alten Freundinnen aus. Und hier unterlief mir ein großer Fehler. Nein, nicht weil ich mir etwas lieh, sondern weil ich nicht von Anfang an öffentlich bekanntgab, daß ich das tun und dann die Kleider wieder zurückgeben würde.

Ich hatte ehrlich nie damit gerechnet, daß dies als ein Problem angesehen werden könnte. Das Ausleihen von Modellkleidern ist in der amerikanischen Modewelt eine so gängige und akzeptierte Praxis, daß ich nie auf die Idee gekommen wäre, man könnte mich deshalb kritisieren. Mit dem Thema Astrologie – worauf ich in Kürze zu sprechen kommen werde – würde ich mir möglicherweise Schwierigkeiten einhandeln, das wußte ich. Aber was das Ausleihen von Kleidern betraf, konnte ich mir wirklich nicht vorstellen, daß es irgend jemanden stören könnte.

In Europa borgen sich die First Ladys ständig ihre Garderobe. In Frankreich beispielsweise tragen die Ehefrauen der Präsidenten und Premierminister regelmäßig Kleider, die ihnen Designer wie Yves St. Laurent, Pierre Cardin und Christian Dior zur Verfügung stellen. Die französische Regierung läßt diese Praxis nicht nur zu, sondern begrüßt sie als Mittel, eine der wichtigsten Industrien des Landes zu unterstützen.

Viele Amerikaner jedoch waren erstaunt, als meine Ausleihpraxis von der Presse enthüllt wurde. Ich verstehe nicht, warum. First Ladys haben sich schon oft Kleider geliehen oder sie zu einem reduzierten Preis gekauft. Kurz bevor ich das Weiße Haus wieder verließ, verlieh mir die amerikanische Modebranche eine Auszeichnung. Barbara Walters, die bei diesem Anlaß eine kleine Rede hielt, schlug vor, First Ladys generell zu *ermutigen,* geliehene Modellkleider zu tragen, denn, so drückte sie es aus, »das hilft der Modebranche, tut niemandem weh und steigert unseren Stolz auf amerikanische Kleider«.

1981 wurde ich auch deshalb kritisiert, weil ich mich in einer Phase der Rezession so gut kleidete. Aber wenn ich mich plötzlich anders angezogen hätte, hätte das dann der Wirtschaft genutzt? Im Gegenteil: Man hat mir gesagt, daß ich das Geschäft der amerikanischen Designer belebt hätte, weil so viele Frauen in der First Lady ihr modisches Vorbild sehen. Die Textilbranche ist unsere siebtgrößte Industrie, und in New York arbeiten dafür mehr Menschen als für irgendeinen anderen Wirtschaftszweig. Wenn man mein Verhalten schon unbedingt kommentieren mußte, dann hätte man sagen können, daß ich der Wirtschaft *half,* indem ich vielen Leuten Arbeit verschaffte!

Doch wenn die Öffentlichkeit wünscht, daß die First Lady möglichst gut aussieht, warum wurde ich dann so heftig und so oft wegen meiner Garderobe kritisiert?

Ein Grund dafür mag sein, daß manche Frauen nicht gerade begeistert sind über eine andere Frau, die Größe 36 trägt und anscheinend keine Probleme damit hat, schlank zu bleiben.

Nein, ich bin nicht magersüchtig, und ich bin es auch nie gewesen. (Das ist ein weiteres Gerücht, das über mich im Umlauf war, und ich habe es immer gehaßt. Magersucht ist eine schreckliche Krankheit und nicht irgendeine Bezeichnung, mit der man leichtfertig umgehen sollte.) Die Wahrheit ist wesentlich weniger dramatisch: Trotz der Tatsache, daß ich dreimal am Tag esse und selbst auf das Dessert nicht verzichte, achte ich ständig auf mein Gewicht. Ich bin keine große Esserin, und es sind keine großen Portionen notwendig, um mich satt zu machen.

Es ist vielleicht schwer vorstellbar, aber ich war einmal ziemlich mollig. Als mein erstes Semester am College zu Ende und ich zum erstenmal weg von zu Hause war, ging mein Gewicht auf fünfundsechzig Kilo hinauf. Zusätzlich zu dem stärkehaltigen Essen stellte man uns abends auch noch ein Tablett mit Toastbroten hin, die mit Erdnußbutter und Marmelade bestrichen waren – und ich aß im Lauf der Nacht normalerweise drei davon! Als ich im Juni wieder nach Hause kam, meinte mein Vater zu mir: »Nancy, ich glaube, du hast ein bißchen Speck angesetzt.«

Nun, mehr brauchte es nicht, denn jede Kritik, die von meinem Vater kam, traf mich wirklich tief. Von da an achtete ich auf meine Ernährung, und drei Jahre später, als ich das College abschloß, war mein Gewicht auf siebenundfünfzig Kilo heruntergegangen, was noch immer viel für mich war. Heute ist es für mich ein Problem, mein Gewicht zu halten, nicht es loszuwerden. Zur Zeit wiege ich achtundvierzig Kilo.

Während unseres letzten Jahres im Weißen Haus wurde die ›Modegeschichte‹ in einem Artikel des Magazins *Time* erneut aufgewärmt. Darin wurde kritisiert, daß ich noch immer Kleider von führenden Designern auslieh, obwohl ich angeblich versprochen hatte, es nicht mehr zu tun − und daß ich sie dann behalten hätte. Ich konnte nicht anders, ich mußte das Timing der Veröffentlichung bewundern: Ausgerechnet auf dem Höhepunkt des Wahlkampfes 1988 wurde die alte Geschichte wieder aus dem Archiv geholt. Damals wurde immer wieder Elaine Crispen, meine Pressereferentin, mit der Aussage zitiert: »Nun, sie hat ein kleines Versprechen gemacht und es gebrochen.« Ich weiß nicht, warum Elaine das gesagt hat, ich weiß nur, daß sie unrecht hatte, und ich machte ihr das auch klar. Ich hatte keine Kleider behalten. Einige gingen an die Reagan-Bibliothek, andere wurden Museen übergeben. Die restlichen waren Eigentum der Designer.

Und ich frage mich: Was wäre geschehen, wenn ich tatsächlich aufgehört hätte, Kleider auszuleihen, und nur die getragen hätte, die ich mir leisten konnte? Nicht lange, und die Presse hätte meine Kleidung nicht mehr als extravagant bezeichnet, sondern als ›nachlässig‹ und ›unelegant‹. Und die Zeitungen wären bald der Frage nachgegangen, wie oft ich mich in der gleichen Aufmachung sehen ließ. Anscheinend konnte ich es in diesem Punkt den Leuten einfach nicht recht machen.

1981, als der Wirbel um meine Kleider zum erstenmal losging, gab es nur sehr wenige Leute, die mich verteidigten. Aber 1988, als dieselben Reportagen wieder erschienen, hatte ich viele Verbündete; wohl deshalb, weil mich die Leute mittlerweile besser kannten. Die *Chicago Tribune* schlug damals vor, daß ich meinen Lieblingsdesignern eigentlich mehrere hundert Dollar Stundenhonorar dafür hätte *in Rechnung stellen* sollen, daß ich ihre neuesten Kollektionen vorführte.

Die Renovierung, das Porzellan, die Kleider – diese ganze Kritik verstärkte ein Image von mir, das bereits aufgebaut worden war, bevor Ronnie und ich ins Weiße Haus einzogen. Katharine Graham machte mich einmal auf eine ganze Reihe von Artikeln über mich aufmerksam, die vor 1980 erschienen waren. Sie waren von jüngeren Frauen verfaßt worden, die der feministischen Bewegung angehörten. »Diese Frauen konnten sich einfach nicht mit Ihnen identifizieren«, sagte sie. »Sie repräsentierten alles, wogegen sie rebellierten.«

Damals war mir das nicht aufgefallen, aber inzwischen glaube ich, daß Kay den Nagel auf den Kopf getroffen hatte. Und ich vermute, das, was manchen Frauen wirklich Probleme bereitete, war mein Entschluß, meine Karriere aufzugeben und mich ganz meinem Mann und meiner Familie zu widmen. Ronnie hatte mich nie darum gebeten; es war meine eigene Entscheidung gewesen. Ich hätte durchaus weiterhin regelmäßig als Filmschauspielerin arbeiten können. Aber ich hatte zu viele Schauspielerehen scheitern sehen, weil beide Partner Karriere machten. Ich hatte immer das Gefühl, von beiden Welten jeweils das Beste bekommen zu haben – eine Karriere, gefolgt von einer glücklichen Ehe. Und doch haben mir einige Frauen meine Entscheidung nie verziehen und auch nicht, daß ich einmal sagte, mein Leben habe erst richtig begonnen, als ich Ronnie heiratete. Doch solange ich mich zurückerinnern kann, wollte ich zu jemandem gehören und jemanden haben, der zu mir gehört. Ich wollte nie alleine meinen Weg gehen.

Es ist außerdem möglich, daß viele, die über mich schrieben, den Eindruck hatten, daß unser Eheleben zumindest teilweise gespielt war. Sie kann *unmöglich* nach all den Jahren noch so verrückt nach ihm sein, schienen sie zu sagen. Und wie sie ihn immer ansieht, wenn er eine Rede hält. Also bitte! Die beiden sind schließlich Schauspieler, die geben doch hier nur eine weitere Vorstellung.

Aber so war und ist es nicht. Schließlich gewöhnten sich die Leute an das Verhältnis, das wir zueinander hatten, und akzeptierten es. Ich denke, sie kamen irgendwann zu dem Schluß, daß niemand sich so gut verstellen kann – und über eine so lange Zeit hinweg!

Eine andere Sache, auf die mich Kay Graham aufmerksam machte, war, daß ich eine ziemlich unbekannte Größe war, als Ronnie und ich nach Washington zogen. »Alles was wir von Ihnen wußten, war aus dem Artikel von Joan Didion in der *Saturday Evening Post*.«

Ich zuckte regelrecht zusammen, als Kay das sagte. 1968 hatte Joan Didion einen Tag mit mir in unserem Haus in Sacramento verbracht. Ich hatte das Gefühl, daß unsere Unterhaltung ganz gut verlaufen wäre, und die Zeit, die wir zusammen verbracht hatten, hatte mir gefallen. Als ich einige Wochen später während eines Fluges nach Chicago ihren Artikel las, stellte ich jedoch zu meinem Entsetzen fest, daß er vor Sarkasmus triefte: »Nancy Reagan hat ein interessiertes Lächeln auf den Lippen, das Lächeln einer guten Ehefrau, einer guten Mutter, einer guten Gastgeberin, das Lächeln einer Frau, die in angenehmen Umständen aufgewachsen und aufs Smith College gegangen ist und die einen angesehenen Neurochirurgen als Vater hat (der Eintrag über ihren Vater im *Who's Who* von 1967 ist neun Zeilen länger als der ihres Ehemannes) und einen Ehemann, der der Prototyp des netten Jungen von nebenan ist und − nicht zu vergessen − Gouverneur von Kalifornien, das Lächeln einer Frau, die den Traum der amerikanischen Mittelklassefrau von etwa 1948 verkörpert. Alle, die in diesem Traum mitspielen, sind tadellos gekleidet, jedes Detail stimmt ... Und jeder lächelt − die Sekretärin, die Leibwächter, die Köchin, die Gärtner.«

Nun, ich hatte damals ein Interview gegeben, und ja, ich hatte gelächelt, als ich die Tür öffnete, um Joan Didion zu begrüßen. Das jedoch war offensichtlich ein großer Fehler gewesen, denn an anderer Stelle in dem Artikel wurde mein Lächeln beschrieben als »ein Bild eingefrorener Unaufrichtigkeit.«

Nein, ich war damals nicht unaufrichtig. Und ich fürchte, mein Lächeln ist nun mal so, wie es ist. Eins hätte ich gerne gewußt: Hätte es ihr besser gefallen, wenn ich die Zähne gefletscht hätte? Sie hatte offensichtlich die Geschichte in ihrem Kopf schon geschrieben, bevor sie mich kennenlernte.

Zwölf Jahre später, 1980, waren in Porträts von mir ähnliche Zeilen zu lesen. Mein größter Fehler war anscheinend, daß ich zu höflich war, zu sehr Dame. In der *Washington Post* griff Sally Quinn die Art an, wie ich dasaß und zuhörte, wenn Ronnie eine Rede hielt: »Niemals scheint es sie zu jucken, niemals bleiben ihre Lippen an ihren Zähnen hängen, sie blinzelt kaum. Schlafen ihre Beine denn nie ein? Hatten sie noch nie einen schrecklichen Streit, kurz bevor er eine Rede hält? Wird sie nie müde, dieselben Dinge wieder und immer wieder zu hören?«

Julie Baumgold in der Zeitschrift *New York* ging noch ein bißchen weiter: »Sie provoziert nicht; sie schmeichelt und unterdrückt ununterbrochen die kleine Hure in sich.«

Wow!

Als der Wahlkampf in vollem Gang war, wurde es noch schlimmer. Im Oktober 1980, nur zwei Wochen vor den Wahlen, veröffentlichte der *Los Angeles Herald Examiner* eine fünfteilige Serie mit dem Titel ›Die Frau, die Königin werden möchte‹. Es war einfach widerlich! Ich ducke mich immer noch unwillkürlich, wenn ich daran denke. Nach einer ganzseitigen gräßlichen Zeichnung von mir – in königlichen Gewändern, eine Krone auf dem Kopf, beuge ich mich über ein Schachbrett – porträtierte mich die Autorin Wanda McDaniel als berechnende, machthungrige Intrigantin, die geradezu danach dürstet, ins Weiße Haus einzuziehen. Einige der Geschichten, die sie schrieb, waren einfach absurd: In einer behauptete sie, daß ich der Schauspielerin Ruta Lee und einer anderen Frau nicht erlaubte, mit Ronnie und mir gemeinsam den Lift zu benutzen, weil sie zu attraktiv seien und ich krankhaft eifersüchtig. Ruta ist tatsächlich sehr attraktiv, aber sie ist auch eine Freundin, und eine solche Szene hat sich nie ereignet.

An späterer Stelle in demselben Artikel beruft sich Miss McDaniel auch auf einen alten Freund von mir, Rupert Allen, der angeblich gesagt hatte, wenn Ronnie gewählt würde, würde Nancy das Weiße Haus gemütlich einrichten, und »all ihre nichtjüdischen Freunde werden dann ständig dort sein«. Rupert hat das nie gesagt, und er ärgerte sich so sehr, daß er drohte, das Blatt zu verklagen.

Wanda McDaniel wiederholte auch das Märchen, das ich schon hundertmal gehört habe: daß mein Vater ein extremer Rechter gewesen sei und verantwortlich für Ronnies politische Wende vom Liberalen zum Konservativen. Oder, wie es in einem anderen Artikel aus dieser Zeit hieß: »Sie verliebten sich, Nancy bekehrte ihn zur Politik ihres Vaters, und schon war er da: Ronald Reagan, der Politiker der Rechten.«

Ja, diese Geschichten tun weh.

Kay Graham hatte möglicherweise recht, als sie mich auf den Einfluß von Joan Didions Porträt aufmerksam machte, denn es schien tatsächlich so, als würden andere Journalistinnen ihre Artikel auf dieselben Themen stützen, nicht nur 1980, sondern auch 1981. Mit wenigen Ausnahmen beschrieben sie mich als eine Frau, die sich nur für reiche Freunde und extravagante Kleider interessiert, als eine oberflächliche und hochnäsige Angehörige der oberen Zehntausend, als eine verwöhnte Lady, die es liebte, einkaufen und essen zu gehen.

In anderen Worten: als ein richtig dummes Ding.

In der Frauenzeitschrift *Ms.* nannte mich Gloria Steinem ›das Marzipan-Weib‹ und »eine der seltenen Frauen, die das Wunder vollbringen, überhaupt keine Interessen zu haben«.

Wenige Jahre später wurde ich natürlich deshalb kritisiert, weil ich zu viele Interessen hatte − vor allem in der Politik. Doch zurück ins Jahr 1981: Damals sagte *Newsweek* voraus, daß man »Nancy wahrscheinlich nicht vorwerfen wird, daß sie sich in Staatsangelegenheiten einmischt«. Das hoffe ich auch!

Und die *Chicago Tribune* verdient sicher einen Preis dafür, die größte Anzahl negativer Attribute in einen einzigen Satz gequetscht zu haben, als sie mich beschrieb als »Queen Nancy die Extravagante, eine überhebliche ehemalige Debütantin und Filmschauspielerin, deren Hauptinteresse der Mode, Möbeln und Essen mit reichen Freundinnen gilt, die bei dem Begriff ›harte Zeiten‹ an Tischdecken denkt, die beim Waschen eingelaufen sind, und deren hingebungsvoll auf ihren Mann gerichtete Rehaugen stählerne Blicke werfen können, wenn sie ihre Assistenten terrorisiert«.

Man hat mir mehr Namen gegeben, als ich mir merken kann. Queen Nancy. Der eiserne Schmetterling. Die Schöne vom Rodeo Drive. Die extravagante Nancy. Die Ausschneidepuppe. In der Show *Tonight* witzelte Johnny Carson einmal, mein liebstes Schnellgericht sei Kaviar.

Solche Geschichten taten nicht nur weh, sie machten mich auch verdammt wütend. Normalerweise nannten sie auch die Namen meiner prominenten Freunde und Freundinnen (die die Presse als ›Die Gruppe‹ bezeichnete), aber sie erwähnten kaum einmal meine Freunde, die der Öffentlichkeit kein Begriff sind. Es machte mich wütend, wenn ich las, daß ich mit einem Schlemmergrüppchen unterwegs gewesen sei, das seine Tage beim Einkaufen in den Geschäften am Rodeo Drive verbringe. Ich *weiß,* daß es Frauen gibt, die jeden Tag einkaufen gehen und bei denen sich alles darum dreht, zum Essen auszugehen, aber auf mich traf das damals sowenig zu wie heute. So ein Leben würde mich zu Tode langweilen.

Während wir in Pacific Palisades lebten, hatten Ronnie und ich kleine Kinder, und ich verbrachte den größten Teil meiner Zeit damit, sie herumzuchauffieren, zum Zahnarzt zu bringen, neue Schuhe für sie zu kaufen, Einkäufe zu erledigen, ehrenamtliche Tätigkeiten an ihrer Schule zu leisten, während irgendwelcher Schulfeiern am Würstchenstand zu stehen − mit lauter ganz normalen Dingen, die Mütter eben tun. Ging ich manchmal zum Essen aus? Selbstverständlich. Habe ich manchmal einen Einkaufsbummel gemacht? Natürlich. Aber mein Leben hat nie aus Restaurantbesuchen und Einkaufen bestanden.

Mir wurde auch vorgeworfen, ich sei eine Verkörperung von ›Hollywood‹. Nun ja, Ronnie und ich haben in Hollywood gearbeitet, und wir sind stolz darauf. Aber wir waren nie Teil der schillernden Hollywoodszene − der Welt, in der Stars wie Ava Gardner und Joan Crawford oder später Elizabeth Taylor und Joan Collins zu Hause waren. Als wir 1952 heirateten, faßten wir ganz bewußt den Entschluß, *nicht* in Hollywood zu leben − damals wurde Pacific Palisades als Vorort weit draußen angesehen. Für uns bestand ein toller Abend darin, daß wir zusammen mit den Holdens einen Film im Fernsehen ansahen oder ins Kino gingen.

Aber zu der Zeit, als ich First Lady wurde, hatte die Presse schon ein fertiges Bild von mir. Dann, während meines ersten Jahres in Washington, wurden die Renovierung des Weißen Hauses, das neue Porzellan und meine Kleider als Bestätigung für dieses Image genommen.

Es ist leicht, die ganze Schuld der Presse zuzuschieben, aber inzwischen glaube ich, daß auf beiden Seiten Fehler gemacht wurden. Ich wünschte, die Journalisten hätten sich ein wenig mehr Zeit genommen, mich besser kennenzulernen, anstatt sich auf alte Geschichten und Vorurteile zu stützen. Ich wünsche mir aber auch, ich hätte intensiver versucht, ihnen zu vermitteln, wer ich wirklich war. Ich schätze meine Privatsphäre sehr, und es war immer schwierig für mich, anderen Leuten viel über mich zu erzählen, besonders Journalisten und besonders über persönliche Angelegenheiten. Und anfangs, als ich mich darauf einließ, ging der Schuß oft nach hinten los. Wenn mich jemand verletzt, was 1980 und 1981 wiederholt geschah, tendiere ich dazu, mich zurückzuziehen, aus Gründen des Selbstschutzes. Heute sehe ich, daß dies damals vielleicht alles noch schlimmer gemacht hat, weil man mich dann als arrogant und snobistisch empfand.

Ich bilde mir ein, daß die Presse und ich uns besser kannten, als wir das Weiße Haus wieder verließen. Ich war nicht die erste First Lady, die von den Medien angegriffen wurde, aber niemand konnte sich an eine Berichterstattung erinnern, die nur entfernt dem gleichkam, was ich während des ersten Jahres aushalten mußte. Bess Truman und Mamie Eisenhower wurden wegen ihrer nachlässigen Kleidung und ihrer gewöhnlichen Freunde kritisiert. Jackie Kennedy schnitt ein wenig besser ab, obwohl sie sicherlich irgendwann die endlose Neugier satt hatte, mit der ihre Garderobe begutachtet wurde. Mrs. Johnson wiederum wurde gut behandelt – niemand störte sich daran, daß sie viele reiche Freunde hatte, die ihr bei ihrem Verschönerungsprojekt unter die Arme griffen. Pat Nixon wurde meiner Ansicht nach einfach deshalb beschimpft, weil sie sie selbst war. Betty Ford hatte eine gute Presse, aber Rosalynn Carter wurde verspottet, weil sie Interesse für politische Fragen entwickelte. Dennoch gewann ich den Unbeliebtheitswettbewerb spielend. Ende 1981 war ich dermaßen unpopulär wie keine andere First Lady der Gegenwart.

Es geschieht nicht oft im Leben, daß man das Glück hat, ganz neu anfangen zu können, aber ich hatte im Frühjahr 1982 fünf Minuten lang die Möglichkeit, mein Verhältnis zu den Washingtoner Journalisten auf eine völlig neue Grundlage zu stellen. Es geschah auf dem jährlichen Gridiron-Dinner – wie ich schnell erfahren hatte, gehörte es zu den wichtigsten gesellschaftlichen Ereignissen in Washington.

›Gridiron‹ ist der Name eines kleinen Clubs von sechzig ausgewählten Zeitungsjournalisten. Alljährlich im Frühjahr veranstalten sie ein elegantes Dinner, zu dem nicht mehr als sechshundert Gäste eingeladen werden. Das Programm ist immer dasselbe: Presseleute führen kluge und (hoffentlich) lustige Parodien vor, in denen sowohl Demokraten als auch Republikaner durch den Kakao gezogen werden. Auf die Sketche folgen zwei Redner – einer von jeder Partei. Der Abend endet mit einem kurzen Toast auf den Präsidenten und seiner Erwiderung darauf.

Für Politiker und Journalisten in Washington ist das Gridiron-Dinner *das* gesellschaftliche Ereignis des Jahres. Auf der Gästeliste stehen immer der Sprecher des Weißen Hauses, Mitglieder des Kabinetts, Spitzenberater des Weißen Hauses, Richter vom Obersten Gerichtshof und führende Mitglieder des Kongresses sowie eine stattliche Anzahl von Moderatoren, Verlegern, Kolumnisten, Diplomaten und anderen Leuten, die aufgrund ihrer Funktion Einfluß auf die öffentliche Meinung haben.

Jeder Präsident seit Benjamin Harrison war auf mindestens einem Gridiron-Dinner, und Ronnie und ich besuchten sie alle, solange wir in Washington waren. Ronnie hatte besonders viel Spaß bei dem Dinner 1984, wo er mehrere Demokraten auf die Schippe nehmen konnte, die gerade um die Ehre kämpften, bei den Wahlen im November gegen ihn antreten zu dürfen. Als die Reihe an Senator Alan Cranston war, der einige Jahre jünger war als er selbst, sagte Ronnie: »Stellen Sie sich das mal vor, in seinem Alter noch Präsident werden zu wollen!« Und er fertigte Gary Hart mit der Bemerkung ab: »Dieses Land wird niemals einen Präsidenten akzeptieren, der aussieht wie ein Filmstar.« Es war typisch für Ronnie, daß beide Seitenhiebe eigentlich auf ihn selbst gemünzt waren.

Einige Wochen vor dem Dinner im Jahr 1982 wurde Sheila Tate klar, daß ich nach dem Jahr, das ich gerade durchgemacht hatte, unvermeidlich zur Zielscheibe einer der parodistischen Nummern werden würde. Sie dachte, es wäre doch phantastisch, wenn ich selbst in diesem Sketch auftreten und als Überraschungsgast eine kleine Rolle spielen würde.

Zuerst schlug Sheila ihre Idee einigen von Ronnies Beratern, einschließlich David Gergen, Larry Speakes und Mike Deaver vor. Nachdem sie alle ihren Segen dazu gegeben hatten, kam Sheila zu mir.

Wie sich herausstellte, planten einige Gridiron-Mitglieder, daß eine Sängerin ein Lied über mich zum besten geben sollte. Jemand schlug vor, daß ich mit einem eigenen Lied antworten sollte, in dem ich die Presse angriff.

»Vergessen Sie es!« sagte ich zu Sheila. »Ich habe nicht die geringste Lust, die Presse anzugreifen. Wenn ich schon mitmache, dann sollte ich mich lieber über mich selbst lustig machen.«

»Sind Sie bereit zu singen?« fragte sie.

»Sicher.«

»Tanzen?«

»Selbstverständlich.«

»Wären Sie bereit, einen Teller zu zerschmettern, der so angemalt ist wie das neue Porzellan des Weißen Hauses?«

»Natürlich! Aber nur, wenn es wirklich eine Überraschung ist. Ich will, daß niemand im voraus davon weiß – nicht einmal mein Mann!«

Damit wir die Gelegenheit hatten, uns eine passende Antwort auf den Sketch über mich auszudenken, gaben die Gridiron-Organisatoren das Lied an uns weiter, das eine als Nancy Reagan verkleidete Sängerin zum besten geben sollte. Es war ein neuer Text zu der Melodie des alten Liedes ›Second Hand Rose‹, mit dem Fanny Brice 1920 einen Hit gelandet und das kurz zuvor ein Comeback erlebt hatte. Der Text lautete folgendermaßen:

Second-hand clothes.
I give my second-hand clothes
To museum collections and traveling shows.
They were oh so happy that they got 'em
Won't notice they were ragged at the bottom.
Goodbye, you old worn-out mess.
I never wear a frock more than once.
Calvin Klein, Adolfo, Ralph Lauren and Bill Blass.
Ronald Reagan's mama's going strictly First Class.
Rodeo Drive, I sure miss Rodeo Drive
In frumpy Washington.

Second-hand rings.
Donate those old used-up things.
Designers deduct 'em.
We're living like kings.
So what if Ronnie's cutting back on welfare.
I'd still wear a tiara in my coiffed hair.

(Secondhandkleider./Ich gebe meine Secondhandkleider/an Museen und Theatergruppen weiter./Oh, man war so glücklich damit/nie würde man merken, wie kaputt sie war'n im Schritt./Goodbye, altes, abgetragenes Zeug./Ich zieh' so 'nen Fummel nie mehr als einmal an./Calvin Klein, Adolfo, Ralph Lauren und Bill Blass,/Ronald Reagans Mutti trägt immer nur First Class./Rodeo Drive, ich vermisse den Rodeo Drive/Im dumpfen Washington.

Secondhandringe./Ich verschenk' diese alten, gebrauchten Dinge./Die Designer setzen sie ab./Was soll's, wenn Ronnie Sozialausgaben kürzt./Wir leben hier wie der russische Zar/Und ich trag' 'ne Tiara im elegant frisierten Haar.)

Sheila bat dann Landon Parvin, einen unserer besten Redenschreiber, sich einen Liedtext auszudenken, mit dem ich darauf antworten konnte. Währenddessen mußten wir entscheiden, was ich anziehen sollte. Mit der begeisterten Unterstützung meines Stabs stellten wir eine wirklich lächerliche Kostümierung zusammen — ich sah darin aus wie eine Schlampe an Halloween. Ich trug weiße Hosen mit blauen Schmetterlingen, gelbe Gummistiefel, eine blaue Bluse mit weißen Tupfen und darüber ein wirklich scheußliches, ärmelloses, rotbedrucktes Baumwollkleid. *Darüber* wiederum trug ich einen blaubedruckten Rock, der auf einer Seite mit einem Zierschmetterling hochgesteckt war, eine lange Kette aus falschen Perlen und eine zerschlissene Federboa und einen roten, mit Federn und Blumen verzierten Strohhut. Ich sah wirklich umwerfend aus!

Während des Dinners (anständig gekleidet selbstverständlich) war ich so nervös, daß ich keinen Bissen hinunterbrachte. Vielleicht, aber nur vielleicht, lag es daran, daß sechshundert der einflußreichsten Leute der Vereinigten Staaten gleich sehen würden, wie sich die First Lady des Landes zum Narren machte.

Doch für einen Rückzieher war es zu diesem Zeitpunkt zu spät. Als die Sängerin auf der Bühne ›Second-Hand Clothes‹ sang, flüsterte ich Ronnie zu, ich würde auf die Toilette gehen. Sheila Tate, die noch nervöser war als ich (falls das überhaupt noch möglich war), saß zwischen zwei Zeitungsverlegern. »O Mann«, stöhnte einer von ihnen. »Mrs. Reagan ist gerade rausgegangen. Ich wette, jetzt ist sie richtig sauer.«

Hinter der Bühne schlüpfte ich in mein Kostüm. Einer der Bühnenpfeiler war zu einem großen Kleiderständer umfunktioniert worden, wie man es im Lagerraum eines Ladens oft sehen kann. Ich versteckte mich hinter dem Pfeiler, wo ich für niemanden zu sehen war, während der Gridiron-Sketch, in dem ich durch den Kakao gezogen wurde, noch immer im Gange war. Als das Lied vorbei war, zupfte ich noch einmal meine Kostümierung zurecht und ging hinaus auf die Bühne.

Ich wurde von einem donnernden Schweigen begrüßt. Einige Sekunden lang erkannte niemand, wer diese Frau war, die in ihren albernen Kleidern so lächerlich wirkte. Doch als der Groschen fiel, erhoben sich die Leute und bedachten mich mit einer *Standing Ovation*, bevor ich meinen Mund auch nur aufgemacht hatte. Als wieder Ruhe eingekehrt war, sang ich Landons Text zu der Melodie von ›Second-Hand Rose‹:

> I'm wearing second-hand clothes
> Second-hand clothes
> They're quite the style
> In the spring fashion shows.
> Even my new trench coat with fur collar
> Ronnie bought for ten cents on the dollar.
>
> Second-hand gowns
> And old hand-me-downs
> The china is the only thing that's new.
> Even though they tell me that I'm no longer Queen,
> Did Ronnie have to buy me that new sewing machine?
> Second-hand clothes, second-hand clothes,
> I sure hope Ed Meese sews.

(Ich trage Secondhandkleider/Secondhandkleider/Denn das ist der Stil/Der Frühjahrsmode, leider./Sogar den neuen Trenchcoat mit dem vornehmen Kragen/Hat Ronnie für nur 'nen Dollar nach Hause getragen.

Secondhandröcke/Und alte Erbstücke/Das Porzellan ist als einziges neu./Auch wenn sie mir alle erzählen, daß ich keine Königin mehr bin,/Warum stellt mir Ronnie denn gleich diese Nähmaschine hin?/Secondhandkleider, Secondhandkleider,/Ich hoffe, Ed Meese ist ein guter Schneider.)

Als ich geendet hatte, reagierte das Publikum mit einer zweiten *Standing Ovation*. Noch besser war, daß die Leute an den richtigen Stellen gelacht hatten, und ich entspannte mich allmählich und begann mich zu amüsieren. Der einzige Haken kam ganz am Schluß, als ich den ›Porzellanteller‹ auf der Bühne zerschmettern wollte. Ich warf ihn zwar auf den Boden, aber er blieb ganz!

Als das Publikum laut nach einer Zugabe verlangte, sang ich das Lied noch einmal, und dieses Mal ging auch der Teller kaputt.

Ich war unsicher, wie Ronnie reagieren würde, aber als ich zum Tisch zurückkehrte, lachte er immer noch, und so wußte ich, daß ihm mein Auftritt gefallen hatte.

Ich hätte mir nie träumen lassen, daß meine Vorstellung eine solche Wirkung haben würde. Sie wurde während unserer restlichen Jahre in Washington immer wieder erwähnt, geradeso, als wäre es ein wichtiges politisches Ereignis gewesen — was es in gewissem Sinne allerdings auch war. Dieses Lied, zusammen mit meiner Bereitschaft, es zu singen, signalisierte den Meinungsmachern, daß ich vielleicht doch nicht die schreckliche, humorlose Frau war, für die sie mich hielten — die Möchtegern-Königin, distanziert und hochnäsig. Von diesem Abend an begann sich mein Image in Washington zu verändern.

Es war lange Zeit her, daß ich eine freundliche Presse erhalten hatte, und so hob ich mir die Zeitungsberichte über meinen Auftritt auf. Über das Gridiron-Dinner darf normalerweise nicht öffentlich berichtet werden, doch als Berichte darüber in den Zeitungen erschienen, die mir wohlgesonnen waren, hatte ich keine Lust, mich zu beschweren. »SINGENDE UND TANZENDE FIRST LADY VERSCHLÄGT ALLEN DIE SPRACHE«, schrieb die *New York Daily News*. »SIE SINGT, SIE MACHT WITZE, SIE IST EIN HIT«, urteilte der *Los Angeles Herald Examiner*.

Nach Ansicht der *Washington Post* »reagierte das erlesene Publikum von Journalisten, Politikern und deren Freunden auf ihren Auftritt, als hätte sie sich völlig verändert. Als sie den Ballsaal verließen, war eine ganze Reihe dieser Meinungsmacher der Ansicht, daß Nancy Reagans Sing- und Tanznummer ihr Image völlig verändert hatte.«

Und in der *New York Times* hieß es: »Präsident Nixon spielte einst Piano, und Betty Ford tanzte einmal, aber man war sich einig, daß sich noch nie eine First Lady so gut vorbereitet hatte... Super!«

3

❧⟡❧

Astrologie

Die Kritik, der ich mich im ersten Jahr von Ronnies Amtszeit ausgesetzt sah, war nichts im Vergleich zu der Aufregung, die während Ronnies letztem Jahr im Amt wegen meiner Beschäftigung mit der Astrologie losbrach. Damals äußerte ich mich nicht dazu, aber jetzt kann ich reden und genau erklären, was ich tatsächlich getan habe – und warum.

Nach den Schüssen war ich – das habe ich bereits erklärt – völlig fertig mit den Nerven. Ronnie erholte sich zwar wieder, aber ich neige grundsätzlich dazu, mir Sorgen zu machen, und jetzt hatte ich wirklich Grund dazu: Ich befürchtete, daß es wieder geschehen könnte und ich Ronnie für immer verlieren würde.

Astrologie war ganz einfach eine Methode, gegen die Angst anzugehen, die mich quälte, nachdem mein Mann beinahe gestorben wäre.

Noch lange Zeit nach dem Attentat schien die Welt von einer Welle der Gewalt überschwemmt zu werden. Sechs Wochen, nachdem Ronnie beinahe getötet worden war, wurde der Papst durch einen Schuß verletzt – mitten auf dem Petersplatz. Vier Monate danach wurde Präsident Sadat bei einer Truppenparade in Kairo erschossen. In den ersten neun Monaten seit der Amtsübernahme meines Mannes war auf drei führende Männer der Weltpolitik geschossen worden.

Jeder versicherte mir, das sei reiner Zufall – und doch machte ich mir Sorgen. Wie konnte man überhaupt eine öffentliche Person vor Gewaltakten schützen? Und was wäre, wenn es zwischen diese drei Attentaten eine Verbindung gab, die sich erst viel später zeigen würde?

58

Dann gab es da den sogenannten ›Zwanzig-Jahre-Todeszyklus‹ der amerikanischen Präsidenten. Mehr als ein Jahrhundert lang war jeder Präsident, der in einem Jahr gewählt worden war, das mit Null endete, noch während seiner Amtszeit gestorben. Über diesen eigenartigen Zusammenhang war während des Wahlkampfes 1980 geschrieben worden. Ich hatte diesen Berichten zwar nicht viel Beachtung geschenkt, aber es *war* etwas bei mir hängengeblieben.

Nun, nachdem mein Mann Präsident und Ziel eines Anschlags geworden war, begann mich diese historische Regelmäßigkeit zu ängstigen. Präsident William Harrison, gewählt 1840, war während seiner Amtszeit gestorben. Lincoln, gewählt 1860, war ermordet worden, genauso wie Garfield (gewählt 1880) und McKinley (gewählt 1900). Harding (gewählt 1920) war gestorben, und zu meinen Lebzeiten war Franklin Delano Roosevelt (gewählt 1940) gestorben und John F. Kennedy (gewählt 1960) ermordet worden.

Sollte Ronald Reagan, gewählt 1980, der nächste sein?

Waren die Schüsse im März 1981 vielleicht nur ein Omen, eine Warnung, daß etwas noch viel Schlimmeres bevorstand?

All *das* beiseite gelassen – wenn ein Mordversuch nur so knapp fehlgeschlagen war, was würde einen weiteren verhindern? Nachdem auf Ronnie geschossen worden war, gingen laufend Morddrohungen ein, ein übliches Phänomen, wenn eine prominente Persönlichkeit ein Attentat überlebt hat: Wenn sie überlebt, stellt das eine Art perverse Herausforderung für andere Möchtegern-Mörder dar. Nach den Erfahrungen des Secret Service war es sehr gut möglich, daß jemand versuchen würde, zu Ende zu führen, was einem anderen nicht gelungen war.

Was, wenn der 30. März nur der Anfang gewesen war? Und wie sollte ich *acht Jahre lang* mit dieser Ungewißheit leben?

Viele Nächte lag ich neben meinem Mann und versuchte, diese quälenden Gedanken zu verdrängen. Ronnie schlief, ich dagegen machte kein Auge zu. Als Ronnie im Krankenhaus war, lag ich oft im Weißen Haus auf seiner Seite des Bettes, um mich ihm ein wenig näher zu fühlen, aber ich konnte trotzdem kaum Schlaf finden. Nun, da er wieder zu Hause war, lag ich nachts noch immer wach.

Ich hatte überhaupt keinen Appetit mehr. Ich versuchte zwar stets, etwas zu essen, um bei Kräften zu bleiben, aber ich konnte nichts bei mir behalten. Als ich nach Washington kam, wog ich einundfünfzig Kilo. Nach dem Attentat ging mein Gewicht auf unter fünfundvierzig herunter. Auf den meisten Fotos von 1981 sehe ich richtig ausgemergelt aus.

Wenn man solche Ängste aussteht wie ich damals, dann nimmt man jeden Trost und jede Hilfe an, die man bekommen kann. Ich betete viel häufiger als früher. Ich unterhielt mich mit religiösen Autoritäten wie Billy Graham und Donn Moomaw. Ich sprach sehr viel mit alten Freunden, die mich anriefen und mir ihre Unterstützung anboten.

Und wenn Ronnie nicht in meiner Nähe war, weinte ich. Manchmal weinte ich auch, *obwohl* er da war, aber normalerweise gelang es mir, mich dann ins Schlafzimmer oder ins Bad zurückzuziehen, damit er sich nicht aufregte, weil er sah, daß *ich* mich aufregte. Ich wußte, wenn Ronnie mich weinen sähe, würde er das tun – und das war das letzte, was ich wollte. Er war dabei, sich zu erholen, aber er sah noch immer sehr angeschlagen aus.

Nur wenige Tage, nachdem Ronnie aus dem Krankenhaus entlassen worden war, zog beispielsweise ein Zirkus durch Washington, der auch die Pennsylvania Avenue entlangmarschierte. Als der Zug das Weiße Haus erreichte, hielten die Leute an und legten eine kleine Vorstellung ein, um den rekonvaleszenten Ronnie ein wenig aufzumuntern. Ich war gerade im Fitneßraum, als Ronnie hereinkam und mir erzählte, wie sehr er sich über diese Vorstellung gefreut habe. Er sah so schwach aus, wie er in seinem blauen Morgenmantel und seinem Pyjama dastand, so anders als der Ronnie, den ich sonst gekannt hatte. Es fiel mir sehr schwer, mich zusammenzureißen, bis er den Raum verlassen hatte.

Eines Nachmittags telefonierte ich mit dem Showmaster Merv Griffin, einem alten Freund aus meinen Hollywoodtagen, und er erzählte, er habe kürzlich mit Joan Quigley, der Astrologin aus San Francisco, gesprochen. Ich hatte sie viele Jahre zuvor einmal im Fernsehen gesehen, als sie in Mervs Sendung an einer Diskussion über Astrologie teilgenommen hatte. Später hatte uns Merv anscheinend einmal einander vorgestellt, woran ich mich allerdings nicht mehr erinnerte. Joan hatte dann irgendwann ihre Hilfe für Ronnies Wahlkampf 1980 angeboten und mich mehrere Male angerufen, um über ›gute‹ und ›schlechte‹ Zeiten für Ronnie zu sprechen. Ich interessierte mich für das, was sie zu sagen hatte, und ich freute mich, als sie mir erzählte, Ronnie werde gewinnen – das stehe in seinen und auch in meinen Sternen.

Ich weiß noch so genau, als wäre es gestern gewesen, wie ich auf das reagierte, was Merv am Telefon zu mir sagte. Er hatte mit

60

Joan gesprochen, und diese hatte ihm erzählt, sie hätte mich vor dem 30. März warnen können. Laut Merv hatte Joan gesagt: »Der Präsident hätte zu Hause bleiben sollen. Ich hatte schon in der Konstellation der Sterne gesehen, daß es ein gefährlicher Tag für ihn werden würde.«

»O mein Gott«, rief ich aus. *»Ich hätte es verhindern können!«* Ich legte den Hörer auf, nahm ihn aber gleich wieder ab und rief Joan an.

»Merv erzählte mir, Sie wußten Bescheid über den 30. März«, sagte ich.

»Ja«, erwiderte sie. »Ich konnte sehen, daß es ein sehr schlechter Tag für den Präsidenten werden würde.«

»Ich mache mir solche Sorgen«, gestand ich ihr. »Ich habe Angst, wenn er aus dem Haus geht; mir ist dann, als bekäme ich keine Luft mehr – bis er wieder zurück ist. Jedesmal wenn wir aus dem Wagen steigen oder aus einem Haus hinausgehen, verkrampft sich alles in mir. Ich habe Angst, daß irgendwann wieder jemand auf ihn schießt.«

Joan war eine gute Zuhörerin, und sie antwortete mit der einfühlsamen Wärme, die ich so nötig brauchte. Es dauerte nicht lange, und ich sprach mit ihr auch über andere Dinge, die mich beschäftigten, vertraute ihr die Probleme an, die ich mit meinen beiden Kindern Patti und Michael hatte, und erzählte ihr von meinen Sorgen um meine Eltern, die langsam alt wurden und beide krank waren. Und immer gab mir Joan hilfreiche Ratschläge und tröstete mich. Wir hatten eine geschäftliche Beziehung, aber im Lauf der Zeit sah ich auch eine Freundin in ihr. Heute ist mir klar, daß sie außerdem eine Art Therapeutin für mich war.

Zu Anfang war mir Joan Quigley eine notwendige Stütze, und die Gespräche mit ihr gehörten zu meinen Versuchen, mit meiner Angst um Ronnie fertig zu werden. Nach ein oder zwei Jahren war mir diese Beziehung zur lieben Gewohnheit geworden; sie war mir nicht mehr so wichtig wie anfangs, doch ich sah auch keinen Grund, sie abzubrechen. Auch wenn ich mir nie sicher war, ob Joans Rat tatsächlich half, Ronnie zu beschützen, Tatsache ist, daß so etwas wie am 30. März nicht wieder passierte.

Hat die Astrologie dazu beigetragen? Ich glaube es nicht *wirklich,* aber ich glaube auch nicht, daß es *nicht* so war. Eines weiß ich allerdings genau: Es hat niemandem weh getan, und ich bereue es nicht.

Joan und ich unterhielten uns mehrere Male, und schließlich

machte sie den Vorschlag: »Warum lassen Sie mich nicht wissen, wann der Präsident Termine außerhalb des Weißen Hauses hat? Ich könnte Ihnen dann sagen, ob es sich um schlechte oder gute Tage handelt.« Nun, dachte ich, schaden kann es ja nicht. Und so sprach ich ein- oder zweimal im Monat mit Joan (manchmal zu verabredeten Terminen, manchmal spontan). Ich hatte dabei immer Ronnies Terminkalender vor mir liegen, und was ich wissen wollte, war ganz einfach: Waren bestimmte Tage sicher oder gefährlich? Wenn Ronnie beispielsweise am 3. Mai eine Rede in Chicago halten sollte, war es dann besser, wenn er Washington am Morgen des 3. Mai verließ, oder sollte er besser schon am vorangehenden Nachmittag fliegen?

Die Leute scheinen davon fasziniert, wie ich das Ganze organisatorisch in den Griff bekam, aber im Grunde war es ganz einfach. Meine Telefongespräche mit Joan führte ich immer auf meinem privaten Apparat, genauso wie die mit anderen Freunden. Wenn sie mich zurückrufen mußte, dann wußten die Mitarbeiter in den Telefonzentralen des Weißen Hauses und von Camp David, daß sie eine Freundin von mir war, und stellten sie durch.

Wenn Joan mir zu bestimmten Tagen Ratschläge gab, dann rief ich, falls notwendig, Michael Deaver an, der Ronnies Terminkalender führte. Manchmal wurde dann eine kleine Veränderung vorgenommen. Von 1985 an hielt ich es genauso mit Donald Regan, der damals Ronnies Stabschef wurde. Wenn nichts mehr geändert werden konnte, dann gab ich Mike oder Don gegenüber nach. Die Astrologie spielte also bei der Organisation von Ronnies Terminen tatsächlich eine gewisse Rolle, aber sie war nie das einzige Kriterium, und niemals beeinflußte sie eine politische Entscheidung.

Ich wußte natürlich, daß Ronnie Schwierigkeiten bekommen würde, falls das jemals an die Öffentlichkeit dringen sollte — wobei ich allerdings nicht ahnte, *welche* Schwierigkeiten. Doch solange ich mit Mike Deaver zu tun hatte, wußte ich, daß mein Geheimnis bei ihm sicher aufgehoben war. Mike war diskret. Er kannte Ronnie und mich seit Jahren und war einer meiner engsten Freunde. Ich wäre nie auf die Idee gekommen, ihn zu bitten, die Angelegenheit vertraulich zu behandeln; ich wußte einfach, daß er das tun würde.

Und was die Astrologie betraf, verstand Mike mich. Auch er mußte mit dem Trauma des Anschlags auf Ronnie leben — eine der Kugeln war knapp über Mikes Kopf hinweggepfiffen und hatte ihn nur um Haaresbreite verfehlt. Wenn er sich nicht genau in der richtigen Sekunde geduckt hätte, wäre er tot gewesen. Diese Erfahrung trug wohl dazu bei, daß Mike es anscheinend für gar keine schlechte Idee hielt, Joans Ratschlag einzubeziehen. Er dachte sich wie ich: Warum nicht? Warum etwas riskieren? Es mag ja Unsinn sein, aber man kann nie wissen. Und schließlich lassen sich die Menschen seit Jahrtausenden von der Astrologie faszinieren. Sie gehört zu den Geheimnissen, die wohl nie ganz enträtselt werden.

Weil ich Don Regan nicht besonders gut kannte, war ich ihm gegenüber ein wenig vorsichtiger – eine Ahnung, von der ich jetzt wünschte, ich hätte sie ernster genommen. Regan nannte ich beispielsweise nie Joans Namen, sondern sprach nur von ›meiner Freundin‹. Don kommentierte ihre Informationen nie, in keiner Weise. Er äußerte sich niemals über meine Vorgehensweise, entmutigte mich nicht und machte sich auch nicht über mich lustig. Er hat sicher nie gesagt: »Lassen wir das doch. Ich glaube nicht, daß es eine gute Idee ist.« Wenn Menschen mir gegenüber direkt sind und ihre Meinung offen sagen, komme ich gut mit ihnen zurecht, nicht jedoch, wenn ich keine Ahnung habe, was in ihrem Kopf vorgeht. Meine Gedanken drehten sich in erster Linie um Ronnie. Ich glaube heute, daß Don mehr an Don interessiert war.

Don ließ allerdings auch nie durchblicken, daß er es für eine gute Idee hielt, Joan zu konsultieren, so wie Mike das getan hatte. Ich wußte, daß Don von Joan nicht besonders viel hielt, aber ich vermute, das lag zumindest teilweise daran, daß er immer seinen Kopf durchsetzen wollte – und seine Terminplanung.

Don Regan sagte später, er habe mit Farbstiften Eintragungen in einen Kalender auf seinem Schreibtisch gemacht, um den Einfluß von Joans Ratschlägen zu verfolgen. Wenn das stimmt, wußte ich jedenfalls nichts davon. Ich erfuhr das wie jeder andere auch: aus Presseberichten über sein Buch. Soweit ich mich erinnern kann, sprachen Don und ich nie ausdrücklich über Astrologie. Und wir diskutierten auch nicht über meine Beziehung zu Joan Quigley.

Anfangs hoffte ich noch, Joans Ratschläge wären kostenlos, so wie sie das während des Wahlkampfes 1980 gewesen waren, doch soviel Glück hatte ich nicht. Ich glaube, es wäre unfair, bekanntzugeben, wieviel sie mir berechnete. Ich würde ja auch nicht jedem erzählen, wieviel ich meinem Arzt gezahlt habe. Aber billig war es nicht! Joan schickte mir monatlich ihre Analyse in einem Umschlag, auf den sie meinen persönlichen, aus fünf Ziffern bestehenden Code schrieb. Diese Kennziffern hatte man irgendwann eingeführt, damit die persönliche Post an den Präsidenten und die First Lady nicht in den Bergen der allgemeinen Post an das Weiße Haus verlorengeht.

Man lernt schon *ein bißchen,* wenn man im Weißen Haus wohnt, und ich hielt es nicht für angebracht, daß eine Astrologin Schecks bekam, die von der First Lady unterzeichnet waren. Also bat ich eine Freundin in Kalifornien, Joan zu bezahlen, und erstattete ihr wiederum jeden Monat diese Summe zurück.

Eines möchte ich noch einmal und unmißverständlich betonen: *Joans Empfehlungen hatten mit politischen Maßnahmen oder Meinungen nichts zu tun – niemals. Ihr Rat beschränkte sich auf das Timing – auf Ronnies Terminkalender und darauf, welche Tage gut oder schlecht waren, besonders bei Terminen außerhalb Washingtons.*

Obwohl das Attentat nur gut einen Kilometer vom Weißen Haus entfernt geschehen war, hatte ich weniger Angst, wenn Ronnie in Washington öffentlich in Erscheinung trat, zum Teil, weil ich hier mit meinen eigenen Augen sehen konnte, daß die Sicherheitsvorkehrungen nach dem 30. März verbessert worden waren. Wenn wir jetzt beispielsweise in ein Hotel fuhren, in dem Ronnie sprechen sollte, spannte der Secret Service gewöhnlich ein großes Segeltuch vor den Eingang, so daß der Präsident von der Straße aus nicht gesehen werden konnte. Das war nur eine kleine Änderung, aber es tröstete mich immer sehr, dieses Stück Stoff zu sehen.

Auch in anderen Bereichen waren die Sicherheitsvorkehrungen verbessert worden, besonders nachdem es Berichte des amerikanischen Geheimdienstes gegeben hatte, wonach libysche Mordkommandos bald in den Vereinigten Staaten operieren würden und Ronnie und ich ganz oben auf ihrer Liste stünden. Man nahm diese Warnungen so ernst, daß rund um das Weiße Haus Betonbarrieren errichtet wurden. Als hätte ich mich nicht schon verwundbar genug gefühlt!

Doch es waren Ronnies Termine außerhalb von Washington, die mir die größten Sorgen machten, und hier fand ich Joans Ratschläge besonders beruhigend. Am schlimmsten war es, wenn Ronnie ohne mich auf Reisen ging, denn obwohl es völlig unlogisch ist – ich kam nie über das Gefühl hinweg, daß das Attentat nicht geschehen wäre, wenn ich am 30. März an seiner Seite gewesen wäre.

Ich sollte auch erwähnen, daß die Idee, den Rat einer Astrologin einzuholen, mir nie besonders abwegig erschienen ist. Gewöhnlich werfe ich jeden Morgen beim Zeitunglesen einen Blick auf mein Horoskop, wenn ich auch fünfzehn Minuten später wieder vergessen habe, was darin stand. Und obwohl ich weit davon entfernt bin, wirklich daran zu glauben, denke ich doch, daß es bestimmte Charaktermerkmale gibt, die auf Menschen, die unter demselben Sternzeichen geboren sind, tendenziell zutreffen. Ich richte mein Leben allerdings nicht nach astrologischen Vorhersagen aus, und, nein, ich habe auch nicht die Angewohnheit, die Leute zu fragen, unter welchem Sternzeichen sie geboren wurden!

Ich wurde am 6. Juli geboren, bin also Krebs. Es heißt oft, Krebse seien ausgesprochen häuslich, und genau so würde ich mich selbst beschreiben. Krebse tendieren auch dazu, intuitiv, verletzlich und sensibel zu sein und Angst davor zu haben, daß man sich über sie lustig macht – das alles, es mag einem gefallen oder nicht, trifft auf mich zu. Das Symbol des Krebses ist sein Panzer: Krebse zeigen der Welt oft eine harte Schale, die ihre Empfindlichkeit verbirgt. Wenn man sie verletzt, reagieren Krebse oft, indem sie sich zurückziehen. Allerdings, das bin ich.

Als ich noch in Hollywood lebte, kannte fast jeder Carroll Righter, einen Astrologen, der eine Kolumne für die *Los Angeles Times* schrieb. Es war ein netter, älterer Herr, der jedem seine guten und schlechten Tage verriet – so waren mir diese Kategorien durchaus ein Begriff.

Ein weiterer Grund, warum ich der Astrologie relativ offen gegenüberstand, war der, daß ich in meinem Leben sehr viel mit Leuten aus dem Showbusiness zu tun gehabt hatte. In diesen Kreisen ist der Hang zu Aberglauben und anderen wissenschaftlich nicht verifizierbaren Glaubenssätzen weit verbreitet und wird allgemein akzeptiert. Vielleicht kommt das daher, daß die Unterhaltungsbranche so unberechenbar und logischen Erklärungen nicht zugänglich ist. Angefangen bei meiner Mutter bis hin zu fast jedem Künstler, den ich kannte, war jeder zumindest leicht abergläubisch. Da hieß es zum Beispiel: Pfeifen in der Garderobe bringt Unglück. Wirf nie deinen Hut aufs Bett. Und verstaue deine Schuhe niemals so, daß sie sich höher befinden als dein Kopf.

Ich glaube nicht, daß die Schauspieler und Künstler diese Dinge tatsächlich *glaubten,* aber man achtete eben darauf, um auf Nummer Sicher zu gehen. Wenn jemand einen Astrologen konsultierte, machte sich kein Mensch Gedanken deswegen.

Nach dem 30. März 1981 hatte ich keine Lust, auch nur das Geringste zu riskieren. Nur sehr wenige Menschen können wirklich nachvollziehen, wie es ist, wenn der Ehemann beinahe erschossen wurde und man ihn dann ständig wieder vor riesigen Menschenmengen sieht, vor Zehntausenden von Menschen, von denen jeder ein Verrückter mit einer Schußwaffe sein kann. Ich wurde kritisiert und lächerlich gemacht, weil ich mich der Astrologie zuwandte, aber nach einer Weile kam ich an den Punkt, wo mir das gleichgültig war. Ich tat alles Erdenkliche, um meinen Mann zu schützen und am Leben zu erhalten. Ein Leben ohne Ronnie war undenkbar für mich: Ich war bereit, alles zu tun, was meiner Meinung nach irgendwie zu seiner Sicherheit beitragen konnte. Jeder Mensch reagiert unterschiedlich, und das war es, was *ich* tun mußte. Astrologie half mir dabei — und niemand hat mir je nachweisen können, daß sie Ronnie oder dem Land irgendwie geschadet hätte.

All diese Jahre hindurch war Joan Quigley für mich da. Wenn ich heute an diese Zeit zurückdenke, dann ist mir nicht ihr Rat bezüglich bestimmter Termine wirklich im Gedächtnis haften geblieben, sondern vielmehr ihre persönliche Anteilnahme und Unterstützung. Joan war jemand, an den ich mich mit allen meinen Ängsten und Befürchtungen wenden konnte.

Erst 1985 lernte ich sie schließlich persönlich kennen. Joan hatte immer mal an einem Staatsbankett im Weißen Haus teilnehmen wollen. Als sie beim Begrüßungsdefilee an der Reihe war und ihr Name angesagt wurde, dachte ich mir — daran erinnere ich mich noch —: Aha, so sieht sie also aus! Wir begrüßten einander nur kurz, denn ich hatte als Gastgeberin meine Verpflichtungen. Doch am Telefon, wo wir mehr Zeit hatten, war Joan immer freundlich und hatte immer Zeit für mich. Sie hatte Mitleid mit mir. Sie schickte mir Texte, die zum Nachdenken anregten. Sie war eine große Hilfe für mich — nicht nur was Ronnie und seine Arbeit als Präsident anging, sondern auch bei meinen Problemen mit meinen Eltern und mit Patti.

Zunächst wußte Ronnie nichts von meinen Gesprächen mit Joan. Er ahnte nicht, daß Mike Deaver und ich vielleicht eine bestimmte Abflugzeit oder einen Termin auf Joans Rat hin geändert hatten. Ich wollte es Ronnie erzählen, aber ich *brannte* nicht gerade darauf, das zu tun, und so ließ ich es immer wieder sein. Dann, eines Tages — ich stand bereits seit mehreren Monaten mit Joan in Verbindung —, kam Ronnie ins Schlafzimmer, als ich gerade mit ihr telefonierte.

»Liebling, um was ging es denn da gerade?« fragte er.

Als ich es ihm erzählt hatte, sagte er: »Wenn es dir hilft, mach weiter damit. Aber sei vorsichtig. Es könnte ein wenig seltsam aussehen, wenn es bekannt werden sollte.«

Normalerweise habe ich das bessere Gespür für möglicherweise brenzlige Punkte. In diesem Fall jedoch war es Ronnie, der voraussah, daß mein Kontakt zu Joan ernste Konsequenzen für uns haben konnte. Wie recht er doch hatte! Politisch gesehen machte ich einen schrecklichen Fehler, als ich damit anfing, Joan anzurufen, doch am meisten bedaure ich, daß ich Ronnie dadurch in solche Schwierigkeiten brachte. Und heute weiß ich selbstverständlich, wie naiv es von mir war zu glauben, man könnte im Weißen Haus Geheimnisse haben.

Als ich an diesem Buch zu arbeiten begann, hätte ich nie gedacht, daß ich auch ein Kapitel über Astrologie schreiben würde. Aber damals hätte ich auch nie gedacht, daß meine vertrauliche Beziehung zu Joan von Ronnies früherem Stabschef verraten werden würde. Ich hatte zwar gehört, daß Donald Regan dabei war, ein Buch über seine zwei Jahre im Weißen Haus zu schreiben. Wir beide hatten unsere Differenzen, und deshalb erwartete ich nicht, in seinen Memoiren besonders gut wegzukommen.

Aber es wäre mir nie, *niemals,* in den Sinn gekommen, daß Donald Regan das tun würde, was er getan hat – daß er mein Interesse an Astrologie nehmen und verdrehen würde, um sich an Ronnie und mir zu rächen. Als ich ihn in den Talkshows sah, kochte ich vor Wut. Wie lange hatte er das geplant? Wann war ihm zum ersten Mal dieser Gedanke gekommen?

Als Don seinen Job verlor, muß er so wütend gewesen sein, daß er sich entschloß, mit allen nur erdenklichen Mitteln zurückzuschlagen. Und da war meine Beziehung zu Joan natürlich ein gefundenes Fressen.

Zunächst schienen Dons Enthüllungen keine allzu ernsthaften Konsequenzen zu haben. Eine Woche, bevor sein Buch als Fortsetzungsserie in der *Time* erschien, wurde auf der Seite ›Periscope‹ in *Newsweek* das Buch kurz vorgestellt, wobei auch das Thema Astrologie erwähnt wurde, allerdings nur ganz nebenbei. Ich war nicht gerade glücklich darüber, aber ich regte mich auch nicht weiter darüber auf. Schließlich war mein Interesse an der Astrologie der *Newsweek* nur eine Zeile wert gewesen.

Doch das war nur der Anfang.

Innerhalb weniger Tage wurde es *das* Thema in Washington. Als das Kesseltreiben der Medien gegen mich begann, fühlte ich einen eisigen Griff um mein Herz und ein flaues Gefühl im Magen. Doch selbst dann dachte ich noch, die ganze Sache wäre in ein oder zwei Tagen ausgestanden.

Aber mehrere Wochen lang schien es im ganzen Land kaum ein anderes Gesprächsthema zu geben. Donald Regan hatte zwar nicht behauptet, daß die Vereinigten Staaten von Joan Quigley regiert würden, doch solche Feinheiten schienen in der Raserei der Medien vom Mai 1988 unterzugehen. ASTROLOGIN HERRSCHT IM WEISSEN HAUS behauptete eine Schlagzeile der *New York Post*, und Millionen Menschen glaubten es.

Es schien keine Rolle zu spielen, daß nur Ronnies Terminkalender von der Astrologie beeinflußt worden war oder daß mehrere Millionen Amerikaner wirklich an Astrologie glaubten; oder daß fast jede Zeitung, die mich wegen meines Interesses an der Astrologie verspottete, jeden Tag ein Horoskop veröffentlichte.

Ich war schockiert und fühlte mich gedemütigt, als meine Beziehung zu Joan als großes und schreckliches Staatsgeheimnis dargestellt wurde. Ich hatte sie immer als meine Privatsache betrachtet, als etwas, was ich tat, um auf Nummer Sicher zu gehen, um Ronnie davor zu bewahren, erneut das Opfer eines Attentats zu werden – und mich selbst davor, vor Angst verrückt zu werden. Indem ich Joan konsultierte, *unternahm* ich wenigstens etwas. Ich wußte, es war vielleicht nicht das Effektivste oder Klügste, was man tun konnte, aber bei meinem Temperament war es besser für mich, irgend etwas zu tun, als untätig herumzusitzen. Wenn ich nicht alles getan hätte, was vielleicht meinen Mann beschützen half, und Ronnie wäre *tatsächlich* einem Anschlag zum Opfer gefallen, dann hätte ich mir das niemals verzeihen können.

Letztendlich läuft die Sache darauf hinaus: Jeder Mensch hat seine eigene Art, mit Angst und Schmerz, mit den Schattenseiten des Lebens fertig zu werden, und mir half unter anderem die Astrologie dabei. *Kritisiert mich nicht,* hätte ich am liebsten immer wieder gesagt, *bevor ihr nicht an meiner Stelle gewesen seid. Es hat mir geholfen. Es hat niemandem geschadet* – außer, vielleicht, mir selbst.

Wer mir am meisten leid tat bei der ganzen Aufregung, war Ronnie, und ich entschuldigte mich bei ihm. »Die ganze Sache ist mir fürchterlich unangenehm«, sagte ich. »Ich habe dich in eine schreckliche Lage gebracht.«

»Nein, Liebling«, sagte er immer wieder, »ist schon gut. Ich habe doch gesehen, was du durchgemacht hast. Das war schon in Ordnung.«

Selbstverständlich hätte Ronnie auch sagen können: »Ich hab's dir ja gleich gesagt« – aber das ist nicht seine Art. Er war verärgert, aber nicht über mich.

Ich glaube nicht, daß er Don Regan dieses Buch jemals verzeihen wird.

Im Jahre 1988 war ich Kritik eigentlich schon gewöhnt, aber diese Sache war etwas anderes: Ich war zum Gespött der ganzen Nation geworden. Ich war die Zielscheibe von unzähligen Witzen im Fernsehen, im Radio und in der Presse. Es war wie ein endloser Alptraum. Von morgens an, wenn ich mich anzog, bis zum Abend, wenn ich zu Bett ging – gleichgültig, welchen Sender ich wählte, war Don Regan im Programm und redete über mich und Astrologie. Der Mann war einfach *überall*. Offensichtlich hatte er einen Volltreffer gelandet.

Jedesmal, wenn ich ihn auf dem Bildschirm sah, wollte ich am liebsten aufstehen und rufen: *Moment mal! So war das doch gar nicht!* Die Beschuldigungen, die gegen mich vorgebracht wurden, waren so verdreht, daß es mir weh tat, darauf antworten und erklären zu müssen, was wirklich geschehen war und warum. Besonders ärgerten mich Dinge, die Don Regan einfach *unterstellt* hatte: zum Beispiel, daß Ronnies Operation im Juli 1985 auf Joans Rat hin hinausgezögert worden sei. In Wirklichkeit hat es *keinen* Aufschub gegeben – als man Krebs vermutete, fand die Operation am nächsten Morgen statt. Meine Haltung damals war ganz klar: Wenn Ronnie Krebszellen in sich hatte, dann sollten sie entfernt werden. Unverzüglich.

In jener Zeit gab ich keine öffentlichen Kommentare ab. Ich hatte bereits lange Zeit vorher gelernt, daß die beste Antwort auf eine negative Presse manchmal darin besteht, den Mund zu halten. Es war nicht einfach, aber ich wußte, daß alles, was ich sagen würde, nur noch mehr Aufmerksamkeit auf die ganze Debatte lenken und sie verlängern würde. Einmal erlaubte ich mir eine Antwort, die ich selbst ganz witzig fand: »Die Sterne haben mir schließlich gezeigt, daß Donald Regan mich nicht besonders gut leiden kann.« Doch als auch das nur eine weitere Attacke von Don auslöste, verlegte ich mich wieder aufs Schweigen. Donald Regan schien rund um die Uhr dafür zu arbeiten, sein Buch gut zu verkaufen, und er hatte meine Hilfe dabei nicht nötig.

Joan war gerade in Urlaub, als die ganze Geschichte losging, doch als ihr Flugzeug in San Francisco landete, war sie sofort von Journalisten umringt. Sie war völlig unvorbereitet, deshalb sagte sie mehr, als sie hätte sagen sollen. Als sie mich anrief, riet ich ihr: »Am besten, sagen Sie gar nichts. Lassen Sie Ihre Schwester ans Telefon gehen, und nehmen Sie selbst keine Anrufe entgegen. Lassen Sie uns unsere Beziehung unter das Arztgeheimnis stellen.«

Damals ärgerte ich mich, daß Joan überhaupt etwas gesagt hatte. Doch wenn ich heute zurückblicke, dann bewundere ich sie dafür, wie klug sie sich ausdrückte. »Ich treffe keine Entscheidungen für sie«, erzählte sie der Zeitschrift *Time*. »Eine Astrologin sucht nur für Dinge, die ein anderer schon beschlossen hat, die besten Termine heraus. Das ist wie im Ozean: Man sollte mit den Wellen schwimmen und nicht gegen sie.«

Genau.

4

❧⚜❧

First Lady, Drachen-Lady

1988 hatte ich also endgültig auf die harte Tour gelernt, daß die Presse sich alles herausnimmt, wenn es um die Berichterstattung über die First Lady geht. Und doch war ich während all der Jahre im Weißen Haus immer wieder aufs neue erstaunt und verletzt über das, was ich über mich geschrieben fand. Schon vor Ronnies feierlicher Amtseinführung hieß es beispielsweise, ich hätte die Carters gebeten, das Weiße Haus schnellstmöglich zu verlassen, damit ich mit der Renovierung beginnen könnte, und daß ich plante, eine Wand des Lincoln-Schlafzimmers einzureißen. *Des Lincoln-Schlafzimmers!*

Am meisten überraschte es mich, daß die Leute diese Berichte glaubten. Andererseits, wie sollten sie es auch besser wissen? Ich fragte mich außerdem, wie sie diese oft widersprüchlichen Informationen in Einklang bringen konnten. Im Oktober 1988 beispielsweise, drei Monate, bevor Ronnie und ich aus dem Weißen Haus auszogen, erschienen zwei völlig unterschiedliche Geschichten in der Presse. In der ersten wurde behauptet, ich könne es gar nicht erwarten, das Weiße Haus endlich zu verlassen, und hätte bereits unsere ganzen Sachen nach Kalifornien vorausgeschickt. In dem anderen Artikel stand: »Nun fällt der Vorhang, doch um es kurz zu sagen – Nancy Reagan verspürt noch keine Lust, die Bühne zu verlassen.« Ich mußte wirklich lachen, und doch war mir klar, daß einige Leute es schaffen würden, beide Versionen gleichzeitig zu glauben.

Egal, was ich auch sagte oder tat, es gab immer neue Geschichten über mich. Manche waren amüsant, andere ärgerten mich, und

71

einige wenige finde ich noch immer zutiefst verletzend. Immer wieder wurde ich angegriffen, acht Jahre lang, doch ich hörte schließlich auf, mich groß zu wundern.

Die Erkenntnis, wie einflußreich diese Artikel sein können, hat mich oft entmutigt. Im dritten oder vierten Jahr von Ronnies erster Amtsperiode aß ich einmal mit Robert Strauss zu Mittag. Er war eine Zeitlang Vorsitzender des Nationalausschusses der Demokraten gewesen und im Lauf der Zeit zu einem guten Freund geworden. Bob gehört zu den freimütigsten Menschen in Washington, und kurz vor dem Dessert beugte er sich über den Tisch und sagte: »Als Sie nach Washington kamen, Nancy, konnte ich Sie nicht ausstehen. Aber nachdem ich Sie richtig kennengelernt habe, hat sich meine Meinung geändert. Ich muß sagen: Sie sind eine tolle Frau!«

»Bob«, erwiderte ich, »bei der Presse, die ich damals hatte, hätte ich mich auch nicht leiden können.«

Ich habe bereits erwähnt, daß einen nichts auf die Aufgabe der First Lady vorbereitet. Die Erfahrung, daß nicht nur jedes öffentliche Auftreten, sondern auch das Privatleben ständig vom ganzen Land, ja von der ganzen *Welt,* in Augenschein genommen und kommentiert wird, diese Erfahrung kann man überhaupt nicht beschreiben. Obwohl ich acht Jahre damit gelebt habe, kann ich es noch immer nicht ganz glauben.

Am meisten schockierte mich, daß selbst die intimsten Details einer ärztlichen Behandlung öffentlich diskutiert wurden. Ich bin durchaus der Ansicht, daß die Öffentlichkeit das Recht hat, in gewissem Umfang über den Gesundheitszustand des Präsidenten informiert zu sein, besonders nachdem mehrere frühere Präsidenten wichtige Informationen zurückgehalten hatten. Doch wenn dieses Recht mit dem Recht des Präsidenten auf eine gewisse Intimsphäre und Würde in Widerspruch gerät, dann erfordert die Situation Diskretion – und daß bestimmte Grenzen eingehalten werden.

Was mich angeht, so glaube ich, daß diese Grenzen weit überschritten sind, wenn die Nachrichten im Fernsehen Schaubilder vom Körperinneren des Präsidenten zeigen, oder es notwendig finden, das Land darüber zu informieren, wie oft er an seinem ersten Tag im Krankenhaus uriniert hat. Nebenbei gesagt, hat mir auch nicht besser gefallen, daß graphische Darstellungen meiner Brustkrebsoperation von 1987 im Fernsehen gezeigt wurden. War das *wirklich* nötig?

Im Sommer 1985, zwei Tage nach Ronnies Dickdarmoperation, sahen wir uns die Abendnachrichten in seinem Krankenhauszimmer an. Und auf einmal war da ein Arzt, der anhand eines Schaubildes Ronnies Darm und Eingeweide erläuterte. Wie unprofessionell, dachte ich. Dieser Mann hat mit dem Fall überhaupt nichts zu tun, er hat den Patienten nicht einmal kennengelernt.

Doch gleich darauf wurde es noch schlimmer – viel schlimmer. Nachdem er seine Diagnose zusammengefaßt hatte, sagte der Arzt: »Ich gebe ihm noch vier bis fünf Jahre.«

Ich wagte es nicht, Ronnie anzusehen.

Ist es denn niemandem in den Sinn gekommen, daß wir vielleicht auch zusahen? Oder unsere Kinder? Oder unsere Freunde?

Wir haben den Punkt erreicht, an dem der Präsident als Symbol und Persönlichkeit so wichtig geworden ist, daß die Leute manchmal vergessen, daß er auch ein Mensch ist.

Während Ronnies erster Amtszeit wurde ich als eine Frau charakterisiert, die sich nur für Einkaufsbummel, schöne Kleider und Essen mit extravaganten Hollywood-Freunden interessiert. Während seiner zweiten Amtszeit dagegen war ich eine machthungrige politische Intrigantin, eine rachsüchtige Drachen-Lady, die bei sämtlichen Entscheidungen und Terminen der Regierung ihre Hand im Spiel hatte.

Mein Sohn Ron sagte immer: »Ach, Mom, das bist du ja, wie du leibst und lebst.«

Während die Aufgabe des Präsidenten klar definiert ist, weiß niemand genau, was die First Lady eigentlich zu tun hat; das ist das Problem. In der Verfassung wird die Frau des Präsidenten nicht erwähnt, sie hat keine offiziellen Pflichten. Folglich mußte jede neue First Lady ihren Job für sich selbst definieren.

Es gab einmal eine Zeit, in der die Ehefrau des Präsidenten zwar zu sehen, aber nicht zu hören war. Doch auch damals gab es schon Ausnahmen, und seit Eleanor Roosevelt sieht man die First Lady nicht nur häufiger, sie ist auch aktiver geworden.

Ich erkannte sehr schnell, daß ich im Mittelpunkt großer Aufmerksamkeit stehen würde, ganz gleich, was ich tat. Und kurze Zeit, nachdem wir nach Washington gezogen waren, versuchte ich, Wege zu finden, einen Teil dieser Aufmerksamkeit auf das Problem des Drogenmißbrauchs von Jugendlichen zu lenken. Auch in diesem Fall erinnerte ich mich an etwas, was Helen Thomas mir im Laufe unseres Gesprächs im Wahlkampfflugzeug gesagt hatte. »Wenn Ihr Mann gewählt wird«, sagte sie, »dann werden Sie ein

Forum haben, das nur sehr wenigen Menschen zur Verfügung steht. Sie sollten sich überlegen, was Sie damit anfangen wollen. Eine solche Gelegenheit werden Sie nie wieder bekommen.«

So nahm ich mich also dieses Problems an, und auch jetzt, wo wir wieder in Los Angeles leben, beschäftige ich mich im Rahmen der Nancy-Reagan-Stiftung noch immer mit dem Drogenproblem.

Dann hat die First Lady Repräsentationspflichten. Ich bemerkte bald, daß allein dies einer Ganztagsbeschäftigung gleichkommt. Innerhalb von acht Jahren fungierte ich bei fast hundert Weihnachtsfeiern als Gastgeberin – ganz zu schweigen von den vielen offiziellen Abendessen, Mittagessen, Zusammenkünften mit den Frauen ausländischer Politiker, Empfängen, Begrüßungszeremonien, Preisverleihungen, Reden, politischen Einladungen, Wohltätigkeitsveranstaltungen und Reisen.

Jede First Lady muß ihre eigene Wahl treffen, und ich beschloß, mich sehr intensiv um die Organisation der offiziellen Termine im Weißen Haus zu kümmern, bis hin zu den kleinsten Details: das Menü, die Gedecke und Blumen und das Begleitprogramm. Es hat mir immer sehr viel Spaß gemacht, aber es nahm auch sehr viel Zeit in Anspruch.

Ein anderer Teil der Arbeit der First Lady ist für die Öffentlichkeit nicht sichtbar: Ich traf mich mit meinen Mitarbeitern, besprach mich mit meiner Pressereferentin, beantwortete Post, schrieb Autogramme und traf mich mit einigen der vielen Menschen, die aus einer Vielzahl berechtigter Gründe um ›nur fünf Minuten‹ meiner Zeit baten. In meinem ganzen Leben habe ich noch nie so hart gearbeitet – und meistens machte es mir Spaß. Vor allem gefiel es mir, etwas Nützliches zu tun – für Ronnie, für andere Menschen und für das Land, indem ich dazu beitrug, das Drogenproblem in Angriff zu nehmen.

Bei alledem wollte ich meine Freunde nicht vernachlässigen. Ich war mir bewußt, wie einschüchternd und isolierend das Weiße Haus sein konnte und wie leicht wir den Kontakt zu den Menschen verlieren könnten. Deshalb bemühte ich mich von Anfang an, mit unseren Freunden in Kalifornien in Kontakt zu bleiben. Dem Himmel sei Dank für das Telefon, ohne das es wirklich nicht geht. Diesem Bild der Medien kann ich nicht widersprechen: Wenn ich einmal begraben werde, halte ich einen Telefonhörer in der einen Hand und mein privates Telefonbüchlein in der anderen.

Irgendwann entdeckten wir überrascht, wie schwierig es für unsere Freunde in Washington war, uns zum Abendessen einzuladen.

Ronnie und ich freuten uns immer sehr über diese Einladungen, sie waren eine Erholung von der üblichen Förmlichkeit, und von unserem Standpunkt aus waren diese Abende unkompliziert. *Wir* mußten uns nur umziehen und zum Wagen gehen. Erst als wir 1989 nach Kalifornien zurückkehrten, erkannte ich allmählich, welche Unannehmlichkeiten unser Besuch dagegen für unsere Gastgeber bedeutet hatte.

Ich hatte beispielsweise nicht gewußt, daß der Secret Service schon *zwei Wochen* vor dem Termin auftaucht, um zusätzliche Telefonleitungen zu legen, wenn man den Präsidenten zum Abendessen eingeladen hat. Außerdem überprüfen Sicherheitsbeamte die geplante Sitzordnung, um sicherzugehen, daß der Präsident durch keines der Fenster gesehen werden kann. Wein und andere Getränke sind aus verschlossenen Flaschen auszuschenken, die unter den strengen Augen des Secret Service geöffnet werden müssen. Es muß wirklich eine erstaunliche Erfahrung sein, wenn das eigene Haus plötzlich zum Kommandoposten der freien Welt umfunktioniert wird. Ich bin mir nicht sicher, ob ich uns jemals eingeladen hätte!

Das öffentliche Aufsehen um das Weiße Haus und die entsprechenden Sicherheitsvorkehrungen sind so intensiv, daß wir bald unsere Wochenenden nur noch in Camp David verbrachten. Das wurde noch wichtiger nach dem Attentat, als sich sogar ein kleiner Spaziergang im Park des Weißen Hauses zu einem größeren Sicherheitsrisiko auswuchs. Camp David ermöglichte uns ein wenig Privatleben, und wir genossen es. Dort konnten wir uns auch im Freien aufhalten, ohne daß uns jemand anstarrte, anschrie oder fotografierte.

Ich hatte erwartet, daß wir eine ähnliche Privatatmosphäre auf unserer Ranch in der Nähe von Santa Barbara finden würden, und die ersten zwei oder drei Jahre war das auch so. Doch drei Kilometer von der Ranch entfernt ist ein Berg, und bald stellten die Fernsehgesellschaften Kameras auf dem Gipfel auf. 1984 waren sie mit Hilfe von Teleobjektiven bereits in der Lage, Filmaufnahmen von Ronnie am Frühstückstisch zu machen. Nach meinen Begriffen ist das Voyeurismus — und Voyeure werden verhaftet. Wir befanden uns auf unserem eigenen Stück Land, aber weil diese Kameras auf öffentlichem Grund und Boden standen, konnten wir nichts dagegen unternehmen. Ich fühlte mich ein wenig besser, als wir erfuhren, daß die Leute, die hinter diesen Kameras standen, sich wirklich in ihrer Haut nicht wohl fühlten. Aber sie hatten ihre Anweisungen.

Wenn wir auf der Ranch sind, reiten Ronnie und ich morgens meistens aus. Eines Tages, aus Gründen, an die ich mich nicht mehr erinnere, nahm ich ein anderes Pferd als gewöhnlich und kam früher zurück. Die Presse wollte sofort wissen, warum ich den Ausritt verkürzt hatte. Ich antwortete auf diese Frage, aber hinterher merkte ich, daß ich wütend war. Was ging die das überhaupt an? Vielleicht hatte ich an diesem Tag einfach keine besondere Lust zu reiten. Vielleicht wollte ich ein Buch lesen. Vielleicht wollte ich mich hinlegen, an einer Rede arbeiten oder mit einer Freundin telefonieren. Vielleicht wollte ich überhaupt nichts tun! Das sollte schließlich unser *Urlaub* sein.

Am nächsten Morgen malte ich auf ein Schild die Worte: SAG EINFACH NEIN*. Als Ronnie und ich dann mit unseren Pferden auf eine Lichtung kamen, auf die, wie wir wußten, die Kameras gerichtet waren, hielt ich ihnen dieses Schild entgegen. Wenn wir schon im Fernsehen waren, dann wollte ich auch das Beste daraus machen.

Es fiel mir schwer, es nicht persönlich zu nehmen, daß unsere Privatsphäre ständig verletzt wurde. Ich mußte mich wiederholt daran erinnern, daß die Neugierde gegenüber prominenten Leuten in diesem Zeitalter riesengroß ist und daß der Präsident und seine Frau nun mal Berühmtheiten sind. Aber ich glaube nicht, daß die Privatsphäre von irgendeinem anderen Präsidenten in einem solchen Maße verletzt wurde. Ich fragte mich immer wieder – und frage mich das auch heute noch: Ist irgend etwas Besonderes an Ronnie und mir, was diese unendliche Neugier hervorruft?

Ich stürzte mich geradezu auf meine verschiedenen Aufgaben als First Lady – Rednerin, Gastgeberin, Organisatorin und Freundin. Ich fand sie alle wichtig. Aber es gab etwas, was wichtiger war als alles andere: In erster Linie ist die First Lady die Frau des Präsidenten. Schließlich ist das der einzige Grund, warum sie First Lady ist. Während Ronnies gesamter Präsidentschaft wurde ununterbrochen öffentlich diskutiert, wieviel Einfluß die First Lady auf den Präsidenten haben sollte – sicherlich kein neues Problem. Seit der Mensch in Gruppen lebt, gibt es auch die Frage: Wie geht man am besten mit der Frau des Häuptlings um?

Ich gewöhnte mich im Lauf der Zeit an all die Kommentare, und manchmal gelang es mir sogar, mich darüber zu amüsieren. Ronnie und ich besuchten einmal einen Empfang des Ford-Theaters, bei dem ein besonders guter Bauchredner auftrat. »Weißt du, wer

---

* JUST SAY NO! Spot der Anti-Drogen-Kampagne (Anm. d. Übers.)

da vorne sitzt?« fragte er seine Puppe. »Das Oberhaupt der freien Welt.«

»Ja«, sagte die Puppe, »und wie ich sehe, hat sie auch ihren Mann mitgebracht!«

Ich hatte keine Probleme, darüber zu lachen. Doch in Wirklichkeit hatte ich keineswegs heimlich die Fäden in der Hand.

Habe ich Ronnie jemals Ratschläge gegeben? Darauf können Sie wetten. Ich kenne ihn besser als irgend jemand sonst, und ich war die einzige Person im Weißen Haus, die absolut kein eigennütziges Interesse hatte – außer dem, ihn zu unterstützen.

Und daher werde ich mich nicht dafür entschuldigen, daß ich ihm gesagt habe, was ich dachte. Wenn man verheiratet ist, heißt das noch lange nicht, daß man seine Meinung nicht sagen darf. Acht Jahre lang habe ich mit dem Präsidenten geschlafen, und wenn einem das keinen besonderen Zugang zu ihm verschafft – was sonst?

Also ja, ich habe Ronnie Ratschläge gegeben, soweit mir das möglich war – wann immer er mich nach meiner Meinung fragte, und manchmal auch, wenn er es nicht tat. Aber das heißt nicht, daß er meinen Rat immer befolgte. Ronald Reagan hat seinen eigenen Kopf.

Die meisten meiner Ratschläge bezogen sich auf seine Mitarbeiter. Ich habe keine besonderen Kenntnisse, was Wirtschaft oder militärische Angelegenheiten betrifft, aber ich habe einen wachen Instinkt, was Menschen angeht, und ich kann charakterliche Eigenschaften gut beurteilen. Sosehr ich Ronnie auch liebe, ich muß doch zugeben, daß er zumindest einen Fehler hat: Er kann ziemlich naiv sein, wenn es um die Menschen in seiner Nähe geht.

Ronnie neigt dazu, nur das Gute im Menschen zu sehen. Während das bei einem Freund eine schöne Eigenschaft ist, kann es in der Politik zu Schwierigkeiten führen. Ich glaube, Ronnie hat nicht immer bemerkt, wenn einige der Leute in seiner Umgebung nicht in erster Linie loyal den Präsidenten und seine Politik unterstützten, sondern statt dessen in eigenem Interesse und zu ihrem eigenen Nutzen handelten.

Im November 1981 beispielsweise tobte ich, als David Stockman, Ronnies Finanzberater, in einer Zeitschrift enthüllte, daß er eigentlich selbst gar nicht hinter dem wirtschaftlichen Konzept stand, das er durchführen sollte. Wenn es nach mir gegangen wäre, dann wäre Stockman noch am gleichen Nachmittag auf die

Straße gesetzt worden. Ich sah in ihm einen scharfsinnigen und geschickten Menschen, der genau wußte, was er tat. Wenn man für den Präsidenten, für *irgendeinen* Präsidenten arbeitet, dann wird eine gewisse Zuverlässigkeit vorausgesetzt, und diese Erwartung hatte David Stockman ganz klar enttäuscht. Und er enttäuschte sie ein zweites Mal fünf Jahre später, als er ein ausgesprochen selbstgerechtes Buch über Ronnies erste Amtszeit schrieb.

Ronnie fragte mich zwar nicht nach meiner Meinung über Stockman, aber ich sagte sie ihm trotzdem. Das gleiche taten Michael Deaver, Ed Meese und so ziemlich die Hälfte aller Republikaner im Senat. Doch Ronnie kann sehr eigensinnig sein, und er bestand darauf, Stockman zu behalten. Später gestand er mir, daß er wünschte, er *hätte* ihn entlassen, aber zunächst hörte er auf Stockmans Urteil und glaubte ihn zu brauchen. Ich fand damals — und finde es heute noch —, daß Ronnie da einen ernsthaften Fehler beging.

Wenn Ronnie Stockman hinausgeworfen hätte, als diese Geschichte im *Atlantic Monthly* erschien, hätte er damit ein Exempel statuiert. Es hätte allen anderen Leuten, die für Ronnie arbeiteten, signalisiert, daß er Loyalität von ihnen erwartete. Und wer weiß? Vielleicht hätte es dann zu den Reagan-Jahren nicht so viele Bücher der Sorte ›Sie küßten und verrieten ihn‹ gegeben.

Später hatten Ronnie und ich eine ähnliche Meinungsverschiedenheit über Raymond Donovan, den Arbeitsminister. Dieser Fall stellte sich noch viel komplizierter dar, denn anders als Stockman hatte sich Donovan nichts zuschulden kommen lassen. Dennoch wurde gegen ihn wegen Unterschlagung und schweren Diebstahls ermittelt, und in der Politik kann schon der Anschein von Fehlverhalten außerordentlich großen Schaden anrichten. Ich sah voraus, daß dies eine langwierige Zerreißprobe werden würde, die Donovans Effektivität im Kabinett stark einschränken würde. Die Affäre Donovan, die sich über Monate hinzog, kostete Ronnie viel Kraft, sowohl persönlich als auch in seiner Funktion als Präsident. Donovan trat zurück, als Anklage gegen ihn erhoben wurde, aber, wie ich Ronnie mehrmals nahegelegt hatte, es wäre für alle Beteiligten besser gewesen, wenn Donovan früher abgetreten wäre.

Trotzdem tat mir Ray Donovan sehr leid, und das hat sich bis heute nicht geändert. 1987, als er freigesprochen worden war, stellte er die durchaus angebrachte Frage: »Und wer gibt mir jetzt meinen guten Ruf wieder zurück?« Was für eine traurige Frage!

Aber wenn es sich herausstellt, daß ein politischer Amtsträger mehr ein Problem als ein Gewinn ist, dann sollte er zurücktreten, selbst wenn er keine Schuld daran trägt.

Es gab noch ein paar andere Gelegenheiten, bei denen ich das Gefühl hatte, daß Ronnie von einigen seiner hochrangigen Mitarbeiter nicht gut beraten wurde. Als Innenminister James Watt den Beach Boys einen für den 4. Juli geplanten Auftritt neben dem Washington-Denkmal untersagte, weil sie die falschen Leute auf den Plan riefen, hielt ich das für dumm und sagte das auch öffentlich. Ich kannte die Beach Boys von Kalifornien her, ich wußte, daß sie sehr beliebt waren, und ich fand sie völlig in Ordnung.

Auch als Donald Regan zu einer ernsthaften Belastung für Ronnie wurde, empfahl ich Ronnie wiederholt, ihn hinauszuwerfen. Aber es dauerte viele Monate, bis Ronnie diesen Ratschlag beherzigte. Ich hatte auch mehrere Male den Eindruck, daß Leute, die Ronnie seit Jahren kannten, diese Freundschaft ausnutzten, um ihre eigenen Interessen zu verfolgen. Immer wenn ich glaubte, daß das der Fall war, sagte ich es auch.

Ein- oder zweimal nahm ich sogar zu einer politischen Frage Stellung, beispielsweise im Mai 1985, als geplant war, daß Ronnie einen Kranz auf dem Soldatenfriedhof in Bitburg niederlegen sollte. Monate vorher, als unser Vorbereitungsteam dort hingefahren war, waren die Gräber unter einer Schneedecke verborgen gewesen, so daß unsere Leute die Inschriften nicht hatten lesen können. Als sie nachfragten, ob auf diesem Friedhof irgendwelche Nazikriegsverbrecher begraben seien, versicherten ihnen die Deutschen, das sei nicht der Fall.

Ronnies Besuch in Bitburg zum vierzigsten Jahrestag des Sieges der Alliierten sollte das Symbol unserer Versöhnung mit Deutschland sein. Doch als die ganze Reise geplant und öffentlich angekündigt war, stellte sich heraus, daß unter den zweitausend deutschen Soldaten, die in Bitburg begraben waren, auch siebenundvierzig Mitglieder der Waffen-SS waren.

Viele Amerikaner, vor allem ehemalige Kriegsteilnehmer und Mitglieder der jüdischen Gemeinde, waren verständlicherweise empört. Ich auch. Eindringlich bat ich Ronnie, die Reise abzusagen.

Er hatte selbst große Vorbehalte gegen den Besuch von Bitburg. Zwei Tage, bevor wir nach Europa fuhren, rief er den Bundeskanzler Helmut Kohl an und bat ihn, einen anderen Ort in Betracht zu ziehen – eine Burg am Rhein ohne jegliche Verbindung zur SS, die den gleichen symbolischen Zweck erfüllt hätte. Doch

Kohl weigerte sich eisern, den Besuch in Bitburg fallenzulassen. Er behauptete steif und fest, eine solche Programmänderung würde ihn dastehen lassen wie eine Marionette der Vereinigten Staaten und zum Sturz seiner Regierung führen.

Ich war wirklich wütend auf Helmut Kohl, weil er uns nicht aus dieser mißlichen Lage half, und drängte Ronnie erneut, den Besuch abzusagen. Und damit stand ich nicht allein: Dreiundfünfzig Senatoren und fast vierhundert Mitglieder des Repräsentantenhauses baten Ronnie, nicht dahin zu gehen. Doch Ronnie hatte bereits im vorhergegangenen November im Oval Office Kohl sein Wort gegeben, und er fühlte sich verpflichtet, es zu halten. Genauso war er überzeugt davon, daß es Zeit sei, die Vergangenheit endlich ruhen zu lassen – nicht zu vergessen, was geschehen war, doch vorwärts zu schreiten in eine neue Ära.

Die Auseinandersetzung endete natürlich damit, daß Ronnie Bitburg besuchte, und ich war dabei an seiner Seite. Wir hielten uns zwar nur wenige Minuten auf dem Friedhof auf, doch mir erschien es wie eine Ewigkeit.

Und dennoch war ich auch stolz auf Ronnie, weil er auf sein Gewissen gehört hatte, weil er getan hatte, was er für richtig hielt. Bitburg war eine Geste der Versöhnung, und Ronnie war entschlossen, die Sache zu Ende zu führen.

Ein wenig erfolgreicher war ich, als ich Ronnie ermutigte, eine etwas versöhnlichere Haltung der Sowjetunion gegenüber einzunehmen. Jahrelang hatte es mich bedrückt, daß mein Mann von seinen Gegnern immer als Kriegstreiber hingestellt wurde, nur weil er, durchaus zu Recht, die Meinung vertrat, wir müßten unsere Verteidigungskraft stärken. Jimmy Carter hatte ihm diesen Vorwurf während des Wahlkampfes 1980 gemacht, und er war jahrelang an ihm hängengeblieben.

Nun, da Ronald Reagan nicht mehr im Amt ist, haben sogar seine Kritiker erkannt, daß seine Politik der Friedenssicherung durch Stärke sich als außerordentlich erfolgreich erwiesen hat.

Ich wußte, daß der Vorwurf ›Kriegstreiber‹ Ronnie nicht gerecht wurde, aber ich hatte auch das Gefühl, daß es bei den Bemühungen um einen Dialog mit der anderen Seite nicht sehr hilfreich war, die Sowjetunion als das ›Reich des Bösen‹ zu bezeichnen. Die Welt war zu klein geworden für zwei Supermächte, die sich nicht um Verständigung bemühten, und solange der Ruf, in dem Ronnie stand, nicht revidiert wurde, würde keine positive Änderung eintreten. Einige seiner Berater wollten, daß er seine unversöhnliche

80

Sprache beibehielt, doch ich war dagegen und schlug ihm vor, sich etwas gemäßigter auszudrücken. Wie immer hörte sich Ronnie verschiedene Standpunkte an und machte dann das, was er für das Beste hielt.

In den meisten guten Ehen, die ich kenne, ist die Ehefrau die beste Freundin und Beraterin ihres Mannes. Selbstverständlich gibt es da Grenzen. Aber wenn der Präsident jeden Nachmittag vom Westflügel nach Hause kommt, dann ist es nur natürlich, daß er vieles mit der Person bespricht, der er am nächsten steht, und daß er ihren Standpunkt in seine Überlegungen einbezieht.

Im Verlauf der amerikanischen Geschichte hat es immer gewisse Spannungen gegeben zwischen dem Westflügel, wo der Präsident arbeitet, und dem Ostflügel, wo er und seine Frau leben und die First Lady ihr Büro hat. Die Leute im Westflügel haben ihren Teil des Weißen Hauses immer als einziges Zentrum der Macht gesehen und jeden Anspruch von seiten der First Lady auf eine gewisse Unabhängigkeit und Selbständigkeit zurückgewiesen.

Aber so muß es nicht sein. Es wäre bei weitem besser und realistischer, wenn die Männer um den Präsidenten die First Lady als Teil ihres Teams betrachten würden. Schließlich kennt niemand den Präsidenten besser als seine Frau. Er hat zwar eine ganze Menge Leute, die ihn in Sachen Außenpolitik, Wirtschaft, Innenpolitik und allem anderen beraten. Aber keiner von ihnen ist zuständig für das Individuum mit menschlichen Bedürfnissen, für den Menschen aus Fleisch und Blut, der das mächtigste Amt der Welt innehat.

Und meiner Erfahrung nach lernt die First Lady oft Blickwinkel und Standpunkte kennen, mit denen der Präsident niemals in Berührung kommt. Immer wieder traten Mitarbeiter des Weißen Hauses und Politiker an mich heran, um mir wertvolle Informationen, Warnungen und Einblicke zukommen zu lassen.

»Am liebsten wäre mir, Sie würden das direkt meinem Mann erzählen«, schlug ich oft vor. Aber wenn die Leute das Oval Office betreten, geschieht etwas mit ihnen. Irgend etwas in ihnen erstarrt, und sie erzählen dem Präsidenten nur noch das, was er ihrer Ansicht nach hören möchte. In manchen Zeiten ist seine Frau vielleicht der einzige Mensch, der ihm gegenüber wirklich ehrlich sein kann. Wenn er Glück hat − und wenn es notwendig ist −, wird sie ihm die schlechten Neuigkeiten überbringen. Oder ihm zumindest einen anderen Blickwinkel eröffnen.

Jede Situation ist natürlich verschieden, und jedes Ehepaar im Weißen Haus muß seinen eigenen Weg finden. Präsident Carter mochte es, wenn Rosalynn bei den Kabinettssitzungen dabei war, während Ronnie und ich das peinlich gefunden hätten. Andererseits erfuhr ich erst kürzlich, daß es Rosalynn Carter gewesen war, die ihrem Mann 1978 vorgeschlagen hatte, Premierminister Begin und Präsident Sadat nach Camp David einzuladen. Ich wäre nicht überrascht, wenn sich herausstellte, daß auch andere First Ladys weit mehr Einfluß hatten, als in der Öffentlichkeit jemals bekannt wurde.

Aber unabhängig davon, wie die First Lady ins Bild paßt, sie hat eine besondere und wichtige Rolle zu spielen, indem sie sich um ihren Mann kümmert. Und es ist nur natürlich, wenn sie ihn wissen läßt, was sie denkt. Ich habe es Ronnie gegenüber immer getan und werde das auch in Zukunft tun.

5

Nancy Davis

Von meiner Mutter, Edith Luckett Davis, habe ich sehr viel darüber gelernt, was es heißt, Ehefrau zu sein – und auch sonst noch so manches. Sie hat mich in meiner Entwicklung als Frau entscheidend beeinflußt. Das gilt auch für Dr. Loyal Davis, ihren zweiten Mann, den ich immer als meinen wahren Vater angesehen habe.

Die beiden waren sehr verschieden – um nicht zu sagen gegensätzlich – und repräsentierten ganz unterschiedliche Welten. Das war auch der Grund, weshalb es in den ersten zehn Jahren meines Lebens so viele wirklich einschneidende Veränderungen gab. Die Welt meiner Mutter war das Theater. Sie war Schauspielerin und ein richtiges Original – sie freute sich ihres Lebens, war umgänglich, nicht unterzukriegen und unwiderstehlich. Loyal Davis hingegen, ein bedeutender Neurochirurg aus Chicago, war ernst, würdevoll und prinzipientreu.

Bis zu meinem zehnten Lebensjahr hatte ich bereits in drei völlig unterschiedlichen Umgebungen gelebt: Als kleines Kind zog ich mit meiner Mutter von einem Theater zum anderen, dann wohnte ich bei meiner Tante und meinem Onkel und lernte das Leben in einer kleinen Provinzstadt kennen, und schließlich lebte ich in Chicago, in der High Society um Loyal Davis. In jeder Phase meines Lebens gab es dramatische Umschwünge, und diese frühen Jahre bildeten da keine Ausnahme, wie ich gleich darstellen werde.

Meine Mutter erzählte immer, ich hätte eigentlich am 4. Juli auf die Welt kommen sollen, aber an diesem Tag spielten die New York Yankees ein Doppelmatch (Mutter wohnte damals in New

York), und sie war ein so leidenschaftlicher Baseballfan, daß sie meine Geburt bis zum 6. Juli hinauszögerte.

1917 hatte sie einen Mann namens Kenneth Robbins geheiratet, einen Princeton-Absolventen aus einer wohlhabenden Familie, die ihr Geld verloren hatte. Er war nicht besonders ehrgeizig und arbeitete als Autohändler in New Jersey. Die Ehe war alles andere als glücklich, und als ich geboren wurde, war die Beziehung meiner Eltern bereits so angeknackst, daß Kenneth Robbins meine Mutter nicht einmal im Krankenhaus besuchte. Wenig später ließen sie sich scheiden.

Als meine Mutter zur Entbindung ins Krankenhaus kam, wurde ihr mitgeteilt, es sei kein Zimmer frei.

»Kein Zimmer frei?« sagte sie. »Dann werde ich mich wohl gleich hier auf den Fußboden legen müssen und mein Baby hier auf die Welt bringen.«

Sie fanden ein Zimmer für sie.

Ich wurde auf den Namen Anne Francis Robbins getauft nach meinen beiden Großmüttern, aber aus irgendeinem Grund nannte man mich immer Nancy.

Ich weiß nicht mehr, wie das Krankenhaus hieß, in dem ich geboren wurde. Es ist vor vielen Jahren abgebrannt, aber an dem Gerücht, ich hätte das Feuer gelegt, um alle Unterlagen zu vernichten, die mein Alter enthüllen könnten, ist kein Körnchen Wahrheit. Während Ronnies Präsidentschaft war jedes Jahr am 6. Juli eine Geschichte darüber in den Zeitungen, daß Nancy Reagan zwar immer *sagt*, sie sei 1923 geboren, aber wir alle wüßten ja, daß sie *in Wirklichkeit* zwei Jahre früher geboren worden sei.

In welchem Jahr bin ich also geboren? Ich habe mich immer noch nicht so genau festgelegt. Außerdem meinte meine Mutter immer: »Eine Frau, die ihr Alter verrät, kann auch sonst nichts für sich behalten.«

Das Spiel mit meinem Alter begann, als ich Ende der vierziger Jahre nach Hollywood ging und einen Filmvertrag bei MGM unterschrieb. Damals gab es im ganzen Studio so gut wie keine Schauspielerin, die zugegeben hätte, älter als fünfundzwanzig zu sein. Als Ronnie und ich viele Jahre später einmal irgendwelche Formulare ausfüllen mußten, merkte ich, daß ich mein Geburtsjahr tatsächlich vergessen hatte, und ich mußte ihn fragen.

Mutter zufolge wurde ich an einem sehr heißen Tag geboren — es gab noch keine Klimaanlagen. Das letzte, woran sich meine Mutter erinnerte, bevor die Narkose einsetzte, war, wie der Arzt sagte: »Mein Gott, ist das eine Hitze hier drin! Bringen wir's hinter uns, damit ich ein bißchen Golf spielen kann.«

Es war eine Zangengeburt, und vielleicht hatte der Arzt sich wirklich zu sehr beeilt. Als man mich meiner Mutter aufs Zimmer brachte, war sie entsetzt: An meiner rechten Schläfe war die Haut aufgerissen, und mein rechtes Auge war noch geschlossen.

»Wenn das Auge nicht innerhalb der nächsten zwei Wochen aufgeht«, erklärte ihr der Arzt, »dann kann es sein, daß Ihr Kind auf dem Auge blind wird.«

»Hören Sie mal gut zu«, erwiderte meine Mutter. »Ich habe genau gehört, was Sie gesagt haben. Sie haben sich mit der Entbindung beeilt, weil Sie hinterher noch Golf spielen wollten. Wenn das Auge meines Kindes sich nicht öffnet, dann bringe ich Sie um, so wahr mir Gott helfe!«

Wie ich meine Mutter kenne, wäre ihr das durchaus zuzutrauen gewesen.

Zum Glück ging mein Auge auf, aber an meiner rechten Schläfe habe ich heute noch eine winzige Narbe von der Zange.

Meine Mutter wurde in Petersburg, Virginia, geboren, als jüngstes von neun Kindern. Ihr Vater, Charles Edward Luckett, arbeitete für das Transportunternehmen Adams Express Company, aus dem später der Railway Express werden sollte. Mein Großvater wurde nach Washington versetzt, aber seine Frau Sarah war eine so überzeugte Südstaatlerin, daß sie jedesmal, wenn sie schwanger war, nach Virginia zurückkehrte, um ihr Kind dort auf die Welt zu bringen. »Ich weigere mich, einen gottverdammten Yankee zur Welt zu bringen!« erklärte sie.

Die Bühnenkarriere meiner Mutter begann im Jahr 1900. Sie war damals drei Jahre alt. Ihr Bruder Joe war Leiter des Columbia Theater in Washington, und als in einem der Stücke ein Kind wegen Krankheit ausfiel, nahm Onkel Joe seine kleine Schwester als Ersatz. Die kleine Edith mußte nichts sagen, weil es keine Sprechrolle war – ihre einzige Aufgabe bestand darin, auf der Bühne zu sterben. Aber das machte sie so überzeugend, daß das Publikum in Tränen ausbrach. Als der Vorhang fiel, sprang sie schnell auf und winkte den Zuschauern zu, um ihnen zu verstehen zu geben, daß sie nicht wirklich tot sei.

Meine Mutter behauptete immer, als das Publikum mit begeistertem Applaus reagierte, habe sie sofort den Beschluß gefaßt, ihr Leben dem Theater zu widmen.

Ihr nächster großer Durchbruch kam zehn Jahre später. Chauncey Olcott, ein ungemein populärer Sänger und der Komponist des Klassikers *My Wild Irish Rose,* kam nach Washington, um in Onkel Joes Theater aufzutreten. Olcotts Begleiter wurde am Tag vor dem Konzert krank, und Onkel Joe fragte Edith, ob sie Olcott bei *My Wild Irish Rose* begleiten könne. Meine Mutter war außer sich vor Aufregung – dabei konnte sie überhaupt nicht Klavier spielen. Sie kaufte sich ein Spielzeugklavier und übte die ganze Nacht, bis sie das Lied spielen konnte. Nicht viel später ging sie von der Schule ab und verbrachte ihre restlichen Teenagerjahre damit, für Repertoirebühnen zu arbeiten, die mit ihren Stücken die Ostküste abklapperten. Sie trat mit vielen großen Schauspielerinnen und Schauspielern jener Zeit auf, mit George M. Cohan in *Broadway Jones,* mit Spencer Tracy in *The Baby Cyclone* und in anderen Produktionen mit Walter Huston und Louis Calhern. Sie war mit allen befreundet, aber ihre allerbeste Freundin war Alla Nazimova, ein legendärer Star der Stummfilm-Ära, die in Moskau bei Stanislawski studiert hatte, ehe sie nach Amerika kam, und die meine Taufpatin werden sollte.

Viele Freunde meiner Mutter gingen vom Theater weg, um in Hollywood zu arbeiten. Aber Edie blieb der Bühne treu und wurde zur Hauptdarstellerin mehrerer Repertoiretheater in der Umgebung. Als sie heiratete, gab sie ihre Karriere auf, aber nach der Scheidung kehrte sie wieder zum Theater zurück, und ich verbrachte die ersten beiden Jahre meines Lebens hinter den Kulissen.

Meine Mutter nahm mich überallhin mit. Ihre Freundin Colleen Moore erzählte mir einmal, wie sie meine Mutter kennenlernte. Es war auf einer großen Party in Long Island, bei Dick und Daisy Rowland. (Rowland war Chef der *First National Studios,* und Colleen war einer seiner Stars.) »Von den Frauen auf der Party fiel mir eine besonders auf«, sagte Colleen. »Sie war eine ausgesprochen schöne Blondine, und sie hatte die größten blauen Augen, die du je gesehen hast. Und sie hielt ein winziges Baby im Arm.«

Colleen erkundigte sich bei Rowland, wer denn diese Frau sei, und wollte dann wissen: »Geht sie immer mit ihrem Baby im Arm auf Partys?«

»Sie hat keine andere Wahl«, erwiderte Dick. »Sie wurde gerade geschieden und hat keinen Pfennig.«

Colleen war beeindruckt. »Ich wollte deine Mutter unbedingt kennenlernen«, berichtete sie, »und seither sind wir befreundet.« Und das stimmte – sie waren so gute Freundinnen, daß ich Colleen später fragte, ob sie nicht Patin meiner Tochter Patti werden wolle.

Schließlich entschied meine Mutter, daß es wohl doch keine so gute Idee sei, mich von einer Show zur nächsten zu schleppen. Sie wollte, daß ich eine ganz normale Kindheit hätte. Also brachte sie mich, als ich keine Windeln mehr trug, zu ihrer Schwester Virginia nach Bethesda, Maryland. Virginia war mit Audley Galbraith verheiratet, der bei der Versandabteilung der Eisenbahn angestellt war. Sie hatten eine Tochter namens Charlotte. Die Galbraiths waren eine warmherzige, stabile und glückliche Familie, und sie nahmen mich sehr schnell in ihren Kreis auf. Charlotte war drei Jahre älter als ich, und es dauerte nicht lange, da verstanden wir uns so gut wie richtige Schwestern.

Ich ärgere mich immer über diese Lehnstuhlpsychologen, die behaupten, meine Mutter habe mich ›ausgesetzt‹, als sie mich nach Bethesda brachte. Es brach ihr fast das Herz, daß sie das tun mußte, aber sie mußte sich ihren Lebensunterhalt selbst verdienen, weil sie sich weigerte, Alimente anzunehmen. Solange Mutter arbeiten mußte, war dies die bestmögliche Lösung.

Aber trotzdem war es sehr schmerzlich für uns beide. Viele Jahre später habe ich das Tagebuch gelesen, das meine Mutter damals führte, und auf jede Seite hatte sie als Schlußsatz geschrieben: »Ach, ich vermisse mein Baby so!«

Und ich vermißte sie auch – ganz entsetzlich. Es spielt keine Rolle, wie nett die Leute zu dir sind – und mir wurde sehr viel Liebe entgegengebracht –, deine Mutter ist und bleibt eben deine Mutter, und niemand sonst kann sie ersetzen.

Vielleicht war diese sechsjährige Trennung der Grund, weshalb ich meine Mutter so schätzte. Wir machten nie eine Phase der Entfremdung durch. Es mag auch an dieser Trennung liegen, daß ich viele Jahre später, in den sechziger Jahren, nicht begreifen konnte, wie Kinder – meine eigenen nicht ausgenommen – sich gegen ihre Eltern wenden können. Ich wollte immer nur sagen: »Ihr wißt gar nicht, wieviel Glück ihr habt, daß wir all diese Jahre gemeinsam verbringen durften.«

Im Alter von fünf Jahren bekam ich eine beidseitige Lungenentzündung, die damals oft tödlich verlief. Meine Tante und mein Onkel kümmerten sich rührend um mich, aber ich war wütend und gekränkt, weil Mutter auf Tournee war, mehr als tausend Kilometer weg. Ich kann mich noch gut erinnern, wie ich schluchzte: »Wenn ich ein kleines Mädchen hätte, dann wäre ich bestimmt bei ihr, wenn *sie* krank wäre.«

Aus irgendeinem Grund erzählte meine Tante meiner Mutter

von dieser Bemerkung. Später, als ich selbst Kinder hatte, wurde mir klar, wie sehr diese Worte meine Mutter getroffen haben mußten.

Altersmäßig stand Virginia meiner Mutter in der Geschwisterreihe am nächsten, aber sonst waren die beiden Schwestern in fast jeder Hinsicht völlig gegensätzlich. Meine Mutter war nicht nur extravertiert und gesellig, sie war auch durchaus imstande, Wörter auszusprechen, die selbst einen Seemann erschüttert hätten, und sie gehörte zu den wenigen Frauen in meinem Bekanntenkreis, die es fertigbrachten, einen unanständigen Witz so zu erzählen, daß er wirklich lustig klang. Meine Tante hingegen war so sittsam, daß sie sich abends bestimmt im Badezimmer auszog, und derart förmlich, daß sie ihren Mann bis zu seinem Tod immer mit ›Mr. Galbraith‹ anredete.

Obwohl ich es als sehr schmerzlich empfand, von meiner Mutter getrennt zu sein, lebte ich doch gerne bei den Galbraiths. Tante Virgie und Onkel Audley waren sehr lieb zu mir, und Charlotte und ich kamen durchweg gut miteinander aus. Ich hatte sogar einen Freund, der jeden Tag bei uns vorbeikam, wenn wir gerade beim Frühstück saßen, und dann zog er mich immer mit seinem kleinen roten Leiterwagen um den Häuserblock.

Wir wohnten in Battery Park, einem nicht eben vornehmen Stadtteil von Bethesda, in einem typischen Reihenhaus – drei kleine Schlafzimmer und eine windgeschützte, überdachte Veranda mit einem durchgesessenen alten Sofa, wo wir an warmen Sommerabenden zu sitzen pflegten. Einer unserer Nachbarn hatte eine geteerte Auffahrt, und ich fiel dort so oft hin, daß meine Tante mir schließlich Knieschoner machen mußte. Ich war ziemlich mollig, und mit diesen Knieschonern muß ich wirklich ein hinreißender Anblick gewesen sein. Aber dem kleinen Jungen mit dem roten Leiterwagen schien es nichts auszumachen!

Ich war ein richtiges kleines Mädchen. Am liebsten spielte ich mit Puppen und gab große Teegesellschaften für sie auf den Stufen vor dem Haus. Wer weiß, vielleicht habe ich mich damals schon auf das Leben vorbereitet, das ich später als First Lady führen sollte – ein halbes Jahrhundert später, versteht sich, aber keine fünfzehn Kilometer entfernt. Man hat mir auch erzählt, ich wäre einmal zum traditionellen *Easter egg roll** im Weißen Haus gewesen, aber daran kann ich mich nicht mehr erinnern.

---

* Traditionelle Veranstaltung zu Ostern im Weißen Haus, bei der Ostereier um die Wette gerollt werden und zu der ausgewählte Kinder eingeladen werden (Anm. d. Übers.)

Am schönsten war es, wenn Mutter ein Engagement in New York hatte. Dann brachte mich meine Tante Virginia mit dem Zug zu ihr. Obwohl ich die Stücke, in denen sie auftrat, immer und immer wieder sah, langweilte ich mich nie. In einem der ersten waren die anderen Darsteller so gemein zu meiner Mutter, daß ich in Tränen ausbrach. Als ich dann nach der Aufführung hinter die Bühne kam, weigerte ich mich, mit irgendeinem von ihnen auch nur ein Wort zu wechseln, weil ich dachte, sie hätten Mutter so schlecht behandelt. Schließlich mußte sie mich beiseite nehmen und mir erklären: »Nancy, es war doch alles nur gespielt! Die anderen Schauspieler haben nur *so getan,* als könnten sie mich nicht leiden.«

Ich verliebte mich sehr schnell in die eigentümliche Atmosphäre und den modrigen Geruch hinter den Kulissen. Einer der Bühnenarbeiter baute mir ein Puppenhaus. Ich nahm es im Zug mit nach Bethesda und verwendete es als Hintergrund für meine eigenen kleinen Theateraufführungen.

Wenn ich bei meiner Mutter zu Besuch war, zog ich zu gern ihre Kostüme an und tat so, als spielte ich ihre Rollen. Ich hätte alles darum gegeben, lange blonde Locken zu haben, und als meine Mutter mir eine Mary-Pickford-Perücke schenkte, war ich im siebten Himmel. Mit der Perücke und den Knieschonern muß ich prächtig ausgesehen haben.

Mir graute immer vor dem Ende dieser Besuche, wenn ich Mutter wieder verlassen mußte. In New York wohnte sie entweder in einem Hotel oder in einem Backsteinhaus in der Wohnung einer Freundin, die gerade mit einer anderen Show unterwegs war. Noch heute wird es mir flau im Magen, wenn ich in New York bin und an einem dieser Häuser vorbeikomme. Seltsam, wie solche kleinen Dinge Erinnerungen wachrufen können, die tief in unserem Inneren schlummern.

Manchmal kam Mutter mich in Bethesda besuchen. Immer, wenn sie ins Haus gestürmt kam, war es, als wäre die gute Fee persönlich eingetroffen. Wir saßen alle im Wohnzimmer, und sie erzählte von New York oder von Atlanta oder wo sie eben gerade gewesen war. Bei einem dieser Besuche brachte sie Charlotte und mir den neuesten Tanz bei, den Charleston. Ein andermal schenkte sie uns einen entzückenden kleinen Drahthaarterrier namens Ginger.

Mutter erzählte gern eine Geschichte von einem befreundeten Schauspieler namens Spence. Als sie einmal gemeinsam in einem Stück auftraten, hatte Mutter sich gerade einen neuen Hüfthalter gekauft. Sie wollte besonders schön aussehen an diesem Abend, weil ein Mann, den sie sehr gerne mochte, in die Vorstellung kommen würde, und er hatte sie noch nie auf der Bühne erlebt.

Ein paar Minuten vor der Aufführung war meine Mutter noch in ihrer Garderobe, versuchte gerade ihren neuen Hüfthalter anzuziehen, und der blieb auf halbem Weg stecken. Sie rief zur Nachbargarderobe hinüber: »Spence! Komm bitte her und hilf mir!«

Spence kam herbeigeeilt, und als er sah, worum es ging, fing er an zu lachen.

»Verdammt noch mal, Spence«, sagte sie. »Hör auf zu lachen, und hilf mir lieber.«

»Ich schaff's nicht«, stöhnte er, während er so tat, als würde er an dem Hüfthalter herumzerren. »Ich versuche es ja, aber ich kriege ihn nicht von der Stelle.«

Mutter wurde wütend und fing an zu schimpfen, und gerade als der Vorhang hochging, brachte Spence mit einem Ruck alles in Ordnung.

Es gibt zwei Gründe, weshalb mir diese Geschichte im Gedächtnis geblieben ist. Erstens handelte es sich bei dem Mann, den meine Mutter an jenem Abend beeindrucken wollte, um Loyal Davis, ihren zukünftigen Ehemann – das hat sie mir allerdings erst viele Jahre später erzählt. Zum anderen wurde jener Spence, dessen voller Name Spencer Tracy lautete, ein wichtiger Freund der Familie und eine große Hilfe für mich, als ich die Laufbahn als Schauspielerin einschlug.

Wenn meine Mutter zu Besuch kam, war ich immer sehr glücklich – und unendlich traurig, wenn sie wieder ging. Ich verstand, daß sie arbeiten mußte, und ich wußte auch, daß wir wieder zusammensein würden, sobald sie es einrichten konnte. Mir war klar, daß ich nur vorübergehend bei Tante Virgie und Onkel Audley wohnte. Aber ich war bei ihnen, seit ich denken konnte, und ich sehnte den Tag herbei, an dem meine Mutter und ich wieder zusammensein würden.

Zu Beginn des Frühlings 1929 kam meine Mutter nach Bethesda, um mich zu besuchen. »Komm mit auf die Veranda«, meinte sie, »ich muß dir etwas sagen.«

Wir setzten uns auf das Sofa, und Mutter erzählte mir, sie habe sich in einen wunderbaren Mann verliebt. Er heiße Loyal Davis und sei groß, sehe gut aus und sei sehr liebevoll. Er sei Arzt in Chicago und wolle sie heiraten, aber sie habe ihm gesagt, sie würde nie eine Ehe eingehen, ohne daß ich mein Einverständnis dazu gäbe.

Wenn ich ja sagte, dann wolle sie aufhören, als Schauspielerin zu arbeiten, und wir würden beide nach Chicago ziehen und dort als glückliche Familie miteinander leben.

»Es hängt von dir ab«, schloß sie. »Ich werde Dr. Davis nicht heiraten, wenn du nicht einverstanden bist.«

Ich wußte nicht, was ich sagen sollte. Ich war gerne in Bethesda, aber wenn ich mit meiner Mutter hätte zusammenleben können, wäre mein sehnlichster Wunsch in Erfüllung gegangen.

Später habe ich oft über diesen Augenblick nachgedacht und mir überlegt: Was wäre passiert, wenn ich nein gesagt hätte? Aber wie ich Mutter kenne, hätte sie sich bestimmt etwas einfallen lassen, um mich umzustimmen.

Ich konnte damals natürlich nicht ahnen, daß diese Mitteilung meiner Mutter ebensosehr mein Leben verändern würde wie das ihre. Ich kann mir gar nicht vorstellen, wie mein Leben ausgesehen hätte, wenn sie Loyal Davis nicht kennengelernt hätte.

Sie heirateten in einer presbyterianischen Kapelle in Chicago. Trauzeuge war Dr. Allen Kanavel, der Lehrer meines neuen Vaters. Ich war Brautjungfer, trug ein blaues plissiertes Kleid und streute Blumen. Ich freute mich für meine Mutter, aber ich kann mich noch gut daran erinnern, daß ich schon damals ein bißchen eifersüchtig war – ein Gefühl, das ich viele Jahre später von der anderen Seite wieder erfahren sollte, als ich einen Mann heiratete, der bereits Kinder hatte. Dr. Davis nahm mir einen Teil meiner Mutter weg, und nachdem ich so lange von ihr getrennt gewesen war, hätte ich sie gern ganz für mich allein gehabt.

In den Flitterwochen gingen die beiden auf einen Medizinerkongreß, und danach besuchten sie die Schlachtfelder des Bürgerkrieges – Dr. Davis war ein Spezialist in Sachen Bürgerkrieg. Meine Flitterwochen mit Ronnie – viele Jahre später – waren ähnlich romantisch: Wir fuhren nach Phoenix, und unterwegs hielt mein frischgebackener Ehemann überall dort an, wo es Klapperschlangen und ähnliches Getier zu sehen gab.

»Wir haben jetzt eine Ranch«, erklärte er immer wieder. »Du mußt lernen, wie so was aussieht.«

Selbstverständlich. Aber in den *Flitterwochen?*

Loyal Davis war ein Mann von großer Rechtschaffenheit und ein Hüter altmodischer Werte: Er fand, daß Mädchen und Jungen zu Ladys und Gentlemen heranwachsen sollten. Daß Kinder ihren Eltern gehorchen und sie respektieren sollten. Daß man sich nie erniedrigen dürfe, gleichgültig, was man tue. Und daß man immer sein Bestes geben sollte — ob man nun eine komplizierte medizinische Operation durchführe oder ob man einfach nur den Boden fege.

Ich habe diesen Mann zwar im Lauf der Zeit sehr liebgewonnen, aber der Übergang zu meinem neuen Leben in Chicago war nicht leicht und keineswegs reibungslos. Dr. Davis kam mir sehr förmlich und distanziert vor, und zu Anfang paßte es mir absolut nicht, daß ich meine Mutter mit ihm teilen mußte. Ich war eifersüchtig auf ihre enge Beziehung zueinander. An einen besonders peinlichen Vorfall kann ich mich gut erinnern: Die beiden Jungvermählten saßen zusammen auf dem Sofa, und ich drängte mich so richtig zwischen sie.

Aber Dr. Davis war sehr verständnisvoll, und er zwang mich nicht, ihn zu akzeptieren. Vielleicht lag das daran, daß er ein eigenes Kind aus einer früheren Ehe hatte, einen Sohn namens Richard. Er war etwas jünger als ich und lebte bei seiner Mutter. (Als sie starb, zog Richard, mein Bruder Dick, zu uns.) Aber aus welchem Grund auch immer, Dr. Loyal Davis erlaubte mir, mich so langsam an ihn zu gewöhnen, wie ich wollte.

Bald nach meiner Ankunft in Chicago setzte er sich eines Tages zu mir und erklärte mir, er und meine Mutter liebten sich sehr, und er werde immer gut für sie sorgen. Er finde es nicht richtig, mich zu adoptieren, solange mein richtiger Vater noch lebe, aber wenn ich es wollte, dann täte er es — und nichts würde ihn glücklicher machen. Er hoffe, wir würden einander liebgewinnen und eine glückliche Familie werden. Aber wir wußten beide, daß das eine Weile dauern würde.

Und so war es auch. Ich nannte ihn immer Dr. Loyal, mehr als zwanzig Jahre lang. Ich wußte, daß er es gern gehabt hätte, wenn ich ihn ›Dad‹ genannt hätte, und im nachhinein wünschte ich, ich hätte es getan. Aber damals brachte ich es einfach nicht über mich. Wir standen uns zwar sehr nahe, aber erst als meine eigene Tochter geboren wurde, ließ ich die förmliche Anrede fallen. Als Patti noch zu klein war, um ›Grandpa‹ aussprechen zu können, nannte sie ihn ›Bapa‹ — und das tat ich dann auch.

Er haßte den Namen Loyal, aber ich fand immer, daß er sehr gut zu ihm paßte. Denn er war tatsächlich ungemein loyal — seiner Familie gegenüber, seinen Studenten, seinem Beruf, seinen Patienten und vor allem auch seinen eigenen Wertvorstellungen gegenüber. Er war ein willensstarker und schweigsamer Mensch, reserviert und nach außen hin etwas ruppig, aber im Innern war er liebevoll und warmherzig. Die meisten Menschen bekamen diese Seite nie zu sehen – den Mann, der Gedichte schrieb und sie mir unter der Tür durchschob oder der mir alberne Limericks schickte, als ich im College war.

Er war bekannt dafür, daß er ein strenger Lehrer war. Seine Studenten mußten beispielsweise in den Vorlesungen immer Jackett und Krawatte tragen. Er fand, wenn jemand Arzt werden wollte, dann hatte er sich auch entsprechend zu kleiden. Wenn die Rede auf ihn kommt, sagen die Leute selbst heute noch oft, Loyal Davis sei als Lehrer sehr unnachgiebig gewesen und es sei einem bei ihm nichts geschenkt worden. Aber er zwang seine Studenten, Leistungen zu erzielen, die sie sich sonst gar nicht zugetraut hätten.

Er war ungeheuer pedantisch, was Pünktlichkeit betraf. Wenn er sagte, sechs Uhr, dann meinte er nicht zwei Minuten nach sechs. Und wenn man zu spät kam, dann ließ er es einen wissen. Als ich anfing, abends auszugehen, mußte ich immer zu einer bestimmten Zeit zu Hause sein. Er war ein strenger Vater, aber er war immer gerecht. Ich fand, er war genau so, wie ein richtiger Vater sein sollte.

Nach Bethesda eröffnete sich in Chicago eine völlig neue Welt für mich, und das Zusammenleben im Hause Davis war anregend und eine ständige Herausforderung. Mein Vater diskutierte sehr gerne über ernsthafte Themen, und ich erinnere mich an mehr als eine Diskussion über die Frage, ob es wirklich so etwas wie die menschliche Seele gibt. Ich kann mich nicht mehr an unsere Antworten erinnern, aber ich weiß, daß Loyal im Gegensatz zu meiner Mutter nicht religiös war.

Einmal fragte ich ihn, was Glück sei. »Nancy«, sagte er, »die Antwort auf diese Frage ist fast zweieinhalb Jahrtausende alt; im Grunde gilt noch heute, was die Griechen sagten: Glück ist der Versuch, in allen Aspekten des Lebens nach dem Höchsten zu streben.«

Loyal Davis war ein klassischer Selfmademan. Aber wie ich schon erwähnte, den Eindruck, er sei ein reicher, ultrakonservativer Eiferer gewesen, der mich – und später auch Ronnie – zu Republikanern machte, möchte ich korrigieren. Ich möchte nicht in Frage stellen, daß Bapa konservativ und ein Republikaner war, aber falls er irgendwelche politischen Interessen hatte, dann habe ich nie etwas davon bemerkt. Und ich weiß genau, daß er Ronnies Ansichten nicht beeinflußt hat. Als Ronnie sich entschloß, in die Politik zu gehen, paßte das meinem Vater überhaupt nicht. Er wollte nicht, daß sein geliebter Schwiegersohn in etwas einstieg, was Loyal nur als ein ›Meer voller Haie‹ bezeichnete.

Er kümmerte sich nicht um Politik, sondern um Medizin. Er liebte seine Arbeit, und ich war begeistert, als er mir endlich einmal erlaubte, ihm bei einer Operation zuzuschauen. Normalerweise saß ich oben auf der Galerie. Aber dann ließ er mich den Operationssaal betreten – und ich hatte das Gefühl, die entscheidende Prüfung bestanden zu haben. Ich bin nicht sicher, ob ich eine andere Operation hätte mit ansehen können, aber Gehirnchirurgie ist so präzise, und bis auf eine ganz kleine Stelle ist alles abgedeckt. Er arbeitete an winzigen Nerven, die man kaum sehen konnte.

Ich war sehr stolz auf ihn. Da stand dieser wunderbare, gutaussehende, erfolgreiche Mann – und er war mein Vater!

Meine Eltern führten eine wunderbare Ehe, obwohl – oder vielleicht auch weil – sie so verschieden waren. Mein Vater war groß und dunkel; meine Mutter klein und blond. Er war Republikaner; sie war Demokratin. Er war oft ernst; sie lachte immer. Er war ein Einzelkind; sie stammte aus einer großen Familie. Er war zurückhaltend; sie kannte jeden.

Sie ergänzten sich wunderbar. Einmal kam ich vom College nach Hause und mußte mehrere Sonette von Keats und Shelley auswendig lernen. Mein Vater schickte mich nach oben, damit ich mein Lehrbuch für englische Literatur holte, und als ich wieder herunterkam, führte meine Mutter gerade einen kleinen Steptanz auf und trug dazu ein Gedicht über Mr. Sheets und Mr. Kelly vor.

Wenn meine Eltern Gäste hatten, dann erzählte meine Mutter oft den neuesten unanständigen Witz. Falls ich noch im Zimmer war, dann wandte sie sich an mich und bat: »Nancy, könntest du bitte in die Küche gehen und mir einen Apfel holen?« Es dauerte ziemlich lange, bis ich begriff, daß das nur ein Trick war, um mich loszuwerden, damit sie ihren Witz erzählen konnte. Sie aß damals ziemlich viele Äpfel!

Zuerst wurde meine Mutter von den anderen Ärztegattinnen in Chicago nicht akzeptiert. Einmal fand ich sie schluchzend in ihrem Schlafzimmer – sie hatte gehört, wie eine Frau eine abfällige Bemerkung über diese *Schauspielerin* machte, die diesen netten, gutaussehenden und wohlsituierten Arzt geheiratet hatte. In den Kreisen, in denen mein Vater verkehrte, hielt man nicht viel von Schauspielerinnen.

Ich hatte meine Mutter bisher nie als Ehefrau erlebt, aber sie machte ihre Sache unglaublich gut. Sie sorgte für ihren Mann, sie erweiterte seine gesellschaftlichen Kontakte – sie unterstützte ihn, wo es nur ging. »Hör zu, Nancy«, sagte sie oft, »wenn du einmal heiratest, dann mußt du auf alle Fälle morgens immer aufstehen und mit deinem Mann gemeinsam frühstücken. Denn wenn du es nicht tust, dann findet sich bestimmt bald eine andere Frau, die gleich um die Ecke wohnt und nur darauf wartet.«

Nach einem Jahr kannte sie schon mehr Leute in Chicago als ihr Mann. Sie half ihm, lockerer zu werden, stellte ihn ihren Freunden vor und machte ihn mit der Kunst vertraut. Er wiederum gab ihr eine Sicherheit, die sie bis dahin nicht gekannt hatte.

Sie war sehr engagiert in der Wohltätigkeitsarbeit. Fünfundzwanzig Jahre lang war sie Vorsitzende des Chicago Community Fund. Sie arbeitete beim Art Institute mit und half, den Geschenkladen im Passavant-Krankenhaus einzurichten. Jedes Jahr organisierte sie eine Art musikalisches Kabarett für die Studenten meines Vaters. Als er während des Krieges in Europa war, rief sie eine Begegnungsstätte für Soldaten ins Leben. In der Nähe gab es eine Marinewerft, und als meine Mutter erfuhr, daß diese jungen Männer von Prostituierten mitgenommen wurden und sich so Geschlechtskrankheiten holten, ließ sie sich als Polizistin vereidigen, damit sie auf die Straßen Chicagos gehen und diese Jungen beschützen konnte.

Als Mutter heiratete, gab sie ihre Karriere auf, aber das hieß nicht, daß sie nicht mehr arbeitete. Chicago war damals das Zentrum der Rundfunk-Seifenopern, und Mutter war an einer NBC-Serie beteiligt, die *Betty & Bob* hieß. Sie sprach zwei ganz verschiedene Rollen: Bobs Mutter, eine Dame aus der Oberschicht, und Gardenia, das schwarze Dienstmädchen. (In einer Episode kam Bobs Mutter an die Tür, und Gardenia öffnete, um sie hereinzulassen.) Sie war außerdem die einzige Frau, die in der *Amos and Andy Show* auftrat.

Sie arbeitete für die Sender WGN und WBBM. Dort lernte ich Mike Wallace kennen, der damals in Chicago Rundfunksendungen machte. Als Mutter 1987 starb, veröffentlichte Mike einen sehr ergreifenden Nachruf in der *Washington Post,* in dem er schrieb, daß mein Engagement in der Anti-Drogen-Kampagne auf die Wertvorstellungen zurückgehe, die meine Mutter verkörpert hatte.

Während all dieser Jahre hielt meine Mutter den Kontakt zu ihrem ehemaligen Mann und zu dessen neuer Frau, Patsy, aufrecht. Ich hatte zwar nie ein richtiges Verhältnis zu meinem leiblichen Vater entwickelt, aber als Teenager besuchte ich ihn ein paarmal. Er hatte nicht viel mit mir anfangen können, als ich noch ein kleines Kind war, aber als ich älter wurde und erwachsener, wollte er mich gern öfter sehen. Einmal machte er eine abfällige Bemerkung über Mutter – ich weiß nicht mehr, was er sagte –, und das regte mich so auf, daß ich ihn anschrie, ich wolle abreisen. Er geriet außer sich und schloß mich im Badezimmer ein. Ich bekam schreckliche Angst, und auf einmal hatte ich das Gefühl, bei wildfremden Menschen zu sein.

Patsy war die ganze Sache furchtbar unangenehm, und sie entschuldigte sich brieflich bei meiner Mutter. Aber das war das Ende meiner Besuche. Und bis zum heutigen Tag ertrage ich es nicht, mich in einem verschlossenen Zimmer aufzuhalten. Als Ronnie und ich einmal viele Jahre später während einer Wahlkampfreise in unserer Hotelsuite waren, mußte ich ihn bitten, die Tür von unserem Schlafzimmer wieder aufzuschließen. Er verstand nicht, warum, bis ich ihm erklärte, daß die Erinnerung daran, wie ich damals in diesem Badezimmer eingeschlossen war, mich nie wieder ganz losgelassen hatte.

Schon bald, nachdem meine Mutter wieder geheiratet hatte, zogen wir in den dreizehnten Stock eines hübschen Apartmenthauses am Lake Shore Drive. Einer unserer Nachbarn war ein pensionierter Richter. Einige Jahre später fragte ich ihn, als ich ihn im Aufzug traf: »Was muß ich tun, um mich adoptieren zu lassen?«

Der Richter redete mit meiner Mutter, und sie muß wohl einverstanden gewesen sein, denn er erklärte sich bereit, mir bei dem ganzen Papierkram zu helfen. Ich wußte bereits, daß nach dem Gesetz von Illinois ein Kind über seine Adoption selbst entscheiden konnte, wenn es älter als vierzehn war. Ich hatte inzwischen längst keine Zweifel mehr und machte die ganze Sache amtlich, indem ich Kenneth Robbins in New York aufsuchte.

Er traf sich mit mir unter der Uhr des Biltmore-Hotels. Meine Großmutter begleitete ihn. Ich erklärte ihnen mein Vorhaben, und sie waren einverstanden, allerdings nur zögernd. Ich bin sicher, meine Großmutter war sehr gekränkt.

Als Kenneth Robbins die Papiere unterschrieben hatte, schickte ich ein Telegramm nach Chicago, um meiner Familie mitzuteilen, daß die Adoption vollzogen sei. Ich hatte nicht viel Erfahrung mit Telegrammen, aber ich wußte, daß sie kurz sein mußten. Auf diesem stand nur: HI DAD.

Immer, wenn Mutters alte Freunde vom Theater nach Chicago kamen, wohnten sie bei uns. Es war gar nichts Ungewöhnliches, daß ich nachmittags aus der Schule kam und Mary Martin im Wohnzimmer antraf. Oder Spencer Tracy las Zeitung. Oder die atemberaubende Lillian Gish hatte es sich auf dem Sofa bequem gemacht und unterhielt sich mit meiner Mutter. Spencer Tracy war so oft bei uns, daß er schon fast zur Familie gehörte.

Spence war der charmanteste Mann, den ich je kennengelernt habe. Er litt an Schlaflosigkeit, und wenn ich abends ein Rendezvous gehabt hatte oder mit Freunden weggegangen war und deshalb spät nach Hause kam, war er immer noch auf und wollte sich unbedingt unterhalten. Aber er war auch sehr schüchtern. Es gibt Schauspieler, die sofort alles an sich reißen, wenn sie ins Zimmer kommen, aber bei Spence war das überhaupt nicht so. Er zog sich immer gleich in eine Ecke zurück und blieb dort.

Er haßte ernsthafte und hochgestochene Diskussionen über dramatische Techniken, und die Schauspieler aus dem *Actors Studio* hielt er für prätentiös. Sein eigener Ansatz war sehr einfach. Als ich ihm erzählte, daß ich zum Theater gehen wollte, gab er mir folgenden Rat: »Lerne deinen Text auswendig, und paß auf, daß du nicht gegen die Möbel stößt.«

Katharine Hepburn gehörte ebenfalls zu den regelmäßigen Besuchern. Ich sprach auch mit ihr darüber, daß ich Schauspielerin werden wollte. Sie schrieb mir daraufhin einen langen Brief, um mich zu warnen: Theaterspielen sei ein sehr schwieriger Beruf, und ich hätte bisher nur die schönen Seiten kennengelernt. Die Freunde meiner Mutter seien Stars, aber die meisten angehenden Schauspielerinnen endeten als Kellnerinnen oder Empfangsdamen. Es war ein sehr ernüchternder Rat, aber er schreckte mich nicht ab.

Als ich 1946 nach New York zog, lud Kate mich oft zu sich nach Hause ein. Sie wohnte ganz in meiner Nähe. Ich traf mich nur in ihrer Wohnung mit ihr, denn sie hatte eine schreckliche Abneigung dagegen auszugehen. Einmal erklärte sie mir mit dieser distinguierten Hepburn-Stimme, ihr werde schon übel vor Nervosität, wenn sie nur zum Abendessen in ein Restaurant gehe.

Kate und ich standen uns jahrelang sehr nahe, aber um die Zeit, als Spence starb, also 1967, muß mit unserer Freundschaft irgend etwas passiert sein. Plötzlich war sie zu Ende, und ich weiß bis heute nicht, warum. Ich machte mehrere Versuche, die Beziehung wieder aufleben zu lassen, aber ohne Erfolg. Einmal rief ich Kate an, und sie meinte nur: »Ich habe schrecklich viel zu tun, und außerdem weiß ich nicht, worüber wir uns eigentlich unterhalten sollten. Immerhin bist du überzeugte Republikanerin, und ich bin überzeugte Demokratin.«

»Was spielt denn *das* für eine Rolle?« erwiderte ich. »Ich habe viele Freunde, die Demokraten sind. Ich habe sogar einen geheiratet.«

Ich bin immer noch traurig wegen dieser Entwicklung, aber ich bin froh, daß Kate Teil meines Lebens war, und ich bewundere sie rückhaltlos.

Von allen Freunden meiner Mutter aus dem Showbusiness standen uns Walter und Nan Huston am nächsten. Walter ist vermutlich vor allem durch seine Rolle als der alte Mann in dem Film *The Treasure of the Sierra Madre* (Der Schatz der Sierra Madre) bekannt, in dem Humphrey Bogart die Hauptrolle spielte. John Huston, Walters Sohn, führte Regie.

Für mich war er Onkel Walter. Als ich ein Teenager war, verbrachten wir viele Jahre lang im Sommer mehrere Wochen in seinem großen Ferienhaus am Lake Arrowhead in den San-Bernardino-Bergen. Nach dem Abendessen saßen wir dann immer alle im Wohnzimmer, und Onkel Walter las vor.

In einem Sommer schrieben und produzierten wir einen eigenen kleinen Film. Und ich war dabei, ich durfte mitspielen – zusammen mit richtigen Profis, mit meiner Mutter, mit Onkel Walter und Nan (sie hatte am Broadway die Desdemona gespielt, mit Onkel Walter als Othello). Mein Bruder Dick stand hinter der Kamera, und Onkel Walter und ich waren die Stars.

Mein Vater verbrachte den größten Teil jenes Sommers damit, eine Biographie John B. Murphys zu schreiben, des Arztes, der Theodore Roosevelt behandelt hatte, als dieser 1912 angeschossen wurde.

»Loyal«, sagte Onkel Walter, »erzähl mir doch bitte, wie das war, als auf Roosevelt geschossen wurde.«

»Aber du hast doch das Manuskript gelesen«, sagte mein Vater.

»Ich weiß«, sagte Walter. »Aber ich möchte es trotzdem hören.«

Nachdem mein Vater die Szene beschrieben hatte, meinte Onkel Walter: »Loyal, geh an deinen Schreibtisch, und schreib das Ganze genauso auf, wie du es mir eben erzählt hast. Die Version, die du geschrieben hast, ist viel zu steif.«

Mein Vater schrieb das gesamte Manuskript um. Er ließ sich ungern kritisieren, aber Walter Huston war sein bester Freund.

An einem Wochenende – ich war damals fünfzehn – kam der bedeutende Regisseur Joshua Logan zum Lake Arrowhead gefahren, um zu versuchen, Onkel Walter für eine Musical-Komödie mit dem Titel *Knickerbocker Holiday* zu gewinnen. Was mich an diesem Besuch besonders interessierte, war die Tatsache, daß Logan seinen Freund Jimmy Stewart mitgebracht hatte. Ich verliebte mich auf Anhieb in diesen großen, gutaussehenden Mann mit seinem jungenhaften Charme – ein Charme, dem so viele welterfahrene Frauen in Hollywood nicht widerstehen konnten. Als wir abends nach dem Essen noch draußen unter dem Sternenhimmel saßen, da holte Jimmy sein Akkordeon hervor und sang ›Judy‹. Ich schmolz förmlich dahin.

Am nächsten Tag saßen wir alle um den Swimming-pool herum, und Josh las das Drehbuch von *Knickerbocker Holiday* vor. Onkel Walter versprach, sich die Sache durch den Kopf gehen zu lassen. Später fragte er jeden von uns nach seiner Meinung. Ich war stolz, daß auch ich gefragt wurde, und sagte enthusiastisch: »Oh, Onkel Walter, ich an deiner Stelle würde in dem Stück nicht auftreten. Es wäre ein großer Fehler.«

Ich weiß noch genau, wie wichtig ich mir vorkam, weil er meinen Rat hören wollte. Aber dann nahm er die Rolle doch an – ohne mir etwas davon zu sagen.

Muß ich noch hinzufügen, daß *Knickerbocker Holiday* ein riesiger Broadway-Erfolg wurde?

Oder daß Brooks Atkinson schrieb, die Entscheidung, die Hauptrolle mit Walter Huston zu besetzen, sei ein ›Geniestreich‹ gewesen?

Oder daß Onkel Walters Darbietung von ›September Song‹ ein Klassiker des Musiktheaters wurde?

So viel zu *meiner* Meinung!

Jahre später schickte mir Onkel Walter ein Exemplar eines Buches über *Knickerbocker Holiday*, mit der Widmung: *Für Nancy, die mir geraten hat, bei diesem Stück mitzumachen.*

Als Jimmy abfuhr, lud er mich ein, nach Hollywood zu kommen, um mit ihm im Palladium tanzen zu gehen. Das Herz schlug mir bis zum Hals, aber mein Vater sagte nein, und damit war die Sache erledigt. (Ich mag Jimmy Stewart ja wirklich sehr, aber später fand ich heraus, daß er so ziemlich der schlechteste Tänzer ist, den ich kenne.)

Mein Vater war insgeheim sehr empört darüber, daß Walter als Schauspieler so viel Geld verdiente. Loyal hatte ein gutes Einkommen, aber selbst der erfolgreichste Chirurg verdiente nur einen Bruchteil dessen, was ein Star in Hollywood oder am Broadway bekam. Nach einer jahrelangen Ausbildung führte mein Vater komplizierte Gehirnoperationen durch und rettete vielen Menschen das Leben. Manchmal arbeitete er sogar ohne Bezahlung, und das höchste Honorar, das er je erhielt, waren fünfhundert Dollar. Wie mein Vater es sah, bekam Onkel Walter Tausende von Dollar, nur um Sätze vorzutragen, die jemand anders geschrieben hatte. Was sollte denn *daran* so schwierig sein?

Eines Tages schlug Onkel Walter vor, wir könnten doch gemeinsam ein Hörspiel aufnehmen. Meine Mutter war mit Nan zum Einkaufen nach Los Angeles gefahren, und er wollte die beiden überraschen, wenn sie zurückkamen. Mein Vater war Feuer und Flamme. Unter Onkel Walters Regie sprachen mein Vater und ich eine Szene aus dem Stück *Dodsworth,* in dem Walter und Nan gemeinsam aufgetreten waren. Dann machten wir uns an *Othello:* mein Vater als Jago, ich als Desdemona und Onkel Walter in der Titelrolle.

Es war wirklich erstaunlich, Onkel Walter in Aktion zu erleben. Er trug seine normale Sommerkleidung – eine Badehose und ein altes T-Shirt –, aber vor unseren Augen *wurde* er zu Othello, zu einem dunkelhäutigen Edelmann mit goldenem Ohrring. In *Dodsworth* hatte sich mein Vater ganz gut geschlagen, aber beim *Othello* machte er den Fehler, daß er versuchte, mit Onkel Walter mitzuhalten. Er klang lächerlich.

Am nächsten Abend spielten wir Nan und meiner Mutter das Band vor. *Dodsworth* war ein großer Erfolg, aber wie ich befürchtet hatte, war *Othello* eine Katastrophe. Desdemona klang wie ein kleines Mädchen, und mein Vater wirkte wie ein aufgeplusterter Amateur. Nan und meine Mutter machten sich über meinen Vater lustig und meinten, er habe sich wohl in den Vordergrund spielen wollen. Onkel Walter sagte kein Wort.

Ein paar Tage danach saßen die beiden Männer vor dem Abendessen draußen auf der Terrasse. Unvermittelt legte Onkel Walter meinem Vater die Hand aufs Knie und sagte: »Junge, ich erinnere mich noch genau, wie ich in Chicago im Operationssaal saß und dir bei der Arbeit zuschaute. Und weißt du, was ich dachte? Das sieht ja gar nicht so schwierig aus!«

Onkel Walter hatte die ganze Zeit über gewußt, wie mein Vater über ihn dachte. Es machte ungeheuren Eindruck auf mich, wie taktvoll und einfühlsam er auf die Gefühle meines Vaters einging.

Ich kann mich an keinen Zeitabschnitt erinnern, in dem ich mich nicht für das Theater interessiert hätte. Auch in der Schule machte mir das Fach ›Drama‹ am meisten Spaß. Ich war nur eine durchschnittliche Schülerin der Girls' Latin School in Chicago, aber zwei- oder dreimal war ich Klassensprecherin, und ich trat in allen Theateraufführungen der Schule auf.

Im letzten Schuljahr spielte ich die Hauptrolle in George S. Kaufmans Drama *First Lady*. Die Handlung habe ich so gut wie vergessen, aber ich weiß noch genau, daß ich ein schwarzes Kleid mit weißem Kragen trug. Und wenn meine Klassenkameradinnen ihren Text nicht mehr wußten, dann sprang ich immer ein und redete so lange, bis wir wieder weitermachen konnten. Alle waren sehr beeindruckt – ich selbst nicht ausgenommen.

Nach der High School besuchte ich das Smith College. Meine Hauptfächer waren Englisch und Drama – und Jungen.

Damals hatte ich meinen ersten richtigen Freund. Wir hatten uns in Chicago kennengelernt. Dort gab ich in meinem ersten Studienjahr um die Weihnachtszeit eine kleine Party. Es sollte ein Tanztee am Nachmittag sein. Ich trug ein weißes Kleid mit silbernen Besätzen.

Die Party war auf vier Uhr angesetzt, aber nicht alle Leute waren so pünktlich wie mein Vater, und um vier war noch niemand da. Ich wartete und fragte mich, ob wohl überhaupt jemand kommen würde.

Der erste Gast, der erschien, war Frank Birney, ein Student aus Princeton. (Die *Princeton Triangle Show* gastierte gerade in Chicago, und um sicherzugehen, daß auch genügend Männer zur Verfügung standen, hatte Mutter das ganze Ensemble eingeladen.) Frank mußte mein Unbehagen gespürt haben – immer wieder sagte er die Begrüßungsfloskeln, jedesmal mit einer anderen Stimme, als wäre er ein neuer Gast. Damit brachte er uns alle zum Lachen, und ich entspannte mich ein bißchen, ehe dann die anderen Gäste eintrafen.

Frank war charmant, lustig und klug, und als wir nach den Ferien wieder aufs College zurückkehrten, begannen wir miteinander auszugehen. Ich besuchte Football-Spiele und Tanzveranstaltungen in Princeton, und Frank kam auf Partys vom Smith College. Manchmal trafen wir uns auch in New York, unter der Uhr in der Lobby des Biltmore-Hotels, um das Wochenende in der Stadt zu verbringen. Aber man darf sich von dem Begriff ›Wochenende‹ nicht irreführen lassen: Ich wohnte in dem ›Nur-für-Mädchen‹-

Stockwerk des Hotels, zu dem Männer unter keinen Umständen Zugang hatten. Es gab sogar eine Aufsichtsdame, um den Regeln Nachdruck zu verleihen.

Kurz nach Pearl Harbor wollte Frank nach New York fahren. Er war wohl zu spät dran, denn er rannte quer über die Gleise, um den Zug noch zu erwischen. Dabei registrierte er nicht, wie schnell dieser Zug fuhr. Der Zugführer zog die Notbremse so heftig, daß sie abbrach, aber er konnte den Zug nicht mehr zum Stillstand bringen, und Frank war auf der Stelle tot.

Es war das erstemal, daß jemand, der mir nahestand, gestorben war. Es war ein schrecklicher Schock. Meine Zimmerkollegin zwang mich, auszugehen und lange Spaziergänge zu unternehmen. Frank und ich hatten das Thema Ehe vermieden, und obwohl ich meine Zweifel habe, ob es gutgegangen wäre – er war ein guter Freund gewesen, und sein Verlust tat mir sehr weh. Seine Mutter gab mir zur Erinnerung an ihn sein Zigarettenetui – eine silberne Dose, die ich ihm im Jahr zuvor zu Weihnachten geschenkt hatte. Sein Name war eingraviert. Frank hatte dieses Etui bei sich getragen, als er ums Leben kam, und ich besitze es heute noch.

Am Smith College trat ich in mehreren Theaterstücken auf, aber meine eigentlichen Erfahrungen sammelte ich während der Sommermonate, wenn ich als Lehrling bei den traditionellen Sommertheatern New Englands arbeitete. Als Lehrling war man Mädchen für alles: Man hatte Botengänge zu erledigen, mußte die Umkleideräume putzen, Kulissen malen und Eintrittskarten verkaufen. Manchmal hatten wir auch Gelegenheit, in einem Stück mitzuspielen. Aber zuerst und vor allem waren wir da, um zu lernen, indem wir bei den Proben dabeisaßen und Schauspieler und Regisseure bei ihrer Arbeit beobachteten. Diese Sommertheater waren der ideale Ort, um den Beruf zu erlernen, und die heutigen jungen Schauspieler tun mir leid, wenn sie diese Möglichkeit nicht haben.

Als Lehrling zu arbeiten, hatte nichts Glanzvolles an sich. Manchmal wurden wir im Speisesaal des Hotels in einen separaten Teil verbannt und bekamen nicht einmal das gleiche Essen wie die anderen Gäste. Aber Theaterspielen wurde eben nicht von jedermann als ehrenhafte Arbeit angesehen. Als ich eines Abends zu dem winzigen, heruntergekommenen Theater hinübereilte, das gegenüber vom Hotel lag, hielt mich eine ältere Frau auf und sagte: »Mein liebes Kind, ich hoffe, daß Sie sich durch diese Erfahrung nicht Ihr ganzes Leben ruinieren!«

Nur ein einziges Mal stand ich während dieser Sommermonate

auf der Bühne, und zwar in einem Stück mit Diana Barrymore. Ich spielte ein Dienstmädchen, das ankündigte: »Madam, das Essen ist serviert.« Es war nicht gerade eine große Rolle, aber ich hielt mich genau an Spences Ratschlag: Ich konnte meinen Text, und ich stieß nicht gegen die Möbel.

Meine erste richtige Rolle bekam ich nach dem Krieg. Zasu Pitts, eine alte Freundin meiner Mutter, bot mir eine Rolle in dem Stück *Ramshackle Inn* an. Ich stieß in Detroit zu dem Ensemble, denn ich mußte eine Schauspielerin ersetzen, die ausgestiegen war. Es war eine winzige Rolle – ich spielte ein Mädchen, das während des ganzen Stückes in einer Dachkammer eingeschlossen ist und nur einmal kurz die Treppe heruntergerannt kommt und etwa drei Sätze sagt, ehe sie dann gleich wieder nach oben gebracht wird. Aber es war immerhin ein Anfang!

Es sollte nicht das letzte Mal sein, daß ich von den Beziehungen meiner Mutter im Showbusiness profitierte. Viele Kinder berühmter Eltern, meine eigenen Kinder nicht ausgenommen, finden es peinlich, die Kontakte zu nutzen, die ihre Eltern geknüpft haben. Aber diese Kontakte können einem ohnehin nur die erste Tür öffnen. Der Rest hängt von dir ab.

Ich glaube nicht, daß ich sehr viele Angebote für die Bühne bekommen hätte, wenn Mutter nicht gewesen wäre. Es gab einfach zu viel Konkurrenz, und ich hatte nicht den Schwung und die Energie meiner Mutter.

Ramshackle Inn kam schließlich auch nach New York, und als das Stück abgesetzt wurde, beschloß ich, dort zu bleiben. In einem Haus ohne Fahrstuhl fand ich eine Wohnung im dritten Stock, in der East 51. Street, nicht weit von ein paar Freunden meiner Mutter entfernt: Walter und Nan Huston wohnten gleich um die Ecke, Kate Hepburns Haus war in der East 49. Street, und Lillian Gish lebte in der 57. Street. Manchmal schaute ich Spence bei den Proben für *The Rugged Path* zu. Die Vorstellung, bald wieder auf der Bühne zu stehen, machte ihn nervös, aber er war hervorragend, wie immer.

Die Freunde meiner Mutter kümmerten sich rührend um mich und luden mich zum Abendessen bei sich zu Hause ein, so daß ich selten alleine war. Außerdem war New York in den vierziger Jahren für jede Frau, die Karriere machen wollte, ein aufregendes Pflaster. Ich fühlte mich sicher und hatte keine Angst, spät abends nach dem Theater noch zu Fuß nach Hause zu gehen. Der Bus, der quer durch die Stadt ging, fuhr die 50. Street entlang, und ich mußte von der Haltestelle noch einen Block stadteinwärts laufen, um zu meiner Wohnung zu kommen.

Inzwischen hatte ich mich unter die arbeitslosen Schauspieler eingereiht und ging von einer Sprechprobe zur nächsten, um Arbeit zu finden. Man nannte dieses Vorsprechen auch Viehauftrieb, und ich haßte es!

Wenn man das Glück hatte, eine Rolle zu ergattern, dann waren die ersten fünf Tage nur Probezeit. Als ich anfing, wurden die Schauspieler regelmäßig ohne Bezahlung während dieser Probezeit gefeuert.

Mir passierte das auch einmal. Am dritten Tag nahm mich der Regisseur nach den Proben beim Arm und führte mich durch den Bühneneingang hinaus auf die Straße. »Es tut mir leid, daß ich Ihnen das mitteilen muß«, sagte er, »aber es geht einfach nicht. Sie sind nicht die Richtige für diese Rolle, und wir müssen uns leider von Ihnen trennen.«

Ich war so gedemütigt, daß ich es nicht über mich brachte, wieder hineinzugehen und dem Rest des Ensembles gegenüberzutreten. Ich kämpfte mit den Tränen und fragte den Regisseur, ob er nicht vielleicht meinen Mantel und meine Handtasche holen könnte, während ich wartete.

Das war das erste Mal in meinem Leben, daß mir gekündigt wurde, und es traf mich tief. »Es geht einfach nicht«, hatte der Regisseur gesagt, aber ich glaubte, er wollte nur nett sein. Bestimmt hatte er *gedacht:* Sie können nichts. Wie sind Sie überhaupt auf die Idee gekommen, Sie wären eine Schauspielerin?

So etwa erklärte ich es mir. Das ist ein schlimmer Schlag für das Selbstbewußtsein, und es ist sehr hilfreich, wenn einem Freunde erzählen, wie sie selbst hinausgeworfen oder abgelehnt wurden − und meine taten das.

Schließlich trat ich in *Lute Song* auf, einem Musical über den Orient. Die Hauptrollen spielten Mary Martin und Yul Brynner, Regie führte John Houseman. Nach einer langen und ergebnislosen Reihe von Sprechproben vernahm ich zu meinem eigenen Erstaunen die Zauberworte: »Sie haben die Rolle. Sie sehen so aus, als könnten Sie die Chinesin sein«, meinte der Produzent. *Das* hatte mir nun wirklich noch niemand gesagt. Aber Mary Martin und meine Mutter waren alte Freundinnen.

Es war Yuls erste große Rolle, und alle Frauen umschwärmten ihn − außer mir. Und ja, es stimmt − damals hatte Yul Brynner Haare.

Jahre später erfuhr ich, daß John Houseman eigentlich die Absicht gehabt hatte, mich abzulehnen, und daß Mary sich eingeschaltet hatte, um mir den Job zu sichern. Wie John die Geschichte in seinen Memoiren erzählt, hatte es bei der Besetzung von *Lute Song* »die übliche Vetternwirtschaft« gegeben. »Auf Marys Wunsch hin engagierten wir für die Rolle des Blumenmädchens der Prinzessin eine rosenwangige, attraktive, aber ungeschickte und unerfahrene Jungfrau namens Nancy Davis.«

Ich habe immer die Annahme vorgezogen, daß John das als Kompliment gemeint hat.

Lute Song war meine erste und einzige Rolle am Broadway, und der Premierenabend war schrecklich aufregend. Meine Eltern kamen aus Chicago, und das ganze Ensemble traf sich dann bei Sardi's, um zu feiern, wie das seit vielen Jahren Tradition war. Die Kritiken waren so gut, daß *Lute Song* sechs Monate lang am Plymouth Theater gespielt wurde.

An einem Herbstabend rief Mutter an und sagte: »Nancy, wenn sich bei dir ein Mann meldet und sagt, er sei Clark Gable, dann sag nicht: ›Klar, und ich bin Greta Garbo.‹ Es könnte gut sein, daß es wirklich Clark Gable ist.«

Gable wollte nach New York kommen, und Spence hatte ihm meine Telefonnummer gegeben. Dann rief er, unsicher, ob das so richtig sei, Mutter an, um ihr zu sagen, daß der ›King‹ mich vielleicht anriefe.

Ich wartete nun nicht gerade atemlos auf diesen Besuch – so ganz konnte ich mir nicht vorstellen, daß Clark Gable drei Stockwerke eines normalen Backsteinhauses hinaufklettern würde, um eine unbekannte Schauspielerin zu besuchen. Seit *Gone with the Wind* (Vom Winde verweht) war er der populärste Star von ganz Hollywood, und das machte ihn zum wunderbarsten und begehrenswertesten Mann der Welt. Aber er rief tatsächlich an und lud mich zum Abendessen ein!

Ich hatte schon einige berühmte Schauspieler kennengelernt, aber Gable war etwas ganz Besonderes. Er sah so gut aus, und er verfügte über diese unbeschreibliche Eigenschaft, die man Charisma nennt.

Er hielt sich eine Woche in New York auf, und wir gingen jeden Tag und jeden Abend miteinander aus, nachmittags zu Baseball-Spielen und abends ins Theater oder was auch immer. Es war meine erste Begegnung mit jemandem, der so berühmt war;

manchmal brauchten wir Polizeischutz, um ins Theater zu kommen oder zu einem Baseball-Meisterschaftsspiel. Wenn wir ins Theater gingen, weigerte sich das Publikum, Platz zu nehmen, bis Clark Gable ihnen zuwinkte. Aber er gab nie Autogramme, und ich glaube, daß er sich, ähnlich wie Spence, in seiner Rolle als Star nie so ganz wohl fühlte.

Er hatte eine Eigenschaft, die auch alle guten Kurtisanen haben – wenn er mit dir zusammen war, dann war er *wirklich* mit dir zusammen. An einem Abend nahm er mich auf eine Party mit, an der er versprochen hatte teilzunehmen. Ich fürchtete, ich würde in irgendeiner Ecke herumstehen, während Clark sich mit Dutzenden von wunderschönen Schauspielerinnen und Fotomodellen unterhielt. Aber als wir hinkamen, ließ er mich keinen Augenblick aus den Augen; er gab mir das Gefühl, ich sei der wichtigste Mensch im Raum.

Clark war sexy, er sah gut aus und war sehr zärtlich, aber meiner Meinung nach war er weniger der Verführer, als der er ausgegeben wurde, sondern vielmehr ein netter, romantischer und lustiger Mann. Er schickte mir Blumen, und wir hielten Händchen, aber ich glaube, in seinem Fall war das Image des Liebhabers so hochgespielt worden, daß er ganz erleichtert war, mit jemandem wie mit mir zusammenzusein, der keine Forderungen an ihn stellte.

Meist landeten wir am Ende des Abends im Stork Club, der damals *die* Adresse war. Jedesmal, wenn wir da waren, strömte zufällig eine wahre Flut von Frauen an unserem Tisch vorbei auf dem Weg zur Toilette! Wenn wir aufstanden, um zu tanzen – wie viele Freundinnen hatte ich da auf einmal. »Nancy! Wie schön, dich zu sehen!« Und dann mußte ich sie natürlich meinem Begleiter vorstellen.

Wenn man so viel Zeit mit Clark Gable verbringt, fällt man auf. Die Tratschkolumnisten hatten viel zu tun, aber obwohl Clark und ich mehr waren als nur oberflächliche Freunde, entwickelte sich zwischen uns doch nie eine richtig große Romanze. In den Zeitungen stand allerdings genug, um Mutter anrufen zu lassen. »Nancy, was ist denn nun wirklich zwischen euch beiden?«

Ich antwortete, da gebe es nicht viel zu erzählen. Aber ich bin nicht sicher, ob sie mir glaubte.

Wir waren zwar nur eine Woche zusammen, aber für die Fan-Zeitschriften waren wir ein gefundenes Fressen. Ich habe immer noch einen Zeitungsausschnitt, der in der üblichen Manier die Frage stellt: »Hat es Clark Gable nun doch endlich erwischt? Etwa in Gestalt einer schlanken, braunäugigen Schönheit namens Nancy Davis? Etwas, was sein unstetes Liebesleben ändert? In anderen Worten: Hat Clark Gable endlich die Frau gefunden, um derentwillen er liebend gern die Frauen aufgibt? Die Antwort scheint ›Ja‹ zu sein – auch wenn sich diese Liebe, wenn es sich wirklich um Liebe handelt, noch versteckt hält.«

Sehr versteckt, würde ich sagen. Obwohl mir vielleicht auch manche der Signale, die Clark aussandte, entgingen. Er wohnte in Encino und bezeichnete sein Haus immer als Ranch. Eines Abends fragte er mich beim Essen: »Was würdest du denn davon halten, auf einer Ranch zu leben?«

Ich murmelte irgend etwas Dummes wie: »Ach Gott, ich weiß nicht so recht, ich habe es ja noch nie probiert.« Aber ich habe oft über diesen Augenblick nachgedacht und mir überlegt, ob Clark Gable vielleicht ganz vorsichtig herausfinden wollte, was ich von einer möglichen gemeinsamen Zukunft hielt? Und wenn dem so gewesen wäre – was hätte ich antworten sollen? Ich liebte ihn nicht, aber wenn wir uns öfter gesehen hätten, dann hätte ich mich vielleicht in ihn verliebt. Ich war jedenfalls sehr glücklich über seine Aufmerksamkeit und Herzlichkeit – und seine Bescheidenheit. Es war nicht gerade das, was man von einem großen Star erwartet.

Nach *Lute Song* spielte ich in zwei weiteren Produktionen mit Zasu Pitts und arbeitete ein bißchen fürs Fernsehen. Das einzige, woran ich mich von meinen ersten Fernsehauftritten noch erinnere, ist, daß ich grünes Make-up und schwarzen Lippenstift auflegen mußte! Fernsehen war damals noch etwas ziemlich Neues, und man mußte sehr seltsame Farben auftragen, um vor einem solchen frühen, primitiven schwarzweißen Bühnenhintergrund gut auszusehen.

Ich trat in der Fernsehversion von *Ramshackle Inn* auf, wiederum mit Zasu. Darauf folgte ein kleineres Stück mit dem Titel *Broken Dishes*. Die Handlung habe ich größtenteils vergessen – doch es führte zu dem wichtigsten Karrieredurchbruch meines Lebens. Jemand von Metro-Goldwyn-Mayer sah mich in *Broken Dishes* und schlug meinem Agenten vor, ich solle doch nach Hollywood kommen und Probeaufnahmen machen.

Sobald meine Mutter davon erfuhr, rief sie Spence an, der wiederum George Cukor anrief, um ihn zu bitten, selbst die Probeaufnahmen zu leiten. George war einer der Spitzenregisseure in Hollywood, und er war bekannt dafür, daß er mit Frauen besonders gut arbeitete. Howard Keel fungierte als Assistent, und George Folsey, einer der besten Kameramänner, machte die Aufnahmen.

Bald darauf erfuhr ich von meinem Agenten, mir sei von MGM der Standardvertrag für Anfänger angeboten worden: sieben Jahre mit Optionsrecht. In anderen Worten, das Studio konnte den Vertrag jederzeit kündigen, während mir die Hände gebunden waren. Sie zahlten 250 Dollar die Woche während des Studio-Jahres, das vierzig Wochen hatte; zwölf Wochen waren Ferien.

Ich war außer mir vor Freude. MGM war nicht nur das größte Studio in Hollywood – ich würde auch endlich regelmäßig Geld verdienen, was bedeutete, daß ich kein Geld mehr von meinen Eltern annehmen mußte. Bis dahin hatten mich meine Eltern unterstützt, so wie Ronnie und ich später unserem Sohn Ron in der Anfangsphase seiner Karriere unter die Arme griffen.

Wenn man bei MGM anfängt, ist das, als beträte man eine Traumwelt. In der Kantine traf ich Leute wie Fred Astaire, Lana Turner, June Allyson, Judy Garland, Elizabeth Taylor, Deborah Kerr, Esther Williams, Robert Taylor, Van Johnson, Gene Kelly und Frank Sinatra. Man konnte schon schreckliche Minderwertigkeitskomplexe entwickeln, wenn man morgens zum Make-up erschien und sich zwischen Elizabeth Taylor und Ava Gardner wiederfand.

Louis B. Mayer war damals Chef von MGM, und wenn er eine Party gab, waren alle Stars zur Stelle. Viele Jahre später, während Ronnies zweiter Amtsperiode, suchte ich in Los Angeles nach einem Haus, in dem wir wohnen konnten, wenn wir nach Kalifornien zurückkehrten. Eines der Häuser, das ich besichtigte, hatte Mr. Mayer gehört. Ich freute mich sehr darauf, es nach fast vierzig Jahren wiederzusehen. Aber als ich es betrat, wurde ich das Gefühl nicht los, daß irgend etwas fehlte. Ohne Loretta Young, Vivien Leigh und all die anderen in ihren wunderbaren Garderoben und ohne Judy Garland als Stimmungskanone wirkte der früher so herrliche Salon ausgestorben und bedrückend.

Ich wurde zwar nie ein großer Star, aber ich war beim Film wesentlich erfolgreicher, als ich es beim Theater je gewesen war. Auf der Bühne muß man mit großer Geste spielen und übertreiben, damit auch die subtilste Bewegung oder der differenzierteste Gesichtsausdruck noch in der letzten Reihe wahrgenommen und verstanden werden kann. Beim Film genügen kleine Andeutungen, um eine Wirkung zu erzielen. Das andere, was mir beim Film außerordentlich gut gefiel, war die Möglichkeit, eine Szene so oft zu wiederholen, bis sie so gut war wie irgend möglich.

Und mir war das Studio-System lieber als die quälende Arbeitssuche in New York. MGM war wie eine intime Kleinstadt, manchmal sogar wie eine Art Großfamilie. Es kam oft vor, daß ältere und erfahrene Darsteller alles daransetzten, um Neulingen zu helfen und ihnen Mut zu machen.

Ava Gardner war so schön, daß es mir fast den Atem verschlug. Als ich einmal am Zeitungskiosk auf dem MGM-Gelände stand, kam sie zu mir. Sie trug kein Make-up, aber ihre strahlende Schönheit war dennoch nicht zu übersehen. Sie erzählte mir, sie habe gerade einen meiner Filme gesehen – er sei großartig. Ich war ein Niemand, und sie hätte diese freundliche Geste wirklich nicht nötig gehabt. Aber ihr Verhalten war gar nicht so ungewöhnlich; damals zumindest war ein Star um so netter und leutseliger, je größer er war.

Ich will damit nicht sagen, daß es bei MGM keine Probleme gab. Manche Stars hatten ernsthafte Konflikte mit dem Studio, und jeder wußte Bescheid, als Judy Garland bei *Annie Get Your Gun* durch Betty Hutton ersetzt wurde. Aber damals wußte niemand, daß Judy tablettensüchtig war.

Als Neuling bei MGM war ich unsicher und leicht zu beeindrucken. An meinem ersten Drehtag kam Bill Tuttle, der Chef-Maskenbildner, zu mir und stellte sich vor. »Für die Augen müssen wir uns etwas einfallen lassen«, sagte er. »Sie sind eindeutig zu groß für den Film.« Das sollte natürlich ein Witz sein, aber das merkte ich nicht. Den ganzen Rest des Tages lief ich daher mit halb zusammengekniffenen Augen herum, damit sie kleiner wirkten.

Schließlich nahm mich George Folsey beiseite und fragte: »Nancy, was ist denn mit deinen Augen los?« Als ich ihm erzählte, was Bill Tuttle gesagt hatte, wollte er gar nicht mehr aufhören zu lachen. »Zu groß für den Film?« wiederholte er. »Glaub mir, Nancy, so was gibt es gar nicht.«

Aber an jenem ersten Tag war ich so ängstlich und verwirrt, daß ich nicht wußte, *was* ich glauben sollte.

Insgesamt machte ich etwa ein Dutzend Filme, ehe ich heiratete, die meisten bei MGM. Ich liebte meine Arbeit, obwohl sie sehr viel weniger glamourös ist, als viele Leute glauben. Ich kannte zwar Schauspieler, die sich auf irgendwelchen Partys die halbe Nacht um die Ohren schlugen, aber die meisten von uns gingen früh zu Bett, um morgens aus den Federn zu kommen, wenn sie einen frühen Drehtermin hatten.

Ich hatte viele Geschichten über das ausschweifende Leben in

Hollywood gehört, aber viel davon konnte ich nicht entdecken – von den maßlosen Besäufnissen, den Drogen, der Promiskuität und all dem übrigen. Ich bin nicht so naiv zu glauben, daß es das nicht gab – das gibt es überall, in jeder Stadt. Aber es war nicht Teil meines Lebens. Ich war auch kein Starlet, weder auf der Leinwand noch im Leben, und niemand jagte mich je ums Besetzungssofa herum. Ich ging mit mehreren Schauspielern und Drehbuchautoren aus, und ich fühlte mich zu Männern hingezogen, die etwas älter waren und Humor hatten. Schon immer wollte ich mich gerne in einen netten Mann verlieben und heiraten, aber es machte mir auch nichts aus, einen Abend alleine zu verbringen.

Schauspieler bekommen oft die Rollen, die zu ihnen passen, und im Gegensatz zu vielen jungen Schauspielerinnen war ich nicht der Typ des vollbusigen jungen Mädchens im enganliegenden Pullover. Das Ergebnis war, daß ich hauptsächlich junge Mütter oder schwangere Frauen spielte.

Die meisten meiner Filme kann man getrost vergessen, aber zwei oder drei sind mir lebhaft im Gedächtnis geblieben. Als Dore Schary zu MGM kam, machte er als einen seiner ersten Filme *The Next Voice You Hear,* in dem ich neben Jim Whitmore die Hauptrolle spielte. Regie führte Wild Bill Wellman, der mir, als wir uns kennenlernten, erzählte, er hasse es, mit Frauen zu arbeiten – als wäre ich nicht schon nervös genug gewesen! Aber wir wurden trotzdem gute Freunde.

Es war meine erste Hauptrolle, und ich glaube, es war auch das erste Mal in einem Film, daß eine Frau ganz offensichtlich schwanger gezeigt wurde. Bis dahin hatten sie nur einfach ein Umstandskleid getragen, um ihren Zustand anzudeuten. Aber weil dieser Film äußerst realistisch sein sollte, wurde mir ein spezielles Schwangerschaftskissen angepaßt. Ich trug kein Make-up, und auch meine Haare wurden nicht gemacht. Als Sydney Guileroff, der Chef der Haarstylisten bei MGM, am ersten Drehtag vorbeischaute, um mir Glück zu wünschen, warf ihn Wellman hinaus, weil er dachte, Sydney sei gekommen, um mich zu frisieren.

The Next Voice You Hear wurde 1950 in der Radio City Music Hall uraufgeführt. Das Studio schickte mich an die Ostküste, um für den Film zu werben. Es war erst mein zweiter Film, aber mein Name stand bereits über dem Titel! So viele Jahre hatte ich mit kleineren Rollen am Theater verbracht – und nun sah ich den Namen NANCY DAVIS auf dieser großen Markise, die um das halbe Gebäude herumgeht! Der Film brachte mir auch meinen ersten Fanbrief ein, und ich war so stolz darauf, daß ich ihn an mein Kleid heftete und den ganzen Tag im Studio damit herumlief.

Ich machte noch eine Reihe von Filmen, unter anderem *Night Into Morning*, den ich persönlich für meinen besten halte, und *Donovan's Brain*, eine Science-fiction-Geschichte, die immer noch hin und wieder im Fernsehen im Spätprogramm auftaucht. Außerdem hatte ich eine kleine Rolle in *East Side, West Side,* mit Ava Gardner, Cyd Charisse, Van Heflin, James Mason und Barbara Stanwyck in den Hauptrollen. Barbara war ein ganz großer Star, und ich hatte ein bißchen Angst davor, mit ihr zu arbeiten. Wie Mary Martin galt sie als sehr professionelle Schauspielerin, die immer ihren Text konnte – und die von anderen das gleiche erwartete. Wir hatten eine lange Szene miteinander, in der ich dauernd reden mußte. Als schon bei der ersten Aufnahme alles klappte, applaudierte die ganze Crew, und Barbara gratulierte mir. Das war vielleicht der schönste Augenblick meiner Filmlaufbahn – ich hatte wirklich das Gefühl, den entscheidenden Test bestanden zu haben.

Wenn ich mir diesen Film heute wieder anschaue, dann finde ich, daß ich meine Sache gar nicht so schlecht gemacht habe. Ich denke, ich hätte weitermachen können und wäre sicher ziemlich erfolgreich gewesen. Aber nachdem ich Ronnie kennengelernt hatte, war es mir nicht mehr wichtig, Karriere zu machen.

Für mich war *East Side, West Side* noch in anderer Hinsicht bedeutungsvoll. Während der Dreharbeiten stellte mich Mervyn LeRoy, unser Regisseur und ein alter Freund der Familie, einem Schauspieler von Warner Brothers vor. Er hieß Ronald Reagan.

6

⋄⟡⋄

Ronnie

Ich habe es schon gesagt, und ich will es hier wiederholen: Mein
Leben fing erst richtig an, als ich Ronnie kennenlernte.

Es war folgendermaßen:

Eines Abends im Herbst 1949 saß ich in meiner Wohnung und las
eine der Hollywood-Postillen, als mir plötzlich auf einer Liste von
Leuten aus Hollywood, die mit den Kommunisten sympathisierten,
ein Name – *mein* Name – ins Auge fiel. Damals verstand ich noch
nicht viel von Politik, aber ich wußte immerhin, daß mein Name
nicht auf diese Liste gehörte. Schon in New York war ich manchmal mit einer anderen Nancy Davis verwechselt worden, hatte an
sie adressierte Post erhalten und zuweilen sogar an sie gerichtete
Telefonanrufe. Aber es ist ja auch nicht gerade ein seltener Name.

Ich wandte mich mit meinem Problem an Mervyn LeRoy. Er
sorgte dafür, daß das Studio in Louella Parsons' vielgelesener
Klatschkolumne im *Examiner* eine Notiz erscheinen ließ, es handle
sich bei der Nancy Davis, die in der Zeitung erwähnt sei, nicht um
die Schauspielerin, die bei MGM unter Vertrag stehe.

»Geht's Ihnen besser?« fragte er mich am nächsten Tag.

»Ein bißchen«, antwortete ich. »Aber meine Eltern würde der
Schlag treffen, wenn sie davon erfahren würden! Was kann ich
denn sonst noch tun?«

»Ich könnte Ronald Reagan anrufen«, meinte Mervyn. »Vielleicht sollte sich wirklich die Guild darum kümmern.«

Ronald Reagan war der Vorsitzende der Screen Actors' Guild*.

---

* Filmschauspielergewerkschaft, gegründet 1933 (Anm. d. Übers.)

112

Ich hatte einige seiner Filme gesehen, und zumindest auf der Leinwand machte er den Eindruck eines netten und gutaussehenden Mannes, wie jemand, von dem ich dachte, daß ich ihn gerne kennenlernen würde.

»Mervyn«, sagte ich, »ich glaube, das ist eine ausgezeichnete Idee.«

»Und wenn ich's mir recht überlege«, meinte er dann noch, »paßt ihr zwei auch ganz gut zusammen. Ich werde Ron sagen, er soll dich anrufen.«

Ich verbrachte meinen Abend damit, darauf zu warten, daß das Telefon klingelte. Je länger ich wartete, desto verlockender erschien mir die Vorstellung, Ronald Reagan kennenzulernen. Aber er rief nicht an.

Am nächsten Morgen nahm Mervyn mich beiseite und erzählte, er habe mit Ronald Reagan gesprochen, und dieser habe ihm mitgeteilt, es gebe in Hollywood mindestens noch drei Frauen namens Nancy Davis. »Wenn du deswegen je Probleme haben solltest, dann wird dich die Guild vertreten.«

Das war zwar beruhigend, aber keineswegs das, was ich hören wollte. Also machte ich ein *sehr* unglückliches Gesicht. »Mir ist wirklich nicht wohl bei der Sache«, sagte ich. »Es wäre mir viel leichter ums Herz, wenn Mr. Reagan es mir persönlich erklären könnte.«

Am späten Nachmittag klingelte das Telefon. »Nancy Davis? Hier spricht Ronald Reagan von der Screen Actors' Guild. Mervyn LeRoy hat mich gebeten, mich mit Ihrem Problem zu befassen. Ich habe ein paar Vorschläge für Sie. Wenn Sie heute abend nichts vorhaben, könnten wir ja zusammen essen gehen und uns darüber unterhalten.«

»Ja«, stotterte ich, »ich denke, ich kann es einrichten.«

»Wie wär's mit halb acht?« schlug er vor. »Es darf nicht zu spät werden, weil ich morgen einen frühen Drehtermin habe.«

Als er das sagte, mußte ich lächeln. Jeder in Hollywood, der sich mit jemandem verabredete, den er nicht kannte, war klug genug, einen frühen Drehtermin zu erwähnen. Wenn der Abend sich als Katastrophe herausstellen sollte, hatte man eine gute Ausrede, ihn früh zu beenden.

»Das trifft sich gut«, sagte ich. »Ich habe auch einen frühen Drehtermin.« (Das stimmte zwar nicht, aber eine Frau hat schließlich auch ihren Stolz!)

Als ich zwei Stunden später die Tür öffnete, war mein erster Gedanke: Das ist ja wunderbar. Er sieht wirklich genauso gut aus wie auf der Leinwand! (Darauf konnte man sich in Hollywood nicht unbedingt verlassen.) Mein Besucher mußte sich auf einen Stock stützen. Er erklärte mir, er habe sich bei einem Benefiz-Baseballspiel verletzt und gerade acht Wochen mit einem gebrochenen Bein im Krankenhaus gelegen.

Wir gingen ins LaRue's, eines der besten Restaurants auf dem Sunset Strip. Damals war der Strip noch die Gegend, wo man hingehen mußte, um gesehen zu werden. Als wir zum Essen Platz nahmen, hatten wir das Nancy-Davis-Problem bereits abgehakt. Mein Begleiter, der sich in den Sitten und Gebräuchen Hollywoods besser auskannte als ich, hatte einen Vorschlag gemacht, der seiner Meinung nach die ideale Lösung war.

»Lassen Sie sich doch einfach vom Studio einen neuen Namen geben«, meinte er. »Sie wären nicht die erste.«

Er konnte natürlich nicht ahnen, wie lange ich darauf gewartet hatte, Nancy Davis genannt zu werden, und wieviel mir dieser Name bedeutete.

»Das kann ich nicht machen«, sagte ich. »Nancy Davis ist mein Name.«

Ich kannte Ronald Reagan erst zehn Minuten, und schon schlug er mir vor, ich sollte meinen Namen ändern. Als wir mehr als zwei Jahre später wieder auf dieses Thema zu sprechen kamen, war ich nur zu gerne bereit, meinen Namen zu ändern – in seinen.

Eine Sache, die mir an Ronnie sofort gefiel, war, daß er nicht nur über sich selbst redete. Ich war schon mit einigen Schauspielern ausgegangen, und alle Unterhaltungen verliefen immer nach dem gleichen Schema: sein erster Film, sein zweiter Film, sein letzter Film, der Film, den er gerade drehte, sein nächster Film.

Aber dieser Mann hier war anders. Seine Welt war nicht nur auf ihn oder seine Karriere beschränkt. Er erzählte mir von der Guild und warum die Schauspielergewerkschaft ihm so wichtig war. Er beschrieb seine kleine Ranch im San Fernando Valley, er redete von Pferden und ihren Stammbäumen; außerdem interessierte er sich für den Bürgerkrieg und verstand viel von Wein.

Wenn er doch von sich selbst redete, war er persönlich, ohne zu persönlich zu werden. Alle Welt wußte, daß er erst vor kurzem von Jane Wyman geschieden worden war, aber er ging nicht ins Detail. Er hätte mir nicht gefallen, wenn er das getan hätte. Bis zum heutigen Tag hat Ronnie außer mit mir mit niemandem über seine Scheidung gesprochen, und das rechne ich ihm hoch an.

114

Er hatte wunderbaren Sinn für Humor. Das zeigte sich, als er von seiner Reise nach England berichtete. Er hatte gerade vier Monate dort verbracht und mit Richard Todd und Patricia Neal *The Hasty Heart* gedreht. Ronnie hatte London gehaßt. Bei seiner Ankunft herrschte gerade der schlimmste Nebel seit hundert Jahren, und dieser Nebel war so dicht, daß er in seinem Hotel durch alle Ritzen drang. Und was das Ganze noch verschlimmerte, war, daß aufgrund des Sparprogramms keine Reklameschilder oder Schaufenster erleuchtet waren – die ganze City war trüb und dunkel.

Er haßte auch das Essen. Ihm wurde so oft Rosenkohl vorgesetzt, daß er sich bis heute weigert, welchen anzurühren. Schließlich ließ er sich vom Club ›21‹ in New York ein Dutzend Steaks kommen, aber er bekam nur zwei davon zu essen – die anderen verdarben, weil das Kühlsystem des Hotels so miserabel war. »Zumindest haben sie mir das erzählt«, sagte er lächelnd. »Aber man darf nicht vergessen, daß die Engländer auch Hunger hatten.«

Während ich ihm zuhörte, mußte ich dauernd an Mutter denken. Er erzählte so lustige Geschichten, genau wie sie, und es machte ihm richtig Spaß. Wenn man lachte, dann lachte er mit einem.

Aber er bestritt die Unterhaltung keineswegs allein. Ich erzählte ihm von meinen Eltern, und vermutlich gab ich ein bißchen mit den chirurgischen Fähigkeiten meines Vaters an. Und ich beschrieb meine Ferien am Lake Arrowhead mit Onkel Walter.

»Onkel Walter? Sie meinen Walter *Huston*?«

Ich erklärte ihm, Walter Huston sei am Broadway gemeinsam mit meiner Mutter aufgetreten, und erzählte von der Zeit, als er zu Besuch bei uns in Chicago war und einen Anruf von seinem Sohn John bekam, der ihm eine Rolle in *The Treasure of the Sierra Madre* anbot. John hatte darauf bestanden, daß sein Vater die Rolle ohne sein Gebiß spielte, und ich erinnerte mich mit Vergnügen daran, wie Onkel Walter immer seine oberen Zähne herausnahm und ohne sie zu sprechen übte, während wir uns alle vor Lachen bogen.

Ronnie erzählte mir, ihm sei auch eine Rolle in diesem Film angeboten worden. Er hätte mit Humphrey Bogart und Walter Huston spielen können! Für sein Leben gern hätte er dieses Angebot angenommen, aber er war vertraglich verpflichtet, *The Voice of the Turtle* zu machen, und Warner Brothers, das Studio, das beide Filme produzierte, nahm ihm die Entscheidung ab. Das bedauert Ronnie noch heute.

Als wir mit dem Essen fertig waren, sagte er, Sophie Tucker singe heute abend zum erstenmal bei Ciro's, zusammen mit Xavier Cugat und seiner Band. Er schlug vor, wir könnten doch gemeinsam hingehen, »nur für den ersten Teil des Programms«.

»Einverstanden«, meinte ich. »Nur für den ersten Teil des Programms.«

Natürlich blieben wir den ganzen Abend, und als Sophie Tuckers Auftritt zu Ende war, hatten wir uns inzwischen gestanden, daß keiner von uns einen frühen Drehtermin hatte. Es war fast drei Uhr, als Ronnie mich nach Hause brachte.

Ich bin nicht sicher, ob es wirklich Liebe auf den ersten Blick war, aber es war jedenfalls nicht weit davon entfernt. Am nächsten Abend gingen wir wieder zusammen essen. Und am übernächsten Abend auch. Und an dem danach. Während des ersten Monats müssen wir so ziemlich jedes Restaurant und jeden Nachtclub in Los Angeles abgeklappert haben.

Sobald wir anfingen, miteinander auszugehen, begann die Presse über uns zu schreiben und über die Möglichkeit einer Heirat zu spekulieren.

Uns war sehr schnell klar, daß wir beide keine Nachtschwärmer waren. Deshalb gingen wir schon bald nicht mehr jeden Abend weg, sondern verbrachten den größten Teil der Zeit alleine in meiner Wohnung, schauten uns Filme im Fernsehen an und machten Popcorn. Manchmal verbrachten wir den Abend mit Bill und Ardis Holden. Sie waren eng mit Ronnie befreundet, und wir besuchten sie in ihrem wunderhübschen Tudor-Haus im San Fernando Valley. (Ardis Holden ist bekannter unter ihrem Bühnennamen Brenda Marshall.) Außerdem wurden wir Stammgäste in Chasen's Restaurant, vor allem Dienstag abends, denn da stand immer Beef Belmont auf der Speisekarte.

Ich würde hier gerne berichten, daß wir uns beide ausschließlich miteinander verabredeten und es nicht abwarten konnten zu heiraten. Aber Ronnie hatte es nicht eilig, sich festzulegen. Er hatte sich bei seiner ersten Ehe die Finger verbrannt, und der Schmerz saß tief. Wir sahen uns zwar sehr häufig, aber er traf sich auch mit anderen Frauen.

Ich kann mich erinnern, wie ich einmal bei MGM in der Kantine saß und mit ein paar anderen Vertragsschauspielerinnen zu Mittag aß. Eine von ihnen fing plötzlich an, von einem Geschenk zu reden, das sie vor kurzem von Ronnie bekommen hatte. Das tat weh. Ich hatte zwar keine ganz bestimmte Rivalin, aber mir kam doch der Gedanke, ich könnte vielleicht nur eine Frau unter vielen sein.

Ich wußte auch, daß ein geschiedener Mann Zeit braucht, bis er bereit ist, sich wieder zu binden. Meine Mutter erinnerte mich daran, daß Loyal Davis in seiner ersten Ehe sehr schlechte Erfahrungen gemacht hatte. Er hatte entsetzliche Angst gehabt, wieder einen Fehler zu machen, und sie hatte warten müssen, bis er soweit war, sich wieder zu binden.

Ronnie war durch seine Scheidung so tief verletzt, daß es lange dauerte, bis er auch nur daran denken konnte, eine neue Ehe einzugehen. Wie die meisten in seiner Generation war er in dem Glauben erzogen worden, daß man einmal heiratete – und daß das genug war. So oder so. Und wenn man sich geirrt hatte und die Ehe sich nicht als das herausstellte, was man sich erhofft hatte, dann litt man stillschweigend. Egal, was passierte, die Ehe war für die Ewigkeit geschlossen.

Die Scheidung war für ihn ganz plötzlich gekommen. Er war überhaupt nicht darauf vorbereitet gewesen und hatte niemanden gehabt, dem er sich hätte anvertrauen können. Keiner aus seinem Bekanntenkreis war je von seinen Kindern getrennt worden. Ronnie wohnte etwa eine Woche bei den Holdens, aber er war wirklich am Boden zerstört und vermißte seine Kinder schrecklich.

Ronnie unternahm viele Reisen für die Guild. Ich brachte ihn oft zum Bahnhof, und wenn der Zug losfuhr, rannte ich ein Stückchen mit und winkte. Dann fuhr ich nach Hause und fing an, ihm ein Paar Socken zu stricken, und tat mir selbst entsetzlich leid.

Auf dem Weg nach New York machte Ronnie in Chicago Station, und Mutter war dort, um ihn zu begrüßen. Sie hatten sich bereits telefonisch kennengelernt. Ich rief meine Eltern jeden Sonntag an, und Ronnie sprach dann auch ein paar Worte mit ihnen. Wie ich erwartet hatte, verstanden sich Ronnie und meine Mutter auf Anhieb. Es dauerte nicht lange, bis mein Anteil an diesen Telefongesprächen immer kürzer wurde und seiner immer länger. Bald hatte ich das Gefühl, wenn es zwischen mir und Ronnie nicht klappen sollte, dann wären er und Mutter trotzdem noch die besten Freunde.

Sie erzählten sich mit Vorliebe irgendwelche Geschichten. Eines Abends versuchte Ronnie sein Glück und gab einen Witz zum besten, der etwas gewagter war als üblich. Mittendrin schienen ihm zwar Bedenken zu kommen, aber er holte tief Luft und sprang ins kalte Wasser. Als auf die Pointe tödliche Stille folgte und Mutter nicht wie sonst amüsiert lachte, bekam Ronnie Angst, er könnte zu weit gegangen sein. Weil Mutter immer noch nicht reagierte, fragte er schließlich: »Hallo, Edie? Sind Sie noch da?«

Darauf antwortete eine kühle, distanzierte Stimme, die Ronnie nicht kannte: »Mit wem waren Sie gerade verbunden?«

Es war das Fräulein vom Amt. Das Gespräch war unterbrochen worden, aber ehe sie Ronnie davon in Kenntnis setzte, hatte sie ihn zu Ende erzählen lassen, um die Pointe nicht zu verpassen.

Später machte Ronnie meiner Mutter nur einen einzigen Vorwurf: daß sie seinen besten Witz ruiniert habe. Jahrelang eröffnete er seine Reden gerne mit dem Satz: »Ich stehe heute mit gemischten Gefühlen vor Ihnen.« Dann definierte er ›gemischte Gefühle‹ als die Empfindungen eines Mannes, der zuschaut, wie seine Schwiegermutter gerade über eine Klippe fährt – in seinem neuen Cadillac.

Ich kam zu dem Schluß, daß die Sache mit ihm ernst wurde, als er mich auf seine Ranch einlud. Nach einiger Zeit verbrachte ich viele Samstage und Sonntage dort – das heißt, ich strich viele Zäune. An einem Montagmorgen sagte der Visagist zu mir, ich sei die erste Schauspielerin, bei der er erst Farbe entfernen müsse, ehe er das Make-up auftragen könne. Später warf ich Ronnie manchmal vor, er habe mich nur geheiratet, um endlich jemanden zu haben, der seine Zäune strich.

Aber ich erinnere mich auch noch, wie enttäuscht ich war, als ich eines Tages mit Ronnie zur Ranch fuhr und er sagte: »Weißt du, eigentlich solltest du dir ein Haus kaufen. Es wäre eine ausgezeichnete Investition, und du wirfst so viel Geld zum Fenster hinaus, indem du Miete zahlst.«

Na, wunderbar! Und ich hatte schon an ein gemeinsames Haus gedacht! Ich wäre beinahe gestorben.

Ein paar Wochen später mußte Ronnie nach San Diego fahren, um dort eine Rede zu halten. Plötzlich merkte er zum erstenmal, daß er nicht mehr alleine fahren wollte – und daß ich es war, ich allein, mit der er diese Erfahrung teilen wollte. (Er erzählte mir das erst viel später.) Ich weiß noch genau, wie glücklich ich war, als er mich bat mitzukommen.

Schließlich lud er mich gemeinsam mit seinen Kindern auf die Ranch ein, und ich glaubte nun so allmählich, daß wir heiraten würden. Wir verbrachten inzwischen die meiste Zeit gemeinsam, aber der Presse wegen versuchten wir unsere Beziehung herunterzuspielen. Trotzdem wurde dauernd über uns geschrieben, und ich habe die Ausschnitte noch in meiner Sammlung. Hier ist eine Meldung vom März 1951: »Wieder ein Rendezvous, diesmal ein Abendessen im Restaurant LaRue in Hollywood. Die Gerüchte über die romantische Beziehung zwischen Ronald Reagan und Nancy Davis erhalten neue Nahrung. Ihre Freunde in Hollywood erwarten inzwischen jeden Tag, daß das Aufgebot bestellt wird.« (Wir heirateten ein Jahr später.)

DIE NÄCHSTE MRS. REAGAN? lautete eine Schlagzeile, und darunter war zu lesen: »Bisher hat zwar niemand einen Verlobungsring entdeckt, aber Ronnie trägt seine Gefühle offen zur Schau, und in Nancy Davis' Augen funkelt ein zwanzigkarätiges Leuchten.«

Und in *Modern Screen* stand: »Schau nicht hin – hier kommt die Braut. Niemand wird die Szene wiederholen lassen, wenn Nancy und Ronnie vor den Altar treten. Seit über einem Jahr steht es ihnen auf der Stirn geschrieben: Wir wollen heiraten.«

Und in einer anderen Zeitschrift hieß es: »Reagan ruft es nicht von den Dächern herab ... Er hält sich aus den Klatschkolumnen heraus ... Aber ein Blick auf ihn und Nancy Davis, und man weiß Bescheid.«

Es störte Ronnie, daß die Presse so hinter uns her war, denn er hatte das alles bei seiner ersten Ehe und bei seiner Scheidung schon einmal mitgemacht. Jedesmal, wenn wir irgendwohin gingen, waren Journalisten da und fragten: »Wann werden Sie heiraten?«

Ronnie hatte vor nicht allzu langer Zeit eine größere Ranch gekauft, in der Nähe des Lake Malibu, und am Samstagmorgen packten wir immer Maureen und Michael und ein paar ihrer Freunde ins Auto und fuhren alle zusammen zur Ranch, um den Tag dort zu verbringen. Maureen und Michael lebten bei ihrer Mutter, und Ronnie fuhr oft zu Janes großem Haus am Beverly Glenn, um die Kinder zu besuchen – vor allem an Feiertagen. Manchmal bat er mich mitzukommen, und ich tat es auch, aber ein reines Vergnügen war es für mich nie. Jane war zwar sehr nett zu mir, aber die Besuche bei ihr waren doch immer unangenehm. Nicht nur war sie mit Ronnie verheiratet gewesen, sie war auch ein großer Star, es war ihr Haus, und es waren ihre Kinder. Ich fühlte mich fehl am Platze, und ich war auch ein bißchen von ihr eingeschüchtert.

Ich konnte beobachten, wie sie Ronnies Gutmütigkeit ausnutzte. Sie hatte ihm eingeredet, er dürfe nicht wieder heiraten, ehe sie nicht verheiratet sei. Es dauerte zwar ein Weilchen, aber ich schaffte es, ihm das wieder auszureden.

Gegen Ende des Jahres 1951 sagte Ronnie zu mir, er sehne sich nicht so sehr danach, daß ihn jemand liebe, sondern es fehle ihm sehr, daß er niemanden habe, dem er seine Liebe schenken könne. Als ich das hörte, wußte ich, daß er sich von seinem Scheidungstrauma erholt hatte.

In den Jahren davor war ich zu Weihnachten immer nach Hause gefahren, um mit meiner Familie in Chicago zu feiern, aber 1951 blieb ich in Los Angeles, um bei Ronnie zu sein. Wir gingen nun seit zwei Jahren miteinander aus, und wir waren so glücklich miteinander und fühlten uns so wohl in der Gegenwart des anderen – er mit mir und ich mit ihm. Ich war mit verschiedenen Männern befreundet gewesen, und ich wußte, daß Ronnie der richtige für mich war. Er hatte alles, was ich mir je von einem Mann ersehnt hatte – und noch mehr. Er war anders als alle Menschen, die ich bisher kennengelernt hatte.

Schon damals merkte Ronnie, daß ich ganz und gar auf seiner Seite stand und daß er mir vertrauen konnte. Ronnies Engagement für die Guild und seine politischen Interessen hatten in seiner ersten Ehe oft zu Reibereien geführt, und Jane hatte öffentlich gesagt, sein ewiges Gerede langweile sie. Ich hingegen hörte ihm sehr gerne zu, und ich ließ ihn das auch wissen.

An diesem Weihnachtsfest nun brachte Ronnie einen kleinen Tannenbaum in meine Wohnung, und an Heiligabend faßte ich mir ein Herz und stellte ihm eine Frage, die mir sehr kühn erschien: »Möchtest du, daß ich auf dich warte?«

Und er antwortete: »Ja, das will ich.«

Über kurz oder lang war nun eine Hochzeit einfach unumgänglich.

Er wollte zwar ständig mit mir zusammensein, aber er zögerte noch immer mit der Heirat. Die Presse schrieb weiterhin über uns. Ich spürte den Druck und beschloß, die ganze Angelegenheit etwas zu beschleunigen. Also teilte ich Ronnie ein paar Wochen nach Weihnachten mit, ich hätte meinen Agenten gebeten, mir eine Rolle in einem Theaterstück in New York zu vermitteln.

Am 21. Februar 1952 gaben wir unsere Verlobung bekannt. Die Hochzeit war für die ersten Märztage geplant. Die Kolumnistin Louella Parsons schrieb: »Die lang erwartete Heirat von Nancy Davis und Ronald Reagan soll nun also Anfang nächsten Monats stattfinden.« Wir waren beide sehr aufgeregt. Unsere Eltern ebenfalls. Aber Ronnie wollte die Sache nicht an die große Glocke hängen. Wir hatten uns schon auf eine schlichte Feier geeinigt, gänzlich ohne Presse. Ich hätte lieber ein größeres Fest gehabt, aber ich verstand Ronnies Motive, und wenn er eine intime Zeremonie für angemessen hielt, dann war ich damit einverstanden. Wir hatten inzwischen beide das Gefühl, als seien wir bereits miteinander verheiratet, und es wäre nun Zeit, es amtlich zu machen.

Eines Abends waren Ronnie und Bill Holden in einer Sitzung des Motion Picture Industry Council. Da schob Ronnie Bill einen Zettel zu: »Zum Teufel mit der Sitzung! Was hältst du davon, unser Trauzeuge zu sein, wenn ich Nancy heirate?«

»Es wird auch langsam Zeit!« lautete Bills Antwort, und das spiegelte auch genau unsere Meinung wider. Daraufhin standen die beiden auf und verließen den Raum, ohne ein Wort der Erklärung abzugeben.

Wir heirateten sehr einfach am 4. März 1952 in der Little Brown Church im San Fernando Valley. Wir luden niemanden ein – keine Presse, keine Familie, keine Umstände. Mit von der Partie waren nur Ardis und Bill, unsere Trauzeugen. Nach der Zeremonie gingen wir zu den Holdens, wo Hochzeitskuchen und -essen auf uns warteten. Bill hatte einen Fotografen kommen lassen, und unser Hochzeitsbild ging durch die ganze Presse. Bill und Ardis hatten sich angeboten, einen Empfang für uns zu geben, und im nachhinein wünschte ich, wir hätten ihr Angebot angenommen. Aber wieder war es so, daß Ronnie keine Öffentlichkeit wollte.

Zur Hochzeit schenkte mir Ronnie ein Blumenbukett, und ich trug ein graues Wollkostüm mit weißem Kragen und einen kleinen Hut mit Schleier. Ich habe mein Hochzeitskostüm heute noch. Als ich im Herbst 1988 in unserem neuen Haus in Los Angeles die Umzugskartons auspackte, tauchte es wieder auf. Es sah gar nicht schlecht aus, und es paßte mir sogar noch. Das Blumenbukett ist auch noch da, und selbstverständlich habe ich die Braut und den Bräutigam aus Plastik, die oben auf dem Kuchen standen, aufgehoben.

Den ganzen Hochzeitstag über war ich wie in Trance und sehr glücklich. Ich merkte nicht, daß Bill und Ardis sich gestritten hatten und kein Wort miteinander wechselten. Ich schwebte in den Wolken – es war mir sogar entgangen, daß die beiden in der Kirche auf verschiedenen Seiten saßen! Ich kann mich auch nicht mehr daran erinnern, daß der Pfarrer sagte: »Und hiermit erkläre ich euch zu Mann und Frau.«

Das einzige, was ich noch ganz genau weiß, ist, daß Bill auf mich zukam und fragte: »Darf ich die Braut küssen?«

»Noch nicht«, antwortete ich. »Es ist zu früh.«

Er lachte. »Nein, ist es nicht!« Und er küßte mich. Aber ich habe keine Erinnerung daran, wie Ronnie mich küßte, und ich weiß auch nicht mehr, daß wir beide »Ja, ich will« sagten. Ronnie mußte mir schwören, daß es tatsächlich passiert sei und wir nun wirklich verheiratet waren.

Wir verbrachten die Nacht in Riverside im Old Mission Inn, und ich werde nie vergessen, wie wir dastanden und ich ganz aufgeregt war, als Ronnie auf dem Anmeldeformular mit ›Mr. und Mrs. Ronald Reagan‹ unterschrieb. Am nächsten Tag fuhren wir nach Phoenix, um dort unsere Eltern zu treffen und mit ihnen zu feiern. Wir nahmen ein Zimmer im Biltmore-Hotel in Phoenix. Meine Eltern und ich hatten dort sehr oft die Osterferien verbracht. Ich ging ans Telefon und bestellte den Zimmerservice.

»Hier spricht Mrs. Ronald Reagan«, verkündete ich stolz. Zum erstenmal benutzte ich meinen neuen Namen!

Als die Stimme am anderen Ende sagte: »Nancy, wie geht es Ihnen?«, war ich bitter enttäuscht. Ronnie sagte, ich sähe plötzlich aus, als wäre ich wieder zwölf Jahre alt.

Als wir uns verlobten, hatte Ronnie meinen Vater angerufen und ihm mitgeteilt, daß wir unser künftiges Leben gemeinsam verbringen wollten. Er hatte ihm auch erklärt, warum wir in aller Stille heiraten wollten. Noch Jahre danach zog ich ihn damit auf, daß ich den Heiratsantrag meiner Träume vermißt hätte. Ich hatte mir vorgestellt, daß Ronnie bei Sonnenuntergang mit mir in einem Kanu auf den See hinausfahren würde. Er würde auf einer Ukulele klimpern, während ich mich zurücklehnte und die Finger durchs Wasser gleiten ließ, so wie sie es in den alten Filmen immer machten, die ich als kleines Mädchen gesehen hatte.

Fünfundzwanzig Jahre später, am Tag unserer silbernen Hochzeit, schenkte er mir ein Kanu, das den Namen ›Tru Luv‹ trug, und fuhr mit mir auf den kleinen See bei unserer Ranch hinaus.

»Ich habe keine Ukulele dabei«, sagte er. »Würde es denn auch reichen, wenn ich einfach leise summe?«

Ich weiß, das klingt unglaublich kitschig, aber ich fand es wunderschön.

Wir waren sehr glücklich während unserer Flitterwochen, aber das erste Ehejahr war nicht einfach. In diesem Jahr wurde unser erstes Kind, Patti, geboren. Sie kam ein bißchen früh auf die Welt — Sie können ruhig nachrechnen! —, am 22. Oktober 1952, aber wir freuten uns sehr. Ich hatte wenig Ahnung davon, was es heißt, ein Kind zu haben, und war eine sehr unsichere Mutter. Zu dieser Zeit war auch Ronnies Karriere in Hollywood langsam, aber sicher am Nullpunkt angelangt; es wurden ihm einfach keine guten Rollen mehr angeboten. Ich hatte zwar gesagt, daß ich nicht Ehefrau und Mutter sein und gleichzeitig arbeiten gehen wollte, aber ich tat es dann doch, weil wir das Geld brauchten.

Darauf und auf einige andere Dinge werde ich gleich näher eingehen, aber eines ist sicher: Obwohl unser gemeinsamer Lebensweg nicht immer ohne Hindernisse war, habe ich nie auch nur einen Moment lang bezweifelt, daß Ronnie und ich zusammengehören.

7

❧❧❧

Ronald Reagan

Was für ein Mensch ist Ronald Reagan wirklich? Nun, darin sollte ich eigentlich eine Expertin sein, denn immerhin sind wir seit fast vierzig Jahren miteinander verheiratet.

Das Geheimnis von Ronald Reagan ist, daß er kein Geheimnis hat. Er ist genau der Mensch, der er zu sein scheint. Der Ronald Reagan, der in der Öffentlichkeit auftritt, ist derselbe Ronald Reagan, mit dem ich zusammenlebe.

Mir ist klar, daß das ein Satz ist, über den manche Leute die Nase rümpfen werden. Schließlich hat sich bei einigen unserer früheren Präsidenten im nachhinein herausgestellt, daß sie ganz andere Menschen waren, als man immer gedacht hatte. Doch ich bin ernsthaft davon überzeugt, daß das bei Ronnie nicht passieren wird. Es gibt in seinem Charakter keine dunklen Ecken, die man erst in zwanzig Jahren erhellen wird, keine verzweifelten Momente der Seelenqualen, der Unschlüssigkeit und der Selbstzweifel. Natürlich hat auch Ronnie seine Launen und ist mal unzufrieden, aber im großen und ganzen ist er der fröhlichste Mensch, den ich kenne.

Weil er früher einmal Schauspieler war, nimmt man allgemein an, daß alles, was er tut, gespielt ist. Das stimmt nicht. Ronald Reagan ist kein Heuchler oder Schwindler. Er ist das, was er zu sein scheint. Und solange ich ihn kenne, hat diese zynische Beurteilung seines Charakters dazu geführt, daß man ihn unterschätzte.

Daß ich ein typischer Krebs bin, war mir schon immer klar. Doch erst, als wir wieder nach Kalifornien zogen und eine Freundin mir einen Artikel schickte, in dem die Persönlichkeit des Wassermanns beschrieben wurde, erkannte ich, wie genau diese Beschreibung auf Ronnie zutraf: »Er ist nicht eingebildet oder snobistisch«, heißt es in dem Artikel. »Er haßt alle Formen der Heuchelei.« Und: »Wassermänner sind zu einer großen Liebe fähig, aber sie ist oft nicht an eine Person gebunden. Oft setzen sie einen großen Teil ihrer Energie zum Nutzen der Allgemeinheit ein.« Wenn Wassermänner einen Fehler haben, dann den, daß sie »von ihrer Veranlagung her zu ruhig, zu freundlich und zu liebenswürdig sind«. Zu ›kleinlicher Herrschsucht‹ sind sie unfähig. Ihre Grundhaltung gegenüber der Welt ist ›freundlich und menschlich‹. Außerdem wird in dem Artikel sogar erwähnt, daß Männer mit diesem Sternzeichen oft nur zögernd heiraten!

Auf diese Charakterzüge werde ich in Kürze zurückkommen. Doch wie immer, wenn man einen Menschen verstehen möchte, fängt man bei Ronald Reagan am besten mit seiner Vergangenheit an — mit seiner Herkunft, seinen Eltern und seiner Erziehung.

Er wuchs in Dixon, Illinois, auf, wo das Leben noch bodenständig war, wo die Menschen einander vertrauten und wo auch nachts die Haustüren unverschlossen blieben. Die Menschen in Dixon hielten zusammen und halfen sich gegenseitig. Noch heute ist Ronnie der Überzeugung, genau so sollte es sein, und deswegen ist er auch dagegen, daß eine riesige, unpersönliche Regierung die Aufgaben übernimmt, für die früher die Nachbarn da waren.

Ronnies Vater war Alkoholiker, was dazu führte, daß Ronnie und sein älterer Bruder Neil früher auf sich selbst gestellt waren als viele andere Jungen. Eine seiner stärksten Erinnerungen ist die an einen verschneiten Nachmittag, als er im Alter von elf Jahren von der Schule heimkam und seinen Vater völlig betrunken auf den Eingangsstufen vorfand. Seine Mutter und sein größerer Bruder waren nicht da, deshalb mußte Ronnie Jack Reagan ins Haus schleppen, ausziehen und zu Bett bringen. Noch Jahre später betonte er, wenn er diese Geschichte erzählte, daß sie einen Wendepunkt in seinem Leben bedeutete. Am liebsten wäre er sofort ins Bett gegangen und hätte so getan, als wäre sein Vater nicht da. »Es war nicht so, als hätte ich seine Schwäche nicht bemerkt«, schrieb er. »Ich weiß nicht, in welchem Alter mir klar wurde, was das gelegentliche Ausbleiben und die lauten Stimmen am Abend bedeuteten. Doch bis zu diesem Nachmittag hatten sich meine Mutter und mein Bruder darum gekümmert, während ich wie ein kleines Kind im Bett bleiben und so tun konnte, als schliefe ich.«

Ronnies Mutter hatte ihren Söhnen erklärt, daß Jack krank sei und sich nicht immer unter Kontrolle habe. »Es ist möglich, daß euer Vater mal Sachen sagt oder tut, die wir nicht verstehen«, hatte Nelle gesagt. »Er ist krank und braucht unsere Liebe und Hilfe.«

Jack verlor häufig seinen Job, und so mußte die Familie oft umziehen. Seine ersten fünf Lebensjahre verbrachte Ronnie in Tampico, Illinois; sie wohnten über dem Kaufhaus, in dem Jack als Schuhverkäufer arbeitete. Anschließend zogen sie nach Galesburg, wo sie zwei Jahre blieben, und von dort nach Monmouth. Ein Jahr später kehrten sie wieder nach Tampico zurück, und im darauffolgenden Jahr zogen sie schließlich nach Dixon, wo Ronnie lebte, bis er aufs College ging – obwohl selbst dort Jack mit seiner Familie nach drei Jahren in ein billigeres Haus umziehen mußte.

Es ist schwer, Freunde zu finden oder Wurzeln zu schlagen, wenn man ständig umzieht. Ich glaube, das – und die Tatsache, daß jeder wußte, daß sein Vater Alkoholiker war – erklärt, warum Ronnie ein Einzelgänger wurde. Obwohl er die Menschen liebt, scheint er sich oft zurückzuziehen, und er läßt niemanden zu nahe an sich herankommen. Eine Mauer umgibt ihn. Mich läßt er näher heran als jeden anderen Menschen, doch es gibt Momente, da spüre selbst ich diese Barriere.

Ronnies engste Freunde und Berater sind oft enttäuscht, wenn er diese Distanz aufrechterhält, besonders wenn er sich manchmal bei vollkommen Fremden offener und freimütiger gibt als bei denen, die er jeden Tag sieht. Als Präsident liebte er es, einen Teil der vielen tausend Briefe, die jede Woche hereinkamen, selbst zu beantworten, und seine Briefe waren durchweg in einem warmen und persönlichen Stil gehalten. Manchmal fällt das leichter, wenn die Adressaten Fremde sind.

Ronnie ist ein umgänglicher und geselliger Mann, der gerne Menschen um sich hat, doch im Gegensatz zu vielen anderen kann er auch gut ohne deren Gesellschaft und Anerkennung auskommen. Wie er selbst zu mir sagte, braucht er nur einen einzigen Menschen wirklich – mich.

Jack Reagan war ein Katholik, dem Vorurteile verhaßt waren. Als Kind ging Ronnie gern ins Kino, doch als in einer Retrospektive *The Birth of a Nation* (Die Geburt einer Nation) in der Stadt gezeigt wurde, durften sich ihn die Reagan-Söhne wegen seiner Verherrlichung des Ku-Klux-Klans nicht anschauen. »Der Klan ist der Klan«, sagte Jack, »und ein Bettlaken ist ein Bettlaken, und ein Mann, der sich eins über den Kopf zieht, ist ein Saukerl.«

126

Eine Geschichte über seinen Vater erzählt Ronnie voller Stolz: Als Jack als Vertreter unterwegs war, wollte er eines Abends im Winter in dem einzigen Hotel einer kleinen Stadt ein Zimmer mieten. Der Portier meinte: »Es wird Ihnen hier gefallen, Sir, wir nehmen keine Juden auf.«

Jack war außer sich. »Ich bin Katholik«, sagte er, »aber wenn Sie keine Juden akzeptieren, dann wollen Sie wohl auch keine Katholiken.« Damit ging er hinaus und verbrachte die Nacht frierend in seinem Auto. Bald darauf bekam er eine Lungenentzündung, die dann zu seinem ersten Herzanfall führte.

Über Menschen, die in der Politik sind, werden viele Lügen verbreitet. Die einzige, die Ronnie wirklich auf die Palme brachte, war die häufig wiederkehrende Behauptung, er sei ein intoleranter Katholik. Jack Reagan hatte seine Probleme, aber Vorurteile wurden in seinem Haus niemals geduldet.

Diese Geschichten über Ronnies Vater sind inzwischen ziemlich bekannt, weil Ronnie sie so oft erzählt hat, und sie sind wahr. Ronnie ist ein konservativer Republikaner, und für viele Leute heißt das zwangsläufig auch, daß er intolerant sein muß. Aber das ist lächerlich. Er glaubt nur nicht, daß soziale Probleme von der Regierung gelöst werden könnten − oder sollten.

Als Ronnie nach Hollywood ging, ließ er seine Eltern nachkommen und kaufte für sie ein Haus in der Phyllis Avenue, nicht weit von seiner Wohnung entfernt. Da er vermeiden wollte, daß Jack sich wie ein Schnorrer vorkam, bekam dieser die Aufgabe, sich um die Fanpost zu kümmern.

Jack starb 1941, als Ronnie gerade in New York war. In jenen Tagen nahm er noch kein Flugzeug, und Nelle sagte zu ihm, als sie anrief: »Steig nicht in ein Flugzeug, ich könnte es nicht verkraften, wenn dir etwas zustößt!« Ronnie fuhr mit dem Zug zurück, und Nelle verschob die Beerdigung bis zu seiner Ankunft.

Erst in unserem letzten Jahr im Weißen Haus erzählte mir Ronnie eines Abends, als wir schon im Bett lagen, vom Begräbnis seines Vaters. Von Trauer und Schmerz überwältigt saß er in der Kapelle, als er die Stimme seines Vaters zu hören schien, die zu ihm sagte: »Es geht mir gut, und ich bin glücklich, also mach dir keine Sorgen um mich. Mit mir ist alles in Ordnung.« Als Ronnie mir das erzählte, wünschte ich, daß auch mir so etwas passiert wäre, als *meine* Eltern starben. Ich beneidete ihn um seinen Seelenfrieden.

Ronnie ist seiner Mutter sehr ähnlich. Jack Reagan konnte zynisch sein, doch Nelle ging davon aus, daß die Menschen im Grunde gut sind. Sie besuchte Patienten in Sanatorien und Nervenheilanstalten und versorgte Sträflinge mit Bibeln und Keksen. Wenn die Männer entlassen wurden, nahm sie sie oft so lange bei sich auf, bis sie eine Arbeit gefunden hatten. Nie sah sie etwas Schlechtes in einem anderen Menschen, und bei Ronnie verhält es sich ähnlich. Manchmal macht mich das wütend, aber so ist er nun einmal.

Nelle war sehr religiös, und ihr Glaube war ihr in den schlechten Zeiten eine Stütze. Sie war außerdem eine unverbesserliche Optimistin − ein Charakterzug, den ihr Sohn mit ihr teilt. Ronnie sagte einmal: »Wir waren arm, doch ich habe es nie gemerkt.«

Nelle vermittelte ihren Söhnen, daß nichts im Leben ohne Sinn geschieht. Wenn sie den Sinn nicht auf Anhieb verstünden, würden sie es später einmal tun. Ronnie glaubt das auch heute noch. Besonders nach Ronnies Scheidung von Jane Wyman hat Nelle ihm damit immer wieder Trost zugesprochen. Die Scheidung kam damals so überraschend und ohne Vorwarnung, daß Ronnie am Boden zerstört war und sich schämte. Aber später hat er dann oft zu mir gesagt: »Siehst du, meine Mutter hatte recht. Wenn die Scheidung nicht gewesen wäre, hätte ich dich niemals kennengelernt.«

Weil er wirklich glaubt, was seine Mutter ihm beigebracht hat, nämlich daß alles im Leben einen Sinn hat, läßt er sich durch Rückschläge oder Enttäuschungen nicht entmutigen. Mit siebzehn beschrieb er sein optimistisches Lebensgefühl in einem Gedicht, das in dem *Dixonian,* dem Jahrbuch seiner High School, veröffentlicht wurde. Der Anfang lautet:

> I wonder what it's all about and why
> We suffer so, when little things go wrong?
> We make our life a struggle,
> When life should be a song.
>
> (Ich frage mich, was das alles soll und warum/Wir leiden unter kleinen Mißgeschicken./Wir machen aus unserem Leben einen Kampf,/Wo es ein Lied sein sollte.)

Diese Einstellung ist es, derentwegen ich in meinem nächsten Leben als Ronald Reagan wiedergeboren werden möchte.

Wenn er sich ärgert, läßt er es sich nicht anmerken. Wenn er besorgt ist, behält er es für sich. Depressionen? Er weiß nicht, was das Wort bedeutet. Er ist tatsächlich so gelassen und optimistisch, wie er wirkt.

128

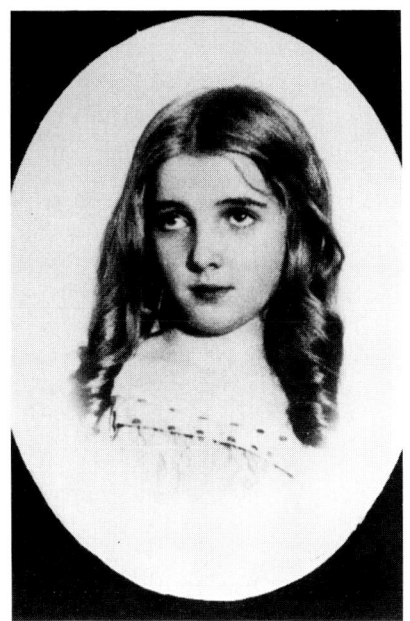

1 und 2. *Meine Mutter, als sie noch ein kleines Mädchen war. Dieses Bild steht zusammen mit dem von meinem Vater auf meinem Schminktisch.*

3. *Mutter und ich zusammen mit meinem leiblichen Vater, der nicht allzusehr von mir begeistert zu sein scheint.*

4. *Mutter und ich zusammen mit ihrem Vater; er starb, kurz nachdem diese Aufnahme gemacht worden war.*

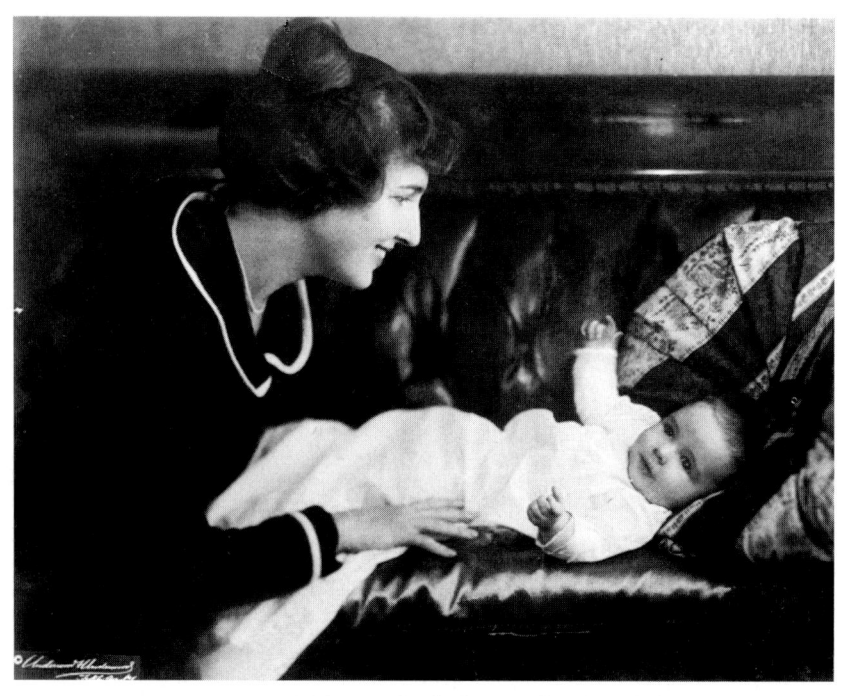

5. *Mutter und ich in New York, kurz nach meiner Geburt.*

6. *Mit Mutter am Strand. Wir konnten nur selten zusammen sein, denn sie hatte wenig freie Zeit.*

7. *Mit Charlotte und Loyal. Ich hatte gerade meine beiden Schneidezähne verloren.*

8. *In Bethesda, wie ich meiner Puppe Tee serviere. Ich hätte kaum erwartet, daß mich das für mein späteres Leben vorbereiten würde.*

9. *Mein erster Verehrer, der in Bethesda morgens vor der Schule immer zu mir kam und mich mit seinem roten Kinderauto um den Block fuhr. Schon damals habe ich gerne Händchen gehalten.*

10. *Das Haus in Bethesda, in dem ich mit Tante Virgie, Onkel Audley (den sie ihr Leben lang nur ›Mr. Galbraith‹ nannte) und Charlotte wohnte. Als ich das Haus später einmal wiedersah, war ich erstaunt, wie klein es war.*

11. *Tante Virgie und Onkel Audley, die so lieb zu mir waren und mich wie ihr eigenes Kind behandelten.*

12. *Ich, im Alter von sechs Jahren.*

13. *In der Girls' Latin School in Chicago. Unsere Abschlußklasse spielte das Theaterstück* First Lady. *Ich hätte mir damals nie träumen lassen, was dieser Titel für mich einmal bedeuten würde.*

14. *Als mein Vater im Sterben lag, bat er mich, ihm dieses Foto von Mutter ins Krankenhaus zu bringen. Ich hängte es an der Wand am Fußende seines Bettes auf, so daß er es von seinem Bett aus jederzeit sehen konnte.*

15. *Der Brief war jedenfalls besser geglückt als der erste, den ich von Ron bekam, als er beim Zelten war! Meine Schrift war damals schöner als heute. Wie ich sehe, habe ich das Komma nach ›Love‹ vergessen ...*

CAMP KECHUWA
MICHIGAMME, MICHIGAN

Dear Doctor Loyal:
Please excuse my writing. It is hard to write sitting up in bed. I think I told mother that I passed my red cap. So I am working on my green cap now. Will you please tell mother that I wove a rug for the guest bath room. How do you like my book plates I made? I hope you like them. I passed a safty test for canoeing so I can go out in a canoe alone. I have learned how to paddle. Are you and mother coming down to see me? I hope so. Doctor Loyal there were a lot of girls from school that come here that I know so know more then I thought. I miss you and mother a lot.
Love your daughter
nancy.

16. *Ich mit Clark Gable im Stork Club während einer unerwartet aufregenden Woche.*

17. *Bei MGM. Ich wollte unbedingt von den Rollen wegkommen, bei denen ich immer ein Schwangerschaftskissen tragen mußte. Deshalb ließ ich ein paar Aufnahmen machen, die mich von einer etwas anderen Seite zeigten.*

18. *Ich mag keine Leute, die mich nicht anschauen, wenn ich mit ihnen rede, und ich muß selbst den Leuten direkt ins Gesicht sehen können, wenn sie mit mir reden! Ich in einem Film mit dem Titel* Night into Morning.

19. *MGM schickte mich nach New York, wo ich Werbung für den Film* The Next Voice You Hear *machen sollte. Ich war so beeindruckt, als ich meinen Namen auf der Anzeigentafel sah, daß ich sie sofort fotografieren mußte. Ich heftete mir auch meinen ersten Fan-Brief ans Kleid und stolzierte damit durchs Studio.*

20. *Nach unserer Hochzeit in der Little Brown Church im San Fernando Valley fuhren wir wieder zu den Holdens zurück, wo schon eine Hochzeitstorte und ein Fotograf auf uns warteten. Das Brautpaar von der Spitze der Torte habe ich heute noch.*

21. *Im Stork Club, als ich das erste Mal als Mrs. Ronald Reagan in New York war. Ich glaubte, ich hätte beim Pakken an alles gedacht – und dann stellte sich heraus, daß ich vor lauter Aufregung bei all meinen Kostümen die Röcke vergessen hatte.*

22. *Familienglück in Pacific Palisades – Ronnie, Ron, ich und Patti.*

23. *Ron und sein Vater vergnügen sich in einem Baumhaus, das Ron zusammen mit einem Freund gebaut hat.*

24. *Bei Rons Taufe – Ronnie; ich mit Ron im Arm; meine Mutter; Patti mit Ronnies Mutter Nelle; meine Schwägerin Bess; Ronnies Bruder Moon und mein Vater.*

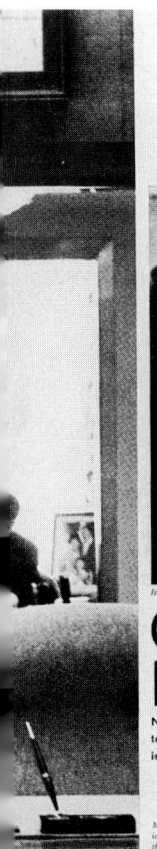

It's home and a moment of peace after another party.   On the trail: This time, it's a GOP rally in Washington.

CALIFORNIA'S
LEADING LADY

Nancy Reagan, who never expected to be a governor's wife, is a hit. Even Democrats like her.

The first impression is dignity—then the quick smile, the brisk, businesslike walk, the low-pitched voice, warm and friendly. Men like her femininity, women her clothes (Galanos). Nancy Reagan's taste and style, in her first ten months in Sacramento, have won professional admiration even from California liberals who dislike her husband's politics. Her capital success started a rumor that she had secretly taken lessons in "How to Be a Governor's Wife." "Not true," rebuts Mrs. Reagan. "Unfortunately, no such school exists, nobody can teach you. It's like motherhood. You just do your best and hope you'll learn as you go along."

Mrs. Reagan is ready to try her skill as a decorator in the Governor's conference room at the Capitol. She redid her husband's inner office (in background) to make it more homelike.

PRODUCED BY STANLEY GORDON
PHOTOGRAPHED BY STANLEY TRETICK

continued
LOOK 10-31-67 **37**

25. *Die Zeitschrift* Look *im Jahr 1967: Ein wohlmeinender Artikel über mich als ›Kaliforniens tonangebende Lady‹. Nach Berichten wie diesem aus den sechziger Jahren fiel es mir später um so schwerer, die Reaktionen der Presse in Washington zu verstehen.*

26. *Im Wahlkampffflugzeug ist mir immer kalt, und Ronnie sitzt in Hemdsärmeln da.*

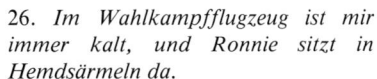

27. *Ronnie bei der Vereidigung 1981.*

28. *Kurz vor der Amtseinführung 1981 treffen wir uns mit den Carters im Weißen Haus zum Kaffee.*

29. *Bei der Parade anläßlich der Amtseinführung. Hinter mir sitzt Jerry Parr, der Mann vom Secret Service, der Ronnie bei dem Attentat ins Auto stieß.*

30. Beim letzten Ball anläßlich der Amtseinführung 1981, den Ronnie und ich besuchten, meinte Ronnie: »Ich habe noch keine Gelegenheit gehabt, mit meiner Dame zu tanzen; hast du was dagegen, wenn wir hier oben auf der Bühne ein Tänzchen wagen?«

31. Mit den Mitterrands beim Empfang im wunderschönen Spiegelsaal von Versailles.

32. Nach dem Attentat, als ich das Krankenhaus verlasse, zusammen mit einem offensichtlich sehr besorgten George Opfer, dem Chef der für mich zuständigen Sicherheitsabteilung.

33. *Nach dem Attentat im Krankenhaus, als Ronnie und ich einen unserer kleinen Spaziergänge den Korridor entlang machen.*

34. *Wenn man dieses Bild sieht, möchte man kaum glauben, daß mir das Herz bis zum Hals schlug, als ich beim Gridiron-Dinner 1982 auf die Bühne ging, um ›Second-Hand Clothes‹ zu singen.*

35. *Himmlisch! Ein Abend zu Hause. Abendessen in Ronnies Arbeitszimmer.*

36. *1983 auf der Ranch mit Patti, die zu meiner Geburtstagsfeier gekommen ist.*

37. *Noch ein paar kurze, bedeutungsvolle Augenblicke mit Patti, bevor sie sich zur Trauung umzog.*

38. *Mit Paul Grilley und Patti bei ihrer Hochzeit 1984. Ich war glücklich – als Mutter und als Schwiegermutter.*

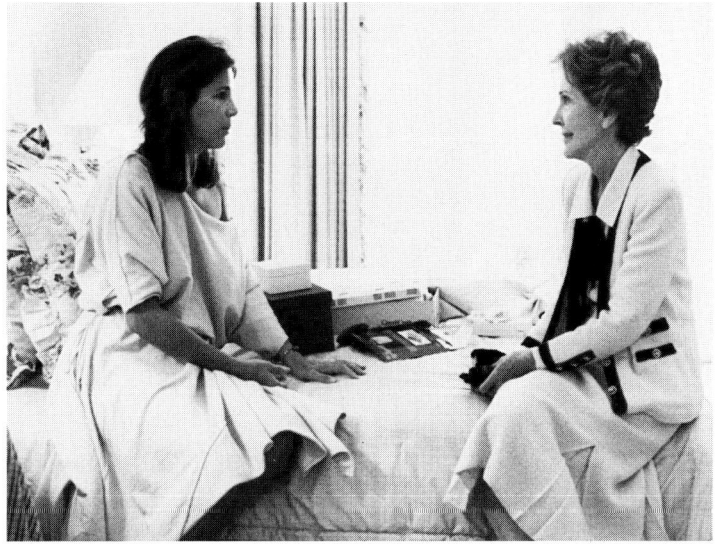

39. *Weihnachten 1983 im Weißen Haus. Patti, Paul, Doria und Ron.*

40. *Am Thanksgiving-Tag 1985 auf der Ranch. Bess, Patti, Paul, ich, Ronnie, Colleen, Mike, Moon; Cameron direkt vor mir; Ron, Doria und Ashley.*

Fast nie habe ich Klagen von ihm gehört. Wenn ihm wirklich etwas unangenehm ist, spricht er kaum darüber. Und nie erzählt er einem anderen Menschen, auch mir nicht, wenn er sich nicht wohl fühlt.

Es ist nicht so, als könne ihn nichts beeindrucken, aber er ist sehr widerstandsfähig. In schwierigen Phasen, wenn alle um ihn herum, auch ich − also gut, *besonders* ich − nervös und ungeduldig werden, bleibt Ronnie ruhig. Meistens stellt sich dann heraus, daß er recht hatte. Heute weiß ich, daß ich mir oft überflüssige Sorgen gemacht habe.

Doch es kann auch schwierig sein, mit jemandem zusammenzuleben, der von unerschütterlicher Fröhlichkeit ist. Es gab Zeiten, da machte mich sein Optimismus rasend, oder ich hatte den Eindruck, daß er einen Teil der Realität einfach ausblendete. Dann wünschte ich mir, daß er wenigstens einmal ein *klein wenig* Angst zeigen würde. Im Laufe der Jahre neigte ich immer mehr dazu, mir Sorgen zu machen, gerade weil Ronnie sich gar keine machte. Anscheinend mache ich mir die Sorgen für uns beide.

Jede Ehe pendelt sich ein. Es gehört zu Ronnies Naturell, sich mit bestimmten Problemen nicht auseinanderzusetzen. Deshalb bin ich oft diejenige, die unangenehme Themen anspricht − was mich oft wie eine Spielverderberin aussehen läßt. Wenn wir während unserer Zeit im Weißen Haus auf einer Party waren und Ronnie sich blendend amüsierte, dachte ich mir: Wir gehen besser jetzt, weil er morgen einen frühen Termin hat.

In guten Zeiten ist es leicht, ein Optimist zu sein, aber Ronnie bleibt voller Hoffnung auch in den schlimmsten Zeiten. Als die Raumfähre *Challenger* in Flammen aufging, gelang es ihm, der Nation zu versichern, daß die sieben Astronauten nicht umsonst gestorben seien und daß diese Tragödie nicht auch das Ende des wissenschaftlichen Fortschritts in unserem Lande bedeuten müsse. Als seine Gespräche mit Michail Gorbatschow in Reykjavik im Jahre 1986 ohne Ergebnis zu Ende gingen, war er in der Lage, seinen Zorn im Zaume zu halten und den Kontakt zu den Sowjets aufrechtzuerhalten. Nach der katastrophalen ersten Debatte mit Walter Mondale im Jahre 1984 erholte er sich schnell genug für die zweite. Nach dem Attentat 1981 und auch nach seiner Krebsoperation vier Jahre später trug seine positive Einstellung dazu bei, daß er sich schnell wieder erholte.

Die politisch wohl schwierigste Zeit für ihn waren die langen Monate der Iran-Contra-Affäre in den Jahren 1986 und 1987.

Ronnie wurde nicht nur von allen Seiten unter Beschuß genommen, sondern zum ersten und einzigen Mal in seinem Leben zeigten die Meinungsumfragen, daß Millionen von Amerikanern begonnen hatten, an seiner Integrität zu zweifeln. Ich weiß noch, wie entsetzt ich war, als ein Diskussionsteilnehmer bei einer Talkshow im Fernsehen ungeniert Spekulationen über ein mögliches Impeachment* anstellte. *Impeachment!*

Im Mai 1987, nur kurze Zeit vor der Anhörung im Kongreß, waren wir bei einer kleinen Dinnerparty in Washington eingeladen. Ronnie hatte so gute Laune, daß sogar ich verwundert war. Später, als wir in unserem Schlafzimmer allein waren, fragte ich ihn, ob er wirklich so wenig beeindruckt von der bevorstehenden Anhörung sei, wie er vorgebe. »Oder tust du das nur meinetwegen?« wollte ich wissen.

»Aber nein«, antwortete er. »Ich glaube nicht, daß ich etwas Falsches getan habe. Natürlich bin ich mir im klaren, daß die nächste Zeit nicht besonders angenehm werden wird, aber ernsthafte Sorgen mache ich mir nicht, nein!«

Von dieser Antwort war ich so überrascht, daß ich sie in meinem Tagebuch notierte.

Ich wußte, daß er nichts Falsches getan hatte, doch was mir Kopfschmerzen bereitete, war die Tatsache, daß die Leute ihm nicht glaubten. Und nun sollte diese Anhörung beginnen, und keiner wußte, wie sie ausgehen würde!

Als wir uns an jenem Abend zum Ausgehen fertigmachten, sagte Tom Brokaw in den *NBC Nightly News,* daß Ronald Reagan vor der wohl schwierigsten Woche seiner Präsidentschaft stünde. Bei diesen Worten sank meine Stimmung auf den Nullpunkt.

Ronnie dagegen erfaßte den Ernst der Lage durchaus, doch er weigerte sich ganz einfach, sich davon unterkriegen zu lassen.

Die Präsidentschaft ist vielleicht der aufreibendste Job der Welt, aber Ronnie ließ seine schlechte Laune nie an seinen Mitarbeitern aus. Es muß einiges zusammenkommen, um ihn wütend zu machen, obwohl er hin und wieder die Fassung verliert. Wenn das im Oval Office geschah, nahm er gewöhnlich seine Brille ab und warf sie auf den Schreibtisch. Ich war nie dabei, aber offenbar war das ein Signal − wenn die Brille fällt, halte dich zurück!

Ehrlich gesagt, manchmal machte es *mich* wütend, daß Ronnie

---

* Amtsanklage gegen einen hohen Staatsbeamten, in den USA besonders gegen den Präsidenten zum Zwecke der Amtsenthebung (Anm. d. Übers.).

nicht öfter wütend wurde – besonders auf einige seiner Berater, die nicht zuverlässig waren. Es gab Zeiten, wo sein Optimismus zu Problemen führte und ein eher mißtrauischer Mensch vielleicht wichtige und unbequeme Fragen gestellt hätte. Ronnie neigt dazu, Menschen zu vertrauen, bevor sie sein Vertrauen überhaupt verdient haben. Und manchmal erkannte er erst sehr spät, daß nicht jeder, der im Weißen Haus arbeitete, auch die gleichen Ziele verfolgte wie er.

Einige Präsidenten haben sich während ihrer Amtszeit verändert, doch Ronnie hat sich nicht verändert seit dem Tag, an dem ich ihn kennenlernte. Im Wahlkampf von 1980 beschwerte sich Ronnie eines Morgens bei einem Wahlhelfer, daß der Tag ein bißchen zu früh beginne. »Daran gewöhnen Sie sich am besten gleich, Gouverneur«, antwortete der Wahlhelfer. »Wenn Sie erst Präsident sind, kommt der Bursche vom Nationalen Sicherheitsrat jeden Morgen schon um halb acht, um Sie über die aktuelle Lage zu informieren.«

»Tatsächlich?« meinte Ronnie. »Da wird er aber verdammt lange warten müssen!«

Auch während seiner Amtszeit als Präsident sah Ronnie nicht ein, weshalb er schon bei Tagesanbruch im Oval Office erscheinen oder bis spät abends am Schreibtisch sitzen sollte. Er gab auch niemals vor, länger zu arbeiten, als er es tatsächlich tat. Allerdings arbeitete er fast jeden Abend noch nach dem Essen in der Bibliothek, und an den Wochenenden machte er immer Überstunden. Selten sah ich ihn ohne einen Stapel Akten unter dem Arm.

Mein Mann war gerne Präsident. Sein Amt machte ihm *Spaß,* und zwar alles daran – die Entscheidungen, die Verantwortung, die Verhandlungen ebenso wie die Feierlichkeiten, die öffentlichen Auftritte und die Treffen mit anderen Politikern. George Will hatte recht, als er sagte, Ronald Reagan habe das Talent, glücklich zu sein.

Ich glaube, die Menschen schätzten Ronnie oft falsch ein, weil sie seinen früheren Beruf kannten, aber nicht seinen Charakter. Schließlich bewarb er sich erst für ein öffentliches Amt, als er bereits fünfundfünfzig Jahre alt war. Und selbst als er dann in die Politik ging, wurde er kein Politiker.

Er hat einen ausgeprägten politischen Instinkt und großes Verhandlungsgeschick, doch den für Politiker so typischen Zynismus sucht man bei ihm vergeblich. In seiner Amtszeit war das schlimmste, was ein Berater ihm sagen konnte: »Politisch wird Ihnen das nützen.«

Was in den Köpfen der meisten Politiker vorgeht, hat er nie ganz verstanden. Kurz nachdem er Gouverneur geworden war, kam er eines Abends heim und sagte: »Es geht mir wahnsinnig auf die Nerven! Ich gebe eine Erklärung ab, und eine Stunde später sagen dann die Presseleute oder die Abgeordneten: ›Schön, das *sagt* er. Aber was *meint* er?‹

Ich verstehe das nicht. Warum können sie nicht akzeptieren, daß das, was ich sage, auch das ist, was ich meine? Wir würden so viel Zeit sparen!«

Ronnie war nie einer von den Taktierern. Ich habe oft sagen hören, eine Grundregel der amerikanischen Politik laute: »Um weiterzukommen, mußt du mitspielen.« Aber das war niemals Ronnies Maxime. Gleich zu Anfang unserer Ehe war mir aufgefallen, daß er nach einem Drehtag in den Studios niemals noch in der Garderobe sitzen blieb, um mit den Kollegen etwas zu trinken. Er kam statt dessen lieber nach Hause. Später, während des Wahlkampfs, blieb er auch dann nicht bei seinen Mitarbeitern, wenn wir tatsächlich abends einmal frei hatten, sondern er lächelte, sagte gute Nacht und ging auf unser Zimmer.

Als Gouverneur kam Ronnie nach seiner Arbeit immer direkt nach Hause, anstatt mit Abgeordneten oder Presseleuten ein Bier trinken zu gehen. Das hatte es in Sacramento noch nie gegeben, und einigen der alten Politiker gefiel es gar nicht, daß Ronnie sich nicht wie einer von ihnen verhielt.

In Washington wird das gesellschaftliche Auftreten als Teil des Jobs angesehen, was eine beträchtliche Verlängerung des Arbeitstages bedeutet. Ronnie ging das gegen den Strich. Seiner Meinung nach sind Partys und Empfänge zum Vergnügen da, und nicht, um zu arbeiten. Er erzählt bei solchen geselligen Anlässen gerne Geschichten. Das macht dann eine Zusammenkunft zu einer weniger formellen Angelegenheit, wo Politik – oder Klatsch, den Ronnie haßt – störend wirkt.

Doch der größte Unterschied zwischen Ronnie und vielen anderen Politikern ist der Umstand, daß Ronnie die Macht nie um ihrer selbst willen gesucht hat. Wenn Freunde ihn fragten: »Was ist das für ein Gefühl, der mächtigste Mann der Welt zu sein?«, sagte Ronnie immer: »Wer, ich?« Das war keine falsche Bescheidenheit. Er sah sich einfach nicht so.

Vor seiner Wahl hatte Ronnie dem Amt des Präsidenten immer großen Respekt, ja sogar Ehrfurcht, entgegengebracht. Doch als er dann selbst Präsident wurde, konnte er sich nur schwer damit abfinden, daß die Leute jetzt *ihn* ehrerbietig behandelten. Anders als, sagen wir, ein Lyndon Johnson betrachtete er sich nie als Präsident. Bei ihm hieß es statt dessen ›das Amt, das ich einnehme‹ oder sogar ›dieser Job‹. Einige Leute hielten das für Affektiertheit oder eine einstudierte Pose, die ihm erlaubte, zu der Regierung, von der er ja eigentlich ein Teil war, Distanz zu schaffen. Doch diese Haltung war echt. Jede andere Einstellung zu seinem Amt wäre für Ronnie eine Anmaßung gewesen.

Vielleicht bietet die Tatsache, daß Ronnie sich nie mit der Präsidentschaft identifizierte, eine Erklärung dafür, daß er sich von dem Druck und den Enttäuschungen seines Amtes nicht erschüttern ließ. Selbst in den schwierigsten Zeiten sah er die Präsidentschaft nie als Last oder als den ›einsamsten Job der Welt‹ an, wie sie oft genannt wird.

Zwei- oder dreimal während unserer Zeit im Weißen Haus wurde an der Wall Street das Gerücht verbreitet, Ronnie habe einen Herzanfall erlitten. Jedesmal sanken die Aktienwerte auf einen Tiefpunkt. Aber für Ronnie war es jedesmal aufs neue eine Überraschung, daß Gerüchte über seinen Gesundheitszustand solch eine Wirkung haben konnten.

Und auch noch am Ende seiner Amtszeit drehte Ronnie sich manchmal um, wenn wir vom Weißen Haus zu einem Empfang oder zu einer Rede fuhren, schüttelte den Kopf und bemerkte: »Ich werde nie verstehen, warum wir für eine Fahrt von fünf Minuten so viele Autos brauchen.«

Die offiziellen Feierlichkeiten jedoch – besonders, wenn eine Kapelle ›Hail to the Chief‹ intonierte – liebte er. Ronnie und ich vergaßen nie die Bemerkung von Frank Reynolds von den ABC News über Präsident Carter. »Die Leute *wollen* ›Hail to the Chief‹ hören. Sie *wollen* zu ihrem Präsidenten aufsehen. Und es gefällt ihnen nicht, wenn er bei einer Fernsehansprache nur einen Pullover trägt.« Ronnie stimmte dieser Einschätzung zu und ich ebenfalls.

Es war nicht so, daß Ronnie Präsident werden wollte, um etwas darzustellen, denn das tat er bereits. Und als er sein Amt antrat, hatte er bereits eine klare Vorstellung davon, was er erreichen wollte.

Vielleicht wurde er deshalb in seiner Amtszeit nicht sichtlich älter. Wenn ein Präsident, von dem ständig Entscheidungen verlangt werden, über keine klare Konzeption und kein umfassendes

Weltbild verfügt, dann wird er zusehends älter. Sobald etwas Unerwartetes eintritt, steht er vor der Frage: Mein Gott, was mache ich jetzt? Wie stehe ich dazu?

Doch wenn er schon weiß, welche Werte und Prinzipien und welchen Standpunkt er hat, dann ist seine Aufgabe um einiges leichter.

Ronnie wußte genau, wofür er im Oval Office eintreten wollte. Seine Vorstellungen waren im Laufe von mehr als zwanzig Jahren gereift, und die Leute kannten seinen Standpunkt genau. Belebung der Wirtschaft. Größere wirtschaftliche Freiheiten. Die Stärkung der Verteidigungskraft. Weniger staatliche Eingriffe. Das alles hatte für ihn Vorrang, andere Dinge mußten zurückstehen. Ihm war klar, daß man mit dem Versuch, alles auf einmal anzugehen, riskiert hätte, nichts zu erreichen.

Nun, da Ronnie nicht mehr im Amt ist, haben wir schon fast vergessen, daß zu Beginn seiner Amtszeit die ›Experten‹ von ihm nicht zuviel erwarteten. Viele Leute dachten, daß er versagen würde. Einige ließen dabei außer acht, daß er acht Jahre lang und mit Erfolg Gouverneur des bevölkerungsreichsten Staates unserer Nation gewesen war – eines Staates, der größer und wohlhabender ist als viele Länder. Andere waren überzeugt, daß die Aufgaben eines Präsidenten so zahlreich und kompliziert geworden seien, daß keiner es schaffen könne, sie zu bewältigen. Selbst einige von Ronnies Anhängern waren skeptisch. Immerhin war es schon zwanzig Jahre her, daß *überhaupt* ein Präsident beide Amtsperioden erfolgreich abgeschlossen hatte. Warum sollte man Ronald Reagan zutrauen, daß er eine Aufgabe bewältigte, bei der andere versagt hatten?

Doch Ronnie wurde seit Beginn seiner Politikerkarriere ständig unterschätzt. Ich weiß noch, wie die Leute reagierten, als er für das Amt des Gouverneurs kandidierte: »Ronald Reagan? Das ist doch ein abgehalfterter Schauspieler. Der schafft das doch nie.«

Und als es um das Amt des Präsidenten ging: »Das ist doch dieser Schauspieler. Der war zwar acht Jahre lang Gouverneur von Kalifornien, aber er hat trotzdem keinen blassen Schimmer.«

1966 hoffte Gouverneur Pat Brown, daß Ronnie als Kandidat der Republikaner aufgestellt werden würde, weil er ihn für einen leichten Gegner hielt. 1980 unterlagen Jimmy Carter, Walter Mondale, Tip O'Neill und Ted Kennedy dem gleichen Irrtum.

Nach Ronnies Wiederwahl im Jahre 1984 mit dem deutlichsten Wählervotum der Geschichte verstummten die meisten dieser

Stimmen. Mittlerweile war es schwierig geworden, Ronnies Erfolg lediglich mit Glück, seinem guten Aussehen, seinem Charme, seinen guten Mitarbeitern oder seinem Witz zu erklären.

Wie konnten bloß so viele Menschen Ronnie so lange unterschätzen? Zum Teil lag das sicher, wie gesagt, an seiner Persönlichkeit. Die Leute können sich nur schwer vorstellen, daß ein Mann, der so nett ist, auch effektive Arbeit leisten und Härte zeigen kann, wo sie angebracht ist.

Aber Ronnies lockeres Verhalten täuscht. Er ist zwar nicht so angestrengt und angespannt wie einige seiner Vorgänger im Weißen Haus, aber unter der ruhigen Oberfläche verbirgt sich ein zielstrebiger, hartnäckiger und sehr ehrgeiziger Mann. Sie brauchen sich nur die Statistik anzusehen: Ronnie verliert fast nie!

Ein weiterer Schlüssel zur Persönlichkeit Ronald Reagans ist die Tatsache, daß er gern in einem Team arbeitet. Er hat lieber Verbündete als Gegner. Nach seiner Wahl im Jahre 1980 konnte er es kaum erwarten, das Establishment Washingtons kennenzulernen. Neben einigen anderen Dingen wollte er, daß sie sahen, wer wir wirklich waren – daß der neugewählte Präsident nicht, wie die Medien der Ostküste es darstellten, ein schießwütiger Cowboy und seine Frau kein dummes Weibchen waren.

Und so gaben Nancy Reynolds und Bob Gray, zwei von Ronnies langjährigen Freunden und Förderern, zwei Wochen nach der Wahl in Washington im F Street Club einen Empfang für insgesamt fünfzig Gäste. Es handelte sich dabei um eine bunt zusammengewürfelte Gesellschaft aus dem Bürgermeister, mehreren Geschäftsleuten, Religionsführern, Universitätspräsidenten, kulturellen Größen, Philanthropen und dergleichen. Das einzige, was diese Menschen gemeinsam hatten, war, daß die meisten Demokraten waren.

Weil die Zeit nicht mehr reichte, verschickten Nancy und Bob die Einladungen als Telegramm, doch zu ihrer Überraschung antworteten die Hälfte der Geladenen nicht einmal. Als die Gäste angerufen wurden, sagten die meisten von ihnen: »War das ernst gemeint? Ich hielt die Einladung für einen *Witz*!«

Diese Menschen waren eine vollkommen andere Art von Politik gewohnt. Sie waren erstaunt, aber auch erfreut, daß der angehende republikanische Präsident ausgerechnet sie kennenlernen wollte.

Nach dem Essen versammelten sich alle um den Kamin, und Ronnie erzählte ein paar von seinen Lieblingsgeschichten aus Hollywood. Doch zuvor hieß er seine Gäste willkommen. »Denken Sie daran: Nur ein Buchstabe unterscheidet ›president‹ von ›resident‹*. Nancy und ich hoffen, daß Sie uns in Zukunft als ›residents‹ ansehen.«

Einige Wochen später waren wir zu einer Dinnerparty im Hause von Katharine Graham in Georgetown eingeladen. Wir kannten Kay schon seit vielen Jahren, und als wir bei ihr vorfuhren, kam sie uns zur Begrüßung entgegen. Ronnie freute sich besonders, sie wiederzusehen, und gab ihr einen Kuß. Kays langjährige Haushälterin beobachtete uns dabei von einem Fenster im ersten Stock aus. Bei Ronnies Kuß bemerkte sie zu der Frau neben sich: »Ich hoffe, Mrs. Graham hat diesen Kuß genossen. Ich verspreche Ihnen, das war das letztemal, daß *das* passiert ist.«

Damit lag sie allerdings falsch. Kay ist zwar die Besitzerin der *Washington Post,* doch Ronnie und ich ließen nie zu, daß die Politik unserer Freundschaft zu ihr im Weg stand.

Ähnlich erging es uns mit Tip O'Neill. Als Ronnie und Tip sich zum erstenmal begegneten, sagte der Sprecher des Repräsentantenhauses zu ihm: »So, Sie spielen jetzt also in der Oberliga.« Tip war Ronnies schärfster Kritiker, und einige seiner Angriffe gegen die Wirtschaftspolitik der Regierung trieben Ronnie an den Rand der Verzweiflung. Trotzdem blieben Ronnie und Tip Freunde, bis Tip im Jahre 1987 zurücktrat. Ganz gleich, was auf der politischen Bühne auch passierte, die beiden konnten sich jederzeit irische Geschichten erzählen oder über Baseball reden.

Ich mochte Tip gern, ebenso Millie, seine Frau, die immer freundlich war und mit der man leicht ins Gespräch kam. Ich weiß noch, wie ich einmal 1981, zu einer Zeit, in der ich meine tägliche kalte Dusche von der Presse bekam, ein Mittagessen gab. Tip schaute mich über den Tisch im State Dining Room hinweg an und sagte: »Lassen Sie sich davon nicht unterkriegen.« Das von dem wichtigsten Gegner meines Mannes zu hören, bedeutete damals sehr viel für mich.

Am schwierigsten ist es für die Frau eines Politikers − vielleicht für jede Frau −, die Kritik an ihrem Mann zu ertragen. Jeder, der in die Politik geht, setzt sich auch der Kritik aus. Ich spreche nicht von fairen und ehrlichen Meinungsverschiedenheiten. Aber wenn eine Kritik unfair, unehrlich oder auch nur falsch ist, kann sie furchtbar weh tun. Ronnie war immer ziemlich dickfellig Kritik

---

* Bewohner, Anwohner (Anm. d. Übers.)

gegenüber, doch ich war oft leicht zu verletzen. Inzwischen bin ich härter im Nehmen geworden, aber immer noch nicht hart genug.

Noch heute ärgere ich mich über eine Anzahl von Falschmeldungen über Ronnie, die im Laufe der Jahre ständig wiederholt wurden.

Zum Beispiel macht Ronnie, entgegen allen Presseartikeln und anderen Gerüchten, keine Nickerchen. Auf langen Flügen mit der *Air Force One* mußte ich auf ihn einreden, bis er sich nur auf der Couch ausstreckte. Und trotz all der Witze, einschließlich seiner eigenen, kam Ronnie nach dem Mittagessen nie in die Wohnräume, um einen Mittagsschlaf zu halten. Ich habe nie verstanden, wie dieses Gerücht entstehen konnte, denn die Presse bekam jeden Morgen den genauen Tagesablauf mitgeteilt, so daß die Journalisten *wußten*, daß er nicht für ein Mittagsschläfchen zurückkam. Kennedy und Johnson hielten das so, Ronnie aber nicht.

Normalerweise schläft Ronnie gegen dreiundzwanzig Uhr ein, und sein Schlaf ist tief und fest. Wenn er jedoch, was selten genug vorkommt, in der Nacht einmal aufwacht, dann beruhigt er seine Nerven nicht, indem er Schäfchen zählt, sondern er rezitiert im stillen ›The Cremation of Sam McGee‹ von dem kanadischen Dichter Robert Service.

Schon seit langem macht es ihm Spaß, auch ein anderes Gedicht von Robert Service aufzusagen, und zwar ›The Shooting of Dan McGrew‹. Ich werde nie vergessen, wie Ronnie bei einem Staatsbankett in England zwischen Königin Elizabeth und der Königinmutter saß. Es stellte sich heraus, daß ›The Shooting of Dan McGrew‹ auch ein Lieblingsgedicht der Königinmutter war. Ich weiß zwar nicht mehr, wie es dazu kam, doch ehe ich mich's versah, sagten die beiden gemeinsam bei Tisch das Gedicht auf — alle elf Strophen —, vorwärts und rückwärts!

Allerdings ist es wahr, daß Ronnie während der Audienz beim Papst im Jahre 1982 einschlief. Wir waren am 3. Juni losgeflogen und trafen am 4. Juni anläßlich des Weltwirtschaftsgipfels in Paris ein. An diesem Tag traf Ronnie mit Margaret Thatcher und François Mitterand zusammen. Am 5. Juni fuhr er zu Gesprächen mit den Staatsoberhäuptern von Japan, Kanada, Italien, der Bundesrepublik Deutschland sowie mit Margaret Thatcher und Mitterand nach Versailles. Am 6. Juni nahmen wir an einem Bankett teil, das nach Mitternacht endete. Im Anschluß daran traf Ronnie sich unverzüglich mit seinen Beratern, um über die Invasion der Israelis im Libanon zu sprechen, die wenige Stunden zuvor stattgefunden hatte. In jener Nacht hat er so gut wie nicht geschlafen, und am folgenden Morgen flogen wir dann nach Rom, wo wir direkt zu dem Treffen mit dem Papst in den Vatikan fuhren.

Die Audienz fand in der vatikanischen Bibliothek statt, und Ronnie saß direkt neben dem Papst. In dem Raum war es sehr warm. Als der Papst mit seiner sanften Stimme zu reden begann, sah ich, wie Ronnies Augenlider sich senkten. Ich hüstelte und scharrte mit den Füßen, so laut ich konnte, aber ohne Erfolg. Rückblickend ist es lustig, doch damals war es äußerst peinlich – vor den Augen des *Papstes* und aller Leute! Ich hoffte damals nur, der Papst würde sich zu Ronnie hinunterbeugen, ihm den Ellenbogen in die Rippen stoßen und sagen: »Du verstehst, was ich meine, Ron!«

Natürlich machte die Presse diesen Vorfall groß auf, und das Bild, das Ronnie mit geschlossenen Augen zeigte, wurde überall veröffentlicht. Normalerweise leistete Mike Deaver großartige Arbeit, aber den Terminplan für diese Reise hatte er wohl ein bißchen zu voll gepackt. Und Mike tat Ronnie auch keinen Gefallen, als er zur Beschwichtigung Chris Wallace vom NBC erzählte, daß Ronnie gelegentlich auch bei Kabinettssitzungen einnickte! Tatsächlich hat jeder bei Kabinettssitzungen hin und wieder mal Schwierigkeiten, seine Augen offenzuhalten.

Und dann gibt es da dieses alte Märchen, daß Ronnie sich die Haare färbe. Mein Gott, ich kann es nicht mehr hören! In Kalifornien haben es tatsächlich zwei Reporter fertiggebracht, Ronnie zu seinem Friseur zu folgen, dort ein paar Haare aufzusammeln und sie auf Spuren von Tönungsmittel zu analysieren. Doch sie fanden nichts.

Ich kenne wirklich niemanden, der so froh über seine ersten grauen Haare war wie Ronnie. Er sagte: »Jetzt hören sie vielleicht auf zu behaupten, daß ich meine Haare färbe.« Doch das Gerücht hielt sich hartnäckig.

Immer wieder stolpere ich auch über die Behauptung, Ronnie würde nicht lesen. Dabei liest er dauernd. In Sacramento und auch in Washington brachte er stapelweise Akten mit nach Hause, die er abends noch lesen wollte; wir mußten seinen Sekretärinnen und Beratern immer wieder einschärfen, ihm nur die wichtigsten mitzugeben, weil Ronnie dazu neigt, alles zu lesen. Manchmal ist er dabei so konzentriert, daß er nicht mitbekommt, wenn ich etwas zu ihm sage.

Ronnie erinnert sich, wie Nelle, als er noch klein war, abends zwischen ihm und seinem Bruder im Bett saß – sie hatten ein Doppelbett – und ihnen vorlas. Sie folgte immer mit dem Finger den Zeilen, die sie las. Er weiß noch genau, wie eines Abends alle diese komischen kleinen schwarzen Zeichen plötzlich für ihn einen Sinn ergaben. Das war ein oder zwei Jahre, bevor er in die Schule kam.

Als Ronnie fünf war, fand Jack seinen Sohn eines Abends auf dem Boden sitzend vor, die Zeitung in der Hand.

»Was machst du denn da?« fragte der Vater.

»Ich lese«, antwortete der Junge.

»Ach, wirklich? Dann lies mir doch mal etwas vor.«

Genau das tat Ronnie dann auch. Laut Ronnie lief sein Vater daraufhin auf die Straße und rief: »Mein Sohn kann lesen! Mein Sohn kann lesen!«

Im Weißen Haus lagen immer stapelweise Bücher und Zeitschriften auf seinem Nachttisch, und wir lasen gewöhnlich im Bett, bis wir müde wurden. Ronnie mochte am liebsten Geschichtsbücher, Biographien und die Romane von Louis L'Amour und Tom Clancy. In seinem letzten Jahr im Amt beschäftigte er sich mit einem zweibändigen Werk mit dem Titel *The President's House*, das ihn dazu anregte, das Weiße Haus noch einmal zu erforschen, Zimmer für Zimmer und mit neuen Augen.

Außerdem kann Ronnie ziemlich gut schreiben, und bevor er Präsident wurde, verfaßte er all seine Reden selbst. Jeder, der Ronnie einmal im Wahlkampf-Flugzeug begleitet hat, weiß, wieviel Zeit er auf jede einzelne Rede verwendete. Zunächst schrieb er den Text auf ein gelbes Blatt Schreibmaschinenpapier. Dann übertrug er ihn in seiner eigenen Kurzschrift, die niemand außer ihm lesen kann, auf Karteikarten. Dabei schrieb er die Schlüsselwörter mit dunkler Tinte und in großen Druckbuchstaben, damit sie leicht zu lesen waren.

Er ging regelmäßig Zeitungen und Zeitschriften durch, und kleine Anekdoten oder Statistiken, die ihm auffielen und die er zur Unterstützung eines Arguments brauchen konnte, schnitt er aus. Das ist auch einer der Gründe, weshalb er ein so guter Redner war: Weil er seine Reden selber schrieb, konnte er sie auch mit völliger Überzeugung vortragen.

Als er dann Präsident wurde, hatte er einfach nicht mehr die Zeit, seine eigenen Reden zu schreiben und sie auf Karten zu übertragen. Seit 1981 benutzte er einen Teleprompter, der den Text einer Rede hinter einem Glasfenster abrollt – wie die Liste der Mitwirkenden am Ende eines Films.

Vor jeder Rede nimmt er dann die Kontaktlinse aus seinem rechten Auge, damit er das Publikum mit einem Auge erkennen kann und den Teleprompter mit dem anderen. Ronnie trägt schon seit langem Kontaktlinsen, seit der Zeit, als sie noch das ganze Auge bedeckten. Damals konnte es passieren, daß er, wenn wir unterwegs waren, an einer roten Ampel eine Kontaktlinse herausnahm, sie mit der Zunge ableckte und sie wieder einsetzte. Als er das das erste Mal machte, blieb mir das Herz stehen. Ich war überzeugt, daß die Ampel auf Grün springen würde, bevor er sie wieder eingesetzt hatte. Doch er schaffte es, und von da an begann ich, seinem Timing zu vertrauen.

Eine Sache, die korrekt ist an den Berichten über Ronnie, ist, daß er ein gesundes Leben führt. Er schläft regelmäßig sechs bis sieben Stunden, ißt mäßig und nimmt sich jeden Tag Zeit für die Gymnastik. Er raucht nicht, und wenn er, was selten geschieht, Alkohol trinkt, handelt es sich fast immer nur um ein Glas Wein – oder, in Camp David, einen Wodka mit Orangensaft vor dem Abendessen.

Beide trinken wir schon seit Jahren keinen Kaffee mehr, seit nämlich Ronnies Arzt erklärte, er könne wahrscheinlich sein Leben um ein paar Jahre verlängern, wenn er auf das Koffein am Morgen verzichte. (Abends tranken wir sowieso keinen Kaffee, weil wir sonst nicht schlafen konnten.) Im Weißen Haus boten wir unseren Gästen immer koffeinfreien Kaffee an, und niemand schien den Unterschied zu bemerken. Wenn Gäste den Kaffee ablehnten, erwähnte ich nur, daß es sich um koffeinfreien handele, und meistens änderten sie dann ihre Meinung.

Ronnie ist kein wählerischer Esser. Er ißt gern ein gutes Steak, doch der Mann, der als Präsident die erlesensten und raffiniertesten Genüsse vorgesetzt bekam, hätte genauso gern einen Hamburger gegessen. Besonders liebt er Makkaroni mit Käse, und er hätte nichts dagegen einzuwenden, sie auch schon zum Frühstück zu sich zu nehmen. Grundsätzlich ernährt er sich von Hausmannskost.

Allerdings hat er seit siebzig Jahren keine Tomate gegessen. Als Ronnie klein war, brachte ein Nachbar eine Tüte Tomaten vorbei und machte ihm weis, es seien Äpfel. Ronnie mochte Äpfel sehr gern, also biß er voll in eine hinein. Der Geschmack war ihm dann so zuwider, daß er nie wieder eine anrührte.

Ronnie ist ganz wild auf Nachspeisen, und dabei vergißt er auch jegliche Mäßigung. Tatsächlich, solange man ihm ein ordentliches Dessert gibt, kann man den Rest des Essens vergessen. Wenn er bei einem Mittag- oder Abendessen eine Rede halten soll, ist er vorher regelmäßig nervös. Allerdings nicht wegen der Rede, nein, er hat Angst, daß man ihn bittet zu reden, bevor der Nachtisch serviert worden ist! Gott verhüte, daß ein Stück Kuchen gereicht wird und Ronnie sich nicht bedienen kann!

Seine zweite große Leidenschaft sind, wie inzwischen jeder weiß, *jelly beans.* Mittlerweile ißt er davon nicht mehr so viele wie früher, und er aß nie so viele, wie behauptet wurde. Aber er mag sie auf jeden Fall sehr gern.

Ronnie taucht oft in der Liste der bestgekleideten Männer auf, doch das ist eine Ehre, die ihm nicht gebührt. Er kümmert sich so gut wie nie um seine Garderobe, und mit einer Jeans und einem karierten Hemd wäre er vollkommen zufrieden. Es kommt ihm nie in den Sinn, etwas Neues zu kaufen. Wir hängen beide an unseren Sachen, doch bevor er einen neuen Anzug kauft, muß ich ihm die Pistole auf die Brust setzen. (Er bestellt sie immer bei Mariani in Beverly Hills, wo er schon Kunde war, bevor wir uns kennenlernten.) Er hat immer noch den Frack und die weiße Fliege, die er sich anfertigen ließ, als er eingeladen war, an einer Aufführung für den König und die Königin von England im Jahre 1948 mitzuwirken.

Im Laufe der Zeit hat er sich allerdings die fürchterlichsten Krawatten zugelegt, und da konnte es schon mal passieren, daß diese Stücke einfach verschwanden. Es gab auch eine besonders unansehnliche Freizeithose, die sich während unseres Umzugs aus dem Weißen Haus nach Los Angeles auf mysteriöse Weise in Luft auflöste. Komisch, daß so etwas vorkommt, nicht wahr?

Während Ronnies erster Amtsperiode bestellte ich einmal einen Anzug für ihn bei einem vornehmen englischen Schneider, der seine Maße bereits hatte. Ich hatte einen blaugrauen Plaid gewählt, der in dem Musterbuch wundervoll aussah. Doch als ich dann einige Wochen später das Paket aus London öffnete, war ich entsetzt. Der Anzug sah grell und häßlich aus, eine Beleidigung für das Auge.

Dummerweise gab ich ihn Ronnie trotzdem, und natürlich wurde es sein Lieblingsanzug. Bald darauf konnte ich seinen Anblick nicht mehr ertragen. Er trug ihn eines Tages, als wir in der *Air Force One* zusammensaßen, und ich wandte mich zu ihm und sagte: »Liebling, bitte, ich möchte, daß du den Anzug fortgibst. Sonst muß ich ihn verbrennen.«

Ronnie war fassungslos. »Gefällt dir dieser Anzug denn nicht?«

»Das weißt du längst«, erwiderte ich. »Ich habe es dir schon hundertmal gesagt.«

Mike Deaver saß bei uns. »Fragen wir einfach Mike«, meinte Ronnie. »Mike, was halten Sie von meinem Anzug?«

Mike lächelte nur.

»Los, Mike«, forderte ich ihn auf. »Sagen Sie ihm, was Sie davon halten.«

»Wollen Sie die Wahrheit hören?« fragte er Ronnie.

»Aber natürlich!«

»Nun gut, im Büro nennen wir ihn das Dumme-August-Kostüm. Wenn Sie diesen Anzug tragen, sagen die Leute immer: ›Wenn er unbedingt angeschossen werden mußte, warum konnte er dann nicht *diesen* Anzug tragen.‹«

Also, er ist weder der bestangezogene Mann der Welt, noch ist er ein Gourmet. Dafür hat er aber einen ausgeprägten Sinn für Romantik!

Ronnie wartet nicht, bis er verreist, um mir seine Zuneigung zu beweisen. Manchmal gibt er mir einen Kuß, wenn er nur den Raum verläßt. Er sagt oft: »Ich liebe dich!«, und ich tue das auch. Sowohl im Privatleben als auch in der Öffentlichkeit tauschen wir Zärtlichkeiten aus, und immer halten wir uns bei der Hand. Ein Reporter erzählte mir einmal, daß es ihm und seinen Kollegen manchmal peinlich sei, uns zu beobachten, besonders wenn ich Ronnie nach einer Reise vom Flugzeug abhole. Anstatt uns gegenseitig nur leicht auf die Wange zu küssen, geben wir uns nämlich einen richtigen Kuß.

Ronnie fällt es zwar nicht leicht, seine Gefühle zu zeigen, aber er war schon immer sehr feinfühlig. An meinem Geburtstag pflegte er meiner Mutter Blumen zu schicken – zum Dank dafür, daß sie mir das Leben geschenkt hatte.

Und ich war glücklich, als er während eines Interviews erzählte, zu mir nach Hause zu kommen sei für ihn, wie aus der Kälte in ein warmes Zimmer mit einem flackernden Kamin zu treten; oder die Ehe mit mir sei genauso, wie er sich in seiner Jugend eine Ehe immer erträumt habe.

Heißt das, daß wir alles miteinander teilen? Sicherlich nicht. So nahe wir uns auch sind, sind wir doch selbständig. Als wir im Weißen Haus wohnten, sah mein Alltag vollkommen anders aus als seiner. Als First Lady mußte ich mich mit Leuten treffen und unterhalten, von denen er nichts wußte. Und natürlich war es für mich viel einfacher, zum Mittagessen auszugehen, was ich so oft tat wie möglich – besonders mit George Will, mit Kay Graham und mit Meg Greenfield.

Ronnie und ich streiten uns nicht oft, aber wir hatten sicher auch unsere Meinungsverschiedenheiten – besonders über Kindererziehung und Geld. Meine Mutter sagte immer: »Geht nie zu Bett im Streit«, und das haben wir auch beherzigt. Manchmal küssen wir uns nach einem Streit und sagen gute Nacht. Ronnie schläft dann gewöhnlich schnell ein, doch ich bin dann so aufgewühlt, daß ich noch stundenlang wach liege und allmählich wieder wütend auf ihn werde.

Glücklicherweise dauern unsere Auseinandersetzungen nicht lange. Vor vielen Jahren, als wir mit meinen Eltern im Arizona Biltmore Hotel in Phoenix Ferien machten, erzählte Mutter von einem jungverheirateten Pärchen, das sie am Swimming-pool beobachtet hatte. Weil die Braut weinte, kam ihr Mann zu ihr herübergeschwommen und wollte wissen, was los war. »Du warst so cool am Swimming-pool«, sagte sie.

Irgendwie blieb uns dieser Satz im Gedächtnis. Wenn zwischen Ronnie und mir etwas nicht stimmt, sagt einer von uns: »Du warst so cool am Swimming-pool.« Das ist das Zeichen, daß wir etwas klären und ausräumen müssen, ehe sich ein kleines Problem in ein großes auswächst.

Wer auch immer gesagt hat, daß in der Ehe Geben und Nehmen gleichmäßig verteilt sind, hatte keine Ahnung, wovon er sprach. Es gibt oft Zeiten, da muß man 90 Prozent geben, und manchmal müssen beide 90 Prozent geben. Wenn unsere Ehe so glücklich war, dann nur deshalb, weil Ronnie und ich hart daran gearbeitet haben. Vielleicht haben wir uns noch mehr Mühe gegeben als andere, weil Ronnie geschieden war und *diese* Erfahrung nicht noch einmal machen wollte. Außerdem waren sowohl mein Vater als auch meine Mutter geschieden, auch ich hatte also eine Vorstellung davon, was das bedeutete.

Wie Mutter hängte ich mit der Eheschließung meine Karriere an den Nagel. Als ich meinen ersten Vertrag mit MGM abschloß, mußte ich einen Fragebogen der Abteilung für Öffentlichkeitsarbeit ausfüllen. Unter die Rubrik ›Berufsvorstellungen‹ schrieb ich: ›eine glückliche Ehe‹. Das war immer mein Ziel gewesen, und ich wußte, ich würde die Schauspielerei aufgeben, wenn der richtige Mann vorbeikam.

Doch die Zeiten haben sich geändert, und es liegt mir fern, jungen Frauen zu raten, sie sollten ihre Karriere aufgeben. Doch ich hatte zu viele Schauspielerehen zerbrechen sehen, und daß ich sowohl meiner Karriere als auch meinem Mann gerecht werden könnte, glaubte ich nicht. Ein Teil würde zwangsläufig leiden müssen, und ich hatte Angst, daß das meine Ehe sein könnte – gerade in Hollywood, wo man ständig zu hören bekommt, wie süß und wie nett man doch sei. Wenn man dann abends nach Hause kommt, fällt es schwer, sich damit abzufinden, daß der Mann und die Kinder einen nicht genauso anhimmeln. Statt dessen heißt es: »Hey, Mom! Was gibt's zu essen?«

Es war nicht so, daß Ronnie mich gebeten hätte, meine Karriere aufzugeben, doch später erzählte er mir, wie sehr er sich gefreut hätte, daß ich mich so entschied. Dabei spielten vielleicht Gedanken an seine erste Ehe mit.

Ronnie war immer für mich da, selbst in der Zeit, als die ganze Last der Welt auf seinen Schultern lag. Nachdem er niedergeschossen worden war, tröstete er mich ebenso, wie ich ihn tröstete. Nach meiner Brustkrebsoperation versicherte er mir: »Für mich macht das keinen Unterschied. Ich habe dich nicht deswegen geheiratet.« Das wußte ich zwar schon, aber es bedeutete mir doch sehr viel, es noch einmal von ihm zu hören. Es muß entsetzlich sein, wenn sich ein Mann unter diesen Umständen von seiner Frau abwendet oder sich nicht mit den Gegebenheiten auseinandersetzen und sie akzeptieren will. Ich dagegen hatte nie das Gefühl, daß Ronnie mit etwas, das mir zustoßen könnte, nicht zurechtkommen würde.

Er sorgt für mich. Wenn ich für ein paar Tage verreise, zählt er die richtige Anzahl von Vitaminpillen ab und gibt sie mir in einem Fläschchen mit. Und nach all diesen Jahren läßt er immer noch Zettel auf meinem Schreibtisch liegen, auf denen steht: ›Ich liebe dich‹. Ronnie zeichnet gern, und einmal skizzierte er ein Bild von Jiggs aus der Comic-Serie *Maggie and Jiggs* und legte es auf meinen Schreibtisch. Die Unterschrift lautete: »Meine liebe Frau! Hier ist ein Porträt von Jiggs, der als Ehemann nicht einmal entfernt so glücklich war, wie du mich gemacht hast.«

Am Valentinstag, an meinem Geburtstag oder an unserem Hochzeitstag finde ich ein halbes Dutzend Karten von Ronnie auf dem Frühstückstisch für mich – sogar als wir im Weißen Haus lebten. Oft unterschreibt er sie mit ›I. T. W. W. W.‹, das steht für ›in the whole wide world‹ – ›in der ganzen weiten Welt‹. Wie in: »Ich liebe dich mehr als alles I. T. W. W. W.«

In Ronnies erster Amtsperiode waren wir eines Abends zu einem Essen mit einer kleinen Gruppe von Präsidentschaftchronisten und Historikern in Mark Hatfields Haus eingeladen. Sie erklärten uns, daß wir, ob es uns gefiele oder nicht, bereits Figuren der Ge-

144

schichte seien, und daß es für zukünftige Generationen wichtig sei, daß wir alles, was uns im Weißen Haus widerfahre, festhielten.

Dann sagte Daniel Boorstein von der Kongreßbibliothek etwas Wunderschönes: »Wir hatten noch nie ein Präsidentenpaar wie Sie beide, und das allein ist schon ein historisches Ereignis. So viel Liebe und Hingabe, wie Sie einander entgegenbringen, findet man nicht oft in der heutigen Zeit.«

»Wissen Sie«, entgegnete Ronnie ihm daraufhin, »wenn Nancy Davis mir damals nicht über den Weg gelaufen wäre, hätte ich nie erfahren, was Leben wirklich heißt.«

8

Ich dachte,
ich hätte einen Schauspieler geheiratet

Als ich Ronnie heiratete, dachte ich, ich hätte einen Schauspieler geheiratet. Heute jedoch glaube ich, ich hätte damals schon wissen müssen, daß die Schauspielerei allein ihn nicht ausfüllte. Er hatte bereits fünf Amtsperioden als Präsident der Screen Actors Guild und noch zwei weitere als Präsident des Motion Picture Council absolviert. Außerdem unterstützte er ständig irgendwelche Leute, die für öffentliche Ämter kandidierten. Das alles hätte mich eigentlich stutzig machen müssen, aber irgendwie schaffte ich es, die Vorzeichen zu ignorieren.

Kurz nach unserer Hochzeit kamen die Demokraten auf Ronnie zu und fragten ihn, ob er sich für die Wahlen zum Kongreß aufstellen lassen wollte; er jedoch lehnte ab. Er sagte, er zöge es vor, sich für einen anderen Kandidaten einzusetzen – und ich nahm an, so würde es immer bleiben.

Heute bin ich erstaunt, wie naiv ich damals war. Aber ich wäre ehrlich nie auf die Idee gekommen, daß Ronnie eines Tages in die Politik gehen könnte.

Ich dachte nicht nur, ich hätte einen Schauspieler geheiratet, ich war außerdem davon ausgegangen, daß er in seinem Beruf Erfolg haben würde. Nach dem Krieg jedoch war Ronnie nicht mehr besonders gefragt, und so hatten wir schon bald nach unserer Hochzeit Geldsorgen. Für einige seiner Filme war Ronnie gut bezahlt worden, aber aus diesem Grunde mußte er auch hohe Steuervorauszahlungen leisten – was sicher seine spätere Auffassung von Steuern beeinflußt hat.

146

In den ersten Monaten unserer Ehe hatten wir zwei Wohnungen. Wir lebten in meiner, doch sie war nicht groß genug für all unsere Sachen, und so behielt Ronnie seine noch. Bald darauf zogen wir in ein Haus am Amalfi Drive in Pacific Palisades, zu jener Zeit noch eine erschwingliche und ruhige Wohngegend. (Das Haus kostete 42 000 Dollar.) Niemand konnte verstehen, warum wir so weit fortzogen − ›aufs Land‹, wie man damals meinte.

In jener Zeit kamen einfach keine guten Filmangebote für Ronnie, und mit den Ratenzahlungen für das Haus, den Unterhaltszahlungen für die Kinder und den vierteljährlichen Steuervorauszahlungen für die Beträge, die Ronnie im Laufe des Jahres noch zu verdienen hoffte, waren wir bald schon verschuldet. Erst eineinhalb Jahre nach unserem Umzug konnten wir uns eine Wohnzimmereinrichtung leisten. Trotzdem war unser erster Weihnachtsbaum einfach wunderschön für mich.

Im Jahre 1953, fünf Monate nach Pattis Geburt, drehte ich trotz meiner Entscheidung, nur Hausfrau und Mutter zu sein, noch einmal einen Film. Wir konnten auf das Geld einfach nicht verzichten. Das war ein schwerer Schlag für Ronnie, aber wir mußten uns mit den Tatsachen abfinden, und das gemeinsam. Ich konnte Arbeit bekommen, während seine Karriere auf einem Tiefpunkt angelangt war.

Es handelte sich dabei um den Low-Budget-Film *Donovan's Brain,* die Geschichte eines Wissenschaftlers − gespielt von Lew Ayres −, der das Gehirn eines Verstorbenen am Leben erhält, das dann Macht über ihn erlangt. Die Aufnahmen dauerten nur sechs Wochen. Der Film war nicht gerade ein Glanzstück, aber wir konnten wieder ein paar Rechnungen bezahlen.

Natürlich gab es noch Angebote für Ronnie, nur waren das schlechte Rollen in schlechten Filmen − Filme, von denen er sagte: »Sie sollen nicht gut, sie sollen lediglich fertig werden.« Zu Beginn seiner Karriere hatte er in ein paar Schrottfilmen mitgewirkt, und er wollte sich darauf nicht noch einmal einlassen. Wir warteten länger als ein Jahr, und wir kamen nur deshalb über die Runden, weil Ronnie als Gaststar in *Burns and Allen* und einigen anderen Fernsehshows auftreten konnte. Damals wollten wir es beide nicht wahrhaben, doch Ronald Reagans Hollywoodkarriere war zu jenem Zeitpunkt eigentlich schon am Ende.

Für mich steht außer Frage, daß Ronnies politische Aktivitäten damals seinem beruflichen Erfolg im Wege standen. Als wir uns kennenlernten, hatte er sich bereits so stark für die Belange der Screen Actors Guild eingesetzt, daß die Filmgesellschaften bei seinem Namen weniger an einen Schauspieler dachten als an einen Gegner. In einer kleinen Gemeinde wie Hollywood hängt der Ruf eines Schauspielers in großem Maße auch von seinem Auftreten außerhalb des Studios ab, und inzwischen war Ronnie für die Filmbosse in erster Linie ein Funktionär. Er sagte damals gern, daß man mit ihm inzwischen, falls man einen Western drehen wolle, allenfalls die Rolle des Rechtsanwalts von der Ostküste besetzen würde.

Es gab ein paar Angebote vom Broadway, doch wir hatten in Kalifornien eine Familie gegründet, und keiner von uns wollte umziehen. Es gab zwar immer noch das Fernsehen, aber Ronnie zögerte, einen Vertrag für eine Serie zu unterschreiben, weil er befürchtete, damit auf einen bestimmten Typ festgelegt zu werden. Wie viele andere Filmschauspieler in Hollywood Anfang der fünfziger Jahre glaubte auch er, zu häufige Fernsehauftritte könnten die Aussichten auf gute Filmangebote verschlechtern. Warum sollten Leute dafür bezahlen, jemand auf der Leinwand zu sehen, wenn sie ihn zu Hause umsonst sehen konnten?

Es war eine schwierige Zeit für Ronnie und für uns. Er war verständlicherweise ziemlich deprimiert. Eines Abends, als er von einem Treffen zurückkehrte, über das offenbar die Presse berichten wollte, erzählte er mir, daß er den Satz aufgeschnappt hatte: »Na, endlich hat Ronald Reagan erreicht, daß man ein Foto von ihm macht.« Er war am Boden zerstört, und als er mir davon erzählte, hätte ich losheulen können. Ich weiß noch, daß ich hinüberging und meine Arme um ihn legte. Wie demütigend für einen Mann, so etwas hören zu müssen!

Gegen Ende des Jahres fragte Taft Schreiber von Ronnies Agentur MCA an, ob er an einem Auftritt in einem Nachtclub in Las Vegas interessiert sei. Ronnie war von diesem Angebot überhaupt nicht begeistert, aber da das Engagement gut bezahlt war und wir mal wieder pleite waren, wollte er es sich überlegen. Zuerst sollte er für die Weihnachtsfeiertage engagiert werden, doch auch wenn wir das Geld dringend brauchten, konnte uns doch nichts dazu bewegen, Weihnachten in Las Vegas zu verbringen. Dann bat man ihn, eine Striptease-Show zu moderieren, und das lehnte er auch ab.

Schließlich handelte die Agentur für Ronnie einen zweiwöchigen Auftritt mit den ›Continentals‹ aus, einer bekannten Gruppe von vier Sängern. Zunächst hatte er die Show mit einem witzigen Monolog zu eröffnen, und anschließend sollte er dann in verschiedenen Nummern des Quartetts auftauchen. Trotz seiner Vorbehalte willigte er ein, es zu versuchen.

Eigentlich hätte Ronnie auch allein nach Las Vegas fahren können, aber wenn mein Mann mich jemals gebraucht hat, dann damals. Wir hatten ein furchtbares Jahr hinter uns, wir hatten unser erstes Kind bekommen, und Ronnie versuchte etwas vollkommen Neues. Keiner konnte sagen, wie es ausgehen würde. Und so ließ ich, obwohl mir fast das Herz zerbrach, die erst drei Monate alte Patti mit unserem Hausmädchen zurück.

Ronnie und ich sind nicht gerade Las-Vegas-Typen, und als wir im Last Frontier Hotel ankamen, schleppten wir so viele Bücher mit auf unser Zimmer, daß man damit eine kleine Bücherei hätte ausstatten können. Der Hotelbesitzer, der uns in unsere Suite brachte, wunderte sich. »Ich habe ja schon viele Entertainer bei mir untergebracht«, sagte er. »Aber *Bücher* hat noch nie jemand dabeigehabt.«

Wenn Ronnie nicht auftrat, lasen wir in unserer Suite oder am Swimming-pool. Wir verspürten nicht die geringste Lust zu spielen, denn wir waren hier, um Geld zu verdienen, nicht, um es zu verlieren. Beide hatten wir schon zu viele Geschichten von Entertainern aus Hollywood gehört, die in Las Vegas eine traumhafte Gage erhielten – und sie zwischen den Shows gleich wieder verspielten. Wir hielten durch bis zu unserem letzten Abend, dann jedoch riskierten wir den ungeheuren Betrag von zwanzig Dollar als Einsatz beim Blackjack – und verloren alles.

Glücklicherweise war Ronnies Auftritt ein großer Erfolg. Ich muß es wissen – denn schließlich war ich bei jeder Vorstellung dabei! Abend für Abend war die Show ausverkauft, und die Menschen standen Schlange, um hineinzukommen. Noch ehe die zwei Wochen herum waren, kamen schon Angebote aus Chicago, Miami und New York. Doch die beiden Wochen in Las Vegas hatten uns nur noch einmal bestätigt, was wir ohnehin schon wußten: Das Nachtclubleben war nichts für uns.

Nur wenige Wochen darauf ließ Taft Schreiber Ronnie wissen, daß General Electric ein allwöchentliches Theaterprogramm im Fernsehen finanzieren wollte, das am Sonntagabend ausgestrahlt werden sollte. Dazu suchten sie einen Moderator, der zu dem jeweiligen Stück ein paar einführende Worte sprach und der zugleich als ›Botschafter des Unternehmens‹ in Firmenniederlassungen und Produktionsstätten von General Electric im ganzen Lande auftrat.

Wieder hatte Ronnie seine Zweifel, doch das war besser als Las Vegas. Und wie sich dann zeigte, schlug Ronnie in diesem Job groß ein. Er *liebte* diese Arbeit. Er sprach zu jeder einzelnen Folge des

General Electric Theatre eine Einführung, und er schloß sie mit dem berühmt gewordenen Satz: »Für uns von General Electric ist der Fortschritt das wichtigste Produkt.«

Außerdem wurde Ronnie durch den Vertrag verpflichtet, vier eigene Sendungen pro Jahr aufzuzeichnen, bei denen dann gelegentlich auch ich auftrat. Dabei handelte es sich immer um Live-Sendungen, was bedeutete, daß es zwischen den einzelnen Szenen keine Möglichkeit zum Umziehen gab. So trug ich dann in der ersten Szene drei komplette Kostüme übereinander und zog eines nach dem anderen aus, wenn die Kamera auf einen anderen Darsteller − oder auf die Kulisse − gerichtet war.

Der einzige Nachteil an Ronnies Job für General Electric war das ständige Reisen. Als er zu seiner ersten Tour aufbrach, sollte er gleich zwei Monate lang fortbleiben. In dieser Zeit besuchte ich mit Patti meine Eltern in Chicago, doch wir litten alle unter der langen Trennung. Aus diesem Grunde entwarf Ronnie einen neuen Reiseplan, bei dem er nie länger als zwei Wochen auf einmal von zu Hause weg war. Trotzdem verbrachte er von seinen acht Jahren bei General Electric insgesamt nahezu zwei Jahre auf Reisen.

Im Jahre 1956, nachdem Ronnie schon zwei Jahre lang diesen Job machte, konnten wir uns ein neues, größeres Haus am San Onofre Drive bauen, nicht weit von unserem alten Wohnort entfernt. Ronnie hatte es zusammen mit dem Architekten Bill Stephenson entworfen, und die Idee, Arbeits-, Wohn- und Eßzimmer so ineinander übergehen zu lassen, daß das Haus größer wirkte, als es tatsächlich war, stammte von ihm. Als die Leute von General Electric von unseren Plänen hörten, beschlossen sie, unser Haus als Ausstellungsraum für die neuesten Elektrogeräte zu nutzen. Sie statteten uns mit so vielen Kühlschränken, Backöfen und schicken Lampen aus − ganz zu schweigen von dem eingebauten Müllschlucker −, daß sie an einer Wand eine spezielle Schalttafel für all die Kabel und Schalter anbringen mußten. Wenn wir Besuch hatten, pflegte Ronnie zu sagen, daß wir eine direkte Verbindung zum Hoover-Staudamm hätten. Ich war nicht gerade begeistert davon, daß aus meinem Haus ein Schaufenster für ein Unternehmen gemacht wurde, doch es handelte sich um Ronnies erste feste Anstellung seit Jahren, und so war ich mehr als glücklich, dieses Zugeständnis machen zu können.

Wenn man wie Ronnie davon überzeugt ist, daß alles, was im Leben passiert, einen Sinn hat, muß man zu dem Schluß kommen, daß auch hinter Ronnies Anstellung bei General Electric eine tiefere Bedeutung verborgen lag. Zwar hatte er sich nicht um ein politisches Amt beworben, doch er verbrachte im wesentlichen acht Jahre in einer Art von Wahlkampagne – er fuhr herum und sprach mit den Leuten, er hörte sich ihre Probleme an und entwickelte eigene Vorstellungen davon, wie sie zu lösen waren.

Das war die Zeit, in der Ronnie allmählich seine politischen Ansichten änderte. Er war in einer Familie von Demokraten aufgewachsen und war (und ist es bis heute) ein großer Bewunderer von Franklin Roosevelt. Im Wahlkampf von 1948 hatte er sich für Harry Truman als Präsident und Hubert Humphrey als Senator eingesetzt. Zwei Jahre später entschloß sich Helen Gahagan Douglas, in ihrem Wahlkampf gegen Richard Nixon um den Sitz im Senat Ronnie nicht um Hilfe zu bitten, weil er allgemein als zu liberal galt. Etwa zur gleichen Zeit gehörte Ronnie zu jener Gruppe von Männern, die General Eisenhower zu überzeugen versuchte, für das Amt des Präsidenten zu kandidieren – auf seiten der Demokraten.

Zwischenzeitlich versuchte Ronnies Bruder, ein konservativer Republikaner, ihm bei jeder Gelegenheit nachzuweisen, daß die Demokraten alle unrecht hatten. Moon (Neils Spitzname) und Ronnie stritten sich oft fürchterlich, und immer, wenn Moon und Bess bei uns zu Besuch waren, schrien die beiden Brüder sich an, während Bess und ich versuchten, sie auf ein anderes Thema zu lenken. Jetzt kann man sich das kaum noch vorstellen, wenn man Ronnies Charakter in Betracht zieht, ganz zu schweigen von seinen politischen Ansichten, aber es ist tatsächlich passiert.

Aber als er fur General Electric durch das Land reiste, sah er allmählich manche Dinge anders. Die Eingriffe der Regierung in das System des freien Wettbewerbs – und auch das Leben des einzelnen – bereiteten ihm zunehmend Sorge. Eines Tages kam er von einer Vortragsreise zurück und erklärte mir, nun sehe er ein, daß die Demokraten, für deren Wahl er sich eingesetzt hatte, für genau die Dinge verantwortlich waren, gegen die er jetzt, mitten in der Amtsperiode, polemisierte.

Im Jahre 1962, als Richard Nixon gegen Pat Brown für das Amt des Gouverneurs im Staate Kalifornien kandidierte, beschloß Ronnie, Nixon im Wahlkampf zu unterstützen, und fragte ihn, ob er das als Mitglied der Demokraten oder der Republikaner tun solle.

»Als Demokrat könnten Sie mir mehr nützen«, antwortete Nixon.

Einige Wochen später, bei einer von Ronnies Wahlkampfreden

für Nixon, hob eine Frau in der zweiten Reihe die Hand und fragte: »Mr. Reagan, sind Sie *immer* noch Mitglied der Demokraten?«

»Ja, Madam, das bin ich«, antwortete Ronnie.

»Gut«, sagte sie entschlossen, »ich bin zuständig für die Aufnahme neuer Mitglieder, und ich möchte das gern ändern.«

Worauf sie zum großen Vergnügen der Zuhörer auf die Bühne stieg und Ronnie in die Republikanische Partei aufnahm. Er hatte schon einige Zeit die Partei wechseln wollen, und dieser Zeitpunkt schien ihm so gut geeignet wie jeder andere.

Mittlerweile war die Reihe *General Electric Theater* ausgelaufen. Sie war zu jener Zeit ungeheuer beliebt, und selbst heute noch erinnern sich Zeitgenossen an sie als eine der besten Fernsehshows überhaupt. Im Jahre 1962 wurde sie zum letzten Mal ausgestrahlt, weil NBC *Bonanza* von Samstagabend auf Sonntagabend verlegt hatte. *Bonanza* war eine aufwendig produzierte Fernsehserie in Farbe, und diese Konkurrenz war einfach zu stark. (Ironischerweise war *Bonanza* auch eine von Ronnies Lieblingssendungen.)

Ronnies Fernsehkarriere jedoch war damit nicht beendet. Durch die Vermittlung seines Bruders, der Vizepräsident bei McCann Erickson, der Werbeagentur, war, moderierte Ronnie in den folgenden zwei Jahren die Sendung *Death Valley Days,* eine Western-Reihe, die vom Borax-Konzern finanziert wurde.

Und dann, im Präsidentschaftswahlkampf des Jahres 1964, hielt Ronnie jene Rede zur Unterstützung von Barry Goldwater, die schon bald darauf unser Leben verändern sollte.

Holmes Tuttle, ein erfolgreicher Ford-Händler aus Los Angeles, hatte im Ambassador-Hotel ein Fundraising-Dinner für Goldwater organisiert und Ronnie gebeten, eine Rede zu halten. Ronnies Rede kam so gut an, daß Tuttle im Anschluß daran auf ihn zukam und sagte: »Diese Rede muß im Fernsehen übertragen werden.«

Holmes trieb das Geld auf, und der Termin für die Ausstrahlung von Ronnies Rede für Goldwater wurde auf den 27. Oktober, genau eine Woche vor der Wahl, festgesetzt. Am 25. Oktober rief Barry bei uns an und sagte zu Ronnie, seine Berater drängten ihn, die Sendung abzusagen.

»Haben Sie die Rede gelesen?« fragte Ronnie.

»Nein«, antwortete Barry, »aber sie meinten, es kämen ein paar strittige Äußerungen über die Sozialversicherung darin vor.«

»Das stimmt«, erklärte Ronnie. »Ich habe gesagt, daß jeder, der Beiträge zur Sozialversicherung leistet, auch das Recht haben soll zu bestimmen, wer der Nutznießer davon ist.«

»Dagegen habe ich nichts einzuwenden«, sagte Goldwater.

Wie Ronnies Bruder, der sich bei Goldwater in Cleveland aufhielt, später erzählte, verlangte Goldwater daraufhin die Aufzeichnung von Ronnies Rede zu sehen. Nach dem Ende des Bandes schaute er seine Mitarbeiter an und fragte: »Was, zum Teufel, paßt euch denn daran nicht?« Damit war der Weg frei, und die Rede wurde landesweit ausgestrahlt.

Diese Rede, die Ronnie selbst geschrieben hatte, befaßte sich mit denselben Themen, über die er auch schon zu seiner Zeit bei General Electric gesprochen hatte: Er sprach von den Gefahren, die sich aus einer aufgeblähten Verwaltung, aus dem Verlust individueller Freiheiten und durch den Verfall einer traditionell orientierten Moral ergaben. Sie endete mit den aufrüttelnden Worten:

»Sie und ich, wir haben ein Rendezvous mit dem Schicksal. Wir können für unsere Kinder die letzte große Hoffnung der Menschheit auf der Erde erhalten, oder wir können sie zu dem ersten Schritt in eine tausendjährige Dunkelheit verurteilen. Wenn wir es nicht schaffen, dann sollten wenigstens unsere Kinder und Kindeskinder zu dem Urteil kommen, daß unsere kurze Existenz gerechtfertigt war: weil wir alles getan haben, was getan werden konnte.«

In jener Nacht wurden wir um drei Uhr morgens durch einen Anruf von Barrys Bevollmächtigtem in Washington geweckt. »Ich dachte, es interessiert Sie, daß bei uns die Telefonapparate nicht mehr stillstehen, es kommen immer noch begeisterte Anrufe.«

Zwar unterlag Goldwater in der Wahl gegen Lyndon Johnson, doch Ronnies Rede brachte ihm mehr Geld ein, als *jemals* für einen Kandidaten gespendet worden war − insgesamt acht Millionen Dollar. Unmittelbar darauf stellte Holmes Tuttle ein Komitee auf, das Ronnie als Kandidat für das Amt des Gouverneurs von Kalifornien unterstützen sollte.

Ronnie hielt sie für verrückt. »O nein«, erklärte er. »Man kandidiert nicht für den Gouverneursposten aufgrund einer einzigen Rede. Abgesehen davon habe ich überhaupt nicht die Absicht, in die Politik zu gehen. Sucht euch einen anderen Kandidaten, und ich verspreche euch, seinen Wahlkampf zu unterstützen, wie ich es immer getan habe.«

Sie aber waren überzeugt, daß Ronnie die Wahl gewinnen konnte, und so ließen sie nicht locker − und mir schwante bald, daß er sich wohl doch erweichen lassen würde. Gegen Ende des Jahres 1964 erhielt Ronnie jeden Tag Dutzende von Briefen, in denen man ihn bedrängte, 1966 für die Wahl zum Gouverneur zu kandidieren. Einige kamen sogar von Demokraten, die erklärten, sie würden zu seiner Unterstützung sogar die Partei wechseln, wenn er sich aufstellen ließe.

Ungefähr zwei Wochen lang sprachen wir über nichts anderes mehr – während des Essens, nach dem Essen, spätabends im Bett. Ronnie war der Meinung, angesichts der Niederlage von Goldwater und des demoralisierten Zustands der Republikanischen Partei könne er dazu beitragen, daß die Lage wieder ein wenig freundlicher aussähe.

Aber ich zögerte. Ich hatte keine genaue Vorstellung davon, wie das Leben einer Politikerfamilie aussehen würde, doch ich war auch nicht besonders scharf darauf, es herauszufinden.

Nach endlosen Debatten zwischen uns sagte Ronnie schließlich: »Ich möchte es gern genauer wissen. Laß mich noch einmal in die Provinz fahren und ein paar Reden halten, und dann sehen wir, ob die Leute dort mich wirklich unterstützen wollen.«

Einige Wochen später wurde für Ronnie in einem der großen Hotels von San Francisco ein Empfang gegeben, und der Andrang der Besucher war so groß, daß sie in einer Schlange durch die ganze Hotelhalle hindurch bis um die nächste Straßenecke anstanden.

Für mich handelte es sich dabei um meinen ersten Auftritt in der Politik. Als ich am nächsten Morgen aufwachte, konnte ich meinen Kopf nicht mehr drehen. Der herbeigerufene Arzt erklärte uns, daß man, wenn man nervös ist, dazu neigt, die Schultern hochzuziehen – was ich offensichtlich vier Stunden lang getan hatte. Dies und die unnatürliche Haltung mit dem ständig ausgestreckten Arm zum Händeschütteln hatte bei mir einen Krampf verursacht. Zu Hause vermittelte mir dann eine Freundin den Kontakt zu einer Schwedin, die mir heiße Packungen, Nackenmassagen und eine chiropraktische Behandlung verabreichte. Seit dieser Zeit achte ich stets darauf, daß ich meine Schultern unten halte, wenn ich einen Empfang gebe.

Natürlich nahm Ronnie schließlich die Kandidatur an, und bei den Vorwahlen der Republikaner schlug er George Christopher, einen früheren Bürgermeister von San Francisco, überlegen. Im Laufe dieses Wahlkampfs formulierte Gaylord Parkinson, der Parteivorsitzende von Kalifornien, zum ersten Mal das berühmte Elfte Gebot, das seitdem von Ronnie auch immer befolgt wurde: »Du sollst nicht schlechtes Zeugnis ablegen wider deinen Parteifreund bei den Republikanern.«

Für die richtige Wahl allerdings gab es kein solches Gebot. Gouverneur Pat Brown kandidierte für die dritte Amtsperiode, und er nahm Ronnie keinen Augenblick als Gegner ernst. Im Zuge der Wahlkampagne zeigte seine Partei einen fürchterlichen Werbespot, in dem der Gouverneur einer Gruppe von schwarzen Kindern erklärt: »Der Mann, gegen den ich kandidiere, war früher Schauspieler. Ihr wißt doch sicher, daß Lincoln von einem Schauspieler erschossen worden ist, nicht wahr?«

Weder Ronnie noch ich haben diesen Werbespot je gesehen. Aber Carl Greenberg von der *Los Angeles Times* erzählte uns davon, als Ronnie gerade von einer Rede zurückkam, und ich weiß noch, wie entsetzt wir über Carls Bericht waren. »Das kann nicht sein«, sagte Ronnie. »*So etwas* kann er nicht gesagt haben.« Aber er hatte es getan, und ich bin sicher, später hat er es bereut.

Als Gouverneur Brown Ronnie wegen seiner politischen Unerfahrenheit angriff, gab Ronnie bereitwillig zu, daß er kein Berufspolitiker sei. »Der Mann, der im Augenblick in diesem Amt sitzt, hat mehr Erfahrung in der Politik als jeder andere«, sagte er. »Genau deshalb kandidiere ich.«

Ein anderer populärer Satz Ronnies in diesem Wahlkampf hatte den großzügigen Umgang des Gouverneurs mit öffentlichen Mitteln zum Thema. »Sich auf die Versprechen von Gouverneur Brown zu verlassen«, sagte Ronnie, »ist, als ob man versucht, den *Playboy* zu lesen, wenn die eigene Frau die Seiten umblättert.«

Diese Frau allerdings wollte nicht am Wahlkampf teilnehmen. Damals war ich schüchtern, und die Vorstellung, ich sollte eine Rede halten, versetzte mich in Angst und Schrecken. Oft fragte man mich nach dem Grund, gerade angesichts meiner vielen Jahre beim Theater und beim Film. Doch für mich besteht da ein großer Unterschied: Wenn ich als Schauspielerin auftrat, war ich nicht ich selbst – ich spielte eine Rolle, die für mich geschaffen war. Aber eine politische Rede halten ist etwas völlig anderes. Man kann sich nicht mehr hinter einer Rolle verstecken, und ich war viel zu zurückhaltend, als daß es mir Vergnügen bereitet hätte, mich selbst zu spielen.

Ich erinnere mich, wie ich Stu Spencer, Ronnies Wahlkampfmanager, erklärte: »Ich möchte meinem Mann gern helfen, aber Reden halten und so etwas werde ich nicht.«

»Ist in Ordnung«, antwortete er. »Aber wenn Sie den Zuhörern vorgestellt werden, können Sie doch aufstehen und sich verbeugen, oder nicht?«

Das, gestand ich zu, brachte ich wohl fertig.

Einige Wochen nach diesem Gespräch kamen Ronnies Berater zu mir und sagten: »Nancy, Kalifornien ist ein großer Bundesstaat. Ihr Mann kann unmöglich in jede kleine Stadt fahren. Wir haben ihn jetzt so durch die Gegend gehetzt, daß der Arme völlig erschöpft ist. Könnten Sie nicht aushelfen? Wenn Sie uns einige Städte abnähmen und mit den Leuten dort ein bißchen plaudern würden, wäre das wunderbar.«

Sie wußten genau, wo meine schwache Stelle lag! Ich würde alles tun, um Ronnie zu helfen, und das war jetzt: ein bißchen mit den Leuten plaudern. Das war nun etwas völlig anderes als aufstehen und sich verbeugen, doch zu meinem eigenen Erstaunen machte es mir Spaß. Es war nicht so formell und weitaus natürlicher, als eine Rede zu halten, und mir gefiel es, auf das Publikum einzugehen. Aus ihren Fragen lernte ich schnell, was sie für Probleme hatten, und das wiederum konnte ich dann Ronnie vermitteln. Außerdem spürte ich, daß die Zuhörer in einer entspannten Atmosphäre einen besseren Eindruck von mir bekamen.

Allmählich lernte ich einige Tricks, die zu einer Wahlkampagne gehören. Man sollte zum Beispiel nie den Namen der Stadt nennen, in der man sich seiner Meinung nach gerade befindet, denn bei sechs Städten am Tag besteht immer die Möglichkeit, daß man sie durcheinanderbringt. Anstatt also zu sagen: »Ich freue mich, bei Ihnen in Fillmore zu sein«, war es immer sicherer zu sagen: »Wie schön, daß ich hier bei Ihnen sein kann!«

Kalifornien ist zwar ein großer Bundesstaat, aber trotzdem schafften Ronnie und ich es, auch im Wahlkampf die meisten Nächte zu Hause zu verbringen. Dennoch ist das Reisen aufreibend. Und erst das Essen! Nach all den vielen Banketts, auf denen Hähnchen und Rindfleisch gereicht wurden, fragte ich mich allmählich, warum nicht ein einziges Mal jemand auf die Idee kam, zur Abwechslung ein mexikanisches oder ein chinesisches Gericht anzubieten.

Ronnie gewann die Wahl mit einem Erdrutschsieg und nahezu einer Million Stimmen mehr als Pat Brown. Am Wahlabend waren wir mit Freunden zum Essen ausgegangen und hörten die Ergebnisse im Autoradio auf dem Weg zu Ronnies Wahlkampfzentrale im Century Plaza Hotel. Ich hatte mir immer vorgestellt, man müsse in Erwartung der ersten Hochrechnungen die ganze Nacht herumsitzen, und jetzt war ich, so dumm es klingen mag, enttäuscht. Nach all den Monaten der harten Arbeit wirkte Ronnies schneller und überwältigender Sieg fast schon wie eine Ernüchterung auf mich.

Seit Beginn des Jahres 1967 rätseln die Leute herum, warum Ronnie sich bereits eine Minute nach Mitternacht als Gouverneur vereidigen ließ. Nein, es hing nicht mit Astrologie zusammen! Im Wahljahr hatte Gouverneur Brown viele Richterstellen unbesetzt gelassen, und sofort nach seiner Abwahl begann er, durchschnittlich acht bis zehn neue Richter pro Tag zu ernennen. Ronnie war darüber so empört, daß er fragte: »Welches ist der früheste Termin für meine Vereidigung?«

Die Antwort lautete: Null Uhr eins am 3. Januar. Daraufhin arrangierten wir eine stille Zeremonie, der dann zwei Tage später eine große öffentliche Amtseinführung folgte.

Ich erwartete von der Vereidigung am 3. Januar nichts weiter als eine kurze formlose Zeremonie im Kreise der Familie und einiger Freunde im schwach erleuchteten Regierungssitz und wollte im Anschluß daran gleich schlafen gehen. Unsere Freunde, die Jorgensens und die Wilsons, gaben ein Dinner im Firehouse, einem großen Restaurant in der Nähe, und von dort aus fuhren wir dann zum Regierungssitz. Stellen Sie sich mein Entsetzen vor, als wir das Gebäude betraten und ich eine ganze Batterie von Scheinwerfern und Fernsehkameras sah, einen Chor, und in jeder Ecke drängten sich Menschen! Anscheinend waren alle davon ausgegangen, wir wüßten, was uns erwartete, und deshalb hatte uns niemand gewarnt.

Als erster Redner sprach Vizegouverneur Robert Finch. Ihm folgte Senator George Murphy. George war Ronnies Vorgänger als Präsident der Screen Actors Guild gewesen und 1964 in den Senat gewählt worden. Wie Ronnie war er früher Demokrat gewesen. Beide Männer lasen ihre Reden vom Blatt, und plötzlich wurde mir klar, daß man auch von Ronnie eine Rede erwartete. O Gott, dachte ich, was wird er bloß machen? Er ist überhaupt nicht darauf vorbereitet!

In dieser späten Stunde war die Vereidigung des ersten Republikaners seit langem für alle Anwesenden ein dramatischer und bewegender Augenblick. Als der Moment gekommen war, in dem Ronnie etwas sagen mußte, betete ich, daß ihm etwas eingefallen sei. Und natürlich war das der Fall. Er blickte sich um, wandte sich an George und sagte: »Nun, Murph, da sind wir wieder und bestreiten das Spätprogramm.« Alle Anwesenden brachen in ein befreites Lachen aus, und damit war das Eis gebrochen. Dann hielt Ronnie aus dem Stegreif eine kurze, mitreißende Ansprache über seine Pläne und seine Hoffnungen. Ich war ungeheuer stolz auf ihn.

Nun, da Ronnie Gouverneur war, mußten wir nach Sacramento ziehen. Einige Wochen zuvor hatte mich Mrs. Brown durch den Amtssitz des Gouverneurs geführt. Beim Aufbruch fragten die Reporter, wie mir das Haus denn gefalle. »Ich liebe alte Häuser«, hatte ich geantwortet. Den Zusatz: »Aber ich hasse baufällige alte Häuser, die ein Sicherheitsrisiko darstellen!« – was genau auf dieses Haus zutraf – unterschlug ich allerdings.

Ich weiß noch, wie Ronnie mir an jenem Abend in Los Angeles, als wir im Bett lagen, die gleiche Frage stellte, und wie ich sagte: »Oh, ganz nett.« Doch sobald wir das Licht ausgeschaltet hatten, begann ich zu weinen. Ich bin sicher, daß ihm das schrecklich unangenehm war, doch ich fand das Haus so deprimierend, daß ich den Gedanken, darin zu leben, einfach nicht ertragen konnte.

Der Regierungssitz stammte aus dem Jahre 1877 und entsprach seit Jahren nicht mehr den feuerpolizeilichen Bestimmungen. Er war wie eine Zunderbüchse, das ganze Gebälk war von Trockenfäule befallen. Mrs. Brown hatte damit nicht hinter dem Berg gehalten und mir außerdem erzählt, daß ihr Mann und sie den Antrag gestellt hatten, einen neuen Regierungssitz in Sacramento bauen zu dürfen. Dabei hatten sie allerdings eine Miniaturausgabe des Weißen Hauses vor Augen gehabt, und das war von den Abgeordneten als zu kostspielig abgelehnt worden.

Mrs. Brown hatte mich auch gewarnt, daß das Haus sehr laut sei, doch wie schlimm es tatsächlich war, verstand ich erst, als wir eingezogen waren. Der Regierungssitz lag in der Innenstadt an der Hauptverkehrsstraße von San Francisco nach Reno, und die ganze Nacht über rollten große Laster vorbei. Direkt vor unserem Haus hielten sie an einer Ampel, und selbst noch nachts um vier hörte man sie herunterschalten. Manchmal, wenn wir Gäste hatten, war der Verkehr so laut, daß wir aufhören mußten zu reden. Es gab um das Haus herum kein freies Gelände, denn uns gegenüber befand sich ein Motel, zu beiden Seiten war jeweils eine Tankstelle, und die Rückseite des Gebäudes grenzte an die American Legion Hall.

Weil ich vermeiden wollte, daß Ron mitten im Schuljahr die Schule wechseln mußte, blieb ich in den ersten Monaten von Ronnies Amtszeit unter der Woche in Pacific Palisades und fuhr nur am Wochenende nach Sacramento. (Patti besuchte damals eine Schule in Arizona.) Doch die Vorstellung, daß Ronnie allein in diesem deprimierenden Haus leben mußte, war mir verhaßt. Mich erinnerte es immer an die Trauerhalle eines Beerdigungsinstitutes. Als wir einzogen, waren purpurrote Samtvorhänge in jedem Raum – so alt, daß sie praktisch zu Staub zerfielen, wenn man sie anfaßte.

Nach dem Abendessen ging Ronnie immer direkt in sein Schlafzimmer, weil es keinen anderen Raum gab, in dem er lesen oder fernsehen konnte. Aus jeder Ecke zog es, die Kamine jedoch durften wir nicht benutzen, weil sie nicht den Sicherheitsvorschriften entsprachen.

Das Sicherheitsproblem spitzte sich zu, als eines Freitagnachmittags – inzwischen lebten wir alle dort – Feueralarm gegeben wurde. Ich lief in Rons Zimmer, nahm ihn bei der Hand und rannte mit ihm die Treppe hinunter. Es stellte sich als falscher Alarm heraus, aber ich fragte mich immer wieder, was ihn ausgelöst hatte. Ich weiß es bis heute nicht.

Es gab in dem Gebäude keine Feuerleitern. In unserem Schlafzimmer war ein Seil, das man aus dem Fenster werfen und an dem man dann herunterrutschen konnte. Klingt das nicht wie ein Witz?

Ich ging zu dem Brandmeister und fragte ihn: »Was soll ich meinem Sohn sagen für den Fall, daß es wirklich brennt? Man kann die Fenster schon seit Jahren nicht mehr öffnen.«

Er antwortete: »Nun, Mrs. Reagan, das ist ganz einfach. Sagen Sie ihm, er soll eine Schublade aus der Kommode ziehen, sie vor sich halten, durch das Zimmer laufen, ein Fenster aufbrechen und hinausklettern.«

Herrlich, dachte ich. Wie soll ich *das* einem Achtjährigen erklären, ohne ihn halbwegs zu Tode zu ängstigen?

Als Ronnie an jenem Abend heimkam, erklärte ich ihm: »Also, damit du Bescheid weißt, wir ziehen um. Hier können wir einfach nicht bleiben. Ich werde unser Kind nicht in einem Haus großziehen, das nicht sicher ist.«

Ronnie stand auf meiner Seite, aber seine Berater waren empört.

»Das können Sie nicht machen«, sagten sie.

»Das ist politischer Selbstmord!«

»Man wird Sie steinigen!«

»Damit ruinieren Sie Ihre Karriere!«

Ich stellte mich nicht gern gegen die Mitarbeiter meines Mannes, doch in dieser Angelegenheit blieb ich hart. »Ich kann es nicht ändern«, erklärte ich. »Hier ist es mir unmöglich, gleichzeitig meine Pflichten als Frau des Gouverneurs und meiner Verantwortung als

Mutter gerecht zu werden. Dabei muß eine Seite zwangsläufig zu kurz kommen. Ich bin allerdings der Meinung, daß die Bürger Kaliforniens mich verstehen werden.«

Und sie verstanden mich tatsächlich – besonders die Mütter. Von seiten der Presse gab es einige Kritik, doch ich bekam nur vier oder fünf negative Postkarten. Einige Jahre später wurde meine Entscheidung dann noch zusätzlich gerechtfertigt: Das Gebäude wurde in ein Museum umgewandelt, und der Chef der Feuerwehr von Sacramento verbot Besuchern den Zutritt zu den oberen Stockwerken. Wir konnten da ruhig *schlafen,* aber Besucher durften nicht hinauf!

Im April 1967 zogen wir in ein Landhaus, das im englischen Stil gehalten war, in einen Vorort von Sacramento. Obwohl die Familie des Gouverneurs in der Regel mietfrei wohnt, zahlten wir die Miete selbst. Einige Zeit später, als die Besitzer das Haus verkaufen wollten, kaufte es eine Gruppe von Freunden, und wir zahlten unsere Miete an sie.

Obwohl uns dieses Haus mit der Zeit immer besser gefiel, stellte es bei weitem keine Ideallösung dar. Es war zum Beispiel viel zu klein für einen Empfang für die Abgeordneten, und daher legten wir die alljährlich stattfindende Party in den Sommer – und ins Freie. Wir engagierten dafür immer bekannte Entertainer, wie Jack Benny, Danny Thomas und Red Skelton, und schickten schon im voraus eine Nachricht an unsere Nachbarn, daß es an diesem Abend ein bißchen lauter zugehen werde. Gleich bei der ersten Party bemerkte ich, wie alle Nachbarskinder am Zaun hingen, um Jack Benny zu hören. Ich lud sie ein herüberzukommen. So hielten wir es dann jedes Jahr – die Kinder hockten um den Swimmingpool herum und sahen sich die Show an.

Als Ronnie zum erstenmal nach unserem Umzug nach Hause kam und all die Fahrräder auf dem Rasen liegen sah, sagte er, nun sei ihm klargeworden, daß wir die richtige Entscheidung getroffen hatten. Hier konnte Ron wie ein normaler Junge aufwachsen. Wir hatten einen großen Garten, in dem er sich ein Baumhaus baute, wo er manchmal in warmen Nächten mit seinen Freunden übernachtete. In dem alten Regierungssitz hatte es keinen Platz für ihn zum Spielen im Freien gegeben, und eine meiner traurigsten Erinnerungen aus dieser Zeit ist, wie ich ihn durch das Fenster mit einem Polizisten in der Einfahrt Ball spielen sehe.

Ich haßte das alte Gebäude so sehr, daß ich mich in Ronnies zweiter Amtsperiode dafür einsetzte, daß für unseren Nachfolger ein neuer Regierungssitz gebaut wurde. Wir fanden auch ein schönes Grundstück am Stadtrand mit Blick auf den American River, einem herrlichen alten Baumbestand und einer wunderbaren Aussicht. Da es eine Schenkung an den Staat gewesen war, verursachte es keine Kosten für die Steuerzahler. Nun mußten die Abgeordneten nur noch die Mittel für den Bau eines Hauses bewilligen, was sie auch taten. Und ich begann, mich nach Möbeln umzuschauen – so warfen die Ereignisse ihren Schatten voraus.

Ironischerweise war Ronnies Nachfolger als Gouverneur Jerry Brown (der Sohn von Pat Brown), ein Junggeselle, der es vorzog, nicht in dem neuen Haus zu wohnen. Er mietete zwei Apartments, legte sie zusammen und schlief auf dem Fußboden.

Wir richteten unser neu bezogenes Haus mit Möbeln aus unserer Ranch in Lake Malibu, die wir gleich nach Ronnies Wahl verkauft hatten, und einigen hinzugekauften Sachen ein. Außerdem verwendete ich eine Auswahl gestifteter Möbel, und einiges schwatzte ich Leuten ab, die alte Häuser abrissen.

Ich hatte allerdings nicht damit gerechnet, wegen meiner Bemühungen von Jesse Unruh, dem Sprecher des kalifornischen Abgeordnetenhauses, der dann 1970 gegen Ronnie kandidierte, angegriffen zu werden. Als ich von seinem Vorwurf hörte, ich sammele all diese Stücke für meinen privaten Gebrauch, wurde ich so wütend, daß ich mich entschloß, meine erste Pressekonferenz zu geben. Ich beantwortete alle Fragen bezüglich der gestifteten Möbel, des von uns bewohnten Hauses, unserer Miete – alles, was irgend jemand wissen wollte. Das muß wohl gewirkt haben, denn Jesse brachte dieses Thema nie wieder zur Sprache. Alle gespendeten Möbelstücke ließ ich für künftige Benutzer lagern. Später fragte ich mich oft, was aus ihnen geworden ist.

Nachdem nun das Wohnungsproblem gelöst war, fragten mich die Presseleute nach meinem nächsten Projekt. Als wir noch in Los Angeles wohnten, war ich Mitglied bei den Colleagues gewesen, einer Gruppe, die unverheiratete Mütter und ihre Kinder betreut. Doch als wir nach Sacramento zogen, hatte ich noch kein bestimmtes Projekt ins Auge gefaßt. Das sollte sich dann allerdings schnell ändern.

Ich hatte mich schon immer für Krankenhäuser interessiert, was zum Teil sicher auf den Beruf meines Vaters zurückzuführen war. Als Frau des Gouverneurs besuchte ich dann alle möglichen Arten – Kinderkrankenhäuser, Seniorenkliniken, Heime für geistig Behinderte und solche für Kriegsveteranen. Eines Tages, im Pacific

State Hospital, stellte man mir das Foster Grandparents Program vor. Dieses Projekt, das von Sargent Shriver ins Leben gerufen wurde, gab älteren Menschen die Möglichkeit, ein geistig behindertes Heimkind zu betreuen. Was mir bei diesem Programm am besten gefiel, war, daß beide Seiten davon profitierten. Ältere Menschen, die sich oft einsam, überflüssig und ungeliebt fühlen, haben so viel zu geben — besonders Kindern, die mehr Liebe und Aufmerksamkeit brauchen, als jede Institution ihnen zu geben vermag. Wenn man diese beiden Gruppen zusammenführt, kann jede der anderen das schenken, was sie braucht, und jedem ist damit gedient.

Die ›Großeltern‹, die sich fünfmal in der Woche halbtags mit den Kindern beschäftigen, finden durch diese Arbeit oft einen neuen Sinn in ihrem Leben. Plötzlich gibt es für sie wieder einen Grund, morgens aufzustehen, und ihr Leben hat einen Zweck. Außerdem gehen sie zumeist sehr tolerant und geduldig mit den Kindern um und entdecken auch kleinste Veränderungen und Fortschritte in deren Entwicklung. Natürlich reagieren die Kinder auf die bisher ungekannte Liebe und Aufmerksamkeit positiv, und der Unterschied, den das für ihr Leben bedeutet, ist bemerkenswert.

Ich konnte es kaum erwarten, Ronnie von diesem neuen Programm zu berichten, das zu der Zeit klein war und wenig Mittel zur Verfügung hatte. Mit seiner Unterstützung konnte ich es auf alle staatlichen Krankenhäuser ausdehnen. Später übernahm es dann ACTION, eine Organisation von freiwilligen Helfern, die sich auch um die Finanzierung kümmerte. Das Foster Grandparents Program hat sich inzwischen auch in anderen Bundesstaaten etabliert und betreut jetzt nicht nur geistig behinderte, sondern auch taube Kinder und jugendliche Straftäter. Es ist eine wunderbare Einrichtung, und ich hoffe, sie findet noch weitere Verbreitung.

Außerdem verbrachte ich viel Zeit in Armeekrankenhäusern und besuchte amerikanische Soldaten, die in Vietnam verwundet worden waren. Wenn Sie jemals Selbstmitleid empfinden, besuchen Sie Krankenhäuser! Ich sprach mit diesen Männern, und bevor ich aufbrach, fragte ich sie, ob ich mich mit ihren Müttern oder ihren Frauen in Verbindung setzen sollte. Ich schrieb mir Namen und Nummern auf, und wenn ich nach Hause kam, setzte ich mich ans Telefon. Die Anrufe liefen fast immer nach dem gleichen Muster ab — ungefähr so:

»Hallo, Mrs. Johnson?«

»Ja, bitte?«

»Hier spricht Nancy Reagan.«

»Ach, sagen Sie bloß!«

»Nein, ich bin es wirklich. Ich habe heute Ihren Sohn im Krankenhaus besucht und soll Sie von ihm grüßen.«

Meistens erkannten sie dann, daß ich es *wirklich* war, und sie begannen zu weinen. Dann begann *ich* zu weinen. Dann weinten wir beide!

Durch diese Besuche wurde mir das Problem der Kriegsgefangenen bewußt, und telefonisch oder brieflich trat ich mit vielen Müttern, Ehefrauen und Kindern dieser Männer in Kontakt. Die Frauen, die ich kennenlernte, verblüfften mich. Oft wußten sie nicht einmal, ob ihre Söhne oder Ehemänner noch lebten. Aber sie gaben die Hoffnung nie auf.

Als dann die ersten Kriegsgefangenen nach Hause kamen, saßen Ronnie, Ron und ich mit Tränen in den Augen vor dem Fernsehen. »Ich halte das nicht mehr aus«, sagte ich. »Ich muß diese Jungs einfach in den Arm nehmen. Wir sollten etwas für sie tun.«

Ronnie und ich gaben vier Empfänge für die heimgekehrten Kriegsgefangenen aus Kalifornien − zwei in unserem Haus in Sacramento für die aus dem Norden des Staates, und zwei weitere in Los Angeles für die Männer aus dem Süden. Ich fand es wichtig, diese Empfänge in einer warmen Privatatmosphäre stattfinden zu lassen und nicht im Ballsaal eines Hotels, und ich sagte den Männern, sie sollten mitbringen, wen sie wollten − Ehefrau, Mutter, Schwester oder Freundin.

Der erste Empfang in Sacramento wird Ronnie und mir immer unvergeßlich bleiben. Die Männer waren erst seit wenigen Tagen wieder zu Hause, und so schlugen die emotionalen Wogen noch hoch. Als erste wurden diejenigen Männer entlassen, die am längsten in Gefangenschaft gewesen waren, und als sie bei uns eintrafen, jubelten ihnen unsere Nachbarn zu, die sich entlang der Straße aufgestellt hatten. Zur Begrüßung umarmte ich jeden einzelnen. Als Commander Charles Southwick mir dann den Blechlöffel überreichte, mit dem er in den sieben Jahren seiner Gefangenschaft gegessen hatte, traten mir wieder die Tränen in die Augen.

Beim Essen erzählten sie uns von ihren Erlebnissen, die so schrecklich waren, daß wir uns fragten, wie irgend jemand derartige Torturen überhaupt durchstehen kann. Ich konnte nur denken: O Gott, ich hoffe, daß ich an ihrer Stelle die Kraft gehabt hätte, das alles auszuhalten.

Sie beschrieben uns einige ihrer Gedankenspiele, die ihnen geholfen hatten, bei Verstand zu bleiben, und erklärten uns, wie ihr Kommunikationssystem, das Klopfen an der Wand, funktioniert hatte. Wir wurden Zeuge, wie zwei Männer, die sich noch nie zuvor gesehen hatten, plötzlich in die Arme fielen. In der Gefangenschaft hatten sie sich angefreundet, als sie Wand an Wand lebten und sich durch Klopfzeichen verständigten. Sie wußten alles über das Leben des anderen, über seine Frau und seine Kinder — allein durch Klopfzeichen.

Bei jedem der Empfänge brachte einer der Männer einen Toast auf Ronnie aus und dankte ihm für seinen Einsatz und seine Unterstützung. Und dann stand Ronnie auf und sagte: »Nein, wir sind hier, um *Ihnen* zu danken für das, was Sie für uns getan haben.« Später besuchten Ronnie und ich jede ihrer Versammlungen, und ich habe jeden Brief eines Kriegsgefangenen und jedes kleine Erinnerungsstück aufgehoben — den Blechlöffel, ein Paar Schulterstücke eines Lieutenants und sogar ein Päckchen vietnamesischer Zigaretten. Ronnie hat in seiner achtjährigen Amtszeit als Gouverneur von Kalifornien viel erreicht, und ich glaube, ich auch, auf meine Weise. Aber für mich war die Rückkehr der Kriegsgefangenen der Höhepunkt in Ronnies Amtszeit.

Als Ronnie beschloß, für das Amt des Gouverneurs zu kandidieren, wußte ich, daß unser Leben von nun an anders verlaufen würde. Wie sehr es sich verändern sollte, merkte ich allerdings erst, als wir nach Sacramento zogen. Zum ersten Mal mußten wir uns mit Presseleuten herumschlagen, die uns nicht immer freundlich gesinnt waren, und außerdem mit politischen Gegnern, die ständig in der Offensive waren.

Kurz nach der Amtseinführung, während einer heftigen Auseinandersetzung zwischen Ronnie und den Abgeordneten über den Staatshaushalt, flog ich eines Nachmittags von Sacramento nach San Diego. Direkt hinter mir saßen drei Männer, die lautstark über Ronnies Versuche, die Staatsausgaben einzuschränken, schimpften.

Die Rolle als Frau eines Politikers war mir damals noch neu. Da ich einen Wahlkampf hinter mir hatte, wußte ich, daß nicht jeder in Kalifornien Ronnies Ansichten teilte. Aber nie zuvor war ich in der Situation gewesen, daß nur wenige Zentimeter von mir entfernt Leute ihn praktisch in der Luft zerrissen. Und während diese Männer weiterschimpften, merkte ich, wie meine Wut immer größer wurde.

Schließlich konnte ich mich nicht mehr beherrschen. Ich stellte meine Rückenlehne so weit nach hinten, daß ich beinahe zwischen ihnen saß. Dann drehte ich mich um und sagte: »Das ist mein Mann, über den Sie da gerade sprechen. Offenbar haben Sie keine Ahnung, wovon Sie reden. Heute abend ist er im Fernsehen, und wenn Sie es einschalten, dann können Sie hören, worum es in der Haushaltsdebatte überhaupt geht.«

Die armen Männer! Sie wünschten sich wahrscheinlich, sie hätten einen anderen Flug genommen. Der Sicherheitsbeamte neben mir rutschte in seinem Sitz tiefer und tiefer, und mir fiel auf, daß er mich nie wieder auf einer Reise begleitete. Doch als wir gelandet waren, sprachen mich die Leute an, die auf der anderen Seite des Gangs gesessen hatten: »Sie waren großartig! Es ist schön zu erleben, daß eine Frau so für ihren Mann eintritt.«

Wenn man einen Mann hat, der ein öffentliches Amt bekleidet, kann man nicht immer frei sprechen und sagen, was man denkt. Aus diesem Grunde hatte ich mir angewöhnt, immer wenn ein negativer Artikel über Ronnie erschien, ein Bad zu nehmen. In der Badewanne führte ich mit dem Reporter oder dem Politiker, der etwas Schreckliches geschrieben oder gesagt hatte, imaginäre Streitgespräche. Ich war erstaunlich schlagfertig in diesen Debatten – mir fielen immer die besten Formulierungen ein. Und da mir nie jemand etwas entgegenhielt, ging ich natürlich immer als der Sieger aus ihnen hervor. Nach solch einem Bad fühlte ich mich jedesmal großartig! Allerdings gewöhnte ich mir das ab, noch ehe wir nach Washington zogen, und das war auch gut so. Andernfalls hätte ich acht volle Jahre in der Badewanne verbracht!

Ein weiteres Problem, mit dem wir uns auseinandersetzen mußten – und wieder ein Hinweis auf kommende Ereignisse –, waren die Morddrohungen. Nach dem Attentat auf Robert Kennedy im Jahre 1968 hatte die Bundesregierung Beamte des Secret Service zum Schutz verschiedener prominenter Gouverneure abgestellt, unter ihnen Nelson Rockefeller in New York und Ronnie in Kalifornien. Wenige Wochen später erfuhren wir, daß sich eine Frau an der Ostküste bei der Polizei gemeldet habe, um zu sagen, ihr Mann sei mit einem Gewehr losgezogen, um den Präsidenten der Vereinigten Staaten und den Gouverneur von Kalifornien zu töten. Das FBI spürte ihn in Lake Tahoe auf und nahm ihn fest.

Wie viele Morddrohungen es genau während unserer Jahre in Sacramento gab, weiß ich nicht und wollte ich auch nicht wissen. Einmal allerdings hörte ich im Autoradio, daß eine anonyme Drohung eingetroffen sei mit dem Inhalt, man wolle mich köpfen und meinen Kopf an Ronnie schicken, wenn er nicht einen bestimmten Gefangenen freiließe. Ronnie wußte von der Drohung, doch er hatte beschlossen, mir nichts davon zu erzählen. Als er erfuhr, daß ich Bescheid wußte, regte er sich ziemlich auf – aber, Sie können mir glauben, nicht halb so sehr wie ich mich!

In unserem ersten Jahr in Sacramento hörten Ronnie und ich, als wir schon im Bett lagen, einmal einen lauten Knall. »Das klang wie ein Schuß«, meinte Ronnie, woraufhin ich sofort auf den Balkon lief, um nachzuschauen, was passiert war – nicht gerade das Klügste, was man in der Situation tun kann. In diesem Augenblick kam auch schon ein Beamter des Secret Service mit einer Flinte in der Hand die Treppe heraufgestürmt. »Alle ins Erdgeschoß!« rief er. »Schalten Sie alle Lichter aus, und bleiben Sie weg von den Fenstern!«

Einer unserer Sicherheitsbeamten hatte zwei Männer unter unserem Schlafzimmerfenster dabei überrascht, wie sie einen Molotowcocktail zünden wollten. Er feuerte auf sie, doch sie konnten in einem Auto entkommen. Am folgenden Morgen fanden die Beamten dann die Brandbombe. Normalerweise sind es mit Benzin gefüllte Colaflaschen, doch in diesem Fall handelte es sich um eine Champagnerflasche, Größe Magnum. Das gibt's nur in Kalifornien! Man braucht keine lebhafte Phantasie, um sich auszumalen, was von uns übriggeblieben wäre, wenn diese Flasche durch unser Schlafzimmerfenster gesegelt wäre.

Es gibt Zeiten, in denen man durch ein öffentliches Amt mit den grundsätzlichen Fragen von Leben und Tod konfrontiert wird. Gleich zu Beginn von Ronnies Amtszeit sollte in San Quentin die Hinrichtung von Aaron Mitchell stattfinden. Er hatte bei einem Raubüberfall einen Polizisten getötet. Ronnie hat ein weiches Herz für Menschen in Not, doch er unterstützt auch die Todesstrafe. Nachdem er den Fall geprüft hatte, konnte er keinen Grund für eine Begnadigung von Aaron Mitchell finden.

Die Hinrichtung war für zehn Uhr vormittags angesetzt. Die ganze Nacht über hielt eine Gruppe von Demonstranten eine Mahnwache vor unserem Haus. Ich weiß noch, wie Ron, der erst acht Jahre alt war, diese seltsame und unheimliche Szene vom Fenster aus beobachtete und uns fragte, was das zu bedeuten habe. Wir versuchten, ihm zu erklären, weshalb Ronnie seine Entscheidung getroffen hatte und weshalb sie manchen Leuten nicht gefiel. Die Demonstranten wollten erreichen, daß zur Stunde der Hinrichtung die Kirchenglocken geläutet wurden, so daß jeder für die Seele des Mörders beten könnte. Dagegen hatte ich nichts einzuwenden, aber ich dachte: Wäre es nicht schön, wenn die Kirchenglocken auch dann läuten könnten, wenn jemand ermordet würde, damit wir auch für die Seele dieses Menschen beten könnten.

Nicht lange danach erhielt Ronnie einen Brief von einem älteren Mann aus San Francisco, der mit seiner Frau einen Tante-Emma-Laden führte. Wenige Tage nach der Hinrichtung von Aaron Mitchell, über die in der gesamten Presse berichtet worden war, war sein Laden überfallen worden. Als einer der Räuber mit dem Messer auf ihn einstechen wollte, hatte er in seiner Verzweiflung geschrien: »Wenn ihr mich umbringt, kommt ihr in die Gaskammer!« Da zögerte der Angreifer und lief fort. Nicht immer ist es so einfach, doch dieser Brief bestärkte uns in der Einstellung, daß die Todesstrafe eine abschreckende Wirkung hat.

Dieses Buch ist nicht der richtige Rahmen, um Ronnies Verdienste in seinen zwei Amtsperioden in Sacramento darzulegen. Doch ich war erstaunt, wie ernst Ronnie seine Arbeit in der Politik nahm – zum Teil, glaube ich, weil er damit Veränderungen im Leben der Menschen herbeiführen konnte, selbst in Kleinigkeiten. Als ein achtzigjähriger Mann schrieb, er wolle heiraten, doch er habe keinen Anzug für diesen Anlaß, schickte Ronnie ihm einen von seinen. Als ein Soldat aus Sacramento, der in Vietnam kämpfte, Ronnie eine Überweisung schickte mit der Bitte, dafür zu sorgen, daß seine Frau an ihrem Hochzeitstag Blumen bekam, überbrachte Ronnie sie persönlich der völlig überraschten Frau. Als zwei Schwestern schrieben, ihr behinderter Bruder wünschte sich sehnlichst einen Schaukelstuhl, schickte Ronnie ihnen seinen eigenen.

Eines Tages bekam Ronnie einen Brief von einer Kindergärtnerin, die mit ihrer Gruppe einen Ausflug zum Wohnsitz des Gouverneurs plante. »Wer weiß denn den Namen von unserem Gouverneur?« hatte sie gefragt.

Keiner. »Also, Kinder«, sagte sie. »Ich bin sicher, ihr wißt, wie er heißt. Sein Name ist Ronald – «

Worauf die ganze Gruppe wie aus einem Munde rief: »McDonald!«

Was Ronnie in jenen Jahren am meisten bekümmerte, war die ständige Auseinandersetzung mit den Studenten. Als er noch für sein Amt kandidiert hatte, war er auf dem Campus immer gern gesehen gewesen, weil er als Außenseiter galt. Doch sobald er gewählt worden war, gehörte er in ihren Augen zum Establishment.

In Ronnies erste Amtsperiode fielen die großen Studentendemonstrationen gegen Ende der sechziger Jahre. Ich begleitete ihn einmal auf einer Fahrt nach Santa Barbara, wo wir von Hunderten von Demonstranten empfangen wurden. Ein paar von ihnen, darunter einige Professoren, waren barfuß und mit nacktem Oberkörper und hatten obszöne Bemerkungen auf Brust und Rücken geschrieben. Sie versammelten sich vor dem Saal, in dem Ronnie eine Rede halten wollte, und als er zu sprechen begann, kamen von ihnen die ordinärsten Zurufe, die ich je in meinem Leben gehört habe. Ich traute meinen Ohren nicht! Damit man Ronnie überhaupt noch hören konnte, ließen die Veranstalter die Fenster schließen, und selbst dann mußte Ronnie brüllen, um den Lärm zu übertönen. Damals dachte ich, die ganze Welt sei aus den Fugen geraten.

Doch Ronnie versuchte immer, mit ihnen im Gespräch zu bleiben. Bei einem Treffen mit Angehörigen der University of California sagte einmal ein Student, für die Leute aus Ronnies Generation sei es unmöglich, die Generation der jungen Leute zu verstehen. »Sie sind in einer Welt aufgewachsen, die vollkommen anders war«, sagte der junge Mann. »Heutzutage haben wir Fernsehen, Überschallflugzeuge, Raumfahrtprogramme, Atomkraft, Computer ...«

Als er innehielt, um Atem zu holen, unterbrach ihn Ronnie: »Das stimmt. Wir hatten diese Dinge wirklich nicht, als wir jung waren. Wir haben sie *erfunden!*«

Ich erinnere mich noch gut an die letzte Stunde in unserem Haus in Sacramento am letzten Tag von Ronnies zweiter Amtsperiode. Wochenlang hatte ich gepackt und die Vorbereitungen für den Umzug überwacht. Dieses Möbelstück gehörte dem Staat, ein anderes kam auf unsere neue Ranch in Santa Barbara und das übrige zurück in unser Haus in Pacific Palisades. Es war so hektisch, daß ich keine Zeit gefunden hatte, mir klarzumachen, daß wir jetzt fortgingen.

Doch plötzlich fand ich mich ganz allein in dem leeren Haus. Bis auf unser Bett waren alle Möbel bereits fortgebracht worden. Die Sonne ging gerade unter, und ich wartete, daß Ronnie mich für unseren letzten Empfang abholte. Ich saß auf dem Bett und schaute in den wunderschönen Garten mit seinen blühenden Kamelien hinaus. Dieses alte Haus hatten wir liebgewonnen.

Draußen wurde es allmählich dunkel, und ich saß ganz allein in dem leeren Zimmer. Ich dachte: So also geht es zu Ende. Acht Jahre Ausflug in die Politik sind vorüber. Sicher, auch damals schon sprachen einige von Ronnies Beratern davon, Ronnie solle für die Präsidentschaftswahlen im Jahre 1976 kandidieren, aber ich glaubte nicht ernsthaft, daß das geschehen könnte. Als wir an jenem Abend Sacramento verließen, war ich überzeugt, daß dies unser endgültiger Abschied von der Politik sei.

9

❦❧❦

Unsere Kinder

Keiner Mutter fällt es leicht, über die Schwierigkeiten zu schreiben, die sie mit ihren Kindern hat. Unsere Kinder jedoch und unser Verhältnis zu ihnen waren während Ronnies Präsidentschaft ein derartig vieldiskutiertes Thema, daß ich es nicht auslassen kann. Ich liebe unsere Kinder, und als wir noch im Weißen Haus lebten, wollte ich nicht über sie sprechen. Doch es stimmt, wir hatten Probleme. Das kommt in jeder Familie vor, und wir sind da keine Ausnahme.

Ich sage ›in jeder Familie‹, doch eigentlich sind wir nicht eine Familie, sondern zwei. Ich will gerne geradestehen für das, was ich getan habe, aber, wie ich erklären werde, ich war nicht für alles verantwortlich, was geschah.

Für mich war es das wichtigste auf der ganzen Welt, eine gute Ehefrau und Mutter zu sein. Wie sich herausstellte, gelang mir das erste wohl besser als das zweite.

In der Familie Reagan gibt es vier Kinder. Der Reihenfolge ihrer Geburt nach sind das Maureen, Michael, Patti und Ron. Maureen und Michael sind die Kinder aus Ronnies erster Ehe mit Jane Wyman. Maureen wurde 1941 geboren, und Michael wurde 1946 geboren und adoptiert. Nach Ronnies Scheidung von Jane im Jahre 1949 erhielt Jane das Sorgerecht für die Kinder. Ronnie — und nachdem ich dazukam, auch ich — versuchte, für die Kinder dazusein, doch auf ihr tägliches Leben hatten wir so gut wie keinen Einfluß.

Patti, eigensinnig von Anfang an, wurde 1952 geboren. Ron

kam 1958 hinzu, und er stand mir während all der Jahre wohl am nächsten.

Jedes der vier Reagan-Kinder ist vollkommen anders als seine Geschwister. Doch anscheinend hatten sie alle irgendwann einmal den Eindruck, Ronnie und ich würden so sehr aneinander hängen, daß in unserem Herzen kein Platz mehr für sie sei und daß sie irgendwie ausgeschlossen wären. Das war nie unsere Absicht, und wenn sie manchmal so empfunden haben, tut mir das aufrichtig leid.

Maureen und Ron haben mir erzählt, daß ihnen ihr Vater manchmal ein wenig fremd war. Als ich Ronnie davon erzählte, war er erstaunt: Er hatte nie das Gefühl der Distanz gehabt. Doch nun, da wir das Weiße Haus verlassen haben, können wir solche Mißverständnisse leichter ausräumen.

Solange Ronnie Präsident war, wurde dauernd über unsere Familie und unsere Probleme geschrieben. Ronnie hatte sich mit einem Programm um das Amt beworben, das die traditionellen Werte der Familie betonte, an die wir beide glauben und nach denen wir auch zu leben versuchen. Es hat mich immer verletzt, wenn es hieß, wir seien Heuchler, weil unsere eigene Familie diese Prinzipien manchmal nicht verwirkliche. Es ist richtig, daß wir nicht immer danach leben konnten, doch das heißt nicht, daß wir nicht daran glauben.

Außerdem denke ich, daß die Beziehungen zu unseren Kindern nicht so schlecht waren, wie sie immer dargestellt wurden. Zum Beispiel warf man Ronnie und mir oft vor, daß wir wenig Kontakt zu ihnen gehabt hätten, als wir im Weißen Haus wohnten. Es stimmt zwar, daß wir uns nach unserem Geschmack viel zu selten sahen, doch wir haben auch nicht bei jeder Postkarte, jedem Brief, Geschenk oder Telefonanruf die Presse informiert.

Als Ronnie und ich ins Weiße Haus zogen, war die amerikanische Öffentlichkeit es gewohnt, daß auch die Kinder des Präsidenten dort lebten. Vor uns waren es die Kinder der Carters gewesen, und vor ihnen die Kinder der Fords, Nixons, Johnsons und der Kennedys. Doch als Ronnie gewählt wurde, waren unsere Kinder schon erwachsen und verheiratet, sie führten ihr eigenes Leben und arbeiteten in ihren jeweiligen Berufen. Außer Ron, der vier Jahre in New York lebte, wohnten alle in Kalifornien. Mit anderen Worten, unsere ›Kinder‹ waren schon längst keine Kinder mehr, sondern selbständige Erwachsene, die fast fünftausend Kilometer entfernt von uns lebten, und Michael hatte selbst schon Kinder.

Wie einst unsere Eltern waren auch wir immer davon überzeugt, daß Kinder von einem gewissen Alter an ihr eigenes Leben führen sollten. Wenn sie erwachsen werden, liegt die Entscheidung bei ihnen, wie nahe sie ihren Eltern bleiben wollen. Das war nicht immer leicht für uns, und es gab Zeiten, da wünschte ich mir, sie würden öfter anrufen. Aber ganz gleich, wie sie es hielten, sie sollten ihre Unabhängigkeit haben.

Damit will ich nicht sagen, daß Ronnie und ich die idealen Eltern oder unsere Kinder Engel waren. Die Arbeit forderte viel von Ronnie, und die Situation wurde dadurch erschwert, daß die Kinder aus zwei Familien kamen und zu Jane Wyman so gut wie kein Kontakt bestand. Hinzu kam, daß jedes der Kinder eine ausgeprägte und starke Persönlichkeit ist. Doch wir versuchten unser Bestes zu geben und ließen in diesen Bemühungen auch nie nach.

Einer der Nachteile des Lebens im Weißen Haus ist, daß man seine Familienprobleme oft auf den Titelseiten der Zeitungen wiederfindet. Wenn das geschieht, kann selbst das kleinste Mißverständnis eine Eigendynamik entwickeln. Ein Streit oder ein heftiges Wort, unter vier Augen leicht geklärt und verziehen, bekommt eine ungeheure Resonanz, wenn man sich einem Publikum von zweihundertvierzig Millionen Menschen gegenübersieht.

Meine Schwierigkeiten mit Michael im Jahre 1984 sind ein gutes Beispiel dafür, wie das Rampenlicht das Familienleben komplizieren kann. Es hatte zwischen uns einige Spannungen gegeben, und im November jenes Jahres, kurz bevor wir vom Weißen Haus zum Thanksgiving-Fest auf unsere Ranch flogen, wurde ich von der *Washington Times* interviewt. Wie üblich stellte man mir gezielt Fragen über mein Verhältnis zu den einzelnen Mitgliedern unserer Familie – besonders zu Michael.

»Werden Sie sich mit Michael treffen?«

»Haben Sie Kontakt zu Michael?«

»Hat Michael Sie angerufen?«

»Wird Michael mit seiner Familie Thanksgiving bei Ihnen auf der Ranch feiern?«

Frage folgte auf Frage. Schließlich war ich entnervt und mit meinem Latein am Ende, und so sagte ich: »Nein, wir haben uns im Augenblick ein wenig entfremdet. Uns tut das leid, und wir hoffen, daß sich das bald wieder ändert. Allerdings glauben wir nicht, daß Familienprobleme in der Öffentlichkeit diskutiert werden sollten.«

Das war die Wahrheit. Es *gab* eine Entfremdung, und ich wollte in der Öffentlichkeit *nicht* darüber sprechen. Doch ich hätte es eigentlich besser wissen und ein Reizwort wie ›Entfremdung‹ bei einem Interview nicht in den Mund nehmen sollen. Ich spürte die Verpflichtung dazu, und im folgenden Monat, als ich Michael traf, entschuldigte ich mich bei ihm.

Doch da war der Schaden schon angerichtet. Als das Interview erschien, machten Michael und seine Frau Colleen gerade Ferien bei Colleens Eltern in Nebraska. Selbstverständlich wurden meine Bemerkungen zur ›Entfremdung‹ in den Fernsehnachrichten aufgegriffen. Als Michael das hörte, rief er, wütend und verletzt, Ronnie an. Ronnie versuchte ihn zu beruhigen, doch Michael war außer sich. »Ich wünschte, du hättest mich niemals adoptiert«, brüllte er – und hängte ein.

Das erfuhr die Presse natürlich nicht, doch schon bald danach tauchten Journalisten vor dem Haus von Colleens Eltern auf und hofften, Michael würde etwas auf meine Bemerkungen erwidern. Er enttäuschte sie nicht. Nancy, so erklärte er, versuche offensichtlich zu bemänteln, daß sie seine Tochter Ashley noch nicht gesehen habe, die damals schon ein Jahr alt war.

Nun war es an mir, wütend zu werden. Allerdings war mir dieser Schlagabtausch schon zu weit gegangen, und ich wollte ihn nicht noch weiter ausdehnen. Im darauffolgenden Monat kamen Michael und Colleen zu uns ins Hotel, als Ronnie und ich uns in Los Angeles aufhielten. Wir hatten eine ehrliche und offene Aussprache, und es gelang uns, einige der Mißverständnisse auszuräumen. Es sollte allerdings noch lange dauern, bis Michael und ich alle Schwierigkeiten zwischen uns behoben hatten, denn eine Bemerkung in der Öffentlichkeit kann man niemals ganz rückgängig machen.

Die Fehler, die man bei der Erziehung seiner Kinder macht, leider ebensowenig – und ich habe einige gemacht. Als Michael zu uns zog (darauf werde ich gleich noch zu sprechen kommen), wußte ich nicht, wie ich mit einem rebellischen Teenager umgehen sollte. Mit Patti waren wir, wie ich inzwischen finde, zu nachsichtig. Maureen und ich haben uns einige Jahre nicht gut verstanden. Mit Ron und mir lief es ein wenig glatter, doch auch in diesem Verhältnis gab es Konflikte.

Was die Kinder betrifft, war unsere Ehe recht schwierig.

Vom Tag meiner Hochzeit mit Ronnie an hatte ich auch schon Elternpflichten, und so erfuhr ich wie viele andere Frauen auch, daß es nicht einfach ist, einen Mann zu heiraten, der bereits Kinder hat. Sie möchte, daß die Kinder sie mögen, und das wünscht sich auch der Mann. Doch normalerweise geschieht das nicht über Nacht, und vielleicht geschieht es nie. Es kann passieren, daß die Kinder die Frau ablehnen – zumindest zu Anfang –, und verständlicherweise sind sie eifersüchtig, weil sie ihnen ein Stück vom Vater wegnimmt. Es braucht seine Zeit, bis man eine Beziehung zueinander aufbauen kann.

Schon ein Jahr vor unserer Hochzeit hatte Ronnie mich mit Maureen und Michael bekannt gemacht. Maureen war damals zehn, und wir verstanden uns auf Anhieb. Sie kam mich gern mit ihrem Plattenspieler und Schallplatten in meiner Wohnung besuchen, und wir hörten dann zusammen Musik. Sie half mir sogar beim Saubermachen und, ich habe es ihr damals nicht gesagt, wirbelte dabei wohl mehr Staub auf, als wir beseitigten. Meistens waren wir allerdings samstags und sonntags zusammen, wenn Ronnie und ich die Kinder auf seine neue Ranch in Lake Malibu mitnahmen.

Auf der Fahrt in seinem klapprigen roten Kombi erzählte Ronnie uns wunderbare Geschichten. Maureen, die von allen Menschen, die ich kenne, das beste Gedächtnis hat, erinnert sich noch an einige Geschichten ihres Vaters über seine ›früheren Leben‹. Am besten gefiel ihr die Geschichte, in der Ronnie erzählte, wie er ein Schnupfenbazillus gewesen war, der es liebte, unschuldige Menschen mit Husten, Niesen und einer laufenden Nase zu infizieren. Eines Tages beschließt der kleine Bazillus, ein Nickerchen in einer seltsamen grünen Substanz zu machen, die sich als Penicillin herausstellt. Ende des Bazillus. Wenn Ronnie keine Geschichten erzählte, tat er so, als könne er die Telefongespräche der Leute mithören, an deren Häusern wir vorbeikamen. Er spielte dann kleine Dialoge vor, die er offenbar irgendwo aufgeschnappt hatte.

Sobald ich bei diesen Fahrten dabei war, stimmten Maureen und ich Lieder an. Ronnie hatte ihr den Text einiger Trinklieder aus seiner College-Zeit und die ›Marseillaise‹ beigebracht. (Das kann nicht leicht gewesen sein.) Mir gefielen schon immer die Broadway-Musicals besonders gut, und so übte ich mit Maureen das Duett ›I Hear Singing‹ aus dem Musical *Call Me Madam* ein. Wir sangen es daraufhin so oft, daß der fünfjährige Michael nur noch aufstöhnte, sobald er die ersten Töne vernahm, und Ronnie auf die Hupe drückte und »Es reicht!« brüllte, bis wir aufhörten. Viele Jahre später, als bei der Fernsehaufzeichnung von ›Darbietungen

174

im Weißen Haus‹ ›I Hear Singing‹ vorgetragen wurde, strahlten Maureen und ich uns quer über den Raum hinweg an.

Einige Monate vor unserer Hochzeit gab Maureen mir einen ungeheuren Vertrauensbeweis. Ronnie besaß damals eine Vollblutstute namens Tar Baby, mit der er schon in mehreren Filmen aufgetreten war. Er ließ Tar Baby von einem grauen Hengst namens Gypsy Minstrel decken, und das Ergebnis war ein wunderschönes scheckiges Fohlen. Maureen liebte das Fohlen vom Augenblick seiner Geburt an, und der Vorschlag, es Nancy D. zu nennen, stammte von ihr. Ich glaube, Maureen mochte mich lieber, als ich noch ihre Freundin Nancy Davis war, als später, als ich ihre Stiefmutter wurde, Mrs. Ronald Reagan.

Ronnies Scheidung war kompliziert und hatte weitreichende Auswirkungen nicht nur auf Ronnie, sondern auch auf mich und sicherlich auf die Kinder.

Jane Wyman schickte Maureen und Michael nach Chadwick, ein Internat in Palos Verdes, ungefähr eine Stunde von Los Angeles entfernt. Michael war erst fünfeinhalb Jahre alt, als er dort anfing, und ich fand das schlimm. Ronnie ebenfalls, und er erwog ernstlich, das Sorgerecht zu beantragen. Als er jedoch hörte, dies wäre nur auf dem Wege einer unangenehmen gerichtlichen Auseinandersetzung zu erkämpfen, die großes Aufsehen erregen würde und in der er beweisen müßte, daß Jane eine schlechte Mutter sei, gab er den Gedanken wieder auf. Das alles wäre für die Kinder schrecklich gewesen, außerdem hätte er nur geringe Aussichten auf Erfolg gehabt, weil in jenen Tagen ein Vater fast nie das Sorgerecht für die Kinder zugesprochen bekam. Dennoch habe ich den Eindruck, daß Ronnie immer Schuldgefühle hatte, daß er damals nicht eingegriffen und versucht hat, die Kinder zu uns zu holen.

Jetzt, in reiferen Jahren und mit einer größeren Lebenserfahrung, glaube ich, daß ich mich damals, als Maureen und Michael noch klein waren, vielleicht mehr um die beiden hätte kümmern müssen. Wenn ich größeres Vertrauen in meine Fähigkeiten als Mutter gehabt hätte, hätte ich es wahrscheinlich auch getan. Ich finde es sehr schlimm, daß wir für die wichtigste Aufgabe in unserem Leben − die Kindererziehung − nicht ausgebildet werden.

Im Rückblick wird mir klar, daß es der Situation nicht gerade zuträglich war, daß ich so gut wie keinen Kontakt zu Jane Wyman hatte. Wir hatten einfach nicht die Art von Beziehung zueinander, daß ich einfach zum Telefonhörer greifen und mit ihr über die Kinder reden konnte. Schließlich befanden wir uns alle auf einem unbekannten Terrain. Ronnie hatte nie mit einer Scheidung gerechnet, und trotz der angeblich so hohen Scheidungsrate in Hollywood kannten wir doch keine einzige geschiedene Familie mit kleinen Kindern. Es war damals nicht so wie heute, wo das gemeinsame Sorgerecht und Familien mit Ehepartnern, die schon einmal verheiratet waren, an der Tagesordnung sind. Wir wußten wirklich nicht, wie wir uns verhalten sollten, und das war schlimm für alle Beteiligten.

Am meisten jedoch litten Maureen und Michael darunter. Zunächst kam der Schock der Scheidung ohne jede Vorwarnung. Dann mußten sie sich an eine Stiefmutter gewöhnen, an mich. Doch zumindest *kannten* sie mich; Fred Karger, ihren neuen Stiefvater, den Jane Wyman im Herbst 1952, ein paar Monate nach unserer Hochzeit, heiratete, lernten sie erst einen Tag vor der Trauung kennen.

Und dann, nur drei Wochen nach der Hochzeit ihrer Mutter, hatten sie plötzlich eine neue Halbschwester, als Patti zur Welt kam.

Solange Ronnie und ich noch nicht verheiratet waren, kam ich mit Maureen gut aus, doch kaum war ich Mrs. Reagan, verschlechterte sich unsere Beziehung. Maureen war mittlerweile elf Jahre alt, und bestimmt hat sie mir verübelt, daß ich ihr, wie ein junges Mädchen das sieht, den Vater ›weggenommen‹ hatte. Keine von uns erinnert sich an einen bestimmten Vorfall oder an einen Streit, aber wir sahen uns seltener. Maureen blieb zwar in Kontakt mit ihrem Vater, doch ihr Verhalten mir gegenüber wurde ausgesprochen sprunghaft.

Kurz nach Pattis Geburt im Jahre 1952 besuchte uns Maureen. Damals hatte sie in der Schule gerade einen Film über Kaiserschnitt gesehen, und ich weiß noch genau, wie ich im Bett lag und mich mit Maureen unterhielt. Sie fragte mich: »Ach, *das* ist es, was sie mit dir gemacht haben?« Sie war sehr fürsorglich und süß.

Dann kam eine lange Zeit, in der wir uns nur selten sahen. Maureen besuchte eine katholische High School in Tarrytown im Bundesstaat New York und ging dann für kurze Zeit auf ein College in Virginia. Mit achtzehn brach sie ihr Studium ab und zog nach Washington, wo sie in einer Immobiliengesellschaft arbeitete und heiratete. Zu ihrer Hochzeit fuhren Ronnie und ich an die Ostküste, und wir verstanden uns dort sehr gut mit Maureen − vielleicht, weil wir auf der Hochzeit die einzigen Familienangehörigen waren. In Washington begann Maureen sich für Politik zu interessieren und trat der Republikanischen Partei bei. (Sie zieht Ronnie gern auf, indem sie darauf hinweist, daß sie eher bei den Republikanern war als er, was stimmt.)

In diesen Jahren lebten Maureen und ich uns auseinander, und irgendwie wurde es einfacher für uns, nicht miteinander zu sprechen. Im nachhinein wünsche ich, ich hätte mich mehr um sie bemüht, doch Maureen schien immer irgendwohin unterwegs und nahm ihr Leben in die eigene Hand. Wir hatten nie wirklich eine Verbindung. Mit Ronnie war das anders. Ganz gleich, wie lange sie sich nicht gesehen hatten, sie blieben immer in Kontakt und konnten jederzeit die Beziehung dort wieder aufnehmen, wo sie unterbrochen worden war.

1982 entschied sich Maureen, für den Senat zu kandidieren. Privat waren Ronnie und ich der Meinung, daß es klüger gewesen wäre — und daß sie bessere Aussichten gehabt hätte —, wenn ihr erster Wahlkampf eine Nummer kleiner gewesen wäre und es dabei nicht gleich in einer landesweiten Wahl um die Kandidatur zum Senat gegangen wäre. Doch wenn Maureen sich einmal für etwas entschieden hat, dann zieht sie es auch durch. Bei den Vorwahlen der Republikaner in Kalifornien war sie die einzige Frau unter acht Kandidaten, darunter Barry Goldwater Jr., Pete McCloskey, Pete Wilson und der amtierende Senator S. I. Hayakawa.

Die Presse hatte ihre Sensation, als der Präsident der Vereinigten Staaten keine offizielle Wahlempfehlung für seine Tochter abgab. Aber Maureen hatte Ronnie nicht darum gebeten, und sie hatte es auch nicht erwartet. Sie wußte ganz genau, daß ihr Vater seit seiner Wahl zum Gouverneur von Kalifornien im Jahre 1966 keinen einzigen Kandidaten in den Vorwahlen empfohlen hatte. Er hat sich statt dessen immer für die Einheit der Partei eingesetzt, um sie für den Wahlkampf gegen die Demokraten zu stärken.

1981, noch bevor Maureen sich endgültig entschieden hatte, wurde Ronnie von einem Reporter gefragt, ob seine Tochter sich wirklich aufstellen lassen wolle. »Ich hoffe nicht«, hatte er geantwortet.

Denn Ronnie war keineswegs überzeugt davon, daß Maureen wirklich auf ein Leben in der Politik vorbereitet war, und er wußte, wie hart so ein Wahlkampf war. Doch seine Bemerkung wurde natürlich nicht in diesem Sinne gedeutet. Wieder einmal fand hier die Kommunikation der Familienmitglieder über die Medien statt, und wieder einmal wurden Gefühle verletzt. Ronnie merkte gleich, daß sein Kommentar falsch ausgelegt werden könnte, und er rief Maureen an, um sich zu entschuldigen und zu erklären, was er damit hatte sagen wollen. Sie nahm seine Entschuldigung zwar an, doch sie war verletzt und blieb eingeschnappt.

Noch aufgebrachter war sie allerdings, als ihr Onkel Neil, Ronnies Bruder, während des Wahlkampfs einige böse Bemerkungen über sie machte. »Nur weil ihr Vater Präsident der Vereinigten Staaten ist«, sagte er, »besteht für sie noch lange kein Grund, so geschäftig und ehrgeizig zu werden.« Und in einer Radiowerbung sagte er: »Wir Reagans empfehlen Ihnen, Pete Wilson zu unterstützen.«

Das brachte Maureen in Rage, und ich kann es ihr nicht übelnehmen. Zwar hielt sich Ronnie aus der Sache heraus, doch die Wahlhelfer von Wilson ließen weiterhin diesen mißverständlichen Radiospot ausstrahlen, wobei Neil betonte, daß sich ›wir Reagans‹ lediglich auf ihn und seine Frau beziehe. Seitdem sind die Beziehungen zwischen Maureen und Neil sehr frostig. (Pete Wilson gewann die Vorwahlen, dann den Abgeordnetensitz und wurde 1988 wiedergewählt.)

Erst in unserer Zeit im Weißen Haus verstanden Maureen und ich uns wieder besser und kamen uns allmählich näher. Einer der schönsten Augenblicke meines Lebens war, als Maureen anfing, mich Mom zu nennen. Das geschah erst während Ronnies zweiter Amtsperiode, und wir haben nicht viel Aufhebens darum gemacht. Doch für mein Gefühl haben wir damit wirklich eine Hürde überwunden, und es zeigt, daß Mitglieder einer Familie nie die Hoffnung aufgeben sollten, daß sie eines Tages vielleicht doch noch ihre Differenzen beilegen und Freunde werden können.

Maureen lebte zwar mit ihrem Mann Dennis Revell in Kalifornien, doch in ihrer Funktion als Vorstandsmitglied des Nationalkomitees der Republikanischen Partei kam sie häufig nach Washington. Ziemlich bald war sie fast die ganze Zeit da, wohnte bei uns und schlief in ihrem geliebten Lincoln-Schlafzimmer. Diese Besuche vertieften ihre Beziehung sowohl zu ihrem Vater als auch zu mir.

Gegen Ende von Ronnies erster Amtszeit befürchtete Maureen, daß Ronnie von den weiblichen Wählern nicht genügend unterstützt würde. Dagegen wollte sie etwas unternehmen, und deshalb hielt sie vor Frauengruppen im ganzen Lande Vorträge über die Regierung Reagan. Bei diesem Projekt, das sie mit beachtlichem

Erfolg durchführte, half ich ihr. Daraufhin stieg Ronnies Ansehen bei den Frauen deutlich an, und bei seiner Wiederwahl 1984 erhielt er mehr als fünfzig Prozent der Stimmen aller Wählerinnen.

Maureen hat sich zwar im Wahlkampf ihres Vaters äußerst stark engagiert, was aber nicht heißt, daß die beiden in allem übereinstimmen. Maureen hat sich immer für das Equal Rights Amendment* eingesetzt, während Ronnie meint, daß durch die Verfassung diese Angelegenheit hinreichend geklärt sei. Außerdem, glaube ich, sind sie unterschiedlicher Meinung in der Frage der Abtreibung. Maureen hat allerdings nie einen Hehl aus ihren Ansichten gemacht.

Nach Ende von Ronnies zweiter Amtszeit ist auch Maureen wieder nach Kalifornien gezogen, und während dieses Buch in Druck geht, hat sie gerade die Vertretung von Larry King in dessen Fernseh-Talkshow übernommen. Meiner Meinung nach ist sie als Moderatorin einer Talkshow ein Naturtalent. Vor vielen Jahren hat sie einmal meinen Vater interviewt, nachdem er seine Autobiographie veröffentlicht hatte. Damals erzählte er mir, daß Maureen von allen Journalisten, die er kenne, die besten Fragen gestellt habe.

Leider ist Maureen nicht immer sehr diplomatisch. Manchmal hat sie ihre Launen, außerdem kann sie einschüchternd wirken, wenn ihr Auftreten zu dominant ist. Im Laufe der Jahre hat sie sich damit einige Feinde gemacht.

Einer dieser Feinde war Donald Regan. Maureen und ich fühlten oft miteinander in jener Zeit, als nicht nur wir beide, sondern praktisch jeder in Washington seine Entlassung forderte – jeder, außer Ronnie. Als Regan dann schließlich ging, regte ich mich sehr auf über bestimmte Presseberichte, die den Eindruck erweckten, ich, und zwar ich ganz allein, sei für seine Entlassung verantwortlich. »Über diese Artikel bin ich sehr unglücklich«, erklärte ich Maureen. »Ich möchte nicht, daß die Leute Angst vor mir haben.«

Sie sagte: »Die Leute, die dich kennen, haben keine Angst vor dir, und die, die dich nicht kennen, *sollten* welche haben. Es ist das Beste, was einem passieren kann, wenn die Leute ein bißchen Angst vor einem haben. Auf diese Weise erreicht man viel mehr.«

Nun, damit mag sie recht haben. Aber unter diesem Aspekt hatte ich mich noch nie gesehen.

---

* Antrag auf Ergänzung der Verfassung um einen Artikel, der die rechtliche Gleichstellung der Frau absichern soll (Anm. d. Übers.)

Als Maureen mir erzählte, daß sie an einem Buch mit dem Titel *First Father, First Daughter* arbeite, dachte ich zunächst: Großartig, das fehlt uns gerade noch — *noch* ein Buch von einem der Reagan-Kinder zum Thema, wie furchtbar es ist, wenn dein Vater Präsident wird.

Zum Glück hatte ich unrecht. Maureens Buch ist locker und interessant geschrieben, und sie gibt Einblicke und zeigt Seiten von Ronnie, die nicht einmal ich kannte.

Meine ersten Erinnerungen an Michael handeln davon, wie ich seinen Rücken streichle auf diesen Fahrten zur Ranch und zurück. Wie er das liebte! Der kleine Junge tat mir damals so leid. Als seine Eltern sich scheiden ließen, war er erst drei, und er konnte nicht verstehen, was da vor sich ging. Mich erinnerte er immer an einen kleinen Hund, der sich verlaufen hat und ganz viel Liebe und Zuneigung braucht.

Mit vier Jahren erfuhr Michael, daß er adoptiert worden war. Als er dann allmählich verstand, was das bedeutete, brachte ihn das sehr durcheinander. Damals verlor er nie ein Wort darüber, doch heute wissen wir, daß er sich ständig Sorgen machte, er könne ein uneheliches Kind sein und somit illegitim — und in seinen Augen irgendwie wertlos.

Aus diesen und noch einigen anderen Gründen war es für Michael sehr schwer, erwachsen zu werden und seine Identität zu finden. Ganz gleich, wie erfolgreich er auch war — und immerhin wurde er Bootsrennweltmeister —, er trug schwer an der Last, ›der *adoptierte* Sohn von Ronald Reagan‹ genannt zu werden. Ich kann gut verstehen, was er dabei gefühlt haben muß, denn ich weiß noch, wie ich es haßte, als ›*Stief*tochter‹ von Loyal Davis bezeichnet zu werden. Bis zum heutigen Tage kann ich die Silbe ›Stief‹ nicht ausstehen.*

Nach der Schulzeit in Chadwick schickte ihn seine Mutter auf die St. John's Military Academy, ein katholisches Internat für Jungen im Zentrum von Los Angeles. Er haßte diese Schule und nannte sie immer St. John's Miniatur-Alcatraz. Er verbrachte die Wochenenden häufig bei uns. Wenn wir ihn am Sonntagabend zur Schule zurückfuhren, weinte er oft, und vor Mitleid brach mir fast das Herz.

---

* Die Abneigung der Autorin geht natürlich viel weiter, weil die erste Silbe des englischen Wortes ›stepdaughter‹ als selbständiges Wort — Verb und Substantiv — eine Vielzahl von Bedeutungen hat (Anm. d. Übers.)

Michaels Pubertät verlief recht stürmisch, und als er vierzehn war, war sein Verhältnis zu seiner Mutter so schlecht geworden, daß ein Psychiater vorschlug, wir sollten ihn jetzt lieber zu uns nehmen. Plötzlich lebte also ein drittes Kind bei uns im Haus, ein Teenager, den ich kaum kannte. Schon bald stellte sich heraus, daß wir uns viel um ihn kümmern mußten – von einem Besuch beim Zahnarzt, der ungefähr zehn Löcher bei ihm fand, bis hin zu neuer Garderobe. Vor allem aber brauchte er Liebe.

Aber ich befand mich mit Michael gleichsam auf einem Blindflug und hatte keine Ahnung, was in ihm wirklich vorging. Natürlich bemühten wir uns, eine gute Familie zu sein, doch das ist nicht einfach, wenn man sich fast gar nicht kennt und in den entscheidenden Jahren nicht für das Kind verantwortlich gewesen ist.

Michael und ich hatten solche Probleme in dieser Zeit, daß es Tage gab, an denen ich ihn hätte umbringen können. Jeder Teenager hat seine schwierigen Phasen, aber Michael war besonders verstört und rebellisch. Ich war überzeugt, daß er mich nicht mochte, und ich wußte nicht, wie ich die Kluft zwischen uns überbrücken sollte. Außerdem hatte ich mit der siebenjährigen Patti und mit Ron, der noch ein Baby war, alle Hände voll zu tun. Michael gestand mir später, daß er auf die Zuneigung, die ich dem kleinen Ron schenkte, eifersüchtig gewesen war.

Als Ronnie auf einer seiner Vortragsreisen war, fragte Michael, ob ich den Namen seiner leiblichen Mutter herausfinden könnte. Er war damals schon sechzehn, und ich fand, daß seine Frage berechtigt war und eine Antwort verdiente. In jenen Tagen hatten Ronnie und ich denselben Manager wie Jane Wyman, also rief ich ihn an und bat ihn, den Namen zu ermitteln.

Als ich von ihm hörte, sagte ich Michael, der Name seiner leiblichen Mutter sei Irene Flaugher, und er sei auf den Namen John L. Flaugher getauft worden. Sein Vater sei beim Militär gewesen, sei nach Übersee gegangen und habe seine Mutter schwanger zurückgelassen – und unverheiratet.

Mir wurde berichtet, daß es Jane nicht gefallen habe, daß ich Michaels Frage beantwortet hatte. Doch anscheinend beschäftigte ihn die Tatsache, daß er adoptiert worden war, so sehr, daß er meiner Meinung nach die Wahrheit über seine Herkunft erfahren sollte. Es erschien mir ganz natürlich, daß er Bescheid wissen wollte, und ich hoffte nur, daß er nun seinen Seelenfrieden finden konnte.

Aber leider bestätigte die Information, daß seine leiblichen Eltern nicht verheiratet waren, nur seine schlimmsten Befürchtungen

— er war ein uneheliches Kind. Schlimmer noch, er war überzeugt, seine leibliche Mutter hätte ihn fortgegeben, weil sie ihn nicht liebte. Allerdings sprach Michael damals nie über diese Dinge, und ich erfuhr es erst viel später, als ich sein Buch las.

Meine Eltern lebten zu jener Zeit in Phoenix, und mein Vater half uns, Michael in einem Internat in Arizona unterzubringen, wo er aufblühte. Mutter kümmerte sich um ihn, und bei seiner Abschlußfeier schenkte sie ihm einen goldenen Siegelring. Diesen Ring trug Michael dann auf ihrer Beerdigung im Jahre 1987. Später erzählte er mir, daß er bei diesem traurigen Anlaß zum erstenmal um jemand anders aus der Familie geweint hatte als um sich.

Ein oder zwei Jahre nach dem Vorfall mit der ›Entfremdung‹ las ich in einem Bericht in *Newsweek,* daß Michael an einem Buch über seinen Vater arbeitete — einer Art von ›Geliebter Rabenvater‹. Ich konnte mir nicht vorstellen, was er Ronnie vorzuwerfen hatte, doch erst kurz zuvor war Pattis Buch erschienen — ein unerfreulicher, kritischer ›Roman‹ über ein Mädchen, dessen Vater Präsident der Vereinigten Staaten wird — und nun war Michael offensichtlich dabei, sein Buch zu schreiben.

Als ich Mike anrief und ihn fragte, was es damit auf sich habe, antwortete er: »Man will mir für ein Buch über Dad einen Haufen Geld zahlen.«

»Ja, sicherlich«, meinte ich. »Mir würde man auch viel Geld zahlen, wenn ich nackt die Pennsylvania Avenue rauf und runter ginge. Das ist eine Geschmacksfrage.«

Das war das letzte, was ich bis zum 12. April 1987 von Michaels Buch hörte, als Michael, Colleen und ihre Kinder Cameron und Ashley zu uns auf die Ranch kamen, um gemeinsam mit uns Ashleys vierten Geburtstag zu feiern. Michael wirkte besorgt und aufgeregt. Ohne daß er etwas sagen mußte, merkte ich, daß er etwas auf dem Herzen hatte, was er mit Ronnie und mir allein besprechen wollte. Nach dem Mittagessen schlug ich Colleen vor, mit den Kindern einen Spaziergang um den See zu machen. Als Michael mit uns allein war, brach er in Tränen aus.

»Was hast du?« fragte ich ihn.

Doch Michael brachte kein Wort heraus. Er zitterte und rang um Luft und war offensichtlich sehr verzweifelt. Ich nahm ihn in den Arm und streichelte seinen Rücken wie damals, als er noch ein kleiner Junge gewesen war.

Dann eröffnete uns Michael das schreckliche Geheimnis, das er die ganzen Jahre über mit sich herumgetragen hatte. Mit acht Jahren war er von einem Betreuer in einem Feriencamp sexuell belästigt worden, der auch Nacktfotos von ihm gemacht hatte. Der arme Michael hatte sich sein ganzes Leben mit Schuldgefühlen und der ständigen Furcht gequält, daß diese Bilder eines Tages auftauchen und ihn und besonders seinen Vater bloßstellen könnten. Außer Colleen wußte niemand davon. Und auch ihr hatte er es erst ein paar Wochen zuvor erzählt.

Ronnie und ich hatten absolut keine Ahnung, daß so etwas passiert war. Ich weiß nicht, ob wir es herausgefunden hätten, wenn Michael bei uns gelebt hätte – ich möchte es gern glauben, aber überzeugt bin ich davon nicht. Daß Michael Probleme hatte, war mir immer klar, aber *so etwas?* Ich hätte nicht im Traum daran gedacht.

Nachdem Michael sich schließlich beruhigt hatte, erklärte er uns, daß er die Idee aufgegeben habe, ein negatives Buch über seinen Vater zu schreiben. Er habe mit einer Therapie begonnen, und dabei wäre ihm klargeworden, daß nicht Ronnie die Ursache seiner Probleme war. Allerdings schriebe er noch immer an dem Buch, aber es sei nun ein ganz anderes – eines, das anderen sexuell Mißbrauchten eine Hilfe sein könnte.

Michael nennt diesen Tag auf der Ranch mittlerweile den ersten Tag in seinem neuen Leben. Das kann ich gut verstehen, und ich kann mir vorstellen, wie schwer es für ihn gewesen sein muß, dieses schreckliche Geheimnis zu enthüllen.

Im darauffolgenden Monat schrieb ich in mein Tagebuch: »Mike und Cameron haben angerufen und sich für Camerons Geburtstagsgeschenk bedankt. Mike hat mir mehr über das Buch erzählt. Ich hoffe, es ist das Richtige für ihn. Ehe er auflegte, sagte er: ›Ich liebe dich‹, was er noch nie zuvor gesagt hat. Ich habe ihm zugeredet, Mermie anzurufen, damit er wieder Kontakt zu ihr bekommt. Ich bin so glücklich, daß ich zu ihr in den letzten Jahren solch eine gute Beziehung gefunden habe, und ich hoffe, mit Michael wird das auch gelingen.«

Da ich kaum eine Gelegenheit auslasse, mir Sorgen zu machen, war ich auch noch nach Michaels Besuch auf der Ranch beunruhigt über sein Buch. Als er uns dann im März 1988 ein Vorausexemplar schickte, las ich es bis tief in die Nacht hinein. Ich wußte nicht, was mich erwartete, aber ich war sehr erleichtert, als ich merkte, daß es sich um einen freimütigen und schonungslosen Bericht über sein Leben handelt, in dem Mike zumindest ebenso hart zu sich selbst war wie zum Rest der Familie.

Daß Michael sich noch daran erinnerte, wie ich ihm im Auto den Rücken gestreichelt hatte, als er fünf war, freute mich, und als ich las, daß er sich immer gewünscht hatte, daß Ronnie und ich heirateten, weil er dann vielleicht bei uns leben konnte, anstatt im Internat bleiben zu müssen, rührte mich zu Tränen. Er beschrieb, wie unglücklich er als Kind gewesen war, hin und her gerissen zwischen Jane und mir – und keine von beiden seine ›richtige‹ Mutter. Und er schrieb von seiner ständigen Furcht, die Nacktfotos könnten irgendwie während Ronnies Wahlkampf an die Öffentlichkeit gelangen und Schimpf und Schande über seinen Vater und die gesamte Familie bringen.

Zu sehen, wie Michael sich entwickelt und verändert hatte, war wunderbar. Nun war er endlich fähig, sein Leben selbst in die Hand zu nehmen. Ironischerweise half uns dieses Buch, das zuerst Anlaß zu neuen Spannungen zwischen uns gewesen war, tatsächlich dabei, eine bessere Beziehung zu entwickeln.

Ich wünschte nur, ich hätte Michaels und Colleens Kinder häufiger sehen können, doch wir lebten so weit von ihnen entfernt, und wir waren nicht oft in Kalifornien. Und manchmal war Michaels Familie weg, wenn wir da waren. Vielleicht hätten wir Cameron und Ashley tatsächlich häufiger besuchen können, und ich kann verstehen, daß Michael manchmal böse war, wenn zwischen zwei Besuchen viel Zeit verstrich. Doch für acht lange Jahre gehörte unsere Zeit nicht uns allein.

Wenige Tage, bevor wir das Weiße Haus verließen, trat Michael bei einem Radiosender in San Diego einen neuen Job als Moderator einer Frühstücks-Talkshow an. Der erste Anrufer hatte eine vertraute Stimme. »Guten Morgen, Mike«, sagte er. »Hier spricht dein alter Herr. Ich bin zwar ein bißchen zu weit weg, um deine Sendung hören zu können, aber ich möchte dir trotzdem gratulieren und alles Gute wünschen.« Ronnies Anruf kam für Mike völlig überraschend, und ich weiß, daß er sich darüber sehr freute. Ich finde es interessant, daß Maureen und Michael beide bei Rundfunksendern arbeiten, denn auch Ronnie verdiente sich sein Geld, lange bevor er Schauspieler wurde, als Radiosprecher.

Diesen Abschnitt über Michael kann ich nicht beenden, ohne noch eine Geschichte zu erzählen, die mich sehr bewegte. Während ich diese Autobiographie schrieb, entschloß sich Mike, seine leibliche Mutter zu suchen. Nachdem Jane auf seine Anfragen nicht reagiert hatte, schrieb er an Ronnie. Dieser verwies ihn dann an die zuständige Person bei den Mitarbeitern von Gouverneur George Deukmejian. Bald darauf bekam Michael ein Antwortschreiben vom California Department of Social Service, der Behörde, die die Adoption vermittelt hatte, aus dem er zu seiner großen Freude erfuhr, daß seine leibliche Mutter ihn tatsächlich hatte behalten wollen, aber daß das in ihrer Heimatstadt nicht möglich gewesen sei.

Außerdem las er jetzt zum erstenmal, daß seine Mutter ihn nicht eher zur Adoption hatte freigeben wollen, bevor sie nicht die Frau kennenlernte, die ihn annehmen wollte. Später sagte sie dem Sozialarbeiter, daß sie Jane Wyman als zukünftige Stiefmutter ihres Sohnes anerkannt hätte, doch offensichtlich sprach sie anschließend mit keinem anderen darüber.

Im Herbst 1987, bei einem Aufenthalt in Kanada, erfuhr Mike aufregende Neuigkeiten. Eine Freundin seiner ersten Frau erzählte ihm, daß sie kürzlich einen Mann namens Barry kennengelernt habe, der behauptete, der Halbbruder von Michael Reagan zu sein. Auf ihrem Sterbebett im Jahre 1985 hatte Barrys Mutter ihm erzählt, daß sie sieben Jahre vor seiner Geburt einen Sohn bekommen habe, der dann von Ronald Reagan und Jane Wyman adoptiert worden sei.

Zunächst glaubte Barry ihr nicht – bis ihm einfiel, daß seine Mutter alle Zeitungsartikel über die Familie Reagan sammelte. Er hatte immer geglaubt, seine Mutter sei ein Fan von Ronald Reagan, doch als er sich dann die Ausschnitte ansah, entdeckte er, daß auf jedem der Fotos auch Michael zu sehen war.

Nur kurze Zeit darauf trafen sich Michael und Barry. Wie Michael erzählt, war Barry genauso aufgeregt wie er selbst, seinen verlorenen Bruder kennenzulernen. Mike war fasziniert von der Tatsache, daß er nun plötzlich noch andere lebende Verwandte hatte und daß er nach Barrys Aussage mit einem seiner Onkel aus Florida eine verblüffende Ähnlichkeit hatte. Später einmal luden wir Barry ins Weiße Haus ein, und bei ihm glaubte ich eine Ähnlichkeit mit Michael zu erkennen.

Das alles klingt wie aus einer Seifenoper, nur mit dem Unterschied, daß es sich tatsächlich ereignet hat. Es war großartig, daß Michael endlich die Wahrheit über seine Herkunft erfuhr und daß er einen Menschen gefunden hat, mit dem er direkt verwandt ist. Und daß seine leibliche Mutter ihn auch weiterhin geliebt und ihr ganzes Leben lang an ihn gedacht hat. Jetzt hatte er endlich seine Wurzeln gefunden und damit auch seinen Frieden.

Als Michael mir diese Geschichte erzählte, war ich tief beeindruckt von der Stärke, die Irene Flaugher bewiesen hatte. Selbst als Ronnie Gouverneur und später dann Präsident der Vereinigten Staaten wurde, schwieg sie beharrlich. Erst als sie starb, erzählte sie ihrem zweiten Sohn von Michael, weil sie meinte, er müsse es wissen. Dieser Frau gilt meine Hochachtung, und ich glaube, Michael hat allen Grund, stolz auf sie zu sein.

Mit allen vier Kindern durchlebte ich meine Höhen und Tiefen, aber meine Beziehung zu Patti gehört zu den schmerzlichsten und enttäuschendsten Erfahrungen meines Lebens. Ich wünschte mir, es wäre anders, und ich habe die Hoffnung noch nicht aufgegeben, daß es sich eines Tages ändern wird, doch zumindest bis jetzt war es keine glückliche Geschichte. Ganz gleich, was ich auch tat, irgendwie lief immer alles auf Konfrontation hinaus. Und so war es von Anfang an.

Als Patti sich als Mädchen entpuppte, fürchtete ich, Ronnie könnte enttäuscht sein. »Überhaupt nicht«, sagte er. »Das Wunderbare an einem Mädchen ist, daß man seine Frau noch einmal heranwachsen sieht.« Das war sehr lieb von ihm, doch es verlief leider etwas anders.

Ich war eine nervöse Mutter, und Patti war von Anfang an schwierig. Sie verlangte ununterbrochene Aufmerksamkeit – und wenn ich zurückblicke, glaube ich, wir gaben ihr zu oft nach. Wenn wir sie abends ins Bett brachten, schrie sie oft noch stundenlang – zumindest *schienen* es Stunden zu sein. Der Arzt riet uns, sie schreien zu lassen, bis sie von selbst aufhöre, er meinte, daß sie immer weiter schreien würde, wenn wir ständig nach ihr schauten. Aber es fiel uns schwer, nicht zu ihr zu gehen, besonders wenn sie einen ihrer Wutanfälle hatte. Wenn wir Gäste hatten, war manchmal das Gebrüll aus Pattis Zimmer so laut, daß ich fürchtete, die Leute könnten denken, sie würde verprügelt.

Außerdem gab es mit ihr Probleme beim Essen. Manchmal beugte sie sich in ihrem hohen Kinderstuhl nach vorn und spuckte alles wieder aus, wenn man sie gerade gefüttert hatte. Das machte eine *Menge* Spaß, wie man sich vorstellen kann.

Einmal, sie war ungefähr zwei Jahre alt, fütterte ich sie mit grünen Bohnen. Sie behielt sie im Mund und weigerte sich strikt, sie herunterzuschlucken. Ich probierte jeden Trick, der mir einfiel, doch es nützte alles nichts. Da rief ich schließlich unseren Kinderarzt an. »Geben Sie nicht nach«, sagte er. »Gehen Sie aus dem

Zimmer, beschäftigen Sie sich mit etwas anderem, und kommen Sie erst nach einer Weile wieder zurück.« So vergingen anderthalb Stunden, und normalerweise wäre sie um diese Zeit schon wieder von ihrem Mittagsschlaf aufgestanden, doch Patti saß *immer* noch da mit den verdammten Bohnen im Mund.

Jedesmal, wenn ich das Zimmer betrat, schaute sie mich mit schadenfrohem Grinsen an und sagte: »Guck mal, was ich im Mund hab', Mommy!«

Als ich den Arzt wieder anrief, sagte er: »Nehmen Sie ihr die Bohnen aus dem Mund.«

Sie war ein Kind, das seinen eigenen Kopf durchsetzte. Sie war trotzig, ja sogar zornig von Anfang an. Da Ronnie so oft unterwegs war, mußte ich sie erziehen. Ich wünschte, es wäre mir besser gelungen, aber ich habe mein Bestes versucht.

Im Jahre 1958, als ich mit Ron schwanger war, freute Patti sich sehr. Sie fand es schön zu spüren, wie das Baby in meinem Bauch heranwuchs, und als Ron geboren war, wollte sie ins Krankenhaus kommen, um ihn zu sehen. Doch damals durften kleine Kinder noch nicht in Krankenhäuser kommen, und Ronnie erklärte ihr, daß man befürchtete, Kinder könnten Bazillen hereintragen. Nach Rons Geburt dann wurde allerdings schnell deutlich, daß Patti das neue Baby ablehnte – wie es die meisten Sechsjährigen tun würden.

Als Patti älter wurde, zeigte sich deutlich, daß sie vielseitig talentiert war. Sie brachte sich selbst das Gitarre- und Klavierspielen bei. Sie fertigte Schmuckblumen und verkaufte sie an Geschäfte. Sie lernte selbständig Schreibmaschine schreiben und schrieb Gedichte, die sie zur Beurteilung an William F. Buckley Jr. schickte. Sie schauspielerte gern und führte ständig Stücke auf und kostümierte sich. Nach Rons Geburt gab Patti auch ihm Rollen in ihren Stücken, doch die bestanden meistens lediglich darin, daß er herumstand, während Patti im Mittelpunkt der Bühne agierte. Als Ron alt genug war, um zu erkennen, was da vor sich ging, hatte er schließlich die Nase voll und verließ die Bühne mitten während einer Aufführung.

Ich ermutigte Patti ständig und lobte sie für ihre Fertigkeiten, doch meistens wollte sie mit mir nichts zu tun haben. Wenn ich an der Reihe war, die Nachbarkinder zur Schule zu fahren, saß sie so weit von mir entfernt wie nur irgend möglich. Wenn wir zusammen einkaufen gingen, ging sie hinter mir her anstatt neben mir. Ich wußte mir nicht mehr zu helfen.

Andererseits habe ich noch heute die Zettel, die Patti unter meiner Tür hindurchschob. Darauf stand, wie sehr sie mich liebe und daß sie mich nicht habe verletzen wollen.

Heute glaube ich, daß Pattis Wut auf mich von den unausgelebten Gefühlen ihrem Vater gegenüber herrührte. Außerdem bin ich überzeugt, daß Ronnie und ich zu nachsichtig mit ihr waren; wir lenkten zu oft ein und schenkten ihr zu viel Beachtung. Sie verlangte sie, und wir gaben sie ihr. Sechs Jahre lang war sie das einzige Kind. Wir hatten das nicht so geplant, doch vor Rons Geburt hatte ich zwei Fehlgeburten, und ich war so glücklich über mein einziges Kind, daß ich überfürsorglich wurde und zu viel Aufhebens um sie machte. Wenn Ronnie und ich ausgingen und sie am Fenster stand und weinte, gingen wir immer noch einmal ins Haus zurück, um sie zu trösten. Wir riefen sie dann auch gleich an, ganz gleich, wo wir waren. Einmal vergaßen wir es, und als wir uns später nach ihr erkundigten, erzählte unsere Haushälterin, daß Patti stundenlang hysterisch geschrien habe. Wenn ich daran zurückdenke, wünschte ich, wir hätten dafür gesorgt, daß sie unabhängiger wurde.

Patti besuchte die John Thomas Dye School in Bel Air, und mit dreizehn ging sie dann auf die Orme School in Arizona. Orme war eine wunderbare Schule, und Patti hatte schon vorher das dortige Sommercamp besucht und Nachhilfestunden in Mathematik bekommen. (Wie ich war sie schlecht in Mathe und Physik.) An den Wochenenden blieb sie meistens bei meinen Eltern in Phoenix. Die Schulgebäude befanden sich auf dem Gelände einer bewirtschafteten Ranch, und Patti liebte es zu reiten. Als ihr Psychiater dann meinte, es sei gut für sie, wenn sie etwas hätte, für das sie sorgen müßte, schenkten wir ihr ein Pferd.

Ich wünschte, sie hätte ihre Begabungen und ihren Intellekt besser in der Schule eingesetzt, doch anscheinend hatte sie andere Dinge im Kopf. Als sie vierzehn war, versuchte sie mit dem Tellerwäscher der Schule durchzubrennen! Weil ihr Stiefbruder Michael einundzwanzig war, bat Patti ihn, nach Arizona zu kommen und sie von der Schule abzumelden. Michael berichtete das unserem Vermögensverwalter, der mich sofort benachrichtigte. Patti hat Michael nie verziehen, daß er sie verriet.

Ronnie und ich haben zwar oft über Patti gesprochen, doch im allgemeinen dachte er, daß sie ›nur eine schwierige Phase‹ durchmache. Damals habe ich mir oft gewünscht, er würde resoluter mit Patti umgehen, und heute bedauert auch er, es nicht getan zu haben.

Ich erinnere mich an einen Vorfall, als er wütend auf Patti wurde, nachdem sie wütend auf ihn geworden war. Sie wollte im College in dem Trakt wohnen, wo Jungen und Mädchen gemeinsam lebten, und für Ronnie kam das überhaupt nicht in Frage. Patti war außer sich. »Daß *du* das sagst, hätte ich nicht gedacht«, sagte sie. Vermutlich hatte sie erwartet, daß ich es sein würde, die dagegen wäre – was ich war!

Nachdem sie nur ein Jahr vor ihrem Abschluß vom College abgegangen war, verließ Patti unser Haus und zog zu Bernie Leadon, einem Gitarristen der bekannten Rockgruppe *The Eagles*. Ronnie und ich waren überhaupt nicht einverstanden damit. Man muß bedenken, daß wir aus einer anderen Generation stammen, und die Vorstellung, daß ein Paar zusammenlebt, ohne verheiratet zu sein, war fremd für uns.

Solange Patti mit Bernie zusammenlebte, hatten wir praktisch keinen Kontakt zu ihr. Und zwar nicht deshalb, weil sie zu einem Rockmusiker gezogen war, obwohl die *Eagles* nicht gerade das sind, was eine Mutter sich für ihre Tochter erträumt. Als ich Bernie schließlich kennenlernte, fand ich ihn sogar recht sympathisch. Die Tatsache, daß sie zusammenlebten, konnten wir nicht akzeptieren.

Eines Nachmittags, als ich gerade mit einer Freundin telefonierte, sah ich Pattis roten Toyota in unsere Einfahrt kommen. Wir hatten uns damals ein paar Jahre nicht gesehen, doch sie hatte ein schwerwiegendes persönliches Problem und brauchte meinen Rat. Sie tat mir leid, weil sie so durcheinander war, doch zugleich war ich auch gerührt, weil sie meine Hilfe suchte. Wir sprachen stundenlang miteinander, und als sie schließlich an jenem Abend aufbrach, um zu Bernie zurückzufahren, standen Ronnie und ich in der Einfahrt und winkten ihr nach. Natürlich flossen mir dabei die Tränen übers Gesicht.

Kurz nach diesem Ereignis zog Patti wieder zu uns. Unser Verhältnis hatte sich jetzt geändert. Zum erstenmal überhaupt waren wir uns nahe. Wir gingen zusammen einkaufen, wir sprachen stundenlang miteinander – es war einfach wunderschön! Plötzlich hatte ich eine Tochter! So hatte ich mir das Verhältnis zwischen Mutter und Tochter immer vorgestellt, und in den Monaten, in denen es anhielt, war ich unbeschreiblich glücklich.

Als Patti sich entschloß, Schauspielerin zu werden, half ich ihr, in die Screen Actors Guild aufgenommen zu werden, so wie meine Mutter mir dabei geholfen hatte. Schon bald bekam sie eine Rolle in einer Sommertheaterproduktion von *Vanities* in Michigan. Allerdings bat sie Ronnie und mich, nicht dorthin zu kommen, um sie spielen zu sehen. Ich verstand; wenn wir dort gewesen wären, hätte die Aufmerksamkeit des Publikums uns gegolten und nicht der Person, der sie eigentlich zustand – ihr. Ich glaube, hier zeigte sich auch eines der wesentlichen Probleme zwischen Patti und uns. Sie liebt es, im Rampenlicht zu stehen, doch das ist nicht leicht, wenn man einen so berühmten Vater hat.

Patti war schon immer von der Schauspielerei fasziniert, und sie hat nie einen Hehl aus ihrer Enttäuschung darüber gemacht, daß ihr Vater diesen Beruf aufgab und in die Politik gegangen ist.

In der Nacht, in der Ronnie zum Gouverneur gewählt wurde, war der erste Mensch, den wir anriefen, Patti in Arizona. In unserer Suite im Century Plaza Hotel in Los Angeles wurde ein rauschendes Fest gefeiert, und wir alle waren in bester Stimmung, weil Ronnies Sieg weitaus höher ausgefallen war, als wir erwartet hatten. Inmitten dieses Trubels huschten Ronnie und ich in unser Schlafzimmer, um unsere Tochter anzurufen.

Als wir Patti erzählten, wir hätten gute Nachrichten, brach sie in Tränen aus und schluchzte: »Wie konntet ihr mir das antun?«

Zugegeben, sie war damals erst vierzehn, doch ich habe diesen Augenblick nie vergessen. Ich konnte nicht verstehen, warum sie sich nicht für ihren Vater freute, auch wenn ihr die Politik verhaßt war. Außerdem tat Ronnie mir leid. Patti und ihre Generation sind immer für das Recht des einzelnen eingetreten, das zu tun, was er oder sie will. Sollte dasselbe Recht nicht auch für die Eltern gelten? Hatte Pattis Vater nicht auch das Recht, das zu tun, was *er* wollte, selbst wenn es nicht das war, was ihr gefiel?

Während Ronnies Präsidentschaft war Patti eine Zeitlang in der Antiatombewegung aktiv. Hier wurde sie meiner Meinung nach von Leuten für deren eigene politische Zwecke mißbraucht. Man kann über den besten Weg, einen Atomkrieg zu verhindern, verschiedener Meinung sein, doch die Schlußfolgerung der Friedensbewegung, daß Ronnie und andere konservative Politiker, die an einen Frieden durch Stärke glauben, irgendwie für den Krieg wären, hat mich schon immer geärgert.

In Ronnies erster Amtsperiode bat Patti ihn, sich mit Dr. Helen Caldicott zu treffen, der prominenten Antiatom-Aktivistin. Diese Begegnung dauerte eineinhalb Stunden. Es war nicht leicht gewesen, so viel Zeit im Terminplan des Präsidenten dafür freizuhalten, aber Ronnie tat es Patti zuliebe. Wir waren dabei von einem privaten Gespräch ausgegangen, ohne daß anschließend die Presse informiert wurde. Als Frau Dr. Caldicott jedoch nach dem Treffen an die Öffentlichkeit trat und sich über Ronnies Ansichten beklagte, wurde er wütend.

Nach den Erfahrungen der letzten Jahre bereitete es mir große Freude, als Patti mich um Rat und Hilfe bei der Organisation ihrer Hochzeit mit Paul Grilley, ihrem Yogalehrer, bat, die im Sommer 1984 stattfinden sollte. Wir waren mitten in Ronnies Wahlkampf zur Wiederwahl, doch eine Hochzeit ist eine Hochzeit, und um nichts in der Welt hätten Ronnie und ich auf dieser fehlen mögen.

Die beiden hatten ursprünglich geplant, die Trauung abends in einem Hotel vorzunehmen, doch als ich das erfuhr, sagte ich zu Patti: »Ich finde, das paßt nicht zu dir und Paul. Ihr gehört einfach nicht zu den Menschen, die sich im Nachtleben tummeln, ihr haltet euch doch am liebsten im Freien auf. Habt ihr schon einmal an das Hotel Bel Air gedacht, wo dein Tanzunterricht war? Vielleicht könnt ihr dort im Garten heiraten.«

Das machten sie dann auch. Zu meiner Überraschung wünschte Patti sich eine traditionelle Hochzeit mit einem Brautkleid, Schleppe und Schleier, mit Brautjungfern, einem Hochzeitskuchen und dem ganzen übrigen Hochzeitsschmuck. (Ich weiß nicht, ob sie das tat, um *mich* glücklich zu machen, aber das hat sie auf jeden Fall erreicht.) Patti entwarf zwar ihr Kleid selbst, doch ich steuerte ›etwas Altes‹ – das Armband meiner Großmutter mütterlicherseits – und ›etwas Blaues‹ – einen Hüfthalter – dazu bei. ›Etwas Neues‹ war ihr Hochzeitskleid, und ›etwas Geborgtes‹ war ein Ring ihrer Freundin.

Es war eine wunderschöne Hochzeit, und Patti sah einfach bezaubernd aus. Als sie an Ronnies Seite zum Altar schritt, ihren Hochzeitsstrauß aus Stephanotis in der Hand, hatte ich plötzlich einen dicken Kloß im Hals. Es kam mir so unwahrscheinlich vor, daß diese Frau einst mein kleines Baby gewesen sein sollte, das die Kinderschwester vor zweiunddreißig Jahren in meine Arme gelegt hatte. Trotz all der Zwistigkeiten in den vergangenen Jahren, dein Kind bleibt immer dein Kind. Ich liebe Patti, und ich fand, sie war eine wunderschöne Braut.

Später, als es Zeit war, den Hochzeitskuchen anzuschneiden, traten Ronnie und ich zu Braut und Bräutigam auf die Bühne. Ronnie erzählte eine Geschichte aus der Zeit, als Patti noch ein Baby war und sich immer an seinem kleinen Finger festgehalten hatte. Noch ehe er seine Rede beendet hatte, flossen bei Mutter und Tochter die Tränen.

Ich hatte eigentlich gehofft, daß Pattis Hochzeit eine neue, glücklichere Phase in unserer Beziehung einleiten würde, aber leider war das nicht der Fall. Sie kam zwar zu Ronnies zweiter Amtseinführung, aber nur für einen Tag. Als man das Familienfoto aufnehmen wollte, versteckte sie sich im Hintergrund, und Ronnie rief dauernd: »Komm nach vorn, Patti, damit wir dich sehen können.« Aber sie wollte nicht. Und Paul kam überhaupt nicht, was mich verletzte. Er sagte, er müsse arbeiten, aber mir scheint, wenn einer sagt, er nähme ein paar Tage frei, weil sein Schwiegervater als Präsident der Vereinigten Staaten vereidigt werde, dann würden die meisten Verständnis dafür haben.

Im darauffolgenden Jahr hörten wir, daß Patti ein Buch schreibe, obwohl sie es uns gegenüber nie erwähnt hatte. Als es dann 1986 erschien, schickte sie uns ein Exemplar, und ich las es voller Kummer und Zorn. Es war ein kaum verhüllter autobiographischer Roman voller Selbstmitleid über eine junge Frau mit linken Ansichten, deren konservativer Vater Präsident wird.

Als man Ronnie nach seiner Meinung über das Buch befragte, antwortete er wahrheitsgemäß, daß es sich dabei um eine erfundene Geschichte handele. Er erwähnte dabei allerdings nicht – wozu ich versucht war –, daß es uns beide zutiefst verletzt hatte.

Nur wenige Wochen, nachdem sie uns das Buch geschickt hatte, rief Patti ihren Bruder Ron an und sagte, sie könne nicht verstehen, warum sie nichts von uns gehört hätte. Ron konnte es nicht glauben. »Was hast du denn erwartet?« sagte er. »Du hast uns alle in einem schrecklichen Buch in den Schmutz gezogen. Du hast aus Mom und Dad Comic-Figuren gemacht! Hast du erwartet, daß sie dich anrufen und dir sagen, es sei großartig?«

Darauf legte Patti den Hörer auf, und seither haben sie kein Wort mehr miteinander gewechselt.

Das Buch an sich war schlimm genug, doch dann ging sie auch noch auf Werbetour. Am 4. März 1986 begann mein Tag damit, daß ich mir Patti in *Good Morning America* anschaute, anschließend war Patti Gast bei *Donahue*. Sie können mir glauben, daß ich mir meinen Hochzeitstag anders vorgestellt hatte! Nachdem das Buch erschienen war, wurde Patti bei einigen Talkshows wieder ausgeladen. Mit Merv Griffin und Joan Rivers bin ich befreundet, deshalb meinten einige Leute, ich hätte dabei meine Finger im Spiel gehabt, aber das stimmt nicht. Aber Merv hat es vielleicht aus Loyalität getan, und Joan, die zu jener Zeit die *Tonight-Show* moderierte, hat ein enges Verhältnis zu ihrer eigenen Tochter, und ich vermute, sie kümmerte sich nicht weiter darum, was Patti mir mit ihrem Buch angetan hatte.

In der Öffentlichkeit äußerten Ronnie und ich uns so gut wie gar nicht zu dem Thema, und auch Ron war immer äußerst vorsichtig, wenn er danach gefragt wurde. »Es ist immer schwierig, über ein Familienmitglied zu sprechen«, sagte er in *Good Morning America*. »Aber ich finde, Pattis Buch ist schlecht und geschmacklos.« In einem anderen Interview sagte er: »Ich glaube, eines Tages wird sie es bereuen.«

Ich hoffe, er hat recht.

Inzwischen habe ich begriffen, daß es eine Belastung sein kann, wenn man das Kind berühmter Eltern ist, und das wurde mir klar, lange bevor Ronnie in die Politik ging. Nie werde ich den Tag vergessen, als Ronnie und ich mit Patti und Ron nach Disneyland fuhren — wir vier ganz allein. Wir hatten uns schon lange darauf gefreut, doch leider wurde dieser Ausflug eine große Enttäuschung. Weil sie uns aus Film und Fernsehen kannten, sprachen uns viele Leute an und baten um ein Autogramm, so daß wir nicht dazu kamen, auch nur eine von den Fahrten zu machen. Schließlich gaben wir auf und fuhren nach Hause. Die Kinder waren bitter enttäuscht, und sie taten mir entsetzlich leid. Wir hatten uns darauf gefreut, diesen Ausflug mit unseren Kindern zu genießen, doch es hatte nicht sein sollen.

Wir sorgten dafür, daß in der folgenden Woche ein paar Freunde mit unseren Kindern nach Disneyland fuhren, doch ich fühlte mich betrogen, daß es so gekommen war, und ich bin sicher, Patti und Ron ging es genauso.

Bis zu einem gewissen Grade kann ich mich in Patti hineinversetzen. Es *ist* schwer, seine eigene Persönlichkeit zu entwickeln, während die gesamte Nation zuschaut. Es *ist* unangenehm, wenn der Vater Gouverneur und dann Präsident wird — besonders wenn er Positionen vertritt, mit denen du nicht einverstanden bist.

Doch man kann schließlich nicht sein ganzes Leben lang darüber jammern. Wenn ich höre, daß sich jemand darüber beschwert, daß seine Eltern erfolgreich und bekannt sind und daß er deshalb all diese schrecklichen Probleme hat, packt mich der Zorn. Da gibt es noch die andere Seite: »Wie glücklich bin ich doch dran, weil meine Eltern erfolgreich und bekannt sind.« Prominente Eltern zu haben, hat auch eine Menge Vorteile. Ronnie und ich waren in der glücklichen Lage, durch unsere Bekannten unseren Kindern helfen zu können, so wie auch Mutter über ihre vielen Freunde und Verbindungen mir den Weg geebnet hatte. Alles im Leben hat seine Vor- und Nachteile, und man muß lernen, sich die Vorteile vor Augen zu rufen – weil man sonst von den Nachteilen überwältigt wird.

Als Patti sich entschlossen hatte, Schauspielerin zu werden, bot ihr unser Freund Jimmy Cagney seine Hilfe an, doch Patti war nicht interessiert. Soviel ich weiß, hatte Jimmy ein derartiges Angebot noch nie zuvor gemacht, und es wäre für sie eine tolle Chance gewesen. Aber vielleicht kam ihr Jimmy zu altmodisch vor – ganz zu schweigen davon, daß er ein guter Freund der Familie war, was für sie einem Todesurteil gleichkam. Ich darf gar nicht daran denken, was sie von ihm alles hätte lernen können!

Ich bedauere auch, daß Patti die Möglichkeiten, die sich ihr als Tochter des Präsidenten der Vereinigten Staaten boten, nicht nutzte. Sie hätte mit uns reisen, Gorbatschow kennenlernen und Zeugin mehrerer historischer Ereignisse werden können. Ich kann verstehen, daß sie die Politik nicht mag, doch das ist ja auch nicht unbedingt nötig, wenn man an historischen Ereignissen Interesse nimmt. Solche Möglichkeiten bieten sich nur einer ganz geringen Anzahl von Menschen auf der Welt, und das auch nur begrenzt.

Die schlimmste Zeit mit Patti war 1987 erreicht, als Mutter starb. Nur wenige Tage zuvor, kurz nach meiner Krebsoperation, hatte Patti mich angerufen. Wir führten nur ein kurzes Gespräch – das erste nach einer langen, langen Zeit. Doch als dann meine Mutter starb, kam von ihr kein Besuch, kein Anruf, kein Telegramm, keine Blumen, kein Brief – nichts. Meine Mutter hatte Besseres verdient, und Pattis Mutter wohl auch.

Gut, ich habe Patti gegenüber Fehler gemacht, wie auch gegenüber meinen anderen Kindern. Doch ich habe durch meine Beschäftigung mit dem Drogenproblem gelernt, daß Eltern nicht immer verantwortlich sind für die Probleme ihrer Kinder. Wenn dein Kind Schwierigkeiten hat, ist es nur ganz natürlich, daß man sich selbst die Schuld gibt und überlegt, was man wohl falsch gemacht hat. Aber manche Kinder werden schon mit gewissen Eigenarten geboren, und man kann nur wenig daran ändern.

Trotzdem bleibe ich optimistisch. Wir haben immer noch die Möglichkeit, unsere Beziehung zu verbessern. Ich hoffe, daß Patti und ich nun, wo wir nicht mehr im Rampenlicht der Öffentlichkeit stehen, zu einer gewissen Verständigung miteinander kommen.

Dabei wünsche ich Patti, daß sie nicht eines Tages mit dem Gedanken ›hätte ich nur‹ leben muß. Ich kenne Menschen, die noch viele Jahre nach dem Tod ihrer Eltern bedauerten: »Hätte ich meiner Mutter doch nur gesagt, wie lieb ich sie hatte!« Oder: »Hätte ich mich mit meinem Vater doch nur vertragen!« Welch schreckliche Belastung muß es sein, das mit sich herumzutragen.

Ein großer Segen in meinem Leben war, daß ich so etwas niemals denken mußte. Zwar gab es gelegentliche Spannungen mit meinen Eltern, doch sie wußten beide, daß ich sie liebte, so wie ich immer wußte, daß sie mich liebten.

So hoffe und bete ich, daß Patti und ich, bevor mein eigenes Leben zu Ende geht, die Vergangenheit begraben können und zu demselben Punkt gelangen. Nichts würde mich glücklicher machen, als das Verhältnis mit ihr ins reine zu bringen.

Als Baby war Ron ein so lustiger Bursche, daß sein Vater ihn Happy Jack nannte. Wie es oft bei zweitgeborenen Kindern der Fall ist, war er um einiges unkomplizierter als seine ältere Schwester. Aber der Gerechtigkeit halber muß ich zugeben, daß ich als Mutter bei Ron viel entspannter war. Ich hatte das alles schon einmal mitgemacht, und deshalb war ich nicht annähernd so nervös wie damals. Bei Patti hatte ich immer Angst, etwas falsch zu machen.

In gewissem Sinne hatte Ron es jedoch schwerer als Patti, denn er mußte sich auf so viele Veränderungen einstellen. Als Ronnie Gouverneur wurde, war Patti bereits in der High School in Arizona, während Ron im Alter von acht Jahren die Schule wechseln und mit uns nach Sacramento ziehen mußte. Am Tag nach Ronnies Wahl waren die Kinder in Rons Klasse, es war die dritte, so begeistert, daß sie ihn auf den Schultern durch die Klasse trugen.

Obwohl Ron nun der Sohn des Gouverneurs war, sorgte ich dafür, daß sein Leben so normal wie möglich blieb. Er fuhr mit dem Fahrrad durch die Nachbarschaft wie jedes andere Kind. Wie seine Klassenkameraden wurde er im Rahmen einer Fahrgemeinschaft zur Schule gebracht. Wenn wir an der Reihe waren, benutzten wir ein normales Auto, und einer der uns zugeteilten Polizisten zog Uniformjacke und -mütze aus und einen Pullover an und brachte die Kinder zur Schule.

Doch ein vollkommen normales Leben zu führen ist unmöglich, wenn man einen Vater hat, der Gouverneur ist. Ich erinnere mich noch, wie ich Ron einmal in der sechsten Klasse beim Footballspielen zuschaute. Dabei hörte ich, wie die Jungen der anderen Mannschaft zueinander sagten: »Das da ist Reagan. Den knöpfen wir uns ordentlich vor!« Man mußte mich praktisch festhalten, damit ich nicht auf diese Kinder losging.

Ron hat sich jedoch nie beklagt. Er hatte immer eine innere Kraft zur Verfügung, die ihm dabei half, mit solchen Vorfällen fertig zu werden, und von kleineren Rückschlägen hat er sich nie unterkriegen lassen.

Als First Lady von Kalifornien hatte ich einen vollen Terminkalender und mußte oft Krankenhäuser besuchen und zu Versammlungen, offiziellen Essen und ähnlichem gehen. Doch als oberster Grundsatz galt für mich, daß ich zu Hause war, wenn Ron von der Schule heimkam, ganz gleich, was los war. Unseren Mitarbeitern war das nicht so ganz recht, doch ich ließ mich nicht umstimmen. Ich wollte dasein.

Eines Nachmittags kam eine junge Frau zu uns, um mich zu interviewen. Sie fragte, ob es wahr sei, daß ich immer um vier Uhr nach Hause käme, und ich bestätigte es ihr. Wir waren noch mitten im Gespräch, als Ron heimkam, den Kopf durch die Tür steckte, »Hallo, Mom« rief und zum Spielen ging. Daraufhin fragte mich die Reporterin: »Ich verstehe das nicht. Er ist ja nicht einmal ins Zimmer gekommen. Was für einen Unterschied macht das, ob Sie zu Hause sind oder nicht?«

Nun, ich glaube, es ist wichtig für ein Kind, daß es seine Mutter vorfindet, wenn es nach Hause kommt. Man muß nicht unbedingt viel miteinander sprechen, es genügt, wenn das Kind weiß, daß die Mutter da ist. Ich glaube nicht, daß die Journalistin verstand, worum es mir ging, doch ich war damals davon überzeugt und bin es heute noch.

Als Ron fünfzehn war, meinte er eines Abends beim Essen, er würde so gerne mit Ronnie und mir eine Rucksacktour machen. Wir hatten die Ranch verkauft, als Ronnie Gouverneur wurde, und vielleicht brauchte Ron nun den Beweis, daß seine Eltern immer noch das Leben in der Natur genießen konnten – oder überhaupt damit zurechtkamen. Er wollte weiter nichts, als nur mit uns allein einen Ausflug machen, und verstand nicht, daß das nicht mehr möglich war.

Ronnie und ich schlugen ihm daraufhin einen Vier-Tage-Ritt in die High Sierras vor. Wir wollten keine Zelte mitnehmen, sondern nur Schlafsäcke, die Pferde und Packesel mit den Vorräten. Das war für uns alle etwas vollkommen Neues, doch Ronnie brannte darauf, es zu versuchen. Ich war etwas besorgt, besonders wegen des Ritts durch die Berge, weil ich Höhenangst habe. Doch ich wollte mir dieses Erlebnis um nichts in der Welt entgehen lassen.

Es wurde ein wunderschöner Ausflug durch eine berauschende Landschaft, an klaren Bergbächen entlang, mit sternenklaren Nächten. An unserem letzten Morgen ritten wir auf einem schmalen Pfad, Ronnie war vorn, und Ron bildete den Schluß. Ich war müde und hatte mich wundgeritten; ich freute mich schon auf ein heißes Bad und mein eigenes Bett. Da rief Ron: »Mom, du hältst dich prima! Ich hatte gedacht, du machst höchstens einen Tag mit und findest dann eine Ausrede, um nach Hause zu gehen.« Als ich das hörte, hätte mich *nichts* von meinem Pferd heruntergebracht.

Zufällig war das mein Geburtstag. Als wir Mittagspause machten, hob Ron seinen Blechbecher, prostete mir zu und versprach mir, er werde seinen Toast in den Becher eingravieren lassen, wenn wir erst wieder zu Hause wären. Ich habe den Becher immer noch, und er ist mir heilig. Die Inschrift lautet: »Für die beste Camperin der Welt, meinen Kumpel – Mom.«

Plötzlich ging es mir großartig. Wir ritten einen steilen, engen Weg hinunter in das Tal des Yosemite-Nationalpark, aber ich hatte keine Angst. Als wir unten angekommen waren, drehte sich Ronnie zu mir um und fragte mich, ob ich in Ordnung sei.

»Prima«, antwortete ich. »Warum nicht?«

»Dann dreh dich mal um und schau nach oben!«

Über mir ragte ein mindestens tausend Meter hoher Felsen auf. Ich habe nie herausgefunden, wie ich da nur heruntergekommen bin, aber ich bin überzeugt, daß Rons ermutigende Worte mir dabei geholfen haben.

Als Ron auf die High School kommen sollte, ließen wir ihn selbst entscheiden, ob er auf eine Schule in Sacramento gehen und dann in der Mitte des Schuljahres nach Beendigung von Ronnies zweiter Amtsperiode mit uns nach Los Angeles zurückkehren wollte. Die Alternative war ein Internat in Los Angeles. Da Ronnie und ich jeden Freitag nach Los Angeles zurückflogen, könnte er die Wochenenden mit uns verbringen. Er wählte die zweite Möglichkeit.

Wir meldeten ihn daraufhin in der Webb School in Claremont an. Er nahm dort allerdings einige schlechte Gewohnheiten an und suchte sich Freunde, die mich nicht gerade begeisterten. Als er es dann einmal zu weit trieb und einen Tag von der Schule fernblieb, ohne sich abzumelden, wurde er hinausgeworfen. Ich brauche wohl nicht zu sagen, daß das ein ziemlicher Schock für uns war.

Doch damit war Rons rebellische Phase nicht zu Ende. Mehrere Jahre lang unterhielt er eine romantische Beziehung zu einer beträchtlich älteren Frau aus einer Schauspielerfamilie, die selbst eine Tochter im Teenager-Alter hatte. Als ich das erfuhr, war ich sehr traurig, weil ich glaubte, daß sie ihm seine wunderbare Jugend raubte. Aber ich konnte nichts daran ändern. Diese Beziehung ging erst zu Ende, als er in Yale war und sie mit ihm brach.

Wie Patti war auch Ron hoch begabt. Er konnte schon immer gut mit Sprache umgehen, und ich dachte eigentlich, er würde einmal Schriftsteller werden. In der High School war er der einzige von den jüngeren Schülern, der an einem Literaturseminar für die älteren teilnehmen durfte. Dort entdeckte er auch seinen Spaß am Schreiben.

Aus diesem Grunde waren wir so überrascht, als er uns aus heiterem Himmel eröffnete, daß er Tänzer werden wolle. Ronnie und ich verbrachten das Wochenende bei Bill und Pat Buckley in Connecticut, und Ron kam von Yale dazu, wo er im ersten Semester war. Wir gingen zusammen spazieren, als er uns erklärte, er habe sich entschlossen, das College zu verlassen, um Ballettanz zu lernen.

Wir versuchten ihn zu überreden, wenigstens sein erstes Semester in Yale zu beenden. Wir hatten uns so gefreut und waren so stolz gewesen, als Yale ihn angenommen hatte, und nun wollte er nach nur wenigen Wochen wieder weg! Aber Ron hielt uns entgegen, daß es für ihn mit seinen achtzehn Jahren höchste Zeit sei, wenn er Tänzer werden wolle. Er sagte, er sei schon immer am Ballett interessiert gewesen, obwohl ich das Wort ›Ballett‹ noch nie aus seinem Mund gehört hatte. Für uns war es ein Schock und eine Enttäuschung, daß unser Sohn bereits in seinem ersten Semester das College wieder aufgab. (Ronnie und ich haben immer bedauert, daß keines unserer Kinder einen College-Abschluß gemacht hat.)

Doch wir sind auch der Meinung, daß unsere Kinder ihren eigenen Weg gehen und ihr eigenes Leben leben müssen. Wir haben uns bemüht, die Kinder in allem zu unterstützen, was sie sich vornahmen, und wir erkannten, daß Ron es mit dem Ballett ernst meinte. Unser Freund Gene Kelly empfahl uns das Stanley Holden Dance Center in Los Angeles, und Ron meldete sich dort an und zog in eine eigene Wohnung. Das war vielleicht ein Saustall! Man mußte sich seinen Weg regelrecht bahnen, weil alles auf dem Boden herumlag. Heute dagegen ist seine Wohnung immer so sauber, daß man vom Boden essen könnte. Es ist erstaunlich, wie eine Heirat einen Mann verändern kann.

Obwohl er viel älter war als die meisten Anfänger, war Ron ein sehr guter Schüler im Holden Dance Center. Dort lernte er auch die hübsche Doria Palmieri kennen, die er später heiratete.

Wenn ich an diese Zeit zurückdenke, glaube ich, daß die Presseleute überrascht waren, wie wir auf Rons Berufswahl reagierten. Sie hatten wohl gedacht, uns sei es peinlich, daß Ron Tänzer werden wollte, aber das war es gar nicht. Einige Leute hatten auch erwartet, daß wir uns von Ron distanzieren würden, aber das war uns tatsächlich nie in den Sinn gekommen. Seine Entscheidung kam zwar überraschend, doch wir waren stolz auf sein Engagement und sein Talent. Er arbeitete hart, und es handelte sich um ein faszinierendes Gebiet.

Später wurde Ron bei der Joffrey Dance Company angenommen. Für jemanden, der so spät mit dem Tanzen angefangen hatte wie er, war das ein großer Erfolg. Er zog dann nach New York, von wo aus er mit einem Teil der Truppe auf Tournee ging. Ich war zwar sehr stolz auf Ron, aber daß er in New York lebte, sah ich mit gemischten Gefühlen. Ich wußte, wie aufregend die Stadt sein konnte, besonders wenn man jung und ein Künstler war und das ganze Leben noch vor einem lag. Doch vom Sicherheitsstandpunkt aus gesehen machte es mir Angst, daß der Sohn des Präsidenten in Greenwich Village lebte. Ich hatte zwar auch einmal in New York gewohnt, aber das war damals noch eine andere Stadt.

Als Ron dann 1982 seine Sicherheitsbeamten entließ, wurde ich noch nervöser. Er konnte es nicht mehr ertragen, sie die ganze Zeit in der Nähe zu haben, und deshalb kam er eines Sonntags ins Weiße Haus, um mit Ronnie und mir darüber zu sprechen. »Es tut mir leid«, sagte er, »aber ich halte das einfach nicht mehr aus.«

Wir versuchten zwar, ihn davon abzubringen, aber Ron blieb fest. In jenem Jahr gab es Befürchtungen, es könnte zu terroristischen Anschlägen und vielleicht auch zu einer Entführung kommen, und Ronnie machte Ron klar, daß das ein Risiko sei, das er zu bedenken habe. Er hatte auch schon als einziges von unseren Kindern Morddrohungen erhalten. Doch er wollte sein eigenes Leben führen, und wir ließen ihn.

Kurz nachdem Ron eine Wohnung in Manhattan gefunden hatte, zog Doria zu ihm. Inzwischen fand ich das zwar nicht mehr so schockierend wie noch einige Jahre zuvor bei Patti, doch besonders angenehm war mir der Gedanke nicht – und, ich vermute, Dorias Mutter ging es ähnlich. Ehrlich gesagt, damals mochte ich Doria auch nicht besonders gern. Ich dachte zurück an Rons erste

Beziehung, und da auch Doria älter war als er, fürchtete ich, es könnte dasselbe böse Ende geben, so daß Ron zutiefst verletzt zurückblieb.

Nachdem Ronnie zum Präsidenten gewählt worden war, mußte ich mir Gedanken darüber machen, wo Ron und Doria schlafen sollten, wenn die ganze Familie in den Tagen vor der Amtseinführung im Blair House wohnte. Zu meiner Erleichterung entschlossen sie sich zu heiraten, und damit war dieses akute Problem gelöst – obwohl es persönliche Probleme gab, die erst später gelöst werden sollten.

Ron und Doria gingen zum Amtsgericht, um das Aufgebot zu bestellen, doch als Ron erfuhr, daß sie erst nach einer Wartefrist von achtundvierzig Stunden heiraten könnten, war ihm klar, daß zu diesem Zeitpunkt die ganze Journalistenmeute zur Stelle sein würde. Er erklärte dem Richter die Situation, der Verständnis für sie hatte und die Trauung an Ort und Stelle vollzog, woraufhin die beiden uns gleich anriefen. Das Verhältnis zwischen Doria und mir begann zwar nicht unter den besten Voraussetzungen, doch mit der Zeit habe ich sie liebgewonnen, und ich hoffe, ihr ergeht es ähnlich.

Trotz der gelegentlichen Gerüchte, sie wollten sich scheiden lassen oder ich könnte Doria nicht leiden, sind die beiden sehr glücklich miteinander. Und ich habe einige Briefe von Doria aufgehoben, in denen sie mir erklärt, wie sehr sie mich liebt und wieviel sie von mir gelernt hat. Mehr kann eine Schwiegermutter wohl nicht verlangen.

Im Jahre 1984 beschloß Ron, daß er aufhören wolle zu tanzen. Obwohl er Erfolg hatte und gerade erst in die Haupttruppe der Joffrey Dance Company aufgenommen worden war, war ihm klar, daß er nie ganz nach oben kommen konnte, weil er viel zu spät mit dem Tanzen angefangen hatte. Er hatte sich selbst bewiesen, daß er es konnte, und war jetzt frei, anderen Interessen nachzugehen. Außerdem gab es auch praktische Gründe. Er schrieb in *Newsweek:* »Ich habe aufgehört, weil ich mit meiner Frau ein Heim gründen und irgendwann ein Kind haben möchte. Das Geld, das man mit Tanzen verdienen kann, und die Aussicht, monatelang auf Tournee zu sein, rückten solche Wünsche zumindest in einige Entfernung.«

Obwohl Ron und Doria nun fast fünftausend Kilometer von Washington entfernt leben würden, stieß ich einen Seufzer der Erleichterung aus, als sie New York verließen und wieder nach Los Angeles zogen. Ron wollte Schriftsteller werden, und er schrieb zunächst Artikel für den *Playboy,* unter anderem einen Bericht über den Parteikonvent der Demokraten 1984, einen über die Sowjetunion und einen dritten über das Gipfeltreffen in Genf. Maureen, die der Meinung ist, daß der *Playboy* Frauen diskriminiert, wollte das nicht so ohne weiteres hinnehmen. »Hör mal«, neckte sie ihn, »hast du eine Vorstellung davon, wie peinlich es mir war, am Zeitungskiosk dieses Magazin zu kaufen, damit ich deinen Artikel lesen konnte?«

In den letzten Jahren arbeitete Ron für *Good Morning America* von ABC, und in der Hoffnung, ihn auf dem Bildschirm zu sehen, schaue ich mir jede Sendung an. Er hat dafür schon die verschiedensten Aufgaben übernommen, darunter einige, die ich lieber nicht gesehen hätte – wie zum Beispiel Wildwasserfahrten oder Fallschirmspringen. Aber er will es so, und offensichtlich liegt ihm das. Die meisten Ideen stammen von ihm, und er schreibt auch die Texte selbst.

Ich denke, ich sollte mich besser daran gewöhnen, daß mein Sohn das Risiko liebt. Als er neun Jahre alt war, schickten wir ihn zum ersten Mal in ein Sommercamp irgendwo in Colorado. Ich weiß noch, wie ungeduldig ich auf seinen ersten Brief wartete. Endlich kam eine Postkarte mit zwei ganzen Sätzen:

Liebe Eltern!

Heute sind wir mit Schlauchbooten auf dem Colorado River gefahren. Meins ist umgekippt, und ich bin fast ertrunken.

In Liebe, Ron

Seitdem hat er sich nicht sehr verändert.

Was ich an Ron immer bewundert habe, ist die Tatsache, daß er locker und ungezwungen mit der Berühmtheit seines Vaters umgehen kann. »Man hat viel mit der Presse zu tun«, schrieb er in der *Washington Post* über seine Erfahrungen als Sohn des Präsidenten. »Man hat keine Wahl. Irgendwelche Kreaturen wühlen deinen Abfall durch auf der Suche nach dem verräterischen Ich-weiß-nicht-was. Die etwas Anständigeren schmieren dir Honig um den Bart, damit du in ihrer Talk-Show auftrittst, wo du die Gelegenheit bekommst, deine Eltern in Verlegenheit zu bringen. Wenn man Sinn für Humor hat, macht es sogar ein bißchen Spaß.«

Glücklicherweise hat Ron einen wunderbaren Sinn für Humor.

1986 trat er in einem Werbespot in der Reihe ›Erkennen Sie mich?‹ für American Express auf. Zu Beginn sieht man Ron in dem Erste-Klasse-Bereich eines Flugzeugs, wie er sich gerade einen Eisbecher servieren läßt. »Erkennen Sie mich?« beginnt er. »Jedesmal, wenn ich in einer Talk-Show auftrete, fragt man mich nach meinem Vater. Jedesmal, wenn ich ein Interview gebe, fragt man mich nach meinem Vater. Jedesmal, wenn ich meine American-Express-Karte herausziehe, *behandeln* mich die Leute wie meinen Vater. Wenn ich so darüber nachdenke, es gibt Schlimmeres!«

Anschließend wird eine Kreditkarte mit Rons Namen gezeigt. Am Ende des Spots steht Ron in einer Telefonzelle des Flughafens. »Hallo, Dad?« ruft er. Dann schließt er die Tür, um sein Gespräch unter Ausschluß der Öffentlichkeit weiterzuführen.

Dieser Werbespot sagt viel über Ron aus, der immer bereit war, die Vorzüge, die sich daraus ergaben, daß er der Sohn des Präsidenten war, auch zu nutzen. Vor allem aber zeigt er, daß Ron, wie sein Vater, die Fähigkeit hat, über sich selbst zu lachen.

Er hat wirklich eine große Ähnlichkeit mit seinem Vater — tatsächlich mehr, als er ahnt. Wenn es darum geht, ein Ziel zu erreichen, vergißt er alles um sich herum, und er hat einen großartigen Humor. Er liest gern und ist außerordentlich warmherzig, was man, glaube ich, sogar über das Fernsehen spüren kann. Außerdem ist er sehr bescheiden. »Ich bin der anspruchsloseste Mensch, der Ihnen je begegnet ist«, sagte er einmal. »Alles, was ich will, ist wahnsinnig glücklich sein.«

Wie Ronnie ist auch Ron freundlich, doch er läßt einen nicht so leicht an sich heran. Wenige Menschen haben wirklich ein vertrautes Verhältnis zu ihm. Doria und er sind eine Einheit und dabei sich selbst genug; sie müssen nicht viele Menschen um sich haben — und das gleiche wird von Ronnie und mir gesagt.

Was Ronnie an Ron stört, ist die Tatsache, daß er nicht zur Kirche geht. Es bedeutet Ronnie viel, jeden Sonntag den Gottesdienst zu besuchen, und seit wir nicht mehr im Weißen Haus leben, hat er keinen einzigen ausgelassen, nicht einmal, als ich krank war und ihn nicht begleiten konnte. Ron dagegen hat eine tolerante Auffassung von Religion, und sein persönlicher Glaube ist individualistisch und privat. Es stört ihn, daß sein Vater nicht versteht, daß er auf seine Art religiös ist.

Ron und ich sind nicht immer der gleichen Meinung. Wenn er mit mir über bestimmte Themen diskutiert, bringt er mich zu Höchstleistungen, und das ist ein Grund, weshalb ich so gern mit ihm zusammen bin. Zu einer ganzen Anzahl wichtiger Themen hat er andere Ansichten als sein Vater, obwohl er das nie in der Öffentlichkeit hat durchblicken lassen, was ich respektiere.

In der Diskussion um die Abtreibung zum Beispiel ist er eindeutig für die Freigabe, und er möchte, daß ich es auch bin. Ich weiß allerdings nicht, ob ich diesen Schritt je werde tun können, weil ich dabei nie das Gefühl verliere, daß Abtreibung bedeutet, ein Leben zu nehmen. Doch in Fällen von Inzest, Vergewaltigung oder einer Gefahr für die Gesundheit der Mutter kann ich sie akzeptieren.

Wie auch sein Vater ist Ron immer für mich da. Nach dem Attentat auf Ronnie 1981 charterte er, wie ich schon erwähnte, ein Flugzeug, um so schnell wie möglich von Nebraska nach Washington zu kommen. Und als meine Mutter starb, kam Ron sofort aus Phoenix angereist, um mir beizustehen. Immer wenn es mir schlechtging, versuchte er mich zu trösten.

Als er noch ein Jugendlicher war, hatte ich mit Ron einige heftige Auseinandersetzungen, doch mittlerweile haben wir einen Punkt erreicht, wo wir über unsere Mutter-Sohn-Beziehung hinaus auch Freunde sind. Ich betrachte auch Maureen als meine Freundin, und ich denke, zu Michael besteht ein ähnlich gutes Verhältnis. Und wenn Patti und ich uns versöhnen könnten, bevor ich alt bin, würde mein größter Traum in Erfüllung gehen.

10

Eine ruhmreiche Niederlage (der Wahlkampf 1976)

Ronnie kandidierte fünfmal für ein öffentliches Amt, aber am deutlichsten blieb mir seine einzige Niederlage im Gedächtnis. Das war 1976, als er als Gegenkandidat zu dem amtierenden Präsidenten Gerald Ford antrat, um sich als Präsidentschaftskandidat der Republikaner nominieren zu lassen.

Der Wahlkampf war so aufregend, so dramatisch und so *emotional* – besonders während des Parteikonvents* –, daß er in meiner Erinnerung Ronnies vier Siege überschattet.

Schon am Tag nach Ronnies erstem großen Erfolg, nach seiner Wahl zum Gouverneur 1966, stellten Presseleute die Frage, ob er nicht als Wunschkandidat der Partei für die Präsidentschaftswahlen 1968 kandidieren wolle. Ich glaube, damals spielte ich zum ersten Mal mit dem Gedanken, daß Ronnie vielleicht einmal ins Weiße Haus einziehen könnte.

Ronnie hielt anfangs nicht viel von dieser Idee, aber schließlich gelang es den führenden Köpfen der kalifornischen Republikaner doch, ihn umzustimmen; sie wollten verhindern, daß es innerhalb der Delegation dieses Bundesstaates zu einer Spaltung zwischen den Anhängern Nelson Rockefellers und denen, die mit Richard

---

* Bei dem Nationalkonvent der jeweiligen Partei wird der Präsidentschaftskandidat der Partei gewählt. Dieser Konvent setzt sich zusammen aus den Delegierten, die bei den Vorwahlen in den einzelnen Bundesstaaten gewählt werden. Meistens (aber nicht immer) haben sich die Delegierten schon vor der Vorwahl festgelegt, welchen Präsidentschaftskandidaten ihrer Partei sie beim Konvent unterstützen werden. (Anm. d. Übers.)

Nixon sympathisierten, käme. Bald darauf wurde Ronnie unter vielen konservativen Republikanern im ganzen Land als möglicher Kandidat gehandelt, und die Diskussion darüber zog sich durch die gesamte Ära Nixon.

Es wird oft behauptet, nur auf mein Drängen hin sei Ronnie in die Politik eingestiegen – daß er von sich aus nur halbherzig nach öffentlichen Ämtern strebte, daß ich jedoch Ehrgeiz genug für zwei hätte. Ich vermute, dieser Mythos ist entstanden, weil Ronnie tatsächlich nur widerwillig kandidierte. Das ist ungewöhnlich für einen Politiker, und daraus haben manche Leute wohl den Schluß gezogen: Wenn *er* nicht ehrgeizig genug ist, dann muß wohl *sie* es sein.

Tatsächlich war ich aber eher hin und her gerissen als Ronnie. Nachdem wir acht Jahre in Sacramento verbracht hatten, sehnte ich mich nach Los Angeles zurück, zurück zu einem normalen Privatleben.

Ronnie hatte bereits beschlossen, die ›Kartoffelbrei-Tour‹ durchzuziehen, wie er es nannte; er würde im Land herumreisen und Reden halten. Mike Deaver und Peter Hannaford von Ronnies Wahlkampfmannschaft aus Sacramento gründeten in Los Angeles eine kleine Public-Relations-Firma und stellten Ronnie einen Terminkalender zusammen. Sie arrangierten, daß Ronnie einen Artikel in mehreren Zeitungen gleichzeitig veröffentlichen und eine Reihe von Rundfunkansprachen halten konnte. Das war ganz nach Ronnies Geschmack: Er verdiente gutes Geld mit einer Arbeit, die ihm Spaß machte – nämlich der Welt mitzuteilen, in welche Richtung sich seiner Auffassung nach das Land entwickeln sollte. Und besonders erfreulich daran war, daß sein Terminkalender ihm noch genug Zeit ließ, sich auf unserer neuen Ranch in der Nähe von Santa Barbara zu entspannen.

Die Zwischenwahlen* von 1974, nur drei Monate nach dem Rücktritt Präsident Nixons, waren für die Republikaner eine Katastrophe geworden. Die Partei sah in Ronnie ein neues Gesicht, eine populäre und landesweit bekannte Figur, die als integer galt und keine engen Beziehungen zu Washington hatte. Der konservative Parteiflügel drängte Ronnie, gegen Präsident Ford anzutreten. Immer wieder redeten sie auf Ronnie ein: »Sie *müssen* kandidieren. Das sind Sie den Leuten schuldig, die an Sie glauben und die dieselben Ziele und Ideale haben wie Sie.«

---

* Damit ist die Wahl der Abgeordneten des Kongresses gemeint, die alle zwei Jahre stattfindet, also auch innerhalb der vierjährigen Amtsperiode des Präsidenten (Anm. d. Übers.)

Wenn ich heute zurückschaue, erkenne ich, daß Ronnies Kandidatur unumgänglich war. Und für mich war es natürlich genauso unumgänglich, mich mit Ronnies Entschluß abzufinden, wie immer er auch ausfallen mochte. Ich war von jeher der Meinung, daß es dumm von mir wäre, mit Ronnie streiten zu wollen, wenn er von etwas fest überzeugt ist.

Als Ronnie und seine Berater zum ersten Mal über den 1976 anstehenden Wahlkampf sprachen, glaubten alle, daß es ein völlig offenes Rennen gäbe, und daß Charles Perles, John Conally und Nelson Rockefeller am ehesten als Gegenkandidaten in Frage kämen. Auch nach Watergate konnte sich kaum jemand vorstellen, daß Richard Nixon zum Rücktritt gezwungen sein könnte — oder daß Gerald Ford kandidieren und sogar Präsident werden würde.

Die Vorstellung, gegen einen amtierenden Präsidenten aus der eigenen Partei zu kandidieren, gefiel Ronnie ganz und gar nicht. Er wußte auch, daß es äußerst schwierig werden würde. Wo Ford auch erschien, ihn begleitete immer das aufsehenerregende Drum und Dran des Präsidenten, wie etwa die *Air Force One,* das Podium mit dem Emblem des Präsidenten und die Musikkapelle, die ›Hail to the Chief‹ spielte. Die Medien berichteten stets in aller Ausführlichkeit über seine Pressekonferenzen. Er kontrollierte auch die Parteistruktur, so daß jeder Republikaner, der ihn herausfordern wollte, in jedem Bundesstaat gegen das Parteiestablishment zu kämpfen hatte.

Doch Ronnie war überzeugt, daß Ford verwundbar sei. Er war der einzige amerikanische Präsident, der nicht vom Volk gewählt und nicht einmal von der eigenen Partei nominiert worden war. Ronnie war der Ansicht, daß die Republikaner unter diesen Umständen die Möglichkeit einer Wahl haben sollten, und er glaubte, bei dieser Wahl würde sich die Mehrheit für Reagan und gegen Ford entscheiden.

Ronnies Berater und Unterstützer hatten ihre ersten Zusammenkünfte 1974, um die Möglichkeiten einer Präsidentschaftskandidatur im Jahre 1976 zu diskutieren. Ich kannte die meisten dieser Leute, aber ein neues Gesicht war darunter: John Sears, ein vierunddreißigjähriger Rechtsanwalt aus Washington mit früh ergrautem Haar. Sears hatte schon Nixon bei seinem Wahlkampf 1968 unterstützt, und viele Leute hielten ihn für einen genialen politischen Strategen. Er hatte außerdem hervorragende Beziehungen zum Pressekorps in Washington, was sehr wichtig werden würde, wenn Ronnie sich auf eine Kandidatur einließ.

John Sears war gebildet und wortgewandt, und er hatte mehr Ahnung von Politik als irgend jemand, den ich kenne. Ich ging gern mit ihm zum Mittagessen, denn er war ein heller Kopf und wußte ungeheuer viel, und es war faszinierend, ihm zuzuhören. Er war nicht durch und durch konservativ, und manche von Ronnies Helfern trauten ihm nicht so recht. Seine Aufgabe war es, Ronnie zum Sieg zu verhelfen, und dafür tat er alles, was in seiner Macht stand.

Aus John wurde man nicht leicht schlau, und es war mitunter schwierig, mit ihm zusammenzuarbeiten. Manche Leute glaubten, daß er Ronnie insgeheim verachtete, und manchmal schien das auch zu stimmen – besonders in späteren Jahren, während des Wahlkampfes 1980. Er war verschlossen und zeigte kaum jemals seine Gefühle. »John sieht einem nicht in die Augen«, sagte Ronnie einmal. »Er schaut immer auf die Krawatte. Warum schaut er mich nicht an?«

»Ford ist verwundbar«, betonte John immer. »Sein einziger Vorteil liegt darin, daß er der amtierende Präsident ist. Er ist ein schwacher Führer ohne Rückhalt im Land. Wenn wir es schaffen, ihn in den ersten zwei oder drei Vorwahlen zu schlagen, ist er erledigt.«

Doch die Vorwahlen in New Hampshire standen schon in wenigen Monaten an, und Ronnie hatte sich noch nicht einmal entschieden, ob er kandidieren wollte.

Das war frustrierend für seine Freunde und Anhänger, die darauf brannten, daß er seine Kandidatur bekanntgab. Doch immer, wenn Ronnie vor einer größeren Entscheidung steht, überlegt er sich jeden Schritt zweimal. Diese Erfahrung hatte ich selbst vor mehr als zwanzig Jahren machen können, als er ewig brauchte, bis er sich zur Kandidatur für ein anderes Amt entschloß – der Ehemann von Nancy Davis zu werden. Als er endlich den Entschluß gefaßt hatte, sich *darum* zu bewerben, gewann er haushoch. (Da gab es allerdings keinen Gegenkandidaten!)

Schließlich entschied sich Ronnie für die Kandidatur. Ich bat die Kinder, uns an Halloween zu besuchen, damit wir es ihnen persönlich sagen konnten. Maureen kam als erste. Mike und Colleen reisten mit dem Auto aus dem Bezirk Orange an und blieben im Stau stecken. Patti hatte zu dieser Zeit kein besonders gutes Verhältnis zu uns und kam nicht. Ron war erst siebzehn und wohnte noch zu Hause. Ronnie hatte einmal als Gag eine viel zu große Blue Jeans geschenkt bekommen, und während wir auf Mike und Colleen warteten, stopfte ich die Hose mit Kissen aus; Ron wollte sie zu einer Halloween-Party anziehen, zu der er später noch gehen wollte.

Als alle da waren, setzten wir uns ins Wohnzimmer. Ronnie sagte: »Immer, wenn ich mich in einem Hotel anmelde, werde ich an der Rezeption gefragt: ›Warum kandidieren Sie nicht für die Präsidentschaft?‹ Am nächsten Morgen, wenn ich wieder abreise, kommen die Zimmermädchen zu mir und fragen mich dasselbe. Und auf dem Flughafen sprechen mich die Leute an und sagen: ›Bitte, Sie *müssen* einfach kandidieren.‹

Es wird nicht leicht sein, aber die Unterstützung der Basis ist da. Schon seit einiger Zeit trete ich mit meinen Ansichten an die Öffentlichkeit, und jetzt ist es Zeit, den entscheidenden Schritt zu wagen. In drei Wochen werde ich meine Kandidatur bekanntgeben. Sonst würde ich mir vorkommen wie jemand, der immer nur auf der Ersatzbank sitzt, ohne jemals selbst mitzuspielen.«

Maureen, Mike und Colleen bestärkten Ronnie in seinem Entschluß. Ron allerdings schien enttäuscht darüber, daß diese Entscheidung nicht schon früher ausführlicher diskutiert worden war. Er saß nur da und schwieg. Heute glaube ich, daß er wohl recht hatte; wir hätten uns mehr Zeit nehmen sollen, um das alles im Kreis der Familie zu besprechen.

Doch als der Wahlkampf dann begann, beteiligte sich Ron mit großem Engagement. An seiner High School gab es für Studenten im letzten Semester die Möglichkeit, an besonderen Projekten außerhalb der Universität mitzuarbeiten, und Ronnies Wahlkampf war sein Projekt. Er half beim Gepäcktransport und beim Auf- und Abbau der Verstärkeranlagen. Wenn er die Mikrofone testen sollte, sagte er nicht etwa »Test, eins, zwei, drei«, sondern zitierte die Worte seines Vaters über den Panamakanal: »Wir haben ihn gekauft, wir haben ihn bezahlt, er gehört uns, und wir werden ihn auch behalten!« Ich mußte immer lächeln, wenn ich hörte, wie er die Worte seines Vaters wiederholte.

Am 19. November flogen Ronnie und ich nach Washington, wo er am nächsten Morgen seine Kandidatur bekanntgeben wollte. Gleich nachdem wir im Madison-Hotel angekommen waren, meldete Ronnie ein Telefongespräch mit Präsident Ford an, um ihn aus Höflichkeit über seine Kandidatur zu informieren. Ford reagierte sehr kühl. Er sagte zu Ronnie, seine Kandidatur sei ein Fehler und würde die Partei spalten.

Ronnie erklärte ihm, daß sein Entschluß feststünde, und er versicherte Ford, daß er ihn nicht persönlich angreifen werde. Doch das Gespräch war sehr kurz.

John Sears hatte Ronnie empfohlen, seine Ankündigung vor dem National Press Club* zu machen. Wir hatten wenig Rückhalt in Washington, wo das nationale Pressekorps Ronnie oft als einen Rechtsaußen darstellte. Obwohl er acht Jahre Gouverneur von Kalifornien gewesen war, hatte er immer noch das Image eines Neulings – ›der ehemalige Schauspieler Ronald Reagan‹. Nach der Ankündigung schrieb James Reston in der *New York Times,* es sei »erstaunlich, ... daß diese amüsante, aber frivole Laune Reagans von den Medien und insbesondere vom Präsidenten so ernst genommen wird. Es macht zwar viel Wirbel in den Medien, hat aber nicht viel Sinn.«

Nun, für die Republikaner hatte es durchaus einen Sinn. Zwei Wochen, nachdem Ronnie seine Kandidatur bekanntgegeben hatte, war er laut einer Meinungsumfrage bereits auf Platz eins.

Als Ronnie und ich an jenem Vormittag in den National Press Club gingen, war Nancy Reynolds, meine Chefassistentin und gute Freundin aus der Zeit in Sacramento, so aus dem Häuschen, daß sie mich hochhob und herumwirbelte. In einem riesigen, höhlenartigen Raum stand Ronnie dann vor so vielen Mikrofonen und Kameras, wie ich noch nie zuvor auf einmal gesehen hatte, verlas eine kurze Erklärung und beantwortete dann über eine Stunde lang Fragen. Hier sah ich mich zum ersten Mal dem Pressekorps von Washington gegenüber, und ich erinnere mich, daß ich dachte: Junge, Junge, diese Burschen sind *hart.*

Ronnie erwähnte Ford nicht namentlich – das machte er nie, auch nicht bei seinen späteren Wahlkämpfen. Doch er warf der Regierung in Washington vor, sie sei zu einer ›Vetternwirtschaft‹ verkommen, und sagte, die Nation brauche Führungskräfte, die unabhängig vom Kongreß, von bundesstaatlicher Bürokratie, von den Lobbyisten, der Großindustrie und den großen Gewerkschaften seien. »Wir brauchen eine Regierung, die nicht darauf vertraut, was *sie* alles zustande bringen kann«, sagte er, »sondern was das Volk zustande bringen kann.«

Noch am selben Tag flogen wir nach Miami, um in den Staaten, in denen die ersten Vorwahlen stattfinden würden, unseren Wahl-

---

* National Press Club: ein überregionaler Medienzusammenschluß (Anm. d. Übers.)

kampf einzuläuten. Wir machten unseren ersten Zwischenstopp auf einem Flugplatz, wo Ronnie vor einer Versammlung sprach. Während seiner Rede rief jemand aus der Menge: »Hey, Dutch.« Wir wußten, daß das jemand aus Iowa sein mußte, wo Ronnie unter dem Namen Dutch Reagan als Sportreporter gearbeitet hatte.

»Hi«, rief Ronnie zurück. »Ich komme nachher mal kurz zu Ihnen runter.«

Als Ronnie seine Rede beendet hatte, sagte einer der Sicherheitsbeamten: »Wenn Sie das Podium verlassen, gehen Sie nach links weg.« Ronnie wandte sich jedoch nach rechts, um seinen Bekannten zu suchen. Ich folgte ihm; plötzlich hörte ich, wie Tommy Thomas, unser Vorsitzender in Florida, schrie: »Was zum Teufel machen Sie denn da?«

Tommy stürzte sich in die Menge, und ich sah mit Entsetzen, wie er und zwei andere Männer versuchten, einen dunkelhaarigen jungen Mann zu überwältigen. Der Mann hielt eine Pistole in der Hand, und es gelang den dreien nur mit Mühe, seiner Herr zu werden. Wie sich dann herausstellte, handelte es sich um eine Spielzeugpistole, aber für mich sah sie völlig echt aus.

Ehe ich wußte, wie mir geschah, hatten mich die Leute vom Secret Service in eines der Gebäude in der Nähe geschoben. Der Schreck saß mir noch in den Knochen, und als Ronnie hereinkam, fuhr ich ihn an: »Jetzt hör mal zu! Wenn dir in Zukunft die Sicherheitsbeamten sagen, du sollst nach links gehen, dann geh nach links! Tu, was sie dir sagen!« Ich zitterte, und Ronnie mußte mich beruhigen. Falls er selbst Angst gehabt hatte, so zeigte er es zumindest nicht.

Ein paar Monate später gab es wieder eine brenzlige Situation. Wir hatten gerade Ohio verlassen und waren auf dem Rückflug nach Los Angeles. Ronnie saß auf der rechten Seite des Flugzeugs am Fenster und arbeitete wie gewöhnlich an einer Rede. Neben ihm saß Martin Anderson, und ich saß links vom Gang. Ich war gerade etwas eingenickt, als ich hörte, wie Ronnie keuchte. Als ich aufsah, stand mein Mann neben mir und faßte sich an die Kehle. Er war ganz rot im Gesicht und konnte nicht sprechen.

»Herzanfall!« schrie jemand. »Gebt ihm Sauerstoff.« Mike Deaver war sofort aufgesprungen und packte ihn von hinten. Er legte seine Arme um Ronnies Brust und drückte plötzlich zu. Als nichts geschah, machte Mike dasselbe noch einmal – da flogen plötzlich mehrere Erdnüsse aus Ronnies Mund. Dann richtete Ronnie sich auf und begann wieder normal zu atmen.

Mike erzählte mir später, daß er und Ronnie einmal die Heimlich-Technik gelernt hatten – nur für den Fall, daß es zu diesem Problem kam. Ich erfuhr später, daß Ronnie Erdnüsse in die Luft geworfen und sie mit dem Mund aufgefangen hatte. Glauben Sie mir, *das* hat er nie wieder getan!

1988, während unseres letzten Jahres im Weißen Haus, sah ich im Fernsehen Berichte über die Vorwahlen und die Wahlkämpfe. Und ich fragte mich verwundert: Woher hatte ich nur die Kraft, all das durchzustehen? Es ist so anstrengend! Man zieht von einer Stadt zur anderen, die Tage und Nächte sind kaum noch voneinander zu unterscheiden, und ein Ort erscheint wie der andere. Es ist eine endlose Reihe von Hotels und Motels, Bussen und Autos. Man kommt kaum dazu, sich mal das Gesicht zu waschen. Um Mitternacht fällt man todmüde ins Bett, und am nächsten Tag steht man in aller Frühe auf, um dasselbe wie an den Tagen davor zu machen.

Aber bei einem Wahlkampf gibt es manchmal auch einen wunderbaren Kameradschaftsgeist; alle arbeiten zusammen, und alle haben dasselbe Ziel. Es erinnerte mich an die Außenaufnahmen für einen Film. Alle werden zu einer großen Familie, und man schließt tiefe, dauerhafte Freundschaften. Das ganze Leben konzentriert sich auf diese Menschen und auf das Flugzeug, das aller Zuhause geworden ist.

Es gab allerdings auch Zeiten, in denen ich ungemütlich werden mußte, wenn ich mir Ronnies Terminkalender ansah. Ronnie führte seinen Wahlkampf mit großer Entschlossenheit – manche Journalisten, die auf den ›Altersfaktor‹ anspielten, konnten kaum mit ihm Schritt halten –, aber ich war der Meinung, daß er es nicht übertreiben sollte, daß er nicht Tag für Tag von früh bis spät immer nur auf den Beinen sein sollte.

Doch die Wahlkampfmannschaft verlangt vom Kandidaten ständig, daß er ›nur noch einen Auftritt‹ macht, und dem Ortsvorsitzenden fällt immer ›noch eine Kleinigkeit‹ ein, die man einfach erledigen *muß*, ehe man die Stadt verläßt.

Deshalb mußte ich manchmal einfach sagen: »So, Schluß jetzt. Das war's. Mehr geht nicht.« Schon damals hatte ich das Gefühl, daß die Wahlkampfmannschaft zwar den *Kandidaten* Ronald Reagan betreute, daß ich aber für den *Menschen* Ronald Reagan zuständig war.

Ich erinnere mich noch genau, wie Ronnie und ich während dieses Wahlkampfes einmal in einer Parade durch eine Stadt fuhren, stehend, in einem Wagen mit offenem Verdeck. Es war ein kalter, regnerischer Frühlingstag. Doch trotz des schlechten Wetters winkten wir den ganzen Nachmittag den Menschen zu, die sich am Straßenrand versammelt hatten, um uns zu sehen. Vor lauter Winken bemerkte ich erst gar nicht, daß es jedesmal, wenn ich den Arm hob, in meinen Ärmel hineinregnete und mein Kleid auf der Vorderseite immer feuchter wurde. Ich fror schrecklich. Als wir endlich ins Hotel zurückkehrten, kalt, naß und erschöpft, war die Heizung über Nacht abgestellt. Es war furchtbar kalt. Wir baten die Hotelleitung, die Heizung wieder anzustellen, was schließlich auch geschah — für ein Heidengeld.

Ich weiß nicht mehr, in welcher Stadt das war, aber ich erinnere mich, wie mir der Gedanke durch den Kopf schoß: Die Leute in diesem Hotel sind bestimmt keine Republikaner.

Ich war zwar oft mit Ronnie unterwegs, aber wir mußten so viele Orte in so kurzer Zeit besuchen, daß ich wieder dazu überging, unabhängig von ihm bei der Kampagne mitzuarbeiten, besonders in kleineren Gemeinden, wo Ronnie nicht selbst hinkommen konnte. Dabei wurde ich meist nur von Nancy Reynolds und Barney Barnett, einem alten Freund aus unserer Zeit in Sacramento, begleitet. Wann immer es ging, hielt ich mich in meinen Reden an das bewährte Frage-und-Antwort-Spiel.

Nancy und ich verbrachten viel Zeit in Texas, Alabama und North Carolina, wo wir zahllose Krankenhäuser, Frauenvereinigungen, Colleges und Schwesternheime besuchten. Ständig mußte ich Interviews geben, in Gängen, Vorhallen, Motelzimmern, Autos — praktisch überall, mit Ausnahme der Damentoilette. Aber es gefiel mir, Land und Leute kennenzulernen, und ich stellte immer wieder mit Genugtuung fest, wie viele Anhänger Ronnie gerade in abgelegenen Gebieten hatte.

Ich stand früh auf und war den ganzen Tag bis in den späten Abend hinein auf den Beinen. Ich hatte kaum Zeit, die Kleider zu wechseln oder mal ein Bad zu nehmen. Wenn ich Glück hatte, konnte ich mir vielleicht schnell mal die Nase pudern und mich flüchtig kämmen, aber das war's dann meistens schon. Ich ging dazu über, Stricksachen anzuziehen, die man den ganzen Tag über tragen konnte, ohne daß sie zerknittert aussahen.

Wenn man für einen Ehemann Wahlkampf führt, der nicht der amtierende Präsident ist, dann muß man auf jeden Luxus verzichten. Ich erinnere mich noch, wie ich Mrs. Ford während des Wahlkampfes einmal bei einem offiziellen Empfang getroffen habe. Sie sah so hübsch und gepflegt aus, daß ich mir dachte: Es muß herrlich sein, wenn man die *Air Force One* zur Verfügung hat, in der man sich immer umziehen und frischmachen kann.

Der Wahlkampf machte mir Spaß, aber das Fliegen haßte ich. Kleine Städte bedeuteten gewöhnlich kleine Flugzeuge, und ich habe genug Schwierigkeiten mit großen. Eines Nachts, als wir den Ort Aniada, Alabama, anflogen, wandte sich der Pilot zu mir und sagte: »Der Flughafen hier ist winzig. Es gibt nicht einmal einen Kontrollturm. Ich möchte Sie nicht beunruhigen, aber die Rollbahn ist nicht beleuchtet.« Als er meinen Gesichtsausdruck bemerkte, fügte er hinzu: »Aber ich bin mir sicher, ich kann ein paar Leute mit Lastwagen kommen lassen. Die können dann den Platz mit ihren Scheinwerfern beleuchten.«

Wir landeten im Scheinwerferlicht der Lastwagen, aber zu diesem Zeitpunkt war ich mit meinen Nerven völlig am Ende. Ich konnte es einfach nicht fassen, daß wir das hier tatsächlich taten. Ich hatte bisher immer nur darum gebeten, daß das Flugzeug mindestens zwei Motoren haben sollte – und zwei Piloten.

Ein anderes Mal mußten wir nach Banner Elk, North Carolina, fliegen, wo der ›Flughafen‹ aus einer winzigen Graslandebahn in den Bergen bestand. Nur gut, daß ich *das* nicht vorher wußte! Bevor wir zur Landung ansetzten, drückte mir Nancy Reynolds rasch einen Zeitungsartikel in die Hand – und das Flugzeug plumpste auf die Landebahn wie ein Stein. Nancy hatte gedacht, sie könnte mich ablenken, aber als mir flau im Magen wurde, wußte ich Bescheid.

Ich weiß nicht, wer die Präsidentschaftsvorwahlen in New Hampshire auf den Winter festgesetzt hat, aber es war bestimmt niemand aus Kalifornien. An den Winter in Chicago war ich durch meine Kindheit gewöhnt, aber in New Hampshire ist der Winter noch mal etwas ganz anderes.

Andererseits stellten die Menschen dort die besten Fragen – allerdings am liebsten dann, wenn man direkt vor ihrer Wohnungstür stand. Die Leute waren noch die altmodischen Wahlkämpfe von Haus zu Haus gewohnt, bei denen man sich mit dem Kandidaten und ein paar Nachbarn in einem Wohnzimmer zusammensetzt – eine Art von politischer Werbung, die im Fernsehzeitalter bald aussterben wird. Unsere Kampagne in diesem Staat war wirklich sehr gründlich; mit unserem zugigen Wahlkampfbus klapperten so ziemlich jeden Ort auf der Landkarte ab.

Zwei Tage vor dem Wahltermin wollte der Leiter von Ronnies Wahlkampf in New Hampshire, daß Ronnie den Staat verließ; die Wahlkampfmannschaft sollte sich jetzt Zeit nehmen, auf eine möglichst hohe Wahlbeteiligung hinzuwirken, anstatt sich auf den Kandidaten zu konzentrieren. Da Ronnie bei den Meinungsumfragen vorne lag, kam uns dieser Plan ganz vernünftig vor.

Wir wußten jedoch nicht, daß Ronnies Vorsprung kleiner geworden war und daß Ford inzwischen praktisch gleichgezogen hatte. John Sears wußte das, doch aus mir heute noch unerklärlichen Gründen sagte er weder Ronnie noch sonst jemandem etwas davon. Und mein Mann, der sehr vertrauensselig ist, dachte nicht im Traum daran, daß man ihm etwas verheimlichen könnte.

Und so verbrachten wir dummerweise die letzten beiden Tage mit Wahlkampfaktionen in Illinois und kehrten erst am Abend vor dem Wahltag nach New Hampshire zurück.

Während des Rückflugs bat Sears Dick Wirthlin, Ronnie kurz zu informieren. Als Ronnie hörte, daß Ford in New Hampshire gleichgezogen hatte, starrte er eine Zeitlang nur zum Fenster hinaus. Unter uns funkelten die Lichter von Manchester; gleich würden wir landen. »Tja, Dick«, sagte Ronnie dann, »ich kann nur hoffen, daß der eine oder andere nette Mensch dort unten eine Kerze für mich anzündet.«

Als wir am nächsten Morgen aufwachten, war das Wetter ungewöhnlich mild. Ich dachte, das sei ein gutes Zeichen − bis mich jemand darüber aufklärte, daß Ronnies Anhänger so überzeugt von ihm wären, daß sie bei *jedem* Wetter wählen gehen würden, was man von Fords Wählern nicht unbedingt sagen könnte. »Einen wirklich großen Schneesturm hätten wir brauchen können«, erfuhr ich.

Nach den ersten Ergebnissen hatte Ronnie einen leichten Vorsprung, und bis Mitternacht lag er immer noch vorne. Es sah so aus, als hätte Ronnie gewonnen, doch dann wendete sich das Blatt. Als schließlich alle Stimmzettel ausgezählt waren, hatte Ford mit einer Mehrheit von 1317 Stimmen gewonnen.

Daß wir beinahe einen amtierenden Präsidenten geschlagen hätten, war wirklich eine beachtliche Leistung, doch die Presse hatte damit gerechnet, daß Ronnie das Rennen machen würde. Die Folge war, daß Fords knapper Sieg als noch größere Leistung angesehen wurde.

Die momentane Stimmung ist alles in der Politik, und unsere Niederlage in New Hampshire hatte Ronnies Erfolgsaussichten in den anderen Staaten enorm verschlechtert. Aber es schmerzte uns besonders, als wir erfuhren, daß die Mehrheit der Wähler sich tatsächlich für Ronnie entschieden hatte! Wegen einer Besonderheit im Wahlmodus von New Hampshire waren drei zusätzliche, nicht bevollmächtigte Kandidaten aufgestellt worden, die als Reagan-Unterstützer für die Delegation des Bundesstaats kandidierten. Die Wähler durften ihre Stimme jedoch nicht mehr als achtzehn Kandidaten geben, und deshalb waren alle Stimmzettel, auf denen die Wähler einfach sämtliche Reagan-Unterstützer angekreuzt hatten, ungültig. Ronnies Berater schätzten, daß dieser Fehler fünf bis zehn Prozent aller Wähler unterlaufen war; für unseren Sieg in New Hampshire wären das mehr als genug Stimmen gewesen. Zudem hatten fünfzehnhundert Anhänger der Demokratischen Partei für Ronnie gestimmt, aber auch ihre Stimmzettel waren ungültig.*

Wenn Ronnie in New Hampshire gewonnen hätte, dann hätte er wahrscheinlich mindestens noch zwei Vorwahlen gewonnen. Und dann wäre Präsident Ford möglicherweise aus dem Rennen ausgeschieden – so wie John Sears es geplant hatte.

Doch jetzt hatte Ford den Wind im Rücken, und er gewann auch noch in Florida, Massachusetts, Vermont und Illinois. Innerhalb von drei Wochen war Ronald Reagan, der in seinem ganzen Leben noch keine Wahl verloren hatte, fünfmal hintereinander geschlagen worden.

Wahlen finden immer am Dienstag statt, und irgendwann sah es so schlecht für uns aus, daß John Sears sagte: »Früher habe ich gewöhnlich Montage gehaßt. Jetzt hasse ich den Mittwoch!«

Als wir nach North Carolina kamen, wo die Vorwahl am 23. März stattfinden sollte, war Ronnies Lage so aussichtslos, daß die Presseleute nur eine Frage hatten: »Wann steigen Sie aus dem Rennen aus?«

Doch Ronnie hatte keineswegs die Absicht, aufzugeben. Er hatte schließlich nicht zum Spaß kandidiert, und er würde nicht eher aufgeben, bis er alles getan hatte, was in seiner Macht stand.

Ronnie wird nicht sehr oft wütend, aber nach fünf aufeinanderfolgenden Niederlagen zog er andere Saiten auf. Anstatt seine vorbereitete Rede zu halten, schob er seine Notizen beiseite und redete frei von der Leber weg. Und er ging nicht etwa über die Vorteile, die Ford als amtierender Präsident hatte, hinweg, sondern hob sie

---

* Wer sich als Anhänger einer bestimmten Partei deklariert, darf bei den Vorwahlen nur über die Kandidaten der eigenen Partei abstimmen (Anm. d. Übers.)

geradezu hervor. »Wie ich höre, ist Mr. Ford inzwischen hier im Staat angekommen«, sagte er. »Wenn er hier dieselbe Liste von Wahlgeschenken hervorholt wie in Florida, dann wird die Kapelle nicht wissen, ob sie ›Hail to the Chief‹ oder ›Morgen kommt der Weihnachtsmann‹ spielen soll!«

Wenn man fünf Wahlen nacheinander verliert, dann sind die Leute bei Spenden nicht mehr besonders großzügig. Zu diesem Zeitpunkt war unsere Kampagne pleite, und es ging so weit, daß wir *nichts* mehr bekamen, wenn wir nicht im voraus bezahlten – keine Hotelzimmer, keine Werbung, keine Mietwagen. Als wir uns das Charterflugzeug nicht mehr leisten konnten, mieteten wir uns ein kleines gelbes Propellerflugzeug, das als *Fliegende Banane* bekannt wurde. Immer wenn wir die Landung überstanden hatten, ging Mike Deaver mit zwei großen Tüten durch den Mittelgang und bot uns *Kentucky Fried Chicken* an.

Ronnie sah sich jetzt immer stärker genötigt, aus dem Rennen auszusteigen. Wir hatten ohnehin über kaum einen Rückhalt bei den Parteifunktionären und den Amtsinhabern verfügt, aber inzwischen hatte sich die Lage verschlechtert.

Im Februar hatten sich elf der zwölf ehemaligen Vorsitzenden des Nationalkomitees der Republikaner für Präsident Ford ausgesprochen. (Der einzige, der keine Empfehlung abgegeben hatte, war George Bush gewesen, doch als Direktor der CIA durfte er das auch nicht.)

Am 17. März forderte die Nationalkonferenz der republikanischen Bürgermeister Ronnie auf, seine Kandidatur zurückzuziehen.

Am darauffolgenden Tag schrieb die *Los Angeles Times:* »Für Reagan sollte sich eigentlich nicht mehr die Frage stellen, *ob* er aufgeben soll, sondern *wann*.«

Am 20. März forderten sieben republikanische Gouverneure in einer gemeinsamen Erklärung, Ronnie solle auf eine weitere Kandidatur verzichten.

In der ganzen republikanischen Partei hatte Ronnie nur noch einen einzigen namhaften Unterstützer – Senator Paul Laxalt aus Nevada.

Doch als wir erfuhren, daß Barry Goldwater Gerald Ford unterstützte, war das der schwerste Schlag von allen. Meine Eltern, die damals in Phoenix lebten, waren mit den Goldwaters seit Jahren befreundet, und meine Mutter war so wütend, daß sie ihm ohne Umschweife sagte – wobei sie in der Wahl der Worte bestimmt nicht zimperlich war –, daß er zum letztenmal in ihrem Haus gewesen sei.

Schließlich schlossen Mutter und Barry aber doch wieder Frieden. Sie war manchmal etwas hitzig, besonders wenn sie glaubte, daß ein Familienmitglied ungerecht behandelt wurde, aber schließlich ließ sie Vergangenes vergangen sein. Mein Vater war da anders. Er redete nicht mehr mit Barry, und ich glaube, er hat ihm nie verziehen.

Ich war sehr verletzt, denn ich kannte Barry und seine Familie schon seit Jahren. Ronnie und ich hatten ihn 1964 auf dem Parteikonvent unterstützt, und während dieses Wahlkampfes hatte Ronnie mit seiner Fernsehansprache sehr viel Geld für ihn gesammelt. Jetzt, zwölf Jahre später, trat Ronnie wieder für dieselben Grundsätze ein. Aber wo war Barry?

Auch Ronnie war enttäuscht, doch er zog es vor zu glauben, daß Barry Gerald Ford aus Loyalität gegenüber dem Präsidenten unterstützte. Manche fragten sich, ob Barry es Ronnie übelnahm, daß er zur führenden Persönlichkeit der konservativen Bewegung geworden war. Darüber weiß ich nichts Näheres, aber wenn es stimmen sollte, dann kann ich Barry gut verstehen. Es muß sehr schwer sein, eine politische Bewegung ins Leben zu rufen und dann zusehen zu müssen, wie jemand anders die Leitung übernimmt und mehr Erfolg hat als man selbst.

Doch ich denke, daß Barry meinem Mann mehr schuldig war, als er ihm 1976 gab.

Am Tag, an dem in North Carolina gewählt wurde, traf sich Ronnies Wahlkampfmannschaft zu einer Krisensitzung in einem Hotelzimmer in Wisconsin. John Sears hatte einen kühnen Plan. »Gouverneur«, sagte er, »wir haben nicht mehr genug Geld, um den Wahlkampf wie bisher weiterzuführen. Aber ich habe mit Jimmy Lyon in Texas Kontakt aufgenommen, und er wäre bereit, uns hunderttausend Dollar zu leihen, damit Sie eine landesweite Fernsehansprache halten können, und zwar diese Rede von Ihnen über die Schwächen von Ford und Kissinger im Verteidigungsbereich. Und am Schluß machen Sie einen Spendenaufruf. Es ist natürlich ein Vabanquespiel, und ich kann nicht dafür garantieren, daß es auch funktioniert. Wir müßten dann noch heute abend Wisconsin verlassen und nach Los Angeles zurückkehren. Aber ich sehe keine andere Möglichkeit, wie wir sonst das nötige Geld auftreiben sollten.«

Was John vorschlug, war ungeheuer riskant, aber niemand hatte einen besseren Plan. Schließlich sagte Ronnie: »Tun Sie's! Holen Sie das Geld! Ich werde weiterkämpfen bis zu den Wahlen in Kan-

sas City, und wenn wir bis dahin jede verdammte Wahl verlieren.«
An jenem Abend sprach Ronnie vor einer Vereinigung namens
Ducks Unlimited, einer Organisation von Entenjägern in La
Crosse, Wisconsin. Nancy Reynolds und ich saßen draußen in
einem Auto, als die ersten Ergebnisse aus North Carolina bekanntgegeben wurden. Wir beugten uns vor, damit uns ja kein Wort von
dem entging, was aus dem kleinen Autoradio drang. Nach den
Umfragen lag Ford zwar deutlich in Führung, doch nachdem fünf
Prozent der Stimmen ausgezählt waren, hatte Ronnie einen Vorsprung von zehn Prozentpunkten! Obwohl es noch zu früh war,
um etwas Genaueres zu sagen, brachen wir in Jubel aus und fielen
uns vor Freude um den Hals.

Als wir später in den Saal gingen, erzählte uns Frank Reynolds, der
für ABC über Ronnies Wahlkampf berichtete, daß jetzt fünfzehn
Prozent der Stimmen ausgezählt seien und Ronnie seinen Vorsprung
behaupten konnte. Gleich nachdem Ronnie seine Rede beendet
hatte, eilten wir zu ihm, um ihm die gute Nachricht zu überbringen.

Die Presseleute sahen einen echten Durchbruch in North Carolina voraus und forderten lautstark eine Stellungnahme. Doch
Ronnie weigerte sich, auch nur ein Wort zu sagen. Er dachte
immer noch an New Hampshire, wo wir auch einen sicheren Sieg
erwartet hatten.

Als wir später am Abend nach Kalifornien abflogen, hatten wir
noch immer keine endgültigen Ergebnisse aus North Carolina.
Doch die Piloten hörten regelmäßig die aktuellen Zahlen im
Radio, und ich weiß noch, wie Marty Anderson mit seinem Ta-
schenrechner dasaß und Ronnie zu erklären versuchte, daß es
wirklich sehr gut aussähe. Obwohl er weiterhin in Führung lag,
wollte Ronnie es nicht glauben, bis der letzte Stimmzettel ausgezählt worden war. Als schließlich die Ergebnisse der meisten Wahl-
bezirke vorlagen, bewies Marty ihm, daß, selbst wenn jede verblie-
bene Stimme an Ford ginge, Ronnie trotzdem gewonnen hätte. Als
Ronnie das hörte, lächelte er und ging nach hinten zu den Pressevertretern, um eine Erklärung abzugeben. Wir feierten mit Champagner und Vanilleeis.

Es hatte lange gedauert, aber schließlich hatten wir unseren ersten Sieg bei den Präsidentschaftsvorwahlen errungen!

Eine Woche später, als Ronnies Rede von NBC übertragen
wurde, erhielten wir Spenden im Wert von fast eineinhalb Millionen Dollar — das war mehr als genug, um unseren Wahlkampf
weiterzuführen. Sears' Vabanquespiel hatte funktioniert.

Plötzlich hatte sich das Blatt gewendet. In Texas gewann Ronnie jeden Bezirk und alle 96 Delegierten. Am 4. Mai gewann er in Georgia, Alabama und Indiana. Am darauffolgenden Abend sprach Walter Cronkite jene bedeutungsvollen Worte: »Seit heute abend ist Ronald Reagan ein ernsthafter Gegner.«

Jetzt endlich war es ein richtiger Wettkampf — lieber spät als gar nicht.

Obwohl der Wahlkampf keineswegs eine Schlammschlacht war — gar nicht zu vergleichen mit dem Wahlkampf von Bush gegen Dukakis von 1988 —, gab es einen unerfreulichen Zwischenfall unmittelbar vor den Wahlen in Kalifornien. Ronnie hatte einmal auf die hypothetische Frage eines Reporters geantwortet, er könne sich eventuell vorstellen, daß die USA gemeinsam mit anderen Staaten eine UN-Friedenstruppe für Rhodesien aufstellen würden, wenn Rhodesien darum bitten würde.

Stuart Spencer, der Ronnie in seinen beiden Gouverneurswahlkämpfen unterstützt hatte, aber inzwischen für Ford arbeitete, produzierte rasch einen Werbespot für Ford, der mit den Worten endete: »Wenn Sie am Dienstag wählen gehen, dann vergessen Sie nicht: Der *Gouverneur* Reagan könnte keinen Krieg beginnen, doch der *Präsident* Reagan durchaus.«

Es dauerte eine ganze Weile, bis ich Stu das verzeihen konnte.

Doch die Menschen in Kalifornien kannten Ronnie, und der Schuß ging nach hinten los. Am Wahltag gewann Ronnie Kalifornien mit einer Zweidrittelmehrheit.

Als die Vorwahlen abgeschlossen waren, ergab eine inoffizielle Hochrechnung, daß Ford mit 1093 Delegierten in den Konvent ging, während Ronnie 1030 Delegierte hinter sich hatte. Keiner hatte genügend Delegierte, um sich seiner Nominierung sicher sein zu können, aber die magische Zahl lag bei 1130 — Ford war also äußerst nahe dran.

Präsident Ford nutzte die Vorteile seines Amts jetzt voll aus. Er ließ Dutzende von Delegierten, die sich noch nicht festgelegt hatten, zu gemeinsamen Essen, Cocktailparties, Gesprächen und Empfängen ins Weiße Haus kommen. Er lud die Delegation eines ganzen Staates zu sich zum Mittagessen ein. Im Juli wurde Clarke Reed, der Vorsitzende der Delegation von Mississippi, von Ford zu einem offiziellen Empfang zu Ehren von Königin Elizabeth eingeladen. (Die Delegation von Mississippi war die größte Gruppe von noch nicht festgelegten Delegierten im Parteikonvent.) Am Wochenende des 4. Juli lud er sieben noch unentschlossene Delegierte auf einen Flugzeugträger ein, von dem aus man die großen Schiffe in den Hafen von New York einlaufen sehen konnte.

Soweit ich weiß, ist das Weiße Haus noch nie so in den Dienst einer Partei gestellt worden wie in jenem Wahlkampf. Ich war furchtbar wütend. Das Weiße Haus ist für Wichtigeres da als für Parteipolitik und noch nicht festgelegte Delegierte – oder zumindest sollte es so sein.

Im Juli, einen Monat vor dem Konvent, war man in Journalistenkreisen der Ansicht, Ford habe seine Nominierung perfekt gemacht. Wenn man in der Öffentlichkeit ähnlich darüber dachte, dann hätte Ford tatsächlich gewonnen.

Da wir nun nichts mehr zu verlieren hatten, setzte John Sears zum zweiten Mal in diesem Wahlkampf auf Risiko: Er überredete Ronnie, schon mehrere Wochen vor dem Parteikonvent bekanntzugeben, wer sein Kandidat für den Vizepräsidenten sein sollte. Ronnie mußte nicht lange überredet werden. Er war schon seit Jahren fest davon überzeugt, daß es nicht gut sei, wenn der Präsidentschaftskandidat seinen möglichen Vizepräsidenten in letzter Minute und unter immensem Druck bei einer mitternächtlichen Sitzung auf dem Parteikonvent auswählt.

Wenn Ronnie seinen Vizepräsidentschaftskandidaten schon früh bestimmte, so würde das, wie John hoffte, als Zeichen dafür gewertet werden, daß das Rennen noch nicht gelaufen war. Der Mann, den er Ronnie empfahl, war Senator Richard Schweiker aus Pennsylvania. Obwohl Schweiker als Liberaler bekannt war, hatte er 1964 Barry Goldwater unterstützt. Wie Ronnie war auch er für eine Politik der Stärke im Verteidigungsbereich, für das Schulgebet, steuerliche Anreize und die Todesstrafe, und er war gegen eine Meldepflicht für Waffen und gegen vom Staat finanzierte Abtreibungen. John glaubte, daß die Kombination Reagan – Schweiker bei den Präsidentschaftswahlen im November kaum zu schlagen sei, und ich glaube, daß er damit recht hatte.

Doch als Ronnie seine Entscheidung für Schweiker bekanntgab, waren die konservativen Republikaner wütend. Sie hielten Schweiker für zu liberal, sahen in ihm einen zweiten Rockefeller und meinten, Ronnie habe mit dieser Wahl die gemeinsame Sache verraten. Es kümmerte niemanden, daß Kennedy 1960 Johnson ausgewählt hatte, um die Einheit der Demokratischen Partei zu gewährleisten. Und es interessierte auch niemanden, daß die Kombination von zwei Konservativen keine Chance hatte, die Wahl zu gewinnen. Wie immer hielten einige von Ronnies Anhängern die Reinheit der Ideologie für wichtiger als den Sieg.

John hoffte, daß Ronnies Entscheidung für Schweiker Ford unter Druck setzen würde, nun auch *seinen* Vizepräsidentschaftskandidaten zu benennen. Rockefeller kam für Ford nicht mehr in Frage, und John glaubte, daß Fords Entscheidung zu seinem Nachteil sein würde, ganz egal, wen er auswählte. Wenn Ford sich für einen Gemäßigten entschied, würde er Delegierte im Süden verlieren; und ein Konservativer würde ihm im Norden schaden.

Als Ford sich weigerte, seinen Kandidaten bekanntzugeben, versuchte Sears, die Sache zu forcieren, indem er *alle* Präsidentschaftskandidaten aufforderte, ihre Vizepräsidenten vor der Nominierung zu benennen. John verlangte eine Delegiertenabstimmung über diese Frage, denn er wollte zeigen, daß die Unterstützung für Ford teilweise halbherzig war. Wenn wir die Abstimmung gewinnen würden, dann würden die nicht festgelegten Delegierten vielleicht erkennen, daß Fords Sieg nicht unvermeidlich war.

Und so erreichte die Delegiertenversammlung ihren Höhepunkt bereits vierundzwanzig Stunden vor der Nominierung, an jenem Abend, an dem Johns Antrag behandelt wurde. Es ging sehr hitzig zu, und ich werde nie vergessen, welche Wut mich überkam, als ich sah, wie Nelson Rockefeller von einem Delegierten zum anderen lief und sie auf Ford einzuschwören versuchte. Ich sah auch, wie er einem Delegierten aus Utah ein Reagan-Plakat wegnahm und es zerriß. Ich konnte es einfach nicht fassen, daß dieser Mann Vizepräsident der Vereinigten Staaten war.

Wir taten unser Bestes, aber wir hatten einfach nicht genug Stimmen, um unseren Antrag durchzubringen. Und damit wußten wir nun endgültig, daß das Rennen gelaufen war.

Am nächsten Abend traf sich die Familie vor der Kandidatennominierung in unserer Suite im Alameda Plaza Hotel, um in aller Ruhe zu Abend zu essen. Dann setzten wir uns zusammen ins Wohnzimmer, wo Ronnie uns erklärte, was wir ohnehin schon wußten – daß unser langer, leidenschaftlicher Kampf mit einer Niederlage enden würde. »Es tut mir leid, daß ihr das alle mit ansehen müßt«, meinte er.

Wir waren alle in Tränen aufgelöst, doch Ronnie versuchte uns aufzumuntern. »Wißt ihr, was ich am meisten bedauere?« sagte er. »Ich hatte mich wirklich darauf gefreut, mit Breschnew an einem Tisch zu sitzen und über Abrüstung zu verhandeln. Dann hätte er mir erzählt, was wir alles abbauen müßten. Und wenn er dann fertig gewesen wäre, wäre ich aufgestanden, um den Tisch herum gegangen und hätte ihm nur ein kleines Wort ins Ohr geflüstert: *Njet*.«

Ich brachte einen Toast auf meinen Mann aus. »Liebling«, sagte ich, während ich gegen die aufsteigenden Tränen kämpfte, »in all den Jahren, die wir nun verheiratet sind, hast du mich nicht ein einziges Mal enttäuscht. Und ich war noch nie so stolz auf dich wie in diesem Augenblick.«

Traditionsgemäß kommen die Kandidaten erst dann zum Konvent, wenn der Präsidentschaftskandidat nominiert worden ist. An den ersten drei Abenden blieb Ronnie mit einigen seiner Berater im Hotel, während der Rest der Familie zur Versammlung ging. Das republikanische Nationalkomitee hatte uns eine abgeschlossene Balkonloge am hinteren Ende des Saals zugewiesen, über 60 Meter von der Bühne entfernt, mit dicken Glasscheiben, die uns von den Delegierten trennten. Die Loge war mit Plüschsitzen, einem Büfett, einer Bar und einer eigenen Toilette sehr komfortabel ausgestattet. Aber sie war auch abgeschieden. Wir waren so weit weg vom Geschehen, daß wir nicht wirklich an der Versammlung und der Aufregung teilnehmen konnten.

Die Fords hatten eine ähnliche Balkonloge am anderen Ende des Saals, aber Betty Ford hatte zusätzlich eine Loge in der Arena, wo die Delegierten saßen. Maureen war davon überzeugt, daß das absichtlich so arrangiert worden war, um den Fords einen Vorteil zu verschaffen, und vielleicht hatte sie recht. Jedenfalls vereinbarte sie mit einigen Delegierten aus Colorado einen Tausch; sie waren begeistert davon, daß sie unsere Logenplätze einnehmen durften, und wir waren froh, daß wir ihre Sitze hatten, wo wir viel mehr vom Konvent mitbekamen.

Die Presse machte viel Wirbel um Betty Ford und mich, und es gab mehrere Artikel über ›die Schlacht der Ehefrauen‹ oder, wie es die Zeitschrift *Time* nannte, ›den Wettkampf der Königinnen‹. Diese Berichte konzentrierten sich auf ›Themen‹ wie die Frage, was für Kleider wir trugen und wer zuerst den Konventssaal betrat. Das Vorgehen der Presse war von der Art her ganz ähnlich wie zehn Jahre später im Zusammenhang mit Raissa Gorbatschow, als sich die Medien, wenn auch in größerem Maßstab, auf uns und unsere Fehden konzentrierten − die tatsächlichen und die eingebildeten.

Immer wenn Betty oder ich den Saal betraten, begrüßten uns die Anhänger unserer Männer mit demonstrativem Beifall. Am zweiten Abend, als ich gerade mit Applaus empfangen wurde, stimmte die Musikkapelle plötzlich ›Tie a Yellow Ribbon Round the Old

Oak Tree‹ an, und Betty fing an, mit Tony Orlando zu tanzen, der sie gerade in ihrer Loge besuchte. Die Menge tobte. Manche von unseren Leuten hielten das für einen vorsätzlichen Versuch, mich in den Hintergrund zu drängen, aber ich habe nie angenommen, daß Betty das beabsichtigt hatte.

Am Abend zuvor hatte ich in unserer Hotelsuite gesessen, als Ron mich anrief und meinte: »Mom, Betty Ford ist gerade gekommen, und wir sind alle der Meinung, daß du auch herkommen solltest.«

»Aber Ron«, erwiderte ich, »ich habe mich schon umgezogen. Man hat mir gesagt, wir sollten erst morgen wieder dasein.«

Doch Ron bestand darauf, also zog ich mich wieder an und ging hinüber. Ich hätte eigentlich nicht unbedingt dasein müssen, aber wenn alle so von der Spannung eines Wettkampfes ergriffen sind, kann man schlecht abseits stehen bleiben.

Die ›Schlacht der Ehefrauen‹ während des Konvents von 1976 führte zu starken Spannungen zwischen Betty und mir, die nicht notwendig gewesen wären. Wir fühlten uns dadurch beide verunsichert, und es dauerte Jahre, bis wir das überwunden hatten. Unser Verhältnis zueinander – das nie sehr freundschaftlich gewesen war – war nun getrübt durch die Spannungen und das Mißtrauen zwischen unseren beiden Wahlkampfmannschaften. Man erzählte mir Dinge über Betty Ford (und sicher auch ihr über mich), die nicht unbedingt stimmten. Und ich konnte kein Verständnis dafür aufbringen, daß Betty in der Zeitschrift *Time* mit den Worten zitiert wurde: »Nachdem Nancy Ronnie kennengelernt hatte, war ihr eigenes Leben praktisch gelaufen. Sie hat seither nur noch abgebaut.«

Wir waren zwei verschiedene Menschen aus verschiedenen Welten. Als Betty einmal in der Sendung *Sixty Minutes* ein Interview gab, sprach sie sich für die Legalisierung der Abtreibung aus und ließ durchblicken, daß ihrer Meinung nach Marihuana nicht gefährlicher sei als Bier oder Zigaretten. Immer wenn ich während des Wahlkampfes gefragt wurde, was ich von Betty Fords Ansichten hielte, zog ich es vor, mich mit der Antwort aus der Affäre zu ziehen, man hätte ihr vielleicht andere Fragen stellen sollen.

Gerald Ford gewann die Nominierung nachts um null Uhr dreißig; Ronnie und ich und Lyn Nofziger sahen uns die Wahl in unserem Hotel im Fernsehen an. Als es vorüber war, ging Lyn ins Badezimmer und weinte. Dann goß er sich ein Glas Gin ein. Schließlich griff er zum Telefon und rief Bob Nieson an, den Leiter der kalifornischen Delegation, um ihn darum zu bitten, daß die kalifornischen Delegierten jetzt einstimmig Ford wählen sollten.

Als diese sich weigerten, eilte Lyn in den Konventssaal und bat sie, es um der Einheit der Partei willen zu tun. Er fand Bill Wilson und Alfred Bloomingdale, und beiden standen Tränen in den Augen. Bill sagte: »Lyn, ich bin hierhergekommen, um für Ronald Reagan zu stimmen, und ich werde nur für ihn stimmen.«

Als John Rhodes, der Vorsitzende des Konvents, begriff, was vor sich ging, schlug er plötzlich mit dem Hammer auf den Tisch und erklärte, der Konvent hätte Ford gerade einstimmig nominiert. In der ersten Aufregung hielt ich das für eine Unverschämtheit. Aber rückblickend betrachtet war es wahrscheinlich ein kluger Schritt.

John Sears hatte bereits mit Dick Cheney, dem Stabschef des Weißen Hauses, die Vereinbarung getroffen, daß der siegreiche Kandidat den unterlegenen Kandidaten kurz in dessen Hotel besuchen sollte, um sich mit ihm symbolisch auszusöhnen. Da es Gerüchte gab, daß Ford Ronnie zum Vizepräsidenten machen wolle, bat Ronnie John, vorab zu klären, daß Ford dieses Thema bei ihrer Unterhaltung nicht anschneiden würde. Ronnie war nach wie vor nicht interessiert, Vizepräsident zu werden, aber er wollte auch nicht in die Situation kommen, dem Präsidenten eine Abfuhr erteilen zu müssen.

Es war ein Uhr dreißig nachts, als Präsident Ford zusammen mit Dick Cheney, mehreren Assistenten und seinen Sicherheitsbeamten in unsere Suite kam. Die beiden Kandidaten unterhielten sich dann im Wohnzimmer unter vier Augen. Ford hielt Wort und fragte Ronnie nicht, ob er für die Vizepräsidentschaft zur Verfügung stünde. (Ich weiß das, weil Ron und Maureen an der Tür horchten. Wie schon gesagt, bei einem Wahlkampf erhitzen sich manchmal die Gemüter!)

Ford hatte verschiedene Vorschläge für seinen Vizepräsidentschaftskandidaten. Er nannte sechs Namen: Howard Baker, Elliot Richardson, John Conally, William Simon, William Ruckelshaus und Robert Dole. Ronnie sagte Ford, daß er von Bob Dole besonders viel hielte.

In jener Nacht kamen wir nicht viel zum Schlafen. Schon morgens um sieben Uhr fünfzehn klopfte Michael Deaver an unsere Schlafzimmertür. »Gouverneur«, sagte er zu Ronnie, »Holmes, Justin und Bill Smith sind da und wollen mit Ihnen reden. Sie meinen, Sie sollten die Vizepräsidentschaft annehmen.« (Holmes

Tuttle, Justin Dart und William French Smith waren langjährige Anhänger und Freunde von Ronnie.)

Ein solches Angebot gab es natürlich nicht, aber viele Republikaner glaubten, daß nur die Kombination Ford – Reagan im November gewinnen könnte. Und viele von Ronnies Anhängern meinten, die Vizepräsidentschaft sei besser als gar nichts.

»Nein«, erwiderte Ronnie. »Das haben wir doch alles schon durchdiskutiert. Sagen Sie ihnen, daß ich kein Interesse habe.«

»Gouverneur«, sagte Mike, »das müssen Sie ihnen schon selbst sagen. Es sind schließlich Ihre Freunde, nicht meine.«

Ronnie stand auf, zog sich an und bat die drei Männer ins Wohnzimmer. Er erklärte noch einmal, daß er nun mal nicht Vizepräsident werden wolle.

Da klingelte das Telefon; Ronnie hob ab, hörte zu und sagte dann: »Prima. Ich glaube, Sie haben die richtige Wahl getroffen.«

Er legte auf und meinte: »Freunde, das war Jerry Ford. Er hat sich gerade für Bob Dole entschieden.«

Die Entscheidung für Dole war in einer dieser hektischen mitternächtlichen Sitzungen gefallen, die Ronnie hatte vermeiden wollen. Justin Dart war dort gewesen, und er erzählte uns später, daß irgendwann einmal Ronnies Name ins Spiel gebracht worden war und daß Ford daraufhin gesagt hatte: »Auf keinen Fall. Mit diesem Hurensohn will ich nichts zu tun haben.«

Am letzten Abend besuchten wir alle gemeinsam den Konvent, um Fords Rede zu hören. Ron und Maureen waren als erste da, und als sie in unsere Loge kamen, stellten sie fest, daß alle Reagan-Plakate und die Transparente abgenommen worden waren. Ohne zu zögern, hängten sie sie wieder auf.

Dies war das erste und einzige Mal, daß Ronnie auf dem Konvent erschien, und die Demonstration, die er auslöste, war verblüffend. Es war der längste und lauteste Beifall, den ich jemals gehört hatte. *Jemals.* Der ganze Saal tobte! Die Menschen schrien: »Wir wollen Reagan!« Die Kapelle spielte ›God Bless America‹, obwohl es kaum zu hören war. Unten auf der Bühne versuchte John Rhodes vergeblich, für Ruhe zu sorgen. Ronnies Anhänger aus der Delegation von Florida hielten ein Plakat hoch: RON, WIR HÄTTEN ES BEINAHE GESCHAFFT.

Ronnie stand alle paar Minuten auf und bedeutete den Leuten, daß sie sich setzen sollten. Doch immer wenn er aufstand, schrie die Menge: »Auf die Bühne! Auf die Bühne!« Als die Begeisterungsstürme nicht nachließen, kam Frank Reynolds in die Loge und fragte Ronnie: »Was sagen Sie dazu, Gouverneur? Werden Sie eine Ansprache halten?«

»Nein, Frank«, erwiderte Ronnie. »Ich bin nicht der Star des Abends. Das ist ein anderer.«

Doch der Tumult wollte einfach nicht enden. Einmal stand Ronnie auf, um sich bei seinen Anhängern zu bedanken. Ich erinnere mich noch, wie Frank Reynolds sagte: »Mein Gott, er versucht zu sprechen!« Aber ohne Mikrofon gab es für Ronnie keine Möglichkeit, sich vor so vielen Menschen verständlich zu machen.

Anstatt uns zu interviewen sagte Frank dann nur: »Das ist zwar kein Zeichen von journalistischem Unternehmungsgeist, aber ich gehe lieber, damit die Reagans diesen Augenblick genießen können.« Bevor er hinausging, legte er mir den Arm um die Schulter, und ich umarmte ihn. Er war ein netter Mensch, und ich mochte ihn sehr gern.

Schließlich war wieder Ruhe eingekehrt, und Gerald Ford begann mit seiner Rede. Während er sprach, hielt Bryce Harlow, ein alter, erfahrener Parteipolitiker, Rücksprache mit Ronnies Spitzenberatern; er wollte wissen, ob Ronnie einige Worte an den Konvent richten würde, falls Ford ihn dazu aufforderte. Mike Deaver fragte Ronnie, und der gab seine Zustimmung. Aber niemand in unserer Loge rechnete damit, daß Ford das tatsächlich tun würde, jetzt, nachdem dieser lange und harte Wahlkampf endlich vorüber war.

Als Ford seine Rede beendet hatte, ließ man eine Menge bunter Luftballons aufsteigen. Dann blickte Ford zu unserer Loge hinauf und sagte: »Gouverneur Reagan, kommen Sie doch bitte herunter – und bringen Sie Nancy mit!«

Ronnie konnte es nicht ganz glauben. »Hat er mich wirklich aufgefordert?« fragte er.

»Ja«, antwortete Mike. »Nun gehen Sie schon!«

Einen Augenblick später führten uns Sicherheitsbeamte durch ein Labyrinth von Hintertüren, über Treppenaufgänge, durch unterirdische Gänge und Seitengänge zur Bühne. Wir mußten uns beeilen, denn die Bühne war doch ziemlich weit weg. Und dabei fragte Ronnie mich unentwegt: »Was soll ich denn sagen? Ich weiß gar nicht, was ich sagen soll!«

»Mach dir keine Sorgen«, erwiderte ich. »Dir fällt schon was ein!«

Als wir schließlich die Bühne erreichten, brach der Konvent wieder in Jubel aus. Die Leute riefen immer wieder: »Viva! Olé!« Die Fords standen bereits zusammen mit den Doles und den Rockefellers auf der Bühne. Ronnie ging zum Mikrofon, und ich stand neben ihm. Es war so voll auf der Bühne, daß ich schließlich auf einem Lüftungsgitter stehen mußte. Von unten blies dauernd kühle Luft unter mein Kleid, und da es heiß in der Arena war, tat die frische Brise gut. Doch solange wir dort standen, mußte ich meinen Rock festhalten, damit er nicht hochflog. Wie gut, daß er aus Wolle war und nicht aus Seide! Komisch, woran man sich manchmal erinnert.

Als Ronnie zu sprechen anfing, blieben die Delegierten stehen und setzten sich erst, als seine Rede zu Ende war – so etwas war bis dahin noch nie vorgekommen. Aber noch erstaunlicher war es, daß es in der riesigen Kemper-Arena mucksmäuschenstill geworden war. Ich hätte nie gedacht, daß so viele Menschen so still sein konnten, und es war das einzige Mal, daß ich so etwas je erlebte.

Es war ein erhebender Augenblick, aber ich hatte etwas Angst um Ronnie. Da stand er nun vor dem gesamten republikanischen Konvent – ganz zu schweigen von den fünfzig Millionen Fernsehzuschauern. Er hatte nicht geahnt, was auf ihn zukommen würde, und hatte nichts vorbereitet. Ich betete, daß ihm etwas einfallen würde.

Und natürlich fiel ihm auch etwas ein. Als er anfing zu reden, fragte ich mich nur: Wo hat er denn das auf einmal her? Eine Minute zuvor wußte er noch nicht, was er sagen sollte!

»Neulich stellte mir jemand eine Aufgabe«, fing er an. »Ich sollte einen Brief für eine Zeitkapsel schreiben, die nach hundert Jahren in Los Angeles geöffnet werden würde zu unserer Dreihundert-Jahr-Feier.

Es klang nach einer leichten Aufgabe. Man schlug mir vor, ich solle über aktuelle Probleme und Themen schreiben. Und als ich dann mit einem Auto an der Küste entlangfuhr, den blauen Pazifik auf der einen und die Santa-Ynez-Berge auf der anderen Seite, nahm ich mir vor, das zu tun. Und die Frage drängte sich mir auf, ob all das in hundert Jahren noch genauso schön sein würde wie an diesem Sommertag.

Dann wollte ich mit dem Schreiben anfangen – versuchen Sie sich einmal selbst an dieser Aufgabe! Schreiben Sie für Menschen, die in hundert Jahren leben werden und alles über uns wissen. Und wir wissen gar nichts über sie. Wir wissen nichts über die Welt, in der sie leben werden.

Und plötzlich dachte ich mir: Wenn ich über Probleme schreibe, dann über die Probleme unseres Landes, die der Präsident vorhin angesprochen hat, über die Herausforderungen, vor denen wir stehen: über die Aushöhlung der Freiheit, seit die Demokraten dieses Land regieren, über die Angriffe auf die Rechte des einzelnen, über die Regulierungen und Beschränkungen der lebendigen Kraft unserer großen, freien Wirtschaft, die wir genießen. Diesen Herausforderungen müssen wir uns stellen.

Und schließlich stehen wir auch vor einer anderen großen Herausforderung, von der der Präsident gesprochen hat. Wir leben in einer Welt, in der die Großmächte sich mit Raketen bedrohen, die eine furchtbare zerstörerische Kraft haben, die in nur wenigen Minuten das Land des anderen erreichen und praktisch die ganze zivilisierte Welt, in der wir leben, vernichten können.

Und auf einmal wurde mir klar: Diejenigen, die diesen Brief in hundert Jahren lesen werden, wissen, ob diese Raketen abgefeuert wurden. Sie wissen, ob wir der an uns gestellten Anforderung gerecht geworden sind. Ob sie in hundert Jahren noch dieselben Freiheiten haben, wie wir sie heute kennen, hängt davon ab, was wir hier tun.

Werden diese Menschen mit Dankbarkeit zurückblicken und sagen: ›Dem Himmel sei Dank, daß jene Leute 1976 den Verlust der Freiheit verhindert und die Welt vor der atomaren Vernichtung bewahrt haben‹?

Wenn wir versagen, dann werden sie diesen Brief wahrscheinlich nie lesen, denn er handelt von der Freiheit des einzelnen, und über so etwas dürfen sie dann nicht mehr sprechen und nichts mehr darüber lesen.

Das ist die Herausforderung, vor der wir stehen. Und deshalb müssen wir heute nacht hier in dieser Halle mehr als je zuvor aufhören, nur miteinander und nur über uns zu reden, sondern hinausgehen und der Welt mitteilen, daß wir vielleicht zahlenmäßig weniger sind als je zuvor, daß wir aber die Botschaft bringen, auf die die Welt gewartet hat. Wenn wir hier hinausgehen, dann müssen wir einig sein, dann müssen wir davon überzeugt sein, daß stimmt, was ein großer General vor ein paar Jahren gesagt hat: ›Für den Sieg gibt es keinen Ersatz.‹«

Als Ronnie seine Ansprache beendet hatte, brach der ganze Saal in Jubel aus. Unter großem Beifall verließen wir die Bühne, und das Lied ›California, Here I Come‹ dröhnte in unseren Ohren.

Ehe wir am nächsten Vormittag Kansas City verließen, sprach

Ronnie noch bei zwei Abschlußveranstaltungen. Die erste war für die kalifornische Delegation. »Unser Kampf geht weiter«, sagte Ronnie. »Es war nur eine Schlacht in einem langen Krieg, und er wird andauern, solange wir leben. Nancy und ich, wir werden uns nicht aufs Altenteil zurückziehen und sagen: So, das war's.«

Ich war nicht bei dieser Versammlung dabei, aber man erzählte mir, daß Ronnie seine Rede mit einem Zitat aus einer alten englischen Ballade abschloß, die er vor langen Jahren in der Schule gelernt hatte:

> I will lay me down and bleed a while.
> Though I am wounded, I am not slain.
> I shall rise and fight again.
>
> (Ich will mich niederlegen und eine Weile bluten. /
> Obwohl ich verwundet bin, bin ich nicht erschlagen. /
> Ich werde aufstehen und weiterkämpfen.)

Ich begleitete Ronnie bei der zweiten Versammlung, wo er all den jungen Menschen und Freiwilligen dankte, die so hart für ihn gearbeitet hatten. »Werdet nicht zynisch«, sagte er. »Werdet nicht zynisch, sondern haltet euch vor Augen, wofür ihr gekämpft habt, und erkennt, daß dort draußen Millionen und Abermillionen von Amerikanern sind, die auch das wollen, was ihr wollt, dasselbe wie ihr – eine strahlende Stadt auf einem Hügel.«

Ich erinnere mich so gut an jene Szene. Mein Blick schweifte über dieses Meer von jungen Gesichtern, und viele weinten. Ich senkte den Kopf und wandte das Gesicht ab, um nicht vor den laufenden Kameras meine Tränen zu zeigen.

Lyn Nofziger kam zu mir und gab mir sein Taschentuch. »Möchten Sie auch ein paar Worte sagen?« fragte er mich.

»Ich würde gern, Lyn«, antwortete ich. »Aber ich kann nicht. Ich kann einfach nicht.«

Als wir dann am späten Vormittag auf dem Weg zum Flughafen waren, kamen wir an einem handgemalten Plakat vorbei, auf dem stand: AUF WIEDERSEHEN, REPUBLIKANER. IHR HABT DEN FALSCHEN MANN GEWÄHLT.

Es dauerte Jahre, ehe die Wunden verheilt waren, die 1976 den Reagans wie auch den Fords geschlagen worden waren. Ich kann mir vorstellen, was die Familie Ford empfunden haben muß, als Jerry die Nominierung gewann und ihm die Delegierten dann klarmachten, daß Ronnie ihnen viel lieber gewesen wäre. Daß Ronnie so viel mehr Beifall erhielt, muß für Ford wahrlich niederschmetternd gewesen sein. Mich hätte das bestimmt sehr getroffen.

Später beschwerten sich dann verschiedene Anhänger von Ford darüber, daß Ronnie im Herbstwahlkampf gegen Jimmy Carter den Präsidenten zu wenig unterstützt habe. Doch Ronnie tat alles, was er konnte, um dem republikanischen Präsidentschaftskandidaten zum Sieg zu verhelfen. Als der Konvent vorüber war, hatte Mike Deaver Fords Wahlkampfmanager gebeten, ihm ihre Terminwünsche für Ronnie möglichst bald mitzuteilen. Ronnie war von republikanischen Kandidaten für den Kongreß unzählige Male gebeten worden, für sie Ansprachen zu halten, darunter einige Republikaner, die ihm bei seinem eigenen Wahlkampf geholfen hatten. (Er erhielt auch Anfragen von Politikern, die gegen ihn kandidiert hatten, und in vielen Fällen sprach er auch für sie.)

Deaver hatte befürchtet, daß Fords Leute sich im letzten Augenblick an Ronnie wenden würden und daß Ronnie ihnen dann nicht mehr helfen könnte – und genau so kam es dann auch. Ronnie führte in fünfundzwanzig Staaten Wahlkampagnen für die Liste der Republikaner durch. Doch als Fords Wahlkampfhelfer ihn gegen Ende des Wahlkampfes um einige kurzfristige Termine baten, konnte Ronnie sie unmöglich wahrnehmen, ohne früher vereinbarte Auftritte absagen zu müssen, etwas, was er noch nie zu tun bereit war.

Man kann nicht über einen so langen Zeitraum hinweg so schwer arbeiten, ohne dann nicht auch frustriert zu sein. Ronnie und ich waren zutiefst enttäuscht, daß wir die Nominierung im Jahre 1976 nicht gewonnen hatten. Aber wir waren so beeindruckt von all der Liebe, die uns die Delegierten entgegengebracht hatten, daß es unmöglich war, verbittert zu sein. Außerdem hatte Ronnie immer an das geglaubt, was seine Mutter ihn einst gelehrt hatte: Daß alles, was geschieht, auch einen Sinn hat. In Ronnies Augen hatte er die Nominierung 1976 verloren, weil Gott anderes mit ihm vorhatte.

Vier Jahre später wußten wir auch, was.

11

Sieg! 1980

Ronnie gewann die Wahl 1980, weil er durch die Begeisterung, die er mit seinem Wahlkampf und beim Konvent 1976 ausgelöst hatte, eine Grundlage hatte, auf der er weiter aufbauen konnte. Und als diesmal im Wahlkampf die ersten Schwierigkeiten auftauchten, wurde Ronnie so wütend, wie ich es noch nie erlebt hatte. Er ergriff selbst die Initiative, ehe ein Schaden entstand, der nicht wiedergutzumachen war.

Wieder war John Sears unser Wahlkampfmanager. Doch er machte gleich zu Beginn einen großen Fehler: In Iowa, wo im Januar der Wahlkampf anfing, ließ er Ronnie nicht an der gemeinsamen Diskussionsveranstaltung mit den anderen republikanischen Präsidentschaftskandidaten teilnehmen. Als die sieben republikanischen Kandidaten (Ronnie, John Conally, Howard Baker, George Bush, John Anderson, Philip Crane und Robert Dole) zu einer landesweit ausgestrahlten Fernsehdebatte nach Des Moines eingeladen wurden, entschied John, daß Ronnie nicht dabeisein sollte.

Sein Plan war es, Ronnie aus der Auseinandersetzung herauszuhalten. Ronnie war der anerkannte Spitzenkandidat, und John wollte nicht, daß es aussah, als müßte Ronnie wie jeder andere auch auf Stimmenfang gehen.

Doch als Ronnie am 5. Januar nicht bei der Debatte erschien, wurde er von jedem seiner sechs Gegner deswegen heftig angegriffen. Viele Bürger von Iowa glaubten offenbar, daß Ronnie sich seiner Spitzenstellung allzu sicher sei, denn nun fiel laut Meinungsumfragen sein Wähleranteil von 50 auf 25 Prozent. Ronnie hatte

231

in Iowa zwar einige kurze öffentliche Auftritte, doch die waren meist darauf beschränkt, auf dem Flughafen ein paar Worte an die Bürger zu richten. George Bush konnte für sich geltend machen, daß er mehr Tage in Iowa verbracht hatte als Ronnie Stunden.

Vielleicht hatte John Sears nicht ganz verstanden, was es hieß, daß Ronnie, bevor er nach Hollywood gegangen war, in Iowa als Sportreporter im Radio gearbeitet hatte, und daß Dutch Reagan die Stimme der Chicago Cubs war. Vielleicht meinte John auch, daß sich niemand mehr an einen Sportreporter erinnern würde, der Iowa vor mehr als vierzig Jahren verlassen hatte. Doch sogar noch 1980, nach so langer Zeit, betrachteten manche Einwohner von Iowa Ronnie als einen der ihren. Die Leute waren ihm wohlgesonnen, und daraus hätte man etwas machen können, wenn John diesen Vorteil nur zu nutzen gewußt hätte.

Als die Ergebnisse aus Iowa bekanntgegeben wurden, waren Ronnie und ich schon wieder in Kalifornien. Wir sahen uns bei unseren Freunden Hal und Martha Wallis gerade eine Vorschau auf den neuen Film *Kramer vs. Kramer* (Kramer gegen Kramer) an, als Dick Wirthlin anrief und uns zu unserem Entsetzen mitteilte, daß Ronnie von George Bush geschlagen worden war, mit 33 zu 30 Prozent. Zwar hatte Bush seinen Sieg mit nur 2200 Stimmen Vorsprung errungen, aber wir waren davon ausgegangen, daß Ronnie gewinnen würde – genau wie damals 1976 bei den Vorwahlen in New Hampshire. Diese Niederlage brachte uns mit unserer Kampagne plötzlich in enorme Schwierigkeiten.

New Hampshire stand als nächstes an, und wenn wir dort nicht gewinnen sollten, war das Rennen möglicherweise schon gelaufen.

Nach der Niederlage in Iowa beschloß Ronnie, den Wahlkampf selbst in die Hand zu nehmen. »Wir ändern unsere Taktik«, sagte er zu John. »Wir werden mit unserem Bus jede einzelne Stadt und jedes Dorf in diesem Staat abklappern. Bis zum Wahltag werden wir in New Hampshire *wohnen*. Das letztemal haben Sie mich zu früh weggeholt. Diesmal bleiben wir, bis es vorbei ist.«

Nach Iowa würden wir in New Hampshire kein leichtes Spiel haben. Ich erinnere mich noch daran, wie George Bush in New Hampshire aus dem Flugzeug stieg und sich brüstete, daß er jetzt die besseren Karten habe. Und es stimmte: Bush hatte in Iowa einen aufsehenerregenden Coup gelandet, und sein Wahlkampf in New Hampshire war ganz davon geprägt. Zwei Wochen vor dem Wahltag ging aus einer Umfrage von Dick Wirthlin hervor, daß Bush mit einem Vorsprung von neun Prozent vor Ronnie lag.

Ronnie stürzte sich mit einer solchen Energie in den Wahlkampf in New Hampshire wie noch nie bei einer Kandidatur zuvor. Die Journalisten kamen kaum noch hinterher. Von Tagesanbruch bis spät in die Nacht hinein war Ronnie unterwegs und redete mit den Leuten. Er sprach über die Wirtschaft, über Abtreibung, über die Genehmigungspflicht von Waffen, über die Sowjets und die Gleichstellung der Frau. Ronnie ist besonders gut, wenn er Konkurrenz hat, und er läuft am besten, wenn er zurückliegt; ich habe ihn nie härter arbeiten sehen als in jenem Monat.

Obwohl Ronnie mit ganzem Herzen bei der Sache war, gab es bei diesem Wahlkampf erhebliche interne Schwierigkeiten. Im Mittelpunkt dieses Konflikts standen John Sears und seine beiden Assistenten, Jim Lake und Charlie Black. Ich weiß nicht, warum John sich in den Jahren zwischen 1976 und 1980 so verändert hatte, aber ich fand, daß er arrogant und abweisend geworden war. Vielleicht paßte es ihm auch einfach nicht, daß Ronnie die Wahlkampfleitung selbst in die Hand genommen hatte. Was auch immer der Grund gewesen war, man hatte den Eindruck, er habe etwas gegen jeden, der dem Kandidaten nahestand.

Noch bevor wir in New Hampshire ankamen, hatte John seine größten Rivalen aus dem Team entfernt, unter anderem Lyn Nofziger, Martin Anderson und Mike Deaver. Mike stieg aus der Truppe aus, nachdem er am Sonntag nach Thanksgiving mit John eine hitzige Auseinandersetzung in unserem Haus in Pacific Palisades geführt hatte. John und Mike hatten schon wochenlang immer wieder miteinander gestritten, und Ronnie hatte beide an einen Tisch gesetzt, damit sie ihre Differenzen beilegen konnten. Doch John hatte gar kein Interesse an einer Aussöhnung. Er brachte eine ganze Reihe von Beschwerden gegen Mike vor und behauptete, Mikes Public-Relations-Firma überfordere Ronnie. John erklärte, daß er, Lake und Black aus der Wahlkampfmannschaft aussteigen würden, wenn Mike nicht gehe. Ich beneidete Ronnie nicht um den Konflikt, in dem er sich befand. Mike Deaver war ein alter, vertrauter Freund und Ratgeber, und man konnte sich kaum vorstellen, wie Ronnie ohne ihn weiter Politik machen sollte. Doch John Sears war das neu entdeckte Genie von 1976, und er schien der beste Mann zu sein, um uns 1980 zum Sieg zu verhelfen.

»Liebling«, sagte ich zu Ronnie, »ich glaube, du mußt eine Entscheidung treffen.«

»Nein, Gouverneur«, meinte Mike. »Das brauchen Sie nicht — ich gehe.«

Und mit diesen Worten verließ Mike den Raum.

Ronnie lief Mike hinterher und versuchte ihn umzustimmen, doch Mike war viel zu verärgert über das, was John gesagt hatte. Als Ronnie zurückkam, war er genauso ärgerlich und sagte: »Gerade hat uns der wichtigste Mann verlassen.«

Ronnie machte einen großen Fehler, als er Mike gehen ließ, und ich glaube, das war ihm damals auch bewußt. Ich habe es nie erlebt, daß Ronnie gegen jemanden einen Groll hegte, aber ich habe das Gefühl, daß er seit jenem Tag auf John nicht gut zu sprechen war. Die beiden hatten sich schon von Anfang an nicht besonders gut leiden können, und das trat jetzt immer deutlicher hervor. Ronnie braucht eine ruhige und harmonische Umgebung, doch John war immer nervös und angespannt, vor allem nach der Niederlage in Iowa. In New Hampshire ging er den anderen Wahlkampfhelfern aus dem Weg und verbrachte die meiste Zeit allein in seinem Zimmer oder bei Gesprächen mit Jim und Charlie. Manchmal verschwand er auch einfach für ein paar Tage, und wir hatten keine Ahnung, wo er steckte.

Statt der geschlossenen Wahlkampfmannschaft von 1976 hatten wir jetzt ein Team mit wenig Kampfgeist, das in Ronnies Leute und in Johns Leute gespalten war. Wenn wir nachts ins Hotel zurückkamen, ging Ronnie immer gleich schlafen. Doch ich lief von einem Zimmer zum anderen, traf mich mit John und den anderen auf den Gängen oder in irgendwelchen Nischen und versuchte, zwischen den Leuten zu vermitteln und die Wogen zu glätten. Wenn ich dann schließlich zu Bett ging, fragte Ronnie mich, wo ich gewesen sei, und ich ließ mir alle möglichen Ausreden einfallen. Ich wollte es so lange wie möglich hinauszögern, ihm von den Spannungen in unserem Team zu berichten. Ich wollte unterschwellige Strömungen von ihm fernhalten, damit er sich ganz auf seinen Wahlkampf konzentrieren konnte. Eine Zeitlang gelang mir das auch. Doch bald merkte ich, daß wir versuchten, mit Heftpflaster einen Knochenbruch zu verarzten.

Etwa eine Woche vor der Wahl in New Hampshire kam es zwischen Ronnie und John zur offenen Auseinandersetzung. Es war gegen zwei Uhr nachts, nach einem langen, harten Wahlkampftag, als John anfing, Ed Meese zu beschuldigen, er habe angeblich irgendwelche Dinge an die Presse durchsickern lassen. Er behauptete auch, er habe gehört (durch eine Badezimmerwand!), wie Ed jemandem am Telefon erzählt habe, daß er, John, demnächst das Wahlkampfteam verlassen müsse.

Ronnie verliert selten die Beherrschung, aber in jener Nacht war er wirklich wütend. »Sie haben Deaver erledigt«, fuhr er John an, »aber das schwör' ich Ihnen, Ed Meese kriegen Sie nicht! Sie und Ihre Leute haben mich in die Enge getrieben!« Ich war überzeugt, daß er auf John losgehen würde, deshalb faßte ich ihn am Arm und sagte: »Es ist schon spät, und ich denke, wir sollten jetzt alle etwas schlafen.«

Es war unmöglich, unter solchen Bedingungen zu arbeiten. Ich glaubte nicht, daß Ronnie es lange durchstehen könnte, den ganzen Tag lang wahlkampfmäßig unterwegs zu sein und sich dann bis zwei oder drei Uhr nachts mit den Spannungen im Wahlkampfteam herumzuschlagen. Und offen gestanden, ich hätte es auch nicht gekonnt. Schließlich traf Ronnie die Entscheidung, die ich auch unterstützte, daß Sears und seinen beiden Assistenten gehen mußten. Es gab keinen anderen Ausweg.

Es war Ronnies Idee, sie an dem Tag zu entlassen, an dem in New Hampshire die Vorwahl stattfand, und zwar noch bevor die Ergebnisse bekanntgegeben wurden. Falls wir verlieren sollten, wollte Ronnie nicht, daß John glaubte, er wäre deshalb gefeuert worden. Und falls wir siegten, wollte Ronnie bei John nicht den Eindruck erwecken, er sei undankbar.

Am 26. Februar aßen John, Jim und Charlie zusammen mit einigen Journalisten zu Mittag und kamen danach zu einer kurzen Unterredung in unsere Suite im zweiten Stock des Holiday Inn in Manchester. Ronnie erklärte, daß er ihnen sehr dankbar sei für das, was sie in diesem Wahlkampf geleistet hätten, daß er aber gezwungen sei, einige personelle Veränderungen vorzunehmen. Dann gab er jedem von ihnen eine schriftliche Erklärung, aus der hervorging, daß Sears beschlossen hatte, in seine Anwaltspraxis zurückzukehren, und Black und Lake gemeinsam mit ihm aus dem Team ausschieden. Ronnie hielt dies für die am wenigsten peinliche Lösung.

Diesmal fielen keine bösen Worte. Ich vermute, John wußte bereits, daß das unvermeidlich war.

Während des ganzen Gesprächs verzog John keine Miene. Danach ging ich mit ihm in ein anderes Zimmer und sagte zu ihm: »Es tut mir leid, daß es so gekommen ist. Aber ich hoffe, wir können trotzdem Freunde bleiben.« John und ich trennten uns schließlich in gegenseitigem Einvernehmen. Ich hoffe es zumindest.

Ich erinnere mich nicht mehr, was er sagte, doch ich habe ihn seit diesem Tag nicht mehr gesehen, außer im Fernsehen, wo er manchmal politische Ereignisse kommentiert. Ich habe mich oft gefragt, was während Ronnies achtjähriger Präsidentschaft wohl in ihm vorgegangen ist. John Sears gehörte zu den intelligentesten und begabtesten Menschen, die ich je kennengelernt habe. Aber 1980 paßte er einfach nicht in unser Team.

Es tat mir auch leid, daß Charlie und Jim gehen mußten. Später, nachdem Ronnie Präsident geworden war, arbeitete Jims Sohn für uns in der Vorausabteilung.

Nachdem Sears gegangen war, dauerte es nicht mehr lange, bis Deaver, Nofziger und Anderson wieder in unser Team zurückkehrten.

Unser neuer Wahlkampfmanager William Casey war zuvor Vorsitzender der Securities and Exchange Commission* gewesen. Seine wichtigste Aufgabe bestand darin, Geld für uns zu sammeln und unsere Ausgaben zu reduzieren. Nach der verlorenen Wahl in Iowa waren wir praktisch pleite; John war in den ersten Wahlkampfwochen sehr großzügig mit unseren Mitteln umgegangen. Casey reduzierte kurzerhand das Personal unserer beiden Wahlkampfbüros in Los Angeles und Washington um fast die Hälfte.

Entgegen einer weitverbreiteten Meinung war Ronnie nie der Kandidat der Reichen gewesen. Wenn er es gewesen wäre, dann hätte es 1976 wie auch 1980 nicht solche finanziellen Engpässe gegeben. Der republikanische Kandidat, der von der Großindustrie unterstützt wurde, hieß nicht Ronald Reagan, sondern John Conally. Als Conally aus dem Rennen ausstieg, ging das große Geld an Bush. Ronnies Geldgeber waren immer überwiegend kleine Geschäftsleute und Unternehmer.

Der entscheidende Augenblick im Wahlkampf von New Hampshire war unmittelbar vor einer Debatte zwischen Ronnie und George Bush am Samstag abend vor den Wahlen in der Stadt Nashua. Für mich wird es immer die Nacht bleiben, in der Ronnie in aller Öffentlichkeit wütend wurde, und ich bin heilfroh darüber!

Die Debatte, die in der Turnhalle einer High School stattfand, war ursprünglich vom *Nashua Telegraph* finanziert worden. Doch die Zeitung mußte ihre finanzielle Unterstützung im letzten Moment zurückziehen, nachdem Robert Dole als einer der fünf Kandidaten, die nicht eingeladen worden waren, sich bei der Wahlauf-

---

* Securities and Exchange Commission: Eine staatlich eingerichtete Kommission zur Kontrolle des Wertpapierbereichs und der Börsen (Anm. d. Übers.)

sichtsbehörde beschwert hatte, daß diese Veranstaltung eine illegale Unterstützung für Reagan und Bush darstelle. Daraufhin boten wir den Wahlhelfern von Bush an, die Kosten zu teilen, doch sie weigerten sich. Schließlich erklärten wir uns bereit, für die ganzen Kosten allein aufzukommen. Obwohl die Zeitung nicht mehr offiziell als Veranstalter auftrat, einigten wir uns mit den Leuten von Bush darauf, daß die Zeitung wie geplant die Diskussionsleitung übernehmen sollte.

Es ärgerte die anderen republikanischen Kandidaten, daß sie nicht teilnehmen durften, und Ronnie meinte, daß sie auch guten Grund dazu hatten. Doch die Herausgeber der Zeitung, die offenbar Bush unterstützten, wollten nach wie vor nur eine Debatte zwischen zwei Kandidaten. Bushs Wahlkampfmanager ebenso. Nach seinem Sieg in Iowa war Bush der einzige Republikaner, der gute Chancen hatte, Ronnie in New Hampshire zu schlagen. Wenn er allein gegen Ronnie antrat, würde das seine Position noch zusätzlich stärken.

Ein paar Minuten vor Beginn der Debatte wußten wir noch immer nicht genau, wer nun eigentlich daran teilnehmen würde. Ich war bei Ronnie und den anderen Kandidaten mit Ausnahme von Bush; wir standen in einem kleinen Klassenzimmer im Erdgeschoß und versuchten mit Bushs Team einen Kompromiß auszuhandeln. Doch sie wollten eine Zwei-Mann-Debatte und gaben keinen Millimeter nach.

Ronnie wollte einfach gehen, wenn die anderen Kandidaten nicht auch teilnehmen durften. Doch seine Berater hielten diese Debatte für eine einmalige Gelegenheit, Bush als ernstzunehmenden Rivalen aus dem Weg zu räumen. Deshalb bestanden sie darauf, daß Ronnie dablieb. Das letzte, was sie wollten, war, daß Ronnie jetzt ging und damit den Anschein erweckte, er hätte Angst vor einer Auseinandersetzung mit Bush.

Als wir noch diskutierten, was wir tun sollten, kam jemand vom *Telegraph* in das Klassenzimmer, in dem wir uns berieten. »Mr. Bush ist schon auf der Bühne«, sagte der Mann. »Wenn Mr. Reagan nicht innerhalb der nächsten fünf Minuten erscheint, wird die Debatte abgesagt, und Mr. Bush wird zum Sieger erklärt.«

Als die Zeit schließlich immer knapper wurde und niemand wußte, was zu tun sei, fragte ich: »Warum gehen Sie nicht alle zusammen auf die Bühne?«

Damit schienen alle einverstanden. Ronnie ging voraus, ihm folgten John Anderson, Bob Dole, Phil Crane und Howard Baker.

(John Conally führte gerade Wahlkampf in South Carolina.) Ronnie setzte sich auf seinen Platz am anderen Ende des Podiums gegenüber von Bush, und die anderen vier Kandidaten standen hinter ihm. Als die Leute begriffen, was auf der Bühne vor sich ging, schrien alle durcheinander. Ich saß im Publikum bei Ronnies Wahlkampfmannschaft und seinen Anhängern. Obwohl der ganze Saal ein einziges Chaos war, saß George Bush einfach nur da und blickte starr geradeaus, als wäre er allein hier und überhaupt nichts geschehen. Später schrieb eine der Zeitungen aus New Hampshire, George habe ausgesehen wie ein kleiner Junge, den die Eltern auf der falschen Geburtstagsparty abgesetzt hatten.

Jon Breen, der Herausgeber des *Telegraph,* versuchte das Publikum zur Ruhe zu bringen. Dann sagte Ronnie mit lauter Simme, er sei der Meinung, daß alle Kandidaten das Recht haben sollten, an dieser Debatte teilzunehmen.

»Mr. Reagan ist nicht an der Reihe«, sagte Breen. »Schaltet sein Mikrofon ab.«

Ronnie sah ihn mit ungläubigem Staunen an. Er konnte nicht fassen, was er soeben gehört hatte.

»Schaltet das Mikrofon von Mr. Reagan ab«, wiederholte Breen.

Das war zuviel. Ronnie schlug mit der Faust auf den Tisch und sagte: »Ich habe für dieses Mikrofon *bezahlt,* Mr. Green!«

Ronnie war so außer sich, daß er den Namen des Mannes falsch aussprach.

Aber die Erregung in seiner Stimme war unmißverständlich. Augenblicklich fingen alle an zu schreien, ich eingeschlossen. Ich war plötzlich aufgesprungen und rief: »Gib's ihm, Liebling, gib's ihm!« Gleich darauf hatte ich mich wieder gefangen und dachte: O Gott, hoffentlich war ich nicht im Bild.

Doch die Kameras waren auf meinen Mann gerichtet. Als sich das Publikum schließlich beruhigte, erklärte Ronnie, warum er denke, daß die anderen Kandidaten auf der Bühne ebenfalls die Möglichkeit haben sollten, etwas zu sagen.

Nicht jeder in dieser Turnhalle war ein Reagan-Anhänger, aber man konnte feststellen, daß die meisten doch mit Ronnie einer Meinung waren. »Bringt ihnen Stühle«, riefen die Leute. Doch die Organisatoren und die Leute von Bush wollten das nicht, und so verließen die anderen vier Kandidaten wütend die Bühne.

An die Diskussion selbst erinnere ich mich kaum, aber die Spannung hatte ihren Höhepunkt eigentlich schon vorher erreicht. Obwohl die Debatte nur im regionalen Fernsehen ausgestrahlt wurde, waren auch Kamerateams von landesweiten Sendern da, und in den nächsten Tagen wurde immer und immer wieder der Ausschnitt gezeigt, wie Ronnie wütend wurde; und zwar nicht nur in New Hampshire, sondern im ganzen Land. Mit diesen acht Worten – »Ich habe für dieses Mikrofon *bezahlt*, Mr. Green!« – hatte Ronnie die Initiative in seinem Wahlkampf ergriffen. Die Medien bezeichneten dieses Ereignis später als den Wendepunkt des gesamten Wahlkampfes, und ich glaube, sie hatten recht.

Nach dem, was 1976 passiert war, dachte Ronnie nicht im Traum daran, New Hampshire vor dem Wahltag zu verlassen. Obwohl er nach den Meinungsumfragen deutlich an der Spitze lag, und obwohl Dick Wirthlin zwei Tage vor der Wahl aus Kalifornien anrief und Ronnie prophezeite, daß er mit einem Vorsprung von 17 Prozent gewinnen würde, blieben wir bis zum Schluß. Ronnie ging am Wahltag mit 51 Prozent der Stimmen als Sieger hervor. George Bush landete weit abgeschlagen mit 27 Prozent weniger auf dem zweiten Platz. Howard Baker wurde Dritter.

Wir flogen von New Hampshire nach Vermont, wo Ronnie eine Woche später die Vorwahl gewann. Am 8. März siegte Ronnie dann in South Carolina, woraufhin John Conally seine Kandidatur zurückzog. Drei Tage später gewann Ronnie in Alabama, Florida und Georgia. Einer nach dem anderen stiegen Ronnies Gegner aus dem Rennen aus, mit Ausnahme von John Anderson, der beschloß, als Unabhängiger zu kandidieren. Während der ganzen Vorwahlen war George Bush der einzige echte Gegenkandidat, doch es war niemals knapp. Von den 33 Bundesstaaten, in denen sich beide Männer zur Wahl stellten, ging Ronnie in 29 als Sieger hervor. Bush zog seine Kandidatur schließlich zurück, und so zog Ronnie als triumphierender Sieger in den Parteikonvent in Detroit ein, bei dem es nur noch ein spannendes Thema gab: Wen würde er als Vizepräsidentschaftskandidaten wählen?

Ich konnte es zuerst gar nicht glauben, aber die meisten von Ronnies Beratern wollten, daß er sich für Gerald Ford entschied. Für sie war die Kombination Reagan – Ford ein ›Traumpaar‹, das die republikanische Partei einigen und bei den Präsidentschaftswahlen im November unschlagbar werden lassen würde. Nach den Ergebnissen der Meinungsumfragen war diese Einschätzung richtig, und auch Ronnie gefiel dieser Vorschlag. Während des Konvents traf er sich mehrmals mit Ford, um mit ihm darüber zu sprechen.

Ich hielt diese ganze Idee für lächerlich. Es war mir unbegreiflich, wie ein ehemaliger Präsident – *irgendein* Präsident – als die Nummer zwei ins Weiße Haus zurückkehren sollte. Es würde für beide Männer höchst unangenehm und völlig inpraktikabel sein, und ich verstand nicht, daß das nicht jedem einleuchtete. »Es geht einfach nicht«, sagte ich zu Ronnie. »Das wäre eine Doppelpräsidentschaft. Es funktioniert einfach nicht.«

Aber er sah das anders. Soviel zu meinem berühmten ›Einfluß‹ auf Ronald Reagan.

Als Ronnies Berater mich baten, Betty Ford anzurufen und sie zu fragen, was sie von dieser Idee hielte, tat ich es Ronnie zuliebe. Aber ich war sehr erleichtert, als ich erfuhr, daß Betty weitgehend meine Meinung teilte. »Nein«, sagte sie, »so gern wir Ihnen helfen würden, aber ich halte das für keine gute Idee.« Ich versuchte nicht, sie umzustimmen. Sie erklärte auch, daß sie jetzt, nachdem sie und ihr Mann wieder ein Privatleben führten, keine Ambitionen hätte, wieder in die Politik zurückzukehren.

Doch unsere Männer hielten weiterhin an diesem Vorschlag fest, und ihre Mitarbeiter ebenso. Am dritten Konventstag traf Ford sich mit Ronnie und sagte, er wolle bei der Kabinettsbildung ein Mitspracherecht haben, und er schlage Henry Kissinger als Außenminister und Alan Greenspan als Finanzminister vor. Ronnie hörte ihm zu, legte sich aber nicht fest.

Ein paar Stunden später, als Ronnie und ich in unserer Suite im Plaza in Detroit saßen, sahen wir uns die Abendnachrichten von CBS an, als Ford plötzlich Walter Cronkite ein Live-Interview gab. Schon den ganzen Tag über waren Gerüchte kursiert über das ›Traumpaar‹ und über eine Vereinbarung, wonach Ford mehr Macht und Verantwortung übertragen würde als sonst einem Vizepräsidenten. Man munkelte sogar, Ford solle ›stellvertretender Präsident‹ werden.

Bis zu diesem Zeitpunkt hatte sich noch keiner der beiden vor der Presse dazu geäußert. Doch jetzt sahen Ronnie und ich mit Erstaunen, wie Ford vor dem landesweiten Fernsehpublikum seine Bedingungen erläuterte. »Wenn ich als Vizepräsident nach Washington gehe, dann nicht als reine Repräsentationsfigur«, sagte er, »sondern nur mit besonderen Vollmachten. Ich muß in dem Glauben dorthin gehen können, daß mir eine bedeutende Rolle in allen grundlegenden und wichtigen Entscheidungen zukommt, die dort getroffen werden.«

Als Cronkite ihn fragte, ob er sich eine Art ›Mitpräsidentschaft‹

vorstelle, widersprach Ford nicht. »Sie stellen da eine ganz legitime Frage«, sagte er.

Was Ronnie anging, war die Sache damit erledigt. Am späteren Abend hatte er mit Ford noch eine kurze, abschließende Unterredung in unserer Suite. Aber Ford kam als Vizepräsident jetzt nicht mehr in Frage.

Ich bin mir nicht sicher, was ich getan hätte, wenn Gerald Ford sich nicht selbst disqualifiziert hätte. (Bis zum heutigen Tag weiß ich nicht, ob er das nicht absichtlich getan hat.) Aber ich glaube, ich hätte fast alles getan, um Ronnie davon abzuhalten, mit einem ehemaligen Präsidenten als Vizepräsidenten zu kandidieren.

Doch die Delegierten waren ganz begeistert von dieser Idee. Sie hatten wohl gedacht, Ford hätte so etwas nie in der Öffentlichkeit gesagt, ohne es mit Ronnie abzusprechen. Kurz nach diesem Interview sprachen die Fernsehsender im ganzen Land bereits von der gemeinsamen Kandidatur Reagan – Ford, als wäre das schon beschlossene Sache. Dan Rather von CBS behauptete sogar, Reagan und Ford bereiteten gerade für den späteren Abend einen gemeinsamen Auftritt vor dem Konvent vor.

Unmittelbar nachdem Ford unsere Suite verlassen hatte, rief Ronnie George Bush an, um ihm die Vizepräsidentschaftskandidatur anzubieten. George und Barbara Bush waren zu diesem Zeitpunkt schon zu Bett gegangen. Wie alle anderen auch hatten sie aus den Nachrichtensendungen geschlossen, daß Ronnie und Ford sich bereits einig seien. Doch als Ronnie dann anrief, war George mit einem Schlag hellwach.

George erzählte später, daß er und Barbara sich kurz vor Ronnies Anruf noch darüber unterhalten hatten, was sie jetzt mit dem Rest ihres Lebens anfangen sollten. Die Politik ist ein seltsames Geschäft, und trotz aller Vorausplanungen und Absprachen kann man nie vorhersagen, was als nächstes passieren wird. In gewisser Weise wurde George Bush der 41. Präsident der Vereinigten Staaten, weil acht Jahre zuvor der 38. Präsident bei einem Fernsehinterview zuviel gesagt hatte!

Ich mochte George Bush damals nicht. Die Erinnerung an die harten Wahlkämpfe in Iowa und New Hampshire war noch zu frisch, und daß George Ronnies Vorschläge zur Steuersenkung mit dem Begriff ›Voodoo-Wirtschaft‹ umschrieben hatte, schmerzte noch immer. Deshalb habe ich Vorwahlen immer gehaßt – man ist gezwungen, Kandidaten der eigenen Partei anzugreifen.

Doch ich erkannte bald, daß Ronnie mit George eine gute Wahl getroffen hatte. George kannte sich in Regierungsgeschäften aus und hatte in Washington bereits Erfahrungen gesammelt. Er war Kongreßabgeordneter, UNO-Botschafter und Direktor der CIA gewesen. Und bei den Vorwahlen war er am längsten im Rennen geblieben und hatte einen engagierten Wahlkampf geführt. George war ein guter Wahlkämpfer, und sowohl von seiner geographischen Herkunft wie auch von seiner Weltanschauung her war er der ideale Gegenpart zu Ronnie.

Es stellte sich auch heraus, daß er ein guter Vizepräsident war.

Doch ich glaube, persönlich hätte Ronnie Paul Laxalt bevorzugt. Als er in jener Nacht auf die Rednertribüne ging, um seine Entscheidung bekanntzugeben, sagte er zu Paul: »Warum zum Teufel müssen Sie in Nevada wohnen?« Geographisch war die Kombination Reagan – Laxalt einfach nicht sinnvoll, die Staaten lagen zu nahe beieinander.

Am darauffolgenden Abend ging Ronnie zum Konvent, um seine Antrittsrede als Präsidentschaftskandidat der Republikaner zu halten. Bezogen auf die Ära Carter sagte er: »Kann man auf die Leistungen dieser Regierung zurückblicken und sagen: ›Gut gemacht?‹ Kann man unsere wirtschaftliche Lage, wie sie vor Carters Amtsantritt war, vergleichen mit dem Zustand, in dem sie heute ist, und sagen: ›Weiter so?‹ Kann man angesichts unserer geschwächten Stellung in der Welt sagen: ›Noch mal vier solche Jahre‹?«

Ronnie beendete seine Ansprache mit einigen besinnlichen Worten, und danach herrschte im ganzen Saal völlige Stille. Dann ließ er den Blick über die Zuhörer schweifen und überraschte uns alle – mich eingeschlossen – mit den Worten: »Ich gebe zu, daß ich mich etwas scheue, das auszusprechen, was ich Ihnen jetzt vorschlagen möchte. Ich will es trotzdem tun. Können wir unseren Kreuzzug gemeinsam mit einem kurzen, stillen Gebet beginnen?«

Alle Konventsmitglieder standen auf und senkten den Kopf. Nach einigen Sekunden sah Ronnie auf, blickte in den großen Saal und sagte: »Gott schütze Amerika.«

Nachdem Ronnie nominiert worden war, ging alles wieder von vorne los: Wir mußten einen landesweiten Wahlkampf gegen einen amtierenden Präsidenten führen. Obwohl Jimmy Carter nicht sonderlich populär war, hatte er doch im Wahlkampf 1976 gegen Gerald Ford bewiesen, daß er ein ernstzunehmender Konkurrent war.

Ronnie rechnete mit einem harten und unerbittlichen Wahlkampf, und so kam es schließlich auch.

Ronnie hätte unsere Wahlkampfzentrale in Kalifornien zwar gerne weiter beibehalten, aber nachdem wir die Vorwahlen hinter uns gebracht hatten, war das nicht mehr sinnvoll. Abgesehen von den zusätzlichen Anreisewegen waren die drei Stunden Zeitunterschied zur Ostküste sehr problematisch, wenn wir mit den wichtigsten Leuten dort Verbindung halten wollten.

Deshalb mieteten wir uns kurz nach dem Konvent ein Landhaus, das Wexford genannt wurde. Es lag in der Nähe von Middleburg, Virginia, etwa eine Stunde von Washington und nur dreißig Minuten vom Dulles Airport entfernt. Wexford war von den Kennedys in den frühen sechziger Jahren erbaut worden und war nach der irischen Grafschaft benannt, aus der die Kennedys ursprünglich stammten. Als die Kennedys im Weißen Haus wohnten, wollte Mrs. Kennedy mit diesem Haus einen Zufluchtsort für geruhsame Wochenenden schaffen. Doch nachdem Wexford fertiggestellt war, verbrachten sie nur ein einziges Wochenende dort; dann wurde Kennedy ermordet. Ein paar Jahre später kaufte Bill Clements, der ehemalige Gouverneur von Texas, das Haus und stellte es uns dann zur Verfügung. Wexford war wie geschaffen dafür, sich wie zu Hause zu fühlen und zu entspannen.

Ich liebte Wexford, besonders den gepflasterten Hof hinter dem Haus, von dem aus man über die sanfte grüne Hügellandschaft blicken konnte. Obwohl wir nur an den Wochenenden dort waren, half mir das, den rücksichtslosen Terminplan für unseren Wahlkampf durchzuhalten. Ich war nie zuvor in Virginia auf dem Land gewesen, und ich fand diese Holzzäune und Steinmauern sehr schön. Wexford ist für mich die angenehmste Erinnerung an diesen Wahlkampf 1980.

Einer unserer Nachbarn war Senator John Warner, und er war damals mit Liz Taylor verheiratet, einer alten Freundin von mir aus der Zeit bei MGM. Elizabeth hatte damals Probleme mit ihrem Rücken, aber John kam gelegentlich bei uns vorbei, und wir drei ritten dann zu ihr und winkten ihr zu. Während des Wahlkampfes hatten wir nur wenig freie Zeit, und sogar in Wexford waren wir meistens mit Besprechungen, Telefonaten und Planungen beschäftigt. Es war fast immer irgend jemand zum Mittag- oder Abendessen da, und ich verbrachte viel Zeit damit, mich um Gäste zu kümmern und Kaffee zu servieren. Trotzdem fühlten wir uns dort glücklich und entspannt, und ich war einfach gern draußen in dieser weitläufigen Landschaft, weit weg von den Menschenmengen, den Städten und dem Lärm.

Wie im Jahre 1976 übernahm ich auch 1980 wieder einen beträchtlichen Teil des Wahlkampfes allein, wobei ich die kleineren Städte und Gemeinden bereiste, die Ronnie nicht selbst besuchen konnte. Normalerweise flogen Ronnie und ich gemeinsam mit der *LeaderShip '80,* unserem Wahlkampfflugzeug, in eine größere Stadt wie Chicago, und während Ronnie dort Wahlkampf führte, reiste ich mit einem kleineren Flugzeug weiter in einen anderen Teil des Bundesstaates. Ich wurde dabei von unserem Mitarbeiter Peter McCoy, zwei Sicherheitsbeamten vom Secret Service und manchmal auch von einem Journalisten begleitet.

In vielen Hotels, in denen wir übernachteten, fühlte man sich durch die Anwesenheit der Gattin von Ronald Reagan so geehrt, daß direkt vor unserer Ankunft noch die Zimmer neu gestrichen wurden. Ich wußte diese Geste durchaus zu schätzen, aber haben Sie schon mal in einem frisch gestrichenen Zimmer geschlafen? Der Geruch ist unerträglich, und in vielen Hotelzimmern kann man auch kein Fenster öffnen. Wenn ich erschöpft ankam und nur noch schlafen und dabei tief durchatmen wollte, hatte ich statt dessen dauernd diesen Farbgeruch in der Nase, der stark genug war, mich in Ohnmacht fallen zu lassen.

In diesem Wahlkampf schüttelte ich viele Hände, und der beste Rat, den ich jemandem in einer solchen Situation geben kann, ist, niemals einen Ring an der rechten Hand zu tragen. Es gibt immer irgendeine kleine Dame – aus unerfindlichen Gründen ist es nie ein großer, kräftiger Mann –, die Ihre Hand so fest packt, daß durch den Ring irgendein Nerv in den anderen Fingern abgedrückt wird. Der Schmerz ist so schneidend, daß man diesen Fehler bestimmt nur einmal macht.

Während eines Präsidentschaftswahlkampfes verbringt man viel Zeit in der Luft, und in unserem Wahlkampfflugzeug herrschte ein wunderbarer Kameradschaftsgeist. Immer wenn wir abhoben, ertönte das Lied von Willie Nelson, ›On the Road Again‹, aus den Lautsprechern. Dann ließ ich eine Orange den Gang entlang rollen. Das war mein kleines Ritual, und daraus entwickelte sich bald ein Spiel mit den Journalisten. Ich versuchte dabei, die Orange ans andere Ende des Gangs kullern zu lassen, ohne daß sie dabei irgendwo an den Sitzen anstieß. Als ich schließlich den Dreh raus hatte, fingen die Presseleute an, kleine Hindernisse aufzubauen, um es etwas schwieriger zu machen.

Wenn wir dann in der Luft waren, ging ich immer zu den Journalisten nach hinten und verteilte Pralinen. Wir bekamen ständig Konfekt geschenkt, und weil Ronnie und ich es nicht mögen (ich esse lieber Kekse, und Ronnie schwört auf *jelly beans*), verschenkte ich es eben weiter. Ich tat das ohne Hintergedanken, und ich wäre nie auf den Gedanken gekommen, daß jemand annehmen würde, ich drängte sie ihnen auf. Einmal schrieb einer der Journalisten jedoch einen Artikel, wonach man nur ein Interview mit Ronnie bekam, wenn man auch brav seine Praline aß. Als ich davon hörte, war ich so verletzt und verunsichert, daß ich nie wieder diesen Gang entlang gehen wollte. Nachdem mir Stu Spencer Mut zugesprochen hatte, tat ich es schließlich doch – mit einem Schild um den Hals, auf dem stand: NIMM EINS, SONST ...

Es ging sehr lustig zu in dem Flugzeug. Der Pilot hatte ein Huhn aus Gummi im Cockpit, und sobald wir zur Landung ansetzten, klemmte er es an die Windschutzscheibe. Dann funkte er eine Meldung an den Kontrollturm, daß wir bei der Landung offenbar mit irgend etwas zusammengestoßen seien. Wenn die Maschine dann zum Flugsteig rollte, vergaß der Lotse auf der Landebahn beinahe zu winken, während er auf das nicht identifizierte Objekt an unserer Windschutzscheibe starrte.

Man arbeitet *immer* auf solchen Flügen – man entwickelt Strategien, entwirft Reden, gibt Interviews und macht Pläne. Es ist eine sehr intensive und gedrängte Erfahrung, und wenn alles vorüber ist, bleibt ein Vakuum zurück, sogar dann, wenn man gewinnt.

Bei unserem Wahlkampf zu den Vorwahlen 1980 waren die ersten Wochen schrecklich gewesen, aber im Herbst war die Stimmung dann viel besser – vor allem, als nach dem Konvent Stu Spencer hinzukam. Stu war der entscheidende Mann bei Ronnies Wahlkämpfen für das Gouverneursamt gewesen. Doch wie ich schon erwähnte, arbeitete er dann 1976 für Gerald Ford. Als Mike Deaver ihn im Sommer 1980 anrief und ihn fragte, ob er denn nicht bei uns mitmachen wolle, hatte Stu nur eine Frage: »Möchte Nancy mich haben?« Er wußte, daß ich etwas verstimmt gewesen war über die Rolle, die er bei Fords Wahlkampf gespielt hatte, aber ich war eher gekränkt und enttäuscht als wütend. Ich hatte Stu immer schon gern gemocht, und ich fand es großartig, daß er wieder mit uns kämpfte.

Viele Jahre zuvor, zur Zeit von Ronnies erstem Gouverneurswahlkampf, war Stu einmal zu einer Besprechung zu uns gekommen. Nach etwa einer Stunde wurde mir das ganze Gerede über Politik einfach zuviel, und ich legte mich im Schlafzimmer aufs Bett. Stu kam herein, um nach mir zu sehen, und sagte: »Nancy, was ist los?«

»Ich weiß nicht«, antwortete ich. »Es ist einfach zuviel. Das ist alles völlig neu für mich, und ich weiß nicht, ob ich dem gewachsen bin.«

»Sie können es schaffen«, sagte er. »Aber ich will Ihnen nichts vormachen. Das ist erst der Anfang. Es wird noch viel schlimmer kommen.«

Ich freute mich zwar nicht gerade, das zu hören, aber ich erkannte, daß Stu sich in andere hineinversetzen konnte. Er hat vielleicht eine rauhe Schale, aber im Innern ist er ein sehr mitfühlender Mensch.

Außerdem hat Stu einen ganz eigenen Charakter: Er ist direkt, ruppig und wortkarg, und er sagt offen und unverblümt seine Meinung. Ich kenne niemanden, der ein so untrügliches Gespür für die Politik hat wie er. Doch er bildet sich nichts darauf ein, wie das bei John Sears manchmal der Fall war. Stu benimmt sich nie, als wäre er der Kandidat, und er versucht nie, seinen Kopf durchzusetzen. Während die meisten Mitarbeiter in einem Präsidentschaftswahlkampf darauf hoffen, daß ihnen danach ein Regierungsamt angeboten wird, wollte Stu nie etwas für sich selbst herausholen.

Was Stu gleich zu Anfang auffiel, war, daß Ronnie zuviel Zeit mit Interviews verschwendete. Das war damals, als er Gouverneur in Kalifornien war, zwar richtig gewesen, doch bei einem landesweiten Wahlkampf wurde jedes Wort auf die Goldwaage gelegt, und Ronnies freundliche und joviale Art brachte ihn mitunter in Schwierigkeiten. So zum Beispiel im September, als er die Stadt Tuscumbia, Alabama, wo Carter seinen Wahlkampf eingeläutet hatte, irrtümlich als Geburtsstätte des Ku-Klux-Klan bezeichnete.

Ein andermal warf Ronnie Carter vor, er habe das Land in eine wirtschaftliche Depression geführt.

»Da sieht man, wie wenig Ahnung er hat«, erwiderte Carter. »Das ist eine Rezession.«

Ronnie hatte zumindest eine schlagfertige Antwort parat: »Es wird behauptet, ich wüßte nicht, wie das Wort ›Depression‹ gebraucht wird. Nun, wenn der Präsident eine Erklärung haben will, dann kann ich ihm eine geben. Es ist eine Rezession, wenn der Nachbar seinen Job verliert. Eine Depression ist, wenn man *selber* seinen Job verliert. Und der Aufschwung kommt dann, wenn Jimmy Carter *seinen* Job verliert.«

246

Ein politischer Wahlkampf kann ungeheuer anstrengend sein, und manchmal wird es einem einfach zuviel, und man sagt Sachen, die falsch verstanden werden. So etwas passierte mir im Februar 1980. Ronnies Flugzeug konnte wegen eines Schneesturms in New Hampshire nicht starten, deshalb sprang ich für ihn ein und hielt in Chicago eine Rede. Eine Telefonschaltung wurde installiert, und als Ronnie anrief, konnte er die Leute begrüßen. Er erzählte, daß er gerade auf all diesen wunderbaren weißen Schnee hinausblicke, und ich erwiderte darauf: »Und ich blicke auf all diese wunderbaren weißen Gesichter.«

Unmittelbar nachdem diese Worte über meine Lippen gekommen waren, dachte ich: O mein Gott, *so* hab' ich das doch nicht gemeint. Ich korrigierte mich sofort, aber es war schon zu spät. Die Presse faßte es als eine rassistische Äußerung auf, was ich bestimmt nicht beabsichtigt hatte. Die Sache geriet zwar bald in Vergessenheit, aber ein paar Tage lang wurde ich deshalb ziemlich angegriffen.

Es ist unglaublich leicht, bei einem Wahlkampf so einen Fehler zu machen. Man ist müde und abgespannt, und die Reporter sind ständig hinter einem her. Wenn sie einen hartnäckig immer wieder das gleiche fragen, dann kann es schon passieren, daß man irgend etwas daherschwatzt, nur um sie endlich loszuwerden.

Eine falsche spontane Bemerkung kann tödlich sein, aber wie wir in unserer letzten Wahlkampfwoche feststellen konnten, kann die richtige sehr hilfreich sein. Sie fiel während Ronnies erster und einziger Debatte mit Jimmy Carter, und es stellte sich heraus, daß dieses Rededuell für die allgemeinen Wahlen genauso entscheidend war wie das in Nashua für die Vorwahlen.

Ronnies Berater waren sich nicht einig darüber, ob er sich auf ein Duell mit Carter einlassen sollte, und auch ich hatte meine Zweifel. Ronnie war zwar im Prinzip für eine Debatte, doch erst, als er Carter beim alljährlichen Alfred-E.-Smith-Dinner in New York begegnete, bei dem beide Kandidaten zum ersten Mal in diesem Wahlkampf aufeinandertrafen, war er sich sicher, daß er dem Präsidenten von Angesicht zu Angesicht gegenübertreten wollte. Der Kontrast zwischen den beiden Männern trat an jenem Abend deutlich hervor: Ronnie hielt eine kurze, unbefangene und selbstkritische Ansprache, während Carters großspurige Rede über Außenpolitik völlig fehl am Platz war.

Das Dinner hat eigentlich keinen politischen Charakter, und Carters Berater hätten das wissen müssen. Der Präsident hatte es auch abgelehnt, am Essen teilzunehmen. Er blieb statt dessen in seinem Hotelzimmer, bis die Zeit für seine Rede gekommen war. Alle in der Halle wußten, daß Carter oben in seinem Zimmer saß, und damit machte er sich bei den Wählern sicher nicht sonderlich beliebt.

Am nächsten Morgen sagte Ronnie bei einer Besprechung in unserer Suite im Waldorf-Astoria: »Den Kerl kann ich schlagen!«

Die Debatte fand am 28. Oktober in Cleveland statt, nur wenige Tage vor der Wahl. Den ganzen Abend lang verdrehte Carter ununterbrochen Ronnies Aussagen zu verschiedenen Fragen. Gegen Ende der Debatte behauptete Carter, Ronnie habe seine politische Laufbahn mit einer Kampagne gegen *Medicare** begonnen. Das stimmte zwar, aber Carter erwähnte nicht, daß Ronnie damals ein alternatives Konzept zur Krankenversorgung befürwortet hatte, das von der *American Medical Association*** unterstützt worden war.

Als Ronnie an der Reihe war und dazu Stellung nehmen sollte, lächelte er Carter mit gespielter Entrüstung an, schüttelte den Kopf und sagte: »Da sieht man mal wieder!« Für Millionen Fernsehzuschauer war mit diesem Satz alles gesagt. Carter war vielleicht gut informiert, aber er hatte etwas Verbissenes und Moralisierendes an sich, was einem irgendwie unangenehm war. ›Da sieht man mal wieder‹ wurde rasch ein geflügeltes Wort, und als Ronnie es ein paar Wochen nach der Wahl bei einer Pressekonferenz im Weißen Haus wieder benutzte, löste er damit stürmischen Beifall aus.

Am Anfang der Debatte hatte Carter versucht, Ronnie als einen Kriegstreiber hinzustellen. Er behauptete, Ronnie habe eine ›kriegerische Haltung‹ und eine ›schon seit langem bestehende Neigung‹ zum Einsatz militärischer Mittel. Dann erzählte Carter, daß er neulich seine Tochter Amy gefragt habe – sie war damals zwölf Jahre alt –, was denn das wichtigste Problem sei, und daß sie darauf geantwortet habe: »Die Atomwaffenpotentiale und die atomare Abrüstung.«

Viele Leute im Publikum lachten über diese Bemerkung, weil es ihnen ziemlich unwahrscheinlich vorkam, daß sich ein zwölfjähriges Mädchen so für ›Atomwaffenpotentiale‹ interessieren sollte. Carter wurde von den Medien heftig angegriffen, weil er Amy in

---

* Medicare: staatlich geregelte Krankenversorgung alter Menschen (Anm. d. Übers.)
** American Medical Association: eine einflußreiche ärztliche Interessenvereinigung (Anm. d. Übers.)

248

die Diskussion gebracht hatte, und manche von Ronnies Anhängern trugen seitdem bei seinen Wahlkampfveranstaltungen Plakate mit der Aufschrift: FRAGEN SIE AMY.

Doch es war Ronnies letztes Statement in der Debatte, das Jimmy Carters Schicksal endgültig besiegelte. Das war Ronnie von seiner besten Seite – klar, persönlich und mit großem Einfühlungsvermögen:

»Stehen wir jetzt finanziell besser da als vor vier Jahren? Ist es jetzt einfacher, in ein Geschäft zu gehen und einzukaufen, als es vor vier Jahren gewesen ist? Gibt es in unserem Land heute mehr oder weniger Arbeitslose als vor vier Jahren? Ist Amerika immer noch so angesehen in der Welt wie damals? Glauben Sie, daß unsere Sicherheit noch gewährleistet ist, daß wir genauso stark sind wie vor vier Jahren? Wenn Sie diese Fragen alle mit Ja beantworten können, nun, ich denke, dann ist es klar, wem Sie Ihre Stimme geben sollten. Wenn Sie aber anderer Ansicht sind, wenn Sie glauben, daß der Kurs, den wir in den letzten vier Jahren eingeschlagen haben, in den nächsten vier Jahren nicht beibehalten werden soll, dann habe ich Ihnen eine Alternative zu bieten.«

In den letzten Tagen des Wahlkampfes forcierte Carter seine Angriffe gegen Ronnie und versuchte wieder, ihn als Kriegstreiber darzustellen. Carter hatte damals im September gesagt, die bevorstehende Wahl würde darüber entscheiden, »ob wir Frieden oder Krieg haben werden«. Ronnie ärgerte sich furchtbar über diesen Satz, den er für ›unverzeihlich‹ hielt. Doch als der Wahlkampf seinem Ende zuging, reagierte er darauf mit dem für ihn typischen Humor: »Tut mir leid, daß ich zu spät komme«, sagte er nach der Debatte einmal bei einer Kundgebung, »aber ich war damit beschäftigt, einen Krieg vom Zaun zu brechen.«

Ronnie hatte im März zuvor Wahlkampf in Brooklyn geführt, als eine Gruppe von Zwischenrufern zu schreien anfing, er wolle einen Krieg anzetteln. »Nein«, erwiderte Ronnie, »das will ich nicht. Aber wenn ich es wollte, dann würde ich ihn gegen euch Burschen da führen!«

Es gab öfter Zwischenrufe bei den Wahlkampfveranstaltungen, aber Ronnie ging immer ganz unbefangen damit um. Seinen letzten Auftritt im Wahlkampf von 1980 hatte Ronnie in San Diego, wo er während seiner Rede ständig von einem Zwischenrufer unterbrochen wurde. Schließlich sah Ronnie den Mann an und sagte: »Ach, halt's Maul!« Nachdem der Jubel abgeebbt war, fügte er hinzu: »Meine Mutter hat zwar immer gesagt, daß ich so etwas nicht sagen soll, aber ich habe mich schon den ganzen Wahlkampf darauf gefreut.« Das gefiel den Leuten, und ich bin mir sicher, daß jeder, der irgendwann mal einen langen politischen Wahlkampf durchstehen mußte, genau weiß, was Ronnie damit meinte.

Wir kehrten von San Diego nach Los Angeles zurück, und in der Nacht vor der Wahl schliefen wir nicht in einem frisch gestrichenen Hotelzimmer, sondern endlich wieder in unserem eigenen Bett in Pacific Palisades. Es war einfach himmlisch. Am nächsten Morgen gingen wir in dasselbe Wahllokal, in das wir seit fünfundzwanzig Jahren zum Wählen gehen. Die Frauen boten Ronnie Schüsseln voll *jelly beans* an, und wir wurden von Scharen von Fotografen und Journalisten empfangen. Als wir wieder herauskamen, erzählte Ronnie spaßeshalber der Presse, er habe mich gewählt.

»Und was ist mit Ihrer Frau?« rief jemand. »Wen hat sie gewählt?«

»Ach«, erwiderte Ronnie, »Nancy hat für einen ehemaligen Schauspieler gestimmt.«

Es ist ein aufregendes Gefühl, wenn man den Namen seines Mannes ganz oben auf dem Stimmzettel sieht. Für mich war es schon bei den Gouverneurswahlen ein bißchen komisch gewesen, für Ronnie zu stimmen, aber bei den Präsidentschaftswahlen — trotz all unserer Arbeit konnte ich es kaum fassen.

Seit Ronnies erstem Wahlkampf im Jahr 1966 kam uns der Wahltag immer vor wie der längste Tag des Jahres. Man hat das Gefühl, er würde überhaupt nie zu Ende gehen, und man überlegt sich, wie man die Zeit totschlagen soll. Als Ronnie das erste Mal für das Gouverneursamt kandidierte, luden wir ein paar Journalisten zu Kaffee und Gebäck in unser Haus ein. Nach dem Mittagessen ging Ronnie dann mit Holmes Tuttle und zwei anderen Männern zum Golfspielen. Vier Jahre später tat er genau dasselbe.

Diesmal ging er zum Friseur, aber ansonsten verbrachten wir beide die meiste Zeit zu Hause und beschäftigten uns mit allerlei Kleinkram, während ununterbrochen das Telefon klingelte. Ich wollte etwas Ruhe haben, denn nach dem langen Wahlkampf waren wir beide ziemlich abgespannt. Und ich rechnete damit, daß es wie meist eine lange Nacht werden würde, bevor die Ergebnisse feststanden. Wir hatten vor, einen Teil des Abends bei unseren Freunden Earle und Marion Jorgensen zu verbringen und die Wahlergebnisse im Fernsehen mit denselben Freunden zusammen anzusehen, die schon früher, wenn Ronnie kandidiert hatte, den

Wahlabend mit uns zusammen verbracht hatten. Schon zweimal, 1966 und 1970, waren wir bei ihnen geblieben, bis wir die ersten Ergebnisse erfuhren und Ronnie dann in die Wahlkampfzentrale im Century Plaza Hotel ging, und so wollten wir es auch diesmal halten. Es war zu einer Art Ritual geworden: Marion lud immer dieselben Leute ein, hatte immer dasselbe Dienstpersonal und servierte immer das gleiche Essen: chicken curry.

Kurz nach fünf nahm ich ein Bad, und Ronnie ging unter die Dusche. Wir hatten den Fernsehapparat in unserem Schlafzimmer sehr laut gestellt, damit wir die Nachrichten hören konnten. Plötzlich hörte ich, wie John Chancellor sagte, daß Ronnie haushoch gewinnen würde.

Ich sprang aus der Badewanne, wickelte mich in ein Handtuch und hämmerte gegen die Duschkabine. Ronnie kam heraus, griff sich auch ein Handtuch, und wir liefen rasch zum Fernseher. Da standen wir nun, klatschnaß und nur in unsere Handtücher gehüllt, und erfuhren, daß Ronnie bereits gewählt war!

Dann klingelte das Telefon. Es war Präsident Carter, der das Wahlergebnis bestätigte und Ronnie zu seinem Sieg gratulierte.

Ich zitterte vor Erregung und war wie betäubt. Wir waren noch nicht einmal bei den Jorgensens gewesen!

»Gratuliere, Liebling«, sagte ich, als ich den vierzigsten Präsidenten der Vereinigten Staaten umarmte.

12

❦

Auf nach Washington

Nach der Wahl war ich ganz aufgeregt, weil wir jetzt nach Washington umzogen. Doch es fiel mir schwerer, als ich erwartet hatte, unser Haus in Kalifornien auszuräumen und es nun für immer zu verlassen. Siebenundzwanzig bewegte Jahre lang war die Nummer 1669 am San Onofre Drive in Pacific Palisades unser Zuhause gewesen. Als Ronnie und ich dort eingezogen waren, hatte er auf der Terrasse vor unserem Schlafzimmer in den noch feuchten Zement ein kleines Herz mit unser beider Initialen geritzt. Es war natürlich immer noch dort, und für mich symbolisierte es die vielen glücklichen Stunden, die wir in diesem Haus gemeinsam verbracht hatten.

Obwohl es das Weiße Haus war, in das wir zogen, wußte ich, daß ich *dieses* Haus vermissen würde mit all seinen Erinnerungen und der herrlichen Aussicht. Vom obersten Stockwerk sah man weit über den Pazifik, und wenn man den Kopf ein wenig drehte, sah man die Stadt, und noch ein wenig, und man sah die Berge. Eines Abends, kurz nachdem wir eingezogen waren, saßen Ronnie und ich nach dem Essen draußen auf der Terrasse. Unter uns funkelten die Lichter der Stadt wie vom Himmel gefallene Sterne. Auf einmal nahm Ronnie meine Hand. »Siehst du«, sagte er, »all diese Juwelen lege ich dir zu Füßen.« Ich fühlte mich so, als hätte er es wirklich getan.

Das Haus bedeutete mir sehr viel mehr als alle Juwelen dieser Welt. Wir waren dort glücklich gewesen. Unsere Kinder waren dort aufgewachsen. Und ich hatte immer gehofft, daß Ronnie und ich dort bis ans Ende unserer Tage zusammenleben würden. Aber nun hatte sich alles verändert, und es gab kein Zurück. Waren wir erst einmal von dort fortgezogen, konnten wir auch nie wieder dorthin zurück.

Es war eine Frage der Sicherheit. Ronnie und ich standen nun unter dem Schutz des Secret Service, und die Sicherheitsbeamten würden von nun an ständig in unserer Nähe sein, auch wenn wir Washington wieder verließen. Nach der Wahl hatte der Secret Service in einem riesigen Wohnwagen am Ende unserer Straße einen Stützpunkt eingerichtet. Das war nicht gerade eine optimale Lösung, um es milde auszudrücken. Die Anwohner fanden keine Parkplätze mehr, und es wurde für uns alle zunehmend unangenehmer. Nach dem Ende von Ronnies Amtszeit würden wir ein anderes Haus brauchen: Es mußte den zahlreichen Sicherheitsbestimmungen entsprechen, ohne unser Privatleben und das Privatleben unserer Nachbarn zu beeinträchtigen.

Zwar lebten Ron und Patti nicht mehr bei uns, aber auch für sie war es ein Schock, daß wir unser Haus aufgaben. Ron rief mich aus New York an und bat mich, das Haus nicht zu verkaufen. »Das kannst du doch nicht machen«, sagte er. »Das ist doch unser Zuhause.« Patti rief aus Santa Monica an und weinte am Telefon. »Es wird nichts mehr so sein wie früher, wenn ihr nicht mehr dort oben auf dem Hügel wohnt.«

Ein Umzug ist für jedermann sehr anstrengend, aber für mich ist es besonders kompliziert, weil ich immer alles aufbewahre und nur sehr ungern etwas wegwerfe. Ich hebe meine Kleider auf, und ich habe noch alle Briefe, die Ronnie und die Kinder mir jemals geschrieben haben. Und unzählige Fotografien und alte Film-Drehbücher und Körbe, an denen ich sehr hänge. Ich kann unmöglich all die Dinge auflisten, die ich all die Jahre hinweg gehortet habe, immer mit dem Gedanken im Kopf: Du weißt nie, wozu sie noch mal gut sein können.

Nach der Wahl hatte ich unverzüglich damit begonnen, unsere Besitztümer zu sortieren; ich mußte entscheiden, welche Dinge eingelagert und welche nach Washington transportiert werden sollten. Ich hatte keine Ahnung, wie die Wohnräume des Weißen Hauses eigentlich aussahen: Ich wußte nicht einmal genau, wie viele Privatzimmer uns dort zur Verfügung stehen würden oder wie sie möbliert waren.

Zum erstenmal hatte ich das Weiße Haus 1967 betreten. Damals war Lyndon Johnson Präsident, und Ronnie und ich waren zum jährlichen Dinner der Gouverneure eingeladen. An jenem Abend bekam ich zwar nur zwei oder drei der Repräsentationsräume zu Gesicht, doch trotzdem war ich von der Majestät und der Würde des Hauses sehr beeindruckt.

Unmittelbar nach dem Dinner flog der Präsident mit seinem Hubschrauber fort. Seiner Stellung entsprechend wünschte er, daß sich alle Gäste auf dem Rasen versammelten, um ihn zu verabschieden. Ich war an jenem Tag schrecklich erkältet, und Mrs. Johnson entdeckte mich und sorgte dafür, daß ich im Hintergrund stand, gut geschützt vor dem Sturmwind der Rotorblätter. Schon am Nachmittag hatte ich wegen einer Halsentzündung im Hotel bleiben müssen und deshalb die Zeremonie des Bäumepflanzens zu Ehren der Gouverneursgattinnen versäumt. Aber um nichts in der Welt hätte ich mir dieses Dinner entgehen lassen.

Ich konnte es kaum glauben, aber nun würde ich selbst die Gastgeberin beim Dinner der Gouverneure sein. Andere Frauen würden zu uns ins Weiße Haus kommen, und einige von ihnen würden genauso nervös sein, wie ich es an jenem Abend war. Und es läge nun an mir, dafür zu sorgen, daß sie sich dort wohl fühlten.

Es ist Tradition, daß die bisherige First Lady ihrer Nachfolgerin die Räumlichkeiten zeigt, und einige Wochen nach der Wahl lud mich Mrs. Carter zum Kaffee mit anschließender Besichtigung ein. Das erste, was mir im Weißen Haus auffiel, war, wie kalt es dort drinnen war. Das war noch die Zeit der Energiekrise, und Präsident Carter hatte angeordnet, daß im Weißen Haus die Thermostate niedrig gestellt werden sollten. (Später erfuhr ich, daß Miss Lillian, die Mutter des Präsidenten, es dort so kalt gefunden hatte, daß sie beschloß auszuziehen.)

Mrs. Carter empfing mich im Diplomaten-Raum und führte mich in den Yellow Oval Room im ersten Stock des Gebäudes, wo sie mir von ihren Bemühungen erzählte, hervorragende amerikanische Gemälde für die Sammlung des Weißen Hauses zu bekommen. Ihre frostige Art paßte gut zu der Kälte in dem Zimmer. Ich war enttäuscht, aber ich verstand sie auch. Es ist schon schlimm genug, eine Wahl zu verlieren, aber es muß schrecklich sein, so unwiderruflich aus dem Amt hinausgewählt zu werden. Gerade in den letzten Jahren haben die Frauen gescheiterter Präsidentschaftskandidaten fürchterlich leiden müssen − viel schlimmer als ihre Männer. Und es muß ein qualvolles Erlebnis sein, die Frau des Mannes, der ihren Mann besiegt hat, durch den Amtssitz zu führen.

Wie ich schließlich selbst erfahren sollte, ist es nicht leicht, das

Weiße Haus für immer zu verlassen. Obwohl Ronnie und ich unter den günstigsten Voraussetzungen auszogen, war es doch eine sehr schmerzliche Erfahrung.

Schließlich sagte Mrs. Carter: »Ich vermute, Sie würden sich gerne umsehen.«

O ja, allerdings! Sie führte mich zur West Hall, die am Ende der Center Hall liegt, die sich über die gesamte Länge des Weißen Hauses erstreckt. Die meisten Präsidenten-Familien haben die West Hall als Wohnraum genutzt − wir taten das auch − , aber an jenem Tag fiel mir auf, wie kühl und nackt es dort war.

»Wo möchten Sie gerne anfangen?« fragte Mrs. Carter.

»Nun«, meinte ich, »ich weiß, daß es zwei miteinander verbundene Räume gibt, die als getrennte Schlafzimmer benutzt werden können, oder, wenn man gemeinsam schläft, als ein großes Schlafzimmer mit Arbeitszimmer. Diese beiden Zimmer würde ich mir gerne ansehen, damit ich mir eine Vorstellung davon machen kann. Ich möchte mir überlegen, wie sie möbliert werden sollen.«

»Gut«, sagte sie widerstrebend, »allerdings haben wir hier seit einigen Tagen ein schreckliches Durcheinander. Sie wissen ja, wir sind beim Packen. Ich werde Ihnen die Tür zum Arbeitszimmer öffnen, dann können Sie einen Blick hineinwerfen.«

Sie waren wirklich beim Packen, aber ich wurde das Gefühl nicht los, daß Mrs. Carter es einfach nicht über sich brachte, mich tatsächlich in ihre privatesten Räume zu führen. Wir warfen einen Blick durch die halboffene Tür, worauf sie sagte: »Ich muß noch einiges erledigen. Meine Sekretärin wird Ihnen den Rest zeigen.« Daher habe ich bei diesem Besuch die Zimmer, die wir später als Schlafraum und als Arbeitszimmer nutzten, so gut wie gar nicht zu Gesicht bekommen.

Acht Jahre später, als ich Barbara Bush nach Georges Wahlsieg 1988 durch die Räume führte, zeigte ich ihr *alles* − jeden Wandschrank, jede Kleinigkeit, vom Wäschezimmer im zweiten Stock und den Schränken, wo die Tischdecken aufbewahrt werden, bis hin zu dem Frisierzimmer, das Pat Nixon hat einrichten lassen. Barbara war zwar schon oft im Weißen Haus gewesen, aber sie kannte natürlich nicht alle Winkel und Nischen. Als wir gemeinsam durch die Räume schritten, konnte ich mir den Gedanken nicht verkneifen: Ach, wie schön wäre es gewesen, wenn man mir 1980 wenigstens ein paar dieser Zimmer gezeigt hätte!

Bei jenem ersten Besuch war ich überrascht, wie trübselig und wenig einladend das Haus wirkte. Es sah einfach nicht so aus, wie das Haus des Präsidenten aussehen sollte. Es war kein Ort, wohin man voller Stolz Leute einladen konnte – unsere persönlichen Freunde oder die unseres Landes. Offen gesagt, das Weiße Haus war heruntergekommen und wirkte ein wenig schäbig. Als mein Sohn Ron eintraf, um der Amtseinführung beizuwohnen, sagte er: »Mom, das Haus ist verwahrlost. Es sieht aus wie eine Absteige.«

Ich war immer der Meinung, daß das Weiße Haus großartig aussehen sollte, und beschloß, es sofort nach dem Einzug auf Vordermann zu bringen.

Irgendwie kam das Gerücht in Umlauf – woher stammen solche Geschichten eigentlich immer? –, daß ich bereits *vor* der Amtseinführung das Weiße Haus hätte renovieren lassen wollen und deshalb die Carters gebeten hätte, doch schon früher auszuziehen. Ich habe die Carters *niemals* darum gebeten auszuziehen, selbst der Gedanke daran lag mir völlig fern. Ein anderes Gerücht besagt, ich hätte vorgehabt, im Lincoln-Schlafzimmer eine Wand einreißen zu lassen – im Lincoln-Schlafzimmer! Auch so etwas wäre mir nicht einmal im Traum eingefallen.

Zu jener Zeit konnte ich noch nicht ahnen, daß Geschichten wie diese typisch dafür sein sollten, wie die Presse mich in unserem ersten Jahr im Weißen Haus behandeln würde.

Am Morgen des 14. Januar, sechs Tage vor der Amtseinführung, schlossen Ronnie und ich zum letztenmal die Tür unseres Hauses in Pacific Palisades hinter uns. Als ich hinaustrat, ging mir durch den Kopf, daß das Haus noch nie so schön ausgesehen hatte. Patti war gekommen, um uns auf Wiedersehen zu sagen, und wir umarmten uns. Wir hatten die letzten Jahre ziemliche Meinungsverschiedenheiten gehabt, und sie machte mich auch dafür verantwortlich, daß Ronnie für die Präsidentschaft kandidiert hatte, wogegen sie sich mit aller Kraft gewehrt hatte. Sie war da allerdings einem riesigen Irrtum aufgesessen. Aber zumindest in diesem Moment spielte dies alles keine Rolle.

Unsere Nachbarn hatten sich am Ende unserer Zufahrt versammelt, um uns zu verabschieden, und Menschen säumten beide Seiten der Straße bis zum Sunset Boulevard und winkten mit kleinen amerikanischen Fähnchen. Als die Limousine in den Sunset Boulevard einbog, angeführt von einem Konvoi von Polizeiautos und Polizisten auf Motorrädern, veranstalteten die Leute ein Hupkonzert und blinkten mit den Scheinwerfern auf. Das hatte ich nicht erwartet, und es machte mir den Abschied noch schwerer.

Aber bald darauf waren wir am Flughafen, wo ich zum ersten Mal einen Blick auf die *Air Force One* werfen konnte, ganz in strahlendem Blau und Weiß, mit der Aufschrift ›United States of America‹ auf beiden Seiten, der amerikanischen Flagge am Heck und dem Emblem des Präsidenten links und rechts am Bug.

Einer der Piloten begrüßte uns an Bord, und die Stewards zeigten uns die Einrichtungen. Es war eine wundervolle Überraschung, daß der Präsident und die First Lady über eine kleine Zwei-Zimmer-Suite mit einem privaten Badezimmer verfügen. Ich entdeckte auch, daß man in der *Air Force One* so gut wie jedes Essen bestellen konnte, das man haben wollte, da die Küchenmannschaft alles nur Erdenkliche auf den Tisch zaubern kann. (Aus Gründen der Sicherheit werden die Lebensmittel nach dem Zufallsprinzip eingekauft und niemals zweimal hintereinander im selben Geschäft.)

Während des Fluges nach Washington studierte Ronnie Akten und beschäftigte sich mit Schriftsätzen, während ich fleißig Briefe an Freunde in Kalifornien schrieb, auf Papier mit dem Briefkopf der *Air Force One*. Schaut mal, ich fliege mit der *Air Force One!*

Nach der Landung auf der Andrews Air Force Base wurden wir direkt zum Blair House, Nummer 1651 in der Pennsylvania Avenue, gefahren, das genau gegenüber dem Weißen Haus liegt. Blair House, das aus vier kleinen miteinander verbundenen Häusern besteht, ist das offizielle Gästehaus des Präsidenten für ausländische Staatsoberhäupter, und in der Regel verbringt hier der neugewählte Präsident die Woche vor seiner Amtseinführung.

»Blair House braucht *wirklich* eine gründliche Überholung«, schrieb ich in mein Tagebuch. Nun ja, als was für eine Untertreibung sich *das* herausstellen sollte! Obwohl Blair House ein hübsches und stattliches Anwesen mit fünfzehn Schlafzimmern ist, war es dringend renovierungsbedürftig – und ich meine *dringend*. 1982 löste sich über dem Bett an der Stirnseite des State Room ein Kronleuchter und fiel krachend zu Boden. Gott sei Dank lag gerade niemand in diesem Bett.

Es dauerte sechs Jahre und kostete fast zehn Millionen Dollar, Blair House instand zu setzen, und während der ganzen Zeit hatten wir kein Gästehaus für unsere ausländischen Besucher. Ich fand das immer beschämend – hier waren wir, die Vereinigten Staaten von Amerika, und mußten unsere Staatsgäste in Hotels unterbringen. Aber Blair House war einfach nicht sicher.

Am nächsten Morgen erschienen die Beamten des Secret Service und statteten uns mit kugelsicheren Mänteln aus. Sie waren schwer und wie Trenchcoats geschnitten. Wir sollten sie immer dann tragen, wenn der Secret Service dies für angebracht hielt. Mir war zwar irgendwie immer klar gewesen, daß solche Dinge notwendig waren, aber ich zog es vor, nicht darüber nachzudenken.

Danach gingen Ronnie und ich quer durch den Lafayette-Park zum Hay-Adams-Hotel, um dort in aller Ruhe zu Mittag zu essen. Die Sicherheitsbeamten waren natürlich bei uns, aber wir hatten uns jetzt schon an sie gewöhnt. Die Gäste im Speisesaal schienen zunächst verblüfft, als wir hereinkamen, aber dann erhoben sie sich spontan und applaudierten uns. Das war so eine nette Geste, und wir fühlten uns herzlich willkommen. Mir war nicht klar, daß dies während all unserer Jahre in Washington das letztemal sein sollte, daß Ronnie und ich wie normale Menschen aus der Haustür treten und die Straße entlanggehen konnten. Die enormen Veränderungen in unserem Leben sollten sich erst noch zeigen.

Während Ronnie mit Konferenzen beschäftigt war, versuchte ich einen Stab von Mitarbeitern zusammenzustellen. Ich hatte zwar früher Haushälterinnen, Babysitter und Gärtner eingestellt, aber einen professionellen Mitarbeiterstab zusammenzuziehen, war eine neue Erfahrung für mich. In Sacramento hatte ich nur eine Sekretärin zur Verfügung gehabt, zusätzlich zu Nancy Reynolds, die die Pressearbeit erledigte. Nun aber galt es, alle möglichen Stellen zu besetzen – Stabschef, Privatsekretärin, Pressereferentin und viele andere mehr.

Dies war ein völlig neues Gebiet für mich, und ich empfand es als schwierig und verwirrend. Hunderte von Leuten hatten sich um ungefähr zwanzig Stellen beworben, und ich verbrachte Stunden damit, Bewerbungsschreiben zu lesen und Einstellungsgespräche zu führen. Im Grunde wußte ich gar nicht, welche Fragen ich stellen oder wie ich entscheiden sollte, welche Bewerber am ehesten geeignet waren für Jobs, von denen ich selbst noch keine Ahnung hatte. Einige der Leute, die ich einstellte, erwiesen sich als wundervoll, ein paar arbeiteten während beider Amtsperioden für mich. Zwei oder drei andere verließen uns schon im Laufe des ersten Jahres.

Ein mit den besten Empfehlungen versehener Mitarbeiter meines Stabes, der sich angeblich mit den Gepflogenheiten Washingtons gut auskannte, arrangierte für alle, die Ronnies Wahlkampf mit großzügigen Spenden unterstützt hatten, einen Empfang im Weißen Haus. Zu solchen Anlässen wurde stets ein kaltes Buffet angerichtet. Doch als Ronnie und ich herunterkamen, erfuhren wir, daß nicht genügend Essen dagewesen war und man die Gäste früh nach Hause geschickt hatte – nicht gerade die feine Art, Gäste zu behandeln, denen man die größten Wahlkampfspenden verdankt.

Eine unentbehrliche Hilfe während dieser Zeit war Letitia Baldridge. Unter Jacqueline Kennedy war sie Chefin des Stabes und Privatsekretärin gewesen, später hatte sie Lady Bird Johnson, Pat Nixon und Rosalynn Carter zur Seite gestanden. »Achten Sie darauf, daß Sie mit dem Verwalter des Weißen Hauses auf gutem Fuß stehen«, sagte sie zu mir. »Er hat sämtliche Fäden in der Hand. Nach Ihrem Gatten ist er der wichtigste Mann in Ihrem Leben.«

Ich hatte Rex Scouten bereits kennengelernt, und Tish hatte recht: Er wurde tatsächlich zum zweitwichtigsten Mann in meinem Leben. Ungeachtet seines Titels, der eher so klingt, als sei er der oberste Platzanweiser in einem Kino, ist der ›chief usher‹ im Weißen Haus für fast alles verantwortlich: für das Budget, das Personal, die Bewirtung der Gäste, die Instandhaltung des Gebäudes und für vieles, vieles mehr. Rex war seit 1949 im Weißen Haus tätig, zunächst als Mitarbeiter des Secret Service, seit 1969 als Verwalter. Er half mir in zahllosen Fällen, insbesondere hat er mich an all den Minen und Fallen auf meinem Weg sicher vorbeigeleitet. Wir wurden solch enge Freunde, daß ich unseren Hund nach ihm benannte.

Tish warnte mich auch vor der riesigen Menge an Post, die ich als First Lady erhalten würde – ungefähr fünfhundert Briefe und Einladungen *pro Tag*. »Besorgen Sie sich jemanden, der eine glückliche Hand dafür hat, Briefe zu beantworten«, sagte sie. »Und unterzeichnen Sie die Briefe nie mit Ihrem Namen.«

»Wieso nicht?« fragte ich. »Ich unterschreibe immer meine eigene Post.«

»Darf ich Ihnen etwas erzählen?« sagte sie. »Als ich für die Kennedys arbeitete, lud einer der Priester hier in der Stadt den Präsidenten und die First Lady ein, an einer Vernissage teilzunehmen. Mißverständnisse gibt es nun mal, und aus irgendeinem Grunde sandte eine Hilfskraft aus dem dafür zuständigen Büro ihm einen Brief, in dem stand: ›Euer Hochwürden, der Präsident und Mrs. Kennedy haben mich gebeten, Ihnen zur Geburt Ihres Sohnes herzlich zu gratulieren.‹

Der Priester war außer sich und veranstaltete einen enormen Wirbel um die Sache. Nancy, können Sie sich vorstellen, was geschehen wäre, wenn Mrs. Kennedy den Brief eigenhändig unter-

zeichnet hätte? Sie dürfen nie vergessen: Jeder Brief mit Ihrer Unterschrift kann eines Tages auf der Titelseite einer Zeitung erscheinen.«

Die letzten Tage vor der Amtseinführung waren ein schwindel-
erregendes Kaleidoskop von Ereignissen. Ich erinnere mich noch
an ein Mittagessen, das unsere kalifornischen Freunde gaben. Ich
weiß auch noch, daß ich irgendwo im Freien auf Stufen saß und
einem Feuerwerk zusah. Das Feuerwerk selbst war grandios, aber
es war schrecklich kalt, und ich saß da, eingehüllt in eine Decke,
neben mir ein tragbares Heizgerät, und fragte mich, ob ich hier auf
der Stelle erfrieren würde, ohne miterlebt zu haben, wie Ronnie
seinen Amtseid ablegte. Und ich erinnere mich, wie ich auf einer
Party mit Walter Cronkite tanzte und dabei zu meinem Entzücken
feststellte, daß er einer der besten Tänzer der Welt ist.

Dann trafen nach und nach aus allen Teilen des Landes die Mitglieder unserer Familie ein.

Meine Eltern reisten mit dem Flugzeug aus Phoenix an. Es ging
beiden nicht besonders gut, und ich hatte Angst, die Reise könnte
vielleicht zuviel für sie werden. Aber sie wären um keinen Preis zu
Hause geblieben.

Mein Bruder Dick, seine Frau Patricia und ihre Kinder kamen
mit dem Auto aus Philadelphia.

Ron und Doria, frisch verheiratet, kamen mit der planmäßigen
Maschine aus New York herüber.

Patti kam aus Kalifornien. Sie hatte ein zauberhaftes Abendkleid aus rotem Chiffon für den Ball zur Amtseinführung mitgebracht. Aber ich merkte, daß sie sich im Weißen Haus nicht wirklich wohl fühlte, und sie blieb auch nicht lange.

Maureen und ihr Verlobter, Dennis, reisten aus Kalifornien mit
dem Flugzeug an, zusammen mit den übrigen kalifornischen Gästen: Michael, seine Frau Colleen und ihr kleiner Sohn Cameron;
Ronnies Bruder Moon und seine Frau Bess; Anne Allman, unsere
Haushälterin, und Barney Barnett, der seit unserer Zeit in Sacramento bei uns war, zusammen mit seiner Frau. Und eine Menge
anderer Freunde.

Am Abend vor der Vereidigung besuchten wir alle die Galavor-
stellung, die im Capital Center in Landover, Maryland, stattfand,
einer Sportarena von gigantischen Ausmaßen. Es war ein großartiger Abend, an dem neben vielen anderen auch Frank Sinatra,
Ethel Merman, Bob Hope, Rich Little und Donny Osmond auftraten mit Johnny Carson als Conferencier.

Der bewegendste Augenblick des Abends kam, als unser alter Freund Jimmy Stewart die Bühne betrat, zusammen mit General Omar Bradley, dem einzigen noch lebenden Fünf-Sterne-General des Landes. Er war an einen Rollstuhl gefesselt. Sie hielten vor Ronnie an, und beide, Jimmy und der General, salutierten vor dem neugewählten Präsidenten. Ohne zu zögern erhob sich Ronnie und erwiderte die Ehrenbezeugung. Ich erlebte zum ersten Mal, daß er das tat, aber von da an wurde es ständige Praxis.

Als Jimmy General Bradley wieder von der Bühne schob, beugte sich Ronnie zu mir herüber und flüsterte: »Ich glaube, jetzt haben wir es tatsächlich geschafft.«

Als das Programm zu Ende war, bestand Ronnie darauf, allen Mitwirkenden zu danken. Die Worte, die er an jenem Abend sprach, bewegten mich sehr, weil er sich darin zu seiner Herkunft bekannte und voller Stolz, wie es seine Art ist, von seinem früheren Beruf erzählte:

»Ich möchte Ihnen etwas erzählen. Ich habe schon immer davon geträumt, daß ich es eines Tages einem Publikum erzählen werde, in Gegenwart von diesen wunderbaren Menschen. Wenn sich einst der Vorhang zur Ewigkeit heben wird, und wenn es stimmt, daß dann alle Menschen, die vor der Himmelspforte stehen, das vorzeigen müssen, was sie der Welt geschenkt haben, dann werden bei dieser Prozession die Leute des Show-Business nichts anderes in den Händen halten als die reinen Perlen der Tränen, das Gold des Lachens und die Diamanten funkelnder Sterne, die sie über einer Welt ausschütten, die sonst ziemlich trostlos gewesen wäre. Und wenn sie schließlich alle ihren letzten Auftritt haben, so wird der Himmelspförtner sicher sagen: ›Lasset die Kindlein zu mir kommen.‹«

Am nächsten Morgen im Blair House erwachte ich früher als gewöhnlich. Der Tag der Amtseinführung war vollgestopft mit Aktivitäten, aber es war zusätzlich noch sehr aufreibend, dafür zu sorgen, daß alle rechtzeitig fertig wurden. Wir hatten ein volles Haus, und meine Eltern brauchten besondere Hilfe, um dem anstrengenden Tag gewachsen zu sein.

Es war Tradition, daß der neugewählte Präsident zur Vereidigung einen Gesellschaftsanzug trug. Präsident Kennedy, der dafür bekannt war, auch bei kältestem Wetter ohne Kopfbedeckung zu gehen, entschied sich für einen Zylinder. Lyndon Johnson trug angesichts der ungewöhnlichen Umstände bei seiner Vereidigung einen Geschäftsanzug. Nixon trug einen Stresemann, während

Carter, der für eine weniger aufwendige Präsidentschaft eintrat, einen Geschäftsanzug trug. Ronnie trug einen Stresemann mit grauer Weste, aber ohne den Zylinder. Ich trug ein rotes Kleid und einen roten Mantel von Adolfo.

Der Tag begann um neun Uhr dreißig mit einem kurzen Gottesdienst in der St. John's Episcopal Church in der Nähe von Blair House. St. John's, auch häufig als Kirche des Präsidenten bezeichnet, ist ein kleines, hübsches Gebäude. Wir saßen auf der George-Washington-Bank, und mich überkam an jenem Morgen das Gefühl, der Geschichte unseres Landes sehr nahe zu sein. Der Platz reichte nur für unsere Familie und ein paar enge Freunde, die uns begleiteten, außerdem George und Barbara Bush und ihre Kinder.

Nach der Kirche ging der Großteil unserer Gäste zum Capitol, um für die Vereidigung ihre Plätze einzunehmen. Ronnie und ich fuhren zurück zum Blair House, um dort auf Senator Mark Hatfield zu warten, den Vorsitzenden des Joint Congressional Committee on Inaugural Ceremonies*, der uns zum Weißen Haus eskortieren sollte, wo wir mit dem scheidenden Präsidentenpaar den traditionellen Kaffee trinken sollten.

Wir betraten das Weiße Haus durch das North Portico und gingen auf direktem Wege in den Blue Room, wo die Carters und die Mondales uns erwarteten. Präsident Carter hatte die ganze letzte Nacht über daran gearbeitet, das Geiseldrama im Iran zu einer Lösung zu bringen – und das sah man ihm an. Er war bleich und sah völlig übernächtigt aus. Man mußte ihn einfach bedauern. Rosalynn fühlte sich sichtlich unwohl und wirkte sehr unglücklich. Sie begrüßte uns, aber davon abgesehen wechselten wir kaum ein Wort miteinander.

Die Geiseln waren zwar freigelassen worden, hatten den Iran aber noch nicht verlassen. Und nun wurde allmählich klar, daß die Iraner warten wollten, bis Carter abgetreten war, bevor sie die Geiseln ziehen ließen. Ronnie hielt das für unentschuldbar. »Wenn sie während der Vereidigungszeremonie entlassen werden«, sagte er zu Mike Deaver, »und selbst wenn es während meiner Rede sein sollte, möchte ich, daß Sie mich davon unterrichten. Unterbrechen Sie mich ruhig, ich will die Nachricht persönlich verkünden.«

Traditionsgemäß fahren der scheidende und der neugewählte Präsident gemeinsam vom Weißen Haus zum Capitol, und ihre Frauen ebenfalls. Dann, nach der Vereidigung und der Parade zur

---

* Kongreßausschuß zur Abwicklung der Amtseinführung (Anm. d. Übers.)

Amtseinführung, kehren der neue Präsident und die First Lady ins Weiße Haus zurück – nun nicht mehr als Gäste, sondern als dessen Bewohner.

Und so fuhren Rosalynn und ich gemeinsam zum Capitol, in Begleitung von John Rhodes, dem Vorsitzenden der Minderheitsfraktion im Kongreß. Gott sei Dank war John bei uns, denn er machte unermüdlich Konversation während dieser äußerst unangenehmen Situation. Rosalynn blickte unentwegt aus dem Fenster und sagte kein Wort. Ich wußte nicht, *was* ich sagen sollte, also schwieg ich auch. Zum Glück dauert die Fahrt nicht lange.

Seit der Amtseinführung von Andrew Jackson im Jahre 1829 findet die Vereidigungszeremonie auf der Treppe an der Ostseite des Capitols statt. Diesmal hatte Mark Hatfield vorgeschlagen, die Feier auf die Westseite zu verlegen, von wo man einen atemberaubenden Blick auf die Mall, das Washington-Monument und das Lincoln Memorial hat. Ronnie gefiel diese Idee sehr gut. Von der Ostseite aus kann man nichts anderes sehen als die Regierungsgebäude, und Ronnie zog es vor, beim Ablegen des Eides den Blick nach Westen zu richten, wo der Rest unsres Landes liegt. Sobald wir dort eintrafen, wußte ich, daß die Entscheidung richtig gewesen war.

Als ich meinen Platz eingenommen hatte, blickte ich nach hinten, um mich zu vergewissern, daß meine Eltern und unsere Kinder gekommen waren. Alle unsere Freunde saßen auf ihrem Platz, und keiner von ihnen schien zu frieren. Obwohl der Himmel bedeckt war, war es ungewöhnlich mild. Mit vierzehn Grad Celsius war dieser Tag der Amtseinführung einer der wärmsten der Geschichte.

Während die Kapelle des Marinekorps ›Yankee Doodle‹ und ›The Battle Hymn of the Republic‹ spielte, kamen die offiziellen Gäste, um ihre Plätze einzunehmen. Der Vorsitzende der Mehrheitsfraktion, Howard Baker, geleitete seine Senatorenkollegen auf ihre Plätze, und ich mußte lächeln, als ich sah, daß Howard seinen Fotoapparat mitgebracht hatte. Danach kamen George Bush, Präsident Carter, Vizepräsident Mondale und die Richter des Obersten Gerichtshofes. Nun waren alle anwesend, außer Ronnie, der in einem besonderen Raum im Capitol zusammen mit John Rhodes und Mark Hatfield wartete.

Kurz bevor Ronnie erschien, blickte ich mich noch einmal um und entdeckte dabei meine Freundin Betsy Bloomingdale. Sie fing an zu weinen und ich natürlich auch. *Hör auf damit,* sagte ich mir, *die Fernsehkameras sind auf dich gerichtet.* Aber ich werde Betsys

Gesicht in jenem Augenblick nie vergessen, und ich bin sicher, sie wird meins nie vergessen. Ich weiß, wir dachten damals dasselbe – von nun an wird es nie wieder so sein, wie es mal war.

Wir wandten rasch den Blick voneinander ab, und ich versuchte, mich auf den herrlichen Ausblick, die riesige Menschenmenge und die überwältigende Bedeutung dieses Ereignisses zu konzentrieren. Das Capitol war mit Fahnen und rot-weißen Flaggen geschmückt und sah an diesem Tag schöner aus als je zuvor.

Ich war schrecklich stolz und aufgeregt, aber es schien alles so unwirklich. Konnte es tatsächlich sein, daß Ronald Reagan, *mein Mann,* der vierzigste Präsident der Vereinigten Staaten werden sollte? Wie war es nur dazu gekommen? Es war wie im Traum: Man erlebt etwas sehr Bedeutendes, aber das Bewußtsein hat noch nicht erfaßt, daß es wirklich geschieht.

Um elf Uhr neununddreißig, als die Trompeten gerade ›Jubilant‹ intonierten, erschien Ronnie auf dem Podium. George Bush wurde als erster vereidigt. Barbara hielt die Bibel in Händen, die ihnen Billy Graham gegeben hatte, während Richter Potter Stewart George Bush den Eid abnahm.

Dann war Ronnie an der Reihe. Ich stand neben ihm und hielt die Familienbibel der Reagans. Sie hatte Ronnies Mutter gehört, die darin die Geburten und Todesfälle ihrer Familie, der Wilsons, aufgezeichnet hatte. Die Bibel war alt, das Leder brüchig und stellenweise behelfsmäßig repariert, und sie schien für diesen Anlaß genau richtig zu sein.

Auf die Innenseite des Umschlags hatte Nelle folgenden Satz geschrieben: »Ein Gedanke für den heutigen Tag: Du kannst zu groß sein, als daß Gott dich gebrauchen könnte, aber du kannst niemals zu klein sein.«

Kurz vor zwölf Uhr sprach der Oberste Bundesrichter Warren Burger die Eidesformel vor, und Ronnie wiederholte die Worte. In diesem Augenblick konnte ich mich kaum noch auf das Geschehen konzentrieren. Ich stand neben meinem Mann, hielt Nelles Bibel in der Hand und dachte: *Mein Gott, jetzt stehe ich also hier und mache genau das, was ich bei anderen Frauen auf Fotos und im Fernsehen gesehen habe. Und ich bin es. Und wir sind es. Und alles geschieht wirklich.*

Dann war es plötzlich vorüber. Der Präsident küßte mich, und ein donnernder Salut von einundzwanzig Kanonenschüssen zu Ehren des neuen Präsidenten wurde abgefeuert. Der erste, der Ronnie beglückwünschte, war Jimmy Carter, der von dieser Minute an wieder ein normaler Bürger war. Dann stieg Ronnie auf das Podium, um seine erste Rede als Präsident zu halten. Was dann geschah – nun, Sie werden mir nicht glauben, darum zitiere ich lieber den Bericht aus dem Magazin *Time:*

> Als er den Blick hob, um ins Publikum zu sehen, geschah etwas Seltsames und Wunderbares. Der dunkle, wolkenverhangene Himmel über ihm begann sich langsam zu teilen. Innerhalb weniger Sekunden tat sich zwischen den grauen Wolken eine Lücke auf, und ein leuchtend goldener Strahl der winterlichen Sonne brach durch die Wolkendecke und tauchte das Podium und die wartende Menge in sein Licht. Als Reagan sprach, strich eine leichte Brise durch sein Haar, und das warme goldene Licht umfing ihn.
> Wie auf das Stichwort eines geschickten Beleuchters hinter der Bühne hin schloß sich ein paar Minuten, nachdem Reagan seine Rede beendet hatte, die Lücke in der Wolkendecke wieder, der Himmel wurde wieder trüb, und Washington sah grau und kalt aus wie zuvor.

Was sogar noch erstaunlicher war, war die Tatsache, daß dasselbe in Sacramento schon einmal passiert war, bei Ronnies erster Amtseinführung als Gouverneur. Es war ein kalter Tag mit Nieselregen und wolkenverhangenem Himmel gewesen, aber als Ronnie mit seiner Rede begann, brach die Sonne durch.

Als dies jetzt zum zweitenmal geschah, wurde ich von Freude überwältigt. Vielleicht ist dies ein Omen, dachte ich. Vielleicht muß das einfach so sein.

Ronnie begann seine Einführungsrede, die er selbst geschrieben hatte, mit einem Dank an Präsident Carter für die reibungslose Amtsübergabe. Dann rief er zum Kampf auf gegen die Inflation, die, wie er sagte, »unsere wirtschaftlichen Entscheidungen ins Gegenteil verkehrt, die Sparsamen bestraft und die aufstrebenden Jungen ebenso erdrückt wie die Älteren, die ein festes Einkommen haben«.

Ronnie wiederholte auch, was er bereits in so vielen Wahlkampfreden betont hatte, nämlich daß »die Regierung nicht die Lösung unserer Probleme ist; die Regierung selbst ist das Problem«. Dann berichtete Ronnie – was er recht gerne macht – von einem anregenden Beispiel für menschliche Tatkraft und Heldentum. Vor kurzem hatte er einen Brief erhalten, der von Martin A. Treptow handelte, einem kaum bekannten amerikanischen Kriegshelden, der im Ersten Weltkrieg gekämpft hatte und gestorben war. Der Soldat Treptow wurde in Frankreich während eines Kurierauftrags getötet, sein Tagebuch aber überlebte. »Amerika muß diesen Krieg gewinnen«, hatte er geschrieben. »Dafür will ich mein Bestes geben. Ich will Opfer bringen. Ich will durchhalten. Ich will mit Freude kämpfen und alles tun, was in meiner Macht steht, als hinge der Ausgang des gesamten Kampfes nur von mir ab.«

Ronnie beendete seine Rede, und die Kapelle spielte zum Abschluß ›Hail to the Chief‹.

Wir gingen ins Capitol, um dort zu Mittag zu essen. Die Kinder sagten Ronnie, wie stolz sie auf ihn seien, und eine riesige Menge von Gratulanten versuchte ihm die Hand zu schütteln und ihre Glückwünsche auszusprechen.

Zu dieser Zeit befand sich Präsident Carter bereits auf dem Weg zur Andrews Air Force Base, um den Rückflug nach Georgia anzutreten, und Walter Mondale begleitete ihn. Irgendwann später las ich, daß sie während der Fahrt im Auto telefonisch die Nachricht erhielten, die Geiseln hätten soeben per Flugzeug Teheran verlassen. Nachdem sie den Anruf erhalten hatten, sollen sie einander angeblickt haben und in Tränen ausgebrochen sein. Ich hatte meine Meinungsverschiedenheiten mit den Carters gehabt, aber bestimmt hätten sie etwas Besseres verdient gehabt als dies.

Beim Mittagessen mit den wichtigsten Kongreßabgeordneten in der wundervollen Statuary Hall saß ich zwischen Senator Hatfield und Tip O'Neill, dem Sprecher des Repräsentantenhauses. Meine Mutter saß auf der anderen Seite von Tip. Von diesem Mittagessen ist mir heute noch lebhaft in Erinnerung, wie Mutter und Tip einander Geschichten erzählten, als wären sie schon das ganze Leben lang miteinander befreundet. Auf den Tischen standen Rosen aus Kalifornien, und die anwesenden Damen erhielten alle ein Erinnerungsgeschenk – eine kleine silberbeschlagene Dose mit *jelly beans*.

Zum Abschluß des Essens erhob sich Ronnie, um die Nachricht zu verkünden, auf die alle gewartet hatten: »Dank Gott, dem Allmächtigen, ist mir die Gelegenheit zu einem Schlußwort gegeben, einem Satz, wie ihn sich jeder am Ende eines Toasts oder einer Rede wünscht. Vor etwa dreißig Minuten haben die Flugzeuge mit unseren Landsleuten den Luftraum des Iran verlassen und befinden sich in Freiheit.«

Bevor wir das Capitol verließen, stattete Ronnie dem Sprecher des Repräsentantenhauses einen kurzen Besuch in seinem Büro ab. Tip bat ihn, auf einen Stapel von speziellen Programm-Broschüren zur Amtseinführung sein Autogramm zu setzen, und als sich Ronnie an die Arbeit machte, meinte er im Scherz, daß dieser kleine Gefallen Tip im Repräsentantenhaus einige Stimmen kosten würde. An jenem Nachmittag unterhielten sich die beiden auch ziemlich ausführlich über Baseball. In den kommenden Jahren sollten die beiden Männer zahlreiche politische Kämpfe miteinander ausfechten, aber an diesem Tag herrschte zwischen ihnen eine warme und herzliche Atmosphäre, die nie mehr verschwand.

Dann gingen wir wieder hinaus, um der Parade beizuwohnen, die zu Ehren der Amtseinführung stattfand. Sie führt über die Pennsylvania Avenue vom Weißen Haus bis zum Capitol. Als besonderes Geschenk für Ronnie war eine der Kapellen eigens aus der High School in Ronnies Heimatstadt, Dixon, Illinois, angereist, und seine Augen wurden ein wenig feucht, als die Musiker stolz an uns vorüberzogen. Den Abschlußteil der Parade bildete der Mormon Tabernacle Choir − angetreten in voller Besetzung −, der vor uns anhielt und ›The Battle Hymn of the Republic‹ sang, das Lied, das Ronnie und ich ganz besonders gern mögen.

Die Parade war großartig, aber in Gedanken war ich ganz woanders. Am Abend sollten wir zehn verschiedene Bälle zu Ehren der Amtseinführung besuchen, und ich dachte darüber nach, was wohl aus meinem Kleid, den Schuhen und der Handtasche geworden war. Am Morgen hatten wir unser Gepäck in Blair House gelassen − das schien jetzt bereits Tage zurückzuliegen −, und alle hatten mir versichert, daß während des Mittagessens und der Parade unsere gesamte Habe ins Weiße Haus gebracht werden würde. Unmittelbar nach der Vereidigung waren Anne Allman, unsere Haushälterin, und Ted Graber, unser Innenarchitekt, zum Blair House zurückgeeilt, um den Umzug zu beaufsichtigen.

Aber als unverbesserlicher Angsthase wurde ich den Gedanken nicht los, wie in aller Welt die Bediensteten des Weißen Hauses innerhalb von ein paar Stunden den Hausstand der einen Familie aus- und den der anderen Familie einräumen könnten, ohne daß dabei *irgend etwas* Wichtiges verlorenginge. Ich war mir ganz sicher, daß dieses ›irgend etwas‹ mein Kleid sein würde. Ich weiß, daß es dumm war, sich gerade jetzt um so etwas Sorgen zu machen, aber ich glaube, die meisten Frauen können mich verstehen.

Niemand kann sich vorstellen, wie es ist, nach der Einführungsparade ins Weiße Haus zu gehen und nun, zum ersten Mal, als frischgebackener Präsident und als First Lady *nach Hause* zu kommen. Man fühlt sich eingeschüchtert. Man denkt über all die Familien nach, die vor einem dort gewohnt haben. Man fühlt sich ganz klein und unbedeutend.

Ich weiß noch, wie ich dachte: Als wir heute morgen von hier weggingen, war Ronnie noch nicht Präsident. Und jetzt ist er es. Und von nun an werden wir, was immer auch geschehen mag, in die Geschichtsbücher eingehen. Was auch immer wir von nun an tun, es wird aufgezeichnet, diskutiert und für die Nachwelt aufbewahrt.

Wir gingen nach oben in die Wohnräume, und dort war auch mein Kleid. Und unsere Möbel aus Kalifornien standen in der West Hall an ihrem Platz, was mir das Gefühl gab, daß dieses fremdartige und wundervolle neue Haus nun wirklich unser Zuhause war. Die wunderbaren und tüchtigen Angestellten des Weißen Hauses hatten sich, unter Mithilfe von Anne und Ted, um alles gekümmert, und ich verstehe immer noch nicht, wie sie das in so kurzer Zeit geschafft haben.

Ich hatte gehofft, mich ein paar Minuten ausruhen zu können, aber ich machte mir Sorgen um meine Eltern, und das Haus war neu für uns, und ich mußte mich um alle möglichen Dinge kümmern. Gegen Abend kamen die übrigen Familienmitglieder aus dem Blair House zu uns herüber, um mit uns ein Glas Champagner zu trinken und für ein Gruppenfoto Aufstellung zu nehmen. Anschließend wollten wir zu den Bällen ausschwärmen, die aus Anlaß der Amtseinführung gegeben wurden. Nachdem die anderen gegangen waren, sahen wir draußen Lichter aufblitzen, und so traten Ronnie und ich auf den Truman-Balkon, um zu sehen, was da vor sich ging.

»Es sieht so aus, als wollten sie dich mit einem Feuerwerk willkommen heißen«, sagte ich.

»Meinst du wirklich?« fragte er. Er konnte einfach nicht glauben, daß dies alles zu seinen Ehren stattfand.

Wenn sie das Wort ›Einführungsball‹ hören, stellen sich die meisten Leute einen großen Ballsaal mit riesiger Tanzfläche und einer Menge Menschen vor, die über das Parkett schweben und sich amüsieren. Zumindest ich hatte diese Vorstellung. Aber in Wirklichkeit sieht es ganz anders aus: Unmengen von Leuten sind da zusammengepfercht und stehen Schulter an Schulter einfach nur herum. Es gibt nicht genügend Platz, um zu tanzen, und es ist so laut, daß man nicht einmal das Orchester hören kann.

Wenn dreiundvierzigtausend Menschen zu zehn Bällen eingeladen werden, muß zwangsläufig etwas schiefgehen. Manche Leute kamen, obwohl sie Eintrittskarten hatten, nicht in die Säle hinein, und als Ronnies Bruder Neil gemeinsam mit seiner Frau bei einem der Bälle durch den Eingang wollte, hatte er schreckliche Schwierigkeiten mit dem Sicherheitsdienst. »Sie *müssen* mich hineinlassen«, sagte er. »Ich bin der Bruder des Präsidenten.«

»Aber klar doch, Freund«, meinte der Beamte. »Sie sind erst der vierte, der das heute versucht.«

Irgendwie gelang es uns, in nicht einmal vier Stunden sämtliche zehn Bälle zu besuchen. Auf jedem dieser Bälle sprach Ronnie von den freigelassenen Geiseln, was jedesmal beim Publikum tiefe Betroffenheit hervorrief. Aber zum größten Teil war es eine Nacht der Feiern. Auf dem letzten der Bälle sagte Ronnie: »Ich möchte gerne mit meiner Dame tanzen.« Die Tanzfläche war so überfüllt, daß wir auf der Bühne tanzen mußten, wo das Tommy-Dorsey-Orchester ›You'll Never Know‹ spielte.

Als wir in dieser Nacht zu sehr später Stunde ins Weiße Haus zurückkehrten, waren wir glücklich und völlig erschöpft. Es war ein unglaublich langer Tag voll bedeutender Ereignisse gewesen — der Gottesdienst am Morgen, der Kaffee mit den Carters im Weißen Haus, die Vereidigungszeremonie, die Einführungsrede, das Mittagessen, die Freilassung der Geiseln, die Parade, der Einzug in unser neues Zuhause, und schließlich die zehn Bälle. Ich erinnere mich noch, wie ich in dieser Nacht die Augen schloß und mir dachte: Mein Gott, hier sind wir nun und schlafen im Weißen Haus. Und hier bin *ich,* und schlafe an der Seite des Präsidenten der Vereinigten Staaten.

Erst jetzt, nachdem Ronnie und ich nach Los Angeles zurückgekehrt sind, kann ich richtig würdigen, wie wunderbar es war, im Weißen Haus zu leben. Glauben Sie mir, man gewöhnt sich sehr schnell daran, von vorne bis hinten bedient zu werden, und daran, daß einem viele Dinge abgenommen werden, die man normalerweise selbst erledigen müßte. Was immer man sich wünschte, man bekam es auch.

Wenn wir zum Beispiel einen Installateur benötigten, riefen wir das Büro des Verwalters an, und innerhalb von fünf Minuten war jemand zur Stelle. Wenn ich ein Paket einzupacken hatte, kam jemand und nahm mir die Arbeit ab. Es gab bei uns einen wunderbaren Menschen namens Johnny Muffler, der regelmäßig kam und sämtliche Uhren aufzog und stellte. Er war schon seit Jahren dort, und er reparierte alles, was kaputt war. Und es gab auch Butler, die sich immer darum kümmerten, daß ich genug zu essen bekam, und die — was ich erst viel später erfuhr — regelmäßig den Ärzten Bericht erstatteten, wie es mir gesundheitlich ging!

Manchmal lernt man den Wert einer Sache erst dann zu schätzen, wenn man sie nicht mehr hat. Anfang 1989, nur ein paar Tage, nachdem wir nach Los Angeles zurückgekehrt waren, wartete ich eines Morgens zu Hause auf den Elektriker. Er kam einfach nicht. Das ist natürlich eine ganz alltägliche Erfahrung, aber nach acht Jahren im Weißen Haus war ich verwöhnt.

Jeden Abend, während ich badete, kam eines der Dienstmädchen und brachte meine Kleider in die Wäscherei oder zur chemischen Reinigung. Auch das Bett war immer frisch bezogen und aufgeschlagen. Fünf Minuten, nachdem Ronnie nach Hause gekommen war und seinen Anzug aufgehängt hatte, war er auch schon wieder aus dem Wandschrank verschwunden, um gebügelt, gereinigt oder ausgebürstet zu werden. Kein Wunder also, daß Ron das Weiße Haus immer als Acht-Sterne-Hotel bezeichnete.

Wenn man im Weißen Haus lebt, ist alle Welt für einen da. Wollte ich jemanden anrufen, mußte ich nur den Telefonhörer abheben, und schon war der Vermittlungsdienst in der Leitung, um mir zu helfen, meinen Gesprächspartner zu erreichen. Sie würden ihn *überall* aufspüren − sofern ich nicht ausdrücklich sagte, daß dies − wenn er zu Hause oder im Büro nicht erreichbar war − nicht nötig sei. Ein paar Wochen, nachdem wir eingezogen waren, bestellte Ronnie ein Telefongespräch − ich weiß nicht mehr mit wem −, und er wäre fast zusammengebrochen, als er hörte, daß dieser Mann sich gerade in Japan aufhielt, wo es zum Zeitpunkt des Anrufs drei Uhr nachts war!

Wir lernten die Mitarbeiterinnen der Telefonzentrale des Weißen Hauses schätzen, aber während der ersten Amtszeit von Ronnie gehörte Michael Deaver, der gleich nebenan im Haus arbeitete, zu den Menschen, mit denen ich am häufigsten telefonierte.

Von allen Beratern, die die Jahre über für meinen Mann gearbeitet haben, war Mike derjenige, der mir am nächsten stand; er war mein Verbindungsmann zum Westflügel. Mikes Titel lautete Stellvertretender Stabschef, und zusammen mit Jim Baker und Ed Meese bildete er die sogenannte Troika − das aus drei Männern bestehende Team von Ronnies Chefberatern während seiner ersten Amtszeit als Präsident.

Ronnie und ich kannten Mike schon lange, er war während der Jahre in Sacramento Ronnies stellvertretender Büroleiter gewesen. Schon von Anfang an verstanden wir drei uns gut. Bei seiner Arbeit im Weißen Haus kam ihm zugute, daß er Ronnie wirklich gut kannte und wußte, wann und wie er ihm ein Anliegen vortragen konnte. Mike zeigte nie eine Scheu, Ronnie schlechte Nachrichten zu überbringen oder es ihm offen zu sagen, wenn er der Meinung war, daß Ronnie sich irrte. Weil wir uns so nahe standen und weil er Ronnie so gute Dienste geleistet hatte, brach mir fast das Herz, als Mike 1985 das Weiße Haus verließ, um sich selbständig zu machen. Aber auch dann telefonierten wir oft miteinander.

Es wurde manchmal behauptet, Mike Deaver sei mehr gewesen als Ronnies Vertrauter – daß Ronnie zwar vor dem Publikum der große Star gewesen sei, aber Michael Deaver hinter der Bühne die Show geleitet habe. Ich stehe in meiner Bewunderung für Mikes Leistung sicherlich niemandem nach, aber ich muß sagen – und Mike würde dem bestimmt als erster beipflichten –, daß er sich mehr für Public Relations interessierte als für Politik. Ronnie traf die Entscheidungen, und Mike half dabei – gemeinsam mit Ed Meese und Jim Baker –, sie umzusetzen.

Sein größtes Talent lag darin, für Ronnie visuell einprägsame Auftritte zu arrangieren – Ereignisse oder Szenen, die vom Fernsehen übertragen wurden und beim Zuschauer einen starken symbolischen Eindruck hinterließen. Ein solches Ereignis, das ich niemals vergessen werde, fand am vierzigsten Jahrestag der Landung in der Normandie, am 6. Juni 1984, statt. Mike bereitete alles vor, damit Ronnie an diesem Tag am Pointe du Hoc in der Normandie sprechen konnte. Dort, auf einer hoch über dem Meer aufragenden Klippe, hielt er vor einer Gruppe von Veteranen, die an der Landung teilgenommen hatten, eine Rede.

Im Frühjahr 1986, wenige Monate nachdem er das Weiße Haus verlassen hatte, erschien ein Foto von Mike auf der Titelseite von *Time*. Das Bild zeigt Mike im Fond eines Wagens, vor ihm sein Chauffeur. Mike hält einen Telefonhörer in der Hand; im Hintergrund ist die Kuppel des Capitols zu erkennen. Die Bildunterschrift lautet: »Wer ist der Mann am Telefon?« Und in kleinerer Schrifttype: »Mit Einfluß in Washington hausieren gehen.«*

Mike wurde schon bald zum Inbegriff des Regierungsbeamten, der seine Beziehungen in klingende Münze umsetzt. Er tat zwar nichts anderes, als Hunderte von Leuten vor ihm auch schon getan hatten, aber er tat es zu augenfällig und zu schnell. Als ich dieses Titelbild der *Time* sah, rief ich ihn an und sagte: »Mike, Sie haben einen großen Fehler gemacht, und ich glaube, Sie werden ihn noch bereuen.« Leider hatte ich damit recht.

---

* Im Original: *Influence Peddling in Washington*

Einige Zeit danach wurde Mike angeklagt, er habe den Kongreß und ein Bundesgericht belogen, als gegen ihn wegen des Verdachts ermittelt worden war, daß er gegen die *Ethics in Government Act** verstoßen habe, die ehemaligen hochrangigen Regierungsbeamten, die für eine Lobby tätig werden, nur einen sehr engen Handlungsspielraum läßt. Als das Gerichtsverfahren gegen Mike eröffnet wurde, teilte mir der Anwalt des Weißen Hauses mit, daß ich ihn nicht mehr anrufen dürfe. Also war ich darauf beschränkt, ihm über Richard Helms, einen gemeinsamen Freund, aufmunternde Worte zukommen zu lassen, damit er wußte, daß ich an ihn dachte. Nachdem alles vorüber und Mike verurteilt worden war, rief ich ihn wieder an, aber unser Verhältnis wurde nie mehr so wie früher.

Irgendwo auf den verschlungenen Pfaden von Washington war Mike Deaver vom rechten Weg abgekommen und hatte sich dabei eine schlimme Form von Potomac-Fieber zugezogen. Mit einem Schlag war er eine im ganzen Land bekannte Person geworden, ein Genie der Public Relations, und wenn einem so etwas widerfährt, kann es schon schwer sein, Augenmaß zu bewahren. Frustriert war Mike auch über sein relativ niedriges Gehalt als Regierungsbeamter – in einer Stadt, wo manche der Leute, die er dort kennenlernte, in der Privatwirtschaft ein Vielfaches seines Einkommens verdienten.

Aber auch nachdem er das Weiße Haus verlassen hatte, blieb er einer meiner engsten Freunde. Gegen Ende des Jahres 1986 hatte ich plötzlich Schwierigkeiten, ihn telefonisch zu erreichen. Ich rief jeden Tag bei ihm zu Hause an, und Carolyn, Mikes Frau, gab mir immer ausweichende Antworten. Schließlich meinte sie: »Nancy, ich darf Ihnen nicht sagen, wo er ist; ich mußte ihm versprechen, es für mich zu behalten. Aber ich werde ihn nachher treffen, und dann will ich ihn fragen, ob ich es Ihnen erzählen darf.«

Meine erste Vermutung war, Mike habe einen Nervenzusammenbruch erlitten. Doch dann rief er mich an: »Es tut mir leid, daß ich nichts mehr von mir habe hören lassen. Ich bin Alkoholiker, und Sie sind der erste Mensch, dem ich das erzähle. Ich bin hier in einer Entziehungsklinik in Maryland.«

»Oh, Mike, ist das alles?« sagte ich. »Ich fürchtete schon, Sie hätten einen Nervenzusammenbruch erlitten! Alkoholismus ist

---

* Gesetz, das außerdienstliche Erwerbstätigkeiten von Mitarbeitern der Regierung regelt (Anm. d. Übers.)

eine Krankheit, die geheilt werden kann. Sie werden es sicher schaffen.«

Ich muß das Richtige gesagt haben, weil mir Mike später erzählte, daß meine Worte ihn bestärkt hätten.

Ungefähr ein Jahr danach schrieb William Safire, der nie zu meinen größten Bewunderern zählte, in einem Artikel: »War die First Lady so sehr mit ihrem Kreuzzug gegen den Drogenmißbrauch beschäftigt, daß sie nicht bemerkte, daß ihr engster Vertrauter ein Säufer war?« Das war eine herzlose und dumme Bemerkung. Es kann sehr schwer sein, einen Alkoholiker als solchen zu erkennen, und Mike hielt sein Geheimnis so gut verborgen, daß niemand im Weißen Haus auch nur im Traum daran dachte, er könne mit dem Trinken Probleme haben. Ronnie, Ed Meese und Jim Baker waren jeden Tag mit ihm zusammen, aber sie haben nie gesehen, daß er Alkohol zu sich nahm oder sich merkwürdig verhielt. Manche Alkoholiker zeigen niemals auch nur das geringste Anzeichen von Trunkenheit.

Auch Ed Meese war schon in Sacramento bei uns gewesen, wo er während Ronnies zweiter Amtszeit als Stabschef arbeitete. Aber Ed und ich standen uns niemals sehr nahe. Er war das mit Abstand am stärksten ideologisch geprägte Mitglied der Troika, ein Konservativer durch und durch. Manche Leute halten so starr an ihrer Überzeugung fest, daß sie lieber verlieren, als nur einen Teilsieg zu erringen, und ich hatte immer den Eindruck, daß auch Meese zu diesen Leuten gehörte.

Es machte mich auch ganz krank, daß er ständig irgendwelche finanziellen Probleme hatte. Ihm unterlief eine ganze Reihe von Fehlern, die ein schlechtes Licht auf den Präsidenten warfen, und einige Männer in seiner Situation wären zurückgetreten. Schließlich tat er es auch, aber meiner Meinung nach hatte er viel zu lange damit gewartet und dadurch sowohl dem Justizministerium als auch dem Präsidenten geschadet.

Ich glaube, Ed war enttäuscht, weil er 1980 nicht zum Stabschef ernannt worden war, aber er wäre für diese Aufgabe nicht der Richtige gewesen. Neben anderen Dingen fehlte es ihm an organisatorischem Geschick. Berüchtigt war er für seine vollgestopfte Aktentasche; wenn man ein Dokument verschwinden lassen wollte, mußte man es Ed geben. Und im August 1981 beging er einen schweren Fehler: Vor der libyschen Küste schossen Jagdbomber der amerikanischen Marine zwei libysche Kampfflugzeuge ab, und Ed wartete fünfeinhalb Stunden, bevor er Ronnie anrief, um ihn aufzuwecken und ihm von dem Vorfall zu berichten.

Aber Ed hatte auch einen großen Pluspunkt: Er war Ronnie gegenüber äußerst loyal.

Den dritten Mann in Ronnies Troika, Jim Baker, kannte ich am wenigsten. Er hatte 1980 den Wahlkampf von George Bush gegen Ronnie geleitet, und als George Vizepräsident wurde, kam Baker mit ihm. Es war die Idee von Mike Deaver, Baker zum Stabschef des Weißen Hauses zu machen, weil Jim in Washington über sehr gute Verbindungen verfügte. Ronnie hätte lieber Ed Meese diesen Posten anvertraut, aber Mike setzte sich durch.

Ich glaube, Jim Baker hat gute Arbeit geleistet. Er wußte eine ganze Menge über die politischen Verhältnisse, und er hatte zahlreiche gute Kontakte zum Kongreß. Mehr als Ronnie bemühte er sich um Ausgleich und Kompromisse, aber er war loyal und sehr effektiv, wenn es darum ging, Ronnies Vorschläge durch den Kongreß zu bringen. Mit der Presse pflegte er einen eifrigen Verkehr — vielleicht sogar zu eifrig, denn er ließ ständig Informationen durchsickern.

Obwohl Jim eine Menge für Ronnie tat, hatte ich immer das Gefühl, daß sein Hauptinteresse ihm selber galt. Er war ehrgeizig, und als er nach vier Jahren als Stabschef verabschiedet wurde, gab er Ronnie zu verstehen, daß er Außenminister werden wollte. Ronnie hielt an George Shultz fest; erst als Bush Präsident wurde, ging Jims Wunsch in Erfüllung. Es würde mich nicht überraschen, wenn er demnächst für ein noch höheres Amt kandidieren würde.

Die Troika arbeitete recht gut, was ich von Al Haig, Ronnies erstem Außenminister, nicht sagen kann. Ich persönlich halte Haig für den größten Fehler, der Ronnie in seiner ersten Amtszeit unterlief.

Haig war zu machthungrig. Seiner Meinung nach sollte es ihm als einzigem in der Regierung vorbehalten sein, Entscheidungen in der Außenpolitik zu treffen. Als Ronnie angeschossen wurde, versetzte Haig mit seiner berühmten Erklärung: »Ab sofort übernehme ich hier im Weißen Haus die Kontrolle« Ronnies Berater und viele Menschen in unserem Lande in Unruhe. Damals war ich zu sehr damit beschäftigt, mich um Ronnie zu kümmern, als daß ich Haig große Aufmerksamkeit hätte schenken können, aber ich habe diese Erklärung immer für entlarvend gehalten.

Haig war besessen von Statusfragen — wo genau er bei einem Staatsempfang stehen durfte oder wo er in einem Flugzeug oder in einem Hubschrauber sitzen würde. Wenn er der Meinung war, sein Platz entspreche nicht seinem Rang, ließ er einen das wissen. Er

hatte einen leicht reizbaren Charakter, und er beklagte sich ständig, man würde ihn geringschätzig behandeln.

Es erstaunte mich auch, wie scharf er auf militärische Aktionen
war. Ronnies Regierung war erst einen Monat im Amt, als er Tip
O'Neill offen den Vorschlag machte, in Nicaragua eine Invasion
durchzuführen. Tip und auch viele andere Leute in Washington
gingen davon aus, daß Haig im Namen von Ronnie gesprochen
hatte. In Wirklichkeit aber bestürzte Haig mit seinem kriegslüster-
nen Gerede Ronnie und seine Chefberater. Einmal, als es auf einer
Tagung des Nationalen Sicherheitsrates um Kuba ging, wandte
sich Haig an Ronnie und sagte: »Geben Sie mir den Befehl, und
ich mache aus dieser Scheißinsel einen Parkplatz.«

Wenn Ronnie ihm grünes Licht gegeben hätte, hätte Haig alles
und jeden bombardiert.

Bei jeder sich bietenden Gelegenheit drohte Haig, er werde zurücktreten, und schließlich, im Juni 1982, nahm Ronnie seinen
Rücktritt an. Bei dieser Entscheidung hatte ich meinem Mann
nicht zuraten müssen; Ronnie lag nichts mehr an Haig, und wir
waren beide erleichtert, als er schließlich ging.

Bill Clark, der 1981 stellvertretender Außenminister wurde, war
meiner Meinung nach ebenfalls eine schlechte Wahl. Ich glaubte
nicht, daß er für diese Aufgabe qualifiziert genug sei — ebensowenig wie für seine nächste Position als nationaler Sicherheitsberater.
Ich war nicht die einzige, die diese Ansicht vertrat; vor dem
Senatsausschuß für Auswärtige Angelegenheiten blamierte sich
Clark, als er den Namen des Premierministers von Simbabwe nicht
kannte.

Clark hatte zu Ronnies Regierungsmannschaft in Sacramento
gehört, aber schon damals war ich nicht mit ihm zurechtgekom-
men. Mich verblüffte sein Benehmen — besonders wenn er durchs
Land reiste und behauptete, an Ronnies Stelle zu sprechen, was
meistens nicht der Fall war. Ich sprach mit Ronnie über ihn, aber
Ronnie mochte ihn, so blieb er länger bei uns, als mir lieb war.

Ein Mann, den Ronnie und ich respektierten und bewunderten,
war George Shultz, der 1982 Haigs Amt übernahm und bis zum
Ende von Ronnies Amtszeit Außenminister blieb. George erinnerte mich an einen großen Teddybären, aber unter der weichen Schale verbarg sich ein ausgekochter Verhandlungspartner mit einer
enormen Energie. Ich verstehe immer noch nicht, wie er es schaffte, all diese Reisen zu bewältigen. Wenn er nach einer langen Reise
nach Washington zurückkehrte, flog er meist schon am nächsten

Tag zu einer neuen Mission ab, immer in Begleitung seiner Frau Obie.

Ich vertraute George voll und ganz. Wenn er sagte, daß es regnete, mußte ich nicht erst aus dem Fenster schauen. Ich glaube, daß Edward Schewardnadse, sein sowjetischer Gegenspieler, ihm ebenfalls traute. Ein Grund, warum Ronnie und Gorbatschow so viele Vereinbarungen erzielten, liegt sicher darin, daß Shultz und Schewardnadse so gut miteinander zurechtkamen.

George tanzt sehr gern. Als Ginger Rogers zu einem Staatsempfang eingeladen war, setzte ich die beiden nebeneinander und beauftragte eine der Fotografinnen des Weißen Hauses, so viele Bilder wie nur möglich zu machen, wenn George und Ginger miteinander tanzten. Ein paar Tage später sandte ich George einen ganzen Stapel von Aufnahmen – genug, um damit sein ganzes Büro zu tapezieren.

Es wurde bald ein Witz daraus: Immer wenn wir einen Empfang hätten, setzte ich George neben eine bezaubernde Frau, bis schließlich Obie zu mir käme und sagte: »Nun, Nancy, und was wollen Sie jetzt für *mich* tun?«

13

Wie wir lebten

Oft werde ich gefragt, wie das Leben im Weißen Haus denn gewesen sei und wie unser Alltag dort ausgesehen habe. Normalerweise begann für uns der Tag um halb acht, wenn das Telefon neben mir am Bett klingelte und eine Stimme sagte: »Guten Morgen, es ist sieben Uhr dreißig.« Manchmal schlief ich um diese Zeit noch, aber Ronnie war normalerweise wach. Ich drückte dann auf einen Knopf neben dem Bett, der mit einer Klingel in der Küche im ersten Stock verbunden war, und eine Minute später kam ein Butler in unser Zimmer, zog die Vorhänge auf und reichte uns die Morgenzeitungen, die wir im Bett lasen.

Ronnie begann gewöhnlich mit der *Washington Post,* dann nahm er sich die *New York Times,* und was das hartnäckige Gerücht angeht, er lese als allererstes die Comics − es stimmt. Man soll den Tag eben mit leichter Kost beginnen. Später, in seinem Amtszimmer, warf er meistens noch einen Blick in das *Wall Street Journal.* Ich begann in der Regel mit *U.S.A. Today* und mit der *Washington Times* und wartete, bis Ronnie mit der *Post* und der *New York Times* durch war. Manchmal brachte uns der Butler auch die *New York Post* und die *Daily News,* und am Montagmorgen bekamen wir auch das Nachrichtenmagazin *Time,* die *Newsweek* und die *U.S. News* frisch aus der Druckerpresse.

Während wir die Zeitungen studierten, verfolgten wir im Fernsehen die Nachrichtensendung *Good Morning America,* aber nur, wenn Ron moderierte. Sämtliche Morgennachrichten im Fernsehen wurden im Weißen Haus auf Band aufgezeichnet, und wenn etwas dabei war, von dem Ronnies Stab meinte, daß er es sehen sollte, wurde es ihm in seinem Büro vorgeführt. Dasselbe galt für die Printmedien: Wir beide erhielten täglich ein ganzes Paket von Zeitungsausschnitten, damit wir nichts Wichtiges verpaßten.

Wenn die Zeitungen eintrafen, teilten wir das Bett inzwischen mit Rex, einem braun und weiß gemusterten King-Charles-Spaniel, den Bill und Pat Buckley uns geschenkt haben. Rex schlief in einem Korb in der Küche, die auf der anderen Seite des Gangs unserem Schlafzimmer gegenüber liegt. Einige Minuten später erschien ein anderer Butler mit dem Frühstückstablett, das er auf dem Bett absetzte. Die Butler arbeiteten in Schichten, so daß es nicht jeden Morgen derselbe Mann war. Aber alle, die uns bedienten, waren Angestellte des Weißen Hauses. Wir gehörten offenbar zu den ganz wenigen Präsidentenfamilien, die kein eigenes Personal ins Weiße Haus mitbrachten.

Das Frühstück bestand immer aus den gleichen Zutaten: Orangen- oder Grapefruitsaft, Kleie-Cornflakes mit kalter Milch (und manchmal mit kleingeschnittenen Früchten) und koffeinfreier Kaffee. Ronnie aß gewöhnlich auch einen Kleie-Toast mit Honig, und einmal pro Woche gab es für uns beide jeweils ein Ei.

Ungefähr einen Monat, nachdem wir ins Weiße Haus eingezogen waren, sandte uns zu meiner Überraschung das Verwaltungsbüro eine Rechnung über unser Essen. Niemand hatte uns gesagt, daß der Präsident und die First Lady für jede Mahlzeit bezahlen müssen, ebenso wie für solche Kleinigkeiten wie chemische Reinigung, Zahnpasta und andere Toilettenartikel. Wir zahlten auch für die Bewirtung unserer Gäste, sofern sie uns nicht in offizieller Mission besuchten. Zum Glück wurden die Kosten für Staatsempfänge vom Außenministerium übernommen. Die meisten Leute glauben wahrscheinlich, im Weißen Haus sei alles gratis, aber das stimmt nicht.

Gewöhnlich gegen Viertel vor neun lehnte sich Ronnie im Bett zu mir herüber, gab mir einen Abschiedskuß und machte sich auf den Weg in sein Büro. Beim Hinausgehen nahm er Rex mit und brachte ihn wieder in die Küche, damit Dale Haney, einer der Gärtner des Weißen Hauses, ihn zu seinem morgendlichen Spaziergang hinausführen konnte. Dann fuhr Ronnie mit dem Lift nach unten, wo bereits Jim Kuhn, sein persönlicher Assistent, und ein Mitarbeiter des Sicherheitsdienstes auf ihn warteten, um ihn auf seinem Weg durch die Kolonnade entlang des Rosengartens in den Westflügel zu begleiten. Er kam dabei an der Praxis unseres Arztes vorbei, und John Hutton stand immer auf dem Gang, um ihn zu begrüßen. (Manchmal machte Ronnie auf seinem Rückweg einen Abstecher ins Arztzimmer, um sich eine Spritze gegen seine Allergie geben zu lassen.) Sein erster Termin morgens war gewöhnlich das Treffen um neun Uhr mit dem Stabschef und dem Vizepräsidenten.

Tagsüber bekam ich Ronnie fast nie zu Gesicht, und zum Mittagessen sowieso nicht. Manchmal aß er allein im Arbeitszimmer des Oval Office (das während der ersten Amtszeit das Büro von Mike Deaver gewesen war). Ein typisches Mittagessen bestand aus einer Tasse Suppe mit einer halben Grapefruit als Nachtisch. Wenn er in seinem Büro blieb, konnte er mehr Arbeit erledigen und mußte auch seine Telefongespräche nicht unterbrechen. Donnerstags aß Ronnie immer mit George Bush zu Mittag.

Wenn Ronnie aufbrach, ging ich ins Ankleidezimmer, einen gemütlichen, romantischen Raum direkt hinter dem Schlafzimmer. Dieses Zimmer mit seinem pfirsichfarbenen Teppich, den pfirsichfarben und weiß geblümten Vorhängen und Polstermöbeln mochte ich sehr. Ich hatte hier ein wunderschönes Gemälde aus dem neunzehnten Jahrhundert aufgehängt, das eine Frau mit ihrem Hund zeigte, eine Szene, die so friedlich wirkte, daß mich manchmal das Gefühl überkam, ich sei im falschen Jahrhundert geboren.

Draußen vor dem Fenster stand ein Magnolienbaum, den Andrew Jackson gepflanzt hatte. Von diesem Fenster aus konnte man auch den Rosengarten sehen, und wenn Ronnie an einer Zeremonie im Freien teilnahm, setzte ich mich oft auf den Herzkörper und sah zu. Manchmal winkte er herüber, dann wandten sich die Fotografen um und machten auch von mir ein Bild.

Zusätzlich zu dem kleinen Frisierzimmer von Pat Nixon verfügt die First Lady auch über ein eigenes Badezimmer, ein kleines, an heutigen Maßstäben gemessen. Neben dem Waschbecken hatte ich einen inspirierenden Text befestigt, den mir ein Freund vor Jahren geschickt hatte, und während unserer Zeit im Weißen Haus habe ich ihn oft gelesen. Er trägt den Titel ›Eines Nachts hatte ich einen Traum‹, sein Autor ist unbekannt:

Mir träumte, ich wanderte mit Gott, Unserem Herrn, am Strand entlang, und über uns am Firmament erschienen Szenen aus meinem Leben. Ich bemerkte, daß bei jedem Bild zwei Paar Fußabdrücke im Sand zurückblieben: eines stammte von mir, das andere von Unserem Herrn. Als die letzte Szene aus meinem Leben vor uns aufleuchtete, blickte ich zurück auf die Fußstapfen im Sand. Ich sah, daß an vielen Stellen entlang des Weges nur ein einzelnes Paar von Fußabdrücken zurückgeblieben war, jeweils an den schlimm-sten und traurigsten Abschnitten meines Lebens.

Ich fragte Gott danach. »Herr, Du sagtest, daß ich Dir nur zu folgen brauche, und Du würdest den ganzen Weg über an meiner Seite sein. Aber nun sehe ich, daß in den schwierigsten Zeiten meines Lebens nur ein einzig-es Paar Fußabdrücke zurückgeblieben ist. Ich verstehe nicht, warum Du mich gerade dann, wenn ich Dich am nötigsten brauchte, im Stich gelassen hast.«

Und der Herr antwortete: »Mein liebes Kind, ich würde dich nie alleine lassen in Not und Bedrängnis. Wenn du nur ein einzelnes Paar Fußabdrük-ke siehst, dann deswegen, weil ich dich getragen habe.«

Mir gefällt diese Geschichte sehr, und ich habe Kopien davon an viele meiner Freunde geschickt, wenn sie in ihrem Leben schwieri-ge Zeiten durchzustehen hatten.

Morgens ging ich als erstes den Gang hinunter in den Fitneß-Raum, ein ehemaliges Schlafzimmer, das leer stand, bis wir es nach dem Attentat umbauen ließen. Amy Carter hatte hier ge-schlafen, und vor ihr Tricia Nixon, Luci Johnson und Caroline Kennedy. Nun diente es als Mini-Turnhalle mit einem Laufband und einer Kraftmaschine, an der man verschiedene Übungen durchführen kann. Während meiner Morgengymnastik sah ich mir meistens eine Sendung des Cable News Network an.

Es hing von meinem jeweiligen Tagesprogramm ab, aber in der Regel verbrachte ich den Rest des Vormittags mit Arbeit in mei-nem Büro, das neben dem Fitneß-Raum lag und früher das Schlaf-zimmer von Lynda Bird Johnson gewesen war. In meinem Büro hatte ich einen privaten Telefonanschluß, und meine Besucher amüsierten sich immer darüber, wie häufig mich Leute anriefen, die sich verwählt hatten. Diese beiden Zimmer waren durch Wand-schränke getrennt, in denen ich meine Kleider aufbewahrte.

Wenn ich nicht auswärts zu Mittag aß, nahm ich meistens in der West Hall eine leichte Mahlzeit zu mir. Bei schönem Wetter aß ich manchmal auch auf dem Truman-Balkon. In beiden Fällen hatte ich das Telefon neben mir, denn wenn es in Washington Mittag wurde, konnte ich beginnen, in Kalifornien Freunde anzurufen. Um die West Hall freundlicher zu gestalten, hatte ich unsere bei-den rotgeblümten Sofas aus Kalifornien hineinstellen lassen, zu-sammen mit einigen Lampen und Tischen und zwei kleinen Petit-point-Sesseln, die Colleen Moore für Patti und Ron angefertigt hatte. Colleen hatte ihrem Patenkind Patti einen Sessel geschenkt, auf dessen Bezug ein Mädchen zu sehen ist, das neben einer großen Standuhr steht. Am Fuß der Uhr hockt eine Maus (wie in dem Kinderreim), und die Zeiger auf dem Zifferblatt stehen auf ein Uhr achtundfünfzig, der genauen Uhrzeit von Pattis Geburt. Sechs Jahre danach, als Ron zur Welt kam, sagte Colleen: »Seine Schwester hat einen, also werde ich auch für ihn einen machen.« Rons Sessel zeigt einen kleinen Jungen mit seinem Hund. Der Junge sitzt auf dem Zaun einer Ranch. Ich hänge sehr an diesen beiden kleinen Sesseln, weil sie mich nicht nur an meine Kinder erinnern, sondern auch an meine Mutter und ihre Freundin Colleen.

Der private Wohnbereich befindet sich im ersten und zweiten Stock des ursprünglichen Weißen Hauses (also ohne den Westflügel, der 1902 errichtet wurde, und den Ostflügel, der 1942 fertig wurde). Er ist weitaus kleiner, als man erwarten würde. Ronnie und ich benötigten für uns selbst sicherlich nicht mehr Platz, aber bei manchen Gelegenheiten wären zusätzliche Schlafzimmer sehr angenehm gewesen, etwa bei den beiden Amtseinführungen, an Weihnachten und unmittelbar nach dem Attentat. Obwohl das Weiße Haus der Regierungssitz ist, hat es nicht die Ausmaße des Buckingham-Palastes oder von Windsor Castle.

Meistens aber lebten Ronnie und ich allein dort, auch wenn uns Maureen häufig besuchte. Wie die Carters und die Fords vor uns schliefen Ronnie und ich in dem Raum, den man manchmal als Schlafzimmer der First Lady bezeichnet. Ich liebte dieses Zimmer mit seinem schönen, luftigen Zuschnitt und der hohen Decke. Um eine wärmere Atmosphäre zu schaffen, ließ ich es mit einer Tapete nach einem chinesischen Druck aus dem achtzehnten Jahrhundert tapezieren, die handgemalte gelbe, grüne und blaue Vögel zeigt. Der Teppich war lachsfarben.

Maureen schlief meistens im Lincoln-Schlafzimmer, hauptsächlich weil ihr Mann Dennis sehr groß ist, und das Bett in Lincolns Zimmer ist das längste im Weißen Haus. Tatsächlich hat Lincoln niemals in diesem Raum geschlafen, auch wenn er dort Kabinettssitzungen abhielt. Er schlief in demselben Zimmer wie wir.

Doch offenbar ist Lincolns Gegenwart noch zu spüren. Weder Ronnie noch ich haben jemals den legendären Geist von Lincoln zu sehen bekommen, aber Dennis wachte eines Nachts auf und bemerkte eine schemenhafte Gestalt am Kamin. Maureen lachte nur, als er ihr davon erzählte – bis *sie* eines Nachts erwachte und einen Mann sah, der einen roten Mantel zu tragen schien. Im ersten Moment dachte sie, es sei Ronnie in seinem roten Morgenmantel, aber als sie genauer hinsah, bemerkte sie, daß die Gestalt durchsichtig war! Maureen erzählte, der Mann habe aus dem Fenster gestarrt und sich schließlich zu ihr umgedreht, bevor er schließlich verschwunden sei.

Als Ronnie diese Geschichten hörte, lachte er herzlich. »Wenn du ihn wiedertriffst«, sagte er zu Maureen, »dann schick ihn doch zu mir rüber. Ich habe da ein paar Sachen, die ich ihn gerne fragen würde.«

Aber sogar Ronnie bekam eines Nachts seine Zweifel, als Rex zu bellen anfing und zum Lincoln-Schlafzimmer lief. Damals schlief niemand in diesem Raum, aber Rex hörte nicht auf zu bellen. Ronnie öffnete die Tür, sah sich im Zimmer um und konnte nichts feststellen, aber Rex weigerte sich beharrlich, dort hineinzugehen.

Eines Nachmittags hielt ich mich im Lincoln-Schlafzimmer auf, und als ich eben eines der Bilder an der Wand geraderücken wollte, sagte das Dienstmädchen, das zum Staubwischen hereingekommen war: »Oh, er ist wieder hiergewesen.« Und als ich einen der Butler fragte, ob er jemals Lincolns Geist gesehen habe, erzählte er mir, er habe einmal, als er in der Küche war, gehört, wie auf dem Klavier in der Halle gespielt wurde. Als er nachsehen wollte, wer dort spielte, habe die Musik plötzlich aufgehört.

Die meisten Mitarbeiter im Weißen Haus schienen an Lincolns Geist zu glauben, und sie erzählten Geschichten darüber, wie er Eisenhower und Churchill begegnet sei. Wer weiß ... Aber falls er wirklich da ist, hätte ich ihn gerne gesehen, bevor wir das Weiße Haus verließen.

Neben dem Lincoln-Schlafzimmer befindet sich der Lincoln-Salon, den Lincoln als Büro benutzt hatte. Die Einrichtung dort stammt noch aus seiner Zeit, und es befindet sich dort auch eine Reihe von historischen Gegenständen, darunter ein von Lincoln eigenhändig geschriebenes und signiertes Manuskript der Rede von Gettysburg und eine Einladungskarte zum Ball bei Lincolns Amtseinführung.

Präsident Nixon nutzte den Raum als Arbeitszimmer und verbrachte hier viele Stunden. Als Ronnie und ich den Lincoln-Salon zum erstenmal betraten, bemerkte ich, daß die Decke und die Wände dunkle Rußflecken zeigten. Da fiel mir eine berühmte Geschichte ein: Wenn Nixon sich in diesem Raum aufhielt, ließ er immer die Klimaanlage auf vollen Touren laufen und entzündete dann im offenen Kamin in der Ecke ein Feuer. Dies war eines der

Zimmer, die ich auf Vordermann brachte. Ich ließ die Rußflecken übertünchen, das Sofa neu beziehen und erweiterte die Sammlung von Gegenständen, die an Lincoln erinnern.

Gegenüber der Lincoln-Suite, auf der anderen Seite des Gangs, liegt das Königinnen-Schlafzimmer, das so genannt wird, weil hier fünf verschiedene Königinnen übernachtet haben: Königin Elizabeth (heute die Königinmutter), Königin Wilhelmina und Königin Juliana der Niederlande, Königin Frederika von Griechenland und Königin Elizabeth II. Während des Zweiten Weltkrieges schlief hier Winston Churchill, wenn er Präsident Roosevelt besuchte. Zu unserer Zeit wurde das Königinnen-Schlafzimmer von meinem Bruder Dick und seiner Frau benutzt.

Das Königinnen-Schlafzimmer ist ganz in Rosa und Weiß gehalten und mit Möbeln im Federal Style* ausgestattet. Aber am stärksten beeindruckt die Besucher immer das Badezimmer der Königinnen: Die Toilette dort ist als eleganter Korbsessel verkleidet (ebenso wie im Lincoln-Schlafzimmer).

An einem typischen Tag kam Ronnie am späten Nachmittag in den privaten Trakt zurück und ging sofort in sein Arbeitszimmer – den Raum, der oft als Schlafzimmer des Präsidenten bezeichnet wird (was noch aus der Zeit stammt, als der Präsident und die First Lady getrennte Zimmer hatten). Ronnies Arbeitszimmer war einer meiner Lieblingsräume; teilweise lag das daran, daß der Teppichboden, der Polsterstoff und die Vorhänge ganz in Rot gehalten waren. Praktisch jede freie Stelle war mit Fotografien unserer Familie, unserer Freunde und der britischen Königsfamilie bedeckt – Königin Elizabeth und Prinz Philip, die Königinmutter, Prinz Charles, Prinzessin Diana, Prinzessin Anne und Mark Phillips, Prinzessin Alexandra und Angus Ogilvy und Prinzessin Margaret. Unser herzliches Verhältnis zum britischen Königshaus nahm seinen Anfang, als Ronnie und ich in Palm Springs Prinz Charles kennenlernten – Ronnie war damals Gouverneur –, und es setzte sich fort, als ich 1981 an der Hochzeit von Charles teilnahm.

Gegen sechs Uhr absolvierte Ronnie seine Fitneßübungen, anschließend duschte er im Badezimmer des Präsidenten, wo Lyndon Johnson ein Telefon, eine ausgeklügelte Duschvorrichtung, eine prächtige Beleuchtung und eine Elektroanlage hatte installieren lassen, die ausgereicht hätte, ein kleines Land mit Strom zu versorgen.

---

* Amerikanische Stilepoche in Architektur und Kunstgewerbe (1785–1820) im Anschluß an den Kolonialstil (Anm. d. Übers.)

Ungefähr einmal pro Monat luden wir zu einem Staatsbankett, das mit Cocktails im Yellow Oval Room eröffnet wurde, der von unserem Schlafzimmer aus gesehen am anderen Ende der Center Hall liegt. Betty Ford nannte ihn immer das ›Bein-Zimmer‹, weil es dort so viele Tisch- und Stuhlbeine gibt, die die Dienstmädchen abstauben müssen. Es ist ein hübscher Raum mit einem herrlichen Blick auf das Washington-Monument und das Jefferson-Memorial. Als wir den Raum zum erstenmal betraten, wirkte er sehr kalt auf mich, es standen zu viele Stühle herum, und die Wände waren zu kahl. Aber im Laufe der Zeit und mit zwei Sofas aus dem Depot, zwei oder drei Kaffeetischchen, Porzellanfiguren und anderen *accessoires* wirkte er ein wenig einladender und wurde zu einem meiner Lieblingsräume. Ich traf mich im Yellow Oval Room auch zu Gesprächen mit Gattinnen von Staatsoberhäuptern, die gerade zu Besuch waren, und trank dort mit Freunden Tee. Ronnie nutzte den Raum nur ab und an – etwa, als er 1984 die führenden Kongreßmitglieder zu sich lud, um sie über die militärische Operation in Grenada zu unterrichten. Wir benutzten den Raum auch, um dort Cocktails zu nehmen und Kaffee zu trinken, wenn wir zu einem privaten Abendessen eingeladen hatten.

Wir hatten nicht oft Gelegenheit, in den zweiten Stock zu gehen, der hauptsächlich aus fünf Schlafzimmer-Suiten für Gäste besteht. Großen Spaß machte es uns aber, den Billard-Raum auszuschmükken, denn er eignete sich vorzüglich zum Aufhängen von Familienfotos und Erinnerungsstücken – Kinoplakate, ein Foto, das Ronnie als Musiker in seiner High-School-Band zeigt, ein *Peanuts*-Cartoon, den mir Charlie Shultz gewidmet hat, als Ronnie Gouverneur war, unsere Heiratsurkunde, Bilder von uns auf der Ranch, ein Gag-Plakat von *Gone With the Wind* (Vom Winde verweht) mit Ronald Reagan und Margaret Thatcher in den Hauptrollen, und mein Lieblingsbild: ein Foto von zwei Schweinen, die sich zu küssen scheinen, über dem Spruch: »Schweine sind schön.«

Den Flur entlang und einen Aufgang hoch lag der Wintergarten. Hier herrscht eine sehr private Atmosphäre, und dies ist auch der Grund, warum die heranwachsenden Kinder verschiedener Präsidenten diesen Raum für sich beansprucht haben. (Die Johnsons hatten sogar einen Springbrunnen einbauen lassen, den es aber nicht mehr gibt.) An einem Heiligabend verlobten sich hier meine Nichte Anne und ihr späterer Mann Jon, und am nächsten Morgen kamen sie in unser Schlafzimmer gestürmt, um es uns mitzuteilen.

Es ist der sonnigste Raum im Weißen Haus, und Ronnie verbrachte dort viel Zeit, als er sich nach dem Attentat erholen mußte. Manchmal aß ich im Wintergarten auch mit einer Freundin zu Mittag, und an den wenigen Wochenenden, die wir nicht in Camp David verbrachten, aßen Ronnie und ich dort gemeinsam zu Mittag und blieben anschließend noch eine Weile.

Wenn wir Gäste hatten, oder wenn Maureen bei uns war, aßen wir im Speisezimmer der Familie zu Abend. Man möchte es kaum glauben, aber bis zu den Kennedys gab es im ersten Stock kein Eßzimmer und auch keine Küche. So mußten zum Beispiel die Eisenhowers oft an einem Spieltisch in der West Hall essen, wobei die Speisen aus der Hauptküche im Erdgeschoß mit dem Lastenaufzug nach oben gebracht wurden.

Es gibt zwar ein Speisezimmer im Staats-Trakt, eine Etage tiefer, aber das ist ein der Öffentlichkeit zugänglicher Bereich, mit Sicherheitsbeamten, Touristen und ohne Privatatmosphäre. Präsident Hoover und seine Frau aßen dort jeden Tag zu Abend, in voller Garderobe. Ich kann mir nichts Schrecklicheres vorstellen, aber damals war eine andere Zeit. Als wir einzogen, wurde dieses ehemalige Speisezimmer der Familie bei Staatsbanketten als Anrichteraum der Butler benutzt. Es ist ein hübsches Zimmer, darum habe ich es mit Möbeln und Gemälden ein wenig aufpoliert, und Ronnie benutzte es für offizielle Mittagessen, wenn Staatsoberhäupter zu Besuch kamen. Wenn ein Feuer im Kamin brannte, vermittelte es eine weniger formelle Atmosphäre als der riesige State Dining Room.

Um Raum für ein neues Speisezimmer der Familie im ersten Stock zu gewinnen, hatte Mrs. Kennedy eines der Schlafzimmer umbauen und aus dem angrenzenden Badezimmer eine kleine Küche machen lassen. Die Arbeiten wurden so rasch durchgeführt, daß die Badewanne nahezu zehn Jahre an ihrem ursprünglichen Platz stehenblieb. Mrs. Kennedy gestaltete das Speisezimmer mit historischen Tapeten aus einem alten Haus in Maryland, die Szenen aus dem Revolutionskrieg zeigten. Betty Ford ließ diese Tapeten wieder entfernen, weil sie der Ansicht war, daß sie für ein Speisezimmer zu blutrünstig seien, aber Mrs. Carter machte das dann wieder rückgängig. Ich teilte in diesem Punkt die Meinung von Mrs. Kennedy und Mrs. Carter; für mich verlieh dies dem Raum eine schöne historische Stimmung, und ich war froh darüber, daß Mrs. Kennedy die Tapeten gefunden hatte.

Wenn wir abends keine Gäste hatten, aßen wir meist in Ronnies

Arbeitszimmer. Wir saßen dabei an Beistelltischen und verfolgten die Abendnachrichten. Nacheinander sahen wir uns alle drei Programme an, die von den Mitarbeitern des Weißen Hauses auf Video aufgezeichnet worden waren. (Ja, wir mußten uns dabei auch die Werbespots anschauen.) Zuerst sahen wir die Nachrichten von ABC, dann folgte NBC, und zum Abschluß kam CBS — das war uns die liebste Reihenfolge.

Das Abendessen bestand meistens aus Hackbraten, Kalbfleisch, Beefsteak oder Lammbraten, manchmal gab es auch Hühnchen oder Fisch. Oder, wenn Ronnie Glück hatte, Makkaroni mit Käse. So ungefähr das einzige Gericht, worüber wir geteilter Meinung sind, ist Leber. Ronnie haßt Leber, darum machte er jedesmal, wenn ich Leber aß, dumme Bemerkungen und verzog das Gesicht. Ich konterte seine Witzeleien und sagte: »Nun komm doch, Liebling, Leber ist so gut für dich.« Das wollte er aber nie einsehen.

Das Abendessen wurde von zwei Butlern serviert, und dazu gehörte immer ein Dessert. Obwohl Ronnie solche Nachspeisen sehr mochte, versuchte ich zu verhindern, daß jeden Abend ein schweres, süßes Dessert aufgetragen wurde. Roland, der Chef unserer Konditorei, war außerordentlich geschickt, und bei besonderen Anlässen — zum Muttertag, unserem Hochzeitstag oder einem Geburtstag — machte er eine Torte mit dem entsprechenden Glückwunsch.

Manche Leute meinen, der Präsident und die First Lady würden Abend für Abend fürstlich tafeln. Wir nicht. Allerdings besuchten wir während der acht Jahre stets die jährlichen Bankette, zu denen das Erscheinen des Präsidenten erwartet wird (obwohl nicht alle Präsidenten diese Erwartung auch erfüllen). Dazu gehören die Empfänge des Gridiron-Clubs, des Pressekorps und der Fotografen des Weißen Hauses, die Benefizgala des Ford's Theater und zahlreiche andere, wie die vielen Fundraising-Veranstaltungen, Empfänge und Weihnachtsfeiern. Und manchmal luden uns auch Freunde ein.

Aber wenn wir einen Abend alleine erwischten, zelebrierten wir ihn mit Freuden. Der größte Teil unseres Lebens fand in aller Öffentlichkeit statt, darum war es für uns ein kostbares Geschenk, wenn wir einmal alleine sein und uns entspannen konnten. Außerdem sind wir gern alleine. Wenn wir nichts vorhatten, konnten wir miteinander reden, lesen und nach dem Essen noch Arbeit erledigen — Ronnie in seinem Arbeitszimmer und ich in meinem Büro. Abends sahen wir nur selten fern, nur an Sonntagen schauten wir uns meistens *60 Minutes* an und danach *Murder, She Wrote* mit Angela Lansbury.

Meistens waren wir schon um zehn Uhr im Bett. Wenn ich zweimal auf den Klingelknopf drückte, wußte der Verwalter Bescheid, daß wir uns zur Nachtruhe zurückzogen. Dann wurden sämtliche Lichter gelöscht und alle Anrufe umgestellt, außer es handelte sich um ganz dringende Angelegenheiten. Wir beide lesen sehr gern im Bett. Ronnie schlief meist gegen elf Uhr ein, während ich gewöhnlich noch etwa eine Stunde länger las.

Sosehr Ronnie und mir das Weiße Haus auch gefiel, empfanden wir es doch als sehr schwierig, in einem Haus zu leben, wo man nicht einmal zu einem Spaziergang nach draußen gehen konnte. Wir beide sind Menschen, die sich gerne im Freien aufhalten, und es dauerte nicht lange, bis wir anfingen, uns eingesperrt zu fühlen.

Gott sei Dank gab es Camp David! Ich hatte eigentlich nicht gedacht, daß wir praktisch jedes Wochenende dort verbringen würden, aber dies wurde ein fester und willkommener Bestandteil unseres Lebens.

Wie die meisten wissen, ist Camp David ein ländlicher Ruhesitz des Präsidenten im Catoctin Mountain Park, siebzig Meilen nördlich des Weißen Hauses. Franklin Roosevelt war der erste Präsident, der ihn benutzte; er nannte ihn sein ›Shangri-la‹. Eisenhower änderte den Namen zu Ehren seines Enkels in ›Camp David‹ um.

Gleich zu Anfang hatte man uns ausdrücklich erklärt, daß Camp David der Ort sei, wohin sich der Präsident völlig zurückziehen könne, und daß bisher jeder Präsident, der sich dort aufhielt, sehr darauf bedacht gewesen sei, diesen privaten Charakter zu wahren. Auch wir hielten uns daran. Wir achteten wirklich die private Atmosphäre dieses Ortes. Einmal war der japanische Ministerpräsident Nakasone bei uns zum Mittagessen, Mrs. Thatcher kam zweimal, und wir hatten dort Besuch vom mexikanischen Präsidenten Lopez Portillo; aber abgesehen von der Familie – meistens Ron und Doria, wenn sie gerade in New York wohnten, und mein Bruder Dick mit seiner Familie aus Philadelphia – waren das dann auch schon alle. Selbst die engsten Berater von Ronnie kamen fast nie dorthin.

Die einzigen Leute, die regelmäßig mit uns dorthin fuhren, waren John Hutton, der Arzt des Weißen Hauses, Jim Kuhn, Ronnies persönlicher Assistent, Mark Weinberg, Ronnies stellvertretender Pressereferent, und der militärische Berater, der den ›football‹ mit sich trug – eine Aktentasche mit besonderen Codes im

Falle eines Atomkrieges. Jim und John hatten meistens ihre Familien dabei, und für mich war es ein Teil des Zaubers, den Camp David ausstrahlte, mit Jims kleinen Kindern und mit Johns Tochter zusammenzusein.

Freitag nachmittags verließen wir das Weiße Haus meist gegen drei Uhr. Gewöhnlich flogen wir mit dem Hubschrauber nach Camp David, was ungefähr fünfundzwanzig Minuten dauerte. Bei schlechtem Wetter fuhren wir mit dem Wagen, wodurch sich die Reise um etwa eine Stunde verlängerte.

Ich war nie besonders versessen darauf, mit dem Hubschrauber zu fliegen, obwohl dies recht angenehm ist; unserer war groß und flog ziemlich ruhig. Ich bin sicher, daß man sich an ein Bild aus den Reagan-Jahren immer erinnern wird: wie Ronnie und ich vom Rasen südlich des Weißen Hauses nach Camp David abfliegen. Sam Donaldson rief jedesmal Ronnie etwas zu, der ihn wegen des Lärms, den der Hubschrauber machte, kaum verstehen konnte. Ich ging immer hinter Ronnie her, gezogen von einem der Hunde – entweder von Lucky, bis sie zu groß wurde, um im Weißen Haus zu bleiben, oder von Rex. Lucky ist eine schwarze Bouvier-Schäferhündin, die ich 1986 von dem Mädchen auf dem Plakat des March of Dime* als Welpe geschenkt bekommen hatte. Ich nannte sie Lucky, nach Mutter. Sie war ein winziges Wollknäuel, als ich sie bekam, aber sie wuchs zu der Größe eines Ponys heran. Als sie ausgewachsen war, brachten wir sie auf unsere Ranch zu den vier anderen Hunden. Nun ist sie aber schon im Hundehimmel.

Beide Hunde flogen ausgesprochen gern mit dem Hubschrauber. Sie wußten, daß wir auf dem Weg nach Camp David waren, wo es genug Platz für sie zum Herumtollen gab. Während des Fluges saßen sie mucksmäuschenstill auf ihrem Platz und schauten zum Fenster hinaus. Lucky saß meistens auf Ronnies Schoß.

Wenn wir mit dem Wagen nach Camp David fuhren, verließen wir das Weiße Haus im stillen und ohne die Presse. Wir mußten nur ins Auto steigen und losfahren – fast so wie normale Menschen. Ich liebte es, durch die hübschen kleinen Städte zu fahren, die an unserem Weg lagen und die mich immer an Galesburg, Illinois, erinnerten, wo meine Großeltern (die Eltern von Loyal) lebten. Wenn wir an den Häusern und Geschäften vorbeikamen, dachte ich darüber nach, wie die Menschen dort wohl leben mochten. Was mochte ihnen wohl so durch den Kopf gehen? Was wür-

* Jährlich stattfindende Parade zugunsten von Behinderten (Anm. d. Übers.)

den sie heute abend unternehmen? Das war eine meiner Lieblings-beschäftigungen. Und stets standen einige Leute am Straßenrand und winkten uns zu, was mir das Gefühl gab, als gehöre ich zu ihnen.

Wenn wir unser Ziel erreicht hatten, per Hubschrauber oder mit dem Auto, wartete bereits der Leiter des Camps auf uns, um uns zu begrüßen. Ein Marinesoldat hatte neben dem Fahnenmast Auf-stellung genommen; wenn der Präsident in Camp David eintrifft, wird die Flagge des Präsidenten aufgezogen. Sobald er abreist, wird sie wieder eingeholt.

In Camp David fühlte ich mich immer wunderbar frei. Das war so wichtig für uns, damit wir unseren Blick für die Dinge bewahr-ten, wir konnten unter uns sein, gemeinsam ruhige Stunden ver-bringen, nachdenken und unsere Gedanken ordnen.

Wenn wir dort eintrafen, war es meistens schon zu spät, um noch einen Ausritt zu unternehmen, und es lagen immer telefoni-sche Nachrichten für Ronnie bereit. Als Präsident hat man eben keinen Urlaub. Ganz egal, wohin man kommt, immer schon war-ten Akten, die studiert werden wollen, Papiere, die man zu lesen hat, nachrichtendienstliche Berichte, die man überprüfen muß, Reden, die auszuarbeiten sind, Entscheidungen, die getroffen wer-den wollen. Man kann mitten in den Bergen sein, man ist und bleibt Präsident, und die Welt hört nicht auf, sich zu drehen.

Sämtliche Gebäude in Camp David sind nach Bäumen benannt, und wir wohnten im ›Aspen Lodge‹*. Es bestand aus einem kom-binierten Wohn-/Eßraum, einer Schlafzimmer-Suite, einem Gä-stezimmer und einer Küche, die wir vergrößerten, zum Vergnügen von Eddie Serrano und seiner Mannschaft, die für uns kochten. (Eddie, der Kammerdiener des Präsidenten, war auf allen unseren Reisen mit dabei.) Im Aspen gab es auch ein Arbeitszimmer, aber Ronnie arbeitete lieber im Wohnzimmer und zog sich nur dann ins Arbeitszimmer zurück, wenn er über die abgeschirmte Leitung te-lefonieren mußte – meist mit dem nationalen Sicherheitsberater oder mit George Shultz.

Im rückwärtigen Teil des Wohnzimmers befand sich ein Panora-mafenster mit einem wunderbaren Blick über das Tal. Bei unserem ersten Besuch in Camp David sahen wir von diesem Fenster aus acht Rehe, die neugierig zu uns herüberschauten. »Sieh nur«, sagte Ronnie, »dort drüben steht das Begrüßungskomitee.«

---

* Dt.: Espen-Haus

Obwohl das Weiße Haus über ein eigenes Kino verfügt, benutzten wie es nur selten. Aber in unserem Häuschen in Camp David sahen wir uns jeden Freitag- und Samstagabend Filme an. Mit dabei waren John Hutton und seine Frau, Jim Kuhn (oder seine Frau Carole, je nachdem, wer an diesem Abend Babysitter war), Mark Weinberg, Eddie Serrano, der Hubschrauberpilot, der Leiter des Camps und die Sicherheitsbeamten. Ronnie und ich saßen auf der Couch, und alle anderen ließen sich auf ihren Sesseln nieder. Eddie machte in der Küche Popcorn, und Mark brachte Erdnußkrokant mit. (Mit dem Popcorn mußten wir nach Ronnies Krebsoperation aufhören, und statt Erdnußkrokant brachte Mark dann Schokolade mit.)

Johns Frau und ich waren meist die einzigen Frauen, und die Männer sahen gerne Western, also wurden hauptsächlich Western gezeigt. Wir ließen uns auch eine ganze Reihe der jeweils aktuellen Filme vorspielen, aber Ronnie und ich lieben die goldenen Oldies – die Filme aus unserer Zeit, wie etwa *North by Northwest* (Der unsichtbare Dritte) mit Cary Grant und Eva Marie Saint, *The African Queen* mit Humphrey Bogart und Katharine Hepburn, *Separate Tables* (Getrennt von Tisch und Bett) mit Rita Hayworth und Burt Lancaster und *Yankee Doodle Dandy* mit James Cagney. Ronnie mag sehr gerne Filme mit John Wayne, und ich liebe Fred Astaire, daher haben wir vermutlich alle ihre Filme gesehen.

Es dauerte nicht lange, da wollten auch die Jüngeren aus unserem Kreis mehr von diesen berühmten alten Filmen sehen. Sie waren gedreht worden, bevor sie geboren waren, aber sie gefielen ihnen sehr – besonders auch deswegen, weil Ronnie meist nach Ende des Films Hintergrundstories über die Schauspieler und die Studios erzählte. Wenn wir darum gebeten wurden, führten wir auch einige unserer eigenen Filme vor, so zum Beispiel *King's Row, Bedtime for Bonzo, The Winning Team, Cattle Queen of Montana* und *Knute Rockne – All American,* alle mit Ronald Reagan in der Hauptrolle, und *Night into Morning* mit Nancy Davis, und *Hellcats of the Navy,* in dem Ronnie und ich 1957 gemeinsam spielten.

Samstagmorgen lasen wir die Zeitungen, und danach machte sich Ronnie an die Arbeit und feilte an seiner Rundfunkansprache. Anschließend gingen wir gemeinsam hinauf zum ›Laurel‹*, dem Hauptgebäude, wo Ronnie seine wöchentliche Rundfunkanspra-

---

* Dt.: Lorbeerbaum

290

che hielt. Wir kamen immer ein paar Minuten zu früh an, von Rex gezogen. Jims Kinder warteten dann meist schon auf uns – und besonders auf Rex, den sie liebten. Ronnies Ansprache wurde aus dem Konferenzraum übertragen. Ein Team von Rundfunkleuten, das in alternierendem Wechsel von einer der großen Sendeanstalten geschickt wurde, sorgte für die Technik. Während der Sendung war ich immer an Ronnies Seite; mit dabei waren auch Jim, Mark, ein militärischer Adjutant und ein Sicherheitsbeamter. Die Sendung begann um zwölf Uhr sechs und dauerte fünf Minuten.

Von dort aus gingen wir zu der Turnhalle, die für die in Camp David stationierten Männer eingerichtet worden war. Nach meiner Operation im Jahre 1987 verordnete mir John Hutton eine Reihe von besonderen therapeutischen Übungen, die ich absolvierte, während Ronnie Gewichte stemmte oder auf dem Laufband trainierte. Danach war es Zeit für das Mittagessen im Aspen.

Bei gutem Wetter unternahmen wir nach dem Essen einen Ausritt. Ich ritt gewöhnlich hinter Ronnie anstatt neben ihm, weil sich unsere beiden Pferde nicht mochten; wenn mein Pferd zu nahe kam, schlug Ronnies Pferd nach ihm aus. Aber auch bei einem Ausritt zu zweit auf der Ranch sprechen wir nicht viel miteinander. Was ich nicht ausstehen kann, ist, mit jemandem auszureiten, der sich ständig unterhalten will. Man reitet, um sich zu entspannen, um die Bäume und den Himmel zu betrachten, um nachzudenken. In Camp David begegneten uns manchmal Rehe, sie tauchten plötzlich vor uns auf und machten die Pferde scheu.

Als ich Ronnie kennenlernte, hatte ich so gut wie keine Ahnung vom Reiten, aber mir wurde schnell klar, daß ich, wenn ich diesen Mann heiraten wollte, meinen Tennisschläger gegen einen Sattel eintauschen mußte. Ich erinnere mich noch gut daran, wie er mir auf der Ranch das erstemal half, auf ein Pferd zu steigen. »Es ist ganz leicht«, versicherte er mir, »du mußt ihm nur zeigen, wer der Boß ist.«

Nun, das Pferd war riesengroß, und ich weiß noch, wie ich damals dachte, daß dies wohl der dümmste Satz gewesen sei, den ich je gehört hatte. Mein Pferd und ich hatten wenigstens etwas gemeinsam: Wir wußten beide, wer *wirklich* der Boß war.

Nach wie vor bin ich nicht gerade eine begeisterte Reiterin, und ich reite bei weitem nicht so gut wie Ronnie. Ich habe immer ein bißchen Angst, mein Pferd könnte durchgehen. Es macht mir keinen Spaß, schnell zu reiten, und Ron amüsiert sich heute noch oft über den Satz, den ich einmal von mir gab, als Doria mit uns zusammen ausritt und ich nach vorne zu Ronnie gerufen hatte: »Liebling, Doria meint, wir würden zu schnell reiten!« Mir ist *keine* Ausrede zu schade, wenn sie hilft, das Tempo zu drosseln.

Bei unserem ersten Aufenthalt in Camp David stellten wir fest, daß Richard Nixon sämtliche Reitpfade hatte teeren lassen, damit er und seine Gäste bequem in ihren Golfwagen herumfahren konnten. Ronnie und ich ließen die Wege wieder in ihren ursprünglichen Zustand bringen. Zuerst beschränkten wir unsere Ausritte auf das eigentliche Gebiet von Camp David, aber bald drängte Ronnie, noch weiter, bis jenseits der Einzäunung, hinauszureiten, und schließlich ließ sich auch der Secret Service erweichen. Es war ein wundervolles Gelände zum Reiten, aber ich glaube, die Sicherheitsbeamten waren nicht sehr begeistert.

Bei unserem Ritt kamen wir stets an den Ruinen eines alten Steinhauses vorbei, das einer Frau namens Bessie Darling gehört hatte. Bessie hatte einen Liebhaber, einen Arzt, der rasend eifersüchtig war und dachte, sie würde ihn betrügen. Eines Nachts ritt er auf demselben Pfad zu ihrem Haus, den auch Ronnie und ich immer einschlugen. Er war sich sicher, daß ein anderer Mann bei ihr war, und er hatte sein Gewehr dabei.

Bei Bessie wohnte ein Hausmädchen, ein junges Ding, das vor Bessies Tür schlief, und als sie den Arzt sah, wollte sie ihn davon abhalten, ins Zimmer zu stürmen. Der Arzt verschaffte sich mit Gewalt Zutritt, und Bessie lag allein im Bett. Als sie ihn mit seinem Gewehr sah, sprang sie aus dem Bett und griff nach ihrem eigenen Gewehr – woraufhin ihr Liebhaber sie erschoß. Die Überprüfung von Bessies Gewehr ergab, daß es nicht entsichert war.

Bessies Hausmädchen lebt noch, von ihr stammt diese Geschichte. Jedesmal, wenn wir diesen Pfad entlangritten, dachte ich an Bessie und den Arzt, wie er in jener schicksalhaften Nacht dieselben Bäume sah wie heute wir. Was ging damals in seinem Kopf vor? Und wieder bin ich bei meinem Lieblingsspiel.

Bei regnerischem Wetter und im Winter verzichteten wir auf das Reiten. Während Ronnie arbeitete, machte ich es mir vor dem offenen Kamin mit einem guten Buch bequem. Außer der Turnhalle und dem Swimming-pool im Freien benutzten wir die Einrichtungen des Camps kaum. Aber Camp David verfügt über eine Bowling-Anlage mit zwei Bahnen, einen Bogenschießstand, zwei Sand-Tennisplätze, und, dank Präsident Eisenhower, ein Putting Green vor dem Aspen-Haus. Ich habe mich einmal im Tontaubenschießen versucht, aber einmal reichte mir auch schon. Es ist mir zu laut!

Samstag abends wieder ein Film. Am Sonntagmorgen sahen wir uns im Fernsehen die Nachrichten und Interview-Sendungen an, besonders *This Week with David Brinkley,* eine meiner Lieblingssendungen. Ich habe mir oft gewünscht, in Camp David eine Kapelle zu haben, denn nach dem Attentat machten es uns die verstärkten Sicherheitsmaßnahmen praktisch unmöglich, in die Kirche zu gehen, ohne den Gottesdienst massiv zu stören. Wenn vorher bekannt wurde, daß wir kommen würden, mußten sich alle Kirchenbesucher mit Metalldetektoren untersuchen lassen, was uns einfach nicht richtig schien. Wenn wir aber unerwartet erschienen, beobachtete uns die versammelte Gemeinde so interessiert, daß sie darüber den Gottesdienst vergaß. Das wiederum schien uns auch nicht richtig, darum gingen wir während unserer Jahre im Weißen Haus selten in eine Kirche.

Ronnie und ich sind auf unsere eigene Art religiös, und deshalb ärgert es mich, wenn Leute behaupten, Ronnie sei ein Heuchler, weil wir trotz all seiner schönen Worte niemals in die Kirche gingen. Bis zu unserem Umzug nach Washington besuchten wir regelmäßig den Gottesdienst, und heute tun wir dies wieder.

Doch Camp David ist ein abgeschirmter Ort mit privatem Charakter, und die Umgebung ist ehrfurchtgebietend. Darum begannen wir vor unserer Rückkehr nach Kalifornien Gelder zu sammeln, um dort eine einfache Holzkapelle errichten zu lassen. Bei unserer Abreise war sie noch nicht ganz fertiggestellt, aber es ist gut zu wissen, daß das einzige, was in Camp David fehlte, eines Tages vorhanden sein wird. Die Männer, die dort stationiert sind, werden sich bestimmt darüber freuen, ebenso wie der Präsident, wer immer es ist.

Für mich war eine der schönsten Erfahrungen mit Camp David, daß es nicht den leisesten Hauch von Streit über die Renovierungsmaßnahmen gab, die ich dort durchführte. Weil der ganze Ort für die Presse gesperrt ist, wurde kaum bekannt, was ich dort tat. Nicht, daß ich besonders viel verändert hätte. Die Möbel machten einen tristen Eindruck, deshalb ließ ich einige neu beziehen und lackieren. Das Speisezimmer im Laurel-Haus bekam einige neue Tischdecken, die Wände wurden weiß gestrichen, und ich ließ dort ein paar schöne alte Werbeplakate der Armee und der Marine aufhängen. Und als ich merkte, wie klein die Fenster in den Hütten waren, wurden sie vergrößert, damit man den herrlichen Blick auch genießen konnte.

Am Sonntag, nach dem Mittagessen, reisten wir wieder ab, und dies war jedesmal ein schmerzlicher Augenblick. Im Herbst nahm Ronnie stets einen großen Plastiksack voller Eicheln mit, um sie an die Eichhörnchen vor dem Oval Office zu verfüttern. Sie kletterten immer bis ans Fenster hinauf und sahen ihn an, als wollten sie fragen: »Nun, hast du uns auch etwas mitgebracht?«

Meist trafen wir gegen drei Uhr im Weißen Haus ein. In Ronnies Arbeitszimmer wartete dann schon immer ein Stapel Akten auf ihn, und für mich lagen in meinem Büro Papiere und Nachrichten, deshalb verbrachten wir den Rest des Nachmittags am Schreibtisch. Aber die Rückkehr ins Weiße Haus war stets eine leichte Ernüchterung, und selbst heute noch spürt Ronnie, wenn er sich Fotos aus Camp David ansieht, einen schmerzlichen Stich.

Hätte das Weiße Haus in Los Angeles gestanden, hätten wir wohl die meisten Wochenenden auf unserer Ranch in der Nähe von Santa Barbara verbracht. Doch so waren wir dort nur drei- oder viermal im Jahr. Als Ronnie Gouverneur wurde, hatten wir die Ranch in Lake Malibu aufgegeben, und kurz bevor wir Sacramento verließen, die in Santa Barbara gekauft. Wir nannten sie Rancho del Cielo*.

Ronnie ist dort so glücklich! Für ihn gibt es nichts Schöneres, als im Freien zu sein, Zäune zu bauen, Bäume zu fällen, Hecken zu stutzen und für die beiden offenen Kamine, die unsere einzige Heizung sind, Holz zu hacken. Die Ranch liegt auf der Kuppe eines Berges, und wenn man oben ankommt, hat man den Eindruck, die übrige Welt sei verschwunden. Wie in Camp David waren wir hier meist allein, ausgenommen natürlich die Sicherheitsbeamten, der Arzt des Weißen Hauses und der militärische Berater.

Obwohl die Ranch ziemlich groß ist – 278 Hektar – sind die wenigen Besucher, die den Weg zu uns herauf finden, immer überrascht, wie klein unser aus Adobeziegeln** gebautes Haus ist, das vor mehr als hundert Jahren gebaut worden ist. Jeder erwartet ein riesiges und aufwendig ausgestattetes Haus, in Wirklichkeit aber ist es sehr schlicht. Einmal kamen George und Barbara Bush auf ihrem Heimweg von einer Auslandsreise bei uns vorbei, und ich weiß noch, wie Barbara sagte: »Wissen Sie, Nancy, dieses Haus vermittelt mir ein ganz anderes Bild von Ihnen.« Es wurde eine Menge geschrieben über meine angebliche Vorliebe für große Häuser, aber wer uns auf der Ranch besucht, findet dort nur ein winzi-

---

* Dt.: Ranch des Himmels
** Luftgetrocknete Ziegel aus Lehm (Anm. d. Übers.)

ges Haus mit zwei Schlafzimmern, mexikanischen Teppichen, Korbstühlen und stapelweise Zeitungen auf einem Poolbillardtisch. An der Eingangstür hängt ein Schild, auf dem zu lesen steht:

AN DIESEM ORT
IST 1897
NICHTS PASSIERT

Als wir die Ranch kauften, war das Haus sogar noch kleiner. Wir hatten damit tausend Probleme, aber es gefiel uns. Unser Schlafzimmer war so winzig, daß ich das Bett nicht machen konnte, ohne *auf* dem Bett zu knien. Wir brachen Wände heraus, legten neue Fußböden aus Kacheln, strichen die Fassade, bauten die überdachte Veranda in ein Wohnzimmer um und legten davor eine Felsenterrasse an.

Und ich meine *wir* – mit Unterstützung von Barney Barnett und Dennis LeBlanc. Dennis stammt ursprünglich aus Sacramento und war Mitarbeiter bei mehreren von Ronnies Wahlkämpfen. Barney war früher bei der kalifornischen Highway-Polizei. Während Ronnies Zeit als Gouverneur arbeitete er als sein Fahrer, und seither ist er bei uns. Er und Ronnie stehen fast wie Brüder zueinander; sie wurden sogar am selben Tag geboren. Wenn wir auf die Ranch fahren, ist Barney immer mit dabei. Ronnie war besonders stolz auf das Hausdach, das er und Barney zusammen gedeckt haben, wobei sie die Plastikimitation von Ziegeln ehemaliger Missionshäuser verwendeten, die wie echt aussieht.

Nur wenige Dinge machen Ronnie so stolz und verschaffen ihm eine solche Befriedigung wie die Arbeit auf der Ranch. Wenn wir dorthin fahren, kann er es kaum erwarten, mit einem neuen Projekt zu beginnen. Und auf einer Ranch gibt es ja immer was zu tun. Wenn Ronnie draußen arbeitet, beschäftige ich mich mit der Post, lese, telefoniere oder vertrödle einfach die Zeit.

Während Ronnies Amtszeit geschah es oft, daß sich die reale Welt in die heitere Ruhe der Ranch hineindrängte. Ich erinnere mich noch an die Nacht im Jahre 1983, als Ronnie den Anruf erhielt, ein koreanischer Jumbo-Jet sei auf dem Flug von Alaska nach Seoul verschwunden. Ganz früh am nächsten Morgen klingelte das Telefon erneut, und ich hörte, wie Ronnie sagte: »Mein Gott, sind sie denn verrückt geworden? Was, zum Teufel, bezwecken sie damit?« Die Sowjets hatten mit einer Luft-Luft-Rakete die Maschine KAL 007 abgeschossen, und alle Passagiere waren ums Leben gekommen.

Ronnies Berater drängten ihn, nach Washington zurückzufliegen. Er tat es, obwohl auf der Ranch (ebenso wie in Camp David) alle Kommunikationsmöglichkeiten vorhanden waren, die ein Präsident nur benötigen konnte.

Auf der Ranch konnte man die Welt für ein paar Stunden vergessen, auch wenn jeden Tag ein Wagen der Regierung die Bergstraße heraufkam und einen dicken Umschlag mit Post, vertraulichen Dokumenten und Zeitungen brachte. Und sogar wenn Ronnie in den Wald ging, begleiteten ihn immer ein Sicherheitsbeamter, der Arzt und ein militärischer Adjutant, der ein Funktelefon dabeihatte, für alle Fälle.

Wie Camp David war auch die Ranch für die Presse Sperrgebiet. Jedesmal, wenn wir dort oben waren, quartierte sich ein riesiges Kontingent von Reportern im Biltmore-Hotel in Santa Barbara ein. Ihre Berichte mußten sich aber auf gelegentliche kurze Nachrichten beschränken, die oft folgenden Wortlaut hatten: »Das Wetter ist warm und sonnig. Heute morgen widmete sich der Präsident seiner üblichen Arbeit am Schreibtisch. Zur Zeit bereitet er sich auf einen Ausritt mit Mrs. Reagan vor. Nach dem Mittagessen mit Mrs. Reagan will der Präsident auf dem Gelände der Ranch Holz hacken und Hecken stutzen.«

Obwohl es eigentlich nichts zu berichten gab, haben sich die Presseleute kaum darüber beschwert, nach Santa Barbara fahren zu müssen – insbesondere diejenigen nicht, die noch gut in Erinnerung hatten, wie es in Plains, Georgia, gewesen war. Jeden Sommer veranstalteten wir für sie in der Stadt ein Grillfest, und bei dem letzten, im Jahre 1988, erhob sich Ronnie nach dem Essen und sagte: »Sobald ich nicht mehr im Amt bin, setze ich mich dafür ein, in die Verfassung einen neuen Zusatz aufzunehmen ...« Alle dachten natürlich, Ronnie spiele auf die Beschränkung an, daß ein Präsident nur zwei Amtsperioden regieren darf, was Ronnie stets kritisiert hatte. Aber er beendete seinen Satz mit folgenden Worten: »... wonach jeder Präsident seinen Urlaub in Santa Barbara zu verbringen hat.«

Dieser Vorschlag stieß auf ungeteilte Begeisterung. Jerry O'Lear von der *Washington Times* (und Präsident der White House Correspondents Association) erhob sich, um Ronnie zu danken: »Die Presse sollte bis zu einem gewissen Grade den Präsidenten gegenüber unabhängig sein. Aber wir messen sie doch ein wenig daran, wo sie ihren Urlaub verbringen.« Er erzählte dann von früheren Präsidenten, und als er zu Carter kam, sagte er: »Mit Präsident

Carter nach Plains, Georgia, zu fahren, war unmöglich, weil es keinen Platz gab, wo man sich hätte aufhalten können. Deshalb quartierten wir uns alle in Americus, Georgia, ein, wo es das aufregendste Ereignis der Woche war, den Leuten beim Spritzen ihrer Gemüsebeete zuzuschauen.«

Im März 1983 luden wir Königin Elizabeth und Prinz Philip zu einem Besuch auf unsere Ranch ein. Obwohl bei ihrem Aufenthalt in Kalifornien ein fürchterlicher Regen niederging und das Wetter so schlecht war, daß sie fast das Schiff nicht hätten verlassen können, ließ sich die Königin nicht beeindrucken und weigerte sich, ihre Pläne zu ändern. Die Straße zur Ranch hinauf war vom Regen so aufgeweicht, daß sie und Philip in einem Landrover den Berg hochfahren mußten, in einem Nebel, der so dick war, daß man die Hand nicht vor Augen sehen konnte. Wir hatten bei unserem Besuch in Windsor Castle den beiden von unserer Ranch erzählt, und die Königin war ganz versessen darauf, mit Ronnie einen Ausritt zu unternehmen. Daran war jetzt natürlich überhaupt nicht zu denken. Trotz des Wetters verlor die Königin jedoch nicht ihre gute Laune: »Seien Sie nicht albern«, sagte sie, als ich mich bei ihr entschuldigen wollte. »Das ist doch ein herrliches *Abenteuer*.«

Sie war wunderbar, und sie eroberte mein Herz allein wegen der Haltung, die sie an diesem Tag zeigte. Es endete damit, daß ich zusammen mit den beiden die Ranch verließ und das Treffen bei ihnen auf der königlichen Yacht *Britannia* fortsetzte. Den Abend verbrachte ich mit der Königin; in ihrem riesigen Wohnzimmer auf einem Sofa sitzend, unterhielten wir uns über unsere Kinder, als wären wir schon seit langem befreundet.

Gemeinsam segelten wir dann nach San Francisco, wo jemand vorschlug, daß wir zum Essen zu Trader Vic's fahren sollten. Ich erinnere mich noch, wie ich zu Philip sagte: »O ja, Trader Vic's, das ist ein wundervolles polynesisches Restaurant, wo man sich wirklich wie auf einer Insel im Pazifik fühlt.« Ich hatte nicht daran gedacht, daß wir nicht im eigentlichen Restaurant essen würden, sondern in einem privaten Nebenraum, der aussah wie jeder andere private Nebenraum auch. Als wir dort ankamen, sah mich Philip an, als sei ich von einem anderen Stern.

Ein paar Tage danach veranstalteten die Königin und Prinz Philip zu Ehren unseres Hochzeitstages an Bord der *Britannia* ein Dinner. Was kann sich eine Frau noch mehr wünschen? Ronnie erhob sich und sagte: »Ich weiß, vor einunddreißig Jahren habe ich Nancy eine Menge versprochen, aber *daran* habe ich nicht gedacht.«

Es war ein unvergeßlicher Abend – auf der Yacht der Königin feierten wir unseren Hochzeitstag. Einige Freunde waren dabei, darunter Mike und Caroline Deaver und Lucky Roosevelt. Der Küchenchef machte uns eine besondere Torte, und die Schiffscrew gratulierte uns mit einer überdimensionalen Glückwunschkarte. Nach dem Essen setzte sich Mike ans Klavier, und ich sang ›Our Love Is Here to Stay‹. Auch von der Königin und Prinz Philip bekamen wir ein Geschenk, eine gravierte silberne Dose.

Wir haben diese Dose noch, aber wir mußten sie von der Regierung der Vereinigten Staaten zurückkaufen. Jawohl, wir mußten unser eigenes Geschenk zum Hochzeitstag zurückkaufen! Es ist Vorschrift, daß jedes Geschenk, das man von einem ausländischen Staatsgast bekommt, in staatliches Eigentum übergeht, sofern sein Wert mehr als 180 Dollar beträgt (der Betrag ändert sich jedes Jahr ein wenig). So ist es gesetzlich festgelegt, und es spielt keine Rolle, wie persönlich das Geschenk auch gemeint war – selbst wenn darauf der Name oder die Initialen eingraviert sind. Ronnie und ich wollten einige Erinnerungsstücke aus jenen acht Jahren unseres Lebens behalten, also kauften wir, bevor wir das Weiße Haus verließen, einige Geschenke zurück, die wir bekommen hatten.

Uns wurde erlaubt, die Geschenke von persönlichen Freunden zu behalten, aber Ronnie mußte jedes einzelne deklarieren. Mit anderen Worten, selbst wenn man seit zwanzig Jahren an Weihnachten von jemandem immer etwas geschenkt bekommen hat, wird dieses Geschenk und sein geschätzter Wert zu einer öffentlichen Angelegenheit, sobald man Präsident ist. Dies gehört zu den Dingen, die ich nach unserem Weggang aus dem Weißen Haus nicht vermisse – ebensowenig wie die alljährliche, im April stattfindende Veröffentlichung unserer Steuererklärung in der Zeitung. Ich haßte das.

Während der acht Jahre in Washington hatte ich fast niemals Geld bei mir – außer, wenn ich zur Maniküre ging. Während dieser ganzen Zeit setzte ich nicht ein einzigesmal den Fuß in einen Supermarkt oder in irgendein anderes Geschäft, mit Ausnahme eines Schreibwarenladens in der 17. Straße, wo ich immer Geburtstagskarten kaufte.

Wenn man im Weißen Haus lebt, ist es sehr schwierig, *irgend etwas* außerhalb des Weißen Hauses zu tun. Mitten in Ronnies zweiter Amtsperiode begann ich damit, mich nach geeigneten Häusern umzusehen, um ein Zuhause zu haben, wenn die Zeit gekommen war, Washington zu verlassen. Ich fand im Bel-Air-Viertel von Los Angeles ein hübsches Haus mit drei Schlafzimmern, aber ich konnte eine so wichtige Entscheidung nicht treffen, ohne Ronnie vorher das Haus gezeigt zu haben.

Andererseits wollte ich dort nicht mit dem üblichen Gefolge von mehr als einem Dutzend Begleitfahrzeugen aufkreuzen, einschließlich eines Lastwagens voll bewaffneter Sicherheitsbeamter. So überredete ich Ronnie eines Nachmittags, als wir in Los Angeles waren, sich auf den Boden unseres Wagens zu legen, damit wir unser Hotel verlassen und das Haus besichtigen konnten, ohne daß die Presse davon Wind bekam und ohne daß die Nachbarn gestört wurden. Nach all den Schwierigkeiten ist es schön, daß es ihm gefiel.

Ich war sehr stolz auf mich, daß ich schließlich etwas zuwege gebracht hatte, worüber die Presse nicht berichtete. Wir behielten dieses Geheimnis etwa zwei Jahre lang für uns — nach den Maßstäben von Washington ist dies fast eine Ewigkeit.

14

❖❖❖

Erdrutschsieg (1984 – 85)

Wäre es nach mir gegangen, hätte Ronald Reagan nur eine Amtsperiode als Präsident regiert.

1983 versuchte ich ihn zu überreden, kein zweites Mal mehr zu kandidieren. Nach acht Jahren in Sacramento und vier weiteren Jahren in Washington – gar nicht zu reden von den vielen langen Monaten der Wahlkämpfe 1976 und 1980 – hatten wir schon seit langer, langer Zeit kein richtiges Privatleben mehr gehabt. Ich sehnte mich nach mehr Zeit für die Familie und mehr Privatsphäre. Ich vermißte meine Freunde und meine Familie, und ich vermißte Kalifornien. Ronnie hatte politisch so viel erreicht, daß jetzt vielleicht der richtige Zeitpunkt gewesen wäre, den Vorhang fallen zu lassen.

Auch um seine Sicherheit machte ich mir Sorgen. Sicher, seit 1981 war nichts Schlimmes mehr passiert, aber warum das Glück herausfordern?

Ronnie hingegen war entschlossen, noch einmal zu kandidieren. Er hatte Pläne, die er noch in die Tat umsetzen wollte. Außerdem war er der Meinung, es sei schon viel zu lange her, daß ein amerikanischer Präsident zwei volle Amtsperioden regiert habe.

Schließlich ging es nur noch darum, mich zu überzeugen.

Eine Zeitlang sprachen wir jeden Abend über dieses Thema, bis mir schließlich klar war, daß Ronnie es einfach tun mußte. Endlich sagte ich: »Wenn du so fest davon überzeugt bist, dann mach es. Du weißt ja, daß ich nicht gerade begeistert bin, aber okay.«

Als ich in der Zeitung las, Präsident Reagan zögere, sich einer

Wiederwahl zu stellen, aber Nancy dränge ihn dazu, mußte ich lachen.

Rückblickend bin ich froh, daß meine Einwände nichts gefruchtet haben – besonders wenn ich daran denke, was Ronnie während seiner zweiten Amtszeit mit den Sowjets aushandeln konnte. Aber man darf auch nicht verschweigen, daß vom politischen Standpunkt aus seine zweite Amtsperiode weitaus härter war als die erste.

Am 29. Januar 1984 gab Ronnie in einer Sendung aus dem Oval Office seine Entscheidung bekannt. Ich ging zusammen mit Mermie und Dennis dorthin. Weil die Ansprache live übertragen werden sollte, machte Ronnie mit dem Fernsehteam zuerst einmal einen Probedurchgang, um den zeitlichen Ablauf zu testen.

Außer den Kindern und mir hatte Ronnie niemandem gesagt, wie seine Pläne aussahen, darum kursierten bis zum letzten Moment Spekulationen, er könnte vielleicht seinen Rückzug aus der Politik bekanntgeben. »Es liegt nun fast drei Jahre zurück, daß ich das erstemal von diesem Raum aus zu Ihnen sprach«, begann er. »Heute abend bin ich aus einem anderen Grund hier. Ich mußte mich der schwierigen Entscheidung stellen, ob ich für eine Wiederwahl kandidieren soll oder nicht ...«

Maureen erzählte mir später, sie habe sich, als Ronnie dies sagte, einen Moment lang gefragt, ob er seine Meinung nicht doch noch geändert habe. Er hielt die Spannung aufrecht, bis er schließlich sagte, ja, er werde wieder kandidieren. Als die Leute vom Fernsehen das hörten, applaudierten sie.

»Nun mach schon, Schatz«, rief ich. »Willst du nicht die Rede proben, die du *wirklich* halten willst?«

Es verschlug allen Anwesenden die Sprache, bis ihnen klar wurde, daß ich einen Scherz gemacht hatte. Ich glaube, man sah mir meine Bedenken an.

Neun von zehn Telegrammen und Anrufen, die wir an diesem Abend nach der Ansprache erhielten, beglückwünschten Ronnie zu seinem Entschluß, erneut zu kandidieren.

An diesem Abend schrieb ich in mein Tagebuch: »Ich glaube, es wird ein harter, personenbezogener Wahlkampf mit knappem Ausgang. Es heißt, Mondale sei ein Spezialist im Nahkampf ... Ronnie ist so beliebt, daß man zu übertriebenen Maßnahmen Zuflucht suchen könnte. Ich bin froh, wenn die nächsten neun Monate vorüber sind.«

Ich sollte zum größten Teil recht behalten. Es war tatsächlich ein harter und personenbezogener Wahlkampf, und ich war wirklich froh, als er vorüber war. Die Wahl jedoch ging alles andere als knapp aus.

Der Wahlkampf von 1984 war leichter als der von 1976 oder von 1980, als Ronnie gegen einen amtierenden Präsidenten antreten mußte. Der Wahlkampf war auch viel kürzer, weil Ronnie bei den Vorwahlen keinen Gegenkandidaten hatte. Aber kein Wahlkampf ist angenehm, und dieser war keine Ausnahme.

Die meisten Nerven in diesem Wahlkampf kosteten mich die beiden Debatten zwischen Ronnie und Walter Mondale.

Ich bin gegen Debatten. Sie dauern lange, sind oft langweilig, und der Präsident ist dabei im Nachteil. Der Herausforderer, der das Amt noch nicht innehatte, braucht nur anzugreifen − ohne sich selber rechtfertigen zu müssen. Und wenn das Thema Außenpolitik zur Sprache kommt, darf der amtierende Präsident aus Gründen der Sicherheit nicht alles sagen, was er weiß.

Mit einer Ausnahme, von der ich gleich berichten werde, war Ronnie in öffentlichen Debatten immer sehr erfolgreich. Viele Leute vertreten die Ansicht, daß er 1980 die Nominierung nur aufgrund seiner Debatte mit George Bush gewonnen habe und daß ihm die Debatte mit Carter das Präsidentenamt eintrug. Im Jahre 1976 wollten Ronnies Anhänger eine Debatte mit Präsident Ford organisieren, und wenn es dazu gekommen wäre, hätte Ronnie vermutlich die Nominierung in der Tasche gehabt.

Die erste Debatte des Jahres 1984 fand am 7. Oktober in Louisville, Kentucky, statt. In meinen Augen war dies der schlimmste Abend in Ronnies politischer Karriere.

Schon von Beginn an wirkte er angespannt, verwirrt und konzeptlos. Er zeigte keine Kompetenz. Und er verhaspelte sich. Das war ein Ronald Reagan, wie ich ihn noch nie erlebt hatte. Es war eine Qual, ihm zuzusehen. Man kann es nicht anders nennen: Die Debatte war ein Alptraum.

Als sie vorüber war, eilte ich, wie auch Joan Mondale, auf die Bühne. Wir reichten uns alle die Hand, aber als wir gingen, sagte Ronnie zu mir: »Ich war fürchterlich.« Ich machte zwar eine Bemerkung, die ihn trösten sollte, aber wir beide wußten sehr genau, daß er recht hatte.

In dieser Nacht schliefen wir beide nicht gut. Zum Teil lag es an der stickigen Luft in unserem Hotelzimmer, aber wir beide kannten auch den wahren Grund: Die Debatte war eine Katastrophe gewesen.

Selbst Ronnie, der unverbesserliche Optimist, war am Boden zerstört.

Wie er mir erzählte, hatte er sich bei den Proben ›brutal behandelt‹ gefühlt, und sein Kopf sei so vollgepackt gewesen mit Zahlen und Fakten, daß er nicht in der Lage gewesen sei, sich auf das zu konzentrieren, was Mondale sagte. Ronnie ist seit jeher ein mitreißender Redner gewesen, der komplexe Themen und Zukunftsvisionen skizzierte, aber sein Stab hatte Wochen damit verbracht, ihm Details und Statistiken einzuhämmern. Anstatt Ronnies Stärken zu unterstützen, hatten sie versucht, aus ihm jemand zu machen, der er nicht war.

»Was haben Sie meinem Mann angetan?« fragte ich Mike Deaver zornig, als wir wieder im Hotel waren. »Was es auch war, lassen Sie es in Zukunft bleiben!«

Die Presse war äußerst kritisch. Sogar Anhänger von Ronnie zeigten sich verunsichert, als im *Wall Street Journal* die Schlagzeile stand: ZEIGT DER ÄLTESTE U.S.-PRÄSIDENT NUN SEIN ALTER? REAGANS ABSCHNEIDEN BEI DER DEBATTE GIBT ANLASS ZU SPEKULATIONEN ÜBER SEINE FÄHIGKEIT, DAS AMT ZU BEKLEIDEN. Zum ersten und einzigen Mal im Wahlkampf schien es tatsächlich möglich, daß Ronnie verlieren könnte.

Nach dem Schock dieser ersten Debatte erhielt die zweite, die für den 21. Oktober in Kansas City geplant war, eine noch größere Bedeutung. Dieses Mal verliefen die Vorbereitungen völlig anders. »Lassen Sie Ronnie, wie er ist«, sagte ich zu Mike Deaver, aber das wußte er bereits.

Mermie und Dennis flogen mit uns nach Kansas City. Ich hatte auch dafür gesorgt, daß Ron und Doria zu uns ins Hotel kamen, zur zusätzlichen moralischen Unterstützung. Ich glaube nicht, daß ich jemals zuvor so nervös gewesen bin wie an jenem Abend. Alle versicherten mir, daß es dieses Mal ganz anders ablaufen würde und daß Ronnie wieder ganz er selbst sein würde, aber ich machte mir immer noch große Sorgen. Mir war, als hätte ich einen Basketball im Magen, und meine Hände waren wie aus Eis.

Wenige Minuten nach Beginn der Debatte wandte sich Henry Trewhitt von der *Baltimore Sun* an Ronnie, um ihn, allerdings verklausuliert, zum sogenannten Altersfaktor zu befragen. »Ich habe nicht vor, die Frage des Alters zu einem Wahlkampfthema zu machen«, antwortete Ronnie. Dann, nach einer kurzen Pause, fügte er hinzu: »Ich beabsichtige nicht, aus politischen Gründen meinem Opponenten seine Jugend und Unerfahrenheit vorzuhalten.«

Das Publikum lachte, und langsam öffnete ich eine meiner zu Fäusten geballten Hände.

In diesem Augenblick konnte ich es noch nicht ahnen, aber soeben war der Ausgang der Wahl entschieden worden.

Mit dieser witzigen Bemerkung hatte Ronnie den einzigen Punkt vom Tisch gewischt, der ihm im November 1984 die Niederlage hätte einbringen können. In sämtlichen Nachrichtensendungen wurde seine Bemerkung aufgegriffen, und man konnte die Szene immer wieder auf dem Bildschirm sehen.

Ich fühlte, daß die Mehrheit der Wähler über Ronnies schlechtes Abschneiden im ersten Rededuell hinwegsehen wollte, wenn er glaubhaft machen konnte, daß dies nichts anderes gewesen war als ein einmaliger Ausrutscher − und das schaffte er.

Walter Mondale und Geraldine Ferraro gingen mir wirklich auf die Nerven. Die beiden ritten ständig auf dem angeblichen ›Geheimplan‹ von Ronnie herum, nach der Wahl die Steuern zu erhöhen, und ich ärgerte mich, daß die Ferraro Ronnie wegen seiner religiösen Überzeugung angriff.

Meiner Ansicht nach hatten sich die Demokraten schon auf ihrem Konvent von 1984 unfeiner Methoden bedient, und ein ähnlicher Ton beherrschte auch den übrigen Wahlkampf. An dem Abend, als Ted Kennedy Mondale vorstellte, feuerte er einige billige Seitenhiebe gegen Ronnie ab. Wenn Ronnie ins Krankenhaus müsse, um sich röntgen zu lassen, sagte Kennedy, »braucht er, um seinen Hubschrauber zu rufen, nur auf einen kleinen Knopf zu drücken. Ich hoffe nur, daß er den richtigen Knopf erwischt.«

Mir war klar, daß die Demokraten ein Problem hatten, aber trotzdem war diese Bemerkung nicht zu entschuldigen. Ted Kennedy hatte sich bei uns beiden auf brieflichem Wege herzlich dafür bedankt, daß wir seine Mutter ins Weiße Haus eingeladen und den Rasen im Süden des Weißen Hauses für die Behindertenolympiade zur Verfügung gestellt hatten − was, wie ich glaube, nicht einmal sein Bruder John gestattet hätte. Sogar jetzt noch, nach all den Jahren in der Politik, begreife ich es nicht, wie jemand einen in aller Öffentlichkeit niedermachen und dann erwarten kann, daß die privaten Beziehungen zu diesem Menschen freundschaftlich bleiben.

Ron berichtete im Auftrag des *Playboy* vom Konvent der Demokraten, und nachdem er dort erlebt hatte, wie ein Redner nach dem

41. *Im Weißen Haus, nachdem Ronnie Präsident geworden war. Er bat alle früheren Präsidenten, am Begräbnis von Sadat teilzunehmen. Ich glaube nicht, daß jemals zuvor so viele ehemalige Präsidenten noch lebten.*

42. *Die private Vereidigung von 1985, am Sonntag im Weißen Haus. Am nächsten Tag, am Montag also, wollten wir die öffentliche Zeremonie im Freien stattfinden lassen, aber es war so kalt, daß die Ärzte rieten, alles nach drinnen zu verlegen.*

43. *Die öffentliche Vereidigung von 1985*

44. *Wir versuchten, den Familien der* Chal-
lenger-*Besatzung Trost zu spenden. Es
schien so viele traurige Anlässe zu geben.*

45. *Auf dem Weg nach Camp David, zusammen mit
Lucky, die immer in den Hubschrauber sprang und sich
auf Ronnies Sitz niederließ. Ich sagte zu ihr, daß es
Ärger gebe, wenn sie jetzt auch noch anfangen sollte,
den Leuten draußen zuzuwinken. Es war einfach an der
Zeit, sie zu den anderen Hunden auf die Ranch zu bringen — denn sie war so groß, daß ich auf ihr zum Hubschrauber hätte reiten können.*

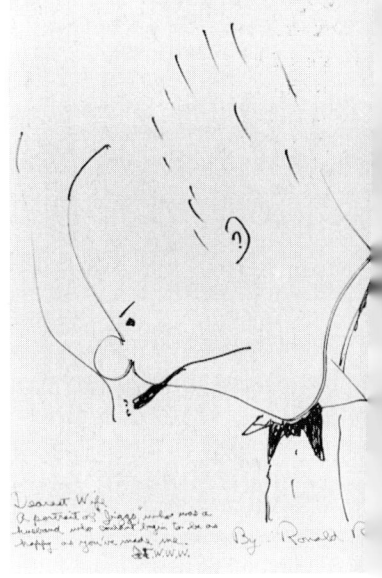

46. *Ronnie malt gerne Männchen, u
ich halte ihn für recht gut. Der Text
diesem Bild machte mich sehr glücklic
und unterschrieben war es mit unsere
üblichen ›I.T.W.W.W.‹ (Ich liebe D
mehr als alles ›In The Whole W
World‹).*

47. *Vater und Sohn im* Oval Office

48. *Ich weiß nicht mehr, was Königin Elizabeth in ihrer Tischrede sagte, aber offensichtlich war Ronnie ganz begeistert.*

49. *Beim Winston-Churchill-Dinner in Texas, wo ich Ronnie vertrat, stößt Prinz Charles mit mir an.*

50. *Ich besuchte ganz allein den Vatikan, um mit dem Papst über das Drogen-problem zu sprechen. Stellen Sie sich vor: mit dem Papst Händchen halten!*

52. Rechte Seite, Mitte rechts: *Es war ungewöhnlich, daß na*
Camp David Gäste kamen. Wir benutzten es wirklich als Ruhesi
Aber mit Margaret Thatcher waren wir eng befreundet. Und R
nie fuhr sehr gern mit dem Golfwagen – vielleicht, weil der Go
wagen in Camp David und der Jeep auf der Ranch die einzig
Fahrzeuge waren, die er selbst steuern durfte.

54. Rechte Seiten unten: *Mit Prinzessin Gracia bei der Hochz*
von Prinz Charles in London. Wir waren zusammen bei MGM
wesen, und sie hatte ihre Karriere nach etwa der gleichen Zeit a
gegeben wie ich, und aus demselben Grund – um Ehefrau u
Mutter zu werden.

51. *Für Nakasone hatte ich mich an diesem Tag hübsch angezogen. Normalerweise trug ich in Camp David Blue jeans.*

Eines meiner aufregendsten Er- *...isse war, im Ford's Theater mit* *...hail Barischnikow zu tanzen.* *...betete darum, ihm nicht auf die* *...e zu treten.*

55. *Was eine First Lady alles tun muß! Hier bin ich gerade dabei, ein Schiff zu taufen. Und wie finden Sie meine Frisur?*

56. *Ashley war an ihrem Geburtstag bei uns auf der Ranch. Nachdem wir den Kuchen gegessen hatten, erzählte uns Mike, was ihm damals im Ferienlager zugestoßen war und so einen nachhaltigen Einfluß auf sein Leben gehabt hatte.*

57. *Bei einem Staatsbankett für Duarte. Man kann sehen, daß ich nicht so ganz bei der Sache bin. Am nächsten Tag mußte ich mich im Krankenhaus einer Krebsoperation unterziehen.*

58. *Mein Bruder Dick, Dr. John Hutton, Ronnie, Paula (eine der Schwestern) bei mir auf der Wachstation.*

59. *Ronnie brachte mir Plätzchen und Karten mit Genesungswünschen. Manche waren ganz schön groß!*

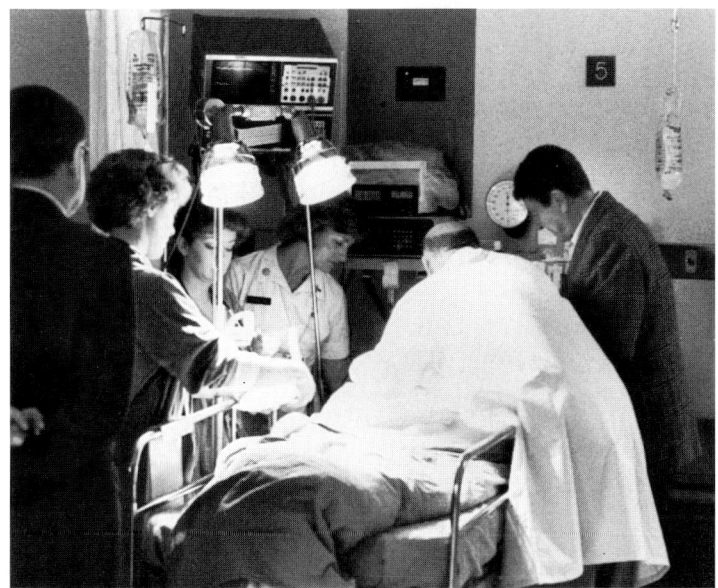

60. *Ronnie, mein starker rechter Arm – in diesem Fall mein linker –, bei meinem ersten Spaziergang im Krankenhaus, am Tag nach der Operation.*

61. *Rex Scouten (der Verwalter im Weißen Haus) und ich waren Freunde geworden. Ich freute mich so, als ich ihn sah, und ich war glücklich, daß ich wieder zu Hause war.*

62. *Ich wollte mich bei allen für die liebevolle Begrüßung bedanken, aber meine Stimme ließ mich im Stich, und ich kam nicht sehr weit.*

3. Einer meiner ersten öffentlichen Auftritt nach der Operation. Ronnie hob meinen Arm zu hoch, und ich flüsterte ihm zu: »Du tust mir weh!« Da küßte er mich.

. Meine gute Mutter, die ich so sehr liebte, mit ihren roten Fäustlingen. Ich besuchte sie, sooft ich konnte – nicht oft genug –, und ich rief sie jeden Abend an, bis zu ihrem Ende.

65. Doria, Ron und ich, zusammen mit Ronnie, nachdem er den Nachruf auf meine Mutter gehalten hatte.

66. *Gromyko, als er gerade zu mir sagte: »Flüstern Sie jeden Abend Ihrem Mann das Wort ›Frieden‹ ins Ohr.« Ich antwortete: »Das werde ich tun, und ich werde es auch Ihnen ins Ohr flüstern.«*

67. *In Genf, in der sowjetischen UN-Mission, wo ich zum Tee eingeladen war. Raissa trägt Rock und Bluse, aus Gründen, die ich erst später erfuhr – dies war das einzige Foto, das in Rußland publiziert wurde, und jede andere Bekleidung wäre als zu frivol empfunden worden.*

68. *Unser Dinner für die Gorbatschows in Genf – Ronnie und Gorbatschow prosten einander zu.*

69. *In Genf, wohin Ron im Auftrag des* Playboy *geschickt worden war. Junge, war ich froh, ihn wiederzusehen!*

70. *Nach der Unterzeichnung des INF-Vertrages in Washington im Jahre 1987. Ich habe mich oft gefragt, was Raissa wohl gedacht haben mag, als sie mich anschaute.*

71. *Gorbatschow und ich prosten uns zu. Das war auf dem Empfang, der in der sowjetischen Botschaft in Washington für uns gegeben wurde.*

72. *Beim Abflug der Gorbatschows aus Washington. Man sieht, es regnet, aber die Russen sagen, das bringe Glück.*

73. *In Genf, im Jahre 1985, als wir uns zum ersten Mal zum Tee trafen. Raissa hatte jetzt endlich einen Sessel gefunden, der ihr passend erschien, nachdem sie sich zweimal umgesetzt hatte.*

74. *In Washington. Ronnie hatte Gorbatschow gebeten, ebenfalls auf seine Uhr zu sehen. Sie wollten Raissa und mich necken, weil wir zu spät kamen.*

75. *Ein unvergeßlicher Abend im Bolschoi-Theater mit den Gorbatschows. Die Flaggen beider Länder zu beiden Seiten der Loge. Die Russen spielten unsere Nationalhymne ganz wundervoll.*

76. *In Rußland. Die Damen, die mich erwartet hatten, schenkten mir Flieder und umarmten mich zum Abschied.*

77. *Die Abreise aus Moskau – im Kreml mit den Gorbatschows.*

78. *Bei einem Ausritt in Camp David, mit Doria und Ron.*

*Eines meiner Lieblingsbilder von dem
Mann, den ich so gut kenne.*

80. Glücklich, wieder auf der Ranch zu sein.

81. *Ich denke, Ronnie ist sehr würde-*
voll aus dem Amt des Präsidenten ge-
schieden. Hier geht er gerade an Bord
des Hubschraubers, der ihn dann zur
Air Force One bringt. Es war am
20. Januar 1989. Er verabschiedet sich
mit einem militärischen Gruß.

82. *Mit Aaron Shikler, der die offiziel-*
len Portraits von uns malte, die im
Weißen Haus hängen werden.

83. *Unser letzter Tag — jeder von uns seinen Gedanken und Erinnerungen nachhängend.*

anderen auf seinen Vater einschlug, schrieb er, die Demokraten wollten das Land »glauben machen, daß Ronald Reagan plane, die Alten und die Behinderten zu zwingen, auf dem Rasen südlich des Weißen Hauses Kinder aus der Unterschicht am Spieß zu braten, während er und seine vollgefressenen Kumpane aus den besseren Kreisen sich zurücklehnen und die Finger lecken«. Ron übertrieb natürlich – aber nicht sehr.

Bis zu Mondales Rede, in der er die Kandidatur annahm, hatte ich noch in keinem Vortrag so oft das Wort ›Familie‹ gehört. Mondales Ansprache klang so sehr nach einer von Ronnies Reden, daß, als Mondale geendet hatte, Ronnie mich fragte: »Habe ich das nicht geschrieben?«

Während des Wahlkampfes um die Präsidentschaft finden sich die Kontrahenten selten – außer bei den Debatten – im selben Raum. Aber für den 15. September wurden alle vier Kandidaten zum Bankett der Italian-American Federation in Washington eingeladen. Als wir zusammen mit George Bush und seiner Frau den Empfangsraum betraten, wurde uns mitgeteilt, Geraldine Ferraro habe entgegen ihrer ursprünglichen Ankündigung beschlossen, sich von ihrem Mann begleiten zu lassen. Dann sagte man uns, ihr Kleid sei noch nicht geliefert worden und Mondale weigere sich, die Festhalle ohne sie zu betreten.

Nach den Regeln des Protokolls betritt der Präsident als letzter die Versammlung, also mußten wir warten. Aber Ronnie, der sehr nervös wird, wenn Leute auf ihn warten müssen, sagte: »Ich befürchte, das Publikum wird *mir* die Schuld dafür geben. Vergessen wir das Protokoll und gehen hinein.« Das taten wir auch.

Vier Minuten später waren auch Mondale und die Ferraro zur Stelle. Mit einem Mal hatte sie ihr Kleid also doch noch bekommen! Eine halbstündige Verspätung hätte ich ja noch verstehen können, aber dieses Bemühen, als letzte den Saal zu betreten, hielt ich einfach für kindisch. Sie gaben uns die Hand, als sie kamen, aber sie sagten kein Wort der Entschuldigung.

Während des Dinners stand die Ferraro auf und begann, das Mikrofon zu testen und das Podium zu begutachten, auf dem sie sprechen sollte. Später sah ich, wie sie und ihr Mann unten auf das Publikum einredeten. Ein solches Verhalten erschien mir für einen Präsidentschafts-Wahlkampf nicht angemessen, um es höflich auszudrücken.

Als Ronnie mit seiner Rede an der Reihe war, fiel mir auf, daß Mondale nicht applaudierte – nicht ein einziges Mal. Und während der gesamten Rede von Ronnie unterhielt sich die Ferraro mit Joan Mondale. Sie war Ronnie gegenüber so unhöflich, daß sie nicht einmal *vorgab,* ihm zuzuhören.

Es war geplant, daß Ronnie und Mondale im darauffolgenden Monat wieder aufeinandertreffen sollten, beim alljährlichen Al-Smith-Dinner in New York. Am Tag vor diesem Empfang erhielten wir die Nachricht, Mondale käme nicht, weil er sich auf die zweite Debatte vorbereiten wolle. Ich war mir sicher, das Publikum würde es so interpretieren, daß Mondale einfach nicht mehr auf demselben Podium stehen wolle wie Ronnie – und genauso wurde es auch aufgefaßt.

Wegen eines dummen Unfalls hätte ich beinahe die Vorgänge der Wahlnacht versäumt.

Den Abend vor der Wahl verbrachten wir im Red Lion Inn in Sacramento, wo aus Gründen, die ich nie verstehen werde, das Bett in unserer Suite auf einem Podest stand. Mitten in der Nacht wachte ich auf, weil mir kalt war, und wollte aufstehen, um mir eine Decke zu holen. Natürlich dachte ich dabei nicht an das Podest. Ich rutschte aus, fiel hin und schlug mit dem Kopf gegen einen Stuhl.

Es tat weh und begann sofort anzuschwellen. Ronnie schlief, und ich hielt es nicht für so ernst, daß ich ihn wecken müßte. Ronnie schläft nicht nur tief, er hört auch nicht gut, also merkte er bis zum nächsten Morgen nichts davon.

Ich ging ins Badezimmer und kühlte meine Beule, die kräftig anschwoll, mit kaltem Wasser. Es gelang mir dann, noch ein wenig zu schlafen, aber den ganzen nächsten Tag über war ich wacklig und unsicher auf den Beinen, und meine Aussprache war undeutlich.

Die Leute unseres Stabes wollten mich ins Bett schicken, aber dies war der letzte Tag unserer letzten Kandidatur um die Präsidentschaft. Am Morgen fuhren wir zum Regierungssitz, wo Gouverneur Deukmejian den Kabinettsraum nach Ronnie benannte, und anschließend flogen wir zu einer Kundgebung nach San Diego. Dann ging's weiter nach Los Angeles, und schließlich war alles vorbei – das endgültige Finale aller Wahlkämpfe. Ein Finale mit Paukenschlag ...

Aber es gibt Abschnitte dieses Tages und des Wahltages, an die ich mich nicht mehr erinnere. Ich weiß zwar noch, wie ich im Hotel auf der Bühne stand und Dorias Hand festhielt, aber weite Strecken dieses Tages sind aus meiner Erinnerung völlig gelöscht. Man erzählt mir, daß ein Arzt gekommen sei, um mich zu untersuchen, und daß ich eine leichte Gehirnerschütterung gehabt hätte und daß Ronnie so beunruhigt war, daß er seine Pressekonferenz absagen wollte, aber an all das habe ich keine Erinnerung.

Am nächsten Abend fuhren wir wie immer zu den Jorgensens, um dort auf die Wahlergebnisse zu warten. Wir hatten zwar mit einem Sieg gerechnet, aber auf einen Erdrutschsieg waren wir nicht vorbereitet: Ronnie lag in allen Bundesstaaten in Führung, außer in Minnesota und im District of Columbia. Und obwohl Geraldine Ferraro für das Amt des Vizepräsidenten kandidiert hatte, errang Ronnie bei der weiblichen Wählerschaft einen Stimmenanteil von mehr als 55 Prozent.

Ronnies zweite Amtseinführung war wesentlich einfacher als die erste. Aber leider spielte diesmal das Wetter nicht mit. Es war an diesem Tag so kalt, daß unsere medizinischen Berater darauf drängten, die Parade ausfallen zu lassen und sämtliche Feierlichkeiten ins Haus zu verlegen. Es tat Ronnie und mir sehr leid wegen der jungen Leute von den Musikkapellen, die ihr ganzes Geld gespart hatten, um zu diesem großen Ereignis nach Washington fahren zu können. Aber die Zuschauer hätten sich zu Tode gefroren, und die armen jungen Bläser hätten es nicht wagen dürfen, ihre Instrumente an die Lippen zu führen. Es fiel uns schwer, die Veranstaltung abzusagen, aber wir hatten keine andere Wahl.

Wie schon beim ersten Mal kam die gesamte Familie zur Amtseinführung. Patti kam alleine, weil Paul sagte, er müsse arbeiten.

Ron und Doria putzten sich für das Gruppenfoto heraus, aber anstatt auf die Bälle zu gehen, luden sie ein paar Freunde in den Yellow Oval Room ein, und Doria kochte für alle Spaghetti. Sie hatten schon einmal die ganze Reihe von Einführungsbällen durchgemacht und wußten, wie es dort zuging, darum konnte ich ihnen nicht böse sein, daß sie zu Hause bleiben wollten. Wie schon 1981 waren die Ballsäle gerammelt voll — mit begeisterten Leuten.

Weil der 20. Januar auf einen Sonntag fiel, mußte die Vereidigung zweimal stattfinden — einmal im privaten Rahmen am Sonntag, und einmal öffentlich am Montag. Die private Zeremonie fand im Weißen Haus statt, am Fuße der großen Treppe, unter den Augen von insgesamt vierundachtzig Menschen, die meisten davon Familienmitglieder und Angehörige des Kabinetts. Ronnie und ich standen auf dem ersten Absatz der großen Treppe, und die Zeremonie hatte eine solch intime Atmosphäre, daß ich mich fragte, ob die Vereidigungen zu Beginn des 19. Jahrhunderts nicht genauso gewesen waren.

Einige Tage später erfuhr ich, daß sich am Tag der privaten Vereidigung, während wir in der Kirche waren, heimlich ein Mann mit der Kapelle des Marinekorps ins Weiße Haus geschlichen hatte. Rex Scouten, der beim Secret Service gewesen war, fiel auf, daß dieser Mann sich merkwürdig verhielt, und machte ihn vor dem Blauen Zimmer dingfest.

Mein einziger Gedanke war: Was wäre geschehen, wenn er eine Pistole bei sich gehabt hätte? Ich betete, daß dies nicht ein böses Omen für die kommenden vier Jahre sein möge.

Ronnies zweite Amtszeit hatte einen holprigen Start, denn in diesem Frühling gab es über mehrere Wochen in Washington fast kein anderes Gesprächsthema mehr als Ronnies Vorhaben, bei seiner bevorstehenden Reise nach Deutschland den Soldatenfriedhof in Bitburg zu besuchen. Es lag eine Stimmung in der Luft, als lasse sich die Regierung treiben, und mittlerweile weiß ich, daß dies viel mit dem Wechsel innerhalb des Stabs im Westflügel zu tun hatte, worauf ich später eingehen werde.

Das nächste große Ereignis fand im Juli statt.

Vorgesehen war ein ganz alltäglicher operativer Eingriff. Am 12. Juli 1985, einem Freitag, wollte sich Ronnie einen kleinen, gutartigen Polypen aus dem Dickdarm entfernen lassen. Die Ärzte hatte ihn im März entdeckt. Geplant war, daß Ronnie die Nacht im Bethesda-Marine-Hospital bleiben sollte, von wo aus wir am Samstag nach Camp David weiterfliegen wollten.

Am Donnerstag begann Ronnie mit seiner Diät zur Vorbereitung auf die Operation, die darin bestand, daß er mittags und abends nur Flüssigkeit zu sich nahm. Am Freitag gab es zum Frühstück Apfelsaft, und dann durfte er nur noch ›Go Lightly‹ trinken, ein besonderes Präparat, das das Verdauungssystem reinigt. Es schmeckt widerlich, und er mußte alle zehn Minuten ein Glas davon trinken, bis nichts mehr davon übrig war.

Den Polypen zu entfernen war eine relativ einfache Prozedur, die Ronnie schon von früher her kannte. Während des Eingriffs saß ich im Wartezimmer und unterhielt mich mit Larry Speakes. Nach dem Eingriff war Ronnie wohlauf und machte wie immer Späße.

Aber ich merkte, daß die Ärzte nicht mitlachten. Mir war auch, als würden sie mich seltsam ansehen — besonders John Hutton, der meinem Blick auszuweichen schien.

Die Ärzte schlugen vor, daß Ronnie liegenbleiben und ich mit ihnen in ein anderes Zimmer gehen sollte. Einer von ihnen rückte einen Stuhl für mich heran und sagte: »Wir haben schlechte Nachrichten für Sie.«

Es war, als würde mich ein Zehntonner überrollen.

»Sagen Sie mir alles«, antwortete ich. Und das taten sie auch.

Die Chirurgen hatten auf der rechten Seite am Ende des Dickdarms, dort, wo er in den Dünndarm übergeht, eine große, verdächtige Geschwulst von der Größe eines Golfballs entdeckt. Obgleich sie nicht mit Sicherheit sagen konnten, daß sie bösartig sei, sprach doch die Wahrscheinlichkeit dafür. Bestenfalls, so meinten sie, sei sie ›präkanzerös‹, also noch nicht Krebs. Aber auf alle Fälle sei eine Operation nötig. Die Ärzte befürchteten, diese Geschwulst könnte bereits die angrenzenden Organe befallen haben, insbesondere die Leber. Wenn in der Leber auch nur das geringste Anzeichen von Krebs gefunden würde, hätte dies katastrophale Folgen.

Es kam alles so plötzlich, daß ich es kaum fassen konnte.

John Hutton erklärte mir, daß uns drei Möglichkeiten zur Wahl stünden: Wir könnten wie geplant nach Camp David fliegen und am Sonntag in die Klinik nach Bethesda zurückkommen, um am Montag die Operation durchführen zu lassen. Oder wir könnten gleich hierbleiben und die Sache am folgenden Morgen erledigen. Oder wir könnten, falls dies absolut notwendig sei, zehn Tage warten und die Operation bis nach dem Staatsbesuch des chinesischen Ministerpräsidenten Li verschieben.

John war mit mir der Meinung, es sei das beste, sofort zu operieren. »Nun ist er schon einmal hier«, sagte ich, »und er hat auch schon die Darmreinigung hinter sich. Dann kann er auch gleich hierbleiben.«

Mein einziger Wunsch war, die Operation so bald wir nur möglich durchzuführen. Nachdem wir nun von dieser Geschwulst wußten, konnte ich den Gedanken nicht ertragen, sie länger als nötig in Ronnies Körper zu belassen.

Aber ich war mir nicht sicher, wie Ronnie auf die Nachricht reagieren würde, daß er sich am nächsten Tag einer großen Operation unterziehen müsse. Das beste würde sein, dachte ich, mir seine Abneigung gegen das ›Go Lightly‹-Präparat zunutze zu machen, das er absolut entsetzlich findet. Wenn dies nichts fruchten würde, würde er wahrscheinlich darauf bestehen, sofort nach Camp David zu fliegen. Mir zumindest war klar, daß ich bei Ronnie mit dieser Reaktion rechnen mußte. Aber ich wollte ihm gegenüber auch nicht allzu deutlich werden, weil es ja nicht mit Sicherheit feststand, daß er wirklich Krebs hatte.

»Ich möchte es ihm selber sagen«, meinte ich zu den Ärzten. »Und bitte, wenn wir bei ihm im Zimmer sind, erwähnen Sie nicht das Wort Krebs. Wir wissen ja nicht, ob es *wirklich* Krebs ist, und darum besteht auch kein Grund, davon zu sprechen, solange es nicht feststeht.«

In Ronnies Zimmer setzte ich mich zu ihm aufs Bett und umarmte ihn. »Liebling«, sagte ich, »die Chirurgen haben eine Wucherung bei dir entdeckt, die zu groß ist, als daß man sie auf die gleiche Weise entfernen könnte wie die vorherige. Die einzige Möglichkeit, sie loszuwerden, ist eine Operation. Da wir jetzt schon einmal hier sind, warum lassen wir es dann nicht gleich morgen machen und haben dann alles hinter uns? Denn wenn wir es auf nächste Woche verschieben, mußt du wieder die ganze Zeit dieses ›Go Lightly‹ trinken.« Irgendwie gelang es Ronnie, zu lächeln. »Soll das heißen, daß ich heute abend schon wieder nichts zu essen bekomme?« fragte er.

Das löste die Spannung in uns allen, und nachdem die Ärzte ihm die Einzelheiten der Operation erklärt hatten, meinte Ronnie: »Also gut, bringen wir's hinter uns.« Alles wurde für den nächsten Morgen vorbereitet, und Larry Speakes machte sich auf den Weg, um die Presse zu informieren.

Ob Ronnie die Wahrheit ahnte, weiß ich nicht, er hat jedenfalls nichts dergleichen erwähnt, weder mir noch sonst jemandem gegenüber.

Später wurde er immer ärgerlich, wenn jemand sagte, er habe Krebs gehabt. »Nein«, antwortete er dann, »ich hatte nicht Krebs. Ich hatte etwas in mir drin, was Krebs hatte, und das wurde entfernt.« So ist Ronnie eben, mein geliebter Optimist.

Kaum hatte ich Ronnies Zimmer verlassen, lehnte ich mich gegen die Wand und fing an zu weinen. Mir flossen die Tränen ohne Ende. In den folgenden zwei Stunden mußte ich immer wieder in Ronnies Zimmer gehen, aber alle paar Minuten verließ ich es unter einer Entschuldigung wieder. Ich wollte nicht, daß er mich weinen sah.

Die Nacht über wollte ich eigentlich in der Klinik bleiben, aber wie auch nach dem Attentat vier Jahre zuvor wollte ich niemand beunruhigen. Bis sechs Uhr blieb ich also im Krankenhaus und fuhr dann ins Weiße Haus zurück, um die Familie telefonisch zu benachrichtigen – Patti, Ron, Michael und Ronnies Bruder Neil, der, seltsam genug, erst ein paar Tage zuvor sich derselben Operation hatte unterziehen müssen. (Maureen war in Afrika auf Reisen.) Ich sagte allen, daß keine Notwendigkeit bestehe, nach Washington zu kommen.

Noch in der Nacht führten die Ärzte eine Computertomographie durch. Im Gebiet von Washington traten heftige Gewitter auf, und zweimal fiel der Strom aus, daher wurden sie erst gegen Mitternacht fertig. Als sie mich schließlich im Weißen Haus anriefen, überbrachten sie eine gute Nachricht: Weder in der Leber noch in der Lunge war verdächtiges Gewebe entdeckt worden.

Bitte, lieber Gott, betete ich. Gib auf ihn acht.

In mein Tagebuch schrieb ich, wie schon im März 1981: »Was soll ich denn ohne ihn anfangen?«

In dieser Nacht schlief ich – wiederum wie 1981 – auf seiner Seite des Bettes.

Am nächsten Morgen erklärten die Ärzte Ronnie und mir die Operation. Sie rechneten mit einer Operationszeit von drei Stunden. Ich ging an Ronnies Seite und hielt seine Hand, als sie ihn in den OP-Saal rollten. Natürlich war ich aufgeregter als er. »Nach dem, was sie gestern mit mir angestellt haben«, meinte er, »ist das doch ein Kinderspiel.«

Am Vortag war auf Bitten von Ronnie der kleine Polyp ohne Betäubung entfernt worden. Ronnies Schmerzschwelle liegt sehr hoch.

Am Samstag morgen um elf Uhr begann die Operation. Eine halbe Stunde zuvor hatte Ronnie die Dokumente unterschrieben, die George Bush für die nächsten acht Stunden zum amtierenden Präsidenten machten. Damit wurden überhaupt zum erstenmal die Bestimmungen des 25. Verfassungszusatzes in Kraft gesetzt. Der Zusatz war 1967 verabschiedet worden, nachdem Lyndon Johnson zwischen Kennedys Tod und der Amtseinführung von 1965 vierzehn Monate lang ohne Vize-Präsident regieren mußte. Fred Fielding, der Anwalt des Weißen Hauses, brachte die Dokumente in die Klinik und übergab sie anschließend dem Sprecher des Repräsentantenhauses, Tip O'Neill, und dem vorläufigen Präsidenten des Senats, Strom Thurmond.

Die Operation verlief gut und war einfacher, als man befürchtet hatte. Die Chirurgen entfernten die große Geschwulst, die ungefähr fünf Zentimeter maß, und zwei kleinere Wucherungen. Sie schnitten zudem ein fast sechzig Zentimeter langes Stück des Dickdarms heraus. Damit hatte ich nicht gerechnet.

»Es ist höchstwahrscheinlich Krebs«, wurde mir gesagt. »Aber vor der Biopsie wissen wir es nicht mit Sicherheit.«

Ein Wort noch zum Zeitpunkt von Ronnies Operation: Am Freitag nachmittag, gleich nachdem Ronnie in die Operation eingewilligt hatte, rief ich Don Regan im Weißen Haus an und unterrichtete ihn über den Stand der Dinge, worum er mich gebeten hatte. Weil wir noch nicht sicher wußten, ob die Wucherung bösartig war, und weil man mit dem Wort Krebs nicht leichtfertig umgehen sollte, drückte ich mich vorsichtig aus.

»Ich höre aus Ihren Worten mehr, als Sie sagen«, meinte er. »Stimmt meine Vermutung?«

»Ja, möglicherweise«, antwortete ich.

Ich meinte natürlich, daß Ronnies körperliche Verfassung wahrscheinlich kritischer sei, als ich am Telefon sagen wollte. Aber Don scheint meine Bemerkung so verstanden zu haben, daß der Grund, warum die Operation auf den nächsten Morgen festgelegt wurde – oder, wie er in seinem Buch schrieb, ›um eineinhalb Tage verzögert wurde‹ –, etwas mit Astrologie zu tun hatte.

Das ist falsch. Es gab keine Verschiebung. Ronnie kam am Freitag in die Klinik und wurde am nächsten Morgen operiert. Astrologie hatte nichts damit zu tun.

Es war eine schlimme Zeit für mich. Auszüge aus meinem Tagebuch:

13. Juli: Dick kam aus Philadelphia herüber, um mir beizustehen. [Mein Bruder ist Neurochirurg.] Kurz nach sieben Uhr abends besuchten wir Ronnie im Aufwachzimmer. Es ging ihm gut, aber er war schwach. Er meinte auch, er könne sich an nichts mehr erinnern, nachdem ich ihn heute morgen im OP-Saal geküßt hatte.

Aus seiner Nase kam ein Schlauch, der bis in den Magen reichte und von dort Flüssigkeit und Gase ableiten sollte, und ein anderer, über den er Antibiotika und eine Zuckerlösung erhielt, steckte in seinem Arm. Kurz nach uns kamen Fred Fielding, Don Regan und Larry Speakes, und Ronnie unterzeichnete ein Dokument, mit dem er seine Befugnisse als Präsident wiedererlangte.

Dick und ich fuhren dann zurück ins Weiße Haus, wo wir miteinander sprechen konnten, wenn das Telefon nicht klingelte. Maureen rief aus Nairobi an, wo es mitten in der Nacht war, und ich setzte sie ins Bild. Ronnie rief gegen neun Uhr an und erzählte, er habe eine Schlaftablette bekommen. Er klingt schläfrig. Ich hoffe, er kann schlafen.

14. Juli: Wieder im Krankenhaus. Ronnie sieht gut aus, hat aber Schmerzen. Sie sagen, die ersten drei Tage seien immer schlimm. Ständig kommen Anrufe, aber ich kann jetzt einfach mit niemandem reden. Ich hoffe, die Anrufer verstehen das.

Verließ die Klinik gegen halb sechs. Als ich zurückkam, war mein Schreibtisch vollgepackt mit Post, Nachrichten und Blumen. Bin zu müde zum Essen.

15. Juli: Wieder hatte Ronnie keine gute Nacht, aber die Ärzte meinen, er erhole sich erstaunlich schnell. Gott, ich hoffe, daß es wirklich so ist. Er muß diese komischen Tischtennisbälle aufblasen, damit sich nichts in der Lunge absetzt, genauso wie damals nach dem Attentat. Heute brachte ich ihm Fotos mit und hängte sie in seinem Zimmer auf, genau wie 1981. Eines der Bilder zeigt Ronnie auf seinem Pferd.

Nach dem Mittagessen kamen zwei Ärzte – Dale Oller, Chef der Chirurgie in Bethesda, und Steven Rosenberg, Chefchirurg des Nationalen Krebs-Instituts – und teilten mir das Ergebnis der pathologischen Untersuchung mit. Der Tumor war bösartig. Verdammt! Aber sie schworen, daß sie alles herausgeschnitten hätten.

Von nun an wird sich Ronnie öfter untersuchen lassen müssen, einschließlich Computertomographie und Röntgenuntersuchungen des Brustkorbes.

Aber es war gut zu hören, daß sie das Krebsgewebe vollständig entfernen konnten. Und es ist gut, wenn die Leute erfahren, daß man diese Krankheit haben kann, ohne daß sie tödlich enden muß.

Dr. Rosenberg sagte: »Es besteht Aussicht auf eine völlige Gesundung und auf ein normales Leben.«

Gemeinsam mit den Ärzten und Larry Speakes ging ich zu Ronnie, um ihm alles zu erzählen. »Ich bin froh, daß alles entfernt worden ist«, sagte er. Ihm ging es soweit gut, und das genügte ihm.

Monate vorher bereits hatten wir die Boston Pops eingeladen, heute zur Feier des hundertjährigen Bestehens des Orchesters auf dem Südlichen Rasen für das diplomatische Korps ein Konzert zu geben. Ronnie sollte dazu ein paar einführende Worte sprechen, und er bestand darauf, daß ich dies nun an seiner Stelle mache. Er bat mich darum, direkt nachdem wir erfahren hatten, daß die Geschwulst bösartig war!

Als ich den Aufenthaltsraum verließ, um ins Weiße Haus zurückzufahren, sprang plötzlich John Hutton hoch und legte seinen Arm um meine Hüfte.

»John, was ist los?«

»Sie wären fast ohnmächtig geworden«, sagte er.

»Nein, Sie irren sich. Meine Tasche ist nur sehr schwer.«

»Nein«, wiederholte er. »Sie wären fast ohnmächtig geworden. Ich mache mir Sorgen um Sie.«

John fuhr mit mir ins Weiße Haus zurück. Ohne daß ich davon erfuhr, wies er alle Leute an, ein Auge auf mich zu haben, besonders jetzt bei dieser Hitze.

Zu Hause zog ich mich um und ging zum Südlichen Rasen, um die einleitenden Worte zu sprechen. Es war drückend heiß, und die armen Zuschauer hatten schon die ganze Zeit hier gesessen, also machte ich es kurz, und dann gingen wir alle zurück ins Haus, wo es kühl war. Anschließend mußte ich der Reihe nach vierhundertzweiundzwanzig Diplomaten begrüßen, von denen keiner wußte, warum Ronnie in der Klinik war. Ich wollte die Sache so schnell wie möglich hinter mich bringen, und es fiel mir schwer, mich zu konzentrieren. Ich dachte nicht, daß ich es schaffen würde.

16. Juli: Ronnie hatte einen guten Tag. Gestern abend blieb er lange auf und schaute sich im Fernsehen einen Film mit Humphrey Bogart und der Bacall an. Die Wände in seinem Krankenzimmer sehen mit all diesen Fotos viel freundlicher aus. Er hat bereits einige kurze Spaziergänge in seinem Zimmer unternommen.

Er liest eine Biographie von Calvin Coolidge. Ronnie war immer der Meinung, man habe Coolidge unterschätzt.

Ich brachte ihm eine Cabbage-Patch-Puppe mit, die wie eine Krankenschwester gekleidet ist. Die Puppe heißt Nancy, und sie sitzt jetzt neben ihm am Bett, damit er den Mut nicht sinken läßt. So etwas habe ich ihm jedenfalls erzählt.

Joan Rivers schickte zweihundertfünfzig Luftballons. Ich brachte sie nach unten auf die Kinderstation, ebenso einige der Blumen. Danach erfuhr ich, daß bei einem fünfzehnjährigen Jungen der Puls von 80 auf 130 hochgeschnellt war, als ich an sein Bett trat. Wieder bei Ronnie, sagte ich zu ihm, er würde besser so reagieren wie dieser Junge, oder mit uns sei Schluß.

18. Juli: Kam heute etwas später als üblich in die Klinik, weil zu allem Überfluß der Chauffeur sich verfuhr. Dem armen Mann war es überaus peinlich. Ronnie war auf. Er hatte sich geduscht und die Haare gewaschen. Danach war er recht müde, aber sie stellen ihn allmählich wieder auf feste Kost um.

Wir traten ans Fenster und winkten den Presseleuten zu, damit

314

sie Fotos machen konnten. Sie riefen Fragen zu ihm hinauf, aber er konnte ihnen nicht antworten, weil sein Hals noch wund war von dem Schlauch. Ich mußte für ihn antworten, aber ich glaube nicht, daß sie verstanden haben, warum wir es so machten, und ich befürchtete, sie dächten, ich hätte das Kommando übernommen.

Es macht mich ganz verrückt, wenn ich sehe, wie Ärzte, die mit diesem Fall überhaupt nichts zu tun haben, sich überschlagen, um im Fernsehen ihre Diagnosen und Erklärungen abzugeben! Ich bin richtig wütend darüber, und Dick geht es ebenso. Wir sind in dem Glauben erzogen worden, daß so etwas der ärztlichen Ethik widerspricht.

Gestern abend sahen Ronnie und ich uns die Nachrichten an, als ein Arzt auftrat und sagte: »Er hat wahrscheinlich noch ungefähr vier Jahre zu leben.« Ich war außer mir, aber Ronnie meinte nur: »Was hältst du davon? Lächerlich!«

Doch ich fragte mich, ob er nicht darüber nachgrübelt, ob wir ihm wirklich alles gesagt haben. Wahrscheinlich nicht, aber ich an seiner Stelle würde es tun.

19. Juli: Heute morgen ist es offiziell – er darf morgen nach Hause. Juchuh! Er wird seine [samstags stattfindende] Rundfunkansprache von der Klinik aus halten, und anschließend wird er entlassen. Ich kann es kaum erwarten!

Als ich Ronnie das erzählte, sagte er: »Gut, ich glaube, du kannst jetzt schon mal die Bilder von den Wänden nehmen.« Nachdem ich schon fast alle heruntergenommen hatte, meinte er: »Laß noch die drei da vorne hängen. Sonst sieht es hier so kahl aus.«

Und das sagte der Mann, der es anfangs für Unsinn gehalten hatte, sie aufzuhängen.

Ich ging, kam aber zum Essen wieder zurück und bereitete schon alles für morgen vor. Das Schlimmste für Ronnie war, als die Ärzte ihm sagten, er dürfe nie wieder Popcorn essen. Man hätte meinen können, eine ganze Welt sei dadurch für ihn zusammengebrochen.

20. Juli: Kam rechtzeitig zu Ronnies Rundfunkansprache und blieb während der Sendung bei ihm. Nachdem er dem Krankenhauspersonal und den Ärzten gedankt hatte, wollte er seine eigene Erfahrung den anderen Menschen als Warnung mit auf den Weg geben: »Es ist sehr wichtig, sich gründlich untersuchen zu lassen, wenn man meint, daß etwas nicht in Ordnung ist. Wenn Sie also jetzt meine Worte hören, und es fällt Ihnen plötzlich wieder etwas ein, was Sie eigentlich schon aus Ihrem Gedächtnis gestrichen haben, dann greifen Sie zum Telefon, rufen Sie Ihren Arzt an oder Ihr Krankenhaus und sprechen Sie mit jemandem darüber. Sagen Sie einfach, Doktor Reagan habe Sie geschickt.«

Dann dankte mir Ronnie für alles, was ich für ihn getan hatte und was ich ihm bedeutete: »Ich möchte nun von etwas Persönlichem sprechen, was mir sehr am Herzen liegt, und ich möchte es in Anwesenheit von Nancy sagen, die jetzt an meiner Seite ist, so wie sie es immer ist. Die First Ladys werden nicht gewählt, und sie bekommen auch kein Gehalt. Sie sind vor allem Privatpersonen, die gezwungen sind, ihr Leben in aller Öffentlichkeit zu führen. Abigail Adams half, die Vereinigten Staaten zu gründen. Dolley Madison half, sie zu schützen. Eleanor Roosevelt war die rechte Hand von Franklin D. Roosevelt. Nancy Reagan ist mein ein und alles.

Wenn ich auf die vergangenen Tage zurückblicke, Nancy, dann sehe ich deinen strahlenden Glanz und deine Stärke, deine Unterstützung und deine Anteilnahme an den Belangen dieses Landes. Für mich, aber auch im Namen der Nation sage ich danke, Partner, danke für alles.

Übrigens, hast du heute abend schon etwas vor?«

Es war ein Glück, daß die Sendung nur im Radio und nicht im Fernsehen übertragen wurde, denn ich saß da und die Tränen liefen mir nur so über das Gesicht − natürlich.

Gegen neun verließen wir das Krankenhaus, vor dem Marinesoldaten in ihren weißen Uniformen Aufstellung genommen hatten. Ronnie versuchte, allen zu danken, aber es war schwierig, weil die Kapelle ›Anchors Aweigh‹ spielte und es ein emotional sehr bewegender Moment war. Ich versuchte erst gar nicht, etwas zu sagen.

21. Juli: Heute konnte ich Ronnie nicht dazu bewegen, ein Nickerchen zu machen. Das wird ja ein schöner Monat werden.

22. Juli: Heute vormittag hatte Ronnie hier [in den Privaträumen] eine Besprechung seines Stabes. Nachmittags besuchte mich George Opfer. Wir wollen eine Verschwörung aushecken, um Ronnie davon abzuhalten, auf der Ranch zu reiten. Das wäre ein großer Fehler, aber Ronnie meint, ihm seien keine Grenzen gesetzt.

23. Juli: Heute kam Präsident Li. Schon vor Ronnies Operation hatten die Chinesen darum gebeten, aus Rücksicht auf Lis Gesundheit das Zeremoniell abzukürzen. Nach Ronnies Operation konnte uns das nur recht sein.

Der Eingriff liegt erst zehn Tage zurück, und Ronnie hat das Begrüßungszeremoniell gut hinter sich gebracht. Aber das Herz schlug mir bis zum Hals, als ich sah, wie Ronnie Li stützte, als dieser Mühe hatte, die Stufen hinauf zu seinem Stuhl zu kommen. Nach der feierlichen Begrüßung ließen wir das Besucherdefilee aus und vermeiden es soweit wie möglich, lange herumzugehen.

Nach der Begrüßung nahmen Madame Li und ich im Yellow Oval Room den Kaffee. Sie ist sehr nett, von Beruf Ärztin. Ich erzählte ihr, daß das rote Kleid, das ich trug, aus China stammt, ich hatte es bei unserem Besuch in China geschenkt bekommen. Sie erwiderte, daß sie versucht hätten, mir ein anderes Kleid mitzubringen, aber sie konnten den Schneider nicht ausfindig machen, der damals meine Maße genommen hatte. Als wir uns dann mit unseren Männern trafen, erzählte mir Li, er habe für mich eine Nachricht von Deng — daß ich unbedingt wieder nach China kommen solle. [Als Ronnie und ich in China waren, hatte mich Deng mit schelmischem Blick eingeladen, wiederzukommen — »aber ohne Ihren Mann«.] Ich lachte und sagte, daß ich die Einladung noch sehr gut im Gedächtnis hätte, und fühlte mich sehr geschmeichelt.

Nach dem Treffen begleiteten wir sie hinaus und ließen uns auf dem Truman-Balkon das Mittagessen servieren. Es war schön, ein wenig an der frischen Luft zu sein. Danach ruhte Ronnie sich aus.

Heute abend, beim Staatsbankett, gab es nicht den üblichen Cocktailempfang oben im Yellow Oval Room. Und Li konnte nicht die große Treppe hinuntergehen, also fuhren wir mit dem Lift. Wir ließen auch das Defilee der Gäste aus, und irgendwie vermißte ich es, weil ich unsere Freunde nicht begrüßen konnte, die gekommen waren. Das Dinner kürzten wir ab und nahmen den Kaffee am Tisch anstatt im Blauen Zimmer.

Als Ronnie sich am Tisch erhob, um einen Toast auszubringen, standen alle auf und applaudierten ihm.

Bei Tisch wiederholte Li noch einmal, daß ihm Deng vor seiner Abreise aufgetragen habe, mich unbedingt zu einem weiteren Besuch einzuladen.

Liz Taylor saß bei uns am Tisch, sie sah bezaubernd aus.

Nach dem Dinner fuhr Li sofort nach Hause. Er sagte zu mir: »Ich hoffe, wir sehen uns in Peking wieder.«

Ronnie zog sich [in unsere Privaträume] zurück, was mich einige
Überredungskünste gekostet hatte. Er wollte noch den Unterhaltungsteil erleben und hoffte, den ganzen Abend aufbleiben zu können, aber ich sprach ein Machtwort. Madame Li und ich gingen in
den östlichen Raum, wo die Darbietungen stattfanden: Grace
Bumbry und eine weitere Sängerin trugen einige Lieder aus *Porgy and Bess* vor. Madame Li zu Ehren sang Grace eines der Lieder
auf chinesisch. Als der Show-Teil zu Ende war, erhob ich mich
und sprach in Vertretung von Ronnie einige Worte des Dankes.

Danach eröffneten George Shultz und ich den Tanz. Erst jetzt
konnte ich mich um ein paar meiner Freunde kümmern. Es war ein
sehr eigenartiges Dinner, aber mit einer sehr herzlichen Atmosphäre.

24. Juli: Ich versuchte, lange zu schlafen, aber es gelang mir nicht.
War mit Kay Graham zum Mittagessen bei Meg Greenfield. Kay
hatte mir einen sehr lieben Brief geschrieben, Ronnie betreffend.
Sie lud mich zu sich auf Martha's Vineyard ein, und ich werde also
für zwei Tage dort hinfahren. Aus Washington rauszukommen
und nahe am Meer zu sein, wird mir bestimmt guttun.

Heute erfuhren wir, daß Rock Hudson mit Lungenkrebs in einer
Pariser Klinik liegt, und telefonierten mit ihm. [Später erfuhren
wir natürlich, daß es Aids war. Einmal, bei einem Dinner im Weißen Haus, hatte er an unserem Tisch gesessen. Ich saß ihm gegenüber, und ich weiß noch, wie ich damals dachte, Gott, ist er dünn
geworden. Ich fragte ihn, ob er eine Abmagerungskur mache, und
er erwiderte, daß die Dreharbeiten für seinen neuen Film sehr anstrengend seien und er deshalb abgenommen habe.]

25. Juli: Ich flog nach Columbus, Ohio, einer schönen Stadt, zum
Denison-Campus, wo junge Leute an einem Anti-Drogen-Programm teilnahmen, das sich ›Youth to Youth‹ nennt.

Während des Rückfluges gab ich ein Interview, das ich bereits
vor Monaten zugesagt hatte. Morgen noch eins. Ich wünschte,
diese Interviews blieben mir erspart. Über Ronnies Operation ist
schon mehr als genug gesagt worden.

Ronnie nahm heute wieder an einer Kabinettssitzung teil.

26. Juli: Vormittags hatte Ronnie noch Termine, und wir flogen
gegen ein Uhr nach Camp David. Es regnete, was eine große Enttäuschung war. Der Arzt hatte uns nämlich gesagt, Ronnie dürfe

318

im flachen Teil des Swimming-pools umhergehen, um seine Spann-
kraft wiederzugewinnen.

27. Juli: Wir verbrachten eine unruhige Nacht. Über die abgeschirmte Leitung riefen Bud McFarlane und Bill Casey an. Ich
weiß nicht, worum es dabei ging.

Das Wetter wurde besser, also zog Ronnie sich die Badehose an
und spazierte im flachen Teil des Pools auf und ab, wie der Arzt
vorgeschlagen hatte.

29. Juli: Ich sprach mit den Ärzten über Ronnies Diät, die wir jetzt
nicht mehr so streng einhalten müssen. Diese Woche – die dritte –
ist für seine Genesung besonders wichtig, aber die verdammten
Haushaltsberatungen bescheren uns anstrengende Tage.

30. Juli: Unruhiger Tag. Treffen mit Bob Tuttle, anschließend Besprechung mit Don Regan und Bill Hinkle über das Gipfeltreffen
in Genf im November. Sprachen darüber, wo wir wohnen würden,
wie der Plan für die Treffen von Ronnie mit Gorbatschow aussehen soll und was von mir erwartet würde.

Frühes Abendessen, weil ich Ronnie beim Pfadfindertreffen in
Virginia vertrat. Es war, als flöge man über eine kleine Stadt, als
ich herunterschaute und einhunderttausend Pfadfinder sah. Natürlich hatte ich noch nie zu so vielen Menschen gesprochen. Es ist
ein seltsames Gefühl, weil es so lange dauert, bis deine Stimme
über den ganzen Platz gedrungen ist, daß sie dann zurückkommt
wie ein Echo, was dein Timing durcheinanderbringt.

1. August: Die Medien machen ein Riesenspektakel aus einem
pustelartigen Ding, das von Ronnies Nase entfernt wurde. Zuerst
hielten wir es für eine Reizung, ausgelöst durch das Pflaster, mit
dem nach der Operation der Schlauch an seiner Nase befestigt war,
aber Dr. [Burton] Smith wollte doch lieber eine Biopsie durchführen.

2. August: Früh von Camp David abgereist. Die Presse stellt ständig Fragen wegen Ronnies Nase. Die Biopsie ergab ein Basalzellen-
Karzinom [Hautkrebs] – hervorgerufen durch Sonneneinwir-
kung, etwas, was Tausende von Leuten bekommen, mich eingeschlossen.

Ich glaubte zwar nicht, daß Ronnies Hautkrebs etwas mit dem

anderen Krebs zu tun hatte, aber ich befürchtete doch, die Presse könnte diese Verbindung ziehen. Also beauftragte ich Larry Speakes, öffentlich zu erklären, es sei eine Pustel gewesen, aber das wurde uns nicht abgekauft. Ich hätte das von Larry nicht verlangen sollen, es schadete seiner Glaubwürdigkeit bei der Presse.

5. August: Ronnie gab sechs Reportern im Oval Office eine Mini-Pressekonferenz. Sie befragten ihn wegen seiner Nase, und er erklärte ihnen alles, aber sie bohrten ständig weiter, obwohl auch sie zugeben mußten, daß es nicht Ernstes und weit verbreitet sei.

Manchmal fragt man sich, ob sie nicht sogar *wollen*, daß man krank ist.

6. August: Ronnie blieb bis drei im Büro, bis ich ihn schließlich überreden mußte, nach Hause zu kommen und sich hinzulegen.

7. August: Ich versuchte, mir den Tag zum Packen freizuhalten, um meinen Schreibtisch aufzuräumen. Gail [Burt, meine Privatsekretärin] und ich mußten noch die Abschlußvorrichtungen für zwei Empfänge treffen. Hatte außerdem noch eine Party für die Presse in Santa Barbara zu planen. Auch Rex Scouten brachte mir Sachen, die noch erledigt werden mußten.

8. August: Ich flog nach Boston, um dort ein College zu besuchen, wo junge Leute aus dem ganzen Land eine Versammlung abhalten. Sie haben Anti-Peer-Interessengruppen gebildet, was wichtig ist. Sie gaben satirische Darbietungen zum besten, und wir unterhielten uns angeregt, danach hielt ich eine Ansprache. Tolle junge Leute.

Anschließend flog ich weiter nach Martha's Vineyard. Nur ein kurzer Flug, aber alle in der Maschine waren nervös, weil das Flugzeug eine Landebahn von 1500 Metern Länge benötigt, und die von Vineyard ist etwas über 1600 Meter lang. Nicht viel überflüssiger Platz.

Kay erwartete mich bereits, und wir fuhren direkt zu ihrem hübschen alten weißen Haus. Ich zog mir schnell Hosen an und unternahm einen Spaziergang. Die frische Luft tut so gut, und das Meer riecht herrlich. [Für mich ist das Meer ein richtiges Beruhigungsmittel. Wenn mir etwas Sorgen macht, brauche ich das Meer nur zu sehen, und schon fühle ich mich besser.]

Gemütliches Abendessen – nur die Freunde des Hauses, die

320

Deavers, Meg Greenfield, Warren Buffet. Auch Mike Wallace kam vorbei, er hat ein Haus in der Nähe. Er erzählte lustige Anekdoten über Mutter, aus der Zeit, als sie in Chicago lebte; das gefiel mir sehr, auch weil auf diese Weise Kay und Meg ein wenig über sie erfuhren. Es machte großen Spaß, und der Abend verging wie im Fluge.

9. August: Mein Zimmer ist sehr hübsch und hat einen wunderbaren Blick aufs Meer. Kay zeigte mir den South Beach, der sehr schön ist. Sie weiß, wie gerne ich am Strand entlangspaziere. Dieser hier zieht sich kilometerweit hin und war praktisch menschenleer. Rick Smith von *Newsweek* war mit von der Partie, und so marschierten wir los. Es war einfach himmlisch, und ich hätte den ganzen Tag hier verbringen können, aber wir mußten zurück, weil Kay ein Mittagessen geben wollte.

Kay ist eine wundervolle Gastgeberin, und das Essen war ausgezeichnet. Wir aßen draußen auf der Terrasse. Die Cronkites waren da. Außerdem Ruth und Garson Kanin, Beverly Sills und ihr Mann, Margaret Jay [deren früherer Mann britischer Botschafter in Washington gewesen war], Kays Sohn und seine Freundin, Ardie Deutsch mit Mr. Gordon. Und noch ein paar andere Leute.

Nach dem Essen kam Mike [Wallace] und überredete mich zu einem Spaziergang an einem anderen Strand. Sie kennen alle meine Schwäche dafür.

Dann zurück zu Kay, um uns für die Dinner-Party umzuziehen. Heute nachmittag ist Lally Weymouth [Kays Tochter] eingetroffen. Jackie Onassis, Maurice Tempelsman, Cyrus Vance, Bob McNamara, Edward Bennett Williams, Peter Sharp, Anne Buchwald, Bill Styron, Jennifer Phillips und Mann, Mike Wallace, Henry Grunewald und Louise Melhado sowie Kays bisherige Hausgäste.

Jackie saß am selben Tisch wie ich, und ich lud sie ins Weiße Haus ein, sich die Veränderungen anzusehen. Sie meinte, daß sie lieber nicht nach Washington käme, aber wenn sie ihre Meinung ändern sollte, werde sie es mich wissen lassen.

10. August: Ich brach gegen Mittag auf, und Meg flog mit mir zusammen zurück. Nach dem Essen in Kays Haus war der Thunfisch-Salat im Flugzeug eine herbe Enttäuschung.

Ronnie erwartete mich schon. Er hat bereits mit leichten Arm- und Beinübungen begonnen, und es macht ihm Spaß.

11. August: Flogen nach Kalifornien und kamen gegen zwei Uhr auf der Ranch an. Es war so neblig, daß wir nicht wußten, ob wir landen konnten, aber es klarte noch rechtzeitig auf. Die Ranch sah herrlich aus, und wir stellten fest, daß unser neuer Verwalter wirklich gute Arbeit leistet.

12. August: Gingen nachmittags spazieren.

13. August: Es ist schwierig, Ronnie ruhig zu halten. Ging morgens und noch einmal nachmittags spazieren. Aber ich spielte die ganze Zeit den Polizisten. Tu dies nicht! Tu das nicht!
 Wenn das vorüber ist, brauche ich dringend Urlaub.

15

Ein schrecklicher Monat

»Ich glaube, jetzt bin ich dran.« Das waren meine ersten Worte, als man mir im Oktober 1987 mitteilte, daß ich vermutlich Krebs hätte. Nur wenige Tage nach der Operation traf mich ein zweiter schwerer Schicksalsschlag, von dem ich mich bis heute nicht erholt habe.

Wieder einmal vermittelt mein Tagebuch einen besseren Eindruck davon, wie diese Wochen tatsächlich waren, als ich das heute aus dem Gedächtnis beschreiben könnte. Was nun folgt, ist hauptsächlich das, was ich damals aufgeschrieben habe, mit ein paar erläuternden Zusätzen.

5. Oktober 1987: Heute fuhr ich mit John Hutton [dem Arzt des Weißen Hauses] nach Bethesda, um meine jährliche Mammographie machen zu lassen. John hatte mich bisher noch nie begleitet. Vielleicht ahnte er etwas.

Die Krankenschwester, die die Aufnahmen machte, war ganz entzückend. Als sie fertig war, sagte sie: »Warten Sie bitte einen Augenblick, ein paar der Röntgenaufnahmen würden wir gern noch einmal machen.« Ich spürte, wie sich mein Magen verkrampfte.

Als sie die zusätzlichen Tests abgeschlossen hatte, kam John herein und bat sie, den Raum zu verlassen. Jetzt verkrampfte sich mein Magen *wirklich.* Ich wußte, daß irgend etwas nicht stimmte.

»Wir glauben, daß wir etwas gesehen haben«, eröffnete mir John. »Wir glauben, daß es ein Tumor in der linken Brust ist. Wir müssen eine Biopsie machen. Es besteht eine Chance, wenn auch eine geringe, daß es harmlos ist. Aber wahrscheinlich ist er bösartig.«

Ich habe Krebs.

Krebs. Schon beim Klang dieses Wortes bleibt einem das Herz stehen.

Es kann nicht stimmen. Es geht mir gut. Irgendwo muß hier ein Irrtum vorliegen! Das ist das letzte, was ich erwartet hätte.

»Bitte, rufen Sie Ollie Beahrs an«, sagte ich. »Ich möchte, daß er eingeschaltet wird.« [Dr. Oliver Beahrs ist Krebsspezialist. Er war ein Schüler meines Vaters und ist seither ein enger Freund der Familie.]

Auf der Fahrt zurück zum Weißen Haus war es sehr still. John und ich redeten beide kaum. Er fuhr mit mir im Fahrstuhl nach oben, und als wir in der West Hall ankamen, sagte er: »Sie tragen es wirklich mit Fassung.«

»Nein«, erwiderte ich. »Ich habe das Gefühl, als hätte mich jemand in den Bauch getreten.

»Ich weiß«, sagte er. Tränen traten ihm in die Augen.

Dann wandte ich mich ab und ging ins Schlafzimmer, um mich ein wenig hinzulegen.

Später kam Ronnie herein. John war ins Oval Office gegangen und hatte ihm die Nachricht überbracht. Später erzählte mir John, er werde Ronnies Gesichtsausdruck nie vergessen, als er alles erfuhr. »Ich glaube, der Präsident war immer fest davon überzeugt, daß Ihnen nichts passieren kann«, sagte John.

6. Oktober: Ich muß meinen Terminplan einhalten, damit ich mit dem Kronprinzen und der Prinzessin von Japan nach ihrer Ankunft Kaffee trinken kann. Wir hatten sie in Tokio kennengelernt, wo ich beim Dinner neben ihrem Sohn saß. Er erzählte mir an dem Abend, er sei gerade aus den Vereinigten Staaten zurückgekehrt, und das Beste, was unser Land zu bieten habe, sei Brooke Shields. (Ich hatte erwartet, er würde die Freiheitsstatue nennen!) Ich sagte seiner Mutter, es tue mir leid, daß ihr Sohn nicht mitgekommen sei, denn ich hätte ihm zuliebe gerne Brooke Shields zum Dinner eingeladen.

Als Ronnie nach Hause kam, um sich vor dem Essen umzuziehen, hatten wir kaum Zeit — wir konnten nicht richtig miteinander reden. Und ich glaube, wir wußten beide, daß es uns zu sehr aufwühlen würde, wenn wir anfingen, darüber zu sprechen. Wir mußten dieses Essen hinter uns bringen, also hatte es keinen Sinn, jetzt zu reden. Wir trösteten einander, ohne das eigentliche Thema anzuschneiden.

Ging hinunter in das Sprechzimmer des Arztes [im Erdgeschoß des Weißen Hauses] und traf mich dort mit Ollie Beahrs, der von der Mayo-Klinik hierher gekommen war. Ich freute mich sehr, als ich ihn sah, und war unglaublich erleichtert darüber, daß er da war. Er war während Ronnies Krebsoperation bei uns gewesen, und ich wußte, daß er offen mit mir reden würde. [Ich kann es nicht ertragen, wenn jemand mir gegenüber nicht offen ist, selbst wenn es noch so gut gemeint ist.]

Ollie hatte die Röntgenaufnahmen gesehen. Er untersuchte mich. Wir beschlossen, daß ich am 16. in das Marinekrankenhaus [in Bethesda] gehen würde. Die Operation sollte dann am nächsten Tag vorgenommen werden. Ich hatte sehr viele Verpflichtungen auf meinem Terminkalender, die ich, wenn irgend möglich, gerne einhalten wollte. Ollie meinte, das sei kein Problem, es bestehe keine Gefahr.

Er erklärte mir, daß es zwei Methoden gäbe, den Tumor zu entfernen. Man könnte eine Tumorexstirpation bei mir vornehmen, wobei nur das Geschwür selbst herausoperiert wird und ein bißchen vom umgebenden Gewebe. Aber man kann dann nicht sicher sein, daß die Krebszellen wirklich alle entfernt worden sind. Oder man könnte eine radikale Mastektomie machen, bei der die ganze Brust amputiert wird.

Ich entschied mich für eine Mastektomie. Eine Tumorexstirpation schien mir nicht durchgreifend genug. Ich kenne mich – ich hätte mich zu Tode gesorgt. Es wird schwierig genug sein, die zehntägige Wartezeit zu überstehen, und ich weiß, daß ich nicht Monate oder gar Jahre damit verbringen kann, darüber nachzugrübeln. Außerdem zieht eine Tumorexstirpation wochenlange Bestrahlungen nach sich, die fast jeden Tag gemacht werden müssen. Bei meinem Job kann ich mir das gar nicht leisten.

[Zum Zeitpunkt meiner Operation gab es Leute, darunter auch Ärzte, die fanden, daß ich einen zu drastischen Schritt gewählt hatte, als ich mich für die Mastektomie entschied. Der Direktor des Beratungszentrums für Brustkrebserkrankungen wurde in der *New York Times* mit der Ansicht zitiert, meine Entscheidung habe ›uns zehn Jahre zurückgeworfen‹.

Ich ärgere mich über diese Stellungnahmen bis heute. Es war eine sehr persönliche Entscheidung, und jede Frau muß sie allein für sich treffen. Ich habe mich entschieden, und ich glaube nicht, daß ich deswegen kritisiert werden sollte. Für manche Frauen wäre es falsch gewesen, aber für mich war es richtig. Wenn ich zwanzig gewesen wäre und unverheiratet, hätte ich mich vielleicht anders entschieden. Aber ich habe bereits Kinder, und ich habe einen wunderbaren, verständnisvollen Ehemann. Mir kam eine Mastektomie sehr vernünftig vor – auf diese Art konnte ich am besten alles so schnell wie möglich hinter mich bringen.

Ich wünsche mir, die Leute würden begreifen, daß ich diese Entscheidung ganz allein für mich getroffen habe. Ich würde mir niemals anmaßen, sie für andere Frauen zu treffen. Das einzige, was ich anderen Frauen tatsächlich vermitteln möchte, ist, daß jede Frau über vierzig – und vielleicht sogar schon früher – einmal im Jahr eine Mammographie machen lassen sollte. Zur Zeit haben mehr als sechzig Prozent aller Frauen über vierzig noch *nie* eine machen lassen.]

Es ist fast sicher, daß ich Brustkrebs habe. Aber erst bei der Operation kann es definitiv festgestellt werden. Ich möchte nicht, daß irgend jemand davon erfährt – nicht einmal die Kinder. Es hat keinen Sinn, daß noch jemand zehn Tage des Wartens und der Unsicherheit durchmachen muß.

Bei Doria [Rons Frau] machte ich eine Ausnahme – teilweise deswegen, weil sie anrief und mir sagte, ihre Mutter habe Krebs und sie brauche Hilfe, um sie ins Krankenhaus zu bringen. Ein seltsamer Zufall. Ron befand sich im Auftrag von ABC in Rußland. Ich rief meinen Bruder an, und Dick kümmerte sich darum, daß Dorias Mutter ins Krankenhaus eingeliefert wurde.

7. Oktober: Nicht viel geschlafen. Nach Chicago gefahren, um dort bei einem Dinner der Ronald McDonald Children's Charity Foundation eine Auszeichnung entgegenzunehmen. Im Flugzeug erzählte ich es Elaine und Jane [Elaine Crispen war meine Pressereferentin und Jane Erkenbeck meine persönliche Assistentin]. Ich hätte es lieber niemandem erzählt, aber die beiden planten meinen Terminkalender, und ich wußte auch, daß ich mich auf sie verlassen konnte. Wir saßen wie gewöhnlich an meinem Tisch, und sie waren sehr erschüttert. Elaine ergriff meine Hand und sagte: »O nein!« Wir brachen in Tränen aus, und dann setzten wir alle getönte Brillen auf. Jane sagte: »Wir können nicht hier herumsitzen und weinen, sonst wundern sich noch alle.« [Die Stewards, Sicherheitsbeamte des Secret Service, die Vorausabteilung und Vertreter der Presse waren mit an Bord.]

Wir beschlossen, es erst am 15. öffentlich bekanntzugeben, also am Tag, bevor ich ins Krankenhaus ging.

Wohnten im Drake-Hotel. Großartige Aussicht auf den See. Das ruft so viele Erinnerungen wach. Wir fuhren an unserem alten Apartmenthaus vorbei, und es war ein sehr nostalgisches Gefühl, den gleichen Blick auf den See zu haben wie damals, wenn ich von der Schule nach Hause kam. Ich hoffe, daß meine Kinder Erinnerungen haben wie ich – glückliche Erinnerungen, die jetzt eine tiefere Bedeutung annehmen. Ich kann die Augen schließen, und dann sehe ich ein Mädchen namens Nancy Davis vor mir, wie sie am See entlang zur Schule geht oder auf Rollschuhen die Michigan Avenue hinunterflitzt.

Und jetzt bin ich hier, und ich habe Krebs, und niemand weiß davon. Ich wünsche mir sehnlichst, ich könnte mich an meine Eltern wenden und mich von ihnen beraten und trösten lassen. Sie fehlen mir schrecklich. [Mein Vater starb 1982. Meine Mutter lebte noch, aber sie erkannte mich nicht mehr.]

Bei dem Essen lief alles glatt. Mir wurde ein Scheck über 100 000 Dollar überreicht, eine Spende für die Nancy Reagan Drug Abuse Foundation. Ich konnte nicht schlafen. Jane und Elaine weinten beide, als sie mir gute Nacht sagten.

8. Oktober: [Robert] Bork kommt heute, um mit Ronnie über seine Ernennung zum Richter beim Obersten Bundesgerichtshof zu sprechen.

Gegen zwei Uhr war ich wieder im Weißen Haus. Bork hat inzwischen beschlossen, erst morgen zu kommen.

Rex [Scouten, der Verwalter des Weißen Hauses] und Gary [Walters, sein Assistent] kamen, um mit mir über die Instandhaltung des Hauses zu sprechen. Es ist unbedingt nötig, etwas daran zu machen, vor allem im Erdgeschoß, wo all die vielen Besucher durchgehen. Aber es ist nicht genug Geld da.

Dann ein Treffen mit John Hutton, der mir nähere Einzelheiten mitteilte. Es kann sein, daß ich Bestrahlungen brauche – auch nach einer Mastektomie. Lieber Gott, ich hoffe nicht.

John hat meinen Bruder angerufen und ihm alles erzählt. Dick rief nach dem Abendessen an und sagte, er würde gerne kommen und an meiner Seite sein, worüber ich mich sehr freue. Am Freitag abend kommt er aus Philadelphia, noch rechtzeitig zum Abendessen. Er und Ronnie werden mich ins Krankenhaus begleiten, und dann kommen sie wieder nach Washington und verbringen die

Nacht im Weißen Haus. Am nächsten Morgen fliegen sie wieder zum Krankenhaus.

Das Warten bringt mich noch um.

9. Oktober: Gail Burt kam um elf Uhr zum Kaffee. [Gail ist ein ganz liebes Mädchen. Bis vor kurzem war sie meine Privatsekretärin. Davor hatte sie im Außenministerium gearbeitet und dort Rick Burt kennengelernt. Ich habe eine Begabung als Kupplerin und hatte den beiden immer wieder nahegelegt, doch zu heiraten. Das taten sie dann auch, und kurz darauf wurde er als Botschafter nach Bonn versetzt. Das arme Mädchen − sie war in Tränen aufgelöst, weil sie umziehen mußten. Sie hatten sich gerade erst ein Haus gekauft, und sie wollte nicht von Washington weg.] Nur ein kurzer Besuch, denn ich mußte zu einem offiziellen Mittagessen.

Am Nachmittag traf ich mich im Roten Zimmer mit einem Japaner, der mir eine großzügige Spende für die *Drug Abuse Foundation* überreichte.

Ronnie kam nach oben [in die Wohnräume], um Bork und seine Familie zu begrüßen. Bork sagte, er wolle sich weiter darum bemühen − nicht um seiner selbst willen, sondern aus Prinzip. Er macht sich keine Illusionen über seine Aussichten, aber er findet, wenn er ausstiege, würde das einen gefährlichen Präzedenzfall schaffen. Seiner Ansicht nach sollte im Senat darüber abgestimmt werden, denn sonst müßten später alle Leute, die für den Obersten Bundesgerichtshof vorgeschlagen werden, etwas durchmachen, was in Wirklichkeit eine politische Kampagne ist.

Draußen wartete eine riesige Menschenansammlung auf uns, als wir nach Camp David aufbrachen. Sie trugen Plakate wegen Bork. Geschrei, sehr viel Lärm.

10. Oktober: [Camp David] Am Morgen war der Himmel grau, aber nachmittags hellte er sich auf. Ronnie hielt eine Rundfunkansprache zum Thema Bork. Nach dem Mittagessen ritten wir aus.

Ich dachte dauernd: In einer Woche weiß ich, ob ich eine Brust verloren habe oder nicht. Ich habe Angst, und ich bete, daß ich keine Bestrahlung brauche.

Doria rief an, und wir unterhielten uns sehr nett miteinander. Sie bat mich, mir doch noch einmal durch den Kopf gehen zu lassen, ob ich es den anderen Kindern nicht auch erzählen sollte. Sie sagte, ihre Beziehung zu ihrer Familie und ganz besonders zu ihrer

Mutter sei aufgrund der Krankheit ihrer Mutter sehr viel enger und herzlicher geworden – und wie dankbar sie dafür sei. Wie deine Prioritäten neu bestimmt werden. Wie du immer denkst, den eigenen Eltern könne nichts passieren. Wie sie einem unbesiegbar vorkommen und man denkt, sie würden ewig leben.

Ich sagte: »Ich weiß nur zu gut, was du meinst.« Es ist jetzt fünf Jahre her, daß Bapa [mein Vater] gestorben ist, und ich denke immer noch unentwegt an ihn.

Sie sagte: »Ich weiß, daß Ron es bestimmt gern wüßte. Es wäre ganz schrecklich für ihn, wenn er es auf irgendeine andere Art erfahren würde. Du mußt immer daran denken, daß er dich liebt und daß du sehr wichtig für ihn bist.«

Ich wußte, sie hatte recht. Ja, es wäre wirklich schrecklich, wenn er in Rußland eine Zeitung in die Hand bekäme und es dort lesen würde.

Sie hat schon seit Tagen nicht mehr von Ron gehört. Mir ist eine Idee gekommen, wie sie ihm von mir erzählen könnte, ohne daß es am nächsten Tag gleich in der *Prawda* erscheint. Sie könnte meinen richtigen Namen benutzen und sagen: »Erinnerst du dich an jemanden, der Anne Frances Robbins heißt?« Und wenn dann der Groschen nicht fallen sollte, dann könnte sie sagen: »Weißt du, die Tochter von Ken Robbins? Er hat seine Frau verlassen, und sie hat später einen Arzt geheiratet?«

Doria findet die Idee sehr gut. Sie kümmert sich wirklich rührend um mich, und das bedeutet mir sehr viel.

[Als Doria mit Ron redete, fragte sie ihn, ob er sich an Anne Robbins erinnere. Er begriff sofort und sagte: »Natürlich, ich weiß genau, wen du meinst.« Und dann erzählte sie ihm alles.]

Wir beschlossen, die Ankündigung nicht am Donnerstag zu machen, sondern erst am Freitag, weil ich auf dem Weg nach New Hampshire nicht von allen Leuten angestarrt werden will. [Ich hatte vor, an einer Sitzung des Foster-Grandparents-Programms teilzunehmen, weil ich hoffte, die Foster Grandparents mit dem Anti-Drogen-Programm zusammenzubringen. Deshalb wollte ich diesen Termin auf keinen Fall absagen.] Und wenn Marlin [Fitzwater, Ronnies Pressereferent] die Pressekonferenz beendet, bin ich schon auf dem Heimweg von New Hampshire und nicht mehr im Lichte der Öffentlichkeit.

Wahrscheinlich bilde ich es mir nur ein, aber meine Brust tut weh.

11. Oktober: Schlaflose Nacht. Grauer Himmel und Regen; wir streichen den Ausritt. [Sonntagmorgen] Talkshows angesehen.

Doria rief an, um mir dafür zu danken, daß sich Dick mit ihr wegen ihrer Mutter in Verbindung gesetzt hat, und um zu sagen, wie dankbar sie für seine Hilfe sei.

12. Oktober: Wunderbares Wetter. Habe heute nacht sehr gut geschlafen, deshalb ging es mir besser. Arbeitete an meinem Buch [aus dem dann schließlich *Jetzt kann ich reden* wurde]. Ließ mich für die Überraschungsparty zu Charlie Wicks [ein alter Freund der Familie] siebzigstem Geburtstag frisieren. Alle seine Kinder waren da, einschließlich Sarah, Dougs Baby. Sie hielten alle ganz entzückende Tischreden. Ronnie auch. Wir gingen bald nach dem Abendessen, weil Ronnie am nächsten Tag nach New Jersey mußte. Und mein Stimmungsbarometer sank immer tiefer.

13. Oktober: Ich wachte um drei Uhr früh auf, und das war's dann für diese Nacht. Ich mußte dauernd an all die Sachen denken, die ich noch zu erledigen habe. Noch vor dem Frühstück wurden mir vierzig Kubikzentimeter Blut abgenommen, für den Fall, daß ich während der Operation eine Bluttransfusion brauchen sollte. Der Arzt sagte mir, wenn ich mich später schwach oder müde fühlen würde, dann sollte ich ein Glas Orangensaft trinken und mich hinlegen. Ich vergaß diesen Ratschlag, aber nachdem ich zwei Stunden gearbeitet hatte, sagte Elaine: »Sie sehen müde aus.« Ich ging ins Bett und schlief anderthalb Stunden. Absolut ungewöhnlich.

14. Oktober: Letzte Vorbereitungen für den Staatsempfang von Duarte [Präsident José Napoléon Duarte von El Salvador. Ich habe ein Foto, das bei diesem Essen von mir gemacht wurde, und man kann deutlich sehen, daß ich mit meinen Gedanken ganz woanders bin.]

Bei dem Begrüßungszeremoniell am Morgen sagte Duarte: »Ich will etwas machen, was sich nicht im Rahmen des Protokolls bewegt, um dem amerikanischen Volk zu zeigen, wie sehr wir es lieben und wie dankbar wir Ihnen allen sind.« Und mit diesen Worten ging er vom Podium herunter und zu der amerikanischen Flagge auf dem Rasen südlich des Weißen Hauses und küßte die Fahne. Allen standen Tränen in den Augen.

Sie hatten ihre Familie mit dabei, einschließlich ihrer Tochter Inez, die einmal entführt worden war. Hübsches Mädchen.

Das Abendessen verlief gut. Lionel Hampton trat als Entertainer auf. Er ist achtzig Jahre alt, aber großartig. Er spielte all die alten berühmten Songs.

Ralph Lauren saß auf meiner anderen Seite [Duarte saß, protokollgemäß, rechts von mir]. Er hatte einen Gehirntumor gehabt, aber jetzt ist wieder alles in Ordnung. Er erzählte mir davon, und ich dachte: Junge, er wird ganz schön staunen, wenn er in zwei Tagen über mich liest!

15. Oktober: Elaine, Jack [Courtemache, der Chef meines Stabes] und ich trafen uns in der West Hall mit Marlin, um ihn zu informieren und festzulegen, was er morgen sagen sollte. Marlin war schockiert. Wir hatten es tatsächlich geschafft, das Geheimnis zehn Tage lang zu hüten. Erstaunlich! Die sollten mich drüben im Westflügel einstellen, denn dort dringt wirklich *alles* nach draußen. Es heißt immer, Frauen würden zuviel reden, aber es waren die Frauen, die das Geheimnis für sich behalten haben.

Ich bat Jane, die Kinder morgen früh anzurufen, während ich in New Hampshire bin, damit sie es nicht aus den Medien erfahren.

Versuchte früh ins Bett zu gehen, weil diese Warterei entsetzlich ist.

16. Oktober: Flog schon früh nach New Hampshire zu dem Treffen. Es war ein wunderbarer Tag. Die Blätter verfärben sich langsam. Seit dem Wahlkampf 1980 war ich nicht mehr in New Hampshire.

Als ich aus der Versammlung kam, erwartete mich eine Gruppe von Kindern. Sie wollten umarmt werden und Autogramme. Marlin hatte inzwischen die Pressekonferenz gegeben, und ein CBS-Reporter hatte davon erfahren. Elaine bemerkte, wie er auf mich zukam, und hielt ihn auf, während wir zum Auto liefen.

Nach meiner Rückkehr kam Robin [Weir, mein Friseur], um mir vor dem Krankenhaus die Haare zu waschen. Er erzählte, er habe einen Anruf von der Zeitschrift *People* bekommen, und sie hätten ihn gefragt, wann er mich zuletzt gesehen habe und wie das sei mit meinem Krankenhausaufenthalt. Er hatte ihnen gesagt: »Ich weiß gar nicht, wovon Sie sprechen. Sie ist in New Hampshire.« Auch er hatte vorher gar nichts gewußt und war genauso überrascht wie alle anderen auch.

Dick kam um fünf. Er, Ronnie und ich aßen in unserem privaten Eßzimmer früh zu Abend, ruhig und schnell, und wir versuchten alle, nur ja nicht darüber zu reden, wo ich jetzt hinging. Viertel vor sieben brachen wir auf. Auf dem südlichen Rasen wartete eine große Menschenmenge. Die Presse wünschte mir alles Gute. Ich wünschte mir nur, wie wären endlich da.

Und dann betrat ich tatsächlich dasselbe Gebäude, dasselbe Zimmer [wo Ronnie 1985 wegen seiner Krebsoperation gelegen hatte und dann wieder im Januar wegen seiner Prostata-Operation]. Gott, wie oft noch.

[Ich wurde in der Präsidentensuite untergebracht. Sie besteht aus einem großen Schlafzimmer, einem Salon, einem Konferenzraum, zwei Schlafzimmern, falls jemand über Nacht bleiben möchte, aus zwei oder drei Untersuchungszimmern und einem Sprechzimmer.]

Die Ärzte kamen herein und unterhielten sich mit Ronnie und Dick, während ich nach unten ging, um eine Thoraxröntgenaufnahme machen zu lassen. Als ich zurückkam, verabschiedeten sich Ronnie und Dick, und Dr. McIlrath, der die Operation durchführen sollte, untersuchte mich und erklärte mir alles. Wieder wurde mir die Entscheidung freigestellt, was ich gemacht haben wollte, vorausgesetzt, das Geschwür sollte sich tatsächlich als bösartig herausstellen. Wieder entschied ich mich für eine Mastektomie. Ich sagte: »Hören Sie, wenn Sie also schneiden und feststellen, um was es sich handelt, dann wecken Sie mich bitte nicht auf, um sich mit mir darüber zu unterhalten. Machen Sie's einfach. Sie brauchen sicher nicht allzu lange dafür, denn es ist ja nicht viel da, was entfernt werden muß. Ich bin nicht Dolly Parton.«

Ich wollte noch duschen, ehe ich ins Bett ging, aber gerade in diesem Augenblick kam im Fernsehen die Nachricht, daß sie die kleine Jessica McLure aus dem Brunnen herausholten. Da setzte ich mich natürlich erst einmal in meinem Bademantel aufs Bett und schaute zu, wie das Kind gerettet wurde. Ich konnte nicht unter die Dusche gehen, bevor ich wußte, daß alles gutgegangen war. Als Jessica in Sicherheit war, freute ich mich sehr für ihre Eltern.

Nach der Dusche ins Bett. Nach Mitternacht nichts mehr zu essen oder zu trinken. Nicht einmal Wasser, das ist schlimm für mich. Ich bekam eine Schlaftablette, denn sonst hätte ich überhaupt nicht schlafen können.

17. Oktober: Um sechs Uhr dreißig wurde ich geweckt. Ronnie und Dick sollten eigentlich mit dem Hubschrauber kommen, aber in Washington war dichter Nebel. Ronnie wurde unruhig und ungeduldig. Schließlich sagte er: »Lassen Sie ein Auto kommen, und dann fahren wir los. Ich möchte dasein, bevor sie operiert wird.«

In der Zwischenzeit sagte ich: »Bringen Sie mich in den Operationssaal. Ich will es hinter mich bringen.« Zehn Tage Warten — das reichte.

Die Operation war auf sieben Uhr dreißig angesetzt. Dr. Hutton kam herein, um mir mitzuteilen, daß Ronnie und Dick auf dem Weg hierher seien. »Sie sollten sich aber schon einmal auf die Bahre legen.« Als die beiden kamen, konnten Ronnie und ich uns wenigstens noch einen schnellen Kuß geben und uns auf Wiedersehen sagen.

Zuerst wurde ich in einen Vorraum gebracht. Dort wurde ein Draht in die Brust eingeführt, um den Tumor genau zu lokalisieren. Es sah schlimmer aus, als es war, aber angenehm war es nicht. Ich wußte, was mir bevorstand, denn es war am Abend zuvor in den Fernsehnachrichten erklärt worden. Ich sagte zu Ronnie, wir könnten uns ja gegenseitig zu Weihnachten gerahmte Diagramme von unseren Krebsoperationen schenken.

Und dann ging es in den Operationssaal. Sie injizierten etwas in meine Vene, um mich einzuschläfern. Ich erinnere mich noch, daß ich fragte: »Wie lange dauert das denn noch? Können wir nicht anfangen?« Irgend jemand antwortete: »Es dauert nicht lange.« Und so war es auch. Ich war sofort weg.

Ronnie und Dick frühstückten, während sie auf mich warteten. Später erfuhr ich, daß Ronnie weinte, als der pathologische Befund zeigte, daß es sich wie erwartet um einen bösartigen Tumor handelte. Eine der Krankenschwestern legte den Arm um ihn und tröstete ihn.

[Ich kann mich nicht mehr daran erinnern, aber man erzählte mir später, ich hätte im Operationssaal mindestens viermal nachgefragt, ob sie meine Brust entfernt hätten. Ich schlief jedoch immer gleich wieder ein, bevor ich eine Antwort erhalten hatte, aber schließlich blieb ich lange genug wach, um sie sagen zu hören: »Ja, das haben wir.«

Ich kann mich auch nicht mehr an die Wachstation erinnern. Anscheinend sagte ich als erstes zu Ronnie: »Sie haben meine Brust entfernt.« Und dann: »Du tust mir so leid.« Und er sagte, das sei doch nicht wichtig.

Er sagte: »Schatz, ich weiß, du hast keine Lust zu tanzen, also laß uns wenigstens Händchen halten.«

Als ich wieder in mein Krankenzimmer kam, versuchte ich, mich mit Ronnie und Dick zu unterhalten, das weiß ich noch genau, aber ich konnte die Wörter einfach nicht richtig herausbringen. Sie erzählten mir später, ich hätte gesagt: »Bitte, laßt Bob Woodward nicht in mein Zimmer.« Wie kam ich denn nur auf die Idee? Wahrscheinlich hatte ich irgendwie an William Casey gedacht.]

Ronnie blieb bei mir, bis Howard Baker anrief und sagte, er müsse dringend zu einer Sitzung über den Iran und den Persischen Golf ins Weiße Haus kommen. Ein Schiff unter amerikanischer Flagge war von einer ihrer Raketen getroffen worden. John Hutton kam herein und erklärte, warum Ronnie gehen mußte.

Dick flog wieder zurück nach Philadelphia. Ronnie traf sich mit Admiral William Crowe, Cap Weinberger und Frank Carlucci, und es wurde beschlossen, daß unsere Schiffe eine Bohrinsel zerstören sollten, die als Radarstation verwendet wurde, um unseren Schiffsverkehr zu beobachten.

Cardinal O'Connor las in New York eine Messe für mich. Stu Spencer ging hin und zündete eine Kerze an.

18. Oktober: Ich schlief bis acht Uhr dreißig. Dann wurde der Tropf abgenommen, und ich fühlte mich so gut, daß ich ein richtiges Frühstück zu mir nehmen konnte. Ronnie kam gegen zehn. Als er das Weiße Haus verließ, teilte er der Presse mit: »Ich habe ein Rendezvous mit einem Mädchen in Bethesda.«

Die Schläuche waren noch in meiner Brust, aber ich ging schon im Flur auf und ab, und Ronnie trug die Schläuche hinter mir her. Alle waren erstaunt, daß ich vierundzwanzig Stunden nach der Operation bereits wieder auf den Beinen war. Ich weiß noch genau, daß mein Vater mir immer sagte, es sei sehr wichtig, nach einer Operation möglichst schnell wieder aufzustehen, damit man nicht bettlägerig wird – oder zu bequem.

Nach dem Mittagessen mußte Ronnie wieder gehen, um mich bei der Aufnahme von *In Performance at the White House* zu vertreten. Linda [Faulkner, meine Privatsekretärin] hatte Marvin Hamlisch angerufen, als meine Operation bekanntgegeben wurde, um ihm zu sagen, daß ich bei der Show nicht meine gewöhnliche Funktion erfüllen könne, daß aber Ronnie für mich einspringen werde. Es war eine Sendung zu Ehren von Jerome Kern – romantische Musik, das hätte mir großen Spaß gemacht. Ich schaute mir die Aufzeichnung der Sendung später an: Marvin sagte, er vermisse mich und er wisse doch, daß mir diese Art von Musik so gut ge-

falle, und er widme die ganze Sendung mir. Wie nett von ihm –
und wie typisch für ihn. Als sie *Don't Ever Leave Me* spielten, war
ich in Tränen aufgelöst.

[Ursprünglich wollte Marvin nur eine Sendung von *In Performance* machen, aber wir wurden schnell gute Freunde, und er
machte schließlich alle. Er überredete mich sogar dazu, *Our Love
Is Here to Stay* zu singen, und von da an war ich normalerweise an
den Darbietungen beteiligt.]

Dann ging Ronnie nach oben, um sich mit Sprechern des Kongresses und mit Colin Powell [dem Nationalen Sicherheitsbeauf-
tragten] über den Iran zu beraten. Carlucci war abgereist, um sich
mit Shultz in Rußland zu treffen. Linda sagte die beiden Kabi-
netts-Dinner ab, die für den 20. und 21. angesetzt waren.

So viele Anrufe: Betty Ford, Happy Rockefeller, Margaret
Thatcher, die Nixons und viele andere. Mary Jane Wick kam mich
am Nachmittag besuchen, weil sie am nächsten Tag nach Europa
fuhren. Sie sagte: »Ich konnte doch nicht abreisen, ohne vorher
noch einmal dein kleines Gesicht zu sehen.« Doug und C. Z. [ihre
Söhne] riefen an.

Ich hatte Marge [die für meine Mutter sorgte] bei Mutter zu
Hause angerufen, um ihr Bescheid zu sagen, ehe ich ins Krankenhaus ging, war aber seither nicht in der Stimmung, wieder anzurufen.

Gute Nachrichten! John Hutton gab ein Statement heraus, in
dem es hieß: »Abschließende Laboruntersuchungen des Gewebes
und der Lymphknoten, die bei der gestrigen Operation entfernt
wurden, bestätigen, daß keine weiteren bösartigen Zellwucherun-
gen vorliegen und auch sonst keine Krankheitsanzeichen. Es wird
keine Nachbehandlung erforderlich sein, abgesehen von den normalen Routineuntersuchungen. Die Aussichten, daß Mrs. Reagan
sich wieder voll und ganz erholt, sind ausgezeichnet.«

Als die Ärzte kamen, um mich zu informieren, war ich sehr
glücklich und erleichtert.

19. Oktober: Elaine und Jane besuchten mich das erste Mal und
brachten Briefe, Karten und Telegramme mit. Doria rief an. Sie
weinte. Bei ihrer Mutter hat der Krebs inzwischen die Leber angegriffen. Ich rief Dick noch einmal an, und er nahm Kontakt zu ihr
auf, um sie zu beruhigen.

Ich ging ein bißchen spazieren und schleppte dabei den Sauger
mit mir herum. Fühle mich gut, mache aber immer einen Mittags-

schlaf. Ich kann meinen Arm ganz gut bewegen und bin richtig stolz auf mich.

Zu allem Überfluß ging die Börse heute 500 Punkte nach unten. Kein Mensch weiß warum. Die wirtschaftliche Lage ist stabil, die Zinsen sind gesenkt worden, und das Bruttosozialprodukt ist gestiegen. Von der Börse war zwar eine Kurskorrektur zu erwarten, aber gleich so eine – lächerlich.

Der arme Ronnie. Das war eine schwere Woche für ihn. Erst ich, dann der Iran und jetzt auch noch die Börse.

Heute kamen die Schläuche raus. Hurra! Jetzt muß ich nicht mehr dieses blöde Ding mit mir herumschleppen, wenn ich auf den Korridor gehe. Ich habe das erstemal seit meiner Operation geduscht.

Bets [meine Freundin Betsy Bloomingdale] kam mich besuchen. Sie brachte mir einen sehr hübschen Morgenmantel mit, den ich überwarf, als Ronnie und ich uns aus dem Fenster lehnten, um fotografiert zu werden.

Ronnie kam zum Abendessen. Wir redeten über die Operation, und er sagte: »Mach dir keine Sorgen, Schatz. Ich war schon immer ein Mann, der mehr auf die Beine achtet.«

Von vielen ausländischen Staatsoberhäuptern sind Genesungswünsche gekommen. Sehr persönliche, nicht die üblichen formellen Grüße, wie man das vielleicht erwarten würde. Sogar von Mrs. [Daniel] Ortega kam ein Gruß. Dauernd werden Blumen gebracht. Wir schenkten sie Kindern hier im Krankenhaus und erhielten ein paar ganz liebe Dankschreiben.

Ich kann all die Zuschriften, die ich bekommen habe, sogar von Leuten, die ich überhaupt nicht kenne, nicht allein bewältigen. Jane ist die ganze Zeit über im Krankenhaus geblieben. Ich weiß nicht, was ich ohne sie und Elaine tun würde.

Doria rief an und erzählte, es gehe ihr und ihrer Mutter wieder besser. Danach sprach ich noch mit ihrer Mutter.

Dann streckte Jane den Kopf herein und sagte: »Ihre Tochter ist am Telefon.«

»Meine Tochter? Patti?«

»Ja.«

Ich konnte es kaum glauben. Seit zwei Jahren hatte ich nicht mehr mit Patti gesprochen. Sie sagte, sie und Paul würden viel an mich denken, und sie wollte wissen, wie es mir gehe. Dann begann sie sofort auf mich einzureden, ich solle eine kosmetische Operation machen lassen. Das kam mir etwas abrupt vor. Ich sagte ihr, im Augenblick würde ich mir darüber wirklich keine Gedanken machen und einfach nur von einem Tag zum anderen leben. Ich hätte gerade eine Operation hinter mir und sei nicht bereit, mich gleich wieder einer Operation zu unterziehen.

Es war ein kurzes und ziemlich verkrampftes Gespräch. Trotzdem war ich froh, daß sie angerufen hatte. Aber ich fragte mich dauernd, ob sie vielleicht deswegen sofort von einer kosmetischen Operation geredet hatte, weil ihr sonst nichts eingefallen war. Nach allem, was ich gerade durchgemacht hatte, hätte ich gerne ein paar tröstende Worte gehört.

20. Oktober: Ich hörte im Fernsehen verschiedene Kommentare, daß ich die falsche Entscheidung getroffen hätte; ich hätte eine Tumorexstirpation machen lassen sollen. Aber das ist eine sehr persönliche Entscheidung. Ich habe mich für das entschieden, was meiner Ansicht nach für mich das Beste ist.

Wichtig ist, daß jede Frau einmal im Jahr eine Mammographie machen läßt. Das möchte ich gerne allen Frauen vermitteln. Was sie danach machen, wenn ein Problem auftaucht − das muß jede Frau für sich entscheiden.

Ronnie hatte noch spätabends eine Sitzung im Weißen Haus, mit Alan Greenspan, Beryl Sprinkel und Jim Baker, zum Thema Börse, die bei 108 Punkten nach oben schloß. Dick kam heute nachmittag und blieb zum Abendessen.

Für Donnerstag ist eine Pressekonferenz angekündigt, also bereitete sich Ronnie am Nachmittag darauf vor.

21. Oktober: Ronnie teilte der Presse auf dem Weg zum Krankenhaus mit, er werde mich am folgenden Morgen mit nach Hause nehmen. Doria rief an und erzählte, Ron habe auf ihrem Telefonanrufbeantworter hinterlassen, er stecke im Nebel und komme nicht aus Moskau weg. Es sei der schlimmste Nebel in der russischen Geschichte. Shultz ist auch dort, und sie mußten einen Zug schicken, um ihn von Helsinki nach Moskau zu bringen.

Dr. Donald McIlrath, der die Operation vorgenommen hat, verabschiedete sich. Er sagte, ich sei die beste Patientin, die er je gehabt habe. Ich wollte sagen, er sei der beste Arzt, den ich je gehabt habe − aber ich habe so etwas ja noch nie machen lassen. Aber ich bin trotzdem sicher, daß er der beste war.

Die Börse schloß bei 186 Punkten nach oben. Verrückt. George Will kam am Morgen vorbei, um mich zu besuchen. Er kam gerade von einer Veranstaltung, bei der er gesprochen hatte, und um zwölf Uhr mittags mußte er zur nächsten. Nach dem Mittagessen kam Nancy Reynolds. Alle meine guten alten Freunde. Gerade jetzt sind sie so wichtig.

22. Oktober: Früh aufgestanden. Heute werde ich entlassen. Es war ein komisches Gefühl, wieder in richtige Kleider zu schlüpfen. Ich zog einen BH mit Polster an. Ronnie kam gegen zehn. Als wir aus dem Zimmer traten, sahen wir, daß die Krankenschwestern ein Schild aufgehängt hatten, auf dem stand: MRS. REAGAN, WIR LIEBEN SIE.

Paula, eine der Schwestern, nahm mich in den Arm und weinte. Sie sagte: »Sie sind die beste Patientin, die ich je gehabt habe, Ihren Mann eingeschlossen.«

Alle Ärzte und Schwestern standen Spalier, um auf Wiedersehen zu sagen.

Bei unserer Ankunft im Weißen Haus erwartete uns eine riesige Menge auf dem Südlichen Rasen, darunter die Foster Grandparents, jugendliche Teilnehmer der ›Sag einfach nein‹-Kampagne und noch viele andere. Die Band spielte Songs wie *Ain't She Sweet,* und ich tanzte ein paar Schritte und warf dabei die Beine hoch. Wir gingen hinauf auf den Balkon, um uns zu bedanken und zu winken.

Ronnie mußte zu einer Finanzberatung. Als ich nach oben kam, warteten dort riesige Blumensträuße auf mich. Die Butler und die Zimmermädchen kamen, um mich zu begrüßen. Meine Wunde war immer noch geschwollen, und der BH schnitt ein und tat mir weh. Ich zog ihn aus, und ich weiß nicht, wann ich ihn wieder anziehen werde.

Jane und ich versuchten vor und nach dem Mittagessen ein wenig zu arbeiten. Aber ich war zu müde, also legte ich mich hin und schlief ein wenig.

Ronnie kam wegen seiner Pressekonferenz früh nach Hause. [Wie immer schaute ich sie mir in der West Hall im Fernsehen an.] Alle wollten nur über Steuern reden. Hatte er vor, die Steuern zu erhöhen? Er lehnte es ab, sich festzulegen, und sagte, alles stehe zur Verhandlung offen, außer der Sozialfürsorge, und übrigens werde er nicht im voraus ankündigen, was seiner Ansicht nach erst diskutiert werden müsse. Er machte seine Sache gut.

23. Oktober: Habe versucht, heute morgen lange zu schlafen. So müde, daß ich mich nicht einmal richtig anziehen konnte — erst nach dem Mittagessen. Um halb vier fuhren wir nach Camp David.

Wunderbares Wetter. Die Blätter werden bunt. Schauten uns einen alten Film mit John Wayne und Kate Hepburn an.

Sie haben alle Briefe, Karten und Telegramme gezählt — insgesamt sind es ungefähr sechsunddreißigtausend! Eines der rührendsten Geschenke waren zwei rote Nelken von Celia, einer Stadtstreicherin, die im Lafayette Park wohnt. Jemand rief beim Blumenladen an, und dort sagte man uns, von wem die Blumen waren. Sie hatte ihr ganzes Geld dafür ausgegeben.

24. Oktober: Die Ärzte zeigten mir ein paar Übungen, die ich regelmäßig mit meinem Arm machen soll, und sie sagten, ich solle viel gehen und dabei die Arme hin und her schwingen. Später machten wir also [in Camp David] noch einen Spaziergang. Ich glaube, die Leute vom Secret Service müssen gedacht haben, ich sei übergeschnappt, weil ich so wild mit den Armen ruderte.

Ich habe es Ronnie immer noch nicht gezeigt — mich.

Er sagt zwar, es spiele keine Rolle für ihn, und ich glaube ihm auch, aber irgendwie kann ich mich noch nicht dazu durchringen. Ich werde schon wissen, wann die Zeit gekommen ist.

Ron rief an. Er ist gerade aus Rußland zurückgekommen. Er hatte schließlich den Zug nach Helsinki genommen und war von dort über Frankfurt nach Los Angeles geflogen. In Washington konnte er leider nicht Station machen. Wir redeten lange über die Operation und dann über seine Reise. Ich erzählte ihm, ich hätte einen sehr lieben Brief von Doria bekommen, und das bedeute mir sehr viel. Der Brief drückte so viel Liebe und Fürsorge aus. Ich werde ihn für alle Zeiten aufbewahren. Ich konnte nicht anders, aber ich wünschte mir so sehr, er wäre von meiner eigenen Tochter.

25. Oktober: Schaute mir das Morgenprogramm im Fernsehen an. Viele Spekulationen über Gorbatschow und das Datum für den Gipfel. [Das Gipfeltreffen in Washington fand dann Anfang Dezember statt.] Mermie war hier, als wir zurückkamen, und kümmerte sich rührend um mich.

Machte einen Mittagsschlaf, dann ein paar Anrufe. Ronnie traf sich mit Shultz und Carlucci, um über ihr Treffen mit Gorbatschow unterrichtet zu werden.

26. Oktober: Noch mehr Anrufe, noch mehr Blumen. Ich ließ mir die Haare waschen − jede Frau weiß, daß man sich danach immer ein bißchen wohler fühlt.

Um halb fünf war ich zum Tee mit Joan Rivers verabredet, und ich dachte, ich sollte mich davor besser eine halbe Stunde hinlegen. Im Krankenhaus habe ich ja immer einen Mittagsschlaf gemacht, und das fehlte mir jetzt. Gerade als ich mich hinlegen wollte, klingelte das Telefon. Es war Ron. Gleich darauf öffnete sich die Schlafzimmertür, und Ronnie kam herein.

Weshalb kam Ronnie plötzlich um vier Uhr nachmittags nach Hause?

Ich sagte zu Ron: »Warte mal kurz. Daddy ist gerade gekommen. Irgend etwas stimmt nicht.«

Ich sah Ronnies Gesicht. Er sah aus, als hätte ihn der Schlag getroffen. Mir war sofort klar, daß irgend etwas Schreckliches passiert sein mußte und daß er nicht wußte, wie er es mir beibringen sollte. Er setzte sich an den Bettrand, und ich sagte immer wieder: »Was ist denn los? Sag es mir doch. Was ist passiert? Was ist los?«

Endlich sagte er: »Schatz, Edie ist nun bei Loyal.«

Ich rief entsetzt: »Nein, nein!« und begann zu schluchzen.

Ronnie nahm den Telefonhörer und erzählte Ron, meine Mutter sei gestorben und er werde ihn später zurückrufen.

Mutter war an einem Infarkt gestorben. Tom Chauncey [ein alter Freund der Familie, der in Phoenix lebt] hatte Elaine [Crispen] angerufen, um es ihr zu sagen. Elaine war zu John Hutton gegangen und John wiederum ins Oval Office, um Ronnie zu informieren.

Ronnie hatte gesagt: »Mein Gott, wie soll ich ihr das beibringen? Jetzt auch das noch!«

Erst vor ein paar Tagen hatten Jane und ich Vorbereitungen für einen Besuch bei meiner Mutter getroffen. Nächsten Monat wollte ich fahren.

Ich sagte immer wieder: »Bitte, laßt mich zu ihr. Bitte. Laßt mich doch zu ihr. Und laßt nicht zu, daß man irgend etwas mit ihr macht. Rührt die Wohnung nicht an. Bringt mich hin, bitte.«

Mutter hatte eine Feuerbestattung gewünscht, aber ich wollte sie noch ein letztes Mal sehen. Ach, meine süße kleine Mutter! Nun war sie nicht mehr da, und ich konnte sie nie wieder besuchen. [Gegen Ende ihres Lebens war zwar keine eigentliche Verständigung mehr möglich, aber ich konnte sie doch wenigstens streicheln und küssen.]

Ich habe so ein schlechtes Gewissen, weil ich nicht da war, als es passierte. Tom Chauncey war da und ich nicht.

Tom erzählte mir, ihre Augen seien die meiste Zeit über geschlossen gewesen. Er hatte bei ihr gesessen und ihre Hand gehalten. Sie schlug die Augen auf und blickte ihn an, und dann schloß sie sie wieder und starb. Es war ein sanfter Tod, aber ach, wie sehr wird sie mir fehlen.

Alle sind nun dabei, ihre Pläne zu ändern. Ronnie und ich fliegen morgen früh. Lieber Gott, alles auf einmal. Gerade habe ich mich von einer Sache ein bißchen erholt, und schon kommt die nächste. So müde. Versuchte zu packen. Weiß nicht, was ich einpacken soll.

27. Oktober: Wir brachen schon sehr früh nach Phoenix auf. Wie in Trance. Frühstück im Flugzeug. Ich setzte mich mit Jane, Elaine und Jack wegen der Vorbereitungen für das Begräbnis zusammen. Dann versuchte ich kurz zu schlafen. John Hutton erinnerte mich immer wieder daran, daß ich nun einen doppelten Schlag verarbeiten müsse. Er macht sich Sorgen um meine Genesung.

Ich kann es immer noch nicht fassen, daß Mutter tot sein soll.

Als wir in Phoenix landeten, gingen wir sofort in die Leichenhalle, wo Mutter lag. Sie trug ihren roten Morgenmantel, goldene Perlen und ihre kleinen roten Fäustlinge. Ob Sommer oder Winter – in den letzten Jahren hatte sie immer diese Fäustlinge getragen. Ich zog sie ihr aus. Ich wollte sie einfach haben.

»Ich weiß nicht, ob du das tun solltest«, sagte Ronnie.

Das war eines der wenigen Male in unserem gemeinsamen Leben, daß ich wütend auf ihn wurde. Ich schrie: »Willst du, daß ich sie dalasse, damit sie verbrannt werden?«

Dann brach ich wirklich zusammen. Ich hatte das Gefühl, meine Mutter müßte gleich die Augen öffnen und mit mir sprechen. Ich sagte ihr immer wieder, wie sehr ich sie liebte, und dankte ihr für alles, was sie für mich getan hatte. Oh, ich hoffe ja so sehr, daß sie mich hören konnte! Ich hoffe, daß sie und Bapa nun wieder vereint sind, genau wie Ronnie es sagte.

Ich brachte es nicht übers Herz, mich von ihr zu verabschieden, aber Ronnie und John Hutton nahmen mich am Arm und sagten: »Wir müssen jetzt gehen.« Wenn sie das nicht gemacht hätten, wäre ich heute noch dort.

Wir gingen zu ihrer Wohnung. Tom beschrieb noch einmal, was geschehen war, und sagte, es sei sehr friedlich gewesen. Aber sie hat uns verlassen. Meine kleine Mutter.

Wenn man ihren Namen erwähnte, lächelten immer alle.

Tom ist mir eine große Hilfe. Den Rollstuhl und die Gehhilfe meiner Mutter stifteten wir einem Altersheim. Das hätte ihr gefallen. Ich schenkte den Mädchen [die sie versorgt hatten] einige Kleider, die sie gerne haben wollten.

Jane und Elaine riefen alle Bekannten an. Barry Goldwater sagte seine Verpflichtungen in Washington ab, um zur Beerdigung kommen zu können.

Konfessionen bedeuteten Mutter nicht viel. Sie gehörte zwar zur presbyterianischen Gemeinde, aber in Phoenix lag die katholische Kirche näher, also war sie immer dorthin gegangen. Sie ging regelmäßig zur Kirche. Es ist seltsam, wenn man an ihren respektlosen Humor und all das denkt — aber sie las jeden Abend in der Bibel. Ihre Bibel ist jetzt in meinem Besitz. Bestimmte Passagen sind angestrichen. Mutter war wirklich zutiefst gläubig, und das half ihr, über Bapas Tod hinwegzukommen und ihre letzten Tage zu überstehen, da bin ich mir sicher.

Die wundervollen Priester der katholischen Kirche kamen jeden Sonntag, um mit ihr die Messe zu feiern. Einmal schrieben sie mir einen Brief, in dem sie mir mitteilten, meine Mutter wisse zwar nicht mehr so richtig, was vor sich gehe, aber sie würden gerne auch weiterhin zu ihr kommen, wenn ich damit einverstanden sei. Ich schrieb zurück: »Bitte, kommen Sie auch weiterhin, denn ich könnte mir vorstellen, daß sie doch noch begreift, worum es geht, und ich weiß mit Sicherheit, daß es ihr wichtig ist.«

Also machten sie weiter. Und plötzlich, aus heiterem Himmel, trug sie eines Sonntagmorgens den 23. Psalm vor. Fehlerfrei!

Wir beschlossen, die Trauerfeier am Samstag um zwei Uhr in der katholischen Kirche abzuhalten. Ich hätte so gerne jemanden, der ein paar Worte über Mutter sagt. Am liebsten wäre mir Ronnie, aber ich möchte keinen Druck auf ihn ausüben — er hat so viel zu tun.

Ich redete mit Ron. Er kommt morgen hierher, um an meiner Seite zu sein. Das bedeutet mir sehr viel.

Als wir aus der Wohnung kamen, war ich sehr erschöpft — psychisch und physisch. Abendessen im Hotel vor dem Fernseher. Ronnie mußte nach Washington zurückfliegen, aber er kommt am Freitag wieder, zusammen mit Dick und seiner Familie.

Die Leute, die das frühere Haus meiner Eltern gekauft haben, boten an, daß nach der Trauerfeier alle zu ihnen kommen könnten. Das war wirklich sehr rührend von ihnen, aber ich bringe es nicht übers Herz. Es würde zu viele Erinnerungen wachrufen. Es wird bestimmt schon schwierig genug, zu den Boitches zu gehen, die neben dem alten Haus meiner Eltern wohnen. [Sie hatten freundlicherweise das Angebot gemacht, daß wir nach der Trauerfeier zu ihnen kommen könnten. Es ist wirklich seltsam: Cynthia Boitch hatte vor mehreren Jahren eine Mastektomie, und sie hatte damals meinen Vater um Rat und Hilfe gebeten. Es ist erstaunlich, wie viele Frauen mir später erzählten, sie hätten eine Mastektomie gehabt, aber niemand habe davon gewußt.]

John kam, um mich zu untersuchen. Dann ging ich ins Bett.

28. Oktober: Keine gute Nacht. Ich wachte immer wieder auf und wußte nicht, wo ich war. Und wenn es mir einfiel, fing ich an zu weinen. Wie sehr mir Mutter fehlen wird!

Um halb zehn gingen wir alle zu ihrem Haus und fingen an aufzuräumen. Die Leute von der Wohlfahrt kamen, um Mutters Kleider abzuholen, aber ich glaube, sie müssen morgen noch einmal kommen. Mutters Nerzjacke schenkte ich Marge, die lange bei uns gewesen war. Wir gingen die Bettwäsche durch – so viel Zeug. Ich hatte keine Ahnung, daß es so lange dauern würde.

Ron kam gegen zwei, und ich freute mich sehr, als ich ihn sah. Wir nahmen unser Mittagessen draußen auf der Terrasse ein, wo ich immer mit Mutter gegessen hatte. Sie saß sehr gerne dort und beobachtete die Vögel und die Golfspieler. Manchmal schickte sie die Mädchen nach draußen, sie sollten die Golfbälle einsammeln, und meine Mutter versuchte dann, sie ihren Freunden zu verkaufen, wenn sie zu Besuch kamen.

Nach dem Essen machten wir uns wieder an die Arbeit. Alle Leute waren reizend. Mußte an den Tag denken, an dem wir ihr beim Einzug in diese Wohnung geholfen hatten. Alle halfen mit – Elaine, Jane, Mary Ann, Anita, John Hutton, alle auf Händen und Knien.

Es war eine schöne Atmosphäre. Hin und wieder ließ jemand etwas zum Essen kommen, und dann stellten wir es auf den Eßtisch und setzten uns alle hin und aßen. Ich versuchte so oft wie möglich auf der Terrasse zu essen.

Dann mit Ron zurück zum Biltmore. Ich wollte nur ein bißchen das Hotel ansehen, weil ich so lange nicht mehr dort gewesen war. Als ich noch in die Schule ging, kamen wir immer in den Osterferien hierher, und Ronnie und ich haben hier unsere Flitterwochen verbracht.

Aber inzwischen hat sich hier alles verändert. Es gab mal einen Drugstore mit Soda-Ausschank, aber der ist nicht mehr da. Ich wollte Ron den Bungalow zeigen, wo Ronnie und ich während unserer Hochzeitsreise wohnten, aber ich konnte ihn nicht finden. Und trotzdem hat das Biltmore eine so vertraute Atmosphäre — warm und herzlich, und die ist nicht verschwunden.

Sie haben ein paar neue Flügel angebaut. Und sie haben das Sprungbrett entfernt. Ronnie war ein großartiger Kunstspringer, und ich werde nie vergessen, wie ich während unserer Flitterwochen draußen saß und ihm zuschaute, wenn er von dem hohen Brett sprang. Alle Leute am Swimming-pool schauten meinem frischgebackenen Ehemann zu, und ich war so stolz.

Das Hotel rief so viele Erinnerungen wach, die mich traurig machten. Ich erzählte Ron, daß wir immer hierher gekommen seien, als ich noch in die Schule ging. Zum Abendessen mußte man sich damals noch immer umziehen. Ich erzählte ihm von Roy, der für die Stallungen zuständig war. Roy berichtete mir oft von den Mädchen, die sich in die Cowboys verliebten, die die Gäste zum Reiten mitnahmen. Roy hatte eine Methode, damit fertig zu werden. Er zeigte den Mädchen die Zimmer, in denen die Cowboys schliefen, und wenn sie dann die ungemachten Betten sahen und die Klamotten auf dem Fußboden, dann verloren die meisten von ihnen das Interesse. Es war gar nicht so leicht, Ron zu beschreiben, wie es früher hier war.

Niemand störte uns bei unseren Wanderungen durch das Hotel. Sie wußten alle, warum ich hier war, und hielten sich diskret zurück. Wirklich sehr nett.

Ted Graber kam, aber vorher hatten Ron und ich noch ein gutes Gespräch. Wir haben ja so selten die Gelegenheit, unter vier Augen zu sprechen. Ted kommt morgen in Mutters Wohnung, um mir mit den Möbeln zu helfen, die in Los Angeles gelagert werden sollen.

Beileidsbriefe von Kay Graham und Walter Cronkite, die zu einem Kongreß hier waren. Sehr lieb.

Mike Wallace rief an, um sich zu erkundigen, wie es mir gehe. Er sagte, Meg Greenfield habe ihn gebeten, für die dritte Seite der *[Washington] Post* einen Artikel über Mutter zu schreiben. Er sagte, er wisse wirklich nicht, ob er Mutter gerecht werden könne.

[Aber er konnte es. Mike schrieb einen wunderschönen Nachruf mit der Überschrift ›Die Rollen der Edie Davis‹. Er schloß mit einem kurzen Hinweis auf meine Operation und endete mit den Worten:

344

»Aber Nancy überlebte lächelnd und ging wieder ihren Pflichten nach. Dann kam Edie Davis' Tod, und irgendwie verschlug das Nancy Reagan den Atem. Ich kann verstehen, warum.«]

Ronnie rief an. Ich erzählte ihm, ich hätte gerne jemanden, der beim Begräbnis eine Ansprache hält, und er sagte: »Ich wollte mich dir nicht aufdrängen, aber ich würde das sehr gerne machen.« Ich brach in Tränen aus. Ich weiß, es hätte Mutter eine Menge bedeutet, denn sie hatte Ronnie sehr gern.

Ron, ich und Ted aßen in der Hotelsuite zu Abend. Wir versuchten, Buckleys Debatte mit den Kandidaten der Republikaner zu folgen, aber wir waren müde, und unsere Gedanken waren ganz woanders, so daß wir nicht sehr lange zuschauten.

29. Oktober: Ted und ich gingen schon früh in die Wohnung hinüber, um weiterzuarbeiten. Wir sortierten die Dinge aus, die nach Los Angeles gebracht werden sollten, und die für die Wohlfahrt. Ron kam, und ich schenkte ihm Mutters silbernes Kaffeeservice. Außerdem wählte ich Sachen für Dick und seine Kinder aus und für Maureen und Mike. Es war ein langer, anstrengender Tag.

Heute machte Ronnie einen neuen Vorschlag für den nachrückenden Richter am Obersten Bundesgerichtshof − Douglas Ginsberg.

Mutter hatte mir einmal zwei kleine Kartons gezeigt, auf dem einen stand ›Ron‹, auf dem anderen ›Patti‹, und sie waren beide vollgepackt mit kleinen Andenken, die die Kinder nach ihrem Tod bekommen sollten. Ich gab Ron seinen Karton.

Was Patti betraf − sie hatte gesagt, sie könne nicht zur Beerdigung kommen, sie habe Reisepläne, die sie nicht umstoßen könne. Ich schickte ihr ihre Schachtel.

Heute war in der Lokalzeitung von Phoenix ein sehr netter Kommentar über Mutter und ihren Einsatz in der Wohltätigkeitsarbeit.

Ich fand einen Ring meiner Mutter, in den unsere beiden Initialen, *E* und *N*, eingraviert waren. Der Ring ist winzig − sie muß ihn am kleinen Finger getragen haben, denn es ist kein Kinderring. Ich habe ihn sofort angesteckt.

Ich mußte gehen, ehe die Möbelleute fertig waren, aber ich hoffe, sie haben alles richtig gemacht. Morgen will ich nachsehen. Erstaunlich, wieviel in dieser kleinen Wohnung zu tun war.

Da ich Mutters Geschmack kenne, möchte ich, daß die Kirche hübsch aussieht und überall weiße Blumen stehen. Bisher weiß noch niemand, daß Ronnie eine Rede halten wird.

Colleen Moore kam zur Beerdigung angereist und aß gestern mit mir und Ron zu Abend. Sie ist fünfundachtzig, aber man sieht es ihr nicht an. Sie und Mutter waren so ein lustiges Paar, damals in Chicago. Sie erzählte Ron, wenn mein Vater morgens ins Krankenhaus gegangen sei und ihr Mann, Homer, ins Büro, dann hätten sie und Mutter telefoniert und gemeinsam ihren Tag geplant. Und was der einen nicht einfiel, darauf kam die andere. Sie arbeiteten gemeinsam daran, im Passavant-Krankenhaus einen Geschenkeladen zu eröffnen, und an vielen anderen Projekten.

Wir unterhielten uns großartig, aber ich bemerkte, daß Colleen überhaupt nichts aß. Als ich sie deswegen fragte, meinte sie: »Weißt du, wenn ich esse, bekomme ich Magenschmerzen. Deshalb esse ich nur ganz wenig.«

[Colleen starb wenige Monate später an Krebs. Ich bin froh, daß Ron sie noch kennengelernt hat. Als sie starb, freute ich mich für Mutter, weil ich wußte, daß die beiden Freundinnen nun wieder vereint waren.]

30. Oktober: Ich wollte ausschlafen, aber es ging nicht. Aß relativ früh mit Ron im Hotel zu Mittag, und er holte dann Doria am Flughafen ab. Sie konnte nicht schon gestern mit ihm zusammen kommen, weil sie Kurse hatte.

Ich sah im Fernsehen, wie Ronnie gemeinsam mit Schewardnadse ankündigte, das Gipfeltreffen werde vom 7. bis zum 9. Dezember im Washington stattfinden. Es war zwar gut, daß endlich ein Termin festgelegt wurde, aber ich wünschte, er läge ein paar Wochen später, nachdem ich Gelegenheit gehabt hätte, wieder zu mir zu kommen und zu trauern.

Ich ging in die Wohnung, um mich zu versichern, daß wirklich alles ausgeräumt war. Marge war da und putzte, und alles sah sehr fremd aus.

Ich ging auf die kleine Terrasse hinaus und dachte daran, wie oft wir hier gesessen hatten, glücklich und, wie Mutter sagen würde, friedlich; beim Mittagessen oder uns einfach an der Hand haltend. Sehr schmerzlich für mich.

Meine Mutter beobachtete gerne Vögel, deshalb hatten wir ein kleines Vogelbad für sie aufgestellt. Ich nahm es mit, und ich werde es in unserem neuen Haus aufstellen. [Und dort ist es jetzt auch, hinter dem Haus, beim Swimming-pool.]

Als ich Mutters Wohnung das letztemal verließ, schaute ich bewußt nicht zurück.

Ich ging zu Sybil Harrington [Sybil ist eine alte Freundin meiner Familie]. Ich hatte sie angerufen und gefragt, ob ich vorbeikommen dürfe. Alles andere hatte sich verändert, und ich wollte irgendwo sein, wo alles so war wie immer. Ich wollte einfach nur dasitzen und auf das grüne Gras hinausschauen. Nebenan steht das Haus, das früher einmal Brooke und Vincent Astor gehörte und dann Adele Astaire [Fred Astaires Schwester]. Fred kam oft hierher, um sie zu besuchen.

Wieder im Hotel. Ronnie traf mit Dick und Familie ein, und alle kamen um halb sieben hierher zum Essen. Die Flut von Briefen hört nicht auf – ich finde das einfach erstaunlich. Menschen aus meiner Vergangenheit, aus der Vergangenheit meiner Mutter und Staatsoberhäupter. Die Mischung ist ungewöhnlich.

31. Oktober: Keine gute Nacht. Rosie Grier rief an. [Rosie ist ein alter Freund, der eng mit Bobby Kennedy verbunden war.] Er war in Phoenix, deshalb bat ich ihn, zur Trauerfeier zu kommen. Oh, ich hoffe, es wird Mutter gefallen. Das Weiße Haus hat sehr viele weiße Blumen geschickt. Und ich habe darum gebeten, daß auf dem Altar ein Blumenstrauß von mir für Mutter steht.

Ron und Doria kamen nach dem Mittagessen, außerdem noch Dick und seine Familie und Charlotte Ramage [meine Cousine, mit der ich als kleines Mädchen zusammengelebt hatte] mit ihrer Familie. Schreckliches Wetter in Los Angeles, deshalb hatte das Flugzeug, mit dem Mermie, Dennis und Mike kamen, Verspätung, und sie fuhren direkt zur Kirche.

Es waren über zweihundert Menschen in der Kirche. Das war wirklich eine Sympathiekundgebung für meine Mutter, vor allem, wenn man bedenkt, daß sie schon einundneunzig war. Aber sie hatte auf viele Menschen einen bleibenden Eindruck gemacht.

Die Kirche sah einfach wunderschön aus. Ein Knabenchor war da, und die Jungen sangen glockenhell und sahen entzückend aus in ihren weißen Gewändern. Mutter hätte das bestimmt gefallen. Und Nancy Joachim [eine Freundin von Jane Erkenbeck] sang wunderschön. Pater Doran und Monsignore Donahue predigten und lasen aus Mutters Bibel vor.

Pater Doran sagte: »Es gibt nur ein Wort, mit dem man Edie Davis beschreiben kann, und das ist ›voller Freude‹. Wenn man ein Zimmer betrat, und sie war da, dann war es einfach voller Freude. Dafür sorgte sie.«

Dann brachte er uns alle zum Lachen, indem er erzählte, wie er

Mutter dem Bischof von Phoenix vorgestellt hatte. Sie sei sehr förmlich gewesen und hätte einen kleinen Knicks vor dem Bischof gemacht. Dann habe sie sich wieder an ihn, Pater Doran, gewandt und gesagt: »Na, wie ist es, wollen wir uns nicht küssen? Das machen wir doch immer, wenn der Bischof nicht dabei ist.«

Dann hielt Ronnie seine Ansprache. Als er zu reden begann, ergriff Ron meine Hand.

Ronnie sprach von seiner Freundschaft mit Mutter. Er sagte: »Sie kennenzulernen war so, als ob man eine Flasche Champagner öffnete.« Und ihr ganzes Leben lang habe sie »Witz und Charme und Liebenswürdigkeit verschenkt«.

Er sprach sehr warmherzig und persönlich. Er beschrieb, daß sie einfach jeden in Chicago zu kennen schien. Das sei ihm das erste Mal bewußt geworden, als er eines Abends aus geschäftlichen Gründen in der Stadt gewesen sei. Er war mit meinen Eltern zum Abendessen verabredet, aber er war spät dran und konnte kein Taxi auftreiben. Als der Portier des Hotels erfuhr, daß er auf dem Weg zu Edie Davis war, winkte er einen Streifenwagen herbei. Die beiden Polizeibeamten kannten Mutter ebenfalls, also brachten sie Ronnie bis direkt vor die Tür.

Die Trauerfeier dauerte eine Dreiviertelstunde, und für Mutter war das genau richtig. Ich glaube, ihr hätte alles sehr gut gefallen. Hoffentlich.

Selbst die Journalisten machten Bemerkungen darüber, daß Patti nicht da war. Kein Anruf, keine Karte, keine Blumen – nichts. Elaine sagte der Presse, sie wisse nicht, wo Patti sei. Sie sagte: »Das kann nur ein weiterer Riß in einem bereits gebrochenen Herzen sein. Ich muß das so sagen, denn Mrs. Reagan hat schon so viel durchgemacht, und das ist nun noch eine zusätzliche Kränkung.«

Richtig.

Nach der Feier gingen wir in den Nebenraum, und plötzlich merkte ich, daß Ron und Doria nicht da waren. Sie waren in die Kirche zurückgegangen – Doria ist Katholikin –, um für Mutter eine Kerze anzuzünden. Ich war gerührt, ging ihnen nach und tat dasselbe.

Doria schloß mich in die Arme. Sie sagte, sie habe mich sehr gerne und habe so viel von mir gelernt.

Dann zum Empfang bei den Boitches. So viele von unseren Freunden aus Kalifornien und aus New York und so ziemlich alle Leute, die Mutter gekannt hatte. Stu Spencer war aus Los Angeles angereist. Meine alte Freundin Jane Wescott aus Chicago war auch da, zusammen mit ihrer Tochter.

Als wir wieder im Hotel waren, wurde ich auf einmal schrecklich müde. Deshalb nahm ich das Abendessen im Bett ein. Ich war so froh, daß ich mich endlich hinlegen konnte. Mitten in der Nacht gab es ein furchtbares Unwetter: starke Regenfälle, Donner und Blitz. Ich glaube, Mutter ist schon dabei, dort oben Ordnung zu schaffen!

1. November: Früh aufgestanden, um mich für den Rückflug nach Washington fertigzumachen. Ich bin total erschöpft, und dort erwarten mich ein Berg von Briefen und viele Telefonanrufe. Ich weiß gar nicht, wie ich die letzten Tage eigentlich durchgestanden habe. Ich habe noch keine Möglichkeit gehabt, mich wirklich von der Operation zu erholen, und mein Arm ist noch nicht wieder so beweglich und flexibel, wie er eigentlich sein sollte. Ich muß mich jetzt um meine Gesundheit kümmern – das sagen alle.

2. November: [Wieder im Weißen Haus.] Lange geschlafen. Ich bin sehr viel schwächer, als ich dachte. Immer noch überfluten Post und Blumen das Haus. Und dann Mutters Sachen und Genesungswünsche – ich weiß gar nicht, wo ich anfangen soll.

Ich rief Mike Wallace an, um ihm für den Artikel zu danken, den er über Mutter geschrieben hat. Und auch für die Blumen, die er in die Kirche schicken ließ.

Nach dem Abendessen griff ich ganz automatisch nach dem Telefon, um Mutter anzurufen.

3. November: Wieder lange geschlafen. Ich versuche, mit meinem Arm gymnastische Übungen zu machen. Arbeitete mit Elaine die Interview-Anfragen durch. Nach der Mastektomie trafen sehr viele ein, aber noch vor Mutters Tod. Ich habe wirklich keine Lust, von einem Sender zum nächsten zu ziehen und zu sagen, daß ich Mammographien sehr wichtig findet. Vielleicht reicht ja eine Stellungnahme über PBS, den Public Broadcast Service. Man sagte mir, die Zahl der Frauen, die Mammographien machen lassen, sei enorm gestiegen. Das ist großartig.

Am Nachmittag ging Ronnie hinunter zum Empfang für Arts and Embassies, aber ich konnte leider nicht mit. Viele meiner Freunde waren dort, und ich hätte sie gerne begrüßt, aber jetzt nicht. Keine Zeit für einen Mittagsschlaf, und ich war so müde. Abendessen auf dem Tablett.

5. November: Habe heute erfahren, daß Raissa im nächsten Monat Gorbatschow begleitet. Jetzt müssen wir uns etwas einfallen lassen, was wir ihnen bieten.

Dem Mann, den Ronnie zum Richter beim Obersten Bundesgerichtshof ernennen will, wird vorgeworfen, er habe im College Marihuana geraucht, und er hat es zugegeben. Lieber Gott, wann hört das endlich auf?

Ein Treffen mit Howard Baker, Ken Duberstein und Tom Griscom wegen des Gorbatschow-Besuchs.

Wir planen einen Staatsempfang für die Gorbatschows, und die Leute rennen uns schon die Türen ein, weil sie auch eingeladen werden wollen.

So viel zu tun, und so wenig Zeit, um es zu erledigen. Und ich bin immer noch nicht ganz auf der Höhe.

Der Zeitpunkt könnte kaum ungünstiger sein.

Wir brachen nach Camp David auf. Es ist jetzt sehr viel kühler geworden.

Ralph Lauren rief an. Er war sehr lieb und sagte: »Ich wollte, Sie hätten mir davon erzählt. Vielleicht hätte ich Ihnen helfen können.«

Wir schauten uns einen zauberhaften Film mit Lillian Gish und Bette Davis an. Als ich Lillian auf dem Bildschirm sah, mußte ich an meine Zeit in New York denken, als ich so oft zu ihr zum Abendessen ging.

7. November: Vor drei Wochen hatte ich die Brustoperation. Es kommt mir immer noch ganz unwirklich vor.

Douglas Ginsberg möchte, daß sein Name von der Liste der Kandidaten gestrichen wird. Ich glaube, das ist eine richtige Entscheidung. Ich vermute, daß Ronnies Wahl auf [Richter Anthony] Kennedy fallen wird.

[In Camp David] Ich mußte zu einer Rundfunksendung, und auf dem Weg dorthin ging ich mit John Hutton in den Gymnastikraum, um meine Übungen zu machen. Ich hatte meine Gewichte mitgenommen.

8. November: Howard [Baker] rief Ronnie wegen eines Artikels in der *Washington Post* an, über den er sich geärgert hatte. Ich sagte zu ihm: »Howard, Ronnie muß sich solche Sachen jetzt schon seit Jahren gefallen lassen, er liest in der Zeitung und sieht im Fernsehen, daß er längst absorviert sei und daß er die ganze Zeit schlafe und so weiter. Wenn er damit fertig wird, dann können Sie das auch.« Howard sagte: »Ja, da haben Sie recht.«

9. November: Die Mädchen im Büro müssen alle sehr hart arbeiten. Es kommt so viel Post herein, daß sie jetzt immer am Wochenende Briefe mit nach Hause nehmen und sie dort beantworten.

Aus einem der Läden in Washington kam eine Frau mit der Prothese und den BHs. Sie war ein bißchen befangen, aber ich trug es mit Fassung und machte sogar Witze darüber. Sie erzählte mir, seit meiner Mastektomie habe ihr Geschäft einen Aufschwung erlebt.

10. November: Meine erste richtige Party seit der Operation − ein Staatsempfang für den israelischen Präsidenten Herzog und seine Frau. Beide sind sehr charmant. Er spricht mit irischem Akzent − er ist der Sohn eines Rabbi aus Dublin.

Beim Dinner hatte ich darum gebeten, neben Dr. Paul Marks, dem Leiter des Sloan-Kettering-Krebsinstitutes in New York, sitzen zu dürfen. Ich wollte erfahren, was er über die Mastektomie zu sagen hatte. Er erzählte mir, sie hätten zahlreiche Anfragen von Radiosendern und Fernsehstationen bekommen mit der Bitte, ob sie nicht einen Arzt im Fernsehen auftreten lassen könnten, der dann über meine Operation sprechen könnte. Er habe allen seinen Kollegen abgeraten, denn das widerspreche dem Berufsethos.

Er erzählte mir außerdem, daß die Zahl der Frauen, die eine Mammographie machen ließen, enorm angestiegen sei. Das freute mich natürlich sehr.

Dr. Marks sagte: »Ich muß Ihnen etwas sagen. Es geht mich ja eigentlich nichts an, aber Sie sollten wirklich nicht an diesem Staatsempfang teilnehmen. Es ist noch zu früh. Normalerweise dauert es sechs Wochen, bis man sich von einer Operation erholt hat, aber Sie hatten wegen des Todes Ihrer Mutter noch eine zusätzliche Belastung. Das war sehr anstrengend, psychisch und physisch, und es dauert sicher noch drei Monate, bis Sie Ihre Tatkraft wiedergewonnen haben. Ich habe gehört, daß Sie morgen zu dem Feltsman-Konzert nach New York wollen. Ich finde das verrückt.« [Vladimir Feltsman ist ein berühmter Pianist aus Moskau, ein langjähriger Dissident. Ron lernte ihn kennen, als er in Rußland war, und Ronnie und ich haben ihm geholfen, Rußland zu verlassen. Ich hatte ihn eingeladen, sein erstes Konzert im Weißen Haus zu geben, und das tat er dann auch. Ich hatte mich schon sehr darauf gefreut, bei seinem New Yorker Debüt dabeisein zu können.]

»Das Problem ist, daß Sie gesund aussehen, und die meisten Leute denken deshalb, Sie *seien* auch gesund, aber das sind Sie nicht. Ihre Wunde ist noch nicht verheilt, und es ist sehr wichtig, daß Sie sich auf Ihre Übungen konzentrieren.«

Alles, was er sagte, hatte Hand und Fuß. Ich sagte also meinen Konzertbesuch ab.

Nächsten Monat kommen die Gorbatschows. Bis dahin habe ich alle Hände voll zu tun.

16

Showdown
(Donald Regan und die
Iran-Contra-Affäre)

Wenn ich aufgrund irgendeines Wunders die Macht hätte, eine von
Ronnies Entscheidungen während seiner Zeit als Präsident rückgängig zu machen, dann wüßte ich sofort, welche das wäre: Ronnies Zustimmung zum Ämtertausch von Jim Baker und Donald
Regan im Januar 1985.

Damals schien das eine gute Idee zu sein — ein wenig ungewöhnlich vielleicht, aber durchaus vernünftig. Jim, der Ronnie als
Stabschef gute Dienste geleistet hatte, war amtsmüde, und Donald
Regan — er war vier Jahre lang Finanzminister gewesen — war
nur allzu bereit, ins Weiße Haus zu kommen. Als Baker und Regan
den Wechsel vorschlugen, gab es keinerlei Grund anzunehmen,
daß diese Umbesetzung zu einer politischen Katastrophe führen
würde.

Ehe Donald Regan Ronnies neuer Stabschef wurde, hatte ich
kaum mit ihm zu tun gehabt. Doch selbstverständlich hatte ich
schon einiges von ihm gehört. Wir waren uns bei dem einen oder
anderen gesellschaftlichen Anlaß begegnet, und man hatte mir erzählt, er sei ein kluger Kopf und ein guter Manager. Während
Ronnies erster Amtszeit hatte er als Finanzminister offensichtlich
gute Arbeit geleistet, indem er seinen Teil dazu beitrug, daß das
neue Wirtschaftsprogramm der Regierung durchgesetzt wurde.

Doch während der zweiten Amtszeit war Don nicht gerade mein

liebster Ansprechpartner im Weißen Haus. Und er war auch nicht gerade ausgesprochen verrückt nach mir.

Die ersten Monate kamen wir ganz gut miteinander aus. Doch im Juli 1985, als Ronnie zum erstenmal wegen Krebs operiert wurde, gerieten Don und ich uns zum erstenmal in die Haare. Don wollte, daß sich der Präsident innerhalb von achtundvierzig Stunden nach seiner Operation sowohl mit George Bush als auch Bud McFarlane traf.

Ich fand das viel zu früh, und die Ärzte dachten genauso. Doch Don hielt es offenbar für wichtiger, daß Ronnie so schnell wie möglich seine Pflichten wieder erledigte.

»Lassen Sie uns noch ein wenig warten«, sagte ich zu Don. »Bedenken Sie, daß er gerade erst eine größere Operation hinter sich hat. Ich weiß, er ist Präsident, aber vergessen Sie nicht, daß er auch ein ganz normaler Patient ist. Wenn Sie ihn zu sehr fordern, dann könnte er einen Rückfall erleiden.«

Noch während Ronnie im Krankenhaus lag, hatten Don und ich eine weitere Meinungsverschiedenheit. Don kam jeden Tag ins Krankenhaus in Bethesda, und er wollte dazu regelmäßig den Hubschrauber nehmen. Ich hielt das nicht für richtig. Meiner Ansicht nach war es nicht angemessen, daß irgend jemand außer dem Präsidenten einen Hubschrauber benutzte, es sei denn bei einem Notfall. Die Fahrt zum Krankenhaus dauerte etwa fünfundvierzig Minuten, und alle anderen Besucher von Ronnie fuhren die Strecke mit dem Auto. Ich glaube, daß mich schon damals eine dunkle Ahnung überkam von dem, was mich schließlich immer mehr an Don Regan stören sollte: Er benahm sich oft, als wäre *er* der Präsident.

Bereits am allerersten Tag in seinem neuen Amt hatte Don Regan verkündet, er sehe sich als ›Chefbeamter der Exekutive‹ des Landes. Doch er war als Chef des *Stabes* berufen worden. Don liebte das Wort ›Chef‹, doch er begriff nie wirklich, daß sein Titel auch die Wörter ›des Stabes‹ enthielt. Und er handelte häufig, als hätte er selbst Regierungsbefugnisse.

So war er beispielsweise der erste Stabschef, der unter dem regulären Schutz des Secret Service stand. Und offensichtlich gefiel ihm die Terrasse vor Ronnies Büro: Als er sein eigenes Büro renovieren und vergrößern ließ, wurde auch davor eine wunderschöne Sandstein-Terrasse angelegt – die deutlich größer war als die des Präsidenten. Als ich eines Tages im Westflügel war, erspähte mich Don und lud mich ein: »Ich möchte Ihnen mein neues Büro zeigen!« Und als er mir die neue Terrasse vorführte, sagte er: »Ich wollte keine unnötige Aufregung, deshalb habe ich lieber alles aus eigener Tasche bezahlt.«

Doch später erfuhr ich, daß die Terrasse größtenteils aus öffentlichen Mitteln bezahlt worden war.

Als Ronnie ins Weiße Haus zurückkehrte und Schritt für Schritt wieder seinen normalen Tagesablauf aufnahm, kamen Don und ich allmählich wieder besser miteinander aus. Doch im Verlauf der folgenden Monate machte er gegenüber der Presse einige Äußerungen, die mich ärgerten.

Als über wirtschaftliche Sanktionen gegen Südafrika diskutiert wurde, sagte Don, die amerikanischen Frauen seien ja wohl nicht gerade wild darauf, auf ihre Brillanten oder ihren Platin- und Goldschmuck zu verzichten. Ich fand diese Bemerkung taktlos und Frauen gegenüber abwertend.

Dann, kurz vor dem Gipfeltreffen in Genf, erzählte er der *Washington Post,* Frauen hätten schließlich »keine Ahnung von Raketenreichweiten, von den Vorgängen in Afghanistan oder von Menschenrechtspolitik«.

Er redete wie ein Mann, der glaubte, Frauen hätten gar keinen Verstand. Es ist durchaus nicht so, daß ich immer mit Eleanor Smeal von der National Organization for Women übereinstimme, aber ich konnte ihre Bemerkung sehr gut nachvollziehen, sie habe mit Freude vernommen, daß der Präsident seinen Bonzo* mit nach Genf nähme.

Es war schon schlimm genug, daß Don Regan mit diesen beiden Kommentaren mehr als die Hälfte der amerikanischen Bevölkerung beleidigt hatte. Doch nach dem Gipfeltreffen in Reykjavik im Oktober 1986 ging er noch ein Stück weiter und beleidigte Ronnie und die gesamte Regierung. »Einige von uns«, erzählte er der *New York Times,* »haben jetzt die Aufgabe einer Kehrbrigade, die hinter der Parade saubermacht.«

Als ich das las, stieg Wut in mir hoch. Meiner Ansicht nach hatte der Stabschef nur eine Art von öffentlichen Erklärungen abzugeben: solche, die den Standpunkt des Präsidenten darlegten und verdeutlichten. Aber das hier war einfach unglaublich! Wenn er seine Aufgabe in diesem Licht sah, was für eine Art von Loyalität konnte Ronnie dann in anderen Angelegenheiten von ihm erwarten? Und mit welchem Beispiel ging er den anderen Beratern voran?

---

* Name eines Affen, der in einem Film neben Ronald Reagan spielt und ihm nicht von der Seite weicht (Anm. d. Übers.)

Das war das eigentliche Problem: Don Regan verstand sich nicht als Berater des Präsidenten und Teil des Stabs im Weißen Haus. Er betrachtete sich als eine Art stellvertretender Präsident.

Ich war keineswegs die einzige, die so dachte. Als Ronnie aus Reykjavik zurückkehrte, war ich bereits von zahlreichen hohen Regierungsbeamten und Kongreßabgeordneten darauf angesprochen worden. Einige von ihnen suchten mich deswegen im Weißen Haus auf, andere besprachen die Angelegenheit am Telefon mit mir – und alle waren ernsthaft besorgt wegen Donald Regans Eskapaden. Sie erzählten mir, er sei sowohl im Kongreß als auch bei der Presse nicht gerade gut angeschrieben. Er schränke ihren Zugang zum Präsidenten ein. Er explodiere immer gleich, und es sei schwierig, mit ihm auszukommen. Er schüchtere seine Mitarbeiter ein. Und gute, erfahrene Leute wollten den Westflügel verlassen, weil sie nicht mit ihm zusammenarbeiten könnten.

Einige von diesen Leuten riefen mich an und sagten: »Wir machen uns ernsthaft Sorgen wegen dieses Burschen. Die Atmosphäre hier ist unglaublich geladen, und die Stimmung auf einem Tiefpunkt. Können Sie nicht etwas unternehmen?«

Ich gab jedem dieselbe Antwort: »Warum erzählen Sie das *mir?* Sie sollten das meinem Mann erklären!«

Aber das traute sich fast keiner. Manchen war es vielleicht peinlich, sich beim Präsidenten über seinen Stabschef zu beklagen. Andere wurden von der Atmosphäre im Oval Office eingeschüchtert. Und wieder andere mußten feststellen, daß es mit Donald Regan als Stabschef einfach unmöglich war, den Präsidenten unter vier Augen zu sprechen. Es ist schwierig, mit dem Präsidenten zu reden, wenn man gar nicht erst an den Präsidenten *herankommt.*

Sogar George Bush suchte mich wegen Don zu Hause auf. Als er aus dem Lift trat und wir zusammen in die West Hall gingen, sagte er: »Ich wollte das nicht am Telefon besprechen, aber ich finde, Don sollte sein Amt niederlegen.«

»Da bin ich ganz Ihrer Meinung«, sagte ich. »Und ich wünschte, Sie würden das auch meinem Mann sagen. Es geht doch nicht, daß ich die einzige bin, die es ihm sagt.«

»Nancy«, sagte er, »das ist nicht meine Aufgabe.«

»Genau das ist Ihre Aufgabe«, wiederholte ich.

Aber soweit mir bekannt ist, hat George Bush niemals mit Ronnie über Don Regan gesprochen.

Etwa um die gleiche Zeit erzählte Donald Hodel, der Innenmini-

ster, Maureen, er habe im Weißen Haus angerufen, um ein fünf-
zehnminütiges Gespräch mit Ronnie zu vereinbaren. Aber sogar
ihm war es nicht gelungen, bis zum Oval Office vorzudringen. Don
Regan hatte ihm erklärt, der Präsident führe keine Einzelgesprä-
che mit Kabinettsmitgliedern, vom Außen- und Verteidigungsminister abgesehen.

Dann gab es da den Vorfall mit Kathy Osborne, Ronnies Privatsekretärin, den ich alarmierend fand. Offensichtlich legte sie Ronnie irgendeine Akte vor, ohne sie zuvor Don zu zeigen. Als Don
das mitbekam, stürmte er aus seinem Büro und explodierte: Wie
konnte sie es wagen, dieses Papier ohne Rücksprache mit ihm dem
Präsidenten vorzulegen? Wußte sie denn nicht, daß alles erst über
seinen Schreibtisch zu gehen habe? Sollte sich das jemals wiederholen, dann könnte sie ihre Sachen packen!

Ich konnte es nicht glauben. Er drohte, Ronnies Privatsekretärin hinauszuwerfen? Jeder wußte, daß Kathy direkt Ronnie unterstellt war. Sie hatte bereits in Sacramento vier Jahre lang für ihn
gearbeitet, und sieben weitere in Washington. Ronnie war immer
sehr zufrieden mit ihr gewesen, und sie arbeitet bis zum heutigen
Tag für ihn. Die Tatsache, daß Don der Meinung war, er könne sie
hinauswerfen, gab mir sehr zu denken.

Zu diesem Zeitpunkt war mir klar, daß Don den falschen Job
hatte. Er mag durchaus begabt sein, aber das war der falsche Platz
für ihn. Denn erstens sollte ein guter Stabschef im Hintergrund
bleiben. Er sollte hinter den Kulissen wirken und keine Presse-
erklärungen abgeben. Die meisten guten Stabschefs bleiben relativ
unbekannt.

Zweitens braucht der Stabschef politisches Gespür. Er arbeitet
mit dem Kongreß zusammen und dient dem Präsidenten als Kon-
taktmann für einen guten Teil der politischen Szene in Washington, auch zur Presse. Don Regan wußte eine Menge über die Ge-
schäfts- und Finanzwelt, aber er hatte wenig politische Erfahrung.

Und zum dritten hat man als Stabschef mit Menschen zu tun.
Die meisten Leute jedoch, die mit Don Regan in Kontakt standen,
kamen mit ihm nicht zurecht. Es stimmt, daß es zwischen ihm und
Ronnie gut klappte, aber Ronnie kommt nun wirklich mit jedem
aus.

Von den ganzen Problemen mit Don erfuhr Ronnie nichts, denn
alle Leute wandten sich damit an mich und nicht an ihn. Und die
drei Männer, die Ronnie über die Schwierigkeiten hätten ins Bild
setzen *können*, waren nicht mehr im Weißen Haus. Jim Baker saß

im Finanzministerium. Ed Meese leitete das Justizministerium. Und Mike Deaver hatte sich von den Regierungsgeschäften zurückgezogen. Von den vier Menschen, die Ronnie während seiner ersten Amtsperiode am nächsten gestanden hatten, war nur ich übriggeblieben.

Ich war zwar über einen langen Zeitraum hinweg der Ansicht, daß Donald Regan den falschen Job hatte, aber meine ›Macht‹, seine Entlassung in die Wege zu leiten, wurde weit überschätzt. Glauben Sie mir, wenn ich tatsächlich die Drachen-Lady gewesen wäre, als die er mich in seinem Buch hinstellte, dann hätte er viele Monate früher auf der Straße gesessen.

Später, als Don dann tatsächlich ging, machte man mir die Hölle heiß, weil ich Ronnie geschont hatte und mich offenbar in Staatsangelegenheiten eingemischt hätte. Ich hatte keine andere Wahl, weil niemand außer mir Ronnie erzählt hatte, was da vor sich ging.

Habe ich also mit Ronnie über Don Regan gesprochen? Aber sicher! Habe ich weitergegeben, was ich von den Leuten im Weißen Haus und führenden Kongreßmitgliedern erfuhr? Selbstverständlich!

Aber das heißt nicht, daß Ronnie zugehört hätte.

Lange Zeit nahm er diese Berichte einfach nicht ernst. Schließlich erkannte ich, daß es tatsächlich zwei Donald Regans gab: den, über den die Leute mit mir sprachen, und den, mit dem Ronnie täglich zu tun hatte. Ronnie gegenüber war Don aufgeschlossen, umgänglich und gut gelaunt – der fröhliche Ire, der immer eine amüsante Geschichte auf Lager hatte. Ronnie mochte ihn wirklich, und sie hatten ein gutes Verhältnis zueinander.

Wenn ich also versuchte, Ronnie zu erzählen, was mir zu Ohren gekommen war, dann war es natürlich schwierig für ihn, das zu glauben. Das war eine Seite von Don, die er nie zu Gesicht bekam, und Ronnie konnte gar nicht verstehen, warum sich jemand beschwerte.

Dann, im November 1986, kam es zu einer ganzen Reihe von Vorkommnissen, die eine schwierige Situation schlagartig in eine ernsthafte Krise verwandelten. Plötzlich war das Problem Donald Regan Teil eines viel größeren Problems – der Iran-Contra-Affäre.

Es begann am 3. November, als eine libanesische Zeitschrift berichtete, die Vereinigten Staaten hätten Ersatzteile für Rüstungsgüter an den Iran geliefert, und Robert McFarlane, der Nationale Sicherheitsberater des Präsidenten, habe Teheran besucht, um dort über die mögliche Freilassung amerikanischer Geiseln im Libanon zu verhandeln. Zehn Tage darauf wandte sich Ronnie über das Fernsehen an die Öffentlichkeit, um darzulegen, was er von alldem wußte. Doch danach zeigten Umfragen, daß die meisten Amerikaner ihm zum erstenmal während seiner Präsidentschaft keinen Glauben schenkten.

Wie sich herausstellte, war die Skepsis der Leute berechtigt. Ronnie glaubte zwar, ihnen die Wahrheit zu sagen, aber er stützte sich dabei auf Informationen, die er von Admiral Poindexter erhalten hatte, dem Nachfolger von Bud McFarlane im Amt des Nationalen Sicherheitsberaters. Und diese Informationen wiesen – um es sehr gemäßigt auszudrücken – bedenkliche Lücken auf.

Am 19. November gab Ronnie eine Pressekonferenz, bei der er versuchte, den Sachverhalt zu erklären. Auch hier unterliefen ihm einige schwere Fehler. Ich bin noch heute wütend darüber, daß Poindexter Ronnie losschickte, ohne vorher die Karten offen auf den Tisch zu legen.

Zu diesem Zeitpunkt hatten die Geheimdienstausschüsse des Repräsentantenhauses und des Senats angekündigt, sie würden Anhörungen zu den Waffenverkäufen an den Iran einberufen.

Niemals werde ich den Ausdruck auf Ronnies Gesicht vergessen, nachdem ihm Ed Meese am Nachmittag des 24. November erstaunliche und alarmierende Neuigkeiten überbracht hatte: Obwohl der Iran dreißig Millionen Dollar für die amerikanischen Waffenlieferungen bezahlt hatte, war nicht einmal die Hälfte davon als Einnahme verbucht worden. Oliver North hatte zugegeben, daß er zumindest einen Teil der Gewinne an die Contras in Nicaragua weitergeleitet hatte.

Diese Nachrichten waren so niederschmetternd, daß einfach alles zum Stillstand kam. Als Ronnie mich im Schlafzimmer aufsuchte, war er kreidebleich und schien völlig niedergeschlagen. »Liebling«, sagte er, »ich habe schlechte Nachrichten. Ed Meese war gerade bei mir und hat mir erzählt, daß Geld von den Waffenverkäufen an den Iran an die Contras in Nicaragua gegangen ist.«

Obwohl ich noch nicht wirklich verstand, was geschehen war, erkannte ich an seinem Tonfall, daß die Angelegenheit sehr ernst war.

»Als allererstes werden Ed und ich uns morgen der Presse stellen«, sagte er, »damit sie nicht glauben, wir hätten etwas zu verbergen.«

So fassungslos Ronnie war, so wütend war ich. Später an diesem

Abend rief ich Don Regan von meinem Büro aus an, um ihn wissen zu lassen, wie verärgert ich war. Ich hatte das deutliche Gefühl, daß man Ronnie einen schlechten Dienst erwiesen hatte, und ich wollte, daß auch Don das wußte. Vielleicht war es nicht ganz fair von mir, aber in gewissem Umfang gab ich ihm die Schuld an dem, was passiert war. Er war der Stabschef, und wenn er nicht Bescheid wußte, dann war das meiner Meinung nach sein Fehler. Er hätte einfach informiert sein müssen. Ein guter Stabschef hat überall seine Quellen. Er muß praktisch riechen können, was vor sich geht.

Später stellte Don zu seiner Verteidigung einmal die Frage: »Weiß denn ein Bankdirektor immer Bescheid, wenn ein Kassierer die Bücher fälscht?« Vielleicht nicht, aber diese Worte kamen aus dem Munde desselben Mannes, der einst geprahlt hatte, nicht einmal ein Spatz könne durch das Weiße Haus flattern, ohne daß er es hörte.

Ich behaupte nicht, daß die Iran-Contra-Affäre Don Regans Werk war. Aber er stand Wache, als es passierte, und als es herauskam, hätte er die Verantwortung übernehmen müssen. Ich kann mir nicht vorstellen, daß so etwas hätte vorkommen können, als die ›Troika‹, Baker, Meese und Deaver, das Heft in der Hand hatte. Der Westflügel war zu dieser Zeit wesentlich offener, und wenn im Weißen Haus irgend jemand mit falschen Karten gespielt hätte, wäre das ans Licht gekommen – und ganz sicherlich hätte Ronnie davon erfahren. Aber nun lag die gesamte Macht der Troika bei einem einzigen Mann.

In den darauffolgenden Monaten muß ich einige Kilo an Gewicht verloren haben. Ich versuchte zwar zu essen, aber ich brachte nicht viel herunter. Jeden Tag, wenn wir den Fernseher einschalteten, warteten wir mit Sorge darauf, was wir jetzt wieder zu hören bekommen würden. Es war verrückt – ich war auf die Medien angewiesen, wenn ich wissen wollte, was im eigenen Haus vor sich ging. Trotz der acht Jahre in Sacramento und der sechs Jahre in Washington war so eine Situation vollkommen neu für uns. Der gesamte Regierungsapparat schien zum Stillstand gekommen zu sein, und alles drehte sich um den Iran-Contra-Skandal. Täglich wurde Ronnie irgendwelcher Dinge beschuldigt, von denen ich wußte, daß er sie nie tun würde.

Ronnie stand vor einem Rätsel. Er erwartete noch immer, daß sich alles einrenken würde, es eine vernünftige Erklärung für das alles geben würde. Aber er war nicht in der Lage, dem Ganzen ein Ende zu machen oder es selbst in die Hand zu nehmen.

Trotzdem traf er in den ersten Wochen der Krise drei wichtige Entscheidungen.

Zum einen setzte er eine unabhängige dreiköpfige Kommission unter dem Vorsitz von Senator John Tower ein, die Licht in das Dunkel bringen sollte.

Dann schaltete Ronnie David Abshire, unseren Botschafter bei der Nato, ein, um sicherzugehen, daß alle laufenden Untersuchungen — unter anderem die Tower-Kommission und die Ausschüsse des Kongresses — die richtigen Informationen erhielten. Trotz der unvermeidlichen Vergleiche — Iran-Contra war nicht Watergate, und das Weiße Haus Reagans war nicht das Weiße Haus Nixons. Durch seine öffentliche Behandlung des Problems hat Ronnie sich womöglich das Präsidentenamt bewahrt.

Ronnies dritte Entscheidung war, vorerst keine Kommentare zu den belastenden Gerüchten, die jeden Tag aufs neue in Washington die Runde machten, abzugeben. Er wollte abwarten, bis alle Fakten auf dem Tisch lagen und die Tower-Kommission ihren Bericht abgeschlossen hatte. Das erforderte große Zurückhaltung, aber Ronnie wollte nicht ständig in der Situation sein, daß er sich an einem Tag zu Informationen äußerte, die sich am nächsten womöglich völlig anders darstellten. Kurz gesagt: Ronnie wollte keine Pressekonferenz geben, bevor er nicht einige Antworten hatte.

Ronnie war in eine schlimme Zwickmühle geraten: Hätte er sich öffentlich zu dem Thema geäußert, dann wäre er damit das Risiko eingegangen, daß neue Informationen seiner Darstellung widersprachen. Dadurch, daß er schwieg, entstand jedoch ein Vakuum und bei vielen Leuten der Eindruck, er hätte etwas zu verbergen.

Es war fuchtbar für uns beide, all diese langen Monate einfach abzuwarten, während Ronnie angeklagt wurde, er hätte heimlich Verhandlungen geführt und sich an verdeckten Operationen beteiligt. Ronnie hatte immer als integer gegolten, und es traf ihn zutiefst, daß er nun erleben mußte, wie seine Aufrichtigkeit Tag für Tag mehr in Frage gestellt wurde. Zu dieser Zeit ging ein großer Teil der Öffentlichkeit davon aus, Ronnie müsse einfach alles wissen. Doch sogar heute, wenn dieses Buch in Druck geht, sind einige Fakten der Iran-Contra-Affäre noch immer umstritten.

Es war eine düstere und schmerzliche Zeit, und sie dauerte Monate. Immer wenn ich eine Zeitung in die Hand nahm oder den Fernsehapparat einschaltete, dröhnte da das gleiche Trommelfeuer. Meine alten Freunde riefen oft an und sprachen mir Mut zu: Kay Graham, Meg Greenfield, George Will, Mike Wallace und

Dick Helms. »Ich habe so etwas selbst einmal durchgemacht«, sagte Dick, der sich auf die Zeit des Watergate-Skandals bezog, »und Sie müssen es einfach durchstehen. Ich weiß, wie schmerzlich und schwierig das ist.« Ich bekam zu jener Zeit sehr viel Unterstützung von anderen Menschen. Manchmal wußten sie nicht recht, was sie zu mir sagen sollten, aber sie ließen mich ihre Anteilnahme spüren.

Am ersten Dezember 1986 zeigte eine Umfrage der *New York Times* und des CBS, daß Ronnies Beliebtheit *in nur einem Monat* von 67 Prozent auf 46 Prozent gefallen war. Ganz gleich, wie oft er auch versicherte, von der Aufteilung der Gelder nichts gewußt zu haben, immer schlug ihm der Vorwurf entgegen: *O doch, Sie haben.*

Angesichts dieses Drucks auf den Präsidenten wurde das Problem mit Donald Regan ernster. Man erzählte mir, daß bei einer Sitzung das gesamte Kabinett Don gebeten habe, sein Amt niederzulegen. Der Kongreß konnte nichts mit ihm anfangen, und sowohl öffentlich als auch privat verlangten Mitglieder des Repräsentantenhauses und des Senats seinen Rücktritt. Sogar Senator Orrin Hatch, ein konservativer Republikaner aus Utah, sagte, Don solle seinen Hut nehmen.

Im Gegensatz zu manchen Berichten schmiedete ich kein Komplott, um Don Regan loszuwerden. Es gab keine Verschwörung. Ich machte auch nicht mit irgend jemandem gemeinsame Sache, um ihn zu stürzen. Das war überhaupt nicht nötig. Ende 1986 wollte halb Washington, daß er ging.

Am Abend des 4. Dezember 1986 fand in unserer Wohnung im Weißen Haus ein ungewöhnliches Treffen statt. Michael Deaver, der genauso wie ich befürchtete, Ronnie könnte in die Isolation geraten, hatte ohne viel Aufhebens zwei Gäste eingeladen, um die gegenwärtige Situation mit dem Präsidenten zu diskutieren. Einer war William Rogers, der unter Nixon Außenminister gewesen war. Der andere war Robert Strauss, ein bekannter Vertreter der Demokraten und früherer Vorsitzender seiner Partei. Mike hoffte, daß Ronnie neue, aufrichtige Ratschläge von zwei Männern zu hören bekommen würde, die einen ausgezeichneten Ruf genossen und selbst nicht in die Sache verwickelt waren. Die beiden — ein Republikaner und ein Demokrat — waren bereits sehr lange in Washington. Sie würden — so hoffte Michael — mit Ronnie offen über die politische Krise reden. Normalerweise war ich bei Ronnies politischen Terminen nicht dabei, doch die Situation damals war eine besondere, die Zusammenkunft fand in unseren Privaträumen statt, und ich hatte ein sehr großes Interesse an dem Gespräch.

Bill Rogers sagte nicht viel an dem Abend. Das Problem Don Regan sei zu handhaben, und es würde sich bald von selbst lösen – das war die Quintessenz seiner Worte.

Robert Strauss dagegen hatte viel zu sagen. »Mr. President«, begann er in seinem gedehnten texanischen Dialekt, »lassen Sie mich von dem Tag erzählen, an dem ich zum erstenmal hier in dieser Wohnung war. LBJ war Präsident, und einige von uns kamen hierher, um mit ihm über Vietnam zu reden. Als ich an der Reihe war, hielt ich mich zurück. Ich sagte dem Präsidenten nicht, was ich wirklich dachte. Statt dessen erzählte ich ihm das, wovon ich glaubte, daß er es hören wolle.

Als ich in dieser Nacht heimfuhr, kam ich mir vor wie eine Zwei-Dollar-Hure. Und ich nahm mir damals fest vor: Sollte jemals wieder ein Präsident so dumm sein und mich nach meiner Meinung fragen, dann werde ich mehr Rückgrat beweisen. Mit Präsident Carter habe ich viele Dinge besprochen und dabei nie mit meiner Meinung hinterm Berg gehalten.

Ich liege nicht mit Don Regan im Streit«, fuhr Strauss fort. »Doch Ihnen machen zur Zeit zwei sehr ernsthafte Probleme zu schaffen, und er ist Ihnen bei keinem von beiden eine wirkliche Hilfe. Zum einen haben Sie ein politisches Problem dort oben auf dem Hügel, im Capitol, und Don Regan hat keine guten Kontakte dort, und schon gar keine Verbündeten. Zum anderen haben Sie ein ernsthaftes Problem mit den Medien, und Regan hat auch in diesen Kreisen keine Freunde. Es spielt keine Rolle, wie gut er es meint oder wie gern Sie ihn mögen oder wie glänzend Sie beide miteinander auskommen. Er ist einfach nicht der Mann, den Sie jetzt brauchen. Sie sitzen verdammt tief in der Klemme, Mr. President, und Sie brauchen einen Stabschef, der Ihnen da wieder heraushilft.«

Nie zuvor hatte ich gehört, daß irgend jemand, der nicht zu Ronnies engstem Beraterkreis gehörte, gegenüber meinem Mann einen solchen Ton anschlug wie Bob Strauss an diesem Abend. Einige Stunden danach rief ich Bob deshalb zu Hause an und bedankte mich bei ihm für seinen Mut, Ronnie offen zu sagen, was er dachte und was er von ihm erwartete. Kein anderer tat das.

Leider folgte Ronnie Bobs Ratschlägen nicht. Irgendwann in jener Zeit fragte ich ihn: »Ich hatte recht, was Stockman anging.

Ich hatte recht, was Bill Clark anging. Warum hörst du nicht auf mich, was Don Regan angeht?«

Doch Ronnie glaubte bis zum Schluß, die Probleme mit Don würden sich von selbst erledigen. Soviel zu der Macht und dem Einfluß, die ich angeblich besitze.

Dann, als ob wir in diesem Monat nicht schon genug Probleme gehabt hätten, brach William Casey in seinem Büro zusammen. Als Direktor des CIA wußte Casey möglicherweise soviel wie sonst niemand über die Iran-Contra-Affäre. Doch nun diagnostizierten die Ärzte bei ihm einen gefährlichen Gehirntumor, der operiert werden mußte. Plötzlich war eine der wichtigsten Figuren in dem Drama weg von der Bühne – möglicherweise für immer.

Wenn ich an diese Zeit zurückdenke, dann erstaunt es mich, daß anscheinend niemand über die Langzeitwirkungen von Bill Caseys Krankheit nachdachte, und welchen Einfluß sie möglicherweise auf sein Urteilsvermögen in den Monaten vor ihrer Entdeckung gehabt hatte. Ich machte mir damals schon darüber Gedanken, was sicherlich damit zusammenhängt, daß mein Vater Neurochirurg war. Doch erst als ich das Buch *Revolution* las, das Martin Anderson über Ronnies Präsidentschaftszeit geschrieben hatte, sah ich meinen Verdacht von jemand anderem bestärkt. Wie Anderson erklärt, hat ein Gehirntumor, der das Lymphdrüsensystem angreift – darunter litt Casey –, Auswirkungen auf die linke Gehirnhälfte – auf die Seite also, die für das Urteilsvermögen zuständig ist. Gehirntumore wachsen langsam und heimtückisch, und wenn sie sich ausbreiten, dann können sie Paranoia, Mißtrauen und Argwohn hervorrufen. Da sie kaum einmal frühzeitig entdeckt werden, können sie sich über Monate und durchaus auch über zwei Jahre unbemerkt entwickeln.

»Ist es möglich«, schrieb Anderson, »daß Bill Caseys Denkvermögen, seine Urteilskraft, seine Fähigkeit zu differenzieren, die richtigen Schlüsse zu ziehen und klar zu denken, im Verlauf der Iran-Contra-Affäre immer stärker beeinträchtigt waren? Wenn die Symptome schleichend einsetzten, vielleicht schon zwei Jahre, bevor der Tumor diagnostiziert wurde, dann wäre sein Gehirn von Anfang 1985 an in Mitleidenschaft gezogen worden. Im Sommer und Herbst 1985, als der Plan, Waffen an den Iran zu verkaufen, Lösegeld zu zahlen und heimlich Geld für die Contras abzuzweigen, Gestalt annahm, war Casey möglicherweise bereits den verheerenden Wirkungen dieser Krebserkrankung ausgeliefert, litt er vielleicht unter Gedächtnisschwund und traf falsche Entscheidungen.«

Ich glaube, daß Martin Anderson mit seiner Vermutung recht hatte. Nachträglich ist man ja immer klüger als zuvor, und mir ist heute klar, daß von Bill Casey einige warnende Signale ausgingen, die wir übersahen. 1986 war seine Aussprache noch undeutlicher geworden, als sie sowieso schon war, bis es schließlich für Ronnie äußerst schwierig war, ihn zu verstehen. (Casey war immer schwierig zu verstehen gewesen, und ich fragte mich öfter, ob er das nicht teilweise beabsichtigte. »Ich konnte ihn *nie* verstehen«, sagte Bob Dole einmal zu mir.) Er war außerdem jähzornig und aufbrausend geworden, es wurde ständig schwieriger, mit ihm umzugehen. Dann, im November, einen Monat bevor der Tumor entdeckt wurde, schrieb er Ronnie einen Brief, in dem er ihm riet, George Shultz durch Jeane Kirkpatrick zu ersetzen, weil auf George angeblich nicht genug Verlaß war!

Ich glaube, daß Bill Casey sehr intensiv mit der Iran-Contra-Affäre befaßt war in einer Periode, in der er nicht mehr klar denken konnte, und daß er Entscheidungen traf, die er als gesunder Mensch niemals getroffen hätte. Als er kurz vor seiner Operation aussagte, erzählte er nicht die ganze Wahrheit. Ich glaube, daß sein Urteilsvermögen beeinträchtigt war und daß er lange Zeit Dinge tat, von denen niemand sonst auch nur ahnte.

Sowohl Ronnie als auch ich versuchten, mit Sophia Casey Kontakt aufzunehmen, um ihr unsere Anteilnahme auszusprechen. Einmal erwischte ich Sophia, obwohl die Caseys eigentlich keine Anrufe entgegennahmen – nicht einmal von alten Freunden wie Charles und Mary Jane Wick. (Ronnie und ich zählten entgegen anderslautender Presseberichte nicht zu ihren alten Freunden.) Sophias Stimme klang zuversichtlich, ich dagegen – ich kannte mich ja ein wenig mit Neurochirurgie aus – wußte, wie ernst sein Zustand wirklich war.

Da Casey im Krankenhaus lag, war die CIA ohne Direktor. Ich war der Ansicht, daß dieser ausgesprochen delikate Posten so schnell wie möglich wieder besetzt werden sollte, besonders während einer Regierungskrise. Doch Don, der ursprünglich auf Caseys Vorschlag in die Regierungsmannschaft aufgenommen worden war, hielt meinen Wunsch für grausam, Casey noch vor Weihnachten zu entlassen. Das hatte keineswegs in meiner Absicht gelegen, ich hatte nur das Gefühl, daß schleunigst etwas geschehen mußte.

Ich hatte damals den Eindruck, daß Don mehr daran interessiert war, Bill Casey zu schützen als Ronnie und das Land, und während eines unserer Telefongespräche sagte ich ihm das auch.

Nach monatelangem Krankenhausaufenthalt starb der arme Bill Casey schließlich im Mai 1987. Was immer er auch über die Iran-Contra-Affäre wußte, er nahm es mit in sein Grab.

Ronnie und ich fuhren zu seinem Begräbnis nach Long Island, das zu einem bizarren Erlebnis wurde. Ich saß zwischen Ronnie und Richard Nixon und während wir auf den Beginn der Messe warteten – Caseys Familie und der Bischof kamen eine halbe Stunde zu spät –, erwähnte Nixon, daß Eisenhower Beerdigungen gehaßt habe. So habe er, Nixon, immer für ihn einspringen müssen. Einmal habe Eisenhower eine Ausnahme gemacht – für John Foster Dulles –, aber das sei's dann auch gewesen.

Der Bischof war angeblich ein alter Freund der Familie. Als er seine Ansprache begann, erwartete ich deshalb, daß er einige persönliche Worte über Bill Casey sagen würde. Doch statt dessen erzählte er von seinen Meinungsverschiedenheiten mit Casey in der Frage der Contras. Ich traute kaum meinen Ohren. Jeane Kirkpatrick war dazu ausgewählt worden, die Grabrede zu halten, und während der Bischof redete, notierte sie sich ständig etwas auf ihrem Block, anscheinend Punkte, auf die sie eingehen wollte.

Sie hielt eine wunderbare Rede. Als sie geendet hatte, klatschten alle Beifall, sogar der Priester. Es war das erste Mal, daß ich in einer Kirche Applaus hörte – und es schien besonders erstaunlich bei einer Beerdigung –, aber die Anwesenden hatten offensichtlich Anstoß an der Rede des Bischofs genommen. Vernon Walters war so verärgert, daß er dem Bischof einen scharf formulierten Brief schrieb, von dem er eine Kopie an den Vatikan schickte.

Im Dezember, nachdem Don Regan und ich wegen Casey aneinandergeraten waren, verschlechterte sich unser gespanntes Verhältnis weiter. An Weihnachten ruhen normalerweise selbst in Washington politische Intrigen und Fehden, doch 1986 war dies gewiß nicht der Fall. Kurz vor Weihnachten wurde die Geschichte verbreitet, daß Ronnie und ich uns wegen Don gestritten hätten und daß Ronnie angeblich zu mir gesagt hätte: »Rutsch mir doch den Buckel runter.«

Nun, es *gab* wegen Donald Regan einige Spannung zwischen uns, aber Ronnie und ich reden einfach nicht in einem solchen Ton miteinander.

Doch kaum ist so eine Geschichte in Umlauf, entwickelt sie, wie ich bereits sagte, ein Eigenleben. Kurz nachdem diese Sache veröffentlicht worden war, führte ich eine große Gruppe Reporter durch das Weiße Haus, um ihnen die Weihnachtsdekoration zu zeigen. Irgendwann fragte Sam Donaldson unvermittelt: »Stimmt es, daß Sie und Ihr Mann einen Streit hatten und daß er dabei zu Ihnen sagte, Sie sollten ihm den Buckel runterrutschen?«

»Nein«, erwiderte ich.

»Streiten Sie denn niemals?« fragte er.

»Wir haben unsere Meinungsverschiedenheiten wie jedes andere Ehepaar auch, aber keine Auseinandersetzungen der Art, von der Sie reden«, antwortete ich.

Dann fragte Don Wallace: »Sollte Don Regan Ihrer Meinung nach gefeuert werden?«

Das war zuviel.

»Hören Sie mal«, erwiderte ich. »Es ist schließlich Weihnachten.«

Damit war Schluß – fürs erste.

In derselben Woche besuchten Ronnie und ich die jährliche Aufführung von ›Weihnachten in Washington‹. Als wir nach Schluß der Vorstellung auf die Bühne kamen, küßte mich eine Frau vom Shiloh-Baptisten-Chor und sagte: »Sie haben ja ganz schöne Schwierigkeiten. Aber es wird alles gut werden.«

Dieser Zuspruch bedeutete mir sehr viel. Doch dann, als ich einen Blick ins Publikum warf, sah ich als allererstes Ben Bradlee, den Herausgeber der *Washington Post*. Ich spürte, wie mich der Mut verließ. Das war der Mann, der erst kurz zuvor zur Iran-Contra-Affäre geäußert hatte: »Soviel Spaß habe ich seit Watergate nicht mehr gehabt.«

Wie hatte er nur so etwas Schreckliches sagen können? *Spaß?* Ich werde diese Bemerkung nie verstehen. Ich kannte Bradlee schon von früher her und hatte ihn immer für sehr nett gehalten. Doch er war mit Sally Quinn verheiratet, die einen sehr negativen Artikel über mich in der *Washington Post* geschrieben hatte. Und ich fragte mich oft, ob ihm vielleicht meine Freundschaft mit Kay Graham ein Dorn im Auge war.

Anfang 1987 mußte Ronnie wegen einer Prostataoperation ins Krankenhaus. Nach dem Eingriff stritten Don und ich wieder über die Dauer der Genesungszeit. Don war entschlossen, eine Pressekonferenz über die Iran-Contra-Affäre anzusetzen. Ronnie war dagegen, denn noch immer lagen zu viele Dinge im dunkeln. Ich war aus medizinischen Gründen dagegen und die Ärzte ebenso. Wir kannten genug Männer, die sich dieser Operation unterzogen hatten und zu schnell wieder gesund sein wollten. Das einzige, was sie erreicht hatten, war, daß sie mit einem Rückfall erneut im Krankenhaus lagen.

Nach einer größeren Operation rechnet man normalerweise mit einer Genesungszeit von sechs Wochen. Und hier ging es um einen Mann Ende Siebzig, der schon einmal niedergeschossen worden war, der bereits eine Krebsoperation hinter sich hatte und außerdem gerade unter einem enormen politischen Druck stand.

Eine Rede zu halten ist schon anstrengend genug, aber die Anforderungen einer Pressekonferenz sind wirklich gewaltig. Die Ärzte hatten nicht einmal gewollt, daß Ronnie drei Wochen nach der Operation den Bericht zur Lage der Nation gab, aber Ronnie war so entschlossen, diese Rede zu halten, daß er sich über alle Einwände hinwegsetzte. Glauben Sie mir, in dieser Nacht waren einige Leute im Publikum sehr nervös, einschließlich der Ärzte und – Sie haben es erraten! – mir.

Im Februar gab Don Regan bekannt, daß Ronnie Ende des Monats eine Pressekonferenz geben würde. Ich war fürchterlich wütend, und am 8. Februar hatten wir am Telefon eine hitzige Auseinandersetzung darüber. Als klar war, daß ich seinen Entschluß nicht würde ändern können, sagte ich: »Okay, Sie werden Ihre verdammte Pressekonferenz bekommen!«

»Darauf können Sie Gift nehmen!« gab er mir zur Antwort. Dann hängte Don Regan einfach auf.

Bereits ein andermal, während eines ähnlichen Streits nach Ronnies Krebsoperation, hatte er mitten im Gespräch aufgelegt, aber ich hatte es Ronnie gegenüber nicht erwähnt. Das ist vielleicht ein Gefühl! Man steht da, hält ein stummes Telefon in der Hand und kann absolut nichts tun. Das kann einen wirklich auf die Palme bringen. Man möchte am liebsten das Telefon schütteln und brüllen: »Rede gefälligst mit mir!«

Einige Tage danach rief Don mich an und sagte: »Meine Frau sagte, ich hätte nicht einfach auflegen sollen, als ich mit Ihnen telefonierte.«

Und ich antwortete: »Stimmt, das hätten Sie nicht tun sollen. Und tun Sie das auch nie wieder.«

Am liebsten hätte ich ja etwas anderes gesagt: »Muß Ihnen erst Ihre Frau sagen, daß man nicht einfach auflegt, wenn man mit jemandem telefoniert?«

Schließlich erzählte ich Ronnie davon.

Inzwischen gab es neuere Entwicklungen an der Iran-Contra-Front. Am 9. Februar, als ich gerade auf dem Weg zu einer Rede in Los Angeles war, hörte ich, Bud McFarlane habe eine Überdosis Valium genommen und liege im Krankenhaus. Als ich Ronnie vom

Hotel aus anrief, erklärte er mir, Bud habe versucht, sich das Leben zu nehmen. Der Arme hätte am Tag darauf vor der Tower-Kommission aussagen sollen.

Als ich dann nach Washington zurückgekehrt war, informierte mich Ronnie darüber, daß die Tower-Kommission die Herausgabe ihres Berichtes bis zum 26. Februar hinausgeschoben habe, weil sich neue Erkenntnisse über Oliver North ergeben hätten. Unter anderem hatte North behauptet, er hätte einige Wochenenden mit uns in Camp David verbracht. Aber er war niemals in Camp David dabei. Er hatte auch gesagt, er habe öfter mit Ronnie im Oval Office unter vier Augen gesprochen. Auch das war nie vorgekommen. Und er hatte offensichtlich den Iranern erzählt, Ronnie sei daran interessiert, daß sie den Krieg gegen den Irak gewinnen. Aber so etwas hatte Ronnie nie gesagt. Seine Position war immer die gleiche geblieben: keine Gewinner, keine Verlierer.

Das Problem Don Regan erreichte schließlich während der zweiten Februarhälfte seinen Höhepunkt. Auch hier zitiere ich aus meinem Tagebuch:

13. Februar: Heute, in Camp David, sprach ich mit Ronnie über Don Regan. Zum ersten Mal hatte ich das Gefühl, daß er mir richtig zuhörte. Ich erzählte ihm nochmals, wie enttäuscht ich über die ganze Situation bin und daß die Stimmung im Büro auf dem Nullpunkt angelangt ist.

Als wir an diesem Abend im Bett lagen, redeten wir noch einmal kurz darüber. Ronnie weiß anscheinend nichts von Dons Auseinandersetzung mit Mermie, und so werde ich ihm wohl davon erzählen müssen. Er sollte über diese Dinge Bescheid wissen.

[Als Maureen Don erzählte, wie die Regierung ihrer Ansicht nach im Kongreß eine Mehrheit in der Contra-Geschichte bekommen könnte, war Don explodiert. »Verdammt noch mal!« sagte er. »Was glauben Sie eigentlich, wer Sie sind? Sie haben jetzt lange genug versucht, den Westflügel zu beherrschen, und überhaupt sind Sie eine blöde Ziege.«]

16. Februar: Mermie hat mit Ronnie gesprochen und ihm von ihrer Unterhaltung mit Don Regan erzählt. Ich glaube, Ronnie versteht jetzt endlich, daß es da ein ernsthaftes Problem gibt und daß er irgend etwas unternehmen muß.

17. Februar: In den Abendnachrichten wurde heute behauptet, daß Don und ich nicht mehr miteinander reden, weil ich will, daß er geht. Es stimmt, daß wir nicht miteinander reden, und ich will tatsächlich, daß er geht. Aber das ist nicht der Grund, warum wir nicht miteinander reden.

18. Februar: Die Journalisten stellen eine Menge Fragen wegen der Sache mit dem Iran und über das Verhältnis zwischen Don und mir. Ronnie ließ heute zum erstenmal offen, ob Don gehen wird. Als die Reporter ihn fragten, ob Don weiterhin bleiben würde, antwortete Ronnie: »Nun, das hängt ganz von ihm selbst ab. Ich habe schon immer gesagt: Wenn irgend jemand, den ich in meine Mannschaft geholt habe, den Wunsch hat, sich wieder ins Privatleben zurückzuziehen, dann ist das seine eigene Angelegenheit, und ich würde niemals versuchen, es ihm auszureden.«

Das war ein Wink mit dem Zaunpfahl, aber ich glaube nicht, daß Don ihn verstehen will.

Ronnie und ich haben erneut über die Sache mit Don Regan geredet. Sogar Rex [Scouten] ist deswegen schon zu mir gekommen. Er kann auch nicht mit ihm zusammenarbeiten. Niemand kann das, aber keiner traut sich, es Ronnie zu sagen.

Der Bericht der Tower-Kommission kommt am sechsundzwanzigsten heraus, und Don will, daß Ronnie am siebenundzwanzigsten eine Fernsehansprache hält. Allmächtiger Gott! Man kann eine gute Rede doch nicht in vierundzwanzig Stunden vorbereiten! Das weiß doch jedes Kind.

John Herrington [der Energieminister] hat Ronnie wegen Don einen Besuch abgestattet, und ich ließ sie allein. Irgendwie scheint Ronnie die Sache jetzt gelassener zu sehen, fast als habe er bereits eine Entscheidung getroffen.

20. Februar: Bevor Ronnie heute morgen das Haus verließ, fragte ich ihn, ob das noch lange weitergehen würde, und er sagte: Nein. Ich hoffe, das bedeutet das, was ich glaube, daß es bedeutet.

Richard Nixon hat angerufen: Für den Fall, daß Ronnie wünscht, daß er mit Don über seine Entlassung redet, sei er gerne dazu bereit.

Gestern kam in den Nachrichten, daß Don bei einem Telefongespräch mit mir einfach aufgelegt hat. Das sei der Grund, warum wir nicht mehr miteinander reden. Jeder will ihn loswerden.

Die Leute sind sehr lieb zu mir, aber ich habe das Gefühl, einen

Alptraum zu erleben — einen langen Alptraum, der kein Ende nehmen will. Und ich kann noch nicht einmal Licht am Ende des Tunnels sehen. Ich frage mich allmählich, ob das alles bis zum Ende von Ronnies Amtszeit so weitergehen wird. O Gott, ich hoffe nicht.

Mein Streit mit Don war heute Thema einer Titelgeschichte der *New York Times*. Der Artikel begann mit dem Satz: »Zwei der engsten Berater von Präsident Reagan, Nancy Reagan und Donald T. Regan, haben anscheinend den Punkt erreicht, daß sie sich nicht mehr ausstehen können.«

Fahrt nach Camp David. Mike Wallace rief an, und ich sagte zu ihm, er möge Chris [Wallace, seinem Sohn] doch bitte mitteilen, daß ich die Geschichte, wie Don aufgelegt hatte, *nicht* an die Presse habe durchsickern lassen. [In den *NBC Nightly News* hatte Chris Wallace eine ›Quelle‹ zitiert, die ›Mrs. Reagan sehr nahe steht‹, so als hätte ich die Geschichte bewußt lanciert, um Don zum Rücktritt zu zwingen.] Mike rief Chris an und sagte ihm das. Chris erzählte Mike, er habe seine Informationen aus zwei verschiedenen Quellen, und er könne sich nicht vorstellen, daß ich die Vorkommnisse diesen Leuten nicht selbst erzählt hätte in der Hoffnung, sie würden sie an die Presse weitergeben. Ich erklärte Mike, daß das nicht meine Art sei, was Mike bereits wußte.

21. Februar: [In Camp David] Ronnie und ich gingen nach dem Mittagessen spazieren. Viele Anrufe, alle wegen Don Regan. Ronnie will seine Rede unbedingt am siebenundzwanzigsten halten. Ich verstehe seinen Wunsch, sich öffentlich zu äußern, nachdem er so lange Zeit überhaupt nichts dazu sagen konnte. Aber wie kann man eine gute Rede innerhalb von vierundzwanzig Stunden vorbereiten?

ABC hat heute gemeldet, daß Regan eine Überprüfung von Ronnies Rolle in der Iran-Affäre angeordnet hat. O Mann! Das Klima in dieser Stadt ist wirklich rauh, und man muß ganz schön stark sein, wenn man hier überleben will.

22. Februar: Das dürfte eine ereignisreiche Woche werden. Ich hoffe nur, daß die Geschichte mit Don sich morgen klärt und daß Ronnie hart bleibt. Wir nähern uns dem Höhepunkt.

Ich freue mich nicht auf das Dinner der Gouverneure heute abend [es findet jedes Jahr im Weißen Haus statt], denn die Presse wird sicherlich über uns herfallen. Ich wünsche mir fast, Cuomo würde auch kommen und damit einen Teil der Aufmerksamkeit auf sich lenken. [Damals gab es eine Menge Spekulationen darüber, ob Mario Cuomo 1988 nun für die Präsidentschaft kandidieren würde oder nicht.]

23. Februar: Ich konnte es kaum glauben, als ich Don Regan im Begrüßungsdefilee vor dem Essen entdeckte. Ich finde das ziemlich geschmacklos von ihm, ich an seiner Stelle hätte das nicht gewagt. Es nehmen immer so viele Leute an diesen Abendessen teil, daß viele Mitarbeiter aus dem Stab sich gar nicht für die persönliche Begrüßung anstellen, weil sie unsere Hände schonen wollen.

Während des Dinners saß ich neben dem Gouverneur von Arkansas, einem sehr netten und liebenswürdigen Demokraten. Sarah Vaughan trat im Unterhaltungsprogramm auf, und es gelang mir, einige Minuten lang alles zu vergessen. »Ich weiß, daß Mrs. Reagan Gershwin mag«, sagte sie. »Und deshalb werde ich jetzt einige seiner Lieder singen.« Niemand kann diese Stücke so vortragen wie sie.

Viel Presse. Ronnie weigerte sich, auf Fragen zu antworten, und sagte, er werde keinen Kommentar abgeben, bis der Bericht der Tower-Kommission vorliege.

Viele Anrufe wegen Donald Regan. Sam Donaldson behauptete, ich sei die treibende Kraft hinter seiner Demission. Ich habe das Gefühl, Dons Leute haben viel Zeit auf Gespräche mit Journalisten verwendet.

Ronnie hat Mermie gestern nacht versprochen, er würde sich heute um das Problem Regan kümmern. Dasselbe sagte er heute morgen zu mir, und ich war den ganzen Tag nicht fähig, mich auf etwas anderes zu konzentrieren.

24. Februar: Beim Mittagessen mit den Gattinnen der Gouverneure erzählte mir Jack Courtemanche, er sei dabeigewesen, als es um die Nominierung Koehlers ging. [John Koehler war Ronnies Favorit für die Nachfolge für Pat Buchanan als Kommunikationsdirektor, bis bekannt wurde, daß Koehler, der in Deutschland aufgewachsen war, im Alter von zehn Jahren einmal kurz der Hitler-Jugend angehört hatte.]

»Ich hatte nichts damit zu tun«, behauptete Don. »Dafür ist der Ostflügel zuständig.« [In anderen Worten Nancy Reagan.]

»Don, wollen Sie tatsächlich, daß das so rüberkommt?« fragte Jack.

Und Don antwortete: »Sie sehen das verdammt richtig. Ich will, daß es so rüberkommt, und es *wird* auch so rüberkommen.«

Das war unnötig – und billig.

[Don sagte damals, er ziehe Stu Spencer für diesen Posten vor. Stu wäre eine gute Wahl gewesen, aber da ich wußte, welche Gefühle er Don gegenüber hegte, war mir klar, daß er das Amt niemals annehmen würde. Und Stu hatte immer gesagt, er würde nie in Washington leben wollen, obwohl er gerne hin und wieder komme, um uns zu helfen.]

Die gesamte Presse war anwesend – Donaldson, Wallace, Plante, Thomas –, kaum der übliche Personenkreis für solche offiziellen Essen.

Danach hatte ich ein Treffen mit Ross Perot. Er erzählte mir Dinge, die so erstaunlich klangen, daß ich sie kaum glauben konnte. [Perot war überzeugt, daß noch immer amerikanische Soldaten, die als vermißt gemeldet waren, in Vietnam seien, und er wollte einen Rettungseinsatz organisieren.] Er hatte Don die Unterlagen darüber gegeben, aber sie waren nie zu Ronnie vorgedrungen. Ich riet ihm, mit Ronnie selbst über die Angelegenheit zu sprechen, und so kommt er morgen noch einmal.

Ronnie kam um fünf Uhr nach Hause. Die Sache ist durchgestanden, und Don wird nächste Woche gehen. Ich kann es kaum glauben – und ich werde es auch nicht glauben, bis es wirklich geschehen ist.

[Aber es passierte tatsächlich. Ronnie setzte ihn unter Druck, und Don erklärte sich einverstanden, in der darauffolgenden Woche, am Montag, den 2. März, seinen Abschied zu nehmen. Tatsächlich hatte Don bereits einige Wochen zuvor ein Rücktrittsgesuch geschrieben. Er erklärte Ronnie, daß er sich ausgebrannt fühle und einige Zeit in Florida verbringen wolle. Aber er habe nicht gehen wollen, bevor nicht der Bericht der Tower-Kommission erschienen war. Er habe befürchtet, es könne sonst so aussehen, als fühle er sich schuldig. Und ganz gleichgültig, welche Auswirkungen das für den Präsidenten haben könnte – Don Regan wollte entlastet sein. Nach wie vor sorgte er sich mehr um seinen eigenen Ruf als um den Ronnies.]

26. Februar: Heute ist der Tower-Bericht erschienen. Ich war gerade auf dem Weg zu einer Grundschule, um dort an einer Veranstaltung über Drogen teilzunehmen, als fünfzig Zeitungsjournalisten und Reporter vom Fernsehen auftauchten. Selbstverständlich nur, weil sie sich so sehr für Drogen interessierten! Auf dem Rückweg hörte ich im Autoradio den letzten Teil der

Übertragung der Pressekonferenz. Tower wurde nach Ronnies Führungsstil gefragt, und er antwortete darauf: »Jeder hat seinen eigenen Stil, und dieser hat sechs Jahre lang gut funktioniert. Was passiert ist, war die Ausnahme von der Regel. Es ist Aufgabe des Stabes, sich dem Stil des Präsidenten anzupassen. Doch man hat ihn eindeutig hängenlassen.«

In dem Bericht wurde Ronnie zwar kritisiert, es kamen aber auch schwere Vorwürfe gegenüber Poindexter und North und ebenso gegenüber Shultz und Weinberger. Außerdem gab er Don die Schuld für das entstandene ›Chaos‹: »Wohl mehr als jeder andere Stabschef der jüngeren Vergangenheit hat er die Kontrolle über den Stab des Weißen Hauses an sich gerissen und versucht, diese Kontrolle auch über den Nationalen Sicherheitsberater auszuüben. Er befaßte sich persönlich mit Angelegenheiten der nationalen Sicherheit und besuchte nahezu alle wichtigen Treffen, welche die Iran-Affäre betrafen. Ebenso wie jeder andere hätte er darauf bestehen müssen, daß gesetzmäßig verfahren wird.«

Nun standen wir vor der Aufgabe, einen Ersatz für Don zu suchen. Ronnies erste Wahl war Drew Lewis, der frühere Verkehrsminister und Präsident der Eisenbahngesellschaft Union Pacific. Lewis selbst stand jedoch nicht zur Verfügung, sondern schlug unseren alten Freund Paul Laxalt vor.

Ein oder zwei Tage später kam Paul, um Ronnie zu sagen, er wisse, daß sein Name als neuer Stabschef gefallen sei, er denke jedoch ernsthaft daran, sich um die Präsidentschaft zu bewerben. Er bot dann an, jederzeit zu helfen, wo er könne, und empfahl Howard Baker.

Ronnie gefiel diese Idee. Obwohl er und Howard nicht immer einer Meinung gewesen waren, hatten sie doch während Ronnies erster Amtszeit, als Baker Vorsitzender der Mehrheitsfraktion im Senat gewesen war, sehr effektiv zusammengearbeitet.

Ich fand, daß Howard Baker eine großartige Wahl sei. Er war ruhig, umgänglich, sympathisch und zurückhaltend. Außerdem verfügte er über ein ausgezeichnetes politisches Gespür. In Journalistenkreisen galt er als glaubwürdiger Gesprächspartner. Und nach drei Amtsperioden im Senat hatte er viele Freunde auf Capitol Hill. Mit Howard würde sich die Situation grundlegend ändern, und wir hätten die Chance, die Stimmung im Weißen Haus wieder zu verbessern.

Und zusätzlich wurde Howards Wechsel ins Weiße Haus aufgrund seiner Rolle bei den Watergate-Hearings als Zeichen von Vertrauen in die Integrität von Ronnies Amtsführung gewertet. Howard war schließlich der Senator, der 1974 moralischen Grundsätzen einen höheren Wert als dem Interesse seiner Partei eingeräumt hatte, indem er die berühmte Frage stellte: »Was hat der Präsident gewußt, und seit wann hat er es gewußt?«

Am 26. Februar rief Ronnie Howard an, um herauszufinden, ob er das Amt annehmen würde. Howard machte gerade Urlaub in Florida, und Joy, seine Frau, erzählte Ronnie, ihr Mann sei gerade mit den Enkelkindern im Zoo.

»Wunderbar«, antwortete Ronnie. »Warten Sie erst mal, bis er den Zoo sieht, den ich vor Augen habe.«

Ronnie und Don hatten vereinbart, Dons Abschied nicht vor Montag, dem 2. März, bekanntzugeben, dem Tag, an dem Howard Baker das Amt übernehmen sollte. Doch irgend jemand ließ es bereits am Freitag an CNN durchsickern. Don hörte es von Frank Carlucci und schickte Ronnie daraufhin ein sehr knapp formuliertes Rücktrittsgesuch. »Dear Mr. President«, schrieb er. »Hiermit lege ich mein Amt als Stabschef des Präsidenten der Vereinigten Staaten nieder.«

CNN rief Elaine an und fragte, was ich dazu sage. Ich gab eine ziemlich nichtssagende Stellungnahme ab, indem ich Elaine bat, ihnen mitzuteilen, daß ich Don viel Glück wünsche und Howard Baker willkommen hieße. CNN gab daraufhin bekannt, ich hätte noch vor Ronnie eine Stellungnahme abgegeben! Elaine kochte vor Wut, weil man sie so benutzt hatte, und ich schrieb Don einen kurzen Brief. Darin erklärte ich ihm, daß man meine Aussage verdreht habe, um den Eindruck zu erwecken, ich hätte ihn hinausdrängen wollen. Wahrscheinlich glaubt Don noch heute, daß ich die Nachricht an die Presse durchsickern ließ. Doch das ist nicht richtig. Übrigens erhielt ich niemals eine Antwort auf meinen Brief.

Trotz allem, was zwischen uns passiert war, bedauerte ich, daß Don Regan das Weiße Haus unter solch unangenehmen Umständen verließ. Doch die Erleichterung darüber war deutlich spürbar, und der Wechsel von Don zu Howard wurde von Demokraten und Republikanern begrüßt. Die Stimmung im Weißen Haus verbesserte sich schlagartig, und alle hatten den Eindruck, als wäre ihnen eine schwere Last von den Schultern genommen. Es kamen viele Anrufe von Leuten, die den Wechsel begrüßten, darunter auch von Margaret Thatcher. Sogar Demokraten und Presseleute riefen mich an, um sich bei mir zu bedanken.

In dieser Nacht schlief ich zum ersten Mal seit Wochen wieder tief und fest.

Doch mit dem Rücktritt von Don waren die Debatten um sein Ausscheiden noch längst nicht zu Ende. Am gleichen Wochenende überbrachte ich der amerikanischen Camping-Vereinigung, die gerade ein Treffen in Washington hatte, eine Grußadresse. Unter anderem erzählte ich, wie sehr ich die Tage auf dem Campingplatz von Kechuwa in Michigami, Michigan, immer genossen hatte, obwohl es dort im See Blutegel gab. Aber wir hätten gelernt, wie man diese Blutegel wieder los wird – man streut einfach Salz darauf, dann fallen sie ab.

Am nächsten Morgen las ich in der Zeitung, daß meine Bemerkung über Blutegel zweifellos eine Anspielung auf Don Regan gewesen sei. Glauben Sie mir, das war das letzte, was ich im Sinn gehabt hatte. Ich hatte nur erzählt, wieviel Spaß mir Zelten immer gemacht hatte. Erneut schrieb ich an Don. Doch wieder bekam ich keine Antwort. Ja, wir hatten unsere Auseinandersetzungen gehabt, aber das hier war eine Frage der Höflichkeit. Ich hörte auch nichts von Don, als ich mehrere Monate später meine Krebsoperation hatte und als wenige Tage, nachdem ich das Krankenhaus verlassen hatte, meine Mutter starb.

Am Montag, dem 2. März, erschien in der *New York Times* ein bitterböser, grausamer Kommentar über mich, verfaßt von William Safire. Ich war bis dahin in der Presse ja schon viele, viele Male angegriffen worden, aber Safires Artikel war einfach unglaublich. FIRST LADY LANDET EINEN COUP lautete die Überschrift. »Zu einer Zeit, in der er unbedingt Stärke demonstrieren müßte«, begann Safire, »wird Präsident Reagan durch die Einmischung seiner Frau in die Politik noch geschwächt und steht jetzt wie ein Waschlappen da.« An einer anderen Stelle war von meiner ›außergewöhnlichen Rachsucht‹ die Rede. Safire nannte mich ›die machthungrige First Lady‹ und eine »Edith Wilson* im Anfangsstadium, nicht gewählt und unverantwortlich, die sich anmaßt, die Maßnahmen und Beschlüsse der Exekutive zu kontrollieren«.

---

* Die Ehefrau des amerikanischen Präsidenten Woodrow Wilson hatte 1919 nach dem Schlaganfall ihres Mannes die Regierungsgeschäfte selbst in die Hand genommen (Anm. d. Übers.)

Das war der bösartigste und unglaublichste Artikel über mich, den ich jemals gelesen hatte – und ich hatte einige gelesen. Auch Ronnie ärgerte sich über den Kommentar; er fand es furchtbar, daß sich ein Mann der Frau eines anderen Mannes gegenüber so verhielt.

Safires Kommentar war so einseitig, daß zwei Tage später im Editorial von *Time* daran Anstoß genommen wurde. Obwohl Safire in diesem Kommentar nicht namentlich genannt wurde, hieß es, es sei »unrealistisch und unvernünftig ... vorzuschlagen, daß die First Lady ihrem Mann keine Ratschläge geben soll. Es ist völlig normal in einer Ehe, daß ein Partner dem anderen mit Ratschlägen zur Seite steht – und daß jeder das Recht hat, den Rat des anderen zu ignorieren.«

Das Editorial schloß mit der Frage: »In welchen Angelegenheiten also sollte die First Lady – wie auch jeder andere – dem Präsidenten Ratschläge erteilen? In allen, in denen er sie hören will.«

Safire war so weit gegangen, daß sogar Judy Mann, eine Kolumnistin der *Washington Post*, die mir normalerweise nicht wohlgesonnen ist, sich veranlaßt sah, mich zu verteidigen. Sie bezeichnete den Artikel als ›bösartigen Kommentar, der unter die Gürtellinie zielte‹ und schrieb:

First Lady Nancy Reagan hat das geschafft, wozu niemand anderer imstande war – nämlich die Regierung von jemandem zu befreien, der den Präsidenten buchstäblich handlungsunfähig machte. Der Stabschef des Weißen Hauses, Donald Regan, bot ständig ein Bild noch nie dagewesener höchster Arroganz, stellte seine eigenen Interessen über die von Präsident Reagan und, ganz sicherlich, über die Interessen des ganzen Landes. Anrufe, Bitten, Meldungen in den Medien und persönliche Interventionen von führenden republikanischen Politikern – nichts konnte den Präsidenten dazu bewegen, ihn zu entlassen.

Die Herren, die den größten Einfluß auf den Präsidenten hätten ausüben können, waren dazu nicht in der Lage. Mrs. Reagan erledigte die Dreckarbeit für sie, und jetzt beschweren sie sich darüber.

Die republikanischen und konservativen Makler der Macht müßten ihr eigentlich Sträuße langstieliger roter Rosen schicken. Statt dessen wird sie dargestellt als machthungrige Drachen-Lady ...

Der Präsident steht keineswegs als Waschlappen da. Er hat eine Frau, die wußte, was zu tun war, und bereit war, die Dreckarbeit zu erledigen. Das macht ihn zu einem ganz schön glücklichen Mann.

Doch die kritischen Stimmen waren noch nicht verstummt. Wenige Tage später sah ich mir in Camp David die Talkshows am Samstagabend an – *Agronsky & Company* und die *McLaughlin Group*. Sie rissen mich buchstäblich in Stücke. Sie ist eine Drachen-Lady, hieß es da. Sie hatte ja durchaus das Recht, über Don Regan zu denken, was sie wollte, aber sie hätte ihre Gedanken nicht in die Öffentlichkeit tragen sollen.

Doch ich habe sie *nicht* an die Öffentlichkeit getragen. Ich habe mit keinem einzigen Reporter über Don Regan gesprochen. Mit Ronnie habe ich mich einige Male über dieses Thema unterhalten, mit Pressevertretern niemals.

Am 20. März machte Phil Donahue eine Sendung über mich, und zwar zusammen mit Evans und Novak, dem Kritiker William Raspberry und einem Autor aus Boston, der sowohl Ronnie als auch mich zu hassen schien. Es war nicht schön. Da war Phil, der große Feminist, der über die First Lady herzog, aber keine einzige Frau auch nur einlud.

Doch nicht die gesamte Reaktion war negativ. Bei einem Abendessen für neugewählte Kongreßmitglieder kam Barbara Mikulski, eine demokratische Senatorin aus Maryland und eine sehr liberale Frau, auf mich zu, um mir zu danken. Ich hätte genau das getan, was im Fall Regan zu tun war, erklärte sie. Eine Menge anderer Leute sagten das gleiche, worauf ich mich wieder besser fühlte, besonders nach der Safire-Kolumne.

Am 5. März, dem Tag nach Ronnies Rede zum Tower-Report, trat Ken Bode in der Sendung *Today* auf, um diese Rede mit David Broder und Jack Kilpatrick zu diskutieren. »Ich würde gerne kurz etwas zu Mrs. Reagan sagen«, sagte Bode. »Ich glaube, sie muß zur Zeit ganz schön Prügel einstecken. Sehen wir doch einmal den Tatsachen ins Auge: Was mit Donald Regan passiert ist, war doch genau das, was jeder sich gewünscht hatte, und ich glaube die Bürger der Vereinigten Staaten sollten ihr dafür dankbar sein.«

Ich wäre fast aus dem Bett gefallen! Manchmal bekommt man Unterstützung von der Presse, wenn man es am wenigsten erwartet.

Die Kommentare und Debatten gingen noch wochenlang weiter. Als Vic Damone einmal ins Weiße Haus kam, um für die Sendung ›In Performance at the White House‹ mit Rodgers und Hart zu proben, nahm er mich beiseite und sagte: »Ich weiß ja nicht, was Sie über Lee Iacocca denken, aber er war kürzlich bei mir zu Gast, und als ich ihm erzählte, ich würde hierherkommen, da meinte er:

›Richten Sie dem Präsidenten aus, daß ich jederzeit komme, falls er mich mal brauchen kann. Aber ich will verdammt sein, wenn ich dieses Haus jemals betrete, solange dieser Hurensohn von Regan noch dort sitzt.‹«

Solche Ausmaße hatte es schon angenommen.

17

❧⸎❧

Die Russen

Jeder, der Ronnies Gipfeltreffen mit Michail Gorbatschow verfolgt hat, mußte den Eindruck gewinnen, daß es dabei im wesentlichen um zwei Themenbereiche ging: um die Beziehungen zwischen den beiden Supermächten und um die Beziehungen zwischen den beiden Frauen. Bei meinen Begegnungen mit Raissa Gorbatschowa wurde jede Nuance genauestens registriert. Jedes unserer Zusammentreffen wurde als ein Kräftemessen ausgelegt. Jedesmal, wenn wir zusammen auftraten, sah man uns als Konkurrentinnen in einem internationalen Spektakel an. Wenn man es genau bedenkt, war das Ganze höchst lächerlich.

Spielte es denn wirklich eine Rolle, welches Kleid oder welche Ohrringe wir trugen? Hatte es denn irgendeine Bedeutung, ob ich mit Raissa Freundschaft schloß? Offensichtlich doch nicht. Denn das einzige, was bei diesen Gipfeltreffen zählte, war, was die beiden Staatsoberhäupter entschieden und wie *sie* miteinander auskamen.

Glücklicherweise kamen Ronnie und Michail Gorbatschow ausgezeichnet miteinander aus. Was dagegen die Frauen betrifft — nun, Raissa und ich hatten da unsere Probleme. Man steckte uns zusammen, obwohl wir nur wenige Gemeinsamkeiten und zudem eine vollkommen unterschiedliche Weltanschauung hatten. Nachdem dann erst einmal klargeworden war, daß unsere Treffen nicht reibungslos verliefen, vergrößerte sich das Interesse der Medien noch.

Ronnie hatte eigentlich nicht beabsichtigt, fünf Jahre zu warten, bis er sich endlich mit seinem sowjetischen Gegenspieler traf. Doch die sowjetischen Staatschefs starben immer so schnell – zuerst Breschnew, dann Andropow und schließlich auch Tschernenko –, daß wir uns allmählich fragten, ob überhaupt einer so lange dableiben würde, daß wir etwas Konstruktives in Angriff nehmen konnten.

Angesichts der brisanten weltpolitischen Lage war die Vorstellung einfach absurd, daß die beiden bis an die Zähne bewaffneten Supermächte sich nicht an einen Tisch setzen und miteinander reden konnten. Ich ermutigte Ronnie, sich so schnell wie möglich mit Gorbatschow zu treffen, besonders als ich herausfand, daß einige Mitglieder seiner Regierung solchen Gesprächen nicht gerade aufgeschlossen gegenüberstanden. Ja, richtig, ich habe Ronnie ein wenig in diese Richtung geschubst. Aber er hätte sich nie mit Gorbatschow getroffen, wenn er es nicht auch selbst gewollt hätte.

Insgesamt trafen sich die beiden Staatsoberhäupter viermal: in Genf 1985, 1986 in Reykjavik, in Washington 1987 und in Moskau 1988. Ich begleitete Ronnie dreimal, und jedesmal machten Raissa und ich Schlagzeilen. Zum Teil lag das daran, daß die Unterredungen unter Ausschluß der Öffentlichkeit stattfanden, so daß Tausenden von Reportern der Stoff ausging. Da kamen wir ihnen gerade recht. Doch in Wirklichkeit waren Raissa und ich nur eine kleine Fußnote zu großen Ereignissen. Allerdings spielt sie in meinen Erinnerungen an die Gipfeltreffen eine wichtige Rolle, und ich glaube, was eine Beurteilung der russischen First Lady betrifft, kann man sich getrost auf mich verlassen.

Zum erstenmal begegneten wir uns in Genf; ich hatte sie in unser dortiges Domizil zum Tee eingeladen. Als sie vor mir stand, war ich überrascht. Sie war kleiner, als ich angenommen hatte, und ihr Haar wirkte leuchtender rot als im Fernsehen. (Mit den Jahren nahm die rote Farbe in ihrem Haar ab.) Doch außer von Bildern her wußte ich so gut wie nichts über sie.

Das ist recht ungewöhnlich. Normalerweise lese ich etwas über die Gattin eines Staatsoberhaupts, bevor ich sie treffe. Doch Michail Gorbatschow war 1985 vollkommen unerwartet an die Macht gekommen, und Raissa war ein unbeschriebenes Blatt. Sie hatte noch kein einziges Interview gegeben. Niemand wußte, wie alt sie war. Man vermutete, daß sie eine Tochter und zwei Enkelkinder hatte, doch war sich keiner dessen sicher. Praktisch das einzige, was man wußte, war die Tatsache, daß sie an einer Schule unterrichtet und an der Moskauer Staatsuniversität Vorträge über marxistische Philosophie gehalten hatte.

Während ich versuchte, mich über Raissa Gorbatschowa zu informieren, fragte ich mich, wie es ihr wohl ergehen würde, wenn sie versuchen sollte, etwas über mich herauszufinden. Ich stellte mir einen riesigen Lkw vor, der, mit Stapeln von Büchern, Artikeln, Persönlichkeitsanalysen und Interviews beladen, vor der Wohnung der Gorbatschows in Moskau vorfuhr. Es würde Wochen dauern, bis sie alles durchgearbeitet hätte.

Das ist einer der Hauptunterschiede zwischen den beiden Gesellschaftsordnungen, und deshalb war die Kommunikation zwischen uns nicht einfach. Es gibt im Russischen nicht einmal ein Wort für ›First Lady‹. Ehe Gorbatschow an die Macht kam, waren die Frauen der sowjetischen Staatschefs sowohl im eigenen Lande als auch im Ausland nahezu unbekannt. Fast niemand wußte, daß Andropow überhaupt verheiratet war, bis seine Frau auf seiner Beerdigung zum erstenmal öffentlich auftrat.

Ich habe bereits erwähnt, daß ich auf das Leben im Weißen Haus nicht vorbereitet gewesen war, doch immerhin hatte ich Erfahrungen mit Publizität und dem Auftreten im Feuer der Blitzlichter. Raissa jedoch machte den Sprung aus der Dunkelheit zu einer international prominenten Persönlichkeit praktisch über Nacht. Sie stand zwar im Westen im Mittelpunkt des Interesses, doch in ihrem eigenen Land war sie noch immer unbekannt. Vor dem Gipfeltreffen in Genf war ihr Name, glaube ich, noch nie im sowjetischen Fernsehen erwähnt worden.

Wenn ich vor dem ersten Treffen mit Raissa Gorbatschowa aufgeregt war – und das war ich –, war sie es sicher nicht weniger hinsichtlich ihres Treffens mit mir. Ich hatte keine Ahnung, worüber ich mit ihr sprechen sollte, doch ich entdeckte schnell, daß meine Sorgen unbegründet waren. Vom ersten Augenblick an, als wir uns trafen, redete sie und redete und *redete* – und zwar so viel, daß es mir kaum gelang, hin und wieder ein Wort einzuwerfen. Vielleicht rührte dieses Verhalten von ihrer Unsicherheit her, doch nach ungefähr einem Dutzend Begegnungen in drei verschiedenen Ländern war mein wesentlicher Eindruck von Raissa Gorbatschowa: Sie hörte niemals auf zu reden.

Oder Vorträge zu halten, um genau zu sein. Manchmal handelten sie von der Sowjetunion und den Segnungen des kommunistischen Systems. Ein anderes Mal sprach sie über sowjetische Kunst. Meistens ging es um Marxismus und Leninismus. Ein- oder zweimal hielt sie mir sogar einen Vortrag über das Versagen des politischen Systems der USA.

Auf so etwas war ich nun nicht vorbereitet gewesen, und es gefiel mir nicht. Ich war davon ausgegangen, daß wir uns über persönliche Dinge unterhalten würden: über unsere Männer; über unsere Kinder; darüber, wie es ist, im Rampenlicht zu stehen; und vielleicht auch über unsere Wünsche für die Zukunft. Ich hatte vorgehabt, Raissa von meiner Anti-Drogen-Kampagne zu erzählen, denn viele andere Politikergattinnen hatten das auch für ihre eigenen Länder wichtig gefunden. Aber jedesmal, wenn ich die Sprache darauf brachte, würgte sie das Thema ab, indem sie mir versicherte, daß es in der Sowjetunion kein Drogenproblem gebe. Ach, wirklich?

Als sie in Genf an jenem ersten Tag zum Tee bei mir war, fiel mir an ihr auf, daß sie sich gern bedienen ließ. Als ihr der Sessel nicht gefiel, den man ihr zugewiesen hatte, schnippte sie mit dem Finger nach ihrem KGB-Beamten, der ihr daraufhin sofort einen anderen Platz anbot. Nachdem sie dann einen Moment dort gesessen hatte, kam sie zu dem Ergebnis, daß ihr auch dieser nicht zusagte, sie schnippte erneut mit dem Finger und bekam wieder einen anderen Platz angeboten.

Ich traute meinen Augen nicht. Ich hatte First Ladys, Prinzessinnen und Königinnen kennengelernt, aber so hatte sich noch keine meiner Gesprächspartnerinnen verhalten. Ich weiß immer noch nicht genau, ob sie mir damit etwas beweisen wollte oder ob sie die Macht ihrer neuen Stellung ausprobierte. Vielleicht war sie auch nervös oder unsicher. Was immer der Grund war, so etwas geschah nie wieder.

Unser erstes Zusammentreffen zum Tee in Genf dauerte nur wenig länger als eine Stunde. Ich bot ihr Kaffee oder als Alternative entkoffeinierten Mandeltee, meinen Lieblingstee, an. Sie nahm den Tee, und er schien ihr zu schmecken. Wir saßen im Salon, es war später Nachmittag, und im Kamin flackerte ein Feuer. Unser Gespräch jedoch war trocken, unpersönlich und langweilig. Sie hielt mir einen Vortrag über den Kommunismus, und ich konnte kaum erwarten, daß sie aufhörte.

Für den folgenden Tag lud Raissa mich zum Tee in der sowjetischen UNO-Botschaft ein. An diesem Tag war sie sehr streng gekleidet – sie trug eine weiße Bluse, einen schwarzen Rock und eine schwarze Krawatte. Damals wunderte ich mich darüber, denn diese Zusammenstellung war völlig anders als die Kleidung, die sie sonst trug, und es schien auch nicht ihr Stil zu sein. Doch später erfuhr ich, daß das die Uniform der Lehrer in der Sowjetunion sei und daß Raissa diese Kombination, in der sie aussah wie eine Gefängniswärterin, trug, weil an diesem Tag das einzige Foto von ihr aufgenommen werden sollte, das auch in der Sowjetunion gezeigt werden würde.

Trotz all meiner Schwierigkeiten mit ihr muß ich zugeben, daß sie unter einem Druck stand, wie ich ihn mir nicht vorstellen konnte, und ich beneidete sie nicht. Als die Gorbatschows in Genf landeten, fiel mir zum Beispiel auf, daß sie zusammen aus dem Flugzeug stiegen. Doch als sie nach ihrer Rückkehr in Moskau das Flugzeug verließen, stieg er ohne sie vorne aus, während sie das Flugzeug heimlich durch den hinteren Ausgang verließ. Mich hätte es wahnsinnig gemacht, wenn ich mich im eigenen Land so und im Ausland völlig anders verhalten müßte.

Dennoch, die Konversation mit ihr ließ mich frösteln. Als ich zum Tee in der sowjetischen Mission eintraf, hingen in der Eingangshalle Kinderbilder, und Raissa bestand darauf, daß ich mir jedes genau anschaute, während sie mir seine Bedeutung erklärte. Ich fühlte mich herablassend behandelt und hätte am liebsten gesagt: »Genug jetzt! Sie brauchen mir nicht zu erklären, was eine Atomrakete ist. Ich habe schon verstanden!«

Der Tee wurde an einem großen Tisch serviert. »Lassen Sie es sich schmecken«, sagte sie. »Ich wollte Ihnen zeigen, wie ein typischer russischer Tee aussieht.« Auf dem Tisch stand ein wunderhübscher antiker Samowar, und um ihn herum war eine Fülle von Delikatessen arrangiert, die mir das Wasser im Munde zusammenlaufen ließen: Blinis mit Kaviar, Kohlröllchen, Blaubeertörtchen, Kekse, Schokolade, Honig und Marmelade. Ich mußte mich schon bald geschlagen geben, ich konnte einfach nicht alles probieren. Es war ein wunderbares Festmahl, doch wenn das der Tee einer normalen russischen Hausfrau war, dann bin ich Katharina die Große.

Am Tag vor Beginn des Gipfels besichtigten Ronnie und ich Fleur d'Eau, das 20-Zimmer-Château aus dem neunzehnten Jahrhundert, das direkt am Genfer See liegt und in dem die Gespräche stattfinden sollten. Als wir in das Konferenzzimmer kamen, setzte sich Ronnie auf seinen Platz, und ich setzte mich, ohne weiter nachzudenken, auf den von Gorbatschow. Da schaute Ronnie mich an und lächelte. »Alle Achtung, Herr Generalsekretär«, sagte er. »Sie sind viel hübscher, als ich erwartet habe.«

Ungefähr hundert Meter vom Schloß entfernt steht am Ufer des Sees ein kleines Badehaus. In seinem Innern entdeckten wir ein bildhübsches Zimmer mit einem Kamin und einem atemberaubenden Blick über den See. Ronnie wollte sich mit Gorbatschow unbedingt allein, ohne ihre jeweiligen Berater, treffen, und sobald wir das Zimmer betraten, wußten wir, das dies der ideale Ort dafür war. Hier, im Schein des Feuers, konnten sie sich wenige Minuten lang als menschliche Wesen begegnen und kennenlernen. In unserer Umgebung – und wahrscheinlich auch auf der anderen Seite – gab es Stimmen, die nicht viel von einem privaten Zusammentreffen hielten, doch ich ermutigte Ronnie, seinem Gefühl zu folgen. Wir fanden es beide wichtig, daß diese beiden Männer eine persönliche Beziehung zueinander entwickelten, und die Chancen, daß es dazu kam, waren weitaus günstiger, wenn sie ein paar Minuten miteinander – bis auf die Dolmetscher – allein sein konnten.

Am darauffolgenden Nachmittag schlug Ronnie, wie geplant, vor, daß Gorbatschow und er eine Pause in den Gesprächen über Rüstungskontrolle machten und zum Badehaus hinübergingen. Noch ehe Ronnie seinen Satz beendet hatte, hatte Gorbatschow sich erhoben.

Für ihr Tête-à-tête vor dem Kamin waren fünfzehn Minuten angesetzt worden. Als fünfundzwanzig Minuten verstrichen waren, ging Don Regan zu Jim Kuhn, Ronnies persönlichem Assistenten, und bat ihn, das Gespräch abzubrechen, weil sie bereits den Zeitplan überschritten hatten.

Das kann ich nicht machen, dachte Jim Kuhn. Die beiden mächtigsten Männer der Welt treffen sich zum erstenmal. Hier wird gerade *Geschichte* gemacht!

Nach weiteren zehn Minuten fragte Regan Jim Kuhn: »Haben Sie das Gespräch denn immer noch nicht abgebrochen?«

Nach wie vor fand Jim, das sei keine gute Idee, und so fragte er Bud McFarlane, den Nationalen Sicherheitsberater, um Rat. Der meinte, er solle George Shultz fragen.

Jim ging in den Raum, in dem die Unterredung zwischen George Shultz und Eduard Schewardnadse, dem sowjetischen Außenminister, stattfand. »Herr Minister«, sagte er, »die Situation ist die: Die private Unterredung des Präsidenten mit Herrn Gorbatschow war nur für eine Viertelstunde angesetzt, und nun sind sie fast vierzig Minuten zusammen. Don meint, ich soll hineingehen und das Gespräch unterbrechen. Bud dagegen meint, ich sollte erst einmal mit Ihnen sprechen. Was sagen Sie dazu?«

George war über diese Frage entsetzt. »Wenn Sie so dämlich sind, dieses Gespräch zu unterbrechen«, sagte er, »dann verdienen Sie den Job nicht, den Sie haben.«

Die Unterredung zwischen Ronnie und Gorbatschow dauerte eine Stunde und zwanzig Minuten. Gegen Ende der Unterhaltung lud Ronnie Gorbatschow nach Washington ein. Gorbatschow nahm die Einladung ohne zu zögern an – vorausgesetzt, der darauffolgende Gipfel fände in Moskau statt. Als die beiden Staatsoberhäupter zu den Verhandlungen zurückkehrten und ihren Beratern erklärten, daß sie gerade zwei weitere Gipfeltreffen vereinbart hatten, fielen diese fast in Ohnmacht.

Die Gorbatschows wohnten in der sowjetischen Botschaft; Ronnie und ich dagegen hatten das Maison de Saussure zur Verfügung, ein bezauberndes Schlößchen aus dem achtzehnten Jahrhundert am Genfer See, das Karim Aga Khan und seiner Frau, der Begum Salina, gehört. Wir sind mit ihm und seiner Frau befreundet. Als sie von dem Gipfeltreffen hörten, boten sie uns an, kurzfristig auszuziehen und uns das Haus für einige Tage zu überlassen. Als wir dann dort eintrafen, stellten wir fest, daß Sally, die eine äußerst rücksichtsvolle Gastgeberin ist, alle Schränke und Schubladen leergeräumt hatte, ja, daß sie sogar den Badezimmerschrank aufgefüllt hatte.

Für den ersten Abend des Gipfeltreffens hatten uns die Gorbatschows zum Essen in die sowjetische Mission eingeladen. Es handelte sich dabei um das kälteste, nüchternste und unpersönlichste Gebäude, das ich je kennengelernt habe. Zur Begrüßung gab es Fruchtsaft statt Cocktails, weil Gorbatschow den Verbrauch von Wodka in der Sowjetunion einschränken wollte. Wir saßen an einem langen Tisch, der von grell leuchtenden Deckenlampen beschienen wurde. Es war nicht gerade das, was ich gemütlich nennen würde. Das war auch mein erster Kontakt mit der russischen Küche, die ich nicht sehr schmackhaft fand.

Am folgenden Abend kamen die Gorbatschows zum Essen in das Maison de Saussure. Außer uns waren noch acht weitere Gäste geladen: George Shultz, Donald Regan, Bud FcFarlane und Arthur Hartman (der amerikanische Botschafter in Moskau) von unserer Seite sowie Außenminister Eduard Schewardnadse, Botschafter Dobrynin und zwei von Gorbatschows Beratern. Mit den vielen Blumen und dem gemütlichen Kaminfeuer sah das Haus zauberhaft aus, und ich fragte mich unwillkürlich, ob den Gorbatschows der Unterschied wohl auffiel.

Das Essen war von dem Küchenchef des Hauses zubereitet worden und bestand aus einem Hummersoufflé, Hühnerbrust Périgourdin, Endiviensalat, Käsecrème mit Avocado, und zum Nachtisch gab es heißes Zitronensoufflé mit Himbeersauce. Wie immer reichten wir dazu kalifornischen Wein.

Am Abend zuvor war ich Gorbatschow zum erstenmal begegnet und hatte gemeint, er strahle eine gewisse Kälte aus. Bei unserem Essen jedoch taute er allmählich ziemlich auf. Von da an mochte ich ihn immer lieber, je öfter ich ihm begegnete. Während Raissa ernst, ja fast feierlich auftritt und dazu neigt, auch bei Tisch das Gespräch an sich zu reißen, hat ihr Mann einen feinen Sinn für Humor und gibt sich nicht sehr formell. An jenem Abend erzählte er mir ein wenig von seiner Schulzeit, davon, wie er Raissa kennengelernt hatte und daß sie zu Beginn ihrer Ehe nur sehr wenig Geld hatten.

Er stellte Ronnie eine ganze Anzahl von Fragen über Hollywood und interessierte sich sehr für die Zeit der großen Filmstudios in den vierziger Jahren. Als das Soufflé zum Nachtisch serviert wurde, genoß er es sehr. »Ah, ist das gut!« sagte er. »Ich *liebe* das! Wie nennen Sie es?« Anscheinend hatte er noch nie ein Soufflé gegessen!

Schon in Genf fiel mir auf, daß zwischen Ronnie und Gorbatschow unverkennbar Sympathie herrschte, obwohl sie sich gerade erst kennengelernt hatten. Als die Gorbatschows zu uns zum Essen kamen, hatten sich die beiden Männer bereits zu einem zweiten privaten Gespräch getroffen. Als Ronnie erwähnte, daß er Gorbatschow einen Witz über *Glasnost* erzählt hatte, wußte ich, daß auch dieses Gespräch in einer guten Atmosphäre verlaufen sein mußte: Eine alte Frau kommt in den Kreml und verlangt, den Generalsekretär zu sehen. Als sie zu Gorbatschow vorgelassen wird, sagt sie: »Unsere Gesellschaft muß offener werden. Stellen Sie sich vor, in Amerika kann jeder ins Weiße Haus gehen und zu Präsident Reagan sagen: ›Mir gefällt es nicht, wie Sie das Land regieren.‹«

»Meine gute Frau«, antwortet Gorbatschow. »Das gleiche können Sie auch hier in der Sowjetunion tun. Sie können wirklich jederzeit zu mir kommen und mir sagen, daß Ihnen nicht gefällt, wie Präsident Reagan sein Land regiert!«

Die meisten Leute hätten sich gehütet, Gorbatschow solch einen Witz zu erzählen, solange sie ihn nicht genau kannten, doch Ronnie setzt Humor ein, wo immer es möglich ist. Anscheinend hat es ja auch funktioniert, denn Gorbatschow antwortete mit einem herzlichen Lachen.

Unserem Essen wurde eigentlich eine wichtige gesellschaftliche

Bedeutung nach Abschluß der zweitägigen Verhandlungen beigemessen. Doch es war deutlich, daß die Gespräche nicht so gut verlaufen waren, wie man erhofft hatte. Unsere Unterhändler waren der Ansicht, daß die Sowjets hinter ihren vorab gemachten Zusagen zurückgeblieben waren, und George Shultz war wütend. Das Essen verlief noch ganz nett, doch als wir dann in die Bibliothek gingen, um den Kaffee zu trinken, erklärte George Gorbatschow, wie sehr er sich ärgere. Unter Hinweis auf Georgi Kornienko, den stellvertretenden sowjetischen Außenminister, sagte er: »Herr Generalsekretär, Sie und der Präsident sind sich in vielen wichtigen Punkten einig. Der Grund, weshalb wir noch kein Abkommen erzielt haben, ist der, daß *dieser* Mann den Fortgang der Verhandlungen aufhält.«

Plötzlich herrschte im ganzen Raum eisiges Schweigen. Raissa hatte sich mit mir unterhalten, doch sie drehte sich sofort um, um zu sehen, was geschehen war. Gorbatschow war über das, was George gesagt hatte, so betroffen, daß schließlich die Unterhändler die ganze Nacht über tagten, um einen Plan für weitere Gespräche auszuarbeiten, damit es zügiger zu einem Fortschritt in der Rüstungsbegrenzung käme.

Doch Ronnies wichtigstes Ziel für das Gipfeltreffen von Genf war zu dem Zeitpunkt bereits erreicht worden: Vor allem hatte er eine persönliche Beziehung zu Gorbatschow herstellen wollen, in der fruchtbare Arbeit möglich war. Alles andere würde sich dann schon ergeben.

Im folgenden Jahr trafen sich Ronnie und Gorbatschow in Reykjavik in Island. Die Idee zu diesem Treffen stammte von Außenminister Schewardnadse, der zu Gesprächen mit George Shultz nach Washington gekommen war. Er brachte einen Brief von Gorbatschow an Ronnie mit, in dem er um ein baldiges Treffen bat, damit die Unterhandlungen über den Abbau von Mittelstreckenraketen in Europa vorangetrieben werden konnten. Dabei sollte es sich um kein offizielles Gipfeltreffen handeln, sondern lediglich um vorbereitende Gespräche für den bereits verabredeten Gipfel in Washington.

Doch in jenen Tagen war Ronnie wütend wegen der Festnahme von Nicholas Daniloff, dem Moskauer Korrespondenten des *U.S. News and World Report,* dem Spionage vorgeworfen wurde. Ohne den Brief von Gorbatschow zu öffnen, fiel Ronnie praktisch über Schewardnadse her. (Ich war nicht dabei, aber George Shultz erzählte mir später, daß er Ronnie seit langem nicht mehr so aufgebracht erlebt hatte.) »*Daniloff ist kein Spion*«, sagte er, »*und ehe er nicht freigelassen wird, gibt es kein Treffen.*«

Zehn Tage später, nachdem Daniloff freigelassen worden war, setzte man eine Zusammenkunft für den 11. und 12. Oktober in Island fest. Von der Anlage her handelte es sich dabei um eine geschäftliche Unterredung, und die Frauen wurden nicht eingeladen. Doch nur wenige Tage vor Beginn der Besprechungen wurde bekanntgegeben, daß Raissa kommen wolle. Das brachte mich in eine heikle Lage: Sollte ich meinen Mann jetzt auch begleiten, nur deshalb, weil sie kam? Nein, entschied ich. Raissas Meinungsumschwung in letzter Minute kam mir vor, als wollte sie mich austricksen. Ich hatte in Washington, wie sie sicher wußte, einen vollen Terminkalender, und den wollte ich nicht umstellen.

Abgesehen davon war es wichtig, daß ich mich nicht herumschubsen ließ, wie mein Sohn Ron es nannte. Ich hatte das Gefühl, Raissa wollte mich auf die Probe stellen und herausfinden, ob ich klein beigeben und meine Meinung ändern würde. Aber sie hätte eigentlich wissen müssen, daß unsere Pläne lange vorher ausgearbeitet wurden und daß ich entschlossen war, nicht nachzugeben. Es sollte ein Arbeitsgespräch werden, kein offizieller Gipfel, und was mich betraf, sollte es auch so bleiben.

Dennoch war es ein seltsames Gefühl, unter denen zu sein, die Ronnie nachwinkten, als er vom Rasen am Weißen Haus mit dem Hubschrauber aufbrach, um zur Andrews Air Force Base zu fliegen. Es fiel mir schwer, ihn allein gehen zu lassen.

Ich verfolgte den ›Gipfel‹ von Island im Fernsehen und sah dabei mehr von Raissa als von Ronnie und von Gorbatschow. Ich sah sie in einem Schwimmbad mit Kindern – es war das erstemal, daß ich sie in der Öffentlichkeit mit Kindern umgehen sah. Ich sah sie außerdem in einer Schule, wo sie Anstecknadeln von Lenin verteilte – ein bißchen zu viel des Guten, wie ich fand. Irgendwann fragte ein Reporter, warum ich nicht dort sei. Darauf antwortete sie: »Vielleicht hat sie etwas anderes zu erledigen. Möglicherweise geht es ihr auch nicht so gut.« Also, ich muß schon bitten!

An dem darauffolgenden Nachmittag hatten Ronnie und Gorbatschow ihre abschließende Unterredung. Ich verfolgte die Berichte im Fernsehen. Als die zwei Staatsoberhäupter sich der Presse stellten, erkannte ich an Ronnies Gesichtsausdruck, daß etwas schiefgelaufen war. Denn er sah *sehr* empört aus. Sein Gesicht war bleich, und er biß die Zähne zusammen. Ich hatte diesen Ausdruck bei ihm zwar schon gesehen, doch nur sehr selten – und bestimmt nicht im Fernsehen. Man muß den Bogen schon sehr weit über-spannen, ehe Ronnie solch ein Gesicht macht.

Zunächst hatten Ronnie und Gorbatschow in ihren Gesprächen große Fortschritte erzielt. Gegen Ende standen sie kurz vor dem Abschluß einer historischen Übereinkunft über die Abschaffung sämtlicher strategischer Nuklearwaffen bis zum Jahre 1996. Doch dann gab es einen Haken: Plötzlich bestand Gorbatschow auf einem zehn Jahre langen Stop unseres SDI-Programms, sowohl was die Entwicklung, als auch was die Erprobung außerhalb des Labors betraf.

Ronnie war wütend, weil von dieser Bedingung zuvor nicht die Rede gewesen war. Gorbatschow war genauestens darüber infor-miert, daß für Ronnie das SDI-Programm als Moment unserer na-tionalen Sicherheitsstrategie von großer Bedeutung war. Ronnie war zwar bereit, die wissenschaftlichen Erkenntnisse aus der Ent-wicklung von SDI der Sowjetunion zur Verfügung zu stellen, doch weder wollte er das Programm aufgeben, noch sich und zukünfti-gen Präsidenten Amerikas die Hände binden lassen.

Später erzählte mir Ronnie, daß Gorbatschow zum Abschluß der Sitzungen sagte: »Ich weiß nicht, was ich mehr hätte tun können.«

»Aber ich«, antwortete Ronnie. »Sie hätten ja sagen können.«

An diesem Abend ließ mir Ronnie über die *Air Force One* durchgeben, daß die Maschine nicht vor elf Uhr nachts ankommen würde und daß ich mir nicht die Mühe machen sollte, ihn vom Mi-litärflughafen abzuholen. Von wegen! Ich konnte es nicht erwar-ten, dorthin zu kommen!

Wir kamen diese Nacht erst sehr spät ins Bett, weil Ronnie mir noch alles genau erzählen wollte, so, wie wahrscheinlich Gorba-tschow seiner Frau noch alles erzählte. Als ich mir Ronnies Bericht anhörte, wurde ich wütend, daß die Russen ihre Verhandlungen nicht offen führten. Außerdem war ich auch wütend darüber, daß Raissa in Island gewesen war; ihre Anwesenheit dort kam mir geltungssüchtig vor, wie meine es wohl auch gewesen wäre.

Doch ich war stolz auf Ronnie, denn er hatte Stärke gezeigt und ein schlechtes Angebot zurückgewiesen. Wenn er auf ein spektaku-läres Abkommen mit Gorbatschow eingegangen wäre, hätte er viel Lob geerntet; so aber stand er, wie ich erwartete, voll unter Be-schuß, weil er den Vertrag nicht unterzeichnet hatte.

Inzwischen glaube ich, daß Gorbatschow Ronnie in Reykjavik auf die Probe stellen wollte. Indem er Gorbatschow gegenüber fest blieb, bereitete Ronnie den Weg für zukünftige Gipfeltreffen und weitere Fortschritte auf dem Weg zum Frieden. Ich glaube, Gorbatschow hat bei jenem Treffen viel über Ronnie gelernt.

Das Gipfeltreffen in Washington fand schließlich im Dezember 1987 statt. Raissa und ich hatten uns seit zwei Jahren nicht mehr gesehen, doch verändert hatte sich nicht viel. Nach den traditionellen Begrüßungsfeierlichkeiten im Weißen Haus gingen die Männer zu ihren Unterredungen in den Westflügel, während ich mich darum kümmern mußte, Raissa, Barbara Bush, Mrs. John F. Matlock (der Frau unseres Moskauer Botschafters), Mrs. Juri Dubinin (der Frau des russischen Botschafters in den Vereinigten Staaten), Obie (Mrs. George) Shultz, den Dolmetschern und noch einigen weiteren Gästen im Grünen Raum den Kaffee zu servieren – was ein üblicher Programmpunkt bei Staatsbesuchen ist.

Ich hatte ja bereits ziemlich konkrete Vorstellungen von dem, was mich erwartete, doch meine Gäste waren vollkommen überrumpelt, als Raissa uns einen einstündigen Vortrag über die Geschichte Rußlands, sein politisches System und darüber, daß es in der Sowjetunion keine Obdachlosen gäbe, hielt. (Als ich den letzten Punkt Ronnie gegenüber erwähnte, sagte er: »Na klar. Sobald dort jemand obdachlos ist, wird er ins Arbeitslager gesteckt!«)

Später kam ein Gast auf mich zu und sagte: »Das war das unhöflichste Verhalten, das ich je erlebt habe.« Die meisten schüttelten nur erstaunt den Kopf. Ich war froh, daß andere Leute nachfühlen konnten, was ich durchgemacht hatte.

Raissa und ich trafen uns in jenen Tagen zwar noch mehrere Male, doch sie erwähnte mit keinem Wort meine Brustoperation, geschweige denn, daß sie fragte, wie ich mich fühle. Außerdem sprach sie keine tröstenden Worte zum Tod meiner Mutter. Die Sowjets wußten ja auch sonst immer alles, also kann ich mir nicht vorstellen, daß sie keine Ahnung davon hatte, was ich in den letzten Wochen durchgemacht hatte. Vielleicht war ich in dieser Sache überempfindlich, aber ich glaube nicht.

Am folgenden Tag kam Raissa zu einer privaten Führung durch das Weiße Haus. Das wäre eigentlich recht einfach zu organisieren gewesen, doch leider war es alles andere als das. Drei Wochen zuvor, als Raissa uns über den Botschafter Matlock mitteilen ließ, daß sie daran interessiert sei, das Weiße Haus zu besichtigen, hatte ich sie für den 9. Dezember zum Tee und zu einer privaten Besichtigungstour eingeladen. Nach Ablauf von zwei Wochen hatte ich noch keine Antwort erhalten, obwohl Raissa bereits eine von der sowjetischen Botschaft arrangierte Einladung Pamela Harrimans angenommen hatte, einer prominenten Spendentrommlerin der Demokraten.

Ich war beleidigt. In den Kreisen, in denen wir uns bewegten, ignorierte man die Einladung eines Staatsoberhauptes oder seiner Frau einfach nicht!

Schließlich mußte ich, da die Zeit knapp wurde, auf einer Antwort bestehen. Zwei Tage später wurde mir mitgeteilt, daß Raissa tatsächlich kommen wolle, daß sie jedoch nicht, wie ich vorgeschlagen hatte, zum Tee und zum Rundgang um drei Uhr nachmittags, sondern statt dessen zum Kaffee um elf Uhr dreißig erscheinen könne. Ich stimmte zwar zu, doch ließ uns dieser Termin nicht genügend Zeit, ihr auch unsere Wohnräume zu zeigen. Ich erfuhr später, daß sie am Nachmittag ihren Mann zu einem Treffen mit amerikanischen Zeitungs- und Buchverlegern in der sowjetischen Botschaft begleiten wollte.

Weil wir nur eine Stunde Zeit hatten, trieb ich die Sache ein wenig voran. Doch das gestaltete sich als schwierig, weil Raissa zwischendurch ständig mit den Presseleuten redete. Wenn ich meine Hand auf ihren Arm legte, zog sie ihn weg. Schließlich mußte ich sagen: »Wenn wir uns nicht beeilen, haben wir keine Zeit mehr, noch Kaffee zu trinken.«

Als sie von einem Reporter gefragt wurde, ob es ihr gefallen könnte, im Weißen Haus zu leben, antwortete Raissa: »Dieses Haus ist für offizielle Zwecke da. Ich würde, menschlich zu reden, sagen, daß ein Mensch in einem normalen Haus leben möchte. Das hier ist ja mehr ein Museum.«

Das war nicht gerade eine höfliche Antwort, besonders von jemandem, der die Privaträume gar nicht gesehen hatte!

So kam es, daß Ronnie und Gorbatschow eine Viertelstunde auf uns warten mußten; ich allerdings hatte daran nichts ändern können. Als wir am Diplomateneingang ankamen, runzelten unsere Männer die Stirn und blickten beide auf die Uhr. Aber sie meinten es nicht ernst, diese vorgetäuschte Demonstration ihrer Ungeduld war Ronnies Idee gewesen.

Für mich war das wichtigste Ereignis des Gipfeltreffens in Washington das Staatsbankett für die Gorbatschows, das in meinen Verantwortungsbereich fiel. Staatsbankette sind immer eine großartige Angelegenheit, doch dieser Empfang versprach etwas Besonderes zu werden, und alle rissen sich um eine Einladung.

Die Gorbatschows waren verständlicherweise von der langen Reise müde. Weil sie darum gebeten hatten, früh schlafen gehen zu können, änderten wir verschiedene Einzelheiten unseres Plans, damit sie sich, wie sie gewünscht hatten, um zehn Uhr zurückziehen konnten. Den privaten Cocktailempfang im Yellow Oval Room sagten wir ab. Kaffee wurde am Eßtisch gereicht und nicht im Blauem Zimmer. Wir kürzten sogar die Einlage der Zigeunergeiger, die im State Dining Room immer drei oder vier Stücke zum Nachtisch spielten.

Wir hatten den namhaften Pianisten Van Cliburn gebeten, für die Unterhaltung zu sorgen, und auf unsere Bitte hin strich er nun sein Programm auf wenige Minuten zusammen. Obwohl er seit neun Jahren nicht mehr in der Öffentlichkeit gespielt hatte, war er bereit, bei diesem besonderen Anlaß noch einmal aufzutreten. (Cliburn hat seit 1958, als er den Tschaikowsky-Klavierwettbewerb in Moskau gewann, auch eine große Anhängerschar in der Sowjetunion). Cliburn kam sehr gut bei unseren Gästen an; als er als Zugabe ›Moskauer Nächte‹ spielte, sangen sie laut mit.

Nachdem ich nun für all diese Änderungen im Zeitplan gesorgt hatte, war ich leicht verärgert, als die Gorbatschows zu spät zum Empfang kamen. Doch die wirkliche Verzögerung gab es dann beim Defilee. Vielleicht lag es an der unterschiedlichen Kultur, und sie wollte einfach höflich sein, jedenfalls begann Raissa mit praktisch jedem Gast ein richtiges Gespräch. »Wie heißen Sie? Wie viele Kinder haben Sie?« Sie schien ziemlich genau über viele unserer Gäste informiert zu sein, und das wollte sie ihnen offensichtlich auch zeigen. Aber die Schlange bewegte sich im Schneckentempo voran, und ich dachte, ich würde verrückt. Das gleiche passierte auch am folgenden Tag beim Mittagessen des Außenministeriums, wo die Begrüßung beim Empfang so lange dauerte, daß das Essen erst um halb drei beginnen konnte.

Unsere sowjetischen Gäste hatten uns schon vorher darüber informiert, daß sie keinen Abendanzug tragen würden, obwohl es sich bei einem Staatsempfang um ein offizielles Ereignis handelt. Doch in der sowjetischen Gesellschaft sind Smokings verpönt, sie gelten als ein Symbol der kapitalistischen Bourgeoisie. Das gleiche hatten wir bereits mit den Chinesen und mit Präsident Sadat erlebt. So trugen auch dieses Mal die Amerikaner einen Smoking, und unsere Gäste kamen im Geschäftsanzug. Raissa trug ein Kleid aus schwarzem Brokat.

Die Speisenfolge war: Lachs aus dem Columbia River mit Hummermedaillons, Kalbslende mit frischen Pilzen, Zucchini, gefüllt mit frischem Gemüse. Zum Nachtisch gab es Honigeis mit Petits fours, und es gab Champagner, der extra für dieses Essen abgefüllt worden war. Die Zusammensetzung unserer Gesellschaft war ein bißchen eigenartig, denn Raissa, Mrs. Schewardnadse und Mrs. Dubinin waren die einzigen Frauen in der sowjetischen Delegation, und so gab es bei diesem Empfang mehr Männer als Frauen.

Wie immer hatte ich eine Anzahl von herausragenden Persönlichkeiten der amerikanischen Öffentlichkeit eingeladen. Unter ihnen waren Joe DiMaggio und Meadowlark Lemon, der Basketballstar, sowie Mary Lou Retton, die Turnerin. (DiMaggio hatte einen Baseball mitgebracht und bat Maureen, ihm dabei zu helfen, daß sowohl Ronnie als auch Gorbatschow ihre Unterschrift darauf setzten. *Das* ist vielleicht ein Sammlerstück!) Saul Bellow vertrat die Welt der Buchstaben. Außerdem waren eingeladen: Armand Hammer, David Rockefeller, Billy Graham, Pearl Bailey, Jimmy Stewart und Claudette Colbert.

Wie es das Protokoll vorschreibt, war Raissa Ronnies Tischdame, und Gorbatschow war mein Tischherr. Zur anderen Seite von Raissa saß Vernon Walters, unser UNO-Botschafter. Er spricht Russisch, und ich wußte, daß er ein Gespräch in Gang halten kann. Und vielleicht blieb Ronnie dadurch ein Vortrag erspart!

Neben mich plazierte ich Richard Perle, unseren brillanten und umstrittenen stellvertretenden Verteidigungsminister. Richard hat seine eigenen Ansichten über die Sowjetunion und keine Scheu, sie zu äußern. Gorbatschow wiederum liebt einen interessanten Schlagabtausch und mag es, wenn Leute ihn herausfordern.

Die anderen Gäste an unserem Tisch waren Richard Cheney (zu der Zeit Kongreßabgeordneter; er saß neben Gorbatschow), Nancy Mehta (die Frau von Zubin Mehta), Jim Billington (Bibliothekar der Library of Congress und ein hervorragender Kenner der Sowjetunion), Cynthia Helms (die Frau von Richard Helms, dem ehemaligen Direktor der CIA) und Robert Strauss. (Zu beiden Seiten von Gorbatschow, doch ein Stückchen vom Tisch entfernt, saßen die Dolmetscher.) An jenem Abend allerdings redete er nicht viel, doch er erwähnte, daß er noch nie eine bessere Wiedergabe der russischen Nationalhymne gehört habe als die von unserem Marine-Musikkorps am Morgen bei dem Begrüßungszeremoniell.

Gorbatschow war Richard Perle bisher noch nicht begegnet, doch wußte er genau, mit wem er es zu tun hatte. Mehr noch, er hatte vor kurzem eine dramatische Rekonstruktion des Treffens von Reykjavik gesehen, die von Granada Television in England produziert worden war. Perle, der ziemlich korpulent ist, war von einem schlanken Schauspieler dargestellt worden. »Ich erinnere mich«, scherzte Gorbatschow, als ich sie einander vorstellte, »doch als ich Sie neulich im Fernsehen sah, waren Sie viel dünner.«

Von ihrem Gespräch bekam ich nicht viel mit, doch einmal hörte ich, wie Perle Gorbatschow unverblümt fragte: »Welchen Anteil Ihres Bruttosozialprodukts geben Sie für die Verteidigung aus?«

»Das ist Geheimsache«, antwortete Gorbatschow, »das sage ich nicht.«

»Wissen Sie es überhaupt?« fragte Perle.

»Ich weiß *alles*«, antwortete Gorbatschow. »Ich bin der Vorsitzende des Verteidigungsrates; Sie speisen also mit einem hohen Militär.«

»Ich glaube, Sie verwenden zwanzig Prozent darauf, wenn nicht mehr«, meinte Perle. Gorbatschow sah ihn nur ausdruckslos an.

»Wenn Sie wirklich Gelder, die in die Rüstung gehen, einsparen wollen«, sagte Perle etwas später, »sollten wir über eine Reduzierung der konventionellen Waffen sprechen. Da wird das richtige Geld ausgegeben.«

»Da haben Sie recht«, sagte Gorbatschow, »das sollten wir wirklich tun. Doch es gibt gute Gründe dafür, zuerst die Nuklearwaffen zu reduzieren.«

»Und die wären?«

»Zum einen besteht immer die Gefahr, daß durch ein Versehen ein Atomkrieg ausgelöst wird.«

»Das stimmt. Und deshalb brauchen wir SDI«, bemerkte Perle.

»Schon gut«, lenkte Gorbatschow ein. »Doch lassen Sie uns heute abend über etwas anderes sprechen.«

Es war eine lebhafte und ungewöhnliche Unterhaltung. Danach erzählte Cynthia Helms ihrem Mann, daß Gorbatschow auch kurz berichtet hatte, wie Entscheidungen im Politbüro zustande kämen. Dick Helms seufzte laut auf und schüttelte den Kopf. »Als ich noch Chef der Abwehr war«, bemerkte er und verzog dabei das Gesicht, »hätte ich für eine derartige Information *getötet.*«

Bevor die russische Delegation aus Washington abreiste, gab Michail Gorbatschow noch eine ausführliche Pressekonferenz, die Ronnie und ich im Fernsehen verfolgten. Seine einleitenden Worte nahmen und nahmen kein Ende. Selbst die *Washington Post,* die sonst sehr wohlwollend über die Gorbatschows berichtete, sprach von einem ›Monolog ohne Ende‹.

Als Gorbatschow dann schließlich die Journalisten zu Wort kommen ließ, reichte die Zeit gerade noch für zwei oder drei Fragen. Als ihm eine Frage nicht gefiel, sagte er einfach: »Darauf werde ich nicht antworten.« Meine Güte, dachte ich, *das* ist eine Art, mit der Presse umzugehen!

Die meisten Fernsehsender brachen die Übertragung nach einer Weile ab, doch CNN zeigte die Pressekonferenz bis zum Ende. Nachdem Gorbatschow gegangen war, erschien Bernard Shaw von CNN im Bild und sagte: »Gestatten Sie mir noch eine Bemerkung zu Nancy Reagan. Sie hat zwei schwere Monate hinter sich. Zuerst mußte sie sich einer Brustkrebsoperation unterziehen, und kurz darauf starb ihre Mutter. Kaum war sie wieder im Weißen Haus, mußte sie sich um die Organisation des Gipfeltreffens und des Staatsbanketts kümmern, und außerdem um ihren Mann. All diese Aufgaben erledigte sie mit Charme und Würde, und ich denke, wir schulden ihr großen Dank dafür.« Ich war sehr gerührt.

Wenn mir damals, als Ronnie und ich heirateten, jemand gesagt hätte, wir würden eines Tages als Präsident der Vereinigten Staaten und First Lady nach Moskau fliegen und dort als Staatsgäste von den Sowjets in allen Ehren empfangen, dann hätte ich ihm vorgeschlagen, sich auf seinen Geisteszustand untersuchen zu lassen. Doch im Mai 1988 wurde diese erstaunliche Prophezeiung wahr.

Es braucht nicht viel, mich nervös zu machen, aber ich war besonders angespannt, als wir nach Moskau flogen. Zwar hatten Ronnie und Gorbatschow mittlerweile eine gute und konstruktive Beziehung zueinander, doch mich quälte die Angst, ich könnte etwas Unüberlegtes sagen oder tun und dadurch aus Versehen den dritten Weltkrieg auslösen. Man kann so leicht eine falsche Bemerkung machen, zumal, wenn jedes Wort von der Presse mitgeschrieben wird und man sich außerdem in einer vollkommen anderen Welt mit ganz eigenen Sitten und Gebräuchen bewegt – ganz zu schweigen vom Sprachproblem. So bin ich zum Beispiel sicher, daß Raissa mit der Bemerkung nicht unhöflich sein wollte, das Weiße Haus wirke auf sie eher wie ein Museum als wie ein bewohntes Haus; wahrscheinlich war es ihr einfach nur so rausgerutscht. Gut, und nun war ich an der Reihe.

Jim Billington hatte mir zwar einiges über sowjetische Kultur und Kunst erzählt und mir auch einige russische Sätze beigebracht, doch ich hatte keine Ahnung, was mich wirklich auf dieser Reise erwartete. Ich wußte nicht einmal, was ich einpacken sollte! Nur, daß ich ein festliches Abendkleid brauchte, das stand fest. Ich entschloß mich, auf Nummer Sicher zu gehen und nichts Rotes anzuziehen, obwohl das meine Lieblingsfarbe ist. Ich fürchtete, man könnte es als unpassend oder brüskierend empfinden, wenn ich in der Sowjetunion Rot tragen wurde. (Allerdings lag ich damit falsch. Bei dem Essen in ihrer Datscha versicherte mir Gorbatschow, Rot wäre vollkommen in Ordnung gewesen.)

Nachdem wir ein Wochenende in Helsinki verbracht hatten, um uns an die Zeitumstellung zu gewöhnen, kamen wir am Sonntag abend, den 25. Mai, in Moskau an. Wir hatten keine Vorstellung davon, wie man uns empfangen würde, deshalb freuten wir uns sehr, daß der Weg vom Flughafen in die Stadt von Menschen gesäumt war, die uns zuwinkten. Sie schienen sich über unseren Besuch wirklich zu freuen, und das gefiel uns sehr.

Gleich nach der Begrüßungszeremonie im Kreml hatten Ronnie und Gorbatschow ihre erste Unterredung, während Raissa mit mir einen kurzen Rundgang durch den Kreml machte. Abermals dauerte es nicht lange, bis die alten Spannungen durchbrachen. Wir schauten uns die Mariä-Himmelfahrts-Kathedrale an, eine Kirche aus dem fünfzehnten Jahrhundert, in der bis zur Oktoberrevolution die Zaren gekrönt worden waren. In der Kirche herrschte eine durchgeistigte und feierliche Atmosphäre, und ich stellte Raissa einige Fragen nach den Ikonen und ihrer religiösen Bedeutung. Ich wollte auch wissen, ob hier noch Gottesdienste gehalten wurden — besonders 1988, tausend Jahre nach der Christianisierung Rußlands.

»*Njet*«, antwortete sie schroff. Seit der Revolution habe es keine Gottesdienste mehr gegeben, und die Kirche diene jetzt als Museum.

Ich hatte erwartet, daß sie mir noch weitere Sehenswürdigkeiten in der näheren Umgebung zeigen würde, doch kaum hatten wir die Kirche verlassen, führte man uns zurück, und wir warteten im Kreml auf unsere Männer. Ich weiß nicht genau, ob unsere Tour wegen meiner Frage abgebrochen worden war, aber ich vermute es. Für mich war es eine naheliegende Frage, und ich wollte damit niemanden beleidigen. Aber wahrscheinlich hatte man es so verstanden.

Während wir nun darauf warteten, daß unsere Männer ihre Unterredung beendeten, bemühten wir uns heldenhaft, ein Gespräch in Gang zu halten. Ich hoffte sehnlichst, daß die Männer bald kämen, und ich denke, Raissa ging es ähnlich. Da fiel mir die Situation während des Washingtoner Gipfels ein, als unsere Ehemänner bei unserem Zuspätkommen verschwörerisch auf die Uhr geschaut hatten. Nun schlug ich Raissa vor, daß wir uns revanchierten. Dieser Vorschlag gefiel ihr, und als unsere Männer schließlich kamen, konnten wir alle herzlich lachen.

Zwei Tage später kam es zu einem weiteren Zusammenstoß über Religion zwischen Raissa und mir. Ich hatte den Wunsch geäußert, einige der berühmten Ikonen in der Tretjakow-Galerie zu besichtigen, die die beste Sammlung russischer Kunst auf der ganzen Welt hat. Es war vereinbart, daß ich mich dort mit Raissa treffen und mich dann von ihr durch die Galerie führen lassen sollte. Diesmal kam sie einige Minuten zu früh. »Unsere Gäste haben sich etwas verspätet«, erklärte sie den Presseleuten, »deshalb werde ich jetzt *Ihnen* etwas über die Galerie erzählen.«

Sie führte die Journalisten eine Treppe hinauf und begann eine kleine Pressekonferenz zu geben. Als ich zur verabredeten Zeit im Museum eintraf, mußte ich feststellen, daß unser Plan geändert worden war. Sobald ich die Treppe heraufkam, wandte sich Raissa mir zu und wollte mich in das Museum geleiten. Doch da rief Mike Greenwood von den ABC News: »Mrs. Reagan, Mrs. Gorbatschowa hat bereits mit uns gesprochen, und wir finden, Sie sollten auch diese Möglichkeit haben. Sie sagte, daß die Ikonen keinerlei religiöse Bedeutung hätten.«

»Ich weiß nicht, wie man diese Bedeutung ignorieren kann«, antwortete ich. »Ich finde, sie liegt für jedermann auf der Hand.«

Daraus konnte man nun nicht gerade eine Schlagzeile basteln, doch die Presseleute lauerten nur darauf, daß wir in einem Punkt nicht einer Meinung waren, und das genügte offensichtlich schon. Im nachhinein wirkt es so nebensächlich, doch damals berichteten die Medien über unseren Wortwechsel in allen Einzelheiten.

Die Religion spielte bei diesem Besuch eine große Rolle für mich. Jedesmal, wenn Ronnie sich mit Gorbatschow traf, brachte er das Gespräch auf die Religionsfreiheit und das Recht der Juden, das Land zu verlassen. Bei mehreren Gelegenheiten gab Ronnie Gorbatschow eine Liste mit den Namen der Leute, die aus unserer Sicht eine Ausreisegenehmigung verdient hatten. »Tun Sie, was Sie können«, sagte Ronnie zu Gorbatschow. »Ich werde diese Namen niemals an die Presse geben, und ich werde auch nie bekannt werden lassen, daß ich meine Finger dabei im Spiel hatte, wenn Sie sie gehen lassen.« Viele dieser Menschen durften in der Folgezeit ausreisen.

Während unseres Besuchs in der Sowjetunion sprach Ronnie oft und mit Nachdruck über die Menschenrechte und Religionsfreiheit. Allerdings wurde er in der amerikanischen Presse wegen einer Äußerung kritisiert, in der er behauptet hatte, das Problem wäre die sowjetische Bürokratie. Doch die Kritiker hatten offensichtlich seine Absichten nicht verstanden. Zum einen wollte Ronnie in dieser Frage so unerschütterlich und direkt auftreten, wie es nur möglich war, doch zum anderen wollte er unsere Gastgeber nicht in Verlegenheit bringen. Ich kann immer noch nicht verstehen, warum unsere Kritiker das nicht einsehen wollten.

Ursprünglich hatten wir geplant, Jurij und Tatjana Zieman in ihrer Moskauer Wohnung zu besuchen, ein jüdisches Ehepaar, das bereits 1977 einen Ausreiseantrag gestellt hatte. Jurij ist eigentlich ein Computerspezialist, doch nachdem er sein Visum beantragt hatte, durfte er nur noch als Klempner arbeiten. Nun litt er seit einigen Monaten an einer mysteriösen Erkrankung des Gehirns, und selbst die sowjetischen Ärzte hatten ihm empfohlen, sich im Ausland behandeln zu lassen.

Nachdem bekannt geworden war, daß wir die Ziemans besuchen wollten, wurde ihr Wohnhaus neu gestrichen, und die Straße wurde gepflastert. Doch wir sagten dann den Besuch ab, weil ein russischer Beamter bei unserem Botschafter Matlock anrief und drohte, daß sie niemals eine Ausreisegenehmigung erhielten, wenn wir sie besuchten. Handelte es sich dabei um einen Bluff? Diese Frage konnte uns niemand beantworten. Wir wollten jedoch auf keinen Fall ein Risiko eingehen. Zwar gab es kein Versprechen, aber es wurde angedeutet, wenn wir die Ziemans in Ruhe ließen, dürften sie das Land verlassen. Zwei Monate später erhielten sie dann ihre Visa – allerdings erst, nachdem Ronnie beim sowjetischen Botschafter angerufen und ihn an die stillschweigende Vereinbarung erinnert hatte.

Trotzdem trafen wir mit den Ziemans zusammen – zwar nicht in ihrer Wohnung, doch bei einem Empfang, den wir für ungefähr hundert Dissidenten im Spaso-Haus, dem Sitz des amerikanischen Botschafters, gaben. Diesen Abend werde ich nie vergessen. Von diesen mutigen Menschen zu lesen und zu hören, davon, wie sie es im Kampf für die Menschenrechte auf sich nahmen, geschlagen, verbannt und für lange Zeit ins Gefängnis gesteckt zu werden, ist eine Sache. Mit ihnen jedoch dann im gleichen Raum zu sitzen, war ein unvergeßliches und bewegendes Erlebnis. Ich saß neben einem Mann, der es zur Aufgabe seines Lebens gemacht hatte, alte Kirchen zu fotografieren. »Wir versuchen alles«, versicherte ich ihm. »Geben Sie die Hoffnung nicht auf.« Er ist inzwischen in die USA ausgereist.

Einige unserer Gäste waren vom KGB unter Druck gesetzt worden, doch sie ließen sich davon nicht einschüchtern und kamen trotzdem. Zwei der Systemkritiker befanden sich gerade im Hungerstreik, und ein Mann aus der Ukraine war erst eine Woche zuvor aus einem Arbeitslager entlassen worden. Bevor wir in Washington aufgebrochen waren, hatte ich mit dem Pianisten Vladimir Feltsman, der früher auch Dissident gewesen war und dann emigrierte, gesprochen. Ich hatte ihm von meiner Befürchtung erzählt, daß wir diesen Leuten, indem wir uns mit ihnen trafen, die Situation nur noch erschwerten. »Machen Sie sich darüber keine Sorgen«, versicherte er mir. »Diese Menschen haben nichts mehr zu verlieren.«

Drei unserer Gäste hielten eine Rede, dann erhob sich Ronnie und sagte: »Ich bin hierher gekommen mit der Absicht, alles zu tun, um Ihnen Kraft zu geben. Doch inzwischen habe ich gemerkt, daß Sie diejenigen sind, die mir Kraft geben, und ich nehme von Ihnen eine Botschaft mit auf meinen Weg. Während wir versuchen, auf diplomatischem Wege die Menschenrechte durchzusetzen, versuchen Sie das unter Einsatz Ihres Lebens, tagaus, tagein, Jahr für Jahr, und Sie setzen Ihre Arbeit, Ihr Heim und alles andere aufs Spiel. Sie können sich der Gebete und der Unterstützung der Menschen in Amerika, ja, der Menschen der ganzen Welt, sicher sein.«

Unsere russischen Gastgeber waren sichtlich nicht glücklich über dieses Treffen, und wenige Stunden später zeigte Gorbatschow auf dem Staatsbankett im Kreml seinen Ärger, als er die Bemerkung fallenließ, Nationen sollten ihre Beziehungen pflegen, »ohne sich gegenseitig in die inneren Angelegenheiten einzumischen«. Den Sowjets gefiel Ronnies kühner Vorstoß in dieser Frage ganz und gar nicht, doch sie haben ohne Zweifel die Botschaft verstanden. Für mich ist es kein Zufall, daß zu dem Zeitpunkt, als Ronnie aus dem Amt schied, die Menschenrechte in der Sowjetunion weitaus mehr geachtet wurden. Das verdanken wir zum großen Teil Michail Gorbatschow, doch es tat der Sache sicher keinen Abbruch, daß auch Ronnie laut und deutlich, wie bei diesem Besuch, seine Meinung dazu gesagt hat.

Das Staatsbankett der Sowjets fand im Saal des Facettenpalastes im Kreml statt, einem hohen Raum mit, ja, religiösen Gemälden. Auf den Tischen standen als Dekoration lange, schlanke Wachskerzen in silbernen Kerzenleuchtern, deshalb fand ich es erstaunlich, daß alle Kronleuchter brannten und der Raum so hell erleuchtet war.

Ein sowjetisches Essen dauert viel länger als eines bei uns und besteht aus viel mehr Gängen. Ich war nicht gerade wild auf das, was mir vorgesetzt wurde, aber wir waren ja nicht zum Essen nach Moskau gekommen. Immerhin waren Eiskrem und Kaviar so ausgezeichnet, wie man mir gesagt hatte. Mit dem, was dazwischen kam, hatte ich meine Schwierigkeiten. (Ron hatte mich gewarnt: »Mom, sei nicht überrascht, wenn das Essen aussieht, als sei es vorgekaut!«)

Während des Essens wandte sich Gorbatschow an mich und sagte: »Sie wissen ja, Ihr Mann und ich haben eine gewisse ...« An dieser Stelle suchte er offensichtlich nach dem passenden Wort.

»Warten Sie«, sagte ich. »Einen Draht zueinander, meinen Sie?«

»Ja, einen Draht zueinander.«

»Das weiß ich. Ich bin sehr froh darüber, und mein Mann natürlich auch.«

»So etwas ist sehr selten«, meinte Gorbatschow.

»Ja, das stimmt«, antwortete ich.

Dann sagte Gorbatschow etwas Bemerkenswertes: »Ich kenne Ihre Verfassung, doch ich wünschte, Ihr Mann könnte noch weitere vier Jahre im Amt bleiben.«

Diesen Satz von Michail Gorbatschow im Kreml zu hören, war faszinierend. Es ist möglich, daß er nur höflich sein wollte, aber ich glaube, er meinte es ernst. Nachdem sie sich nun schon viermal getroffen hatten, hatten er und Ronnie gegenseitigen Respekt und eine gewisse Zuneigung entwickelt. Jeder hatte Verständnis für den anderen und konnte akzeptieren, daß es noch beträchtliche Differenzen zwischen ihnen gab und Grenzen, die zu überschreiten sie sich nicht nötigen sollten. Doch ich glaube, sie waren beide zutiefst dankbar, daß der andere in diesen Jahren an der Macht war, und daß sie gemeinsam in der Lage waren, die Gefahr eines Atomkrieges zu verringern.

Am folgenden Abend waren Ronnie und ich die Gastgeber eines Empfangs im Spaso-Haus. Junge, war *das* eine Herausforderung! Bereits Monate vorher hatte ich die Einzelheiten geplant, und Linda Faulkner, meine Privatsekretärin, leistete heroische Arbeit. Jede Kleinigkeit kam aus Washington. Das Porzellan und das Silber stammte vom State Department, doch alles andere, von Tischdecken und Blumen bis zu Zuckerdosen, Salzstreuern und Aschenbechern, wurde von Linda geliehen und mit dem Schiff geschickt. Es handelte sich bei weitem um die komplizierteste Aufgabe, die ich je zu erfüllen hatte.

Auch die Lebensmittel waren aus Washington eingeflogen worden, zubereitet wurden sie vom Küchenchef der Botschaft. Weil es im Spaso-Haus nicht genügend Angestellte gab, engagierten wir sowjetische Kellner. Unsere Leute brachten ihnen dann das Servieren im amerikanischen Stil bei. Wir versuchten alles so zu organisieren wie bei einem Staatsbankett im Weißen Haus. So saß zum Beispiel ein amerikanischer Gastgeber an jedem Tisch und hatte den entsprechenden sowjetischen Gast zu seiner Rechten. Zwischen beiden saß der Dolmetscher, allerdings etwas abgerückt vom Tisch. Zu einem sowjetischen Staatsempfang werden die Frauen nicht unbedingt auch eingeladen, aber wir folgten der amerikanischen Tradition und baten auch die Ehefrauen hinzu. Wie in Washington üblich, saßen die Ehepaare jeweils an verschiedenen Tischen.

Die Zusammensetzung der Gästeliste gestaltete sich schwieriger als normal, und die Schreibweise der Namen trieb Linda zur Verzweiflung. Die Einladungen waren bereits im Weißen Haus geschrieben und gedruckt (in Englisch) und dann in Moskau vom Botschaftspersonal persönlich überbracht worden. Die Antwortkarten waren in Russisch gehalten, und jedem Gast wurde zuvor telefonisch mitgeteilt (auch auf russisch), daß er demnächst offiziell eingeladen werden würde.

Wir wollten zwar eine vielseitige und interessante Gruppe von Menschen zusammenstellen, doch das war nicht der richtige Ort, um Dissidenten oder sonstige Personen einzuladen, die der sowjetischen Führung vielleicht unangenehm waren. (Allerdings luden wir Sacharow ein, doch ihn kannte Gorbatschow bereits persönlich.) Zu ihrem Essen in der sowjetischen Botschaft in Washington hatten die Gorbatschows prominente Demokraten wie Ted Kennedy, Pamela Harriman und den Sprecher des Repräsentantenhauses, Jim Wright, gebeten. Das war vollkommen im Rahmen des üblichen gewesen, doch wie bringt man Leute von unterschiedlichem politischem Spektrum in einem Ein-Parteien-System zusammen, ohne auch Dissidenten einzuladen? Das war keine leichte

Aufgabe. Doch schließlich konnten wir eine bunte Mischung aus Schriftstellern, Filmemachern, Schauspielern und Musikern zusammenstellen, wie wir es auch in Washington getan hätten. Dazu gehörten der Schachmeister Garry Kasparow und der Komponist Andrew Lloyd Webber, der gerade geschäftlich in Moskau war. Das Essen bestand aus Hummercremesuppe, Hühnerbrust mit Trüffelsauce, Karottensoufflé, Salat, Käse und gefrorener Mousse au Chocolat mit Vanillesauce.

Wie gewöhnlich saß ich neben Gorbatschow, doch dieses Mal waren wir von einer bunten Gruppe sowjetischer Schriftsteller und Intellektueller umgeben. Ihre Unterhaltung verlief laut und stürmisch, und die Russen an unserem Tisch konnten es kaum erwarten, Gorbatschow wegen mehrerer Themen direkt anzusprechen. Ich war erstaunt, daß offensichtlich keiner gegenüber dem Vorsitzenden eine höfliche Distanz hielt, doch er schien, wie schon beim Staatsempfang in Washington, den Wortwechsel zu genießen. Die Unterhaltung verlief in einem Tempo, daß die Dolmetscher nicht mitkamen, aber im Anschluß an das Essen berichtete mir Jim Billington das, was ich verpaßt hatte.

Eine üppig gewachsene Dame an unserem Tisch wurde so lebhaft, daß ich schon fürchtete, sie würde aus ihrem tief ausgeschnittenen Kleid platzen. Sie war Schriftstellerin und verlangte von Gorbatschow eine Erklärung, warum ein bestimmter prominenter Historiker nicht zum kommenden Parteitag der Kommunisten eingeladen worden sei. Das führte zu einer turbulenten Debatte über dieses Thema. Zwei Tage später wurde bekanntgegeben, daß er nun doch am Parteitag teilnehmen dürfe.

Für die Unterhaltung sorgte an diesem Abend Dave Brubeck mit seinem Quartett, nicht nur, weil die Russen Jazz lieben, sondern auch, weil Brubeck ein Liebling der Moskauer ist. Als die Zuhörer schon während des ersten Liedes, dem Duke-Ellington-Klassiker ›Take A Train‹, zu applaudieren begannen, wußte ich, daß ich die richtige Wahl getroffen hatte. Unsere Einladung wurde ein großer Erfolg, vom Anfang bis zum Ende.

Zu den denkwürdigen Momenten unseres Besuches in der Sowjetunion gehört für mich die Besichtigung einer Schule in Moskau. Die Kinder sahen sehr lieb aus – die Mädchen in den braunen Kleidern mit den weißen Schürzen und die Jungen mit den blauen Hosen und den weißen Hemden. Ihre Augen leuchteten aufgeregt, und sie konnten es nicht erwarten, Fragen – in Englisch natürlich – über die Kinder in Amerika stellen zu dürfen.

Welche Uniform tragen die Kinder in Amerika?

Welche Spiele mögen amerikanische Kinder?

Machen amerikanische Kinder auch so lange Campingausflüge wie wir?

Einer der Jungen führte mich in einen besonderen Flügel des Gebäudes, in dem sich ein Raum zur Erinnerung an die vielen Schulabgänger befand, die im Zweiten Weltkrieg gefallen waren. Er zeigte auf eine Artilleriewaffe und sagte: »Normalerweise findet man bei uns in der Schule keine Waffe. Aber diese ist hier, weil das hier ein Museum ist. Wir sagen, wenn eine Waffe spricht, ist es zum Reden zu spät. Wir hoffen, daß die Waffe nie wieder eingesetzt werden muß. Sie wissen, daß unser Land im Krieg zwanzig Millionen Menschen verloren hat.«

Seine Worte bewegten mich zutiefst, und ich war froh, daß ich diesen Besuch gemacht hatte. Ich erklärte ihm, daß auch die Kinder in Amerika keinen Krieg wollten, und daß ich hoffte, daß beide Seiten dem Frieden näherkommen konnten. In diesem Moment schien alles so einfach zu sein. Kinder sind Kinder, und mir drängte sich der Gedanke auf, daß die Welt, wenn es nach den Kindern ginge, ein friedlicherer Platz wäre. Bevor ich aufbrach, sprach ich noch ein paar Worte und sagte zum Abschied: »Ich liebe euch.« Das machte anscheinend einen großen Eindruck auf die Kinder, denn einige kamen daraufhin auf mich zu und umarmten mich. Die russische Gesellschaft ist ansonsten recht formell, und dies war ein seltenes und willkommenes Beispiel von Spontaneität.

Nur wenige Minuten nach Verlassen der Schule fand ich mich in einer ganz anderen Welt wieder. Ich fuhr aufs Land, um das Grab von Boris Pasternak zu besuchen. Ich habe schon immer seinen großen Roman *Doktor Schiwago* bewundert, der zuerst im Westen, 1956, veröffentlicht worden war, in der Sowjetunion jedoch erst kurz vor unserer Ankunft erschien. Auf dieser Fahrt wurde ich von Pasternaks Sohn Jewgenij begleitet, und als ich einen Blumenstrauß auf das Grab seines Vaters legte, bemerkte ich plötzlich, daß er leise vor sich hin summte. Später erfuhr ich, daß es ein Requiem gewesen war. Er erklärte mir, daß der 30. Mai, also der Tag meines Besuches am Grab seines Vaters, dessen achtundzwanzigster Todestag war.

Dann fuhr Jewgenij mit mir in die Datscha seines Vaters und zeigte mir den Raum, wo dieser *Doktor Schiwago* geschrieben hatte. Zum Abschied überreichte er mir einen kleinen Band mit seinen eigenen Gedichten. Plötzlich sah ich hier, inmitten der blühenden Fliederbüsche und Birken, ein ganz anderes Rußland als dasjenige, das sich mir im Kreml darbot. Dort war die russische Macht, hier jedoch war die russische Seele.

Als ich die Datscha verließ, um zu meinem nächsten Programmpunkt zu fahren, begrüßten mich vor dem Haus einige alte Frauen mit Fliedersträußen in der Hand. »Wir sind glücklich, Sie kennenzulernen«, sagten sie. »Wir sind so froh, daß Sie hier sind! Wir haben schon lange auf Ihren Besuch gewartet. Wir wollen weiter nichts, als daß unsere Kinder unter einem blauen Himmel leben – ohne einen Krieg.«

Sie umarmten und küßten mich, doch schließlich mußte ich aufbrechen. Ich stieg ins Auto, und als ich aus dem Rückfenster noch einmal hinausschaute, sah ich, daß sie weinten. Ich fühlte mich entsetzlich, als ob ich sie im Stich gelassen hätte.

Zu einem weiteren spontanen Zusammentreffen mit einfachen Menschen kam es, als wir den unglückseligen Versuch unternahmen, den Arbat, die Moskauer Fußgängerzone, entlangzuschlendern. Vor unserem Aufbruch in Washington hatte Ron zu mir gesagt: »Versuch einfach auszusteigen, Mom. Laß dich von ihnen nicht einfach ins Auto verfrachten. Geh den Arbat entlang und entwickle ein Gefühl für die Leute.«

Das war für ihn leicht gesagt, aber ich glaube nicht, daß er bedacht hatte, welchen Schwanz von Sicherheitsbeamten wir bei einer derartigen Fahrt hinter uns herzogen. Trotzdem erinnerten sich Ronnie und ich an seinen Ratschlag, und als wir eines Nachmittags einige freie Minuten hatten, weil wir den Besuch bei den Ziemans abgesagt hatten, gingen wir einfach auf den Arbat. Die Menschen erkannten uns auf Anhieb, sie riefen unseren Namen und freuten sich offensichtlich, uns zu sehen.

Alles verlief ganz wunderbar, bis KGB-Beamte dazukamen und die Menschen verscheuchten. Sie sollten uns schützen, hier jedoch brauchten wir keinen zusätzlichen Schutz. Bald sahen wir uns mitten in einer Art Straßenschlacht. Einige Reporter, die uns begleiteten, wurden gestoßen und getreten, und ich mußte Helen Thomas vor KGB-Leuten retten – die Ron beschrieben hatte als »die Sorte Holzköpfe, die Walnüsse auf ihrer Stirn knacken, weil es ein so tolles Gefühl ist«. (Ich sagte hinterher zu Helen, sie sei mir noch einen Gefallen schuldig.) Ich hatte Angst – all diese Menschen hatten nicht das geringste getan, sie wollten uns einfach nur die

Hände schütteln und willkommen heißen. Dieser häßliche Vorfall erinnerte uns nur noch einmal daran, daß sich in der Sowjetunion zu dem Zeitpunkt noch nicht viel geändert hatte.

Trotz Glasnost war es noch immer eine geschlossene und verschwiegene Gesellschaft. Ronnie und ich übernachteten im Spaso-Haus, und es war ein seltsames, ungemütliches Gefühl, nicht frei reden zu können, weil die Räume höchstwahrscheinlich abgehört wurden. Für mich war es eine bedrückende Erfahrung, über all meine Gedanken, Gefühle, Eindrücke und Erlebnisse, von denen mein Geist und mein Herz übervoll waren, nicht mit meinem Mann reden zu können. Man hatte uns sogar davor gewarnt, Zettel zu schreiben, denn sie konnten eventuell von einer versteckten Kamera gefilmt werden. Wenn Ronnie seine vertraulichen Mitteilungen lesen wollte, mußte er dazu in einen speziell gesicherten Raum im Keller gehen.

Am zweiten Tag des Gipfeltreffens flog ich nach Leningrad, um die berühmte Eremitage zu besichtigen. Meine Gastgeberin dort war Lydia Gromyko, die Frau und jetzt Witwe des Staatspräsidenten Andrei Gromyko. Raissa mußte sich um Mrs. Papandreou aus Griechenland kümmern, deren Besuch vor unserem vereinbart worden war. Mir war das nur recht.

Ich war zwar nur wenige Stunden in Leningrad, doch es war die schönste Stadt, die ich je gesehen habe. Ich kann verstehen, warum die Russen sie das Venedig des Nordens nennen. Der Empfang, der mir dort von den Menschen bereitet wurde, überwältigte mich. Ich hatte Ronnie in Moskau zurückgelassen, doch trotzdem – ich hätte nie gedacht, daß ich *diesen* Satz je schreiben würde – säumten Zehntausende von Menschen den Weg vom Flughafen in die Stadt.

Die Eremitage war 1754 von Katharina der Großen als Winterpalast erbaut worden. Sie ist ein riesiges Bauwerk mit dreihundertdreiundfünfzig Zimmern und drei *Millionen* Ausstellungsstücken. Alles zu sehen würde Wochen dauern. Mir wurde ein weiteres Mal das Dilemma vor Augen geführt, vor dem man als First Lady oft steht: Entweder gab ich mich mit einem kurzen Blick im Vorbeigehen auf die berühmtesten Stücke zufrieden, oder ich ließ es gleich ganz bleiben. Nach dem Prinzip, ein bißchen ist besser als gar nichts, hatte ich mich entschlossen, einen Rundgang von achtzig Minuten durch die Eremitage zu machen.

Natürlich sah ich nur einen kleinen Teil der ausgestellten Werke, und selbst dabei mußte ich mich noch beeilen. Die arme Frau Gromyko! Während ich durch die Säle hastete, wurde sie von einem Reporter gefragt, ob sie erschöpft sei. »Natürlich bin ich müde«, antwortete sie. »Schließlich bin ich siebenundsiebzig Jahre alt!«

Dennoch bin ich froh, daß ich ein wenig von der Eremitage gesehen habe. Daß die Russen die Kürze meiner Besichtigung als Beleidigung empfunden haben, tut mir sehr leid. Ein Mitglied der offiziellen Delegation soll gesagt haben: »Es ist ein Verbrechen, daß sie sich keine Zeit genommen hat«, und in gewissem Sinne hat er damit recht. Doch wenigstens war ich da. Das Gipfeltreffen dauerte insgesamt nicht einmal hundert Stunden, und ich habe in dieser Zeit unternommen, was nur möglich war. Vielleicht kann ich in meinem neugewonnenen Leben als Privatmensch noch einmal an einige der wundervollen Orte auf der ganzen Welt zurückkehren, die ich als First Lady immer nur für wenige Minuten gesehen habe.

Kurz nach meiner Stippvisite in der Eremitage beging ich dann genau den Schnitzer, vor dem ich mich die ganze Zeit gefürchtet hatte. Wir waren mit einem Luftkissenboot auf der Newa unterwegs zu dem Sommerpalast von Peter dem Großen. Mein Begleiter war Dimitrij Likaschew, ein älterer sowjetischer Gelehrter, der sich um die Erhaltung der historischen Gebäude des Landes kümmert. Wir sprachen darüber, daß die Regierung schöne alte Häuser abreißen läßt, um Platz für häßliche Betonhochhäuser zu schaffen. Ich wußte genau, was er damit meinte, denn schließlich haben wir das gleiche Problem auch in unserem Lande. »Wozu brauchen wir nur diese Scheußlichkeiten?« fragte ich.

Ich war davon ausgegangen, daß wir ein Privatgespräch führten, doch ein Reporter, der neben uns saß, hörte alles mit. Sofort wurde in der ganzen Welt verbreitet, ich hätte sowjetische Bauwerke als ›Scheußlichkeiten‹ bezeichnet. Ich hatte das keineswegs sagen wollen, doch dieser Schaden war nicht wiedergutzumachen.

Am letzten Abend unseres Besuches waren Ronnie und ich von den Gorbatschows zu einer Sondervorstellung des berühmten Bolschoi-Balletts eingeladen worden. Die Zarenloge war mit amerikanischen und russischen Flaggen geschmückt, und während wir vier stehend die beiden Nationalhymnen hörten, war ich vom Zauber dieser Umgebung einfach überwältigt. *Das alles geschieht tatsächlich,* dachte ich. Wir sind hier in *Moskau,* und sie spielen *unsere* Nationalhymne.

Wie schon erwähnt, hatte Gorbatschow auf unserem Staatsbankett in Washington eine Bemerkung dazu gemacht, wie gut die russische Nationalhymne geklungen habe, als das Marine-Musik-korps sie spielte. Im Bolschoi-Theater zu stehen und ›The Star-Spangled Banner‹, unsere Nationalhymne, zu hören, hatte auf mich eine ähnliche Wirkung. Ich hatte die Melodie in meinen acht Jahren im Weißen Haus, hundert-, wenn nicht tausendmal gehört, doch niemals hatte sie so großartig und imposant geklungen wie an jenem Abend in Moskau, in dieser atemberaubenden Umgebung, nur wenige Stunden, nachdem Ronnie und Gorbatschow den INF-Vertrag unterzeichnet hatten. Wieder einmal war ich dabeigewesen, als Geschichte gemacht wurde.

Aufgrund eines kleineren organisatorischen Problems waren Ronnie und ich ein bißchen zu spät im Theater eingetroffen. Gorbatschow fragte uns daraufhin, ob unser Zuspätkommen mit dem in Moskau zirkulierenden Gerücht zusammenhinge, man wolle Ronnie im Bolschoi-Theater ermorden. Wir hörten in diesem Augenblick zum erstenmal davon, und obwohl Gorbatschow uns versicherte, wir bräuchten uns keine Sorgen zu machen, war ich nicht gerade begeistert. Ronnie schien es allerdings nicht zu berühren; er ging davon aus, daß Gorbatschow bezüglich der Sicherheit seiner amerikanischen Gäste kein Risiko eingehen würde.

Im allgemeinen kann ich zwar diese Art von Sorgen nicht verdrängen, doch mir gelang es trotzdem, das Ballett, das unter anderem Ausschnitte aus den Werken *Dornröschen, Schwanensee* und *Romeo und Julia* zeigte, zu genießen. Dabei half natürlich die Gewißheit, daß wir nun am Ende einer langen und aufregenden Reise angelangt waren, die offensichtlich ein Erfolg war. Die Erleichterung, zusammen mit der Wärme und der Schönheit des Bolschoi-Theaters, machten diesen Abend zu einem unvergeßlichen Erlebnis.

Nach Ende der Vorstellung fuhren wir in dreißig Minuten zur Datscha der Gorbatschows, wohin uns auch die Ehepaare Shultz und Schewardnadse begleiteten. Obwohl wir nur wenige Kilometer von Moskau entfernt waren, war die Atmosphäre doch weitaus ungezwungener und entspannter als in der Stadt. Man hatte uns in dem Glauben gelassen, daß dies das private Wochenendhaus der Gorbatschows sei, doch später erfuhren wir, daß es sich dabei um ein offizielles Gästehaus gehandelt hatte. Das Paar besaß auch eine eigene Datscha, die jedoch bekamen wir nicht zu Gesicht.

Während des Essens sprach Gorbatschow ausführlich über den Unfall im Kernkraftwerk von Tschernobyl. Allen, die wir am Tisch saßen, wurde deutlich, wie betroffen er über diese Tragödie war, er zeigte sich verstört und persönlich erschüttert. Ich war Gorbatschow sowieso schon wohlgesonnen, und jetzt fand ich seine Besorgnis sehr bewegend.

Außerdem sprach er über den bevorstehenden Parteitag der kommunistischen Partei. Eine der Reformen, die er dort durchsetzen wollte, war eine Begrenzung der Regierungszeit von sowjetischen Spitzenpolitikern. Er hatte kaum seinen Satz beendet, als Raissa auch schon einfiel: »Genau. Außer für den Generalsekretär. Wenn das Volk möchte, daß *er* bleibt, sollte er auch bleiben können.«

Bereits früher am Abend hatte ich George Shultz um einen Gefallen gebeten. »Das war eine wunderbare Reise«, sagte ich, »aber Ronnie und ich sind erschöpft; und morgen fliegen wir nun nach London. Könnten Sie bitte mit Schewardnadse sprechen und dafür sorgen, daß wir um zehn Uhr aufbrechen können?«

George versprach, sich darum zu kümmern, doch als das Essen dem Ende zuging, beugte er sich zu mir herüber und flüsterte: »Ich glaube, ich habe zuviel versprochen.«

»Sieht ganz so aus«, antwortete ich. Zu dem Zeitpunkt war schon deutlich, daß wir nie und nimmer um zehn Uhr würden aufbrechen können.

Doch so schnell gab George sich nicht geschlagen. Nach dem Essen, als wir im Wohnzimmer unseren Kaffee tranken, traten er und Schewardnadse auf unsere Gastgeber zu und sagten: »Das war ein wunderschöner Abend, und wir möchten Ihnen dafür danken! Doch nun ist es Zeit, schlafen zu gehen.«

Ich war bereits aufgestanden. Raissa jedoch meinte: »Aber nein! Setzen Sie sich doch bitte alle wieder hin. Ich möchte Ihnen noch etwas sagen.«

Nun ja, wenn Raissa Gorbatschowa sagt, man solle sich setzen, dann setzt man sich eben.

Sie sprach über die Bedeutung des Gipfeltreffens und die Freundschaft zwischen unseren beiden Ländern. Vieles, was sie sagte, war gut gemeint, doch wie immer redete sie zu lange. Dann sprach ihr Mann noch einige sehr freundliche Worte über die Bedeutung des freundschaftlichen Kontakts für unsere beiden Nationen und für die ganze Welt.

Während der Heimfahrt konnte ich kaum mehr meine Augen offenhalten, trotzdem bestand Ronnie darauf, daß wir anhielten und ausstiegen, als wir an den Roten Platz kamen. Er wollte mir noch den roten Marmor von Lenins Grab und die bemalten Steine der Kremlmauer zeigen. Ich hatte den Roten Platz noch nicht gesehen, und, so müde ich auch war, das wollte ich mir denn doch nicht entgehen lassen. Wir fanden den Platz beide sehr eindrucksvoll. Es wäre wirklich eine Schande gewesen, heimzufahren, ohne ihn gesehen zu haben!

Zu meiner komplizierten Beziehung zu Raissa Gorbatschowa gibt es glücklicherweise noch einen erfreulichen Nachtrag. Im Dezember 1988 kam Gorbatschow nach New York, um eine Rede vor den Vereinten Nationen zu halten. Während Ronnie und er sich zu einem Arbeitsessen trafen, waren Raissa und ich unter den Gästen eines Empfangs für Politikergattinnen im Haus von Marcella Pérez de Cuéllar, der Frau des UNO-Generalsekretärs.

Irgend etwas hatte sich sichtlich verändert. Bei Tisch erklärte Raissa Matilda Cuomo, der Frau des Gouverneurs, daß die sowjetische Gesellschaft bei der Betreuung ihrer Kinder versagt habe. »Wir hätten es besser machen müssen«, meinte sie. »Wir haben zwar immer dafür gesorgt, daß es am Arbeitsplatz der Mutter auch eine Kinderkrippe gab, aber inzwischen fände ich es besser, wenn die Kinder in den ersten Jahren zu Hause bleiben könnten.«

Zwar sagte Raissa auch hier einiges, doch hielt sie diesmal keine Vorträge. Die Atmosphäre war herzlicher als gewöhnlich, und was sie zu mir sagte, bewegte mich tief. »Ich werde Ihren Mann und Sie vermissen. Das Schicksal hat uns beide unseren Männern zur Seite gegeben, damit wir die gute Beziehung zwischen unseren Ländern aufbauen konnten, die wir jetzt haben. Mein Mann und ich hoffen, daß Sie eines Tages wieder in die Sowjetunion kommen und uns besuchen werden.«

»Das werden wir gerne tun«, versicherte ich. »Und wie Sie wissen, hat Ronnie schon immer gesagt, er würde Ihnen und Ihrem Mann gern den Westen unseres Landes zeigen. Wir würden uns freuen, wenn Sie uns in Kalifornien besuchten.«

Ob Sie es glauben oder nicht, das meinte ich ernst.

Ich wußte in dem Augenblick nicht, daß zur gleichen Zeit, wie Raissa mich einlud, Michail Gorbatschow gegenüber Ronnie eine ähnliche Einladung aussprach. Und Ronnie, der nichts lieber täte, als Gorbatschow unser Land zu zeigen, lud das Ehepaar sofort nach Kalifornien auf unsere Ranch ein.

Wenn Raissa und ich uns allein, ohne die Presse, kennengelernt hätten, hätten wir wahrscheinlich eine leichtere Zeit miteinander gehabt. Doch schon vor unserem ersten Zusammentreffen in Genf

410

war so viel über uns geredet worden, daß wir beide ungeheuer auf der Hut waren. Auf jeden Fall bin ich froh, daß es zu jenem letzten Gespräch in New York gekommen ist, so daß wir eine Beziehung, die für uns beide mit solchen Schwierigkeiten verbunden war, zu einem guten Ende bringen konnten.

18

❦❦❦

Der Abschied

Nichts bereitet einen darauf vor, im Weißen Haus zu leben — und nichts bereitet einen darauf vor, es zu verlassen. Am 20. Januar 1989 nahmen Ronnie und ich unter den denkbar günstigsten Umständen Abschied von Washington, und doch war es schmerzlich für uns beide. Ich kann nur ahnen, wie es sein muß, wenn man das Weiße Haus nach einer Niederlage räumt.

Unsere letzten zwei Monate waren psychisch und physisch sehr anstrengend. Es passierte so vieles, was ich noch festhalten möchte. Der Senat ehrte Ronnie, und Bob Dole, der gewöhnlich alles andere als sentimental ist, hielt zu diesem Anlaß eine bewegende Rede. Schließlich waren alle zu Tränen gerührt. Am Schluß einer Vorstellung im Kennedy Center holte Walter Cronkite das Ensemble nochmals auf die Bühne und sagte: »Dies ist ein ganz besonderer Moment, denn wir verabschieden heute zwei Menschen, die jetzt acht Jahre lang in dieser Loge saßen.« Daraufhin spielte das Orchester ›Auld Lang Syne‹*, und das Publikum erhob sich und sang mit. Als das Lied zu Ende war, war es einen Moment lang ganz still, und dann rief Ronnie: »Das ist mehr wert als ein Oscar!«

Ronnie stand ein letztes Mal der Presse Rede und Antwort, bei welcher Gelegenheit Tom Brokaw sagte: »Ronald Wilson Reagan beendet nun seine letzte Pressekonferenz. Er ist achtundsiebzig Jahre alt und sieht besser aus als je zuvor.« Eine Kinderklinik benannte ein Zimmer nach mir, weil ich dort so viele Besuche ge-

---

* ›Die schöne alte Zeit‹, ein altes schottisches Lied (Anm. d. Übers.)

macht hatte. Schließlich kam unser letztes Weihnachtswochenende in Camp David, wo Eddie Serrano und seine Jungs unser Häuschen schöner herausgeputzt hatten als je zuvor – sie hatten einen wunderschönen Christbaum aufgestellt und überall Weihnachtssterne angebracht. Nach dem Abendessen brachten uns diese Männer – die meisten von ihnen waren noch so jung! – ein Ständchen und sangen Weihnachtslieder. Das letzte Weihnachten im Weißen Haus sollte sein wie in alten Zeiten, und wie immer kamen Jugendliche von ›Second Genesis‹, einem Rehabilitationsprogramm für Drogensüchtige, um uns bei der Weihnachtsdekoration zu helfen.

Zur Feier war auch die Presse geladen, und Sam Donaldson kam zu mir und sagte: »Ich weiß, daß Journalisten keine Gefühle zeigen sollten, aber jetzt, wo Sie gehen, möchte ich doch, daß Sie eines wissen: Ich war der erste, der gesagt hat, Ronald Reagan würde in die Geschichte eingehen und er würde bei seinem Abgang noch beliebter sein als zu Beginn seiner Amtszeit. Wir werden Sie vermissen.« Ich werde Sam auch vermissen. Das mag jetzt überraschen, aber ich habe ihn immer gemocht. Ich glaube, Sam hat für sich selbst eine Rolle geschrieben und sich ihr entsprechend verhalten, aber darunter war eine weiche, sentimentale Seite. Die Fragen, die er stellte, waren mir nicht immer angenehm, aber er ist ein hart arbeitender Journalist, der seine Hausaufgaben sehr sorgfältig erledigt.

So viele Abschiede! Die militärischen Berater schenkten uns einen Druck des Ausspruchs von John Adams, der in den Kaminsims des State Dining Rooms eingemeißelt ist: »Mögen nur gute und weise Männer in diesem Hause wohnen.« Dabei sagten sie: »Unserer Ansicht nach war das während der letzten acht Jahre der Fall.«

Ronnie besuchte auch die Ställe der berittenen Polizei und ließ sich mit den Männern fotografieren, die den Leuten vom Secret Service das Reiten beibrachten. Sie meinten, sie hätten noch nie zuvor ein so herzliches Verhältnis zu einem Präsidenten gehabt.

Während der Weihnachtsempfänge flossen viele Tränen, und Linda Faulkner mußte eine ganze Menge Taschentücher bereithalten. Dann gab es noch Ronnies Abschiedsansprache an das amerikanische Volk im Fernsehen und seine Verabschiedung durch das Militär. An dem Tag, an dem diese stattfand, hatte ich eine so schlimme Erkältung, daß ich keinen Ton herausbrachte und der Veranstaltung fernbleiben mußte. Ich werde es immer bedauern. Ich sah sie mir im Fernsehen an, und als sich die Soldaten umdrehten, Ronnie anschauten, salutierten und ›Auld Lang Syne‹ sangen, sah ich, daß er den Kopf senkte. Flüsternd sagte er zu dem Mann, der neben ihm stand: »Ich glaube, ich fange an zu weinen.«

Beim letzten Abendessen in der Reagan-Bibliothek, dem früheren privaten Eßzimmer, sah alles so hübsch aus. Ich kann mich noch daran erinnern, wie es war, als dieser Raum nur als Durchgang zur Küche genutzt wurde: Ich hatte ihn in ein Zimmer verwandelt, in dem Ronnie mit anderen Staatsoberhäuptern in gemütlicher Atmosphäre vor dem Kamin sein Mittagessen einnehmen konnte. Als ich jetzt hier saß, mußte ich an all die Veränderungen denken, die ich in der ersten und zweiten Etage und auch draußen hatte vornehmen lassen – wie ich zum Beispiel durchgesetzt hatte, daß zweiunddreißig Farbschichten von den Wänden des Weißen Hauses abgekratzt wurden, eine unangenehme Aufgabe, an die sich niemand hatte wagen wollen. Ich hatte viel von mir selbst in dieses Haus investiert, und ich würde viel von mir darin zurücklassen.

Ronnie wollte noch ein letztes Mal über Nacht in Camp David bleiben, und das taten wir dann auch. Ich aß mit einigen Journalistinnen zu Mittag, die über mich berichteten. Sie trugen alle Rot und schenkten mir signierte Portraitfotos von sich und einen Goldfisch im Glas, der das Leben, das ich geführt hatte, symbolisieren sollte. Es wurden in jenen Wochen viele Fotos mit so vielen Leuten gemacht. Und ich hatte noch nie so viele Menschen weinen sehen wie bei der Abschiedsfeier für sechshundert Mitarbeiter des Weißen Hauses. Als wir den Saal verließen und zum Lift gingen, stellte sich uns John Bourgeois, der Kapellmeister des Musikkorps, in den Weg und sagte zu Ronnie: »Wir werden Sie vermissen. Wir waren immer stolz darauf, die ›Band des Präsidenten‹ genannt zu werden, während Sie hier waren. Und wir möchten Ihnen diese Mundharmonika schenken. Auch wenn Sie nicht mehr hier sind, wünschen wir uns, daß Sie jeden Morgen ›Hail to the Chief‹ spielen.«

Unser letzter offizieller Termin im Weißen Haus war das Essen anläßlich der Verleihung der Medal of Freedom, bei dem wir Mike Mansfield und George Shultz mit dieser Auszeichnung ehrten. Den letzten Abend verbrachten wir in aller Stille mit Maureen, Dennis und Ted Graber in Ronnies Arbeitszimmer vor dem Kaminfeuer. Das Küchenpersonal bereitete ein ganz besonderes Menü für uns zu: Es begann mit Kaviar, serviert in einem Schiffchen, das Ronnies Initialen trug. Alfredo, der Butler, brachte eine Flasche Champagner als Geschenk des Personals.

Dann kam schließlich der Tag – der Tag, den ich gleichzeitig herbeigesehnt und gefürchtet hatte. Er war grau und kalt. Wir frühstückten zeitig und gingen dann hinunter in den State Dining Room, um uns vom Hauspersonal zu verabschieden. Dann ging es hinaus, um die Ehepaare Bush und Quayle zu begrüßen. Auch einige andere Gäste waren gekommen – Jim Wright, Bob Michel, Tom Foley, Senator George Mitchell und Senator Ted Stevens, der mir eine Anstecknadel und Ronnie ein Paar Manschettenknöpfe mit einem Taubenmotiv schenkte, weil wir – so erklärte er – so viel für den Frieden getan hätten.

Es war eigentlich geplant, daß wir Kaffee trinken sollten, aber ich kann mich nicht erinnern, daß irgend jemand welchen getrunken hätte. Dann war es Zeit für die feierliche Vereidigung des neuen Präsidenten. Ich umarmte die Butler, und wir gingen hinaus. Ronnie und George Bush fuhren mit Jim Wright und Tom Foley in einem Wagen; Barbara Bush und ich in einem anderen zusammen mit George Mitchell und Bob Michel. Die Unterhaltung war ein wenig entspannter als die acht Jahre zuvor, und ich schaffte es zu sagen: »Ich hoffe, die Magnolienbäume, die ich gepflanzt habe, wachsen ordentlich. Vielleicht schauen meine Enkelkinder sie eines Tages an.« Aber es zerriß mir beinahe das Herz, als ich auf den wunderschönen Park zurückblickte, den ich wohl nie wiedersehen würde.

Die Zeremonie der Amtseinführung wurde auf der Westseite des Capitols abgehalten, und ich hatte ein eigenartiges Gefühl, als ich auf die Stelle hinunterblickte, wo Ronnie beim ersten Mal seinen Eid abgelegt hatte. Ich versuchte, mich an meine damaligen Gefühle zu erinnern. Sandra Day O'Connor blickte zur mir herüber, und ich brachte ein ›Wie geht es Ihnen?‹ über die Lippen – sie hatte nur kurze Zeit nach mir eine Mastektomie machen lassen. Sie vereidigte Dan Quayle, und William Rehnquist vereidigte George Bush.

Ich erlebte den ganzen Tag wie einen Traum, und auf einmal war alles vorbei. Die Ehepaare Bush und Quayle gingen mit uns die Treppen hinunter, um bei unserem Abflug dabeizusein. Als wir auf den Hubschrauber zugingen, sah ich eine einsame Gestalt auf einer Seite stehen – George Opfer vom Secret Service, der gekommen war, um auf Wiedersehen zu sagen. Ich ließ Ronnie einen Moment lang stehen und lief zu George hinüber, um ihn fest in meine Arme zu schließen. An der Treppe des Hubschraubers drehte sich Ronnie um und salutierte. In diesem Moment hatten alle einen dikken Kloß in der Kehle. Nach dem Start drehte der Pilot eine Extra-runde über dem Weißen Haus, damit wir es noch einmal sehen konnten, und Ronnie lehnte sich zu mir herüber und sagte: »Schau mal, Liebling, das ist unser Bungalow.« Nun hatten wir wirklich Abschied genommen von Washington und von acht wundervollen, aufregenden, frustrierenden und manchmal beängstigenden Jahren.

In der *Air Force One* kam der Pilot, der ebenfalls zum letzten-mal Dienst tat, zu uns und drückte uns ein wunderschönes Bild vom Weißen Haus mit einer reizenden Widmung der Besatzung in die Hand. Ronnie und ich gingen in den hinteren Teil des Flug-zeugs, wo die Presseleute – darunter Sam Donaldson, Bill Plante und Lou Cannon – saßen, und das Bordpersonal servierte Ku-chen und Champagner.

Auf dem Flughafen in Los Angeles bereitete man uns einen gro-ßen Empfang: Die Kapelle der University of Southern California spielte, und einer der Musiker warf Ronnie seine Mütze zu. Kurz bevor wir ins Auto stiegen, salutierte Sam Donaldson vor Ronnie. Verstehen Sie, was ich über Sam sagen will?

Als wir zu Hause angekommen waren, kamen John Hutton, Ken und Sydney Duberstein und Tim McCarthy noch mit hinein, um einen Blick ins Haus zu werfen, und dann fingen wir alle an zu weinen. Schließlich mußten sie gehen, und auf einmal saßen Ron-nie und ich alleine da, inmitten all dieser Kartons und Kisten – und ohne Hauspersonal, das uns half. Es war unwirklich und über-wältigend. Ron kam herüber und half seinem Vater eine Zeitlang beim Auspacken.

Wenige Tage zuvor hatten Kay Graham und Meg Greenfield vor-geschlagen, wir sollten für diesen Abend Leute einladen, aber Ron-nie und ich waren so erschöpft, daß das wohl nicht gutgegangen wäre. Als wir schließlich ins Bett fielen, lag ich da und überlegte einen Moment lang: Wenn es den zweiundzwanzigsten Verfas-sungszusatz nicht gäbe, wären wir dann noch in Washington? Ron-nie hatte gearbeitet, so hart er konnte, um George Bush bei seinem Wahlkampf zu unterstützen – härter als jemals ein Präsident für seinen Nachfolger gearbeitet hatte. Aber ich wußte auch, daß es Dinge gab, die Ronnie gerne selbst noch zu Ende geführt hätte.

Vor George und Barbara liegt eine riesige Aufgabe, und Ronnie und ich wünschen ihnen alles Glück der Welt dafür. Und doch ist es manchmal schwierig, jemand anders auf Ronnies Stuhl sitzen zu sehen. Tatsächlich kannte ich George auch gar nicht näher während Ronnies Amtszeit. Die Leute mögen ja den Eindruck haben, daß der Präsident, der Vizepräsident und ihre Ehefrauen viel Zeit miteinander verbringen, aber die alltäglichen Pflichten erlauben das nur selten. Die beiden Paare haben fast immer unterschiedliche Termine. In unserem ersten Jahr in Washington kamen die Bushs einmal ins Weiße Haus, um mit uns alleine zu Abend zu essen, und auch wir waren einmal in ihrem Haus zu Gast. Doch danach kreuzten sich unsere Wege eigentlich nur noch bei großen Staatsempfängen.

Auch wenn es schmerzlich war, Abschied nehmen zu müssen, so fühlte ich doch, daß die Zeit reif war. Wir hatten zwanzig Jahre lang ständig im Rampenlicht der Öffentlichkeit gestanden, und ich hatte das Gefühl, daß wir uns nun mehr Zeit für die Familie und für unsere Freunde nehmen sollten − und für einander.

So wie wir eine Tür schließen und eine andere öffnen, so treten wir in neue Lebensphasen ein. Wir halten beide immer noch viele Reden. Ich bin über die Nancy-Reagan-Stiftung und die Just-Say-No-Initiativen noch immer mit dem Drogenproblem befaßt. Ronnie ist sehr mit seinen Memoiren beschäftigt, und wir leben uns allmählich wieder in Kalifornien ein.

Ronnie und ich sind in den Genuß eines Privilegs gekommen, das nur sehr wenigen Menschen zuteil wird − in die Geschichte einzugehen und sie aktiv mitzugestalten. Wir haben so viele Erinnerungen an diese Jahre. Die Leute begegnen uns noch immer mit einer wunderbaren Herzlichkeit, und wir hoffen, daß unsere Kinder stolz auf uns sind.

Ich habe als First Lady viel gelernt. In den acht Jahren in Washington, inmitten all dieser übertriebenen Höhen und Tiefen, habe ich herausgefunden, was wirklich wichtig für mich ist. Ich lernte, Opfer zu bringen. Ich wurde reifer, und ich lernte, wie ich trotz intensiver Überwachung und Kritik ich selbst bleiben konnte − wie ich Nancy einfach Nancy sein ließ. Dafür und für viele andere Dinge werde ich immer dankbar sein.

Bildnachweis

46 Courtesy Ronald Reagan Presidential Library

47 Michael Evans, Courtesy Ronald Reagan Presidential Library

48 Diana Walker/*Time* magazine

49 Pete Souza, Courtesy Ronald Reagan Presidential Library

50 Fotografia Felici

51 Courtesy Office of the Prime Minister, Japan

52 Mary Anne Fackelman-Miner, Courtesy Ronald Reagan Presidential Library

53 Pete Souza, Courtesy Ronald Reagan Presidential Library

54 Mary Anne Fackelman-Miner, Courtesy Ronald Reagan Presidential Library

55 Diana Walker/*Time* magazine

56 Bill Fitz-Patrick, Courtesy Ronald Reagan Presidential Library

57 Pete Souza, Courtesy Ronald Reagan Presidential Library

58 Bill Fitz-Patrick, Courtesy Ronald Reagan Presidential Library

59 – 60 Pete Souza, Courtesy Ronald Reagan Presidential Library

61 Bill Fitz-Patrick, Courtesy Ronald Reagan Presidential Library

62 David Johnson, Courtesy Ronald Reagan Presidential Library

63 Pete Souza, Courtesy Ronald Reagan Presidential Library

64 – 65 Mary Anne Fackelman-Miner, Courtesy Ronald Reagan Presidential Library

66 Bill Fitz-Patrick, Courtesy Ronald Reagan Presidential Library

67 – 69 Mary Anne Fackelman-Miner, Courtesy Ronald Reagan Presidential Library

70 David Valdez, Courtesy Ronald Reagan Presidential Library

71 Pete Souza, Courtesy Ronald Reagan Presidential Library

72 Bill Fitz-Patrick, Courtesy Ronald Reagan Presidential Library

73 Mary Anne Fackelman-Miner, Courtesy Ronald Reagan Presidential Library

74 – 75 Bill Fitz-Patrick, Courtesy Ronald Reagan Presidential Library

76 Mary Anne Fackelman-Miner, Courtesy Ronald Reagan Presidential Library

77 Bill Fitz-Patrick, Courtesy Ronald Reagan Presidential Library

Register